Gemeinsam getrennt

Veröffentlichungen
des Nordost-Instituts

Band 7

2010
Harrassowitz Verlag · Wiesbaden

Gemeinsam getrennt

Bäuerliche Lebenswelten des späten Zarenreiches in multiethnischen Regionen am Schwarzen Meer und an der Wolga

Herausgegeben von
Victor Herdt und Dietmar Neutatz

2010
Harrassowitz Verlag · Wiesbaden

Herausgeber:
Nordost-Institut
Institut für Kultur und Geschichte
der Deutschen in Nordosteuropa e.V.
an der Universität Hamburg
Conventstr. 1
21335 Lüneburg
www.ikgn.de

Redaktion des Bandes: Victor Herdt und Dietmar Neutatz

Umschlagabbildung: Anna Brug mit Mutter, Bild aufgenommen von Petr Pod"japol'skij, Mitglied der Saratover Gelehrtenkommission zur Erforschung des Altertums, im Jahr 1895 in der wolgadeutschen evangelisch-reformierten Kolonie Messer (russ. Ust'-Zalicha), Bezirk Kamyšin, Gouvernement Saratov. Quelle: Heimatkundemuseum Saratov, Sign. $23207/_3$.

Gefördert vom Beauftragten der Bundesregierung für Kultur und Medien aufgrund eines Beschlusses des Deutschen Bundestages.

Bibliografische Information der Deutschen Nationalbibliothek
Die Deutsche Nationalbibliothek verzeichnet diese Publikation in der Deutschen Nationalbibliografie; detaillierte bibliografische Daten sind im Internet über http://dnb.d-nb.de abrufbar.

Bibliographic information published by the Deutsche Nationalbibliothek
The Deutsche Nationalbibliothek lists this publication in the Deutsche Nationalbibliografie; detailed bibliographic data are available in the internet at http://dnb.d-nb.de.

Informationen zum Verlagsprogramm finden Sie unter
http://www.harrassowitz-verlag.de

Gedruckt auf alterungsbeständigem Papier.
Satz: fio & flo, Thorn, Polen
Druck und Verarbeitung: Memminger MedienCentrum AG
Printed in Germany
ISSN 1862-7455
ISBN 978-3-447-05833-9

Inhalt

Dietmar Neutatz

Bäuerliche Lebenswelten des späten Zarenreiches im Vergleich*

„Der deutsche Kolonist des Wolgagebiets stellt keinen Typus der deutschen Nation, der Nachkommen der alten Teutonen dar. Es handelt sich um ein neues Volk, eine Rasse sogar, die unter besonderen Lebensbedingungen entstanden ist. Das Wort ‚Deutscher', das bis heute zur Bezeichnung der Kolonisten gebräuchlich ist, ist eine Form, die jeglichen Inhalt verloren hat. Unter diesem Wort muss man sich einen westeuropäischen Reichsdeutschen vorstellen: Der Kolonist ist in diesem Sinne kein Deutscher, aber auch kein Russe."[1]

Diese Sätze formulierte Jakob Dietz in seiner „Geschichte der wolgadeutschen Kolonisten", die zum 150-jährigen Jubiläum der Ansiedlungen an der Wolga 1914 erscheinen sollte, aber erst 1997 als Buch gedruckt werden konnte. Die Aussage, die Jakob Dietz hier trifft, ist bemerkenswert, denn sie weicht vom nationalistischen Trend der Zeit vor dem Ersten Weltkrieg ab.

Dass Jakob Dietz zu dieser Einschätzung kam, hängt mit seinen Aktivitäten und politischen Zielen zusammen. Er war Rechtsanwalt und engagierte sich für ein Zusammengehen der deutschen Kolonisten mit den russischen Bauern. Ein intensives Studium der Wolgakolonien hatte ihn überzeugt, dass sie sich in einer Krise befanden und sich ihre Probleme von denen der russischen Bauern nur wenig unterschieden. Die Kolonisten sollten daher keine Autonomie, sondern gemeinsam mit den russischen Bauern eine möglichst weitgehende örtliche Selbstverwaltung anstreben. Jakob Dietz fand auch bei den Russen Anklang und wurde mit deutschen und russischen Stimmen als Abgeordneter in die erste Duma gewählt.[2]

Dietz' Gedanken zur kulturellen Identität der Kolonisten sind heute aktueller denn je und könnten auch die nach Deutschland kommenden Aussiedler beschreiben. 1914 ent-

---

* Der vorliegende Band vereint Beiträge, die im Juni 2005 auf einer Konferenz in Göttingen zur Diskussion gestellt wurden. Die Konferenz war eine gemeinsame Veranstaltung des Nordost-Instituts (Institut für Kultur und Geschichte der Deutschen in Nordosteuropa e.V.) Lüneburg/Göttingen und des Lehrstuhls für Neuere und Osteuropäische Geschichte der Albert-Ludwigs-Universität Freiburg. Das Gelingen einer Konferenz und das Zustandekommen eines Sammelbandes sind stets das Verdienst vieler. Die Herausgeber bedanken sich bei der Leitung des Nordost-Instituts für die großzügige Finanzierung und organisatorische Unterstützung, bei den Vortragenden, Autoren und Diskutanten für die aktive Mitarbeit während und nach der Konferenz und für die Geduld bis zum Erscheinen des Buches.

1 Jakov Ditc [Jakob Dietz], Istorija povolžskich nemcev-kolonistov [Geschichte der wolgadeutschen Kolonisten]. Moskva 1997, S. 377.

2 Vgl. E.M. Erina und I.R. Pleve im Vorwort zu Ditc, Istorija (wie Anm. 1), S. 5 f. Vgl. Victor Dönninghaus, Revolution, Reform und Krieg. Die Deutschen an der Wolga im ausgehenden Zarenreich. Essen 2002 (Veröffentlichungen zur Kultur und Geschichte im östlichen Europa. 23), S. 100 f.

sprachen sie nicht der gängigen Wahrnehmung, weder der Kolonisten noch der Russen oder ausländischer Beobachter. Die Zeitgenossen des 19. und beginnenden 20. Jahrhunderts – Russen wie ausländische Reisende – beschrieben die deutschen Dörfer als Inseln der Andersartigkeit: Das äußere Erscheinungsbild der Kolonien hebe sich von dem der umliegenden russischen und ukrainischen Dörfer ab. Die Kolonisten würden sich anders kleiden, eine andere Sprache sprechen, einer anderen Konfession anhängen und sich anders benehmen. Ihr Verhalten wurde als erkennbar unterschiedlich von dem der russischen und ukrainischen Bauern beschrieben. Russische Durchreisende erzählten von „deutscher Ordnung" und Sauberkeit und beschrieben die Kolonisten als fleißiger und nüchterner als ihre Nachbarn.[3] Auch die Kolonisten selbst legten Wert darauf, sich von den russischen und ukrainischen Bauern abzugrenzen. Sie fühlten sich ihnen überlegen, betrachteten sie als armselig, rückständig und dem Alkohol verfallen, stilisierten sich im Kontrast dazu selbst gerne in der Rolle als „Musterlandwirte" und betonten stets die Unterschiede, nicht die Gemeinsamkeiten.[4]

Diese Betrachtungsweise hat sich sowohl bei den Russlanddeutschen als auch in der Forschung bis in die heutige Zeit bewahrt. Die Literatur hebt gewöhnlich das Besondere hervor, das die deutschen Kolonisten von den russischen und ukrainischen Bauern unterschied. Sofern in den Forschungen überhaupt Vergleiche angestellt wurden, was vielfach gar nicht selbstverständlich war, suchte man zielstrebig nach den Unterschieden.

Dies hat auch durchaus seine Berechtigung, denn dass zwischen den Kolonisten und ihrer Umwelt Unterschiede bestanden, ist unstrittig, vor allem was die rechtliche Lage, die ökonomische und soziale Entwicklung oder auch das Schulwesen betrifft. Dennoch lohnt es sich, einmal die Perspektive zu wechseln, die scheinbare Selbstverständlichkeit der Unterschiede und deren Reichweite in Frage zu stellen und jenseits der bekannten Ethnostereotypen („deutsche Ordnung") und realen strukturellen Unterschiede nach Gemeinsamkeiten der ethnischen und konfessionellen Gruppen zu fragen.

1. Russländisch-bäuerliche Lebenswelt als Gemeinsamkeit

Dass die Dörfer und Häuser der Kolonisten gegenüber denjenigen der umwohnenden Bauern hervorstachen, berichten nicht nur die schriftlichen Quellen, sondern zeigen auch Fotos und

3 Beispiele für solche Beschreibungen: A.S. Afanas'ev-Čužbinskij, Poezdka v južnuju Rossiju. Č. 1. Očerki Dnepra [Reise nach Südrussland. Teil 1: Dnepr-Skizzen]. S.-Peterburg 1861, S. 130 f.; P.A. Bibikov, Ot Peterburga do Ekaterinoslava [Von Petersburg nach Ekaterinoslav], in: Vremja 3 (1863), H. 4, S. 123 f. Im Prinzip ähnlich, aber mit stark negativer Wertung der Andersartigkeit und mit antideutsch-nationalistischer Stoßrichtung: A.A. Velicyn [Pseudonym für A.A. Paltov], Nemcy v Rossii. Očerki istoričeskago razvitija i nastojaščego položenija nemeckich kolonij na juge i vostoke Rossii [Die Deutschen in Russland. Abriss der historischen Entwicklung und gegenwärtigen Lage der deutschen Kolonien im Süden und Osten Russlands]. S.-Peterburg 1893, S. 4 ff.

4 Vgl. zum Beispiel die Stellungnahme eines Kolonisten in der Odessaer Zeitung v. 11.2.1890, Nr. 33, S. 2: „Diese immerwährende fleißige Thätigkeit, verbunden mit Nüchternheit und Sparsamkeit, ist es auch, was ihn vorteilhaft von seinen ewig ‚vodki' trinkenden Nachbarn, den Kleinrussen, unterscheidet und ihm denselben gegenüber ein wirthschaftliches Übergewicht verschafft. Nicht seinen gewesenen, vielumstrittenen Privilegien hat der Deutsche seinen Wohlstand zu verdanken, sondern, wie gesagt, seinem eisernen Fleiß, seiner Nüchternheit und Sparsamkeit."

bauliche Überreste, die bis heute erhalten sind. Dass die Kolonisten im Schwarzmeergebiet insgesamt ökonomisch erfolgreicher waren als die russischen und ukrainischen Bauern, ist ebenfalls ein klarer empirischer Befund.[5]

Wirft man jedoch einen Blick auf kulturelle Faktoren, Lebensweisen, Einstellungen, Prägungen, Verhaltensweisen, so verschiebt sich das Bild. Bei einem unvoreingenommenen Vergleich, der nicht vom Postulat der grundsätzlichen Andersartigkeit ausgeht, relativiert sich nämlich so manche bislang wahrgenommene Besonderheit. Die bisherige Forschung hat die deutschen Kolonisten tendenziell in einen „deutschen" oder zumindest „kolonistischen" Kontext gestellt und von daher eine Sensibilität gegenüber zeitgenössischen Wahrnehmungen von Differenz an den Tag gelegt. Das hatte als erkenntnisleitendes Prinzip durchaus seine Berechtigung, denn immerhin galt es, Phänomene unterschiedlicher ökonomischer Performanz und sozialer Entwicklung zu erklären. Aus heutiger kulturgeschichtlicher Perspektive muss man allerdings konstatieren, dass bei dieser Betrachtungsweise andere wichtige Kontexte vernachlässigt wurden: Die deutschen Kolonisten lebten über mehrere Generationen hinweg im Russischen Reich und sie waren überwiegend in der Landwirtschaft tätig. Es liegt daher auf der Hand zu fragen, inwieweit sie in kulturgeschichtlicher Hinsicht in einem russländisch-bäuerlichen Kontext zu verorten sind. Hinsichtlich der städtischen Deutschen und der deutschen Unternehmer im Russischen Reich hat die Forschung schon länger analoge Kontexte berücksichtigt.[6]

Zur Operationalisierung dieser Frage kann ein weit verstandenes Konzept von Lebenswelten dienen, das ein breites Spektrum kultureller Faktoren berücksichtigt – in dem Sinne, wie Rudolf Vierhaus 1996 historische Lebenswelt definierte: als „wahrgenommene Wirklichkeit", als „gesellschaftlich konstituierte, kulturell ausgeformte, symbolisch gedeutete Wirklichkeit", als „raum- und zeitbedingte soziale Wirklichkeit, in der tradierte und sich weiterentwickelnde Normen gelten und Institutionen bestehen und neue geschaffen werden."[7]

Es soll also bei der geforderten Neubetrachtung darum gehen, historische und soziale Realitäten in Bezug zu ihren jeweiligen Wahrnehmungen, Deutungen und Wertungen, ihrer Widerspiegelung in Denkweisen und Geisteshaltungen zu setzen. Das verlangt, sich mit

5 Für die ökonomische und soziale Entwicklung vgl. im Detail: Detlef Brandes, Von den Zaren adoptiert. Die deutschen Kolonisten und die Balkansiedler in Neurußland und Bessarabien 1751–1914. München 1993; Dietmar Neutatz, Die „deutsche Frage" im Schwarzmeergebiet und in Wolhynien. Politik, Wirtschaft, Mentalitäten und Alltag im Spannungsfeld von Nationalismus und Modernisierung (1856–1914). Stuttgart 1993.

6 Vgl. Margarete Busch, Deutsche in St. Petersburg. Identität und Integration 1865–1914. Essen 1995 (Veröffentlichungen des Instituts für Kultur und Geschichte der Deutschen im östlichen Europa. 6); Victor Dönninghaus, Die Deutschen in der Moskauer Gesellschaft. Symbiose und Konflikte (1494–1941). München 2002; „(...) das einzige Land in Europa, das eine große Zukunft vor sich hat." Deutsche Unternehmen und Unternehmer im Russischen Reich im 19. und frühen 20. Jahrhundert, hrsg. v. Dittmar Dahlmann u. Carmen Scheide. Essen 1998 (Veröffentlichungen des Instituts für Kultur und Geschichte der Deutschen im östlichen Europa. 8); „Eine große Zukunft". Deutsche in Rußlands Wirtschaft, hrsg. v. Dittmar Dahlmann, Klaus Heller, Tamara Igumnowa, Jurij Petrow u. Kai Reschke. Berlin 2000.

7 Rudolf Vierhaus, Die Rekonstruktion historischer Lebenswelten. Probleme moderner Kulturgeschichtsschreibung, in: Wege zu einer neuen Kulturgeschichte, hrsg. v. Hartmut Lehmann. Göttingen 1995, S. 8 ff.

Individuen und kleineren Kollektiven zu befassen und deren Lebensweisen, Einstellungen, Prägungen, subjektive Wahrnehmungen, Werthaltungen und Verhaltensweisen unter die Lupe zu nehmen. Kulturelle Phänomene lassen sich nicht von der sozialen, ökonomischen und politischen Realität trennen, denn sie sind auf sie bezogen, stehen mit ihr in Wechselwirkung. Man muss sich daher auch mit diesen Wechselwirkungen und mit der Frage nach möglicherweise wirksamen anthropologischen Konstanten beschäftigen.

Lebenswelt impliziert die Existenz einer inneren Ordnung, die prinzipiell für jeden einzelnen und jede Gemeinschaft, sei sie sprachlich, ethnisch, konfessionell, sozial oder rechtlich definiert, sowie für jede Epoche unterschiedlich gefasst ist. Jede Generation, jede Gruppe schafft sich ihre jeweils eigene Ordnung für ihre Lebenswelt. Das muss man bei der Analyse berücksichtigen und darauf achten, Entwicklungen und Wechselwirkungen zu berücksichtigen und Vergleiche zwischen verschiedenen Gruppen anzustellen.

Des weiteren wird es sinnvoll sein, den Blick für Überschneidungen von Lebenswelten zu schärfen. Jede subjektive Lebenswelt ist ein individuelles Set von verarbeiteten Informationen, die Summe dessen, was die betreffende Person oder Gruppe aus all dem, was sie umgibt, als für sie wesentlich aufnimmt und in ein Ordnungssystem einfügt. Interessant für das Problem der Gemeinsamkeiten und Unterschiede zwischen den ethnischen und konfessionellen Gruppen ist die Frage, in welchen Bereichen sich die Lebenswelten überschnitten oder in welchen sie weit auseinander lagen.

Zieht man in Betracht, dass die Lebenswelten bäuerlicher Bevölkerungen im Russischen Reich gewisse, durch die Existenz als Landwirt oder in der Landwirtschaft tätige Person und das Eingebundensein in einen durch die Landwirtschaft strukturierten Jahres- und Tagesablauf vorgegebene Ähnlichkeiten aufwiesen und die Wahrnehmungshorizonte der ländlichen Bevölkerung begrenzter und weniger vielfältig als die von Stadtbewohnern waren, dann stellt sich die Frage, wie groß die Spielräume für spezifisch ethnische Ausprägungen waren. Die russische oder ukrainische Bauerngemeinde war genauso wie das Kolonistendorf eine Welt für sich. Zwischen der Lebenswelt der Bauern und derjenigen der Städter und Gebildeten bestand eine tiefe Kluft, und man kann davon ausgehen, dass diese Kluft ausgeprägter war als der Unterschied zwischen der Lebenswelt der russischen und ukrainischen Bauern und der der deutschen Kolonisten.

Lässt man sich auf diesen Ansatz ein, dann relativiert sich manche bisher als Besonderheit wahrgenommene Eigenart der deutschen Kolonisten und erscheint weniger als ethnisches Spezifikum denn als Variante einer russländisch-bäuerlichen oder vielleicht sogar einer europäisch-bäuerlichen Lebensweise. Zur Überprüfung dieser Arbeitshypothese gilt es systematisch zu untersuchen, inwiefern Lebenswelten von Deutschen, Russen, Ukrainern und anderen Nationalitäten durch ihre ethnische bzw. konfessionelle Prägung oder aber die Zugehörigkeit zur Landbevölkerung und zur bäuerlichen Kultur bestimmt waren, wie sich diese Lebenswelten im Verlaufe von mehr als 100 Jahren veränderten, inwieweit und auf welchen Gebieten gegenseitige Beeinflussungen, Annäherungen oder Auseinanderentwicklungen stattfanden und in welchem Maße sich diese Prozesse als veränderbar oder steuerbar erwiesen. Dabei ist es wichtig, die kulturellen Faktoren nicht als statische, sondern als dynamischen Veränderungen unterworfene Phänomene zu betrachten.

Die historische Perspektive muss dabei immer wieder mit der subjektiven Perspektive der Betroffenen abgeglichen werden: Unterschiede, Gemeinsamkeiten und ihre Veränderungen sind nicht nur als objektiv feststellbare Phänomene, sondern auch als zeit- und personengebundene Wahrnehmungsphänomene zu untersuchen. Objektive Gegebenheiten, soweit sie der Historiker überhaupt als solche definieren kann, müssen nicht mit der subjektiven Wahrnehmung der Betroffenen übereinstimmen.

2. Stand der Forschungen

Was den skizzierten Bereich der russländisch-bäuerlichen Lebenswelten betrifft, so wurden vor allem in den 90er Jahren einzelne Untersuchungen unternommen, die aber das Forschungsfeld bei weitem noch nicht abdecken.[8] Die Defizite werden besonders deutlich, wenn man eine ethnisch-konfessionell vergleichende Perspektive anlegt. Die meisten Forschungen zu Kultur und Alltag der Bauern im Russischen Reich differenzieren nicht nach ethnischen oder konfessionellen Kategorien, sondern beschränken sich entweder auf eine einzelne Gruppe oder treffen pauschale Aussagen, bei denen häufig unklar bleibt, auf welche Regionen oder Gruppen sie überhaupt zutreffen. Der Charakter des Russischen Reiches als multiethnisches und multikonfessionelles Imperium, wie er in den letzten Jahren zu Recht stärker ins historische Bewusstsein gerückt ist, hat sich in der Forschung zu bäuerlichen Lebenswelten noch nicht in dem Maße niedergeschlagen, wie dies zu wünschen wäre. Das ist insofern als ein empfindliches Defizit zu werten, als die Bauern bis weit ins 20. Jahrhundert hinein die überwiegende Mehrheit der Bevölkerung des Russischen Reiches bzw. der frühen Sowjetunion ausmachten.

Vergleichsweise stark entwickelt hat sich in den vergangenen zwei Jahrzehnten die Forschung zu den Russlanddeutschen. Keine andere Nationalität des Russischen Reiches wurde in vergleichbarem Umfang Gegenstand von wissenschaftlichen Untersuchungen. Dabei wurde vieles zutage gefördert, aber häufig ein Fokus angewandt, der die umwohnende nicht-russlanddeutsche Bevölkerung und die Strukturen außerhalb der Kolonien zu wenig berücksichtigte. Das betrifft vor allem Arbeiten, die in Russland oder in der Ukraine entstanden sind – psychologisch durchaus ein verständliches Phänomen: Aus russischer oder ukrainischer Perspektive setzte man sich hier mit Sonderfällen, nicht mit dem Gewöhnlichen auseinander und erfüllte nach Jahrzehnten der weitgehenden Ausblendung der Thematik aus dem wissenschaftlichen Diskurs eine dokumentarische Mission. Das hatte zur Folge, dass sich manche Studien nach wie vor auf das russlanddeutsche Milieu konzentrieren, als wäre dieses eine Insel, und dabei Details von Strukturen und Ereignissen rekonstruieren, ohne einen ausreichenden Bezug zu Entwicklungen herzustellen, die nicht nur die Russlanddeutschen, sondern auch andere Bevölkerungsgruppen betrafen.

Die gegenseitige Rezeption der Forschungen zu den Russlanddeutschen und zum Russischen Reich im allgemeinen ist durchaus noch verbesserungswürdig. Das Gleiche gilt für die Rückkoppelung und konzeptionelle Einbindung der historischen Forschung zu den Russlanddeutschen in die allgemeine Forschung zum Russischen Reich und zur Sowjetunion. Dazu gehört unter anderem eine stärkere Berücksichtigung von Fragestellungen der neuen Kulturgeschichte und der historischen Anthropologie. Damit soll nicht das Postulat erhoben werden, künftig nur mehr Diskurse, Rituale und Formen von Repräsentation zum

8 Als guten, anschaulichen Einstieg mit weiterführenden Hinweisen siehe die Synthese von Carsten Goehrke, Russischer Alltag. Eine Geschichte in neun Zeitbildern vom Frühmittelalter bis zur Gegenwart. Bd. 2: Auf dem Weg in die Moderne. Zürich 2003, S. 178-289.

Gegenstand der Forschung zu machen und die politische, wirtschaftliche und soziale Geschichte völlig beiseite zu schieben. Es sollten aber – stärker als das bisher der Fall war – politische, wirtschaftliche und soziale Entwicklungen in Beziehung zu kulturellen Phänomenen gesetzt werden. Bei einem solchen Ansatz ist wiederum von zentraler Bedeutung, das bei den deutschen Kolonisten Beobachtete im Kontext ihrer Umgebung zu sehen. Gerade die multiethnischen und multikonfessionellen Milieus im Schwarzmeer- und im Wolgagebiet eignen sich hervorragend, um solche vergleichenden Untersuchungen anzustellen. Hier kann die russlanddeutsche Forschung einen innovativen Beitrag zur allgemeinen Geschichte des Russischen Reiches leisten.

3. Ansatzpunkte einer Neubetrachtung

Die konkreten Ansatzpunkte sind vielfältig und reichen von demografischen Merkmalen und medizinischen Besonderheiten, Strukturen und Verhaltensmustern innerhalb der Dorfgemeinde, der Position der Dorfgemeinde gegenüber der Außenwelt über das Selbstverständnis und Bild des anderen, dem Verhältnis zu andersethnischen und anderskonfessionellen Nachbarn sowie der Wahrnehmung der Russifizierung über die Geschlechterrollen, die Stellung der Frau, Probleme von Kindheit, Jugend, Familie und Alter, das Gerechtigkeitsempfinden und seine Beziehung zum geltenden Recht, das Verhältnis zu Obrigkeit, Militärdienst, Krieg, Eigentum, Arbeit, Bildung, Innovationen bis hin zu Religiosität, Fest- und Alltagskultur und Alkoholismus. Vor dem Hintergrund einer vergleichenden lebensweltlichen Betrachtung können dabei unter anderem wichtige Fragen gestellt werden, die geeignet sind, neue Perspektiven und Einsichten zu eröffnen:

- Was war an den deutschen, russischen, ukrainischen, tatarischen, baschkirischen, jüdischen und anderen Gruppen ethnisch oder konfessionell bestimmt? Was ist eher einer allgemeinen bäuerlichen Lebensweise und Mentalität zuzuordnen?
- Inwieweit und auf welchen Gebieten fanden gegenseitige Beeinflussungen, Annäherungen oder aber auch Auseinanderentwicklungen statt?
- Wie wurden Unterschiede, Gemeinsamkeiten und diesbezügliche Veränderungen von den Betroffenen und von Außenstehenden wahrgenommen?
- In welchem Maße, auf welchen Gebieten und mit welchen Ergebnissen fanden Einflussnahmen auf die Prozesse statt? Inwieweit erwiesen sich diese als veränderbar und steuerbar?

Wenn im Folgenden exemplarisch einzelne Problemkreise skizziert werden, dann kann dies nur eine Zwischenbilanz mit Verweisen auf noch zu leistende Forschungen, aber kein abschließendes Urteil sein, denn die empirischen Befunde sind noch zu fragmentarisch, als dass man sie schon zu einem schlüssigen Gesamtbild zusammenfügen könnte. Der Fokus liegt auf dem Vergleich russlanddeutscher und russischer bzw. ukrainischer Lebenswelten.

4. Die Bauerngemeinde

Am Anfang soll eine Betrachtung der Bauerngemeinde stehen, denn die Verfassung der Bauerngemeinde bestimmte den jeweiligen sozialen und ökonomischen Rahmen für das bäuerliche Leben. Eine Analyse bäuerlicher Lebenswelten muss daher diesen strukturellen Rahmen mit berücksichtigen, zumal er von großer praktischer Bedeutung für viele Bereiche war.

Die Gemeinde- und Agrarverfassung der Schwarzmeerdeutschen gilt als einer der wichtigen Faktoren, der die Kolonisten von den russischen und ukrainischen Bauern unterschied und ihre ökonomische Erfolgsgeschichte mitbestimmte. Das wurde schon von den Zeitgenossen erkannt und von der historischen Forschung bestätigt. Ohne diesen unstrittigen Kausalzusammenhang beiseite zu schieben,[9] soll auf ein paar Aspekte hingewiesen werden, die das Bild ein wenig modifizieren:

Die Agrarverfassung der Kolonisten war nichts typisch Deutsches, sondern ging auf die Vorgaben der russischen Kolonialbehörden zurück. In ihren Herkunftsgebieten hatten die deutschen Einwanderer nach anderen Systemen gewirtschaftet, nach anderen Regeln ihren Hof weitervererbt. Das gemeindlich-hofweise Besitzsystem der deutschen Kolonien kann im Grunde als eine Variante der russischen Bauerngemeinde (*Obščina, Mir*) aufgefasst werden, denn das Land befand sich nicht im Eigentum der einzelnen Bauern. Die Familien hatten wie im *Mir* nur ein Nutzungsrecht und konnten nicht beliebig über ihren Hof- und Grundbesitz verfügen. Der sozial und ökonomisch höchst wirksame Unterschied bestand darin, dass in der klassischen russischen Umteilungsgemeinde das Ackerland in periodischen Abständen nach der in den Familien vorhandenen Arbeitskraft neu verteilt wurde, während in den Kolonistengemeinden jeder Hof das erbliche Nutzungsrecht auf ein festes Landquantum hatte und die Teilung von Höfen nur in Ausnahmefällen erlaubt war.[10] Das hatte zur Folge, dass in den russischen Umteilungsgemeinden die Landanteile durch die wachsende Bevölkerungszahl immer kleiner und die Höfe immer weniger lebensfähig wurden, andererseits aber ein sozialer Ausgleich hergestellt wurde. In den deutschen Kolonien, die nach dem gemeindlich-hofweisen System organisiert waren, wurden hingegen leistungsfähige Höfe mit guter Landausstattung ungeteilt weitervererbt, während die ausgesteuerten Landlosen sich anderwärtig Verdienstmöglichkeiten suchen mussten.

Nun finden wir aber das hofweise Besitzsystem ohne periodische Umteilungen nach der Seelenzahl auch in russischen Dörfern. Die deutschen Kolonisten hatten es nicht erfunden, sondern vielmehr von den russischen Nachbarn übernommen.[11] Die Kolonistengemeinden identifizierten sich mit dieser Ordnung, obwohl sie nichts aus Deutschland Mitgebrachtes war, weil sie darin ein Erfolgsmodell erkannten und weil es darüber hinaus die Geschlossenheit der Dörfer bewahren half. Das Obereigentum der Gemeinde an der landwirtschaftlichen Nutzfläche, verbunden mit eingeschränkten Verfügungsrechten der einzelnen Besitzer – mit oder ohne periodische Umverteilungen[12] – war nämlich ein wirkungsvolles Instrument der Kontrolle über die Zusammensetzung des Dorfes: Ohne Zustimmung der Gemeinde konnte niemand seinen Hof im Dorf verkaufen und umgekehrt kein Außenstehender einen Hof erwerben. Folgerichtig löste die Stolypinsche Agrarreform bei den Kolonisten ähnliche Befürchtungen aus wie bei russischen und ukrainischen Bauern. Die Deutschen sorgten sich,

9 In meinen eigenen Forschungen habe ich die Bedeutung der Agrarverfassung betont, vgl. Neutatz, „Deutsche Frage" (wie Anm. 5), S. 24 f.

10 Johannes Keussler, Das Grundbesitzrecht in den deutschen Kolonien Südrußlands, in: Russische Revue 23 (1883), S. 386 f., 393 u. 396.

11 Brandes, Von den Zaren adoptiert (wie Anm. 5), S. 156.

12 Die Wolgakolonisten übernahmen unter dem Einfluss der Kolonialverwaltung schon bald nach der Ansiedlung die Agrarverfassung der russischen Dörfer einschließlich periodischer Umverteilungen nach der Zahl der Familienmitglieder – einer der Gründe für die ungünstigere ökonomische Entwicklung der Wolgakolonien im Vergleich mit den Kolonien im Schwarzmeergebiet.

ob nun jeder seinen Hof als Individualeigentum ohne Zustimmung der Gemeinde an Fremde verkaufen könne.[13] Die Stolypinsche Agrarreform unterlief die stabilisierende und kontrollierende Funktion der Dorfgemeinde und stellte dem bis dahin dominierenden kollektivistischen, auf die Solidargemeinschaft des Dorfes orientierten Prinzip ein neues individualistisches, auf ökonomische Effizienz und Profit zielendes Denken gegenüber. Damit griff die Agrarreform, weit über das Ökonomische hinausgehend, in das dörfliche Leben ein.[14]

Die Organisation und Verwaltung der Dörfer und Amtsbezirke (*volost'*) der Kolonisten entsprach weitgehend derjenigen der russischen Staatsbauern. Nach der Aufhebung der Leibeigenschaft wurde das Verwaltungssystem auch auf die ehemaligen Gutsbauern übertragen. Wie die Verwaltung der Dörfer und Amtsbezirke bei Deutschen, Russen und Ukrainern in der Praxis funktionierte, inwieweit hier signifikante Unterschiede bestanden, wurde allerdings bislang noch nicht systematisch und quellennah untersucht. Aus Berichten über russische und ukrainische Dörfer ist bekannt, dass der prinzipiell demokratischen Struktur mit der institutionalisierten Dorfversammlung eine Dominanz von Schreibern und mächtigen Bauern gegenüberstand.[15] Für die Kolonien sind ähnliche Machtverhältnisse anzunehmen.

Wenn Kolonisten ihren Bevölkerungsüberschuss aussiedelten und neue Dörfer gründeten, wandten sie eine Praxis an, die typisch für den russischen Raum war: Die Siedler in den Tochterkolonien blieben häufig Mitglied der alten Gemeinde, auch wenn diese in großer Entfernung lag. Das entsprach der Praxis russischer Bauern, die auch bei der Abwanderung in Städte noch lange mit dem Heimatdorf verbunden blieben.

Inwieweit sich die Landumteilungsgemeinde auf die Entwicklung der russischen Landwirtschaft negativ auswirkte, ist heute durchaus umstritten. Kritiker der traditionellen Sicht weisen darauf hin, dass nach 1861 vielerorts gar keine oder nur wenige Umteilungen stattfanden.[16] Das Argument, die Bauern hätten wegen der häufigen Umteilungen nur wenig in ihre Höfe investiert und keine Maßnahmen zur Verbesserung der Böden getroffen, überzeugt vor diesem Hintergrund weniger als früher. Das Düngen des Bodens hat nachweislich einen kurzfristigen Effekt auf die Ernteerträge, so dass es sich auch für jemanden lohnt, der damit rechnen muss, in ein paar Jahren den Acker wieder abzugeben. Neuere Untersuchungen rütteln an der seit mehr als 100 Jahren behaupteten Kausalbeziehung von Umteilungsgemeinde und Rückständigkeit.[17] Flurzwang und Gemeindeeigentum an Land mussten keine Hindernisse für ökonomische Modernisierung sein. Die Abhängigkeit der

---

13 Neutatz, „Deutsche Frage“ (wie Anm. 5), S. 368. Zu den russischen Bauern vgl. David A. Macey, The Peasant Commune and the Stolypin Reforms: Peasant Attitudes, 1906–14, in: Land Commune and Peasant Community in Russia: Communal Forms in Imperial and Early Soviet Society, hrsg. v. Roger Bartlett. London/Basingstoke 1990, S. 219-236.

14 Vgl. Goehrke, Russischer Alltag (wie Anm. 8), S. 250. Zu den Reaktionen der Bauern auf die Agrarreform vgl. auch den Beitrag von Aleksej Voronežcev in diesem Band.

15 Boris Mironov, The Russian Peasant Commune after the Reforms of the 1860's, in: Slavic Review 44 (1985), S. 447; Goehrke, Russischer Alltag (wie Anm. 8), S. 248.

16 Moshe Lewin, The Obshchina and the Village, in: Land Commune and Peasant Community in Russia (wie Anm. 13), S. 26; Esther Kingston-Mann, Peasant Communes and Economic Innovation: A Preliminary Inquiry, in: Peasant Economy, Culture, and Politics of European Russia, 1800–1921, hrsg. v. Esther Kingston-Mann u. Timothy Mixter. Princeton 1991, S. 35 f.

17 David Kerans, Toward a Wider View of the Agrarian Problem in Russia, 1861–1930, in: Kritika 1 (2000), S. 661.

Bauern von der Gemeinde konnte sogar die Übernahme von Innovationen beschleunigen: Wenn die Gemeinde den Übergang zu einer besseren Fruchtfolge oder zu verbesserten Bearbeitungsmethoden beschloss, dann mussten alle Bauern mitziehen, auch wenn sie selbst diesen Schritt nicht getan hätten.[18] Die Forschung der letzten Jahre hat das überkommene Bild von der sich fortlaufend zuspitzenden Krise der russischen Landwirtschaft mit guten Argumenten in Frage gestellt. Das russische (und ukrainische) Dorf war im Vergleich mit Mittel- und Westeuropa rückständig, aber es war nicht der Ort des absoluten Stillstands und der perspektivlosen Misere. Zwischen der Aufhebung der Leibeigenschaft und dem Ersten Weltkrieg verzeichnete die russische Landwirtschaft beachtliche Fortschritte und konnten die Bauern ihre Wirtschaftsweise, Produktivität und ökonomische Lage verbessern.[19]

Ein gewichtiger Unterschied, der aus der Agrarverfassung resultierte, bleibt allerdings bestehen: In den Kolonistendörfern kam es zu einer raschen sozialen Differenzierung in Hofbesitzer und Landlose, die nur durch die Gründung von Tochterkolonien oder das Ausweichen in Handwerk und Industrie aufgefangen werden konnte.[20] Dem *Mir* wohnte hingegen die Tendenz der sozialen Nivellierung inne. Der Bevölkerungszuwachs blieb im Dorf, und innerhalb des Dorfes waren die Besitzverhältnisse ziemlich homogen. Neben der periodischen Umverteilung, die ja in der Praxis gar nicht so verbreitet war, standen der Gemeinde eine Reihe von ausgleichenden Mechanismen zur Verfügung: von der gegenseitigen Hilfe über die Wahl von bessergestellten Bauern in zeitraubende und damit kostspielige Ämter bis hin zur Abschiebung der sozialen Problemfälle zum Militär und der Befreiung der Reichen vom Militärdienst gegen Zahlung einer Abgabe.[21] Was derartige Mechanismen und Praktiken betrifft, fehlen für die Kolonistendörfer noch tiefschürfende Untersuchungen. Man kann vermuten, dass die Verhältnisse ähnlich lagen wie bei den Russen und Ukrainern. Dass die Gemeinden eine ausgeprägte Solidarität und soziale Verantwortung praktizierten, sieht man schon an der gemeinschaftlichen Organisation der Landlosenversorgung.[22]

5. Dorf und Außenwelt

Die Solidarität verweist auf einen weiteren wichtigen Aspekt, nämlich die innere Geschlossenheit des Dorfes und seine Beziehungen zur Außenwelt. Nationalistische Pamphlete des

18 Kingston-Mann, Peasant Communes (wie Anm. 16), S. 43. Vgl. die ähnlich optimistische Interpretation bei Robert Bideleux, Agricultural Advance under the Russian Village Commune System, in: Land Commune and Peasant Community in Russia (wie Anm. 13), S. 196-218.

19 Heinz-Dietrich Löwe, Von der Industrialisierung zur ersten Revolution, 1890 bis 1904, in: Handbuch der Geschichte Rußlands. Bd. III: 1856 bis 1945. Von den autokratischen Reformen zum Sowjetstaat, hrsg. v. Gottfried Schramm. Stuttgart 1983, S. 233-243. Für eine detaillierte Analyse dieser Problematik vgl. Heinz-Dietrich Löwe, Die Lage der Bauern in Rußland 1880–1905: Wirtschaftliche und soziale Veränderungen in der ländlichen Gesellschaft des Zarenreiches. St. Katharinen 1988. Vgl. auch die resümierende Studie von Stefan Plaggenborg, Bauernwelt und Modernisierung in der ausgehenden Zarenzeit, in: Aufbruch der Gesellschaft im verordneten Staat. Rußland in der Spätphase des Zarenreiches, hrsg. v. Heiko Haumann u. Stefan Plaggenborg. Frankfurt a.M. 1994, S. 138-164.

20 Brandes, Von den Zaren adoptiert (wie Anm. 5), S. 360-365; Neutatz, „Deutsche Frage" (wie Anm. 5), S. 248.

21 Mironov, Russian Peasant Commune (wie Anm. 15), S. 452 f.

22 Brandes, Von den Zaren adoptiert (wie Anm. 5), S. 454.

ausgehenden 19. Jahrhunderts warfen den deutschen Kolonisten Abschottung von der Außenwelt vor. Diese Vorwürfe haben einen wahren Kern, werden aber erheblich relativiert, wenn man die russischen und ukrainischen Bauern betrachtet. Dort war es nämlich im Grunde nicht anders, bloß dass die Abschottung nicht so auffiel, weil es in der Regel keine Unterschiede in Sprache, Konfession und Erscheinungsbild zu den Nachbardörfern gab.

Der starke soziale Zusammenhalt des Dorfes machte es resistent gegen äußere Einflüsse. Das Dorf bildete durch den Druck seiner öffentlichen Meinung, die Familie und ihre Ältesten sowie den allumfassenden Einfluss des *Mir* eine primäre Sozialisationsinstanz der ländlichen Bevölkerung. Die Gemeinde bestimmte neben der Landnutzung auch andere Lebensbereiche. Dieser interne Zusammenhalt, verbunden mit einer starken internen Sozialkontrolle, bewirkte eine Abschottung nach außen hin, ein Misstrauen gegenüber Fremden, einen Zusammenhalt gegen andere, auch gegen andere Dörfer.[23] Das russische und ukrainische Dorf tendierte genauso wie das Kolonistendorf zur Abgeschlossenheit.

Die Abschottung war besonders ausgeprägt, wenn es sich um religiöse oder andere Sondergruppen handelte. Dörfer von Kosaken oder Altgläubigen bewahrten über viele Jahrzehnte hinweg ihre Geschlossenheit. Auch wenn sie von den Nachbardörfern nur durch einen Bach getrennt waren, vermieden sie Kontakte und vor allem Heiraten.[24] Für die gewöhnlichen russischen und ukrainischen Dörfer zeigen Untersuchungen, dass nur zu den Nachbardörfern intensive Kontakte gepflegt wurden. Der Radius für Heiraten betrug nicht mehr als 10-20 Kilometer.[25]

Gegenüber Außenstehenden verhielten sich die russischen und ukrainischen Bauern – genau wie die deutschen Kolonisten – misstrauisch bis ablehnend.[26] Man kann eine deutliche Abstufung sehen im Umgang mit Angehörigen des eigenen Dorfes, der Nachbardörfer, Durchreisenden und außenstehenden Amtspersonen.[27]

6. Justiz und Selbstjustiz

In engem Zusammenhang mit der Abschottung gegenüber der Außenwelt steht die Diskrepanz zwischen bäuerlichem Rechtsempfinden und staatlichen Rechtsnormen. Den deutschen Kolonisten wurde bisweilen vorgeworfen, nach Möglichkeit alles unter sich zu regeln und auch bei Kriminalfällen Selbstjustiz zu üben. In vergleichender Betrachtung kann man allerdings feststellen, dass sich die Kolonisten, wenn sie so empfanden und handelten, nicht anders verhielten als die russischen und ukrainischen Bauern.[28] Möglicherweise – aber das müsste man noch durch einen Vergleich mit den Bauern in Deutschland abklären – hatten sich die Kolonisten hier sogar an die Mentalität der russischen und ukrainischen Bauern angepasst.

23 Mironov, Peasant Commune (wie Anm. 15), S. 450.
24 Lewin, The Obshchina and the Village (wie Anm. 16), S. 25.
25 Ebenda, S. 31 f.
26 Neutatz, „Deutsche Frage" (wie Anm. 5), S. 417 ff.
27 Mironov, Peasant Commune (wie Anm. 15), S. 444.
28 Zur Selbstjustiz bei den Kolonisten vgl. Neutatz, „Deutsche Frage" (wie Anm. 5), S. 421 f.; für die russischen Bauern vgl. Christine Worobec, Horse Thieves and Peasant Justice in Post-Emancipation Russia, in: Journal of Social History 21 (1987), S. 281-291.

Schon die Zeitgenossen der Justizreform hatten ihr Problem mit den Bauern. Das bäuerliche Rechtsempfinden und die daraus abgeleitete Praxis bei der Ahndung von Vergehen und Verbrechen basierte auf gewohnheitsrechtlichen Prinzipien, die oftmals den geltenden Gesetzen widersprachen. Nur selten hatten die Bauern mit dem staatlichen Gesetz zu tun. Sie regelten vielmehr das meiste unter sich, wobei die Kluft zwischen staatlichem Recht und bäuerlichem Gewohnheitsrecht zunehmend tiefer wurde. Die Bauern agierten in vielen Dingen außerhalb des staatlichen Rechts- und Normensystems.[29]

Die moralischen Verhaltensnormen der Bauern erstreckten sich zu einem guten Teil nur auf den Umgang mit den eigenen Dorfgenossen, weniger mit Auswärtigen und kaum mit dem Staat. Den Nachbarn zu betrügen oder zu bestehlen war unmoralisch, den Staat oder den Gutsbesitzer zu betrügen oder zu bestehlen, in seinem Wald Holz zu holen und über die Grenze seines Ackers zu pflügen war nicht verwerflich. Es gab keinen einheitlichen Moral- und Verhaltenskodex für den Umgang mit den eigenen Leuten und mit Fremden, vor allem wenn sie keine Bauern waren.[30]

Zur bäuerlichen Rechtspraxis gehörte die Selbstjustiz (*samosud*). Was die deutschen Kolonisten betrifft, so gibt es übereinstimmende Berichte, dass sie mit Pferdedieben genauso grausam umgingen wie die russischen und ukrainischen Bauern. Über die Selbstjustiz der Kolonisten innerhalb der eigenen Gemeinde wissen wir bisher nur wenig. Bei den russischen und ukrainischen Bauern gab es zwei wichtige Anwendungsbereiche: die öffentliche Bloßstellung von Dorfgenossen wegen ihres Verhaltens sowie die Verfolgung von Hexen.[31]

Die Hexenverfolgung gehört in den Kontext des Glaubens der Bauern an Geister und Dämonen. Glaubt man den Forschungen zur Volksreligiosität, dann waren Haus, Dorf, Felder und Wälder der russischen und ukrainischen Bauern von zahlreichen Geistern bewohnt, mit denen man sich arrangieren musste.[32] Für die deutschen Kolonisten dürfte diese vormoderne, irrationale Vorstellungswelt eher nicht zutreffen; über Hexenverfolgungen in Kolonistendörfern gibt es bislang keine Nachrichten.

Ein wichtiges Element der russischen Dorfkultur und Sozialkontrolle war das sog. *Voždenie*: Vor allem Kleindiebstahl sowie Sexualdelikte wurden damit geahndet, dass man den Delinquenten in lächerlicher Weise und von Lärmen begleitet durch das Dorf führte, Frauen häufig in nacktem Zustand.[33] Ob bzw. in welchen Formen und in welchem Umfang das *Voždenie* auch Eingang in das Leben der Kolonisten fand, müsste erst noch untersucht werden.

29 Cathy A. Frierson, Peasant Icons. Representations of Rural People in Late Nineteenth-Century Russia. New York/Oxford 1993, S. 54-75. Grundlegend zur Diskrepanz zwischen den Ansprüchen der Justizreform und der sozio-kulturellen Wirklichkeit Russlands: Jörg Baberowski, Autokratie und Justiz. Zum Verhältnis von Rechtsstaatlichkeit und Rückständigkeit im ausgehenden Zarenreich 1864–1914. Frankfurt a.M. 1996.

30 Mironov, Peasant Commune (wie Anm. 15), S. 444.

31 Stephen P. Frank, Popular Justice, Community and Culture among the Russian Peasantry, 1870–1900, in: The Russian Review 46 (1987), S. 239-266.

32 Moshe Lewin, Popular Religion in Twentieth-Century Russia, in: The World of the Russian Peasant: Post-Emancipation Culture and Society, hrsg. v. Ben Eklof u. Stephen P. Frank. Boston 1990, S. 160 ff.

33 Frank, Popular Justice (wie Anm. 31), S. 244-255.

7. Geschlechter und Familie

Die Kategorien Geschlecht und Familie wurden für die russischen Bauern von der neueren Forschung thematisiert,[34] für die deutschen Kolonisten jedoch noch kaum. Man liest zwar häufig pauschal von der patriarchalischen Struktur der Familie, aber Genaueres erfährt man selten. Dabei gäbe es hier einiges zu klären.

Die Forschung unterscheidet zwischen dem westeuropäischen und dem osteuropäischen Heiratsmuster: Beim westeuropäischen Heiratsmuster ist die Heirat an die Übernahme einer Hofstelle gebunden, die für die Ernährung einer Familie ausreicht. Brautleute bedurften neben dem Einverständnis der Kirche auch der Zustimmung der Elternpaare, der Dorfgemeinde und der Herrschaft. Besitzlosen Knechten und Mägden blieb die Eheschließung versagt. Bis zum Einsetzen der Industrialisierung, die neue Erwerbsmöglichkeiten eröffnete, war in Westeuropa die Hälfte der Bevölkerung von der Eheschließung ausgeschlossen. Frauen heirateten nur selten vor dem 25. Lebensjahr. Das hatte eine natürliche Geburtenkontrolle und ein gebremstes Bevölkerungswachstum zur Folge.[35]

In Russland war hingegen frühes und uneingeschränktes Heiraten üblich. Die Eheschließung setzte nicht die Neugründung oder Übernahme eines Hausstandes voraus. Der verheiratete Mann lebte weiter mit seinen Eltern zusammen und stieg erst später zum Haushaltsvorstand auf. Die Folge waren eine sehr hohe Geburtenziffer und ein stärkeres Bevölkerungswachstum sowie eine nur verschwindend geringe Zahl unehelicher Geburten.[36]

Dass das Bevölkerungswachstum nicht noch stärker ausfiel, lag an der extrem hohen Säuglingssterblichkeit. Diese hatte ihre Ursache neben den hygienischen und medizinischen Bedingungen darin, dass die Bäuerinnen ihre Kinder aller Aufklärung zum Trotz falsch ernährten: Statt sie zu stillen, fütterten sie die Säuglinge schon wenige Tage nach der Geburt mit Getreidebrei und Brot, was viele nicht überlebten. Manchmal praktizierten die Bauern auch das, was zynisch „postnatale Familienplanung“ genannt wird: Sie ließen Kinder sterben, wenn sie krank waren, oder erstickten sie.[37]

Was die deutschen Kolonisten betrifft, so zeigt eine erste Pionierstudie zum Schwarzmeergebiet, dass ihr Heiratsverhalten statistisch dem osteuropäischen Muster folgte: Das durchschnittliche Alter bei der ersten Eheschließung war deutlich niedriger als zur gleichen Zeit in Deutschland.[38] Nach welchen Regeln Ehen geschlossen und wie die Kinder aufgezogen wurden, müsste allerdings noch eingehender und für verschiedene Zeiträume und Regionen erforscht werden.

Das Gleiche gilt für die Rollenverteilung innerhalb der Familie und Großfamilie. Gab es

---

34 Vgl. zum Beispiel Christine D. Worobec, Peasant Russia. Family and Community in the Post-Emancipation Period. Princeton 1990.

35 Klaus Gestwa, Proto-Industrialisierung in Rußland. Wirtschaft, Herrschaft und Kultur in Ivanovo und Pavlovo, 1741–1932. Göttingen 1999, S. 403. Grundlegend dazu: John Hajnal, European Marriage Patterns in Perspective, in: Population in History. Essays in Historical Demography, hrsg. v. David V. Glass u. David E.C. Eversley. London 1965, S. 101-143.

36 Gestwa, Proto-Industrialisierung (wie Anm. 35), S. 405-410.

37 Ebenda, S. 410 ff.; V.A. Fedorov, Mat' i ditja v russkoj derevne (konec XIX – načalo XX v.) [Mutter und Kinder im russischen Dorf (Ende 19. – Anfang 20. Jh.)], in: Vestnik Moskovskogo universiteta, serija 8, istorija (1994), H. 4, S. 3-21.

38 Dmytro Myeshkov, Die Schwarzmeerdeutschen und ihre Welten 1781–1871. Düsseldorf 2008, S. 178. Vgl. auch den Beitrag des Verfassers in diesem Band.

in den Kolonistendörfern Analogien zu der dominanten Stellung des Haushaltsvorstandes (*chozjajn*) und seiner Frau, der *chozjajka* oder *bol'šucha*? War die Schwiegertochter in einer ähnlich unglücklichen Situation wie in der russisch-ukrainischen Großfamilie, wie wir aus zahlreichen vor der Hochzeit gesungenen Klageliedern erschließen können? Wie stand es um die unverheirateten Frauen? Sind die Kennenlern- und Werberituale sowie die Einstellungen zur vorehelichen Sexualität vergleichbar? Inwieweit war die Ehefrau körperlicher Gewalt ausgesetzt?[39] Das ist ein ganzer Reigen von Fragen, für die noch abzuklären wäre, ob die deutschen Kolonisten eher den aus Deutschland mitgebrachten oder den im russischen und ukrainischen Dorf üblichen Regeln und Verhaltensmustern folgten.

8. Einstellung zur Arbeit und zu Innovationen

In einem Bereich der kulturellen Prägungen berichten viele voneinander unabhängige Quellen über deutliche Unterschiede zwischen den deutschen Kolonisten und den russischen und ukrainischen Bauern, nämlich in Bezug auf die Einstellung zur Arbeit und zu Innovationen.[40] Natürlich muss man hier vorsichtig sein, um nicht in die Stereotypen des fleißigen Deutschen und des betrunkenen russischen Bauern abzugleiten, aber man kann die Beobachtungen auch nicht einfach als bloße Vorurteile abtun. Vielleicht hilft es, sich von der ethnischen Zuschreibung „deutsch", „russisch" bzw. „ukrainisch" zu lösen und die Kolonisten als konfessionelle Gruppen zu betrachten. Dann waren sie nämlich weniger als „Deutsche" erfolgreich, sondern als Angehörige einer konfessionellen Minderheit und stehen in einer Reihe mit den russischen Altgläubigen, den Molokanen oder den ukrainischen Stundisten,[41] die sich ebenfalls mit ihrer Einstellung zur Arbeit von der orthodoxen Mehrheit abhoben. Unter den deutschen Siedlern fielen vor allem die Mennoniten mit ihrer Disziplin, ihrem Fleiß und ihrer ökonomischen Innovationsfreudigkeit auf.

Bei der Suche nach Erklärungen für diese Phänomene bietet sich einerseits Max Webers bekannte These von der protestantischen Arbeitsethik[42] an. Andererseits kann man davon ausgehen, dass allein die Situation, als Minderheit in einer fremden Umgebung zu leben, einen gewissen psychologischen Ansporn und Rechtfertigungsdruck erzeugt, besser zu sein als die Angehörigen der Mehrheit.[43] Dass das Gefühl des „Besserseins" für die Identität

39 Über die Lage der Frauen und Mädchen in den russischen Dörfern vgl. zum Beispiel Christine D. Worobec, Victims or Actors? Russian Peasant Women and Patriarchy, in: Peasant Economy, Culture, and Politics of European Russia, 1800–1921, hrsg. v. Esther Kingston-Mann u. Timothy Mixter. Princeton 1991, S. 177-206.

40 Neutatz, „Deutsche Frage" (wie Anm. 5), S. 383-389.

41 Über den wirtschaftlichen Erfolg der Altgläubigen vgl. Andreas Buss, Die Wirtschaftsethik des russisch-orthodoxen Christentums. Heidelberg 1989; Hermann Beyer, Marx, Weber und die russischen Altgläubigen. Das altgläubige Unternehmertum des 18. und 19. Jahrhunderts in der Forschung seit 1917, in: Jahrbücher für Geschichte Osteuropas 30 (1982), S. 541-574; vgl. auch den Beitrag von Klaus Heller in diesem Band. Über die Stundisten vgl. Hans-Christian Diedrich, Siedler, Sektierer und Stundisten: die Entstehung des russischen Freikirchentums. Berlin 1985; sowie den Beitrag von Veronika Shumska in diesem Band.

42 Max Weber, Die protestantische Ethik und der „Geist" des Kapitalismus. Textausgabe auf der Grundlage der ersten Fassung von 1904/05 mit einem Verzeichnis der wichtigsten Zusätze und Veränderungen aus der zweiten Fassung von 1920, hrsg. v. Klaus Lichtblau u. Johannes Weiß. Bodenheim 1993.

43 Auch auf dieses Phänomen hatte bereits Max Weber hingewiesen, vgl. ebenda, S. 5.

der Russlanddeutschen psychologisch eine Rolle spielte, wird aus ihren damaligen und rückblickenden Äußerungen deutlich.

Arbeitsethik, Fleiß und Tüchtigkeit sind für eine vergleichende historische Untersuchung problematische Kategorien, denn es gibt keinen objektiven Maßstab, um sie zu messen. Jede Beobachtung unterliegt subjektiven Einflüssen. Aus vielen Berichten, vor allem (aber nicht nur) von Ausländern, erfahren wir von Trägheit und Schlampigkeit der russischen Bauern.[44] Andere wiederum, zum Beispiel der vielzitierte Gutsbesitzer Aleksandr Nikolaevič Ėngel'gardt, verwahrten sich gegen dieses Urteil und argumentierten, die russischen Bauern würden nicht weniger, aber anders arbeiten: Die kurze Vegetationsperiode zwinge sie zu stoßweiser, auf kurze Zeiten zusammengedrängter Arbeit. Sie würden innerhalb weniger Tage so viel leisten wie andere Bauern in mehreren Wochen, aber zwischendurch sehe es so aus, als lägen sie auf der faulen Haut.[45]

Solche Einschätzungen abzuwägen ist schwierig. Objektiv lässt sich aber zweierlei feststellen: Erstens betrieben die meisten russischen und ukrainischen Bauern eine Subsistenzwirtschaft. Sie produzierten nicht systematisch für den Markt, sondern um sich selbst zu versorgen. Früher erklärte man das mit Landmangel, heute sieht man darin eher den Ausdruck einer Mentalität, für die profit- und marktorientiertes Wirtschaften nicht im Vordergrund steht. Die Kolonisten waren in dieser Hinsicht anders: Sie vollzogen früher und gründlicher den Übergang zur Marktwirtschaft.

Zweitens zeugen die Quellen von einem frappierenden Mangel an landwirtschaftlichen und biologischen Kenntnissen der überwiegenden Zahl der russischen und ukrainischen Bauern. Die neuere kulturgeschichtliche Forschung sieht darin (und weniger in der Umteilungsgemeinde oder dem Landmangel) die eigentliche Ursache für die Rückständigkeit der russischen Landwirtschaft. Die Bauern wirtschafteten nicht rational. Sie richteten sich häufig nach fragwürdigen Volksweisheiten oder ihrem Aberglauben und wussten einfachste Sachverhalte nicht: etwa, dass man als Saatgut das beste und nicht das schlechteste Getreide beiseite legt oder dass man das Korn vor der Vollreife schneiden muss, um keine Gewichtsverluste hinnehmen zu müssen.[46] Die russischen Bauern waren deutlich weniger experimentier- und innovationsfreudig[47] als die deutschen Kolonisten.[48] Regierung und *Zemstvo* hatten ihre Mühe, Neuerungen in den Dörfern zu propagieren.

9. Die Beiträge des Bandes und ihre Themen

Schon im Vorfeld der Göttinger Konferenz, aus der dieser Band hervorgegangen ist, war deutlich geworden, dass noch viele Fragen ungeklärt sind, weil es an Detailforschungen

44 Typisch für Reisende aus dem Westen: Sir Donald Mackenzie Wallace, Rußland. Bd. 1, 4. Aufl., Würzburg 1906, S. 266.

45 Aleksandr Nikolaevich Engelgardt's Letters from the Country, 1872–1887, hrsg. v. Cathy A. Frierson. New York/Oxford 1993, S. 83-86.

46 Kerans, Toward a Wider View (wie Anm. 17), S. 663 f.

47 Ebenda, S. 668. Für eine optimistischere Sicht auf die Modernisierung in den Dörfern des Schwarzmeergebietes vgl. Leonard G. Friesen, Bukkers, Plows and Lobogreikas: Peasant Acquisition of Agricultural Implements in Russia before 1900, in: The Russian Review 53 (1994), S. 399-418.

48 Über die Ausstattung mit Gerätschaften und Maschinen und den ökonomischen Fortschritt der Kolonisten vgl. Brandes, Von den Zaren adoptiert (wie Anm. 5), S. 442-449.

mangelt, und dass die Historiker, die auf jeweils eine ethnische oder konfessionelle Gruppe spezialisiert sind, nicht immer mit den gleichen oder vergleichbaren Kategorien arbeiten. Aus dem ursprünglich für einen Vergleich vorgesehenen Themenspektrum konnte letztlich nur ein Teil mit Beiträgen abgedeckt werden. Umgekehrt erwies es sich als notwendig, die Kategorie der „bäuerlichen" Lebenswelt etwas weiter zu fassen und auch Gruppen mit einzubeziehen, die nicht im engeren Sinne als Bauern lebten, aber in die ländlich-dörflichen Kontexte integriert waren.

Der erste Themenblock umfasst Studien zur Demografie und Wirtschaftsweise. Dmytro Myeshkov (Düsseldorf) analysiert demografische Entwicklungsmuster zweier deutscher Kolonien unterschiedlicher Konfessionszugehörigkeit im Schwarzmeergebiet. Seinen Zugang kann man der historischen Anthropologie zuordnen. Dass die Russlanddeutschen eine hohe Geburtenrate hatten, war schon lange bekannt, aber sehr viel mehr wusste man bisher nicht. In seiner mikrogeschichtlichen Studie, die im Umfeld der zwischenzeitlich publizierten Dissertation[49] entstanden ist, fragt der Verfasser, in welchem Verhältnis die wichtigen demografischen Indikatoren mit konfessionellen und ethnischen Kriterien stehen, in welchem Maße sich die Kolonisten hinsichtlich Heiratsverhalten, Familienentwicklung und Geburten an ihre neue Umwelt adaptierten.

Elena Lebedeva (St. Petersburg) untersucht die Gemeinsamkeiten und Unterschiede im wirtschaftlichen Verhalten der russischen, deutschen und finnischen Bauern in der Region St. Petersburg. Der Beitrag fällt räumlich ein wenig aus dem Rahmen, wurde aber bewusst mit aufgenommen, weil er Probleme thematisiert, die für andere Regionen noch nicht systematisch behandelt wurden. Die Einstellungen der verschiedenen Gruppen zu Arbeit, Unternehmertum, Eigentum, Innovationen und anderen ökonomisch relevanten Werten sind von zentraler Bedeutung für den jeweiligen wirtschaftlichen Erfolg.

Mariana Hausleitner (München/Berlin) fragt nach dem Beitrag der Deutschen und Juden Bessarabiens zur Modernisierung. Deutsche und Juden spielten bei der Entwicklung von Handel und Gewerbe Bessarabiens eine erheblich größere Rolle, als es ihrem Anteil an der Bevölkerung des Gouvernements entsprach. Es ist daher zu klären, welche Fähigkeiten und Formen der sozialen und wirtschaftlichen Verfasstheit die Juden und Deutschen von den anderen Bevölkerungsgruppen unterschieden und auf welche Faktoren der Erfolg zurückzuführen ist. Darüber hinaus thematisiert die Verfasserin die Kontaktzonen zwischen Juden und Deutschen und die Reaktionen der Regierung auf die von diesen beiden Minderheiten ausgehende Modernisierungsdynamik.

Der zweite Themenblock vereinigt Beiträge, die nach Einstellungen verschiedener bäuerlicher Gruppen zu konkreten Problemen des Alltags fragen. Irina Čerkaz'janova (St. Petersburg) analysiert die Einstellungen von Deutschen, Russen, Bulgaren, Tataren und Baschkiren zu Schule und Bildung. Angesichts der großen Unterschiede im Alphabetisierungsgrad ist wichtig zu fragen, in welcher Beziehung die örtlichen Rahmenbedingungen des Bildungswesens in den Dörfern und die Haltung der jeweiligen Bevölkerung zur Schule standen. Die Einstellung zur Schule korrespondierte mit sozioökonomischen Bedingungen, Traditionen, Mentalitäten, innerdörflichen Beziehungen zwischen Bauern, Geistlichen und Lehrern. Dieses komplizierte Geflecht aufzudecken, führt über die bekannten Stereotypen von den

49 Myeshkov, Die Schwarzmeerdeutschen und ihre Welten (wie Anm. 38).

analphabetischen russischen Bauern und den lese- und schreibkundigen deutschen Kolonisten hinaus.

Victor Dönninghaus (Freiburg/Moskau) vergleicht deutsche und russische Bauern im Hinblick auf ihre Einstellungen zum Militärdienst und die damit verbundenen Handlungsweisen. Der Militärdienst war für junge Männer eine der wichtigsten Kontaktzonen mit der staatlichen Obrigkeit und gleichzeitig ein von oben mit Argusaugen beobachteter Prüfstein für die Loyalität zum Staat. Es geht dabei nicht so sehr um das Verhalten im Krieg, sondern um die alljährlichen Einberufungen zum regulären Militärdienst im Rahmen der 1874 eingeführten allgemeinen Wehrpflicht und die Frage, wie ähnlich oder verschieden Deutsche und Russen darauf reagierten.

Aleksej Voronežcev (Saratov) beschäftigt sich mit Aspekten der Stolypinschen Agrarreform. Die 1906 dekretierte Agrarreform veränderte die bäuerliche Lebenswelt massiv. Sie brach mit der Tradition der russischen Dorfgemeinde, förderte die bäuerliche Individualwirtschaft und rief verständlicherweise zwiespältige Reaktionen der Bauern hervor. Wie die Bauerngemeinden und die Geistlichkeit im Wolgagebiet auf die Reform reagierten, wird in diesem Beitrag untersucht.

Der dritte Themenblock umfasst zwei Beiträge zu einem Forschungsfeld, das allgemein in den letzten Jahren wieder verstärkt Interesse gefunden hat: Religion und Frömmigkeit. Lange Zeit hatte man für die Geschichte des 19. und 20. Jahrhunderts die Bedeutung dieser Kategorien unterschätzt und das Feld weitgehend den Kirchenhistorikern überlassen. Gerade die Beispiele von multikonfessionellen Regionen und Minderheitenkonfessionen illustrieren jedoch die Wichtigkeit von Religionszugehörigkeit und religiöser Prägung für die Wahrnehmung der Lebensumstände, für Einstellungen und für das Alltagshandeln. Andreas Frings (Mainz) analysiert muslimische Lebenswelten im Wolga-Kama-Raum am Beispiel der Übertritte getaufter Tataren zum Islam, der so genannten Apostasiewelle von 1866. Die Ursachen für diesen ungewöhnlichen Glaubenswechsel ermittelt er über ein soziologisches Lebensweltkonzept, das darauf abzielt, die Rationalität des Alltagshandelns zu erklären. Die Motive, warum sich damals viele für den Islam entschieden, werden auf diese Weise besser nachvollziehbar.

Veronika Shumska (Freiburg) untersucht aus volkskundlicher Perspektive einen anderen Aspekt der Religion, nämlich die Frömmigkeit der Dorfbevölkerung. Sie vergleicht russisch-orthodoxe und baptistische (stundistische) Gemeinden im Hinblick auf die gelebte, praktizierte und geglaubte Religion. Dabei geht es um Inhalte und Formen von Frömmigkeit, um Glaubensvorstellungen, um das Verhältnis von Rationalität und Irrationalität.

Der vierte Themenblock behandelt den Komplex von Akkulturation und Assimilation. Kerstin Jobst (Hamburg/Salzburg) analysiert den russischen Krim-Diskurs vor dem Ersten Weltkrieg hinsichtlich der Wahrnehmung von Assimilations- und Akkulturationsprozessen. Die Krim war ein multiethnisches Territorium, eine Kontaktzone für Interaktionen und gegenseitige Beeinflussungen. Trotz der grundsätzlich vorhandenen Trennlinie zwischen Christen und Muslimen kam es zwischen beiden zu Akkulturationsphänomenen. Die Verfasserin lenkt das Augenmerk auf die Akkulturation von Krimtataren an russische Lebenswelten, aber auch auf umgekehrte Anpassungsprozesse russischer Bauern an die Tataren sowie den Umgang der christlichen Oberschichten mit diesen Phänomenen.

In eine ähnliche Richtung zielt Victor Herdt (Göttingen) in seinem Beitrag über die Russifizierungsängste der deutschen und tatarischen Bevölkerung des Wolgagebietes. Auch wenn das arg strapazierte pauschale Schlagwort der „Russifizierung" die zwischen Krimkrieg und Erstem Weltkrieg von der russischen Regierung betriebene Politik gegenüber den nichtrussischen Nationalitäten nicht adäquat beschreibt, so wurden die in diesen Jahrzehnten von oben initiierten Veränderungen doch vielfach als „Russifizierung" empfunden. Dazu trugen der Verlust an Sonderrechten und das Vordringen der russischen Sprache in die lokale Verwaltung und in die Schulen bei. Der Verfasser untersucht anhand von Beispielen die Wechselwirkungen zwischen staatlicher Politik und wahrgenommenen Veränderungen der Lebenswelt.

Eine konkrete kulturelle Wechselwirkung im Wolgagebiet nehmen die Sprachwissenschaftlerinnen Nina Berend (Mannheim) und Gul'nara Ištuganova (Salavat/Russland) unter die Lupe. Sie fragen nach den sprachlichen Interferenzen mit dem Russischen bei Deutschen und Baschkiren, nach der Beeinflussung der Sprache der Deutschen und Baschkiren durch das Russische und nach den Ursachen für die im Vergleich der beiden Nationalitäten stark ausgeprägten Unterschiede: Während in die Sprache der Baschkiren schon vor 1917 viele Russizismen Eingang fanden, setzten die Interferenzen in der Sprache der Wolgadeutschen in größerem Maße erst während der Sowjetherrschaft ein.

Der fünfte Themenblock betrifft die Spiegelung ländlicher Lebenswelten in literarischen Werken. Klaus Heller (Gießen) untersucht, wie bäuerliche Händler und Fabrikanten aus dem Altgläubigenmilieu des Wolga-Ural-Gebietes in ausgewählten russischen Romanen dargestellt wurden. Ausgangspunkt seiner Betrachtungen ist die auffällige ökonomische Prosperität unter den Altgläubigen, die immer wieder Gegenstand von Spekulationen gewesen ist. Die (selbst nicht altgläubigen) Schriftsteller Pavel Mel'nikov (Andrej Pečerskij) und Dmitrij Mamin-Sibirjak beschrieben in ihren Romanen die Lebensweise, den Charakter und die Geschäftspraktiken altgläubiger Unternehmer und ihrer Familien sowie die Art und Weise, wie sie auf die Herausforderungen des beginnenden Industriezeitalters reagierten. Die Romane sind somit eine historische Quelle für die Wahrnehmung altgläubiger Lebenswelten durch Zeitgenossen.

Annelore Engel-Braunschmidt (Kiel/Hamburg) befasst sich ebenfalls mit literarischen Werken zweier Autoren: Sie vergleicht jeweils eine Erzählung des russischen Schriftstellers Anton Čechov und des wolgadeutschen Lehrers und Literaten August Lonsinger. Beide beschrieben – auf unterschiedlichem literarischen Niveau – bäuerliche Lebenswelten um 1900. Es ist dies also ebenfalls eine Außensicht mit Hilfe fiktionaler Texte, die bei beiden Autoren auf eingehender persönlicher Kenntnis der Verhältnisse beruhte und in detailreiche Milieuschilderungen mündete.

Der Schriftsteller Boris Pil'njak schließlich ist – als Person und mit seinem Werk – Gegenstand des Beitrags von Natalie Kromm (Frankfurt am Main). Pil'njak, Sohn eines wolgadeutschen Vaters und einer russischen Mutter, verarbeitete in seinen Werken persönliche Eindrücke und Erfahrungen aus wolgadeutschen Lebenswelten, wie er sie selbst kennen gelernt hatte. Diesem bisher wenig beachteten Aspekt geht die Verfasserin auf den Grund und rundet mit dieser Entdeckungsreise den Sammelband ab.

Der Band vereinigt somit unterschiedliche Blickrichtungen auf einen gemeinsamen Themenkomplex, ohne den Anspruch auf eine umfassende oder gar abschließende Darstellung erheben zu können. Wie Guido Hausmann (Köln/Freiburg) in seinem resümierenden Schlusskommentar auf der Göttinger Konferenz mit Recht feststellte, sind bäuerliche Lebenswelten ein weites Forschungsfeld, das man nicht en passant beackern kann, sondern das arbeitsreiche Detailstudien erfordert. Wenn es dem aus der Konferenz hervorgegangenen Sammelband gelingt, für einen Perspektivwechsel bei der Betrachtung ethnischer und konfessioneller Gruppen im Russischen Reich zu sensibilisieren und mit den aufgeworfenen Fragen und sichtbar gewordenen Lücken einschlägige Forschungen anzuregen, dann hat er seinen Hauptzweck erfüllt.

Demografie und Wirtschaftsweise

Dmytro Myeshkov

Demografische Entwicklungsmuster der deutschen Kolonien im Schwarzmeergebiet bis 1871 am Beispiel von Kleinliebental und Alexanderhilf

1. Einleitung

Will man ein Bild von den Lebenswelten deutscher Kolonisten in Russland gewinnen, kommt man nicht an so einem wichtigen Lebensbereich wie der Bevölkerungsentwicklung vorbei. Dieser Beitrag stellt einen Versuch dar, im Rahmen einer mikrogeschichtlichen Studie zweier ausgewählter deutscher Kolonien – einer katholischen und einer evangelischen – deren demografische Entwicklung zu verfolgen und die Faktoren festzustellen, die diese Entwicklung mitbeeinflusst haben.[1]

Demografische Aspekte der Geschichte der deutschen Kolonien im Schwarzmeergebiet sind bisher kaum untersucht worden. In der Forschungsliteratur wird zwar durchgängig auf ein schnelles Bevölkerungswachstum hingewiesen, die genaue Entwicklung ist jedoch nicht hinreichend erforscht, und auch die in großer Fülle vorliegenden genealogischen Arbeiten liefern kein Bild von den grundlegenden demografischen Prozessen, die in den Kolonien abliefen.[2] Einen der seltenen Versuche, die Dynamik des Bevölkerungswachstums bei den Mennoniten zu beschreiben, hat Harvey Dyck mit der Auswertung der in den Tagebüchern Jakob Epps enthaltenen Materialien unternommen – allerdings nur für einen kürzeren Zeitraum (für die 1860er und 1870er Jahre).[3] Der russische Historiker Lev V. Malinovskij schätzte den jährlichen Bevölkerungszuwachs der Schwarzmeerdeutschen im ersten Drittel des 19. Jahrhunderts auf 3,6%.[4] Der heutige Forschungsstand kann gut anhand des Beitrags

1 Die hier vorgestellten Forschungsergebnisse bilden einen Teil der 2005 abgeschlossenen Dissertation „Die Schwarzmeerdeutschen und ihre Welten 1781–1871". Essen 2008.

2 Der Zusammensetzung und Verteilung der deutschen Bevölkerung im gesamtrussischen Maßstab ist die Untersuchung Kabuzans gewidmet, der sich auf die wissenschaftlichen Vorarbeiten von P.I. Keppen, A. Klaus und anderen stützen konnte: V.M. Kabuzan, Die deutsche Bevölkerung im Russischen Reich (1796–1917): Zusammensetzung, Verteilung, Bevölkerungsanteil, in: Die Deutschen in der UdSSR in Geschichte und Gegenwart: Ein internationaler Beitrag zur deutsch-sowjetischen Verständigung, hrsg. v. Ingeborg Fleischhauer u. Hugo Jedig. Baden-Baden 1990, S. 63-82.

3 Dyck errechnete eine jährliche Bevölkerungszunahme von ungefähr 3% bei einem Geburtenzuwachs von 5-6% und einer Sterblichkeit von 2-3%. Ein Drittel der Sterbefälle entfiel auf Kinder bis zum dritten Lebensjahr. Das durchschnittliche Alter aller Verstorbenen betrug 19 Jahre. Zwei Drittel der Bevölkerung hatten eine mittlere Lebenserwartung von 34 Jahren. Bei den Altersgruppen von drei bis zehn sowie von 40 bis 60 Jahren war eine annähernd gleich hohe Sterblichkeit zu beobachten. Harvey L. Dyck, Introduction and Analysis, in: A Mennonite in Russia: The Diaries of Jacob D. Epp 1851–1880, übers. u. hrsg. v. Harvey L. Dyck. Toronto 1991, S. 3-74, hier S. 48.

4 L.V. Malinovskij, Die Eigentumsformen bei den rußlanddeutschen Bauern im 18. und 19. Jahrhun-

„Demografische Prozesse“ in der russischsprachigen Enzyklopädie „Deutsche in Russland“ festgestellt werden.[5] In diesem sehr umfangreichen Artikel geht es hauptsächlich um die Verteilung der deutschen Bevölkerung in Russland, Migrationen innerhalb des Landes und den Anteil deutscher Bevölkerung, aber auch um die Verbreitung der deutschen Sprache und die Berufsstruktur der Deutschen. Leider bleiben aber auch viele wichtige Merkmale ausgespart, die verschiedene Aspekte des reproduktiven Verhaltens der Menschen charakterisieren.

Das Ziel dieses Beitrags ist aber nicht nur, die üblichen demografischen Merkmale wie Bevölkerungswachstum, Sterblichkeits- und Geburtenrate, Todesursachen, Heiratsalter usw. für beide Kolonien zu berechnen und die Werte miteinander zu vergleichen. Es sollen vielmehr auch die Aussagekraft der zur Verfügung stehenden Quellen geprüft sowie Fragestellungen, Themen und Methoden aus gegenwärtigen historisch-demografischen Forschungen für den Bereich der Geschichte der Russlanddeutschen angewendet werden.[6]

Der Untersuchung liegen die Bewohnerlisten von 1811 und die Revisionsverzeichnisse aus den Jahren 1816 und 1858 zugrunde, ferner auch die Matrikelbücher beider Kolonien, die für die Zeit zwischen den 1830er Jahren und 1871 fast lückenlos überliefert sind. Diese Überlieferung wird schließlich durch die erhaltenen Verzeichnisse der Bevölkerungsbewegungen in den Kolonien (*vedomosti o dviženii naselenija v kolonijach*) ergänzt.[7] Die ersten zwei bis drei Jahrzehnte nach der Übersiedlung bleiben in historisch-demografischer Hinsicht aber am schlechtesten dokumentiert. Der Hauptgrund dafür ist das vollständige, manchmal Jahre dauernde Fehlen der organisierten kirchlichen Registrierung der Geburten oder Sterbefälle. Die Kontrolle seitens des Staates wurde durch eine hohe Sterblichkeitsrate schon auf dem Weg zu den Ansiedlungsorten und direkt nach der Ansiedlung sowie durch Flucht aus den Kolonien erheblich erschwert. Die Bevölkerungsregistrierung, mit der die Dorfschulzen oder Aufseher beauftragt waren, ist lückenhaft und schlecht überliefert.

---

dert und ihre Bedeutung für die wirtschaftliche Entwicklung der deutschen Siedlung, in: Zwischen Reform und Revolution. Die Deutschen an der Wolga 1860–1917, hrsg. v. Dittmar Dahlmann u. Ralph Tuchtenhagen. Essen 1994, S. 48-60, hier S. 54.

5 Vgl. Demografičeskie processy [Demografische Prozesse], in: Nemcy Rossii. Ėncyklopedija [Die Russlanddeutschen. Enzyklopädie]. T. 1, Moskva 1999, S. 682-690.

6 Die hier dargestellten Ergebnisse bilden nur einen Teil des Abschnitts der Arbeit zur demografischen Entwicklung in beiden Kolonien. Für die Abrechnung der pro- und intergenetischen Intervalle, der durchschnittlichen Fruchtbarkeit der Frauen und der Anzahl der vorehelichen Verbindungen wurde die Bevölkerung familienweise rekonstruiert. Die sog. Familienrekonstitutionsmethode wurde ausführlich von dem französischen Forscher Louis Henry beschrieben: Louis Henry, Techniques d'analyse en démografie historique. Paris 1980. In Deutschland hat Arthur E. Imhof viel damit gearbeitet, vgl. Historische Demographie als Sozialgeschichte. Giessen und Umgebung vom 17. bis zum 19. Jahrhundert, hrsg. v. Arthur E. Imhof. 2 Bde., Darmstadt 1975.

7 Revisionslisten für das Jahr 1816 in: Gosudarstvennyj archiv Dnepropetrovskij oblasti [Staatliches Archiv des Gebietes Dnepropetrovsk, GADO], f. 134, op. 1, d. 459 u. 461; für das Jahr 1858 in: Gosudarstvennyj archiv Chersonskoj oblasti [Staatliches Archiv des Gebietes Cherson, GAChO], f. 22, op. 1, d. 68; Matrikelbücher für das katholische Kleinliebental in: Gosudarstvennyj archiv Saratovskoj oblasti [Staatliches Archiv des Gebietes Saratov, GASO], f. 365 u. 1166; für das lutherische Alexanderhilf vgl. Rossijskij gosudarstvennyj istoričeskij archiv [Russisches Staatliches Historisches Archiv, RGIA], f. 828, op. 14.

2. Bevölkerungswachstum und Bevölkerungsstruktur

Zwar lag die Krankheits- und Sterblichkeitsrate unter den Neuansiedlern im Schwarzmeergebiet in der Anfangszeit generell fast immer höher, darüber hinaus war aber gerade die deutsche Bevölkerung in den Kolonien bei Odessa, darunter auch in den als Fallbeispiele ausgesuchten Dörfern, in den ersten Jahren im Vergleich zu vielen anderen deutschen Siedlungsgebieten in den drei neurussischen Gouvernements besonders stark von von epidemischen Krankheiten betroffen (siehe Tabelle 1). Nach Angaben des Herzogs de Richelieu war in dieser Region ein Sechstel der Umsiedler ums Leben gekommen.[8] Berücksichtigt man zusätzlich indirekte Bevölkerungsverluste wie sinkende Geburtenrate oder Flucht aus den Kolonien, die eine hohe Sterblichkeit immer begleiten, fallen die Werte noch ungünstiger aus.

Tabelle 1: Geburten und Sterbefälle nach der Zusammenfassung für 1805 und 1807[9]

	1805		1807		
Kolonie oder Bezirk	Geboren	Gestorben	Bevölkerung, Fam. (Pers.)	Geboren	Gestorben
Chortica	43	74	330 (2 123)	103	43
Jamburg	13	19	54 (274)	15	4
Danzig	5	10	31 (122)	13	8
Moločnaer Menn. (17 Kolonien)	49	77	347 (1 810)	101	48
Moločnaer Kol. (7 Kolonien)	37	33	8 Kolonien: 215 (935)	74	19
Großliebental	27	140			
Kleinliebental	21	34			
Josephstal	4	47			
Mariental	4	23			
Alexanderhilf	2	76			
Neuenburg	1	100			
Peterstal	4	4			
Lustdorf	0	9			
Liebentaler Bezirk	63	433			

Die Anpassung an die neuen klimatischen Verhältnisse fiel den Balkansiedlern im Vergleich zu anderen ethnischen Gruppen mit Abstand am leichtesten. Bei den Juden und den Russen aus inneren Gouvernements war das Gegenteil der Fall. Die Ukrainer unterschieden sich nach einigen Zeitzeugenberichten häufig von den Russen durch ihr Anpassungsvermögen bzw. durch ihre größere Immunität Krankheitserregern gegenüber. Sowohl bei den Deut-

8 Richelieu an das Innenministerium v. 25.1.1806, in: RGIA, f. 383, op. 29, d. 247, ll. 107 f., hier zitiert nach: Pis'ma gercoga Armana Ėmmanuiloviča de Rišel'e Samuilu Christianoviču Konteniusu [Briefe des Herzogs Armand de Richelieu an Samuel Christianovič Contenius]. 1803–1814, hrsg. v. O.V. Konovalova. Odessa 1999, S. 91 f.

9 Quelle: Berichte der lokalen Behörden an das Kontor [Otčety s mest v Kontoru], in: GADO, f. 134, op. 1, d. 163, ll. 2 ff., 5, 15, 20, 26ob. f., 33ob. ff., 42ob. f., 58 f.; ferner ebenda, d. 172, ll. 65 f.

schen als auch bei anderen wirkten dabei gleichzeitig mehrere soziale und physiologische Faktoren, die man in jedem Einzelfall berücksichtigen sollte.

In vielen Kolonien lagen die Geburten- und Sterblichkeitsziffern meist sehr nahe beisammen. Manchmal war die Zahl der Verstorbenen jedoch höher, etwa in den Kolonien des Bezirks Großliebental im Jahre 1805. Besonders betroffen waren in dieser Zeit das gerade gegründete Kolonistendorf Alexanderhilf sowie die Kolonie Neuenburg. Die erhöhte Sterberate ließ sich aber auch in anderen Kolonien beobachten, die damals bereits fünf, zehn oder mehr Jahre bestanden (zum Beispiel in Chortica oder in Jamburg).

Erst später, am Ende der ersten Dekade des 19. Jahrhunderts, ließen die Epidemien nach. Aufgrund der zur Verfügung stehenden Zensuserhebungen von 1811 und 1816 lässt sich beobachten, wie tief die demografischen Spuren waren, die vor allem Massenkrankheiten in beiden Kolonien hinterließen.

Diagramm 1a: Struktur der Bevölkerung nach Alter und Geschlecht 1811 – Alexanderhilf

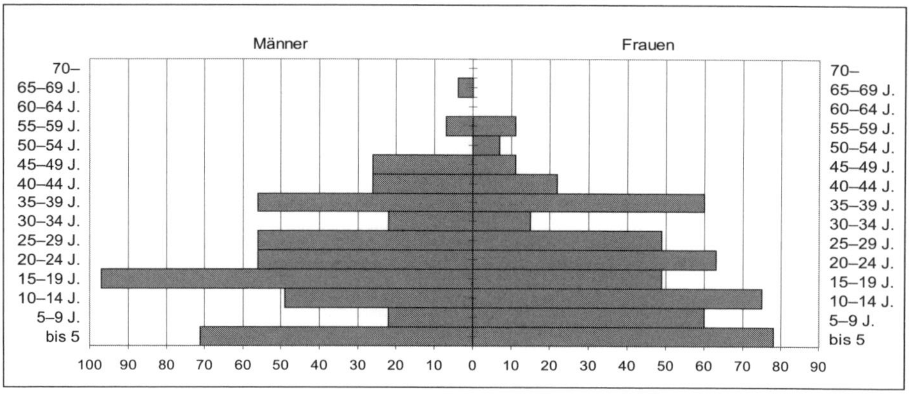

Diagramm 1b: Struktur der Bevölkerung nach Alter und Geschlecht 1811 – Kleinliebental

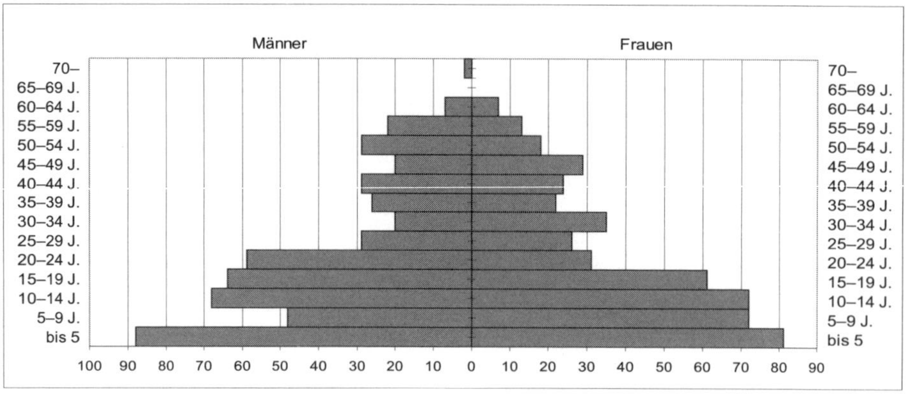

Diagramm 2a: Struktur der Bevölkerung nach Alter und Geschlecht 1816 – Alexanderhilf

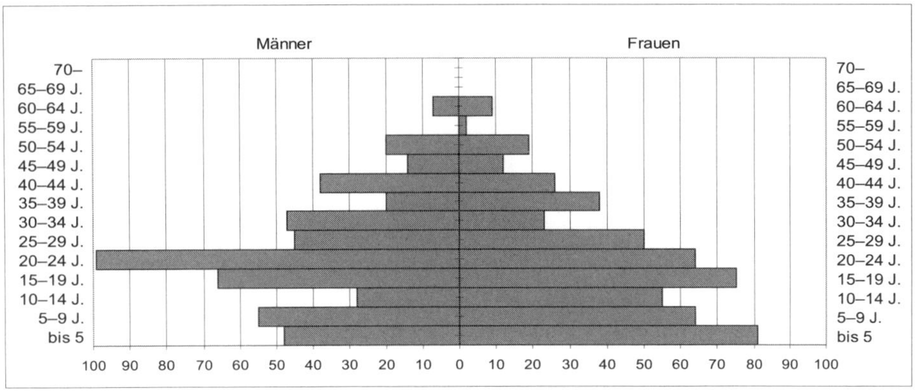

Diagramm 2b: Struktur der Bevölkerung nach Alter und Geschlecht 1816 – Kleinliebental

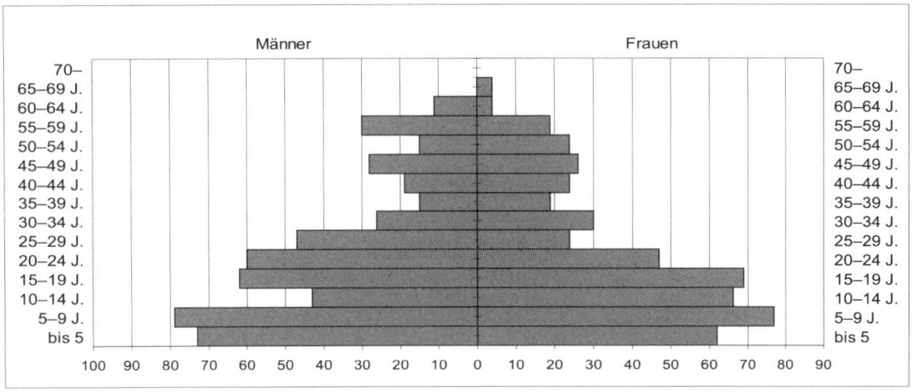

An der Bevölkerungsstruktur der Jahre 1811 und 1816 lässt sich die Wirkung äußerer Faktoren exakt ablesen. In beiden Kolonien gab es zu jener Zeit nur wenige Kinder (schmale Basis der Bevölkerungspyramide), was auf die niedrige Geburtenzahl und hohe Kindersterblichkeit während der Umsiedlung und in den ersten Jahren danach zurückzuführen ist. Ein so geringer Anteil von Kindern an der Gesamtbevölkerung, der dem anderer Altersgruppen gleichkam oder ihn oftmals sogar unterschritt, ist für das zu Anfang des 19. Jahrhunderts vorherrschende Reproduktionsschema höchst ungewöhnlich. Für neu angekommene Migrantengruppen kann dieses Phänomen dagegen eher als typisch gelten.

Neben den Kindern waren junge heiratsfähige Erwachsene am meisten von Verlusten betroffen (vgl. in beiden Diagrammen für 1811 die Altersgruppen von 5 bis 9 Jahren und die Altersgruppen von 10 bis 14 Jahren für 1816 bzw. dementsprechend von 30 bis 34 sowie von 35 bis 39 Jahren in Alexanderhilf). Sogar nach dem Zuzug der „ungarischen“

Siedler[10] waren diese Altersgruppen unterproportional vertreten. Die große Anzahl von Jugendlichen in Alexanderhilf im Jahre 1816 rührt daher, dass die Revisionsbeamten die gesamte Bevölkerung zu erfassen versuchten, darunter auch Personen, die schon längst die Kolonie verlassen hatten. Vermutlich hatte sich der größte Teil dieser jungen Abwanderer in Odessa niedergelassen, war aber weiterhin in Alexanderhilf gemeldet. Daher darf diese Gruppe bei der Untersuchung des Bevölkerungsaufbaus unberücksichtigt bleiben.[11]

Die in den Diagrammen dargestellte Bevölkerungsstruktur kann man dem Typus der stagnierenden Bevölkerung zuordnen. Die schwierigen Bedingungen der Anfangsjahre führten nicht nur zu einem Rückgang der Geburten, sondern waren auch für die Entstehung einer großen Zahl unvollständiger Familien verantwortlich. Dies behinderte wiederum das Bevölkerungswachstum in den folgenden Jahren.

Tabelle 2: Bevölkerungswachstum in den Kolonien Kleinliebental und Alexanderhilf 1809–1871

Kolonie / Jahr	Kleinliebental (gegr. 1803)		Alexanderhilf (gegr. 1805)	
	Familien	Einwohner	Familien	Einwohner
1809	85	428	66	350
1816	82 Wirtschaften	467		345
1809–1816	Wachstum = 0		Rückgang	
1825	82	647	62	501
1835	146	804		527
1825–1835	Wachstum = 23%		Wachstum = 5%	
1850	180	1232		744
1855			111	821
1858	191	1439	111	936
1861		1519		1027
1850–1861	Wachstum = 23%		Wachstum = 38%	
1866				1145
Ende 1871		ca. 1700		1275

10 Alexanderhilf wurde im Jahre 1805 von 38 Familien gegründet. Nach zwei Jahren kamen 17 und 1809 sieben weitere Familien hinzu. Das für 60 Familien vorgesehene Land wurde unter diesen 62 Wirten verteilt. Nach anders lautenden Angaben hatten sich im Jahre 1807 21 Familien, die aus Ungarn eingewandert waren, in Alexanderhilf niedergelassen, sodass dort insgesamt 66 Familien lebten. Jene „ungarischen" Umsiedler stammten ursprünglich aus der Pfalz und hatten rund 20 Jahre in Ungarn verbracht. Sie besetzten frei gewordene Wirtschaften, weil „in den Jahren 1805 und 1806 dieselbe [Kolonie; D. M.] bis auf wenige Personen ausstarb". Vgl. Die deutschen Kolonien in Cherson und Bessarabien. Berichte der Gemeindeämter über Entstehung und Entwicklung der lutherischen Kolonien in der ersten Hälfte des neunzehnten Jahrhunderts, hrsg. v. Georg Leibbrandt. Stuttgart 1926, S. 47.

11 Man muss dabei in Betracht ziehen, dass der Ausgangspunkt für unsere Beobachtungen nicht eine stabile Bevölkerungsgruppe ist, sondern dass wir es in beiden Kolonistengemeinden vielmehr mit einer oft zufälligen Zusammensetzung von verschiedenen, von ihren Gemeinden abgekoppelten, kleineren Gruppen von Ansiedlern zu tun haben.

Wie die Tabelle 2 verdeutlicht, wuchs die Bevölkerung in beiden Kolonien bis 1871 auf das Dreieinhalb- bis Vierfache, in Kleinliebental von 428 Personen im Jahre 1809 auf ca. 1 700 Personen im Jahre 1871. In Alexanderhilf stieg die Einwohnerzahl im gleichen Zeitraum von 350 auf 1 275 Personen.

Erst nach Stagnation in Kleinliebental und sogar Rückgang in Alexanderhilf in den ersten zehn Jahren begann die Bevölkerung langsam zu wachsen. Diese Entwicklung blieb während der ersten Phase allerdings noch in hohem Maße vom wirtschaftlichen Fortschritt abhängig. So verlangsamte sich beispielsweise bei den Katholiken in der Krisendekade 1825–1835 das Bevölkerungswachstum von 38% auf 23%. Die Bevölkerung in Alexanderhilf, die sich nach einer ganzen Reihe von Rückschlägen nur sehr langsam erholte, stagnierte während dieser zehn Jahre mit einem lediglich fünfprozentigen Wachstum.

3. Geburten- und Sterbeziffern

Diese Stagnation, die von Beginn der Ansiedlung bis zur Mitte der 1830er Jahre andauerte, ist in den Diagrammen 3 und 4 deutlich erkennbar: Bis etwa 1835 liegen die Geburten- und Sterblichkeitsziffern nahe beieinander, wobei die Sterbefälle nicht selten die Geburtenzahl übersteigen.

Diagramm 3: Taufen (Geburten) und Begräbnisse (Sterbefälle) in Kleinliebental (Angaben in absoluten Zahlen)

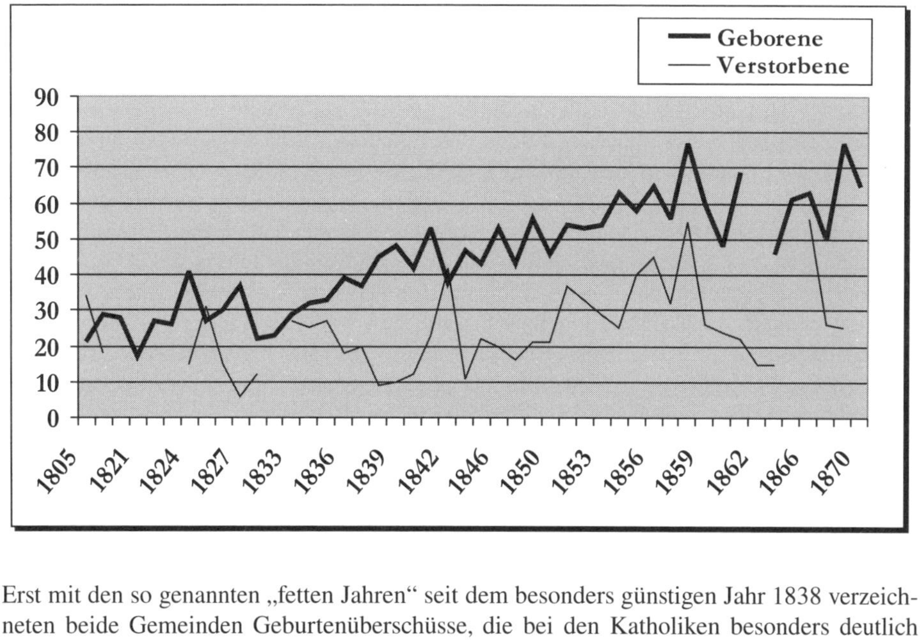

Erst mit den so genannten „fetten Jahren" seit dem besonders günstigen Jahr 1838 verzeichneten beide Gemeinden Geburtenüberschüsse, die bei den Katholiken besonders deutlich zu sehen sind. Sie führten seit dem Ende der 1830er Jahre zu einem Bevölkerungswachstum von jährlich mehr als 3%. Bis etwa 1860 wurde diese kontinuierliche Entwicklung nur manchmal durch epidemisch auftretende Kinderkrankheiten unterbrochen; zum Beispiel starben 1844 in Kleinliebental viele Kinder an den Masern. Bei den Lutheranern in Alexanderhilf führten 1842 eine Masernepidemie und 1852 Halsbräune oder Diphterie zum Anstieg der Sterblichkeit und zu einem Bevölkerungsrückgang.

Diagramm 4: Taufen (Geburten) und Begräbnisse (Sterbefälle) in Alexanderhilf (Angaben in absoluten Zahlen)

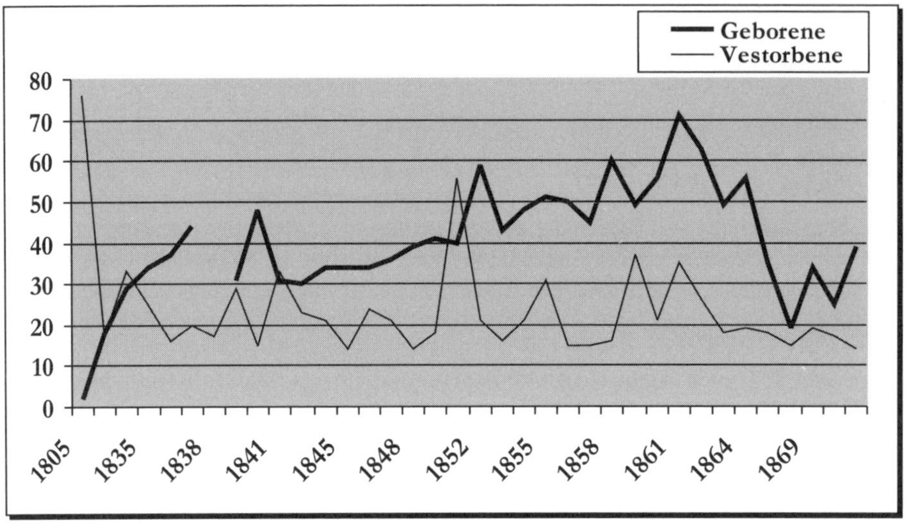

Der letzte Anstieg der Sterblichkeitsrate in den Kolonien wurde während der untersuchten Zeit durch die Cholera verursacht. Soldaten schleppten die Krankheit nach Alexanderhilf ein; Kleinliebenthal war Mitte der 1860er Jahre betroffen, als die Cholera mehrere europäische Länder heimsuchte. Die Epidemie war wie bereits in früheren Fällen aus Asien gekommen und hatte sich über Südeuropa schnell in der gesamten Region verbreitet.

Interessant ist auch, dass die Kolonien von der Choleraepidemie des Jahres 1848 und auch von den späteren Cholera-Epidemien nicht so stark wie die restliche Bevölkerung in den drei neurussischen Gouvernements betroffen wurden. Dies kann wenigstens teilweise auf den wachsenden Wohlstand der Kolonien zurückgeführt werden. Die genannten dynamischen Entwicklungen führten dazu, dass sich die Struktur der Bevölkerung während der 20 Jahre bis zur 10. Revision (1858) stark veränderte.

Im Jahr 1858 wiesen beide Kolonien hinsichtlich Altersaufbau und Geschlechterverteilung eine völlig andere Struktur auf als noch in den Jahren 1811 und 1816 (vgl. Diagramm 5). Der breite Unterbau der Bevölkerungspyramide deutet auf eine hohe Geburtenzahl und damit auf einen hohen Kinderanteil an der Gesamtbevölkerung hin – für die Altersgruppe von bis zu zehn Jahren lag dieser bei fast 20% der Bevölkerung. Das Diagramm zeigt eine regelmäßig geformte Pyramide, wobei die gleichmäßige Abnahme der Anteile der Altersgruppen ohne nichtproportionale Einschnitte verläuft.

Diagramm 5a: Struktur der Bevölkerung nach Alter und Geschlecht 1858 – Alexanderhilf

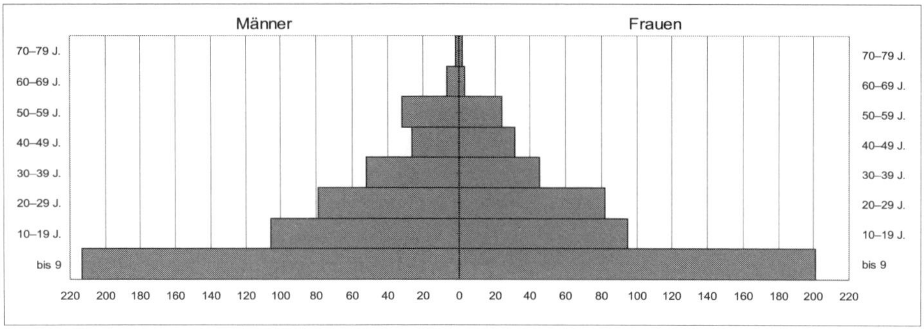

Diagramm 5b: Struktur der Bevölkerung nach Alter und Geschlecht 1858 – Kleinliebental

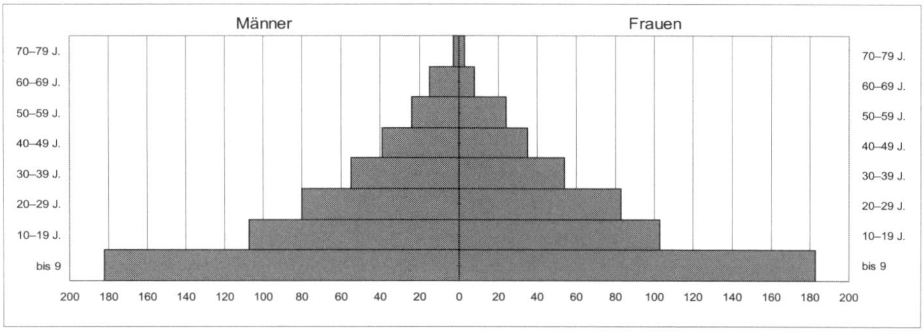

Vergleicht man aber die Geburtenziffer bezogen auf jeweils 1 000 Bewohner der beiden Kolonien, erhält man unerwartete Ergebnisse: Während der 1830er bis 1850er Jahre blieb die stark schwankende Geburtenrate bei den Lutheranern ungewöhnlich hoch, während sie im katholischen Kleinliebental fast immer darunter lag. Für den im Diagramm dargestellten Zeitraum ergab sich in Kleinliebental eine durchschnittliche Geburtenziffer von 45,1‰ gegenüber 52,1‰ in Alexanderhilf. Diese Werte sind bedeutend höher als jene, die Mironov für Lutheraner und Katholiken im europäischen Teil Russlands genannt hat. Nach den von Mironov verwendeten Daten übertraf außerdem die Geburtenziffer bei Katholiken deutlich die der Lutheraner.[12]

12 Die entsprechenden Daten bezogen sich allerdings auf die Jahre 1896–1904, vgl. B.N. Mironov, Social'naja istorija Rossii perioda imperii (XVIII – načalo XX v.). Genezis ličnosti, demokratičeskoj sem'i, graždanskogo obščestva i pravovogo gosudarstva [Sozialgeschichte Russlands während der Reichsperiode (vom 18. bis zum Beginn des 20. Jh.). Genese der Persönlichkeit, der demokratischen Familie, der bürgerlichen Gesellschaft und des Rechtsstaates]. T. 1, S.-Peterburg 1999, S. 207.

Diagramm 6: Geburtenrate in den Kolonien Alexanderhilf und Kleinliebental von 1834 bis 1871 (Taufen [Geburten] je 1 000 Einwohner)

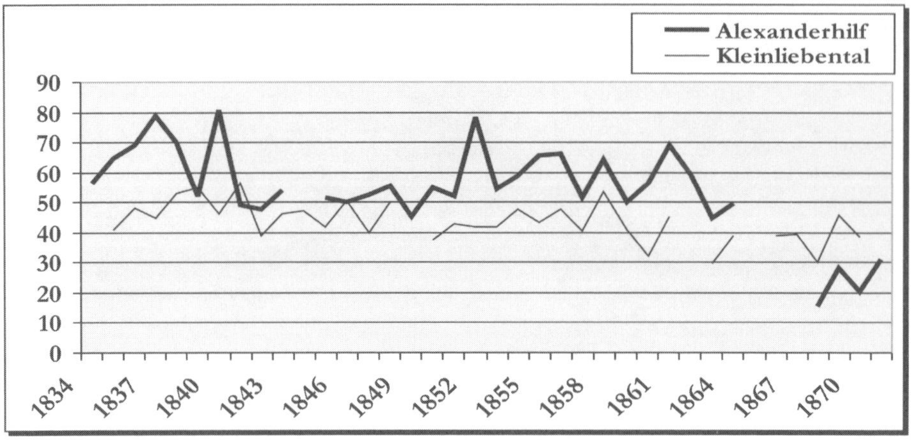

Diagramm 7: Sterbeziffer in den Kolonien Alexanderhilf und Kleinliebental von 1834 bis 1871 (Begräbnisse [Sterbefälle] je 1 000 Einwohner)

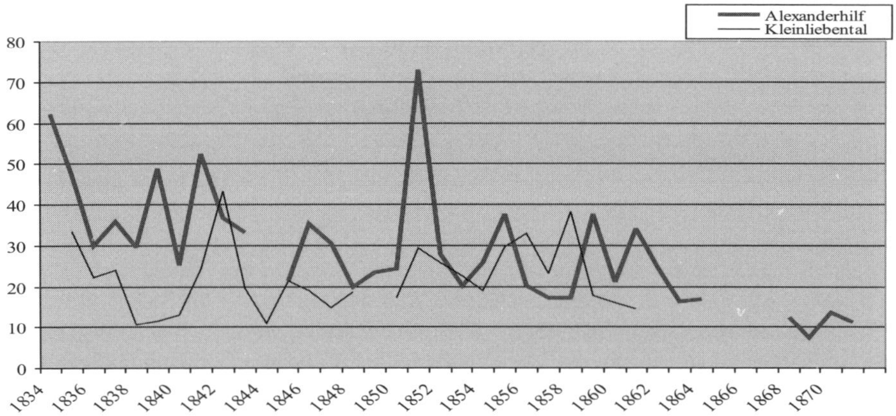

Für den untersuchten Zeitraum ergab sich in Kleinliebental eine durchschnittliche Sterbeziffer von 21,62‰ sowie von 28,75‰ in Alexanderhilf. Dies entspricht einem durchschnittlichen Wachstum der Bevölkerung von 2,35% jährlich für den gesamten untersuchten Zeitraum sowohl für Katholiken als auch für Lutheraner.

4. Säuglings- und Kindersterblichkeit

Tabelle 3 fasst die Daten zur Säuglingssterblichkeit (prozentualer Anteil der Säuglinge, die innerhalb eines Jahres nach der Geburt verstorben sind, an allen Lebendgeborenen) zusammen.

Tabelle 3: Säuglingssterblichkeit in Prozent

Zeitraum	1830er Jahre	1840er Jahre	1850er Jahre	1860er Jahre
Alexanderhilf	17,5	21,3	19,0	20,0
Kleinliebental	14,1	15,5	21,1	13,6

Die Säuglingssterblichkeitsziffern waren deutlich niedriger als die in der Forschung geläufigen Werte.[13] Vermutlich starben viele Kinder kurz nach ihrer Geburt und wurden nicht in den Geburtenregistern verzeichnet. So ist auch die in Kleinliebental scheinbar geringere Säuglingssterblichkeit auf die im Vergleich zur lutherischen Gemeinde ungenauere Bevölkerungszählung bei den Katholiken zurückzuführen, d.h. auf nicht registrierte Sterbefälle bei Säuglingen.[14]

Während des Berichtszeitraums dieser Arbeit bewegten sich Kinder- und Säuglingssterblichkeit im Russischen Reich ständig auf einem sehr hohen Niveau.[15] Im Jahre 1843 entfielen von 1 000 Sterbefällen 528 auf Kinder unter fünf Jahren; der entsprechende Wert betrug in den darauf folgenden Jahren 539 und 531 bzw. 521 im Jahre 1847. Übrigens belief sich auch in Bayern gegen Mitte des 19. Jahrhunderts der Anteil der im ersten Lebensjahr verstorbenen Kinder auf fast die Hälfte aller Sterbefälle und erhöhte sich noch innerhalb der folgenden 50 Jahre.[16] Dabei muss man allerdings beachten, dass in Norddeutschland zu dieser Zeit die Kindersterblichkeit deutlich niedriger war.[17]

Die Erfassung einer individuellen Todesursache (Tabelle 4) war selbstverständlich vom medizinischen Wissensstand und den Möglichkeiten der Diagnose abhängig. Besonders in den ländlichen Regionen, die medizinisch schlechter versorgt waren, wurden die Todesursachen von den Angehörigen oder anderen Laien angegeben, sodass sich hinter einer

13 Vgl. Ingrid Peikert, Zur Geschichte der Kindheit im 18. und 19. Jahrhundert. Einige Entwicklungstendenzen, in: Die Familie in der Geschichte, hrsg. v. Heinz Reif. Göttingen 1982, S. 114-136, hier S. 128 f. Die Angaben für Russland in der Zeit 1867–1881 bei Ansley J. Coale, Human fertility in Russia since the Nineteenth Century. Princeton, NJ 1979, S. 67. Vgl. dazu auch die Angaben über Kinder- und Säuglingssterblichkeit in verschiedenen Regionen Deutschlands, in: John E. Knodel, Demographic Behavior in the Past. A Study of Fourteen German Village Population in the Eighteenth and Nineteenth Centuries. Cambridge 1988, S. 42 ff.

14 Auf das Problem von nicht registrierten Begräbnissen weist Coale hin: Coale, Human fertility (wie Anm. 13), S. 67 f. Nach Schätzungen von Mironov schwankte die Zahl der nicht registrierten Geburten- bzw. Sterbefälle in den Jahren 1789–1873 unter Orthodoxen zwischen 12 und 17% aller Fälle, vgl. Boris N. Mironov, Russkij gorod v 1740–1860-e gody: demografičeskoe, social'noe i ėkonomičeskoe razvitie [Die russische Stadt in den 1740er bis 1860er Jahren: demografische, soziale und ökonomische Entwicklung]. Leningrad 1990, S. 49 ff. Vgl. dazu auch D.N. Antonov u. I.A. Antonova, Metričeskie knigi Rossii XVIII – načala XX v. [Matrikelbücher Russlands vom 18. bis zum Beginn des 20. Jahrhunderts]. Moskva 2006, S. 73 f.

15 Die Daten sind auf der Grundlage von Angaben über die männliche orthodoxe Bevölkerung berechnet. M.F. Spaskij, O vlijanii vnešnich uslovij na dolgoletie [Über den Einfluss äußerer Faktoren auf die Lebenserwartung], in: Sbornik statističeskich svedenij o Rossii [Sammlung statistischer Daten über Russland], hrsg. v. Statističeskoe otdelenie Imp. Russkago Geografičeskogo Obščestva [Statistische Abteilung der Kais. Russischen Geografischen Gesellschaft]. Kn. II, hrsg. v. E.I. Lamanskij. S.-Peterburg 1854, S. 307-322, hier S. 315.

16 Michel Doege, Armut in Preußen und Bayern (1770–1840). München 1991, S. 456.

17 Knodel, Demographic behavior (wie Anm. 13).

Krankheitsbezeichnung eine ganze Reihe von Krankheiten verbergen konnte. Dieses Problem blieb in der Forschung bisher weitgehend ungelöst.

Tabelle 4: Ursachen für die Kinder- und Säuglingssterblichkeit in Alexanderhilf (Angaben in Prozent)

Alter	0-1 Jahr				1-10 Jahre			
Zeitraum	1830er	1840er	1850er	1860er	1830er	1840er	1850er	1860er
Gieht (Giehter)[18]	87,5	85	55	79	21	18,5	15,5	50
Halsbräune			1,3		43	1,8	36	8
Husten (Stick-, Keuchhusen, Stickfluss)	6,3		5	5	28,5		5	4
Auszehrung	6,3	5,4	5	3		3,7	1,2	
Diarrhö		4	5			7	1,2	
Pocken		1,3	3,7					
Masern (Rothe Flecken)		3,8	2,5			40	8,5	
Totgeborene		2,5	7,5	6		3,5	4,5	20
An Zähnen (Zahnfieber)			3,75	1				4
Cholera (Cholerine)							3,5	
Schlagfluss			1,2				1,2	
Typhus							1,2	
Halsgeschwulst			1,2				2,4	
Pocken (Wasserpocken)							1,2	4
Durchfall			2,5					4
Geburtsschwäche, unzeitige Geburt		1,3	1,2					
Halsentzündung			1,3			3,5	1,2	
Nervenfieber			1,2				5	4
Ruhr							2,4	
Krämpfe			1,2	6				4
Starrenfieber							1,2	
Erbrochen			1,2					
Scharlach, Scharlachfieber						1,8	4,5	
Fieber						7,5	4,5	
Fleckfieber						5,5		
Unfall						1,8		4
Starkfluss					7			

18 Hier und im Folgenden sind die Krankheitsbezeichnungen so angegeben, wie sie in den Kirchenbüchern genannt sind. Die Analyse der Ursachen für die Sterblichkeit ist eng mit der Erforschung der Krankheiten verknüpft, von denen die Kolonisten zuweilen betroffen waren. Medizinhistoriker, die sich mit „historischen Diagnosen" beschäftigt haben, gelangten allmählich zu der Schlussfolgerung, dass die in der ersten Hälfte des 19. Jahrhunderts gebräuchlichen Krankheitsbezeichnungen nicht nur ein sprachliches, sondern auch ein medizinisch-terminologisches Problem darstellen, weshalb diese Diagnosen „nur innerhalb ihres Entstehungskontextes interpretiert werden können". Vgl. Johanna Bleker, Die medizinische Funktion des frühmodernen Krankenhauses. Zur Analyse des Diagnosespektrums der Inneren Abteilung des Würzburger Juliusspitals 1819–1829, in: „Ei-

Die meisten Todesfälle in dieser Altersgruppe wurden durch gastro-intestinale Störungen verursacht, was vermutlich auf eine niedrige Stillquote und allgemeine Vernachlässigung der Säuglinge und Kleinkinder zurückzuführen ist. Die niedrige Stillquote gehört zu den langfristigen Faktoren und ist nicht nur als Folge der harten Arbeit der Frauen oder der schlechten Lebens- und Arbeitsbedingungen zu erklären. Die gleiche Erscheinung war auch in Deutschland noch zu Beginn des 20. Jahrhunderts weit verbreitet, und manche Forscher zeigen sich über eine sogar sinkende Stillquote angesichts steigenden Lebensstandards verwundert.

5. Heiratsalter

Eine Analyse des Durchschnittsalters bei der Erstverheiratung zwischen 1834 und 1871 erbrachte für Kleinliebental folgende Ergebnisse: Das mittlere Heiratsalter der Männer lag bei 22,67 Jahren, das der Frauen bei 20,29 Jahren.[19] Das Heiratsalter der deutschen Kolonisten lag höher als das durchschnittliche Heiratsalter in den Gouvernements Cherson und Ekaterinoslav, wo 40-50% Prozent der Frauen bis zum 20. Lebensjahr heirateten. Im Gouvernement Taurien waren es in den Jahren 1867–1870 – das heißt nach dem Auszug der Mehrheit der Tataren, die für traditionell frühere Eheschließungen bekannt waren – sogar über 70%.

Des Weiteren sind erneute Eheschließungen von Interesse, wobei ein möglichst langer Untersuchungszeitraum zugrunde liegen sollte. Der zeitliche Abstand zwischen dem Tode des einen und der erneuten Heirat des anderen Ehepartners ist relativ breit – zwischen einem Monat und vier Jahren. Allerdings fällt auf, dass zwischen 1834 und 1839 jede der erfassten Wiederverheiratungen innerhalb von zehn Monaten nach dem Ableben des Ehepartners vollzogen wurde. In den 40er und vor allem in den 50er Jahren traten verstärkt Intervalle von 15 bis 20 Monaten bis zur Wiederheirat auf – wenn auch die meisten Zweitehen innerhalb eines Jahres geschlossen wurden. Im lutherischen Alexanderhilf lag der Zeitraum zwischen Verwitwung und erneuter Heirat in der Mehrzahl der Fälle zwischen zwei und drei Monaten.

Die gewonnenen Informationen weisen auf einen ziemlich hohen Verbreitungsgrad vorehelicher Verbindungen hin. Die Konstanz dieses Phänomens zeugt von einem hohen Maß an Toleranz sowohl seitens der Gemeindemitglieder als auch der kirchlichen Führung (vgl. Tabelle Nr. 5).

Tabelle 5: Voreheliche Konzeptionen (Mitte 1830er – Anfang 1860er Jahre)

Zeitraum	1830er Jahre		1840er Jahre		1850er Jahre		1860er Jahre		Ø
Kolonie	Eheschließungen	davon mit v.K.	Eheschließungen	davon mit v.K.	Eheschließungen	davon mit v.K.	Eheschließungen	davon mit v.K.	
Kleinliebental	30	5 (16,6%)	54	9 (16,6%)	79	11 (14%)	6	2 (33%)	16%
Alexanderhilf	27	4 (15%)	19	7 (37%)	55	4 (8,3%)	23	2 (9%)	14%

nem jeden Kranken in einem Hospitale sein eigenes Bett". Zur Sozialgeschichte des Allgemeinen Krankenhauses in Deutschland im 19. Jahrhundert, hrsg. v. Alfons Labisch u. Reinhard Spree. Frankfurt a.M. 1996, S. 123-144, hier S. 124 f.

19 Für Alexanderhilf liegen nur lückenhafte Angaben vor.

6. Schlussfolgerungen

Die Untersuchung der Bevölkerungsentwicklung am Beispiel zweier Kolonien gibt uns die Möglichkeit, unsere Vorstellungen aus der mikrogeschichtlichen Perspektive zu ergänzen, wobei dieser Versuch für einige Aspekte, zum Beispiel bei der Analyse der Ursachen der Sterblichkeit, lediglich als ein erster Schritt zu verstehen ist.

Die demografische Entwicklung in beiden Kolonien trägt während der untersuchten Zeit einerseits traditionelle Züge, etwa hohe Geburtenraten, andererseits verweist sie aber auch auf eine niedrigere Säuglingssterblichkeitsrate, die westeuropäischen und deutschen Verhältnissen (süddeutsche Regionen ausgenommen) entspricht. Die Geburtenrate von mehr als 5% jährlich unterscheidet sich aber stark von den Durchschnittswerten für die katholische bzw. protestantische Bevölkerung des Russischen Reiches in der zweiten Hälfte des 19. Jahrhunderts und kann zum Teil durch das weit unter dem westeuropäischen Niveau liegende Heiratsalter und durch kürzere intergenetische Intervalle (Abstand zwischen den Geburten) erklärt werden. Gleichzeitig scheinen andere Erklärungsmodelle – wie die von John Hajnal über die west- und osteuropäischen Heiratsmuster – in mikrogeschichtlichen Studien wie der vorliegenden nur bedingt anwendbar zu sein.[20]

Hinweise auf demografische Transition oder auf den Übergang von traditioneller zu einer modernen Bevölkerungsweise zeichnen sich erst am Ende der 1860er Jahre durch ein rasches Sinken der Geburtenrate in beiden Gemeinden ab. Der weitere Ablauf dieses Prozesses in den bäuerlichen Kolonien Südrusslands soll in künftigen Forschungen untersucht werden.

Die Durchschnittswerte für die Gebürtigkeit, Sterblichkeit, Fruchtbarkeit usw. für die gesamte katholische und protestantische Bevölkerung des Russischen Reiches unterscheiden sich stark von den aus der Mikrostudie gewonnenen Ergebnissen, denn in jene fließen die Daten der deutschen Bevölkerung in den Ostseeprovinzen und in den Städten ein, die über andere demografische Profile verfügten. Sie können daher nicht als Ausgangspunkt für mikrogeschichtliche Studien zur Kolonistenbevölkerung gelten. Für weitere Studien ist es erforderlich, ein Entwicklungsmuster für die Bevölkerung bäuerlicher Kolonien unter Berücksichtigung verschiedener sozialer Gruppen innerhalb der Gemeinden herauszuarbeiten.

Eine der wichtigsten Fragen, die bei solchen Fallstudien immer gestellt wird, ist die nach den konfessionellen Unterschieden. Die Untersuchung hat gezeigt, dass weitgehende Schlüsse vor allem mittels der Analyse der Fruchtbarkeit nur über einen längeren Zeitraum hinweg gezogen werden können. Eine künftige Arbeit soll mit der Familienrekonstitutionsmethode verbunden werden, wobei verschiedene Gruppen der Bevölkerung einer Kolonistengemeinde (Vollwirte, Landlose usw.) unter verschiedenen Blickwinkeln untersucht werden und somit die demografischen Daten mit sozialen Angaben abgeglichen werden.

---

20 Vgl. John Hajnal, European Marriage Patterns in Perspective, in: Population in History. Essays in Historical Demography, hrsg. v. David V. Glass u. David E.C. Eversley. London 1965, S. 141 ff.

Elena Lebedeva

Arbeitsethik und Wirtschaftsverhalten der russischen, deutschen und finnischen Bauern in der St. Petersburger Region

Der vorliegende Beitrag untersucht die Entwicklung des wirtschaftlichen Verhaltens der Bauern, die im Laufe des 19. Jahrhunderts im Gouvernement St. Petersburg lebten. Es soll betrachtet werden, wie die Bauern zu Arbeit, Eigentum und Innovationen standen, und welche Faktoren diese Haltung beeinflussten. Von besonderem Interesse wird das Verhältnis zwischen ethnischen und konfessionellen (endogenen) Einflussfaktoren auf der einen sowie rechtlichen, gesellschaftlichen und ökonomischen (exogenen) Einflussfaktoren auf der anderen Seite sein. Auch das vorhergehende und folgende Jahrhundert werden mitunter gestreift werden.

In der Wissenschaft werden zwei Idealtypen von Arbeitsethik unterschieden: Auf der einen Seite steht die minimalistische oder Subsistenzethik, die traditionellen Gesellschaften eigen ist. Ihr liegt die Vorstellung zugrunde, dass die Befriedigung der existenziellen menschlichen Bedürfnisse das Hauptziel der Erwerbstätigkeit sei. Auf der anderen Seite steht die maximalistische Arbeitsethik, die für industrielle Gesellschaften kennzeichnend ist. Dieser Auffassung zufolge zielt Arbeit auf die Erwirtschaftung eines Überschusses und die Vermehrung von Besitz. Dabei soll der Mensch durch Rationalisierung und Innovationen das größtmögliche Resultat seiner Arbeit erzielen.

Die Merkmale dieser beiden Typen wirtschaftlichen Handelns, die Voraussetzungen und Faktoren ihrer Entstehung werden schon lange in den Gesellschafts- und Wirtschaftswissenschaften diskutiert. Hinsichtlich der russischen Bauern befasste man sich im 19. Jahrhundert aus verschiedenen Perspektiven mit dieser Frage, nachdem deutlich geworden war, welche Schwierigkeiten die Landbevölkerung mit den sozialen und wirtschaftlichen Veränderungen infolge der Großen Reformen der 1860er und 1870er Jahre hatte. In der Sowjetzeit konzentrierte sich die historische Forschung vor allem auf die äußeren (rechtlichen und wirtschaftlichen) Bedingungen für die Bauern. Im Zusammenhang mit den erneuten sozioökonomischen Umwälzungen gegen Ende des 20. Jahrhunderts wuchs das Interesse an dieser Thematik erneut, die russischen Forscher folgten dem Vorbild ihrer westlichen Kollegen und wandten sich nunmehr verstärkt anderen, ökonomisches Handeln beeinflussenden Faktoren zu: der Mentalität, religiösen Weltanschauungen, kulturellen und gesellschaftlichen Stereotypen sowie naturräumlichen Faktoren.[1]

1 Siehe beispielsweise Sovremennye koncepcii agrarnogo razvitija: Teoretičeskij seminar [Moderne Konzeptionen landwirtschaftlicher Entwicklung: Theorie-Seminar], in: Otečestvennaja istorija (1992), H. 5, (1993), H. 2 u. 6; (1994), H. 4-5; (1995), H. 3 u. 4; Boris N. Mironov, Social'naja istorija Rossija perioda imperii (XVIII – načalo XX veka): v 2 tomach [Sozialgeschichte Russlands während der Reichsperiode (vom 18. bis zum Beginn des 20. Jahrhunderts) in 2 Bänden].

Die im Gouvernement St. Petersburg lebenden Bauern sind im Zusammenhang mit dieser Thematik insofern ein interessantes Forschungsobjekt, als sie verschiedene ethnisch-kulturelle, soziale und rechtliche Gruppen repräsentieren. Reformen und Neuerungen wurden von den in der Hauptstadt konzentrierten Verwaltungsbehörden häufig zunächst probeweise in der St. Petersburger Umgebung und dann erst im ganzen Land eingeführt. So lässt sich für diese Region leicht herausarbeiten, wie effektiv die staatlichen Fürsorgebemühungen waren und welchen Einfluss sie auf die Arbeitsethik der Bevölkerung nahmen. Die heterogene Schicht der Landbesitzer im Gouvernement ermöglicht es, verschiedene Varianten der Einflussnahme der Großgrundbesitzer auf das Wirtschaftsverhalten der Bauern herauszuarbeiten. Die Nähe der damals größten Stadt Russlands wirft die Frage auf, wie sehr das Wirtschaftsverhalten der Bauern von Beziehungen zu diesem Markt bestimmt war. Schließlich stellt sich die Frage nach der Bedeutung der ausgesprochen kargen Verhältnisse im Gouvernement auf die landwirtschaftliche Entwicklung der Region.

Da die Großen Reformen der 1860er und 1870er Jahre einschneidende Veränderungen für das gesamte russländische Bauerntum brachten, bietet sich eine Unterteilung des untersuchten Zeitraums in eine Periode vor und nach den Reformen an. Die untersuchte Thematik ist allerdings zu komplex und noch nicht hinreichend erforscht, um im Rahmen dieser Analyse erschöpfend behandelt werden zu können. Der vorliegende Beitrag wird daher nur allgemeine Entwicklungstendenzen aufzeigen können und mitunter auf Schematisierung angewiesen sein.

Ausgewählt wurden drei Gruppen von Bauern in der genannten Region: deutsche Kolonisten (Lutheraner und Katholiken), finnische (lutherische) und russische (orthodoxe) Bauern, wobei der Schwerpunkt auf den deutschen Siedlern liegt. Für alle drei Gruppen (wie auch für das gesamte Bauerntum Russlands) war im 19. Jahrhundert ein Übergang von einem minimalistischen zu einem maximalistischen Wirtschaftsverhalten typisch, wobei Geschwindigkeit und Intensität dieses Prozesses von Gruppe zu Gruppe stark variierten. Zwar ist auch innerhalb der genannten Gruppen jeweils eine Vielzahl an Verhaltensweisen zu beobachten, es ist jedoch möglich, die wichtigsten allgemeinen Tendenzen herauszuarbeiten.

Zunächst fällt auf, dass die deutschen lutherischen Kolonisten im Gouvernement am erfolgreichsten wirtschafteten.[2] Man könnte vermuten, dass dies mit besseren Startbedin-

---

S.-Peterburg 2003; Leonid V. Milov, Velikorusskij pachar' i osobennosti rossijskogo istoričeskogo processa [Der großrussische Ackerbauer und Besonderheiten der russländischen Geschichtsentwicklung]. Moskva 1998.

2 Deutsche Bauern kamen in zwei großen Kolonisierungswellen während der 1760er und 1810er Jahre ins Gouvernement St. Petersburg. Ihre Zahl betrug 1799 1 047, 1827 2 506, 1862 5 120 und 1897 8 088 Personen. Berechnet nach: Rossijskij gosudarstvennyj istoričeskij archiv [Russisches Historisches Staatsarchiv, RGIA], f. 383, op. 29, d. 1138, l. 32, d. 1194; O zanjatijach Komissii po preobrazovaniju obščestvennogo upravlenija i pozemel'nogo ustrojstva inostrannych kolonistov v Rossii [Über die Aufgaben der Kommission zur Neuordnung der Verwaltung und Agrarverfassung für die ausländischen Kolonisten in Russland]. S.-Peterburg 1869, S. 37; Pervaja vseobščaja perepis' naselenija Rossijskoj imperii 1897 g. [Die erste allgemeine Volkszählung des Russischen Reiches von 1897]. Bd. 37: Sankt-Peterburgskaja gubernija [Das Gouvernement St. Petersburg]. St. Petersburg 1903. Die Kolonisten hatten nur einen Anteil von 1% der gesamten Bauern im Gouvernement. In den unmittelbar an die Hauptstadt grenzenden Kreisen (*uezd*), wo ihre Siedlungen dicht beieinander lagen, betrug ihr Anteil allerdings bis zu 5%. Bis zur Revolution kamen zu den 13 Mutterkolonien 30 Tochterkolonien hinzu.

gungen zusammenhängt: Die Kolonisten genossen persönliche Freiheit und das Recht auf lokale Selbstverwaltung,[3] erhielten eine vergleichsweise gute Ausstattung mit Land,[4] Steuerfreiheit für 30 Jahre und vererbten das den Familien zugeteilte Land jeweils ungeteilt an den ältesten Sohn.[5] Bei näherer Betrachtung zeigt sich allerdings, dass der ökonomische Erfolg der Kolonisten in den ersten beiden Jahrzehnten alles andere als zufriedenstellend war.

Die Kolonisten sahen den Grund dafür vor allem in der minderwertigen Qualität ihres Landes. Tatsächlich hatten die russländischen Beamten sie bewusst in die Irre geführt und ihnen Land zugesichert, das mit den „am Rhein liegenden Böden vergleichbar" sei.[6] Aus Sicht der Beamten jedoch waren die Siedler „Schmarotzer", die sich nicht auf Ackerbau umstellen wollten (viele der im Gouvernement und auch anderswo dicht siedelnden Deutschen entstammten der städtischen Unterschicht), die disziplinlos waren, verantwortungslos mit den durch die Krone verliehenen Gütern umgingen, die zu viel tranken und ihren Kredit leichtfertig ausgaben.[7] Die Beamten warfen den Kolonisten vor, Instruktionen und Gesetze zu missachten, und beklagten, dass anständige Landwirte trotz der geltenden Gemeinschaftshaftung weder den Mut noch die Macht hätten, ihre Brüder zur Arbeit zu zwingen und Rechenschaft über die Verwendung des Kredits zu verlangen.[8] Auch die lokalen Selbstverwaltungsorgane kämen ihrer Pflicht[9] zur Wirtschaftsaufsicht nicht nach.

Die Einschätzung der Beamten war nicht unbegründet: In den ersten 15 Jahren nach der Koloniegründung musste jeder dritte Landwirt sein Land aufgeben, da der Geldvorschuss verbraucht und der Hof heruntergewirtschaftet war. 10% der Siedler verließen die Kolonien

3 Siehe Elena V. Bachmutskaja (Lebedeva), Obrazovanie nemeckich kolonij v Sankt-Peterburgskoj gubernii (vtoraja polovina XVIII – načalo XX v.) [Die Gründung der deutschen Kolonien im Gouvernement St. Petersburg (zweite Hälfte des 18. Jh. – Anfang des 20. Jh.)], in: Nemcy v Rossii: Peterburgskie nemcy. Sbornik naučnych statej [Deutsche in Russland: Petersburger Deutsche. Sammelband], hrsg. v. G.I. Smagina. S.-Peterburg 1999, S. 233-245.

4 Dieser Vorteil ging allerdings mit den steigenden Kolonistenzahlen verloren.

5 Das Gesetz von 1764 untersagte den Kolonisten nicht nur die Teilung ihrer Fluren, sondern auch ihre Verpfändung und Veräußerung, „auf dass sie ungeteilt im Besitz der Dorfbewohner verbleiben und der Grund und Boden dieser neuen Siedlungen niemals und unter keinen Umständen in fremde Hände gerate", in: Polnoe sobranie zakonov Rossijskoj imperii [Vollständige Gesetzessammlung des Russischen Reiches]. Sobranie 1-e: S 1649 po 12 dekabrja 1825. Bd. 16, S.-Peterburg 1830, Nr. 12095. Dieses Gesetz war die Grundlage für das später erlassene „Statut über die Kolonien", das die Rechte der Kolonisten an dem ihnen zugewiesenen Land in grundlegender Weise regelte: „Alles Land, das den Kolonisten zur Besiedlung zugewiesen ist, wird ihnen als unanfechtbares und auf ewig erbliches Eigentum zuerkannt, allerdings nicht als persönliches, sondern gemeinschaftliches Eigentum der Kolonie.", in: Svod zakonov Rossijskoj imperii [Gesetzessammlung des Russischen Reiches]. Bd. 12/2, S.-Peterburg 1857, Art. 159.

6 RGIA, f. 487, op. 2, d. 902, l. 1ob.

7 Übrigens erkannten die Prüfbeamten in einigen Fällen an, dass die mageren Erträge weniger mit der Art der Bewirtschaftung als mit den kargen Böden zusammenhingen. So blieben zum Beispiel die an der Ižora siedelnden Kolonisten, obwohl sie in allen Berichten als besonders fleißig hervorgehoben wurden, über mehrere Jahrzehnte hinweg die ärmsten der bei Petersburg siedelnden deutschen Bauern, vgl. RGIA, f. 383, op. 29, d. 1138, ll. 82ob., 87, 162.

8 RGIA, f. 487, op. 2, d. 902, l. 9.

9 Ebenda, f. 383, op. 29, d. 138, ll. 29-31ob., 25-28 (Ustav policii 1765 g. i Instrukcija Carskosel'skoj kontory 1778 g. [Polizeistatut von 1765 und Instruktion des Kontors von Carskoe Selo aus dem Jahr 1778]).

und ließen sich in verschiedenen Städten Russlands nieder.[10] 1780 lieferte eine Inspektion der deutschen Siedlung im Gouvernement durch den Direktor der Kolonien detaillierte Ergebnisse und legte in den hauptstadtnahen Kolonien 30-40% der Hofbesitzer eine „nachlässige Haushaltsführung" zur Last. Das Gesamtvermögen der Kolonisten (61 931 Rubel und 93 Kopeken) betrug nur noch 50% dessen, was für ihre Ansiedlung ausgegeben worden war (121 944 Rubel und 73 Kopeken).[11] Erst in den 1790er Jahren waren die Kolonisten im Petersburger Gouvernement in der Lage, die Grundsteuer und die ersten Zahlungen zur Schuldentilgung zu entrichten.

Da sich die Behörden auf subjektive Ursachen für die lang anhaltende Zahlungsunfähigkeit der Kolonisten konzentrierten (und dabei mitunter objektive Schwierigkeiten und eigene Fehler bei der Organisation der Siedlungen außer Acht ließen), sahen sie die Lösung des Problems in verschärften Zwangsmaßnahmen und Strafandrohungen: Wer „ungehorsam und faul in der Haushaltsführung" sei, müsse Strafarbeit leisten[12] und körperlich gezüchtigt werden. Man müsse „Strenge walten lassen, [die Bauern] zur Arbeit zwingen" und ihnen den täglichen Umfang der Feldarbeiten vorschreiben.[13]

Als sich die wirtschaftliche Situation der Kolonien Ende des 18. Jahrhunderts zu stabilisieren begann und der Kartoffelanbau erste Gewinne abwarf, verbrauchten die Kolonisten den Überschuss, anstatt ihn in ihre Betriebe zu investieren. Ein Revisor bemerkte, die Kolonisten frönten „Lastern, die für die Siedler nicht typisch" seien; einige von ihnen gäben sich „der Trunksucht und Unzucht" hin.[14] Als die Zahl der deutschen Siedler stieg, wanderten die zusätzlichen Arbeitskräfte in die Stadt ab, anstatt neues Land urbar zu machen.

Im Großen und Ganzen war der Einfluss der für die Kolonien zuständigen Behörden auf die Wirtschaftsweise der Kolonisten in der zweiten Hälfte des 18. Jahrhunderts gering. Die Kolonisten erwiesen sich als unfähig, ihr Wirtschaftsleben selbständig effektiv zu organisieren. Dabei war das minimalistische Wirtschaftsverhalten der Siedler nicht weiter erstaunlich: Die deutschen Kolonisten brachten wie die meisten Auswanderer ihre gewohnten Verhaltensmuster mit in die neue Heimat. Für die deutschen Staaten, aus denen sie kamen, waren aber über das gesamte 18. Jahrhundert subsistenzwirtschaftliche Strukturen kennzeichnend.[15]

Die Reformen unter Paul I. (1796–1801) brachten eine erste Besserung der wirtschaftlichen Situation der Kolonisten. Der Durchbruch aber gelang im ersten Drittel des 19. Jahrhunderts, als die staatliche Fürsorge auf ihrem Höhepunkt war. Wenn die Kolonien nun streng kontrolliert wurden und die Verwaltung von ihrem Recht Gebrauch machte, sich in die Besitzverhältnisse der Kolonisten einzumischen, nachlässigen Hofbesitzern den Hof wegzunehmen und Kolonisten in eine andere Siedlung zu schicken, dann geschah dies in dem Bestreben, das den Siedlern übergebene Eigentum zu bewahren, da es diesen erst dann ganz gehörte, wenn sie den Staatskredit abbezahlt hatten. Auch die Kontrolle durch die

10 RGIA, f. 487, op. 2, d. 902.
11 Ebenda, l. 4.
12 Ebenda, l. 7.
13 Ebenda, l. 12.
14 Ebenda, l. 161ob. Übrigens erhielten die Kolonisten erst 1804 zusammen mit den Staatsbauern das Recht, neues Land zu erwerben, um ihre Betriebe zu vergrößern, vgl. Svod zakonov (wie Anm. 5), Bd. 12/2, Art. 166.
15 Siehe z.B. Werner Trossbach, Bauern 1648–1806. München 1993, S. 53-77.

Dorfverwaltung wuchs: Die Schulzen und ihre Beisitzer mussten nun jährliche Berichte mit Produktionszahlen und Kommentaren zur Arbeitseinstellung der einzelnen Hofbesitzer vorlegen. In einem der frühesten Berichte (1807) wurden 80% der Hofbesitzer der drei hauptstadtnahen Kolonien als gute, 10% als mittelmäßige und 10% als schlechte Landwirte eingestuft. Srednjaja Rogatka hatte als reichste der Petersburger Kolonien auch die meisten „Trunkenbolde" (30%), allerdings wirkte sich der Alkoholkonsum bei nur einem Viertel von ihnen negativ auf die Hofbewirtschaftung aus.[16]

Der anhaltenden Abwanderung von Kolonisten in die Stadt versuchten die Behörden mit einer Reihe von gesetzlichen Maßnahmen zu begegnen. Angesichts wachsender Kolonistenzahlen wurden nun auch gleichzeitig Siedler auf Kosten der Krone außerhalb der Kolonien angesiedelt. Kontrolle und Sanktionen verbanden sich mit Unterstützung und Förderung. Hier ist vor allem das Engagement der Freien Ökonomischen Gesellschaft zu erwähnen, die auf eine Eigeninitiative der Bauern setzte.[17] Im ersten Jahrzehnt des 19. Jahrhunderts wurden auf Betreiben der Behörden in den Kolonien einige technologische Neuerungen wie Futteranbau, Felderwirtschaft und Melioration eingeführt. Die Einführung der Neuerungen war freiwillig und erfolgte schrittweise, wie am Beispiel der Felderwirtschaft zu sehen ist, die sich erst über mehrere Jahre bewähren musste, bevor sie von allen Kolonisten akzeptiert wurde. Die drei Bauern, die sich gleich auf das Experiment eingelassen hatten, wurden mit einer Silbermedaille durch Kaiser Alexander I. ausgezeichnet.[18]

Um die Kolonisten zu verantwortungsbewussten Hofbesitzern zu erziehen, legten die Behörden für die zweite Einwanderungsgruppe, die sich ab 1810 bei St. Petersburg niederließ, ein neues System der Kreditvergabe fest. Bei der Verteilung der Gesamtschuld auf die einzelnen Familien wurden nun streng die tatsächlichen Ausgaben der Krone berücksichtigt, und die Einwanderer wurden aufgefordert, die Höhe der jährlichen Rückzahlungsraten selbst festzulegen und damit die eigenen Produktionsmöglichkeiten realistisch einzuschätzen.[19]

Die Verwaltung erkannte den Zusammenhang zwischen Bildung und landwirtschaftlicher Entwicklung und ergriff entsprechende Maßnahmen zur Förderung der Schulbildung in den deutschen Kolonien. Sie regte die Einführung fortschrittlicher Unterrichtsmethoden an und unterstützte Initiativen der Lehrer zur Erweiterung des traditionellen Lehrplans.

Die Maßnahmen der Behörden zeitigten Erfolge: Auch wenn der Lebensstandard in einzelnen deutschen Siedlungen weiterhin niedrig blieb, so konnten die deutschen Kolonisten doch insgesamt schon in den 1820er Jahren weit bessere Wirtschaftszahlen vorweisen als alle anderen Bauerngruppen des Gouvernements. Sie betrachteten ihr Anteilland als Eigentum und betrieben daher einen erheblich höheren Arbeitsaufwand als Mitglieder der Umteilungsgemeinden. Die Bewirtschaftung von einer Desjatine Land machte nach Angaben von Kolonisten in der ersten Hälfte des 19. Jahrhunderts Investitionen von bis zu 800 Rubel erforderlich.[20] In den Kolonien wurden 60-90% des Anteillandes bewirtschaftet, im Gouvernement durchschnittlich dagegen nur 30%. Das Ackerland der Kolonisten hatte in der Regel auch eine bessere Qualität, was sich in einem höheren Pachtzins bemerkbar

16 RGIA, f. 383, op. 29, d. 1138, ll. 250-256ob.
17 Ebenda, f. 91, op. 1, d. 63, 87, 120.
18 Ebenda, f. 383, op. 29, d. 1152.
19 Ebenda, f. 383, op. 29, d. 1138, l. 118ob.
20 Ebenda, f. 383, op. 29, d. 153, ll. 66ob.-67.

machte. Da die Kolonisten in ihrem Land eine Einkommensquelle sahen, aber auch weil sie Familienmitglieder versorgen mussten, die kein Land besaßen, kauften sie bereits seit den 1820er Jahren Land hinzu.

In der ersten Hälfte des 19. Jahrhunderts waren die deutschen Kolonisten die einzige Bauerngruppe der Region, die ausschließlich mit landwirtschaftlicher Produktion beträchtliche Einnahmen erzielte, wie Haushaltszahlen für verschiedene Zeiträume in eindrucksvoller Weise zeigen.[21] Auf der Ausgabenseite eines Kolonienhaushalts war die Betriebsoptimierung und -entwicklung der wichtigste Posten (Kauf von Arbeitsgeräten und Dünger, Entlohnung von Arbeitskräften). Ein großer Teil des Einkommens wurde in gemeinschaftliche Einrichtungen wie Schulen und Verwaltung investiert, aber auch für die Entlohnung einheimischer Bauern zur Erbringung der Naturalabgaben ausgegeben, was als Zeichen rationalen Umgangs mit Arbeits- und Materialressourcen gewertet werden kann.[22] Auffällig sind außerdem die hohen Verbrauchskosten der Kolonisten. Inventarverzeichnisse aus der ersten Hälfte des 19. Jahrhunderts zeigen, dass die Kolonien mehr und hochwertigere Verbrauchsgüter (Kleidung, Schuhe, Hausrat) besaßen, als es damals unter den Bauern üblich war. So bestimmte bald nicht mehr äußere Kontrolle, sondern innere Motivation das Wirtschaftshandeln der Petersburger Kolonisten und trieb diese zu Höchstleistungen an.

Dass dem so war, zeigte sich in den Tochterkolonien, wo – obwohl die Verwaltung dort keine Kontrolle ausübte – genauso hohe Erträge erwirtschaftet wurden wie in den Mutterkolonien. Als Vertreter der obersten Behörden Anfang der 1840er Jahre die Abschaffung jeglicher Vormundschaftsbehörden genehmigten und die Kolonien unter die Zuständigkeit des Ministeriums der Staatsdomänen stellten, sprachen sie vom Arbeitseifer der Deutschen, die „für ihren Fleiß und ihre vorbildlichen Einrichtungen bekannt" seien, wie von einer Selbstverständlichkeit.[23] Damals wurde auch der Vorschlag gemacht (aber nicht umgesetzt), die Söhne der Staatsbauern auf Staatskosten in die Kolonien zu schicken, damit sie sich dort die fortschrittlichen Wirtschaftsmethoden der Kolonisten aneigneten.

---

21 1831 wurden laut dem Bericht des Inspektors der Petersburger Kolonien 49 470,5 Četvert' Kartoffeln geerntet (d.h. etwa 103 840 Hektoliter bzw. 101,7 Hektoliter pro „Revisionsseele"). Davon wurden 20% als Saatgut zurückbehalten, 20% für den eigenen Verzehr bestimmt und 60% auf dem Markt verkauft. Aus dem Verkauf wurden 148 035 Rubel erzielt, was 84% des gesamten landwirtschaftlichen Einkommens der Kolonien entsprach. Den Rest stellten Erlöse aus dem Verkauf von Fleisch und Geflügel dar. Die Kolonien insgesamt verfügten über ein Einkommen von 177 253 Rubel, jeder männliche Einwohner damit über 173,60 Rubel. Die Summe aller zu entrichtenden Steuern und Schuldenrückzahlungen betrug 24 626,87 Rubel, die Summe der Abgaben an die Gemeinde 19 821,29 Rubel und die gemeinsamen „Wirtschaftsausgaben" 86 904 Rubel. Nach Abzug dieser Posten blieb der Kolonie eine Summe von 45 900 Rubel, bzw. jedem männlichen Einwohner ein Betrag von 44,95 Rubel, vgl. RGIA, f. 383, op. 29, d. 1200. 1852 hatten die Bewohner der Srednjaja Rogatka („Zweiundzwanziger Kolonie") ein Gesamteinkommen von 18 501,24 Rubel, das sich aus folgenden Quellen zusammensetzte: Verkauf landwirtschaftlicher Produkte: 92,6%, Verpachtung von Gemeindeland: 1,8%, Handwerksleistungen: 5,6%. Sie hatten Abgaben und Zahlungen von insgesamt 637 Rubeln und 6,5 Kopeken zu leisten, was 3,4% der gesamten Einnahmen entsprach, vgl. RGIA, f. 1589, op. 2, d. 125, l. 142. Die geringe Höhe der Ausgaben erklärt sich dadurch, dass die Kolonisten von Srednjaja Rogatka ihren Kredit zu diesem Zeitpunkt bereits getilgt hatten, während andere Kolonien noch Jahrzehnte später Zahlungen leisteten.

22 Diese Ausgaben waren nicht zuletzt dank der erwähnten niedrigen Besteuerung möglich.

23 RGIA, f. 1589, op. 2, d. 372, l. 29.

Somit schufen Marktorientierung, Spezialisierung, die geschickte Wahl einer Marktnische, Steuererleichterungen, ein erbliches Landnutzungsrecht (begünstigt durch die Verteilung neuer Parzellen) und vor allem eine effektive Förder- und Kontrollpolitik günstige Voraussetzungen für die Entstehung einer maximalwirtschaftlichen Arbeitsethik in den hauptstadtnahen deutschen Kolonien.

Ganz anders als in den beschriebenen lutherischen Kolonien sah es im Südwesten des Gouvernements aus, wo sich 1766 katholische Auswanderer aus der Pfalz in der Nähe der Kreisstadt Jamburg zu den gleichen Ansiedlungsbedingungen niedergelassen und mit noch größeren Anfangsschwierigkeiten zu kämpfen hatten. Viele Kolonisten hatten mit der Landwirtschaft keinen Erfolg und verlegten sich auf Webarbeiten, zwei Drittel von ihnen wurden in den 1790er Jahren nach Südrussland umgesiedelt. Als die Leitung der nördlichen Kolonien ihre Kontrolle in den 1820er Jahren verschärfte, besserte sich die wirtschaftliche Situation der Jamburger Kolonisten. Jetzt waren sie zwar produktiver als ihre Nachbarn, blieben aber immer noch die ärmste Gruppe unter den Kolonisten und kamen über naturalwirtschaftliche Wirtschaftsformen nicht hinaus, wie einem Inspektionsbericht zu entnehmen war.[24] Nach Abschaffung der Leitung der nördlichen Kolonien verschlechterte sich die Situation jedoch bald wieder. Als die Domänenkammer Mitte der 1840er Jahre auf die Armut der Jamburger Kolonien aufmerksam wurde und Beamte zur Inspektion der Siedlungen entsandte, stellten diese fest, dass „das Leben der Jamburger Kolonisten durch große Armut gekennzeichnet ist: Die Häuser und Wirtschaftsgebäude sind größtenteils zerstört, viele Hofbesitzer haben weder Pferde noch landwirtschaftliche Geräte, ja nicht einmal Vieh. Es gibt kein Handwerk, und der Gemüseanbau deckt kaum den eigenen Bedarf (...).“[25]

Auf den Zusammenhang zwischen wirtschaftlicher und moralischer Verfassung hinweisend (wobei hier nur schwer die Ursachen von den Folgen zu trennen sind), bemerkten die Inspektoren, dass „der Sittenverfall als Folge der Armut so weit fortgeschritten ist, dass sechzehn der vierzig Hofbesitzer durch übles Verhalten und Trunkenheit auffallen und strenger Korrektivmaßnahmen bedürfen.“[26] Unter dem Eindruck dieses Berichts ordnete Nikolaus I. an, den Jamburger Kolonisten die schon lange nicht mehr bezahlte Grundsteuer zu erlassen, abermals einige von ihnen nach Südrussland umzusiedeln und einen Unteroffizier mit der Leitung der schon lange nicht mehr funktionierenden lokalen Verwaltung zu betrauen.

Wie war es zu dieser Situation gekommen? Welche Faktoren spielten da eine Rolle? Nicht nur im Gouvernement St. Petersburg, sondern in allen größeren Ansiedlungsgebieten fiel auf, dass die lutherischen Kolonisten wirtschaftlich erfolgreicher waren als die Katholiken. Ein wichtiger äußerer Faktor war die Entfernung der Jamburger Kolonien von den Absatzmärkten der Hauptstadt. Andererseits hätte es auch in ihrer Region Absatzmöglichkeiten gegeben. Im Übrigen ging es in diesem Fall weniger darum, dass die Kolonisten ihre Produkte nicht vermarkten konnten. Vielmehr waren sie nicht in der Lage, für das eigene Lebensminimum zu sorgen. Der Kreis Jamburg besaß darüber hinaus bessere Böden und ein günstigeres Klima als der Rest des Gouvernements und war die einzige Region, die ihren Getreidebedarf selbst decken konnte (ein Teil des Korns wurde sogar über die Ostseehäfen exportiert). Die einheimischen Bauern profitierten von der Nähe Estlands, das direkt an

24 Ebenda, f. 383, op. 29, d. 1200, l. 4ob.
25 Ebenda, f. 1589, op. 2, d. 336, ll. 8ob.-9.
26 Ebenda.

den Jamburger Kreis grenzte und landwirtschaftlich besser entwickelt war, aber Gleiches kann – glaubt man dem Bericht der Domänenkammer – nicht von den deutschen Kolonisten behauptet werden. Statistische Daten zeigen, dass die landwirtschaftliche Entwicklung der Jamburger Kolonien vom ausgehenden 18. Jahrhundert bis zur Mitte des 19. Jahrhunderts in allen Bereichen weit hinter den anderen Kolonien des Gouvernements zurücklag.[27]

Die weitere Entfernung zur Hauptstadt spielte wohl eher insofern eine Rolle, als sie eine systematische Kontrolle durch die Verwaltung erschwerte. Im Unterschied zu den hauptstadtnahen lutherischen Kolonien, wo der Einfluss der Behörden mit der Zeit nachließ und die Erträge dennoch stabil blieben, lässt sich in den Jamburger Kolonien noch bis zur Mitte des 19. Jahrhunderts ein enger Zusammenhang zwischen der Intensität der Kontrolle und den wirtschaftlichen Ergebnissen der Kolonisten feststellen. Vielleicht wurde die Nachlässigkeit der Jamburger Kolonisten nicht zuletzt durch die Behörden selbst verstärkt, als diese ihnen 1793 sämtliche Kreditschulden erließen und einen Grundsteuerbetrag festlegten, der noch unter dem der anderen Kolonien lag (wobei die Kolonisten nach Abschaffung der Verwaltung für die nördlichen Kolonien selbst diese ohnehin geringe Grundsteuer nicht mehr zahlen wollten und sich damit durchsetzten).[28]

Die Kombination der genannten Faktoren führte dazu, dass die Jamburger Kolonisten trotz des gleichen Rechtsstatus, des gleichen Landnutzungsrechts und noch weitergehender Privilegien bei weitem nicht die Leistungen ihrer bei Peterburg siedelnden Landsleute aufweisen konnten, sondern in ihrer Wirtschaftsweise eher mit den russischen Bauern vergleichbar sind.

Interessant erscheint hier ein Vergleich mit dem Wirtschaftsverhalten der Bauern in deutschen Staaten. Untersuchungen zeigen, dass die intensiven Modernisierungsversuche einiger Länder in der zweiten Hälfte des 18. und ersten Hälfte des 19. Jahrhunderts kaum Erfolg hatten, was Forscher unter anderem auf eine mangelnde Rationalisierungs- und Innovationsbereitschaft der Bauern zurückführen und Reformer veranlasste, der Landbevölkerung Borniertheit und Trägheit vorzuwerfen.[29]

---

27 Aus Berichten der lokalen Selbstverwaltungsorgane geht hervor, dass die Zusammensetzung der Getreidesaat Ende der 1820er Jahre in den Jamburger Kolonien vergleichsweise ausgewogen war (40% Roggen, 45% Hafer und 13% Gerste); pro Revisionsseele wurde nicht mehr als 1 Četvert' Kartoffeln (etwa 2,1 Hektoliter) angebaut, während die Wirtschaften der unmittelbar bei Petersburg siedelnden Kolonisten bereits einen hohen Spezialisierungsgrad aufwiesen. Diese bauten 90% Hafer und nur 10% Roggen an und setzten rund 8 Četvert' (knapp 17 Hektoliter) Kartoffeln pro Revisionsseele. Der mittlere Ernteertrag betrug in den Petersburger und Jamburger Kolonien entsprechend für Roggen das Achtfache bzw. Vierfache der Aussaat, für Kartoffeln das Zehnfache bzw. Achtfache der Aussaat (Berechnungen der Autorin nach: RGIA, f. 383, op. 29, d. 1194, l. 200).

28 RGIA, f. 383, op. 29, d. 1138, l. 11ob.

29 Siehe z.B. Ulrike Laufer, Bäuerliche Bildungs- und Innovationsbereitschaft im Urteil von Beamten und Notabeln am Beispiel der bayerischen Pfalz, in: Landgemeinden im Übergang zum modernen Staat. Vergleichende Mikrostudien im linksrheinischen Raum, hrsg. v. Norbert Franz, Bernd-Stefan Grewe u. Michael Knauff. Mainz 1999, S. 255-278; Lutz Raphael, Staat im Dorf. Transformation lokaler Herrschaft zwischen 1750 und 1850: Französische und westdeutsche Erfahrungen in vergleichender Perspektive, in: Zeitschrift für Agrargeschichte und Agrarsoziologie 51 (2003), S. 47-52.

Die russischen und finnischen Bauern können in der Zeit vor den Reformen, abgesehen von einigen geringfügigen Unterschieden, als eine gemeinsame Gruppe betrachtet werden. Die finnischen Bauern waren infolge der Annexion der schwedischen Provinz Ingermanland[30] nach dem Großen Nordischen Krieg (1700–1721) zu Untertanen des Russischen Reiches geworden. Anders als die deutschen Kolonisten, die eine gesonderte Rechtsgruppe innerhalb der Landbevölkerung Russlands darstellten, waren sie in sozialer, rechtlicher und wirtschaftlicher Hinsicht völlig in das Land integriert und besaßen dieselben Rechte wie die russischen Bauern.[31] Sie unterschieden sich aber sehr wohl in Sprache und Religion von der russischen Bevölkerung. Anfang des 18. Jahrhunderts waren sie bereits seit 200 Jahren Lutheraner. Das 1721 im Frieden von Nystad ausgehandelte Recht auf freie Religionsausübung wurde von der russländischen Verwaltung in vollem Umfang respektiert. Dass die Lebensweise der Finnen von ihrer ethnischen und religiösen Zugehörigkeit geprägt war, steht außer Zweifel, allerdings galt das vor allem für den geistigen Bereich. Für ihr Wirtschaftshandeln war dagegen entscheidender, zu welcher Kategorie von Bauern sie gehörten, denn diese bestimmte ihren Rechtsstatus, den Grad ihrer Autonomie und die Art der Belastung (Zins oder Fron). Von den deutschen Kolonisten unterschieden sich die russischen und finnischen Bauern durch einige Rechtseinschränkungen, eine höhere Besteuerung und die Bedingungen der Umteilungsgemeinde, deren Kennzeichen kollektive Landnutzung, regelmäßige Umverteilung des Bodens, Flurzwang und die Solidarhaftung waren.

Die Zahl der im Gouvernement St. Petersburg vertretenen verschiedenen bäuerlichen Stände (*soslovija*) war größer als in anderen Regionen. Gleichzeitig gab es auch nirgendwo mehr Leibeigene: Über 70% der Landbevölkerung waren im 19. Jahrhundert persönlich und wirtschaftlich von einem Gutsherren abhängig. 10% der Bauern unterstanden dem Apanagenamt (*udel'noe vedomstvo*), das die Besitztümer der Zarenfamilie verwaltete. Weitere 10% waren Staatsbauern, die verschiedenen Rechtskategorien angehörten.

Die Staatsbauern, von denen über 80% Russen waren, hatten noch den besten Status unter den genannten Gruppen: Persönliche Freiheit und der verhältnismäßig niedrige Zins (*obrok*, im 19. Jahrhundert durchschnittlich nur 25% des Reinertrags) gaben ihnen die Möglichkeit, eine relative wirtschaftliche Unabhängigkeit zu erlangen. Durch die Nähe zu

30 Ingermanland (russ.: Ižorskaja zemlja) heißt eine Landschaft im Nordwesten Russlands, die Russland 1617 im Frieden von Stolbovo an Schweden abtreten musste. Im 17. Jahrhundert siedelten dort Bauern aus verschiedenen Gebieten des zum Schwedischen Reich gehörenden Finnland. Infolge der Niederlage Schwedens im Großen Nordischen Krieg (1700–1721) kam das Gebiet zurück an Russland und wurde Teil des Gouvernements St. Petersburg.

31 In den 1730er Jahren waren rund 40% der im Gouvernement lebenden Bauern Finnen. Danach sank ihr Anteil an der Gesamtzahl der Bauern bei steigenden absoluten Zahlen. Mitte des 19. Jahrhunderts betrug ihre Zahl ca. 70 000, 1897 waren es 107 006 (15,5%) und 1920 120 388 Personen, vgl. S.M. Troickij, O nekotorych istočnikach po istorii zemlevladenija v Ingermanlandii v pervoj polovine XVIII veka [Über einige Quellen zur Geschichte des Landbesitzes in Ingermanland in der ersten Hälfte des 18. Jahrhunderts], in: Istočnikovedčeskie problemy istorii narodov Pribaltiki [Quellenkundliche Probleme der Geschichte der baltischen Völker]. Riga 1970, S. 117 ff.; L.V. Vyskočkov, Ob ėtničeskom sostave sel'skogo naselenija Severo-Zapada Rossii (vtoraja polovina XVIII–XIX vv.) [Zur ethnischen Zusammensetzung der Landbevölkerung im Nordwesten Russlands (zweite Hälfte des 18. bis 19. Jh.], in: Peterburg i gubernija: Istoriko-ėtnografičeskie issledovanija [Petersburg und das Gouvernement. Historisch-ethnografische Forschungen], hrsg. von N.V. Juchneva. Leningrad 1989, S. 123.

St. Petersburg verlagerte sich die Tätigkeit der Staatsbauern von der Produktion zu Handel und Industrie, womit bei geringerem Arbeitsaufwand ungleich höhere Einkommen erzielt werden konnten. Bereits in den 1840er Jahren lebten 16% der Staatsbauern von Erträgen aus Industrie und Handel, gegenüber 10% der gutsherrlichen Bauern und einem noch kleineren Prozentsatz der Apanagenbauern, deren Möglichkeiten durch Restriktionen des Apanagenamtes beschränkt waren.[32] Die neuen Einkommensquellen bildeten die Grundlage für eine soziale Ausdifferenzierung der dörflichen Gesellschaft, die in den Staatsdörfern stärker war als in den Apanagen und den Dörfern der Gutsherren. 1844 gehörten den Staatsbauern des Gouvernements 45 Industriebetriebe mit insgesamt 1 015 Arbeitern.[33] Im Unterschied zum Apanagenamt sah die für die Petersburger Staatsdörfer zuständige Domänenkammer (*palata gosudarstvennych imuščestv*) ihre Aufgabe nicht darin, „die Bauern auf die Äcker zu setzen und ihre Arbeit zu überwachen, so wie es bei den Gutsherren der Fall ist“, sondern darin, „zwar die Landwirtschaft zu fördern, aber gleichzeitig auch die freie Arbeit im Industriegewerbe und Handel zu unterstützen“, so jedenfalls der Leiter der Behörde P.D. Kiselev.[34]

Wer als Staatsbauer die Wahl hatte, unternehmerische Fähigkeiten besaß und einen Überschuss erwirtschaften wollte, tat das also nicht zugunsten der landwirtschaftlichen Produktion. Sicher lockte auch die Aussicht, in der Stadt von den Zwängen der Dorfgemeinde befreit zu sein. Diese Industrie und Handel treibenden Bauern waren auch äußerlich durch einen gepflegteren Lebensstil zu erkennen. Es spricht für sich, wenn Reisende die wohlhabenderen staatlichen Dörfer am Ladoga-Kanal als „halbdeutsch“ empfanden.[35]

Schlechter hatten es die gutsherrlichen Bauern, zu denen der überwiegende Teil der Landbevölkerung gehörte, sowie die Apanagenbauern. Beide Gruppen hatten wenig Rechte und kaum Möglichkeiten, sich ihre Arbeit selbst auszusuchen, da sie normalerweise zur Landbestellung verpflichtet waren. Unternehmerischen Initiativen stand aber vor allem die übermäßige Belastung der Apanagenbauern und insbesondere der gutsherrlichen Bauern durch Zins- oder Fronpflichten entgegen. Sowohl der Umfang der Fronarbeit (*barščina*) als auch die Höhe des Zinses lagen im Gouvernement über dem Reichsdurchschnitt. Verbreitet war hier auch eine Mischform, bei der sowohl Fron- als auch Zinspflicht bestand.

Auch innerhalb der Kategorie der leibeigenen Bauern gab es Unterschiede, die mit der Größe des Gutes, der Art der Last, die der Bauer zu tragen hatte, aber vor allem der wirtschaftlichen Initiative des Grundherren zusammenhingen.[36] Dort, wo ein Grundbesitzer marktorientiert wirtschaftete, waren die Bauern fronpflichtig und hatten somit grundsätzlich geringe Möglichkeiten, das Gut zu verlassen oder den eigenen Betrieb auszubauen. Allerdings besaßen die Bauern auf großen Gütern dieses Typs mehr Selbständigkeit; ihr Wohlstand war von der Ertragsstärke der eigenen Betriebe abhängig. Infolgedessen kam es hier zu einer sozialen Ausdifferenzierung, bei der „arme“ Bauern „reichen“ gegenüber-

32 L.V. Vyskočkov, Gosudarstvennye krest'jane Sankt-Peterburgskoj gubernii v predreformennyj period (1836–1866) [Staatsbauern im Gouvernement St. Petersburg vor den Großen Reformen (1836–1866)]. Diss. kand. ist. nauk. Leningrad 1980, S. 159.

33 Ebenda.

34 RGIA, f. 1589, op. 1, d. 729, ll. 58-58ob.

35 Vyskočkov, Gosudarstvennye krest'jane (wie Anm. 32), S. 164.

36 Dazu ausführlicher: G.M. Sedova, Pomeščič'i krest'jane Severo-Zapada Rossii v pervoj polovine XIX veka [Gutsherrliche Bauern des russischen Nordwestens in der ersten Hälfte des 19. Jahrhunderts]. Diss. kand. ist. nauk. Leningrad 1989 (unveröffentlichtes Manuskript).

standen. Auf den mittleren und kleinen Gütern, und diese waren in der Mehrheit, war das Verhältnis zwischen Grundherr und Bauern paternalistischer und persönlicher als auf den großen Gutshöfen. Der Grundherr übte eine stärkere Kontrolle aus, bot aber auch mehr Fürsorge und Unterstützung. Der Lebensstandard der Bauern variierte infolgedessen kaum. Den meisten Bauern stand ein Hof mit ein bis zwei Pferden zur Verfügung. Keinen Frondienst gab es dort, wo der Grundherr keinen eigenen Betrieb führte und das gesamte Land den Bauern gegen Zahlung eines Zinses zur Nutzung überließ. Einkünfte erzielten die Bauern hier durch den Verkauf ihrer Produkte oder durch Saisonarbeit. Zinspflichtige Bauern waren wirtschaftlich besser gestellt als fronpflichtige.

Die Mehrheit der finnischen Bauern waren Leibeigene, die Fronarbeit leisten mussten. Zudem lagen die Siedlungsgebiete der Finnen in Regionen, die, selbst gemessen an den kargen Verhältnissen des Nordwestens, besonders ertragsarm waren. Damit hatten die Finnen von den drei hier untersuchten Nationalitäten die ungünstigsten rechtlichen und sozioökonomischen Rahmenbedingungen in der Zeit vor den Großen Reformen.

Anders als die deutschen Kolonisten wollten die meisten russischen und finnischen Bauern nicht mehr als ein Einkommen, das ihnen die Zahlung der Kopfsteuer und die Deckung ihrer minimalen Bedürfnisse ermöglichte. Die Bodenbewirtschaftung war extensiv, man verwendete primitive Arbeitsgeräte, die seit Jahrhunderten nicht weiterentwickelt worden waren, bearbeitete den Boden nur oberflächlich und praktizierte neben der traditionellen Dreifelderwirtschaft auch Brandrodung.

Der Staat, das Apanagenamt und ein Teil der Gutsherren unternahmen in den ersten Jahrzehnten des 19. Jahrhunderts Anstrengungen, die Produktivität der Bauernwirtschaft auf ihren Ländern zu steigern und direkt auf die Wirtschaftsweise der Bauern einzuwirken. Die besondere Intensität der Einflussnahme hing mit der Nähe zur Hauptstadt und der direkten Kontrolle der Herrscher über die Staats- und Domänendörfer in der Region zusammen.[37] Die Strategie war die gleiche, die schon gegenüber den Kolonisten angewandt worden war: Einführung moderner Agrartechnik, Förderung des Kartoffelanbaus, verstärkte Viehwirtschaft und Rationalisierung. Allerdings waren die Anstrengungen weit weniger erfolgreich, was einerseits auf die unterschiedlichen Rahmenbedingungen, andererseits auf den aktiven oder passiven Widerstand der Bauern gegenüber den Neuerungen zurückzuführen war.

Der Widerstand der Bauern lag überwiegend in ihrer traditionellen Mentalität begründet. In einigen Fällen zeugte er aber weniger von Starrsinn, sondern vielmehr von der Einsicht, dass eine Neuerung unter den geltenden Umständen nicht zu dem gewünschten Ergebnis führen würde: Als beispielsweise Ende der 1820er Jahre den Bauern der Apanagendörfer auf gemeinsam zu bearbeitenden „Musterfeldern" moderne Wirtschaftsmethoden beigebracht werden sollten, sahen die Bauern in der Aktion, die von Beamten überwacht wurde und sie von der Arbeit auf den eigenen Feldern abhielt, lediglich eine neue Form der Fronarbeit. Die neuen Felder konnten ohne intensive Düngung keine hohen Erträge bringen, die Bauern besaßen aber kaum genug Dünger für ihre eigenen Felder. Für mehr Dünger hätten sie

37 Die Domänenkammer von St. Petersburg, seit 1830 verantwortlich für die Verwaltung der Staatsdörfer im Gouvernement, unterstand direkt der 5. Abteilung der persönlichen Kanzlei Seiner Kaiserlichen Hoheit. Wenn die Zarenfamilie strenge Kontrolle auf ihrem Apanagen- und Hofland walten ließ, geschah dies unter anderem in der Absicht, den privaten Landherren eine in ihrer Effizienz vorbildliche Gutsverwaltung vorzuführen.

mehr Vieh und für mehr Vieh mehr Heu gebraucht.[38] Aus ähnlichen Gründen scheiterte der Versuch der Domänenkammer, eine ertragreichere, und das hieß größere Rinderrasse in einem Dorf einzuführen – die normalerweise erzielten Getreideerträge hätten nicht für das Futter der Tiere ausgereicht.[39]

In den seltenen Fällen, in denen sich die Einflussnahme der Behörden nicht auf vereinzelte Optimierungsmaßnahmen beschränkte, sondern eine grundlegende Umstrukturierung des Betriebs bewirkte, war sie auch in den russischen Dörfern erfolgreich. So wurde 1832 auf Initiative des Apanagenamtes eine Landwirtschaftsschule für Bauernkinder gegründet, nach deren Abschluss die Absolventen eigene Parzellen, so genannte „Musterhöfe", zugeteilt bekamen. Die Praxis zeigte, dass die Schulabgänger in diesen Betrieben, wo sie dieselben Methoden wie die deutschen Kolonisten anwandten, hohe Erträge erzielten. Wenn sie aber in die Dorfgemeinschaft zurückkehrten, trafen sie auf Schwierigkeiten, die es ihnen unmöglich machten, die neuen Kenntnisse anzuwenden.[40]

Offenbar konnte also die Veränderung einzelner innerer und äußerer Bedingungen (hier das Bildungsniveau und die Art der Landbewirtschaftung) ausreichen, damit die Bauern – unabhängig von ihrer nationalen oder religiösen Zugehörigkeit – eine positive Einstellung zu Arbeit und Innovation gewannen und ihre Produktivität steigerten.

Auch unter den Verhältnissen der Leibeigenschaft und der Umteilungsgemeinde war maximalwirtschaftliches Handeln möglich, wenn ganz bestimmte Bedingungen – in der Regel die Nähe des Petersburger Marktes – gegeben waren. Die Hofbauern des Kreises Carskoe Selo belieferten zum Beispiel schon seit der Mitte des 18. Jahrhunderts den Petersburger Markt und die kaiserlichen Residenzen in großem Stil mit Gartenerzeugnissen und Beeren.[41] Auch die leibeigenen Bauern und Staatsbauern einer Reihe von Dörfern im unmittelbaren Umkreis der Hauptstadt betrieben ein lukratives Geschäft mit dem massenhaften Anbau von Gemüse, und die „freien Siedler" des Dorfes Ochta kontrollierten den lokalen Rahmhandel. Aber auch fern der Hauptstadt entwickelten sich Zentren kommerzieller Produktion, so etwa im Kreis Novaja Ladoga, wo sich ganze Dörfer auf Kälberaufzucht spezialisierten, oder im Kreis Gdov, wo Bauern in großem Umfang Gemüse für den Pskover Markt produzierten und damit Überschüsse erzielten, die so hoch wie die der Kolonisten waren. Das waren jedoch Einzelfälle. Insgesamt gesehen verhinderten objektive Faktoren, dass die russischen und finnischen Bauern ihre Einstellung zu Arbeit und Eigentum änderten und die durch den größten Markt im Land gegebenen Möglichkeiten für sich nutzten.

Die Reformen der 1860er und 1870er Jahre schufen neue rechtliche und sozioökonomische Rahmenbedingungen für die Wirtschaftsweise der Bauern. Für die vorliegende Problematik ist vor allem die Beseitigung der Ständeunterschiede wichtig, wodurch die russischen und finnischen Bauern rechtliche Verbesserungen erfuhren und die deutschen Kolonisten (ab 1871: „Siedler-Eigentümer", *poseljane-sobstvenniki*) ihre Privilegien größtenteils verloren.

---

38 S.S. Brazevič, Udel'nye krest'jane S.-Peterburgskoj gubernii [Apanagenbauern im Gouvernement St. Petersburg]. Diss. kand. ist. nauk. S.-Peterburg 1993, S. 90 ff.

39 Vyskočkov, Gosudarstvennye krest'jane (wie Anm. 32), S. 154.

40 Brazevič, Udel'nye krest'jane (wie Anm. 38), S. 85-89.

41 1852 bewirtschafteten die Bauern des Hofgutes Carskoe Selo 445 Gärten, von denen sich 438 auf elf russische Dörfer mit insgesamt 616 Betrieben verteilten. Dagegen entfielen auf 35 finnische Dörfer mit insgesamt 560 Betrieben nur sieben Gärten, vgl. RGIA, f. 487, op. 21, d. 325, l. 16.

Trotz dieser formalrechtlichen Gleichstellung blieben auch lange Zeit nach den Reformen erhebliche soziale und wirtschaftliche Unterschiede bestehen.

Die deutschen, russischen und finnischen Bauern starteten mit folgenden Ausgangsbedingungen in die neue Epoche: Die negativste Folge der Reform für die deutschen Kolonisten war eine beträchtlich höhere Steuerlast. Der staatliche Steuersatz wurde an den der einheimischen Bauern angeglichen, und das zu einem Zeitpunkt, zu dem viele Kolonisten ihren Kredit noch nicht abgezahlt hatten. Eine große Bürde für die Kolonisten wie auch für die russischen und finnischen Bauern waren die Ablösezahlungen, die aufgrund der hauptstadtnahen Lage vieler Kolonien (weniger als 25 Werst) häufig die gesetzliche Höchstgrenze erreichten oder bisweilen auch überstiegen. Dennoch konnten die Kolonisten alles Anteilland – und zwar weiterhin als erblichen Besitz – behalten. Dagegen verlor die einheimische Landbevölkerung (mit Ausnahme der Staatsdörfer, wo der Landbesitz unverändert blieb) ein Drittel ihres bisherigen Nutzungslandes. Besonders stark betroffen waren die ehemals fronpflichtigen Bauern, die für eine Desjatine Land in der Regel eine höhere Steuer als die anderen Bauerngruppen zu zahlen hatten.[42] Die Finnen, die ja vor den Reformen zu einem großen Teil Frondienst geleistet hatten, waren jetzt wiederum stark benachteiligt.

Die für die vorliegende Analyse wichtigste Folge der Aufhebung der Leibeigenschaft war eine erhebliche Verminderung der Zwangs-, Fürsorge- und Kontrollmaßnahmen in den ehemaligen Guts- und Apanagedörfern. Somit gewannen jetzt innere Antriebe, die die individuellen „Normvorstellungen" der Bauern widerspiegelten, an Bedeutung.

Wenn die Kontrolle der Großgrundbesitzer und des Staates jetzt auch nachließ, so blieb doch die Position der Bauerngemeinde als Regulierungsinstanz für die einzelnen Höfe unangetastet und wurde sogar gesetzlich verankert. Die Forschung zeigt aber, dass die Bauerngemeinde nach den Reformen wesentliche Transformationen durchmachte. Sie verlor vor allem allmählich ihre Landumverteilungs- und Nivellierungsfunktion. Unmittelbar nach der Aufhebung der Leibeigenschaft wurde das Land in den meisten Bauerngemeinden radikal neu verteilt. Danach kam es nur noch zu Umverteilungen, die darauf abzielten, die Acker- und Wiesenflächen der Finanzstärke des Betriebes und der Zahl der dort vorhandenen männlichen Seelen anzugleichen, wobei der Hauptteil des Landes, insbesondere der besseren Böden, in die die ganze Familie ihren Ehrgeiz setzte, nicht angetastet werden durfte. Der Flurzwang wurde von einer „Buntfelderwirtschaft" abgelöst, bei der jeder Bauer sein Land so bestellte, wie es ihm beliebte. Damit näherte sich das Landnutzungssystem der russischen und finnischen Bauern an die entsprechenden Nutzungssysteme der deutschen Kolonisten an. Vor allem in den finnischen Dörfern gab es jetzt eine Tendenz zu langfristiger Landnutzung (ein großer Teil der finnischen Bauern hatte vor dem Anschluss Ingermanlands an Russland auf Einzelhöfen gearbeitet).

Quellen zeigen, dass die Vorzüge der langfristigen Landnutzung von Vertretern aller drei Bauerngruppen gleichermaßen geschätzt wurden. Als etwa die Gemeindeversammlung der Kolonie Novo-Saratovka zusammentrat, weil landlose Bauern vorgeschlagen hatten, zur ausgleichenden Landnutzung überzugehen, lehnten Hofbesitzer diesen Vorschlag ab und verwiesen darauf, dass die bestehende Ordnung rechtmäßig sei und sich in den vorangegan-

42 S.G. Kaščenko, Reforma 19 fevralja 1861 g. v Sankt-Peterburgskoj gubernii [Die Reform vom 19. Februar 1861 im Gouvernement St. Petersburg]. S.-Peterburg 1990, S. 145 ff.

genen 100 Jahren als gut und vernünftig für die Landwirte erwiesen habe.[43] Sie machten geltend, der Bauer sei seinem Land verbunden, er scheue weder Arbeit noch Ausgaben, weil er wisse, dass er für sich und seine Kinder arbeite. In der Gemeinde dagegen, wo die Gemeindeversammlung über die Verteilung der Böden entscheide, käme keine Lust am Arbeiten und Investieren auf.[44]

Ähnliche Argumente waren von russischen Bauern zu hören, wie Zemstvo-Statistiker berichteten: „Jeder Hausherr betrachtet sein Anteilland als Eigentum. Auf die Umverteilung angesprochen, berichtet er sogleich, wie viel Arbeit er bereits in die Verbesserung des Bodens gesteckt und welchen Teil der Loskaufsumme er bereits getilgt habe".[45] Ohne dazu vor Zahlung der gesamten Ablösesumme berechtigt zu sein, verpachteten, verpfändeten und übereigneten die Bauern ihre Parzellen und bewiesen damit, dass sie ihr Land als Besitz und Mittel der Profiterwirtschaftung und nicht mehr nur als eine unter mehreren Arbeitsbedingungen auffassten, wie es in der traditionellen Bauerngemeinde der Fall war.

In den russischen, finnischen und deutschen Dörfern kam die Praxis der Nicht-Umteilung vor allem denjenigen zugute, die in der Lage waren, einen Großteil des Gemeindelandes an sich zu ziehen, so zum Beispiel in dem russischen Dorf Ust'-Ižora im Kreis St. Petersburg, wo „die Partei der Reichen so stark ist, dass sie den Armen jede Möglichkeit nimmt, sich Geltung zu verschaffen (...). Wer es wagt, bei der Gemeindeversammlung von Umteilung zu sprechen, wird für betrunken erklärt und kurzerhand ans Freie gesetzt."[46]

Wenn ein Bauer zusätzliche Anteile der Gemeindeflur erwerben wollte, musste er für diese entsprechende Abgaben entrichten. Das konnte dann der Fall sein, wenn schwache Betriebe nicht in der Lage waren, ihr gesamtes Land zu bewirtschaften. Dieses Prinzip wurde aber in zahlreichen Fällen verletzt: So nutzten reiche Bauern des finnischen Dorfes Merituittu (russ.: Mertut') im Kreis St. Petersburg unmittelbar nach Aufhebung der Leibeigenschaft die Tatsache, dass arme Bauern ihres Dorfes und des Nachbarortes Mottorovo ihr gesamtes Anteilland nicht aus eigener Kraft bewirtschaften konnten, bemächtigten sich kurzerhand der „herrenlosen" Parzellen und nutzten sie über mehrere Jahrzehnte für sich selbst, indes alle Zahlungen von den rechtmäßigen Besitzern getragen wurden.[47]

Die Besitzer der größeren Betriebe wehrten sich zwar einerseits gegen Umverteilungen, verhinderten bei den Dorfversammlungen aber andererseits auch den Übergang des gesamten Dorfes zur Hofwirtschaft (was unter bestimmten Bedingungen gesetzlich möglich war). Nicht sie, sondern eher kleine und mittlere Betriebe erwarben im Zuge der Landablösung das Recht, sich aus der Dorfgemeinde herauszulösen. Zahlreiche marktorientierte Großbetriebe blieben auch noch während der Stolypinschen Landreform in der Dorfgemeinschaft. Der Hauptgrund war die Möglichkeit, die kollektiven Weideflächen zu nutzen, was vor allem Betrieben entgegen kam, die sich auf Milchwirtschaft spezialisiert hatten.[48]

43 RGIA, f. 1291, op. 66, d. 61, l. 59.
44 Ebenda.
45 Materialy po statistike narodnogo chozjajstva v Sankt-Peterburgskoj gubernii. Vyp. 5: Krest'janskoe chozjajstvo v Sankt-Peterburgskom uezde. Čast' 2: Očerk krest'janskogo chozjajstva [Statistische Daten zur Volkswirtschaft im Gouvernement St. Petersburg. Ausgabe 5: Die Bauernwirtschaft im Kreis St. Petersburg. Teil 2: Abriss der Bauernwirtschaft]. S.-Peterburg 1887, S. 110.
46 Ebenda, S. 115.
47 Ebenda, S. 107.
48 A.S. Zaboenkova, Izmenenija v zemlevladenii krest'jan Severo-Zapada v gody stolypinskoj reformy

Somit war die Konzentration von Land in der Zeit nach den Reformen auch in der Bauerngemeinde möglich. Dadurch, dass reiche Bauern in der Position waren, Dorfbeschlüsse zu ihren Gunsten zu manipulieren, wurde die traditionelle Regulierungsfunktion der Gemeinde, die die Entstehung marktwirtschaftlicher Strukturen vor den Reformen behindert hatte, geschwächt. Statistiken des Zemstvo deuten sogar darauf hin, dass die deutschen Kolonien während der Reformzeit eher von ihrem Recht der Landnutzungsregulierung Gebrauch machten als viele der russischen und finnischen Siedlungen in der Nähe von St. Petersburg.[49]

Neben den russischen Bauern, die ihr Anteilland als persönlichen Besitz betrachteten, gab es aber eine Vielzahl von Bauerngemeinden, die ihre Rechte bewahrten. Man könnte vermuten, dass es sich dabei vor allem um traditionelle Dorfgemeinschaften fern der Hauptstadt und des hauptstädtischen Marktes handelte. Tatsächlich lässt sich aber belegen, dass diese Dörfer „alten Typs" mehrheitlich in der unmittelbaren Umgebung von St. Petersburg oder sogar im Weichbild der Stadt lagen. In dieser Lage brachte nämlich die Bodenverpachtung mehr ein als seine Bewirtschaftung. Blieb das Land im Besitz der Gemeinde, konnten größere zusammenhängende Flächen verpachtet werden, was einträglicher war als die einzelne Verpachtung verstreut liegender Parzellen. Mitunter lösten Gemeinden hier auch Land kollektiv aus, um es dann gleich weiter zu verkaufen.

Die Bewahrung der Bauerngemeinde – einer fundamentalen, althergebrachten gesellschaftlichen Institution – beziehungsweise ihre partielle Transformation kann lebenswelttheoretisch als Ergebnis einer bewussten Entscheidung der (handlungsfähigen) Bauern gewertet werden. Diese Entscheidung wurde in einer Zeit getroffen, als verschiedene Optionen im Raum standen und der Staat die traditionelle Bauerngemeinde zwar noch gesetzgeberisch stärkte, real aber jeden Einfluss auf die Situation verloren hatte.

Wirtschaftliche Individualisierungstendenzen entstanden nicht nur aus dem Bedürfnis, die Einmischung der Bauerngemeinde zurückzudrängen, sondern auch im Bestreben einzelner Bauern, aus der Großfamilie auszubrechen. Nach den Reformen stieg die Zahl der Familientrennungen sprunghaft an, meistens ausgelöst durch die jüngere Generation, die sich der Kontrolle des Familienoberhaupts entziehen wollte und dafür auch bereit war, einen niedrigeren Lebensstandard in Kauf zu nehmen. In diesem Zusammenhang entstand ein Bewusstsein für Privateigentum, das die traditionelle Vorstellung von einem gemeinsamen Familieneigentum an den beweglichen und unbeweglichen Gütern des Hofes ablöste.

Auch hier näherten sich die russischen und finnischen Bauern an die deutschen Kolonisten an, bei denen es bereits seit der Einführung des Anerbenrechtes zu Beginn des 19. Jahrhunderts ein Bewusstsein für unterschiedliche Eigentumsrechte der einzelnen Familienmitglieder gab, was sich beispielsweise darin äußerte, dass jüngere Söhne nur ungern für den zukünftigen Hof des älteren Bruders arbeiteten. Nach den Reformen, als die Grundstückspreise und die Zahl der landlosen Bauern nach den Reformen extrem anstiegen (in der größten Kolonie des Gouvernements Novo-Saratovka standen 120 Hofbesitzern 800 landlose Bauern entgegen), verschärften sich die Konflikte um die Beteiligung der Familien-

[Veränderungen im Landbesitz der Bauern des Nordwestens während der Stolypinschen Reform], in: Severo-Zapad v agrarnoj istorii Rossii. Sbornik naučnych trudov [Der Nordwesten in der Agrargeschichte Russlands. Sammelband]. Kaliningrad 1994, S. 71.

49 Materialy po statistike (wie Anm. 45), S. 105.

mitglieder am Hofeigentum, so dass eine Einmischung höchster Staatsinstanzen erforderlich wurde.[50]

Infolge des Reformprozesses glichen sich die äußeren Wirtschaftsbedingungen der deutschen Kolonisten und der russischen und finnischen Bauern also an. Dies geschah teilweise durch den Gesetzgeber (veränderter Rechtsstatus der Bauern) und teilweise ohne Eingreifen des Staates (Übergang von der Umteilungsgemeinde zur Hofwirtschaft). Dennoch blieben signifikante Unterschiede im Wirtschaftsverhalten der lokalen Bauern und der Kolonisten bestehen. Den marktorientierten Betrieben der Kolonien stand die noch weitgehend für den Eigenverbrauch produzierende russische und finnische Bauernwirtschaft gegenüber. Die unter diesen Bedingungen in den Kolonien und einheimischen Dörfern ablaufenden ökonomischen Prozesse glichen einander zwar der Form, aber nicht dem Inhalt nach.

So wirkte sich die Nähe zum St. Petersburger Markt und die Involvierung der Bauernwirtschaft in Handel und Finanzen bei den Bauern unterschiedlich aus. Nahezu alle landwirtschaftlich ausgerichteten Betriebe in der näheren Umgebung der Hauptstadt lieferten einen Teil ihrer pflanzlichen oder tierischen Erzeugnisse in die Hauptstadt. Während die deutschen Kolonisten einen Warenüberschuss produzierten, verkauften die meisten russischen und finnischen Bauern einen Teil der Produktion, die sie selbst gebraucht hätten, und schwächten so den eigenen Betrieb. Sie verkauften ihr eigenes Getreide bereits im Herbst zu Niedrigstpreisen und waren dann im Frühjahr gezwungen, Korn zu Höchstpreisen nachzukaufen und sich dabei zu verschulden. Milchprodukte, die sie zur Ernährung der eigenen Familie benötigt hätten, gaben sie zu Niedrigstpreisen an Zwischenhändler ab, da sich der eigenhändige Transport kleiner Mengen nicht lohnte.

Der größte Vorteil der Kolonisten, der ihnen auch unter den neuen Gegebenheiten einen Vorsprung vor der Masse der russischen und finnischen Bauern verschaffte, war ihre rationelle und intensive Wirtschaftsweise. So säten sie im Kreis St. Petersburg pro Kopf zwei- bis viermal soviel Roggen und Hafer und sieben- bis zwölfmal soviel Kartoffeln wie russische und finnische Bauern aus. Die Menge der angepflanzten Futterpflanzen lag in den Kolonien fünf- bis dreizehnmal so hoch wie in den russischen und 127(!) Mal so hoch wie in den finnischen Amtsbezirken (*volost'*).[51] Den Kolonisten stand englische und deutsche Agrartechnik zur Verfügung, die für die meisten Einheimischen unerschwinglich war: Pflüge, Furchenzieher, Walzen, Dreschmaschinen, Windfegen und andere Geräte. Die Kolonisten besaßen viel weniger Kühe als die Finnen, dennoch waren ihre Erträge aufgrund besserer Haltungsbedingungen dreimal so hoch.

In einer Situation, in der die Möglichkeiten der extensiven Milchviehwirtschaft – die Grundlage vieler russischer und der meisten finnischen Bauern – erschöpft waren, hätten nur rationellere Wirtschaftsmethoden den Ertrag steigern können. Diesen Weg gingen aber nur wenige russische und finnische Betriebe. Zeitgenossen schrieben, die Rinder einheimischer Höfe seien „mager, kleinwüchsig, kein Zuchtvieh“, sie würden „im Schmutz gehalten und schlecht gefüttert, gerade so, dass sie nicht vor Hunger krepieren“.[52] In den hauptstadt-

50 RGIA, f. 1291, op. 66, d. 61.
51 Materialy po statistike (wie Anm. 45), S. 170.
52 Trudy mestnych komitetov o nuždach sel'skochozjajstvennoj promyšlennosti [Arbeiten der Lokalkomitees über die Nöte der Landwirtschaft]. Bd. 36: Sankt-Peterburgskaja gubernija. S.-Peterburg 1903, S. 40.

nahen Siedlungen gab es mehr Bauern, die ihren Betrieb zu erweitern und rationalisieren suchten. Hier wurde Unternehmergeist aber oft durch die Gemeinschaftshaftung gebremst, die viele dazu zwang, ihren Rinderbestand künstlich klein zu halten (als bewegliches Gut konnten Rinder in Beschlag genommen und verkauft werden, wenn die Gemeinde ihren Abgabepflichten nicht nachkam).

Innovationen stand auch der niedrige Bildungsstand der Bauern entgegen. Der Alphabetisierungsgrad der im Gouvernement St. Petersburg lebenden Bevölkerung war zwar relativ hoch, aber mit dem mechanischen Lesen- und Schreibenlernen war nicht immer auch eine Horizonterweiterung verbunden. Wer sich vom Rest der Gemeinschaft durch ein hohes Bildungsbedürfnis abhob, machte sich dadurch im Dorf nicht gerade beliebt. „Ein Dorfbewohner, der kultivierter als der Rest ist, genießt hier keine Achtung, er wird verspottet, beleidigt und der Gewinnsucht verdächtigt", schrieben Mitglieder des Zemstvo von Carskoe Selo an der Wende zum 20. Jahrhundert.[53]

Der Einfluss des Marktes und die Beteiligung am Geld-Waren-Austausch allein konnten bei Beibehaltung traditioneller Denkmuster auch unter den neuen Gegebenheiten nicht zu einer rechtzeitigen Umstellung der russischen und finnischen Subsistenzwirtschaft auf eine maximalistische Wirtschaftsweise führen.

Ein anderes Beispiel für Prozesse, die bei allen drei Bauerngruppen der Form nach gleich abliefen, aber einen jeweils anderen Hintergrund besaßen, war der nach den Reformen stark einsetzende Landerwerb. Die Kolonisten, die bereits vor den Reformen zusätzliches Land gekauft hatten, expandierten weiter: Zwischen 1860 und 1890 gründeten sie über 20 Tochtersiedlungen. Der Kauf (oder die Pacht) von Land diente dabei der Betriebsvergrößerung.[54] Bei den von russischen Bauern und insbesondere von Genossenschaften erworbenen (oder gepachteten) Grundstücken handelte es sich dagegen in der Regel um Land, das ihnen im Zuge der Reform genommen worden war. Der Landerwerb diente hier somit weniger zur Betriebserweiterung als zur Wiederherstellung des Status quo ante und kompensierte außerdem den Bevölkerungszuwachs.[55]

Einige russische und finnische Bauern eigneten sich ihr früheres Nutzungsland (oder anderes Land) an, ohne es käuflich zu erwerben. Diese Praxis der widerrechtlichen Inbesitznahme war in den ersten Jahrzehnten nach den Reformen weit verbreitet, als viele Parzellen noch nicht vermessen und Grenzverläufe infolgedessen noch unklar waren. Laut damals geltendem Recht ging das Land nach zehn Jahren in das Eigentum desjenigen über, der das Land bewirtschaftete, sofern der rechtmäßige Eigentümer es in dieser Zeit nicht für sich reklamiert hatte. Die Bauern fühlten sich im Recht, da sie davon ausgingen, dass ein

---

53 Ebenda, S. 76.

54 Im Kreis St. Petersburg besaß ein Grundbesitzer 1880 durchschnittlich 14,26 Desjatinen, wenn er Kolonist war, 1,69 Desjatinen, wenn er vor den Reformen gutsherrlicher Bauer gewesen war, und 2,58 Desjatinen, wenn er ehemaliger Staatsbauer war (mit Ausnahme eines Großgrundbesitzers), vgl. Materialy po statistike (wie Anm. 45), S. 98.

55 G.P. Židkov, M.G. Šenderjuk, Severo-Zapad v sel'skom chozjajstve poreformennoj Rossii (zemlevladenie i zemlepol'zovanie) [Die Landwirtschaft des russischen Nordwestens im Zeitalter der Reformen (Landbesitz und Landnutzung)], in: Severo-Zapad v agrarnoj istorii Rossii: Sbornik naučnych trudov [Der Nordwesten in der Agrargeschichte Russlands: Sammelband wissenschaftlicher Arbeiten]. Kaliningrad 1987, S. 63 f.

Stück Land demjenigen gehöre, der es bewirtschafte. Mit dieser Einstellung hatten neben den Grundbesitzern die Domänenbehörde und das Apanagenamt zu kämpfen.

Auch die Kolonisten sahen in ihrem Anteilland, das sie selbst nutzbar gemacht hatten, ihr Eigentum und verstanden nicht, dass sie plötzlich Ablösesummen dafür zahlen sollten. So schrieben die Bewohner der Kolonie Ižora (Kolpino) Anfang der 1880er Jahre in einem Bittgesuch an den Innenminister: „Dieses Land betrachten wir, genauso wie unsere Vorfahren, die diese einst öden Sumpf- und Waldgebiete gerodet und bewirtschaftet haben, als unser Eigentum, für das keinerlei Zahlungen, außer den vereinbarten [d.h. bei der Ansiedlung mit den Behörden vertraglich ausgehandelten; E. L.], zu leisten sind.“[56]

Es sind aber keine Fälle bekannt, in denen sich Kolonisten an fremdem Land bereichert hätten. Ebenso wenig gibt es Hinweise auf Fälle von Wald- oder Feldfrevel auf fremdem Grund und Boden, die unter russischen und finnischen Bauern häufig waren.

Eigentumsdelikte waren nur schwer einzudämmen, da sie im Bauernmilieu nicht thematisiert wurden und das Verständnis der lokalen Selbstverwaltungsbehörden fanden. Die zu ihrer Bekämpfung eingesetzten Dorfpolizisten „wollten nicht gegen Bewohner ihres Dorfes aussagen und verschlossen deshalb die Augen vor Fällen von Forstfrevel“.[57] Die Reformen ließen die bäuerlichen Standesgerichte, wo vermögensrechtliche Streitigkeiten nach gewohnheitsrechtlichen (und nicht strafrechtlichen) Grundsätzen entschieden wurden, unangetastet. Dem Gewohnheitsrecht lag das Prinzip zugrunde, nicht über das Delikt, sondern über die Person zu richten, was bedeutete, dass das Strafmaß für ein und dieselbe Straftat stark variierte oder eine Strafe auch ganz entfallen konnte. In einer Situation, in der veränderte Verhältnisse eine neue Auffassung von Eigentum erforderten, konnte die Beibehaltung dieses Systems nur hinderlich sein. Die Beschädigung „fremden“ Eigentums wurde anders gewertet als die des Gemeindebesitzes.

Die Kolonisten gingen sorgsamer mit ihren gemeinsam genutzten Flächen um als die russischen und finnischen Bauern. Die Kolonie trat als kollektiver Unternehmer auf, der aus der Bewirtschaftung des Gemeindebodens den höchstmöglichen Ertrag zu erzielen und diesen durch Finanzoperationen noch zu steigern suchte.

Die russischen Bauerngemeinden erhielten zwar häufig hohe Summen für die Verpachtung ihres kollektiven Landes, gaben diese aber ohne Sinn und Verstand auch wieder aus. So hatten Bauern des an St. Petersburg grenzenden Moskauer Amtsbezirks jährliche Pachteinnahmen von über 20 000 Rubel, die sie aber nicht nutzbringend einzusetzen wussten: Es wurden zum Beispiel keine öffentlichen Einrichtungen geschaffen. „Gut die Hälfte“ der Dorfbewohner habe dabei noch „aus bedauernswerten Proletariern“ bestanden, „die kein Dach über dem Kopf besaßen, in irgendwelchen Winkeln hausten und sich von Tag zu Tag hangelten“, wussten Abgesandte des Zemstvo zu berichten.[58]

Der Umgang russischer und finnischer Bauern mit Geld kann am Beispiel des Kredits illustriert werden, den das Zemstvo einzuführen versuchte. An die paternalistische Fürsorge des Gutsbesitzers oder des Staates gewöhnt, betrachteten sie Kredite als Gratisleistungen, die sie für Gebrauchsgüter ausgaben, anstatt sie in den Betrieb zu investieren. Bezeichnenderweise zahlten die Bauern das von einem unpersönlichen Kreditgeber (einer Behörde)

56 RGIA, f. 1291, op. 66, d. 19, l. 5ob.
57 Trudy mestnych komitetov (wie Anm. 52), S. 66.
58 Materialy po statistike (wie Anm. 45), S. 112.

erhaltene Darlehen nicht zurück, beglichen aber jegliche Privatschulden (in Form von Geld oder Naturalien), auch wenn diese mit enormen Zinsen (bis zu 50%) belastet waren.[59] Die vom Zemstvo in den 1860er Jahren gegründeten Spar- und Darlehenskassen standen daher in den russischen und finnischen Dörfern anders als in den Kolonien normalerweise innerhalb weniger Jahre vor dem Ruin.

Wenn die russischen Bauern auch in der Reformära nicht zu Intensivierungsmaßnahmen bereit waren, sorglos mit ihren Mitteln umgingen und Eigentum gering schätzten, hing das nicht zuletzt mit ihrer orthodoxen Tradition zusammen, deren Werte eher den Vorstellungen traditioneller Gesellschaften entsprachen als beispielsweise die protestantische Tradition. Die Orthodoxie sieht das Ziel der Arbeit in der Deckung der lebensnotwendigen Bedürfnisse und betrachtet das Streben nach Reichtum als Habsucht und somit als Sünde. Die Leitsätze der orthodoxen Kirche hatten dabei nicht etwa nur Empfehlungscharakter, sondern wurden in der Praxis streng befolgt, was sich beispielsweise darin äußerte, dass das orthodoxe Kirchenjahr mehr religiöse Feiertage als das lutherische aufwies. Wer an den Feiertagen nicht ruhte, bekam sowohl die Sanktionen der Kirche als auch die der Bauerngemeinde zu spüren. Neben der moralischen Aburteilung drohten Geld- und Körperstrafen, Zerstörung von Eigentum, eine Verminderung der Heuzuteilung und andere Sanktionen, die dem zur „unrechten" Zeit Arbeitenden die Mittel oder Früchte seiner Arbeit nahmen.[60] Das Problem der Feiertage und ihre Auswirkungen auf die Bauernwirtschaft wurde in der zweiten Hälfte des 19. Jahrhunderts ausführlich in der Presse und in Regierungskreisen diskutiert, so auch in den Lokalkomitees, die 1902 auf Initiative des Finanzministers Sergej Vitte zur Untersuchung der Notstände in der Landwirtschaft gegründet worden waren.[61] Das St. Petersburger Gouvernementskomitee hielt das „aus dem Missbrauch der Feiertage erwachsene Übel für so groß, dass seine konsequente, alle Behörden umfassende Bekämpfung eine staatliche Notwendigkeit" sei.

Forscher führen außerdem ethnische Faktoren ins Feld und verweisen zum Beispiel auf systematische Inhaltsanalysen von russischen Sprichwörtern zum Thema Arbeit. Diese haben ergeben, dass mehr Sprichwörter eine negative oder neutrale als positive Arbeitseinstellung zum Ausdruck bringen.[62] Diese nationalen und konfessionellen Besonderheiten trugen entscheidend dazu bei, dass die Umstellung von einer Subsistenzethik zu einer maximalistischen Arbeitsethik am Übergang zum industriellen Zeitalter in Russland sehr viel langsamer als zum Beispiel in Westeuropa vonstatten ging.

Was die Finnen angeht, so hatten diese so lange in denselben rechtlichen, sozioökonomischen und geografischen Verhältnissen wie die russische Bevölkerung gelebt, dass sie sich in ihrer materiellen Kultur nicht mehr von der einheimischen Bevölkerung unterscheiden ließen und auch in ihrer Mentalität von der russischen Bevölkerung beeinflusst waren. Wo Russen und Finnen zusammenlebten, war die Zugehörigkeit zum selben Dorf wichtiger als ethnische und konfessionelle Unterschiede. Die Finnen bewahrten zwar ihren lutherischen Glauben und die damit einhergehenden volkstümlichen Traditionen, dennoch kam es dort, wo Finnen und Russen in enger Nachbarschaft miteinander lebten, zur Vermischung ihrer

59 Trudy mestnych komitetov (wie Anm. 52), S. 53.
60 Siehe Mironov, Social'naja istorija Rossii (wie Anm. 1), Bd. 2, S. 305 f.
61 Trudy mestnych komitetov (wie Anm. 52), S. 4.
62 Mironov, Social'naja istorija Rossii(wie Anm. 1). Bd. 1, S. 327-336.

Sitten und Gebräuche. Das Brauchtum wurde zum vereinigenden Element. Viele Finnen feierten die christlichen Feste (Ostern, Weihnachten etc.) einmal nach dem gregorianischen und dann noch einmal gemeinsam mit ihren Nachbarn nach dem julianischen Kalender. Auch bei religiösen Zeremonien wurden mitunter typische Elemente beider Konfessionen miteinander vermischt.[63]

Zahlreiche Kommissionen, die die Ursachen für die merkliche Schwäche der Petersburger Landwirtschaft in der Zeit nach den Reformen untersuchen sollten, berichteten von allgemeinen Problemen der Dörfer im Gouvernement, ohne auf Russen und Finnen gesondert einzugehen (die Kolonisten wurden sehr wohl getrennt betrachtet). Ihre Berichte erwähnen neben anderen Ursachen (die formale Bewahrung der Bauerngemeinde, Landknappheit, Steuerlast) immer wieder persönliche Defizite wie unzureichende Bildung oder mangelnde moralische Voraussetzungen.

In den 1870er Jahren wurde beim St. Petersburger Gouvernements-Zemstvoamt eine Kommission eingerichtet, die sich auf diese persönlichen Aspekte konzentrierte und versuchte, die Anstrengungen der lokalen Verwaltungs- und Kirchenorgane zur Erziehung der Bauern zu bündeln. Sie ging davon aus, dass die Geistlichkeit „eine wichtige Kraft bei der Erziehung des Volkes zur Sittlichkeit und zur Achtung des Menschen vor dem Menschen sei".[64]

Im Laufe der Kommissionsarbeit stellte sich allerdings heraus, dass die Erziehung der Bauern schwierig war, weil sie nach Auskunft der Geistlichen sehr selten die Kirche besuchten und im Gottesdienst „kaum jemand zu belehren war".[65] Die finnischen Bauern nahmen es mit dem Kirchgang genauer, aber die Predigten zeigten nicht die gewünschte Wirkung auf ihr Verhalten.

Hier ist zu erwähnen, dass sich die ingermanländischen Finnen, obwohl sie ihre Religion frei ausüben konnten, bezüglich der Möglichkeiten der Pflege ihres religiösen und ethnischen Bewusstseins in einer schlechteren Situation als die Deutschen befanden. Im Gouvernement gab es mehr als 30 finnische Kirchspiele, die von lokalen wie auch finnländischen Geistlichen betreut wurden. Allerdings besaßen die Einwohner solcher Dörfer, die außerhalb der Hauptsiedlungsgebiete lagen, keine Möglichkeit, den Gottesdienst zu besuchen. Dabei war entscheidend, dass die Rolle der Schule als einer wichtigen Institution zur Bewahrung der nationalen Identität in einer fremdnationalen und fremdkonfessionellen Umgebung in der Zeit vor den Reformen bei den Finnen weit weniger bedeutend war als bei den Deutschen. Hier kamen die wirtschaftliche Schwäche der finnischen Dörfer, mangelnde Mittel zum Unterhalt der Schulen und die Tatsache, dass Ingermanland zum Zeitpunkt seiner Integration in das Russische Reich keine lange Schultradition besessen hatte, zum Tragen. Noch Mitte des 19. Jahrhunderts beschränkte sich die Schulbildung in den finnischen Dörfern oft auf zwei bis drei Wochen Unterricht vor der Konfirmation.

---

63 A.V. Gallo, I.I. Vernjaev, S.B. Egorov u. A.Ju. Čistjakov, Ėtnografija Severo-Zapada Rossii (Južnye okrestnosti Peterburga – Priladož'e – Central'nye rajony Pskovščiny) [Ethnografie des russischen Nordwestens (Der Süden von St. Petersburg – das Ladogagebiet und die zentralen Rayons des Pskover Gebiets)]. S.-Peterburg 2004, S. 71-75.

64 Central'nyj gosudarstvennyj istoričeskij archiv S.-Peterburga [Zentrales Historisches Staatsarchiv der Stadt St. Petersburg, CGIA SPb], f. 224, op. 1, d. 171, l. 16.

65 Ebenda, l. 22ob.

Die Armut der russischen und finnischen Dörfer, zu deren Bekämpfung die Zemstvo-Vertreter und Geistlichen gemeinsam angetreten waren, verstärkte sich nach der Reform durch den weit verbreiteten Alkoholismus. Vor der Abschaffung der Leibeigenschaft waren Schankwirtschaften in den ehemals gutsherrlichen Dörfern verboten. Danach war neben legalen Wirtshäusern überall auch illegaler Alkoholhandel anzutreffen. Das Problem erregte öffentliche Aufmerksamkeit, weil die Bauern dort nicht nur ihr ganzes Geld vertranken, sondern häufig auch Betriebsinventar verkauften, sich dabei ruinierten und der Gemeinde zur Last fielen. Die Bauern wussten um das Unheilvolle des Lasters, verlangten aber beim Kampf dagegen eine stärkere Kontrolle und die Schließung der Schankwirtschaften an Feiertagen. Versuche, die Bauern zur Selbstkontrolle zu erziehen, manifestierten sich in der von den Städten unterstützten Abstinenzbewegung.

Dabei erschwerte die mit der Einführung des staatlichen Alkoholmonopols verbundene Erlaubnis, staatliche Schankwirtschaften in den Dörfern ohne Zustimmung der Dorfbevölkerung zu eröffnen, die Situation erheblich. Um so heftiger wehrten sich die Deutschen gegen die Eröffnung dreier Alkoholläden im Jahre 1907 in der Kolonie Novo-Saratovka. Mit Hilfe einflussreicher Personen aus der Hauptstadt erwirkten sie beim Stadthauptmann die Schließung aller drei Lokale. Der Wirt einer zur selben Zeit in der Kolonie Srednjaja Rogatka eröffneten Trinkbude zog es vor, diese außerhalb der Kolonie wieder zu eröffnen. Zur Eröffnung einer geplanten Schankwirtschaft in der Kolonie Janino war es erst gar nicht gekommen, weil der Wirt sich von Drohungen der Kolonisten abschrecken ließ.[66]

Mit großer Sorge betonten die Mitglieder der Kommissionen, die die Ursachen für den Verfall des Dorfes untersuchten, dass die nach der Aufhebung der Leibeigenschaft entstandene berufliche Wahlfreiheit und die Nähe zu St. Petersburg dazu einluden, den Härten der landwirtschaftlichen Arbeit zu entsagen – auch wenn die Bedingungen jetzt günstiger waren. „Die Bauern des Kreises Gdov leiden nicht unter Landknappheit“, bemerkten die Kommissionsmitglieder, „der unbefriedigende Zustand der dortigen Landwirtschaft hängt vielmehr mit der stark betriebenen Saisonarbeit zusammen, wo sich die Dorfbewohner an leichtere Arbeit und ein privilegiertes Leben gewöhnen und die eigene Landwirtschaft nicht selten ganz vernachlässigen“.[67]

Eine groß angelegte statistische Untersuchung bestätigte die weit verbreitete Aufgabe von Flurstücken insbesondere in den russischen Dörfern. Aus den St. Petersburger Kolonien sind dagegen keinerlei Fälle der Landaufgabe oder des Landverkaufs bekannt, was Beobachter auf das „besonders zähe Festhalten der deutschen Kolonisten an ihrem Land“ zurückführten.[68] Bei den Kolonisten des Kreises Jamburg, deren wirtschaftliche Lage sich in der Reformzeit erheblich besserte, waren Nebenerwerbsformen wie Fabrikarbeit, Handwerk und Tagelohn jedoch noch verbreiteter als in den russischen Dörfern.[69]

Mit den beschriebenen Prozessen ging auch Bettelei (*niščenstvo*) einher, die in der zweiten Hälfte des 19. Jahrhunderts zur Plage des Gouvernements werden sollte. Sie war eine

66 Erich Koch, Die deutschen Kolonien Nordrusslands: Eine siedlungswirtschaftsgeographische und kulturhistorische Untersuchung. Würzburg 1931, S. 23.
67 Trudy mestnych komitetov (wie Anm. 52), S. 41.
68 Materialy po statistike (wie Anm. 45), SPb 1885, S. 85.
69 Materialy po statistike (wie Anm. 45), H. 3: Krest'janskoe chozjajstvo v Jamburgskom uezde [Die Bauernwirtschaft im Kreis Jamburg]. S.-Peterburg 1885, S. 181.

Folge der nach den Reformen abnehmenden sozialen Schutzfunktion der Gemeinde für ihre nicht arbeitsfähigen Mitglieder, sodass diese gezwungen waren, ihre Existenz auf anderem Wege zu sichern. Für viele war das Betteln aber auch ein einträgliches Geschäft. Mitglieder einer 1866 gebildeten Kommission zur Beseitigung der Bettelei konstatierten, dass sich unter den Bettlern viele gesunde und arbeitsfähige Menschen befanden. Immer wieder wurde auch der hohe Anteil finnischer Bauern unter den Bettlern des Gouvernements St. Petersburg hervorgehoben. Zahlreiche Hofbesitzer verließen zusammen mit ihren Familien die Dörfer, suchten Arbeit in Fabriken nahe der Hauptstadt und schickten Frauen und Kinder zum Betteln auf die Straße. Die Almosen wurden für den Lebensunterhalt verwendet und der Lohn nach Ablauf der Arbeitszeit mit zurück ins Dorf genommen.[70] Bei einer Reihe von Finnen hatte Betteln offenbar schon Tradition, was die lokalen Behörden besonders gegen sie aufbrachte: „Die Bettler im Kreis St. Petersburg sind größtenteils Finnen – geborene Faulpelze und Schmarotzer –, die sich in großer Zahl im Kreis verteilt haben, um am Tag Almosen zu erbetteln, die sie am selben Abend im Wirtshaus vertrinken“, hieß es in den von der Kommission des Gouvernements zusammengestellten „Informationen über die Bettelei“.[71]

In den ersten Jahrzehnten nach den Reformen unterschied sich die Wirtschaftsweise der meisten ingermanländischen Finnen stark von der finnländischer Bauern (sowie der ethnisch und konfessionell verwandten Esten), die in der zweiten Hälfte des 19. Jahrhunderts einer Landnot in ihrer Heimat entflohen und sich im Gouvernement St. Petersburg niederließen. Anders als einst die deutschen Kolonisten brachten die Neusiedler Erfahrungen des rationellen Wirtschaftens aus dem agrarwirtschaftlich hoch entwickelten Finnland und Baltikum mit. Ohne jegliche materielle Unterstützung pachteten sie günstiges Sumpfland und waren dank einer genau abgestimmten Technik der Neulandgewinnung schon nach zwei bis drei Jahren in der Lage, den Pachtzins zu zahlen und kurze Zeit später ihre marktwirtschaftlich orientierten Einödhöfe auf Milchwirtschaft zu spezialisieren.

Ihr Beispiel und das der deutschen Kolonisten beweist, dass es mit den nötigen landwirtschaftlichen Kenntnissen auch unter den kargen Bedingungen des Nordwestens möglich war, einen effektiven und produktiven Betrieb aufzubauen. Darüber hinaus zeigten die in den entlegensten Gegenden des Gouvernements siedelnden Bauern aus Finnland und dem Baltikum, dass erfolgreiches Wirtschaften auch ohne die Nähe zum hauptstädtischen Markt möglich war. Selbst im Kreis Gdov, der rückständigsten Agrarregion des Gouvernements, führten die finnländischen Siedler gleich nach ihrer Ankunft eine Fruchtfolge mit vier bis fünf Feldern ein. Eine Familie besaß dort im Schnitt zwei Pferde und drei bis vier Kühe. Gegen Ende der 1880er Jahre zählte das Gouvernement über 650 Grundbesitzer aus Finnland und dem Baltikum, die insgesamt 57 000 Desjatinen Land erworben hatten. Weitere 45 500 Desjatinen waren Pachtland, auf denen die Siedler Einödhöfe (*chutor*) betrieben.[72]

Die Unterschiede zwischen den Übersiedlern aus Finnland und den ingermanländischen Finnen wurden gegen Ende des 19. Jahrhunderts schwächer. Um die Jahrhundertwende

70 CGIA SPb, f. 224, op. 1, d. 19, l. 3ob.
71 Ebenda, l. 2.
72 Materialy po statistike (wie Anm. 45), H. 17: Častnovladel'českoe chozjajstvo v S.-Peterburgskoj gubernii [Die Wirtschaft der Privatbesitzer im St. Petersburger Gouvernement]. S.-Peterburg 1895, S. 33.

veränderten sich die wirtschaftlichen und sozialen Gegebenheiten in den finnischen Dörfern Ingermanlands erheblich. Dies war besonders nach der Stolypinschen Agrarreform zu spüren, infolge derer die Finnen mehrheitlich die Bauerngemeinden verließen und zur Neulandgewinnung und Einzelhofwirtschaft übergingen. Diese Entwicklung war zum einen durch eine Veränderung des bäuerlichen Rechtsstatus und die Aufhebung der Umteilungsgemeinde ermöglicht worden. Zum anderen waren ihnen ethnisch-soziale Veränderungen in den finnischen Dörfern des Nordwestens vorausgegangen. Nach den Reformen der 1860er und 1870er Jahre beschleunigte sich die zuvor nur schleppend verlaufende berufliche und soziale Ausdifferenzierung der finnischen Bevölkerung.

Es entstand eine ingermanländische Intelligenz mit Journalisten, Schriftstellern, Dichtern und Musikern, aber vor allem auch Lehrern, die am 1863 in Kolpany gegründeten Lehrerseminar ausgebildet wurden. Von dieser nationalen Intelligenz gingen wichtige Impulse für die Entwicklung einer ethnischen Identität der ingermanländischen Finnen aus, die zu Beginn des 20. Jahrhunderts in Forderungen nach Kulturautonomie mündete. Eine entscheidende Rolle in diesem Prozess spielte die finnische Diaspora St. Petersburgs, wo in der zweiten Hälfte des 19. Jahrhunderts über 15 000 „gebürtige Finnländer" lebten. Diese leisteten Aufklärungsarbeit in der ingermanländischen Bauernschaft und fungierten als Bindeglied zwischen der Bevölkerung Finnlands und Ingermanlands.

Der kulturelle und nationale Aufschwung wurde von Fortschritten in der Landwirtschaft begleitet: In den finnischen Dörfern entstanden Landwirtschaftsschulen, Landwirtschaftsvereine (1912 bereits zwölf), Versorgungs- und Vertriebskooperativen, und auch die Zahl der rationell und marktorientiert wirtschaftenden Betriebe stieg rapide an.[73] Als 1915 eine Bilanz der Stolypinschen Reform gezogen wurde, waren acht finnische Bauern unter den „besten Landwirten" des Gouvernements.[74] Die für das Gouvernement zuständige Landeinrichtungskommission hob hervor, dass es sich bei keinem dieser Landwirte um einen Großbauern handelte. Für ihre Einzelgehöfte hatten die Bauern sieben bis 18 Desjatinen Land erhalten, das bis zu 50% aus Sumpfland bestanden hatte. Der Erfolg verdankte sich also vor allem „der von den Bauern bewiesenen Initiative, ihrem Interesse an landwirtschaftlichen Themen und ihrem Bemühen, hier und da meliorative Maßnahmen zu ergreifen".[75] Die genannten Bauern hatten Fachzeitschriften abonniert, sich mit Spezialisten beraten, aktiv in Landwirtschaftsvereinen mitgewirkt und waren auf regionalen Landwirtschaftsausstellungen prämiert worden.

Die Untersuchung zeigt, dass die finnischen Bauern Ingermanlands durch die Einbeziehung in das Rechts-, Wirtschafts- und Sozialsystem Russlands weit hinter die Bauern Finnlands zurückgefallen waren, wo die Modernisierung der Landwirtschaft schneller voranging. Erst gegen Ende des hier untersuchten Zeitraums fanden die ingermanländischen Finnen den wirtschaftlichen Anschluss an die finnländischen Bauern und die deutschen Kolonisten.

Die deutschen Kolonisten konnten dank der ihnen gewährten Privilegien einen anderen Weg als die Masse der Bauern Russlands einschlagen. Die bereits vor den Reformen

73 Pribaltijsko-finskie narody Rossii [Die baltischen und finnischen Völker Russlands], hrsg. v. E.I. Klement'ev u. N.V. Šlygina. Moskva 2003, S. 493.
74 CGIA SPb, f. 1782, op. 1, d. 112.
75 Ebenda, l. 20.

klar erkennbaren Entwicklungstendenzen setzten sich auch nach der Reformperiode in den hauptstadtnahen Kolonien fort. Bemerkenswerterweise spiegeln die in der zweiten Hälfte des 19. Jahrhunderts gemessenen Produktivitätsunterschiede zwischen den deutschen Kolonien im Gouvernement und Siedlungen anderer nationaler Gruppen die Leistungsdifferenzen zwischen Deutschland und Russland im selben Zeitraum. Danach schwächten sich die Unterschiede ab.

Selbst wenn man den offensichtlichen Vorsprung der Mehrheit der deutschen Kolonisten bei der Ausbildung eines maximalistischen Wirtschaftsverhaltens vor anderen nationalen (früher: sozialen) bäuerlichen Gruppen anerkennt, sollte die Fortschrittlichkeit und Rationalität ihres Wirtschaftens nicht überbewertet werden. Unter den Kolonisten gab es trotz der zunehmenden Rationalität nicht wenige, die typisch bäuerlich-traditionellen und mythologischen Denkmustern verhaftet blieben. Auf dem Weg zum wirtschaftlichen Erfolg mit Hilfe der Agrartechniken waren magische Handlungen in den Kolonien bis zum Beginn des 20. Jahrhunderts nichts Ungewöhnliches. Zur Abwendung von Krankheiten wurden während Epidemien und Tierseuchen verschiedenste Beschwörungsformeln verwendet. Zugleich beachtete man aber – im Gegensatz zu den russischen Bauern – auch die Anweisungen der Landärzte und Veterinäre. Brände wurden mit der Feuerwehr bekämpft, die es in jedem Dorf gab, aber auch indem man um das brennende Haus mit orthodoxen Ikonen herumlief. Die Reihe der Beispiele ließe sich fortsetzen.

Zusammenfassend lässt sich sagen, dass es schwer fällt, unter den Faktoren, die die bäuerliche Wirtschaftsweise beeinflussten, einen als besonders wichtig herauszuheben. Offenbar führten Kombinationen verschiedener Faktoren zu unterschiedlichen Ergebnissen. Es scheint so zu sein, dass die Gemeinsamkeiten und Unterschiede der untersuchten Gruppen vor den Reformen der 1860er und 1870er Jahre vorwiegend durch äußere – rechtliche und sozioökonomische – Faktoren bestimmt waren; nach den Reformen überwogen innere Faktoren. Die Fakten zeigen, dass die Bauern keineswegs willenlose Objekte von Strukturen und Beziehungen waren, sondern die äußeren Umstände bis zu einem gewissen Grad selbst bestimmten und sich dabei von subjektiven Einstellungen leiten ließen. Für die Hauptstadtregion noch deutlicher als für das übrige Russland waren Koexistenz und Konflikt widersprüchlicher Tendenzen der wirtschaftlichen und sozialen Entwicklung im gesamten untersuchten Zeitraum charakteristisch. Entsprechendes galt für die unterschiedlichen bäuerlichen Wirtschaftstypen. Dies war ein allgemeines Kennzeichen der Epoche und markierte den Übergang von der traditionellen zur modernen Gesellschaft.

Aus dem Russischen übersetzt von Corinna Tuchtenhagen, Hamburg

Mariana Hausleitner

Der Beitrag der Deutschen und Juden zur Modernisierung Bessarabiens vor 1917

1. Einleitung

Durch den Niedergang des Osmanischen Reiches konnte die russische Militärverwaltung immer neue Gebiete an der Schwarzmeerküste unter ihre Kontrolle bringen. Nach dem russisch-osmanischen Krieg von 1764–1774 gelangten die Mündungen des Don, Dnepr und des südlichen Bug unter russische Herrschaft. Ein weiterer Krieg ermöglichte 1791 die Inbesitznahme des Küstenstreifens zwischen Bug- und Dnestr-Mündung. Nach einem russischen Vorstoß in die Donaufürstentümer erklärte die Hohe Pforte 1806 Russland den Krieg. Seit dem Frieden von Bukarest im Mai 1812 waren der Pruth und der nördlichste Arm der Donau an ihrer Mündung die neue Reichsgrenze. Danach wurde die östliche Moldau unter der Bezeichnung Bessarabien schrittweise in das Russische Reich integriert. Für ihre Verdienste in den Kriegsjahren erhielten einige russische Adlige große Güter in der Ebene im Norden Bessarabiens. Es bildete sich eine sehr unterschiedliche Besitzstruktur heraus. Im Nordosten Bessarabiens gehörten 94%, im Süden aber nur 30% des Landes Großgrundbesitzern.[1] Für das südliche Steppengebiet Budschak (russisch: Budžak, rumänisch: Bugeac), aus dem die tatarischen Nogajer fortgezogen waren, wurden Siedler aus dem Ausland angeworben.[2] Dort hatten sich bereits in der osmanischen Zeit viele Bulgaren und Gagausen niedergelassen, ab 1814 kamen Deutsche und andere hinzu.[3]

Bis zu den Teilungen Polens (1772, 1793 und 1795) lebten nur sehr wenige Juden im Russischen Reich, und Ende des 18. Jahrhunderts war es etwa eine Million. Seit 1791 durften sich Juden nur noch im so genannten „Ansiedlungsrayon" niederlassen, der Litauen, Weißrussland, die westliche und südliche Ukraine und die Krim umfasste.[4] Diesem wurde

1 Nicolae Ciachir, Basarabia sub stăpînire ţaristă 1812–1917 [Bessarabien unter der Herrschaft der Zaren 1812–1917]. Bucureşti 1992, S. 47; Anton Moraru, Istoria Românilor. Basarabia şi Transnistria 1812–1993 [Geschichte der Rumänen. Bessarabien und Transnistrien 1812–1993]. Chişinău 1995, S. 18.

2 Etwa 17 000 Nogajer, die islamische Viehhirten waren, verließen 1805 den Budschak, weil sie auf russischer Seite gegen die Osmanen gekämpft hatten. Die anderen wurden nach Kriegsbeginn von den russischen Behörden ostwärts deportiert. Vgl. Detlef Brandes, Von den Zaren adoptiert. Die deutschen Kolonien und die Balkansiedler in Neurussland und Bessarabien 1751–1914. München 1993, S. 116; Patricia Herlihy, Odessa. A History 1794–1914. Cambridge 1986, S. 29.

3 Zur Entwicklung bei den Bulgaren und Gagausen vgl. Statistische Beschreibung Bessarabiens und des sogenannten Budschaks. Akkerman 1899 (Aus dem Russischen übersetzte Neuausgabe des Heimatmuseums der Deutschen aus Bessarabien. Mühlacker 1969); Ştefan Ciobanu, Basarabia. Populaţia, istoria, cultura [Bessarabien. Bevölkerung, Geschichte, Kultur]. Chişinău 1992, S. 36 f.

4 Die Freizügigkeit war für die meisten Bevölkerungsgruppen beschränkt, bei den die Juden be-

auch Bessarabien zugeschlagen, wodurch die Zahl der jüdischen Bevölkerung dort schnell anwuchs. Deutsche und Juden spielten bei der Entwicklung von Handel und Gewerbe in Bessarabien eine viel größere Rolle, als es ihrem Anteil an der Gesamtbevölkerung entsprach. Da es sich um zwei Gruppen handelte, deren Lebensformen im 19. Jahrhundert noch sehr traditionell geprägt waren, sagt ihre Rolle als Vorreiter von Neuerungen viel über die Lebenswelten der Mehrheitsbevölkerung aus.[5] Bei der Volkszählung von 1897 verteilten sich die Bevölkerungsgruppen folgendermaßen: 52,1% Moldauer, 17% Ukrainer, 11,8% Juden, 6,4% Russen, 3,1% Deutsche, 2,9% Bulgaren und Gagausen sowie andere Gruppen unter 1%.[6]

Um den Modernisierungsbeitrag der Deutschen und Juden zu bestimmen, sollen folgende Fragen untersucht werden:

1. Welche Fähigkeiten und Organisationsformen unterschieden Juden und Deutsche von anderen Bevölkerungsgruppen?
2. Welche Kontaktzonen bestanden zwischen Deutschen und Juden?
3. Wie reagierte die Regierung auf die wirtschaftliche Dynamik, die von diesen beiden Gruppen ausging?

2. Wie wurden die Deutschen und Juden zu Modernisierern?

Aufgrund der guten Erfahrungen, die mit deutschen Kolonisten in anderen Landesteilen seit Katharina II. gemacht worden waren, erließ Alexander I. 1813 einen Werbeaufruf zur Besiedlung des neu eroberten Bessarabiens.[7] Im Aufruf wurde den Siedlern freie Religionsausübung, Verzicht auf Rekrutenaushebung und eine zehnjährige Befreiung von Steuern zugesichert. Außerdem sollte jedes Familienhaupt 60 Desjatinen (1 Desjatine entspricht 1,09 Hektar) Land erhalten. Aufgrund dieser Privilegien konnten seit 1814 immer neue Gruppen von Einwanderern in Bessarabien angesiedelt werden.[8] Bis 1826 kamen etwa 9000 Siedler, die größtenteils aus dem Süden Deutschlands stammten. Auch einige Schweizer hatten sich 1822 in Schabo bei Akkerman niedergelassen.[9] Nach dem Tod von Zar Alexander I. 1825

treffenden Maßnahmen ging es vor allem um den Schutz der Moskauer Kaufmannschaft vor Konkurrenz. Vgl. Heiko Haumann, Geschichte der Ostjuden. München 1990, S. 78 ff.; Manfred Hildermeier, Die rechtliche Lage der jüdischen Bevölkerung im Zarenreich und Polen, in: Juden in Ostmitteleuropa. Von der Emanzipation bis zum Ersten Weltkrieg, hrsg. v. Gotthold Rhode. Marburg 1989, S. 181-196.

5 Verwendet wird hier der Begriff „Moldauer", obwohl diese Bevölkerung rumänisch sprach. Da sich die Oberschichten russifizierten, artikulierte sich das Gefühl der Zusammengehörigkeit mit den Rumänen aus den benachbarten Gebieten erst nach dem Ersten Weltkrieg.

6 Flavius Solomon, Identitatea etnică şi minorităţi în Republica Moldova. O bibliografie [Die ethnische Identität und Minderheiten in der Republik Moldau. Eine Bibliografie]. Iaşi 2001, S. 157.

7 Zu den Problemen der unter Katharina II. angesiedelten Kolonisten vgl. Alfred Eisfeld, Die Russland-Deutschen. München 1992, S. 13-22.

8 Viele Einwanderer aus Württemberg wollten ursprünglich aus religiösen Gründen zu dem „Bergungsort" am Ararat, blieben dann aber in Bessarabien, weil sie dort anfangs völlig abgeschottet nach ihren Vorstellungen leben konnten. Vgl. Erich Bauer, „Väter und Mütter" der württembergischen Auswanderer aus Glaubensgründen im Jahre 1817, in: Jahrbuch der Deutschen aus Bessarabien 54 (2003), S. 37-44.

9 Die Gemeinde bestand aus deutsch- und französischsprachigen Reformierten. Vgl. Iurie Colesnic, Colonia elveţiană Şaba [Die Schweizer Kolonie Schaba], in: Ders., Basarabia necunoscută [Das

ging die Ansiedlung erheblich zurück. Dennoch wuchs aufgrund des Kinderreichtums die Anzahl der Deutschen bis 1862 auf 30 020 und betrug 1897 schon 60 200. Ihr Anteil an der Bevölkerung Bessarabiens änderte sich aber nur geringfügig von 2,9% auf 3,1%.[10]

In den Jahren bis 1871 wählten die Gemeinden selbst ihren Vorstand, der die Angelegenheiten der Kirche und Schule organisierte und die Schiedsgerichtsbarkeit wahrnahm.[11] Laut Kolonisationsgesetz durfte die zugewiesene Parzelle nicht verkauft oder geteilt werden. Da nur der jüngste Sohn den Hof des Vaters erbte, rodeten oder kauften die Gemeinden anfangs neues Land in der Umgebung. Das „Fürsorgekomitee" unterstützte die Gründung von Tochterkolonien in Südrussland. Es war für alle Kolonisten zuständig und erhielt seine finanziellen Mittel von der Regierung. Nach dessen Auflösung 1871 wurde der Landkauf für die Kolonisten immer schwieriger.[12]

Um die Jahrhundertwende begannen einige Kolonistensöhne, sich verstärkt als Handwerker und Unternehmer zu betätigen. Sie zogen aber nicht in die russisch-jüdischen Städte im Norden Bessarabiens, sondern transformierten mehrere Orte im Süden zu wichtigen Marktflecken. Dass in Tarutino und Arzis alle 14 Tage ein Markt stattfand, nahmen die Pastoren nur unwillig hin. So schrieb der Pastor von Glückstal bezüglich des großen Marktes in Arzis, die Einnahmen kämen der Kolonie sehr zustatten, doch sie hätten auch die Sittlichkeit des Dorfes schon sehr gefährdet.[13] Die stark pietistisch beeinflussten Gemeinden versuchten einerseits die traditionellen Strukturen zu bewahren, strebten aber andererseits Wohlstand an, weil dieser als Ausdruck von Gottes Gnade galt.[14]

Nicht nur ihre Religion unterschied die Deutschen von den anderen Bevölkerungsgruppen Bessarabiens, sondern vor allem ihre autonome Organisationsstruktur und ihr Bildungsstand. Mit Ausnahme von drei Dörfern waren die Deutschen in Bessarabien Protestanten, und für sie war die Fähigkeit, in der Bibel zu lesen, von zentraler Bedeutung.[15] Daher wur-

---

unbekannte Bessarabien]. Bd. 3, Chişinău 2000, S. 294-299, hier S. 295; Die Schweizer im Dorf Schaba (Chabag), in: Schweizer im Zarenreich. Zur Geschichte der Auswanderung nach Russland, hrsg. v. Roman Bühler (u.a.). Zürich 1985, S. 268-274.

10 Ciachir, Basarabia (wie Anm. 1), S. 72.

11 Hans Hecker, Die Deutschen im Russischen Reich, in der Sowjetunion und ihren Nachfolgestaaten. Köln 1994, S. 20 f.

12 Nach Aufhebung des Kolonistenstatus 1871 gingen die Höfe in Privatbesitz über und durften verkauft bzw. geteilt werden. Weil auch die Befreiung vom Militärdienst fortgefallen war, wanderten besonders viele pazifistische Mennoniten in die USA und nach Kanada sowie Südamerika aus. Vgl. Ute Schmidt, Die Deutschen aus Bessarabien. Eine Minderheit aus Südosteuropa (1814 bis heute). Köln/Wien 2003, S. 50.

13 M[artin] Fr[iedrich] Schrenk, Aus der Geschichte der Entstehung und Entwicklung der evangelisch-lutherischen Kolonien in den Gouvernements Bessarabien und Cherson, speziell in kirchlicher Beziehung. Odessa 1901, S. 29.

14 Dieses Spannungsverhältnis und die Entwicklung des Verhältnisses zu den ebenfalls ökonomisch sehr aktiven Juden wurden von der Autorin untersucht, vgl. Mariana Hausleitner, Deutsche und Juden in Bessarabien 1814–1941. Zur Minderheitenpolitik Russlands und Großrumäniens. München 2005.

15 Die Trennung zwischen Katholiken und Protestanten war in den Anfangsjahren nicht eindeutig. In Sarata gründete 1822 der katholische Priester Ignaz Lindl aus Bayern eine Gemeinde, die in einer Art urchristlicher Gütergemeinschaft lebte. Als die römisch-katholische Geistlichkeit Lindl als Unruhestifter anklagte und er Russland verlassen musste, bezeichneten sich seine Anhänger als „evangelisch". Vgl. Schrenk, Aus der Geschichte (wie Anm. 13), S. 32.

de bereits kurz nach der Ansiedlung mit dem Aufbau von Konfessionsschulen begonnen. Seit 1840 war der Schulbesuch für Kinder beiderlei Geschlechts vom siebenten Lebensjahr an obligatorisch. Den Unterhalt der Schulen gewährleisteten die Gemeinden. Erst seit den Reformen von 1864 wurden diese Schulen vom russischen Kreisschulrat kontrolliert, und ab 1887 sollte der Unterricht in russischer Sprache stattfinden. Die Schulen, die der Kirche unterstanden, konnten dem Druck der Schulräte besser widerstehen als die wenigen staatlichen Volksschulen. 1906 erhielten die Konfessionsschulen wieder die Erlaubnis, in den beiden ersten Schuljahren die deutsche Sprache zu gebrauchen.[16] Die meisten Kolonisten sahen die Nützlichkeit von Russischkenntnissen ein, weil sie ihnen wirtschaftliche Kontakte erleichterten. Zudem mussten Absolventen von Elementarschulen nach der Einführung der allgemeinen Wehrpflicht 1871 nicht sechs, sondern nur vier Jahre in der Armee dienen.[17]

Eine bedeutende Rolle als kulturelles Zentrum spielte die 1844 in Sarata gegründete Lehrerbildungsanstalt. Sie war aus dem hinterlassenen Guthaben des pietistischen Einwanderers Christian Friedrich Werner entstanden. Ihr erster Direktor Johann Karl Baisch, der aus der württembergischen Anstalt Lichtenstern kam, holte von dort in seiner 40-jährigen Wirkungszeit drei weitere pietistische Lehrer. Die staatlichen Behörden, die an der Verbesserung der Russischkenntnisse der Lehrer interessiert waren, unterstützten diese Anstalt. Außer in den Schulfächern wurden die zukünftigen Lehrer auch dazu ausgebildet, Gottesdienste, Taufen und Beerdigungen abhalten zu können.[18] Die Absolventen wirkten in vielen Gegenden Russlands. Hier soll nur ein prominenter Zögling erwähnt werden: Daniel Haase besuchte von 1891 bis 1895 die Wernerschule und studierte dann Medizin sowie Theologie in Dorpat. Er war zwischen 1908 und 1938 Pastor des Kirchspiels Tarutino und zwischen 1920 und 1936 auch Oberpastor der evangelisch-lutherischen Landeskirche Bessarabiens. Lehrer wurden noch bis zur Umsiedlung der Deutschen 1940 ausgebildet, doch hatte die Anstalt ihre Anziehungskraft für aufstiegswillige Bauernsöhne verloren.[19]

In Kišinev, der Hauptstadt des Gouvernements, lebten bis zum Ende des 19. Jahrhunderts nur wenige Deutsche. Unter den Angehörigen des Militärs, der Beamten und Handwerker waren einige Protestanten. Der evangelische Pastor Pensel aus dem im Süden gelegenen Glückstal kam seit 1825 gelegentlich angereist, um die Gemeinde zu betreuen. Erst 1837 wurde auf Bitte der Deutschen eine Predigerstelle bei der dort stationierten Division mit einem Gehalt der Krone geschaffen. 1838 wurde die Nikolaikirche eingeweiht, die ein Geschenk des Zaren war. Daneben entstand ein Schulgebäude mit Zimmern für Küster

16 Zur Entwicklung des Schulwesens vgl. Luminiţa Fassel, Das deutsche Schulwesen in Bessarabien 1812–1940. München 2000; ferner Wladimir Süss, Das Schulwesen der deutschen Minderheit in Russland. Köln (u.a.) 2004.

17 Dietmar Neutatz, Die „deutsche Frage" im Schwarzmeergebiet und in Wolhynien. Stuttgart 1993, S. 329.

18 Die Wernerschule und Lehrer Karl Baisch von 1844 bis 1883. Odessa 1884 (Nachdruck des Heimatmuseums der Deutschen aus Bessarabien. Mühlacker 1969).

19 Durch die Rumänisierung der staatlichen Volksschulen in den 1920er Jahren gab es nur noch wenige Lehrerstellen für Deutschsprachige an Konfessionsschulen. Vgl. Albert Rüb, ... da waren es nur noch drei! Schulpolitik in rumänischer Zeit, in: Jahrbuch der Deutschen aus Bessarabien 55 (2004), S. 59 ff.; Cornelia Schlarb, Entwicklung der evangelisch-lutherischen Kirchspiele in Bessarabien 1814 bis 1940. Rekonstruktionsversuch, in: Jahrbuch der Deutschen aus Bessarabien 54 (2003), S. 44-74, hier S. 48.

und Lehrer. Der Pastoratshof war damals das letzte Gebäude am Ortsrand neben einer Viehweide; erst Mitte des 19. Jahrhunderts verschwanden die Lehmhütten im Zentrum der Stadt.[20] Nach Aufhebung der Divisionspredigerstellen durch das Kriegsministerium 1896 musste die Gemeinde in Kišinev für Pastor Ernst Karl Rudolf Faltin aufkommen. Ihm folgte seit 1904 der Deutschbalte Erich Karl Gutkewitsch, der sich auch um den Aufbau eines deutschen Kulturvereins bemühte.[21]

Da die deutschen Kinder in den ersten Schuljahren zumeist in ihrer Muttersprache unterrichtet wurden, war der Anteil der Analphabeten sehr gering: 1897 konnten 63,5% der Männer und 62,9% der Frauen in russischer Schrift lesen und schreiben. Die Deutschen nahmen damit in Bessarabien den Spitzenplatz ein, von den Moldauern konnten dagegen nur 10% der Männer und 1,7% der Frauen lesen.[22]

Die gute Bildung schuf die Voraussetzung für die Flexibilität, mit der die Deutschen auf die wirtschaftlichen Veränderungen reagierten. Als unter Alexander II. (1855–1881) der Hafen von Odessa ausgebaut wurde und die Nachfrage nach Getreide schnell stieg, produzierten sie immer größere Überschüsse für den Export. Dass die Deutschen eine Vorreiterrolle beim Einsatz moderner Agrartechniken und gute Erfolge bei der Viehzucht hatten, heben auch rumänische Historiker hervor. Die Steppe des Budschak eignete sich besonders für die Zucht von Schafen und Pferden. Um 1900 begannen Deutsche mit der Zucht der wertvollen Karakulschafe. Deren Wolle wurde die Grundlage für die Tuchfabriken in Tarutino, Teplitz, Arzis und Sarata. Deutsche Handwerker bauten besonders stabile Fuhrwerke, die in ganz Südrussland und in der rumänischen Moldau gefragt waren. Auch Ackergerät wurde hergestellt und landwirtschaftliche Produkte wurden verarbeitet.[23]

Da im Süden Bessarabiens nur wenige Moldauer und Ukrainer lebten, hatten die Deutschen vor allem Kontakte mit ihren bulgarischen Nachbarn: Von ihnen lernten sie, wie man Mais und Tabak anbaute und Schafskäse herstellte. Die Bulgaren wiederum wechselten ihre Arbeitstiere nach deutschem Vorbild vom Ochsen zum Pferd.[24]

Um die wirtschaftliche Entwicklung in Bessarabien voranzubringen, waren Juden unter Zar Nikolaus I. in den ersten zwei Jahren ihres Zuzugs von Steuern befreit worden. Ihre Anzahl stieg daher schnell an: 1856 hatten sie mit 95 927 einen Anteil von 9,5% an der Gesamtbevölkerung und 1897 mit 288 168 sogar von 11,8%. 1912 erreichten sie einen Anteil von 37,2% an der Stadtbevölkerung und 7,3% an der Landbevölkerung.[25]

Um eine Konzentration des sozialen Elends in den wenigen Städten zu vermeiden, waren in Bessarabien zwischen 1836 und 1853 mit Unterstützung jüdischer Organisationen 17 landwirtschaftliche Kolonien entstanden, in denen 10 859 Personen lebten. Durch die repressiven Maigesetze von 1882 gerieten diese unter starken Druck, weil die staatlichen

20 Schrenk, Aus der Geschichte (wie Anm. 13), S. 39-43.
21 Schlarb, Entwicklung (wie Anm. 19), S. 55 f.
22 Ciachir, Basarabia (wie Anm. 1), S. 87.
23 Die Wirtschaftserfolge werden kurz gestreift in: Istoria Basarabiei. De la începuturi până în 1994 [Geschichte Bessarabiens. Von den Anfängen bis 1994], hrsg. v. Ioan Scurtu (u.a.). Bucureşti 1994, S. 59. Ein bessarabischer Abgeordneter widmete ihnen eine Broschüre, vgl. Liviu Marian, Coloniştii nemţi din Basarabia [Deutsche Kolonisten in Bessarabien]. Bucureşti 1920.
24 Alfred Camann, Vom Volkstum der Deutschen in Bessarabien. Würzburg 1962, S. 25.
25 Ciachir, Basarabia (wie Anm. 1), S. 87.

Behörden die Juden aus den ländlichen Gemeinden vertreiben wollten.[26] Es überlebten nur sechs Kolonien mit 7782 Personen im Norden Bessarabiens, die seit 1899 Unterstützung von der „Jewish Colonization Association“ aus Paris erhielten.[27] Durch die beträchtlichen Subventionen aus dem Ausland konnten diese Juden der harten Konkurrenz trotzen. Sie vermarkteten ihre landwirtschaftlichen Produkte über den Hafen in Odessa, und im Fall von Missernten unterstützten sie sich gegenseitig.[28]

Über die Hälfte der Juden lebte in den Städten. Die meisten waren 1897 kleine Ladenbesitzer (45,6%) oder Handwerker (26,8%).[29] Da private Geldverleiher sehr hohe Zinsen verlangten und dadurch viele Juden verarmten, gründeten einige jüdische Gemeindeführer 1901 eine genossenschaftliche Darlehenskasse. Im Jahre 1913 hatte sie schon 30090 Mitglieder. Jedes Mitglied versorgte noch mindestens fünf Personen.[30]

Seit der Aufklärungsbewegung *Haskalah* setzten sich die Führer der Juden dafür ein, dass möglichst viele Kinder eine Schulbildung erhielten. 1894 hatten 60,9% der Juden nur die *Cheder* (hebräische Vorschule für Jungen) abgeschlossen. Doch seit den 1870er Jahren wuchs die Zahl von Juden, die staatliche Volksschulen und Gymnasien besuchten. Eine kleine Gruppe schickte ihre Kinder zum Studium nach Odessa oder anderswohin. Die Zulassung von Juden zu höheren Bildungsanstalten unterlag seit 1882 einer anteilsmäßigen Beschränkung. Obwohl ihr sozialer Aufstieg behindert wurde, orientierten sich viele Gebildete an der russischen Kultur.[31] Russisch lesen und schreiben konnten 1897 49,6% der männlichen Juden und 24,2% der Frauen.[32]

Die blockierte Integration in die Gesellschaft veranlasste einige jüdische Jugendliche in den 1880er Jahren, revolutionäre Zirkel zu unterstützen. So war auch eine jüdische Frau unter den Verhafteten nach dem Attentat auf Zar Alexander II. Nach Kišinev kam Meir Dizengov, der 1885 wegen seiner Unterstützung der Narodniki verhaftet wurde. Er schloss sich danach einer neuen Bewegung an, die für die Juden einen Ausweg aus ihrer perspektivlosen Lage in Russland suchte. Unmittelbar nach den Pogromen von 1881 propagierte der aus Odessa stammende Arzt Leon Pinsker in seinem Buch „Autoemanzipation!“ (es erschien

---

26 Carol Iancu, Miturile fondatoare ale antisemitismului. Din antichitate până în zilele noastre [Die Gründungsmythen des Antisemitismus. Vom Altertum bis in unsere Tage]. Bucureşti 2005, S. 124; Jacob Letschinsky, Bessarabia, in: Universal Jewish Encyclopedia. Bd. 2, New York 1948, S. 244-248.

27 Diese Organisation gründete der Philanthrop Baron Maurice de Hirsch 1891, sie unterstützte vor allem Projekte in Argentinien und Palästina, vgl. Adolf Böhm, Die Zionistische Bewegung bis zum Ende des Weltkrieges. 2. Aufl., Berlin 1935, S. 113.

28 Jewish Colonization Association, Recueil de matèriaux sur la situation economique des israelites de Russie. Bd. I, Paris 1906, S. 99-142.

29 Hildrun Glass, Zerbrochene Nachbarschaft. Das deutsch-jüdische Verhältnis in Rumänien 1918–1938. München 1996, S. 57.

30 Keith Hitchins, Jewish Credit Cooperatives in Bessarabia and Integration 1920–1940, in: The Jews in the Romanian History, hrsg. v. Ion Stanciu. Bucureşti 1997, S. 193-200, hier S. 194.

31 Noch in der Zwischenkriegszeit registrierte die rumänische Sicherheitspolizei mit Argwohn, dass viele Juden russische Zeitungen lasen. Es erschienen in Bessarabien vier russische Tageszeitungen, während die rumänischen Blätter trotz Subventionen immer wieder eingingen. Vgl. Arhiva Naţională a Republicii Moldova [Nationalarchiv der Republik Moldau, ANRM], 680, 3428, S. 1-49, 244, 309-317 u. 361.

32 Ciachir, Basarabia (wie Anm. 1), S. 87; Encyclopaedia Judaica. Bd. 4, Jerusalem 1971, S. 706.

anonym als Mahnruf „von einem russischen Juden“) einen Neuanfang jüdischen Lebens in Palästina. Odessa wurde das Zentrum der Emigrationsbewegung, und im benachbarten Kišinev warb Dizengov für die neuen jüdischen Siedlungen.[33] Zwischen 1891 und 1910 verließen über eine Million Juden Russland, doch die meisten zogen in die USA und nach Argentinien.[34]

Den Führern der Zionisten war aber klar, dass nicht alle Juden auswandern konnten, weswegen sie auch den Ausbau eines sozialen Netzes in Russland förderten. In Bessarabien gab es sehr aktive Zionisten. Stellvertretend sei hier der Lebensweg eines Führers skizziert, der die transnationale Verflechtung deutlich macht. Der Arzt Jakob Bernstein-Kogan (Cohen) hatte in St. Petersburg und Dorpat studiert. Er war 1899 Delegierter beim dritten internationalen Kongress der Zionisten. Aufgrund seiner Kontakte zu ausländischen jüdischen Organisationen konnte er 1903 schnell Hilfe für Opfer des Pogroms im selben Jahr organisieren. Zwischen 1907 und 1910 lebte er in Palästina. Nach seiner Rückkehr leitete er den zionistischen Klub in Kišinev. Er baute auch die „Gesellschaft zum Schutz der Gesundheit“ auf, die armen Juden eine ärztliche Versorgung ermöglichte.[35] Die Zionisten aus Kišinev standen in enger Verbindung mit der sehr aktiven Bewegung aus Odessa. Sie setzten sich vor allem für die volle Autonomie der jüdischen Institutionen ein.[36]

In den bessarabischen Städten wirkten auch einige jüdische Sozialisten, die mit dem 1897 gegründeten Allgemeinen Jüdischen Arbeiterbund in Verbindung standen. Sie traten vor allem während der Streikbewegung im Oktober 1905 in Erscheinung.[37] Die Einwohnerzahl von Kišinev wuchs bis 1912 auf 128 100 an, die Hälfte davon waren Juden. Doch es gab nur wenige Arbeiter: 1910 lebten in ganz Bessarabien 8 600 Personen von Fabrikarbeit, das entsprach 0,15% der Gesamtbevölkerung.[38]

---

33 Dizengov baute seit 1909 bei Jaffa ein neues Stadtviertel für Juden auf, er wirkte in der dortigen Verwaltung und setzte sich dafür ein, dass Tel Aviv zu einer Stadt ausgebaut wurde. Er war seit 1922 ihr erster Bürgermeister bis zu seinem Tod 1937.

34 Barbara Beuys, Heimat und Hölle. Jüdisches Leben in Europa durch zwei Jahrtausende. Reinbek 1996, S. 664; Zvi Gitelman, A Century of Ambivalence. The Jews in Russia and the Soviet Union, 1881 to the Present. New York 1988, S. 16.

35 Aleksandr Lokšin, Tsarist Policy Toward Zionism in Russia, in: Der Traum von Israel. Die Ursprünge des modernen Antisemitismus, hrsg. v. Heiko Haumann. Weinheim 1998, S. 170-185; Sarra Špital'nik, Evrejskij Kišinev [Das jüdische Kišinev]. Kišinev 1995, S. 7 f.

36 Michael Hagemeister, Die „Protokolle der Weisen von Zion“ und der Basler Zionistenkongress von 1897, in: Der Traum von Israel (wie Anm. 35), S. 250-253; Volodymyr Ljubčenko, Evreï u skladi Rosys'koi imperii [Die Juden im Rahmen des Russischen Imperiums], in: Narysy z istoriï ta kultury evreïv Ukraïny [Grundzüge der Geschichte und Kultur der Juden in der Ukraine], hrsg. v. Leonid Finberh u. Volodymyr Ljubčenko. Kyïv 2005, S. 93.

37 Es gibt keine Geschichte der jüdischen Arbeiterbewegung in Bessarabien. Biografische Skizzen von Führern des Arbeiterbundes wie die von Nadja Grinfeld enthalten Hinweise auf die allgemeine Tätigkeit der Organisation, vgl. Hausleitner, Juden (wie Anm. 14), S. 121 ff.; Doyres Bundistn [Generationen von Bundisten], hrsg. v. Jakob S. Hertz. Bd. 1, New York 1956, S. 358 ff.

38 Iulian Fruntaşu, O istorie etnopolitică a Basarabiei 1812–2002 [Eine ethnopolitische Geschichte Bessarabiens 1812–2002]. Chişinău 2002, S. 74. In einer Studie des britischen Außenministeriums wird die Zahl der Arbeiter bei Ende des Ersten Weltkrieges auf nur 3 000 geschätzt, vgl. Bessarabia, Handbooks prepared under the Direction of the Historical Section of the Foreign Office, hrsg. v. G[eorge] W. Prothero. Nr. 51. London 1920, S. 42.

3. Kontaktzonen zwischen Deutschen und Juden

Da die Deutschen bis 1871 Selbstverwaltung hatten, bestimmten sie, wer in ihre Gemeinden aufgenommen wurde. Auch nach 1871 konnten sie noch Einspruch gegen den Zuzug von Fremden erheben. So gab es 1890 nur 2927 Juden im Budschak, bei einer deutschen Bevölkerung von 43582 Personen.[39] Die meisten Juden lebten im Norden Bessarabiens, wodurch es nur punktuelle Kontakte im Wirtschaftsbereich gab.

Bis zur Jahrhundertwende kauften zumeist jüdische Händler die landwirtschaftlichen Überschüsse der Deutschen auf und transportierten sie in den Hafen Akkerman. Dies betraf den Viehhandel, Getreide und Schafwolle. Kleine Schiffe brachten die Waren über den Dnestr-Liman nach Odessa, wo sie größtenteils auf Hochseeschiffe verladen wurden. Weil diese Vermarktung einen erheblichen Vorschuss von Kapital erforderte, blieb sie bis um die Jahrhundertwende in den Händen einiger jüdischer Familien, die gute Verbindungen zu Händlern im Ausland hatten.[40] Nach Österreich-Ungarn gingen Getreide, Rinder, Schafe, Wolle und Leder, nach Griechenland Getreide, nach Petersburg und Moskau Wein. Durch die Fertigstellung der Eisenbahnlinie von Kišinev über Tiraspol' nach Odessa 1871/72 wurde auch der Norden Bessarabiens an die Hafenstadt angebunden. Die wirtschaftliche Bedeutung von Kišinev nahm damit rasch zu.[41]

Die noch vom Fürsorgekomitee 1869 eingerichteten Waisenkassen hatten eine langfristige Wirkung: Sie entwickelten sich zu leistungsfähigen Darlehenskassen, die Landwirten und Gewerbetreibenden zugute kamen.[42]

Kurz vor der Jahrhundertwende, im Jahr 1897, entstanden die ersten deutschen Genossenschaften in Sarata und Lichtental im Süden Bessarabiens. Auf breiter Basis entfalteten sie sich aber erst nach 1907, als die Regierung die Weiterentwicklung der Gemeindeläden zu Genossenschaften förderte. Ihr Zusammenschluss zur „Deutsch-Bessarabischen Wirtschaftsorganisation" soll erfolgt sein, weil jüdische Kaufleute das Getreide angeblich zu „Spottpreisen" aufgekauft hätten.[43] Die Initiative der so genannten Intelligenzler, Konsumvereine aufzubauen, stieß anfangs bei den bessarabischen Bauern auf Misstrauen. Sie vertraten die Ansicht, „der Schwab gehört aufs Feld, für den Handel ist der Jude da".[44] Erst 1910 gründeten Deutsche in Akkerman die „Bank für Landwirtschaft, Handel und Industrie".[45]

Es gibt keine Hinweise, dass es vor dem Ersten Weltkrieg zu Spannungen zwischen den recht erfolgreichen Genossenschaften der Juden und den langsam anwachsenden Vereinen der Deutschen kam. Nur in Akkerman und Tarutino lebten eine größere Anzahl Juden

39 Brandes, Von den Zaren adoptiert (wie Anm. 2), S. 462.

40 C[arl] Uhlig, Die bessarabische Frage. Eine geopolitische Betrachtung. Breslau 1926, S. 54. Zu den deutschen Kaufmannsfamilien in Odessa vgl. E.G. Plesskaja-Zebol'd, Odesskie nemcy 1803–1920 [Die Odessaer Deutschen 1803–1920]. Odessa 1999, S. 58-74.

41 Zamfir Arbore, Basarabia în secolul al XIX-lea [Bessarabien im 19. Jh.]. Bucureşti 1898, S. 47 f.; Antony Babel, La Bessarabie. Etude historique, ethnographique et économique. Paris 1926, S. 325; Mariana Slapac (u.a.), Chişinău 1436–1996. Chişinău 1996, S. 8.

42 Paul Sauer, Mut zum Neubeginn in der Fremde. Klöstiz, eine der ältesten deutschen Siedlungen in Bessarabien, in: Jahrbuch der Deutschen aus Bessarabien 53 (2002), S. 74.

43 Konstantin Mayer, Der Weg aus der Steppe 1940. Ludwigsburg 1985, S. 17.

44 Günter Wehenkel, Deutsches Genossenschaftsleben in Rumänien. Stuttgart 1929, S. 109.

45 Sie stellte zu Beginn des Ersten Weltkrieges ihre Tätigkeit ein, vgl. Marianne Kraus, Staat und Kreditinstitute in Rumänien. Speyer 1939, S. 28.

und Deutsche, die sich als Handwerker oder Ladenbesitzer hätten Konkurrenz machen können. Der Norden war mit dem Süden Bessarabiens schlecht verbunden, von der Bahnlinie Bendery–Reni verliefen nur etwa 30 km durch den Kreis Akkerman. Die Eingaben deutscher Großgrundbesitzer, in denen der Bau einer Abzweigung zum Donauhafen in Izmail vorgeschlagen wurde, wurden von dem zuständigen Ministerium ignoriert.[46]

Mehr Kontaktzonen entstanden in der Provinzhauptstadt Kišinev, die seit Mitte des 19. Jahrhunderts schnell wuchs und 1892 schon 122 917 Einwohner hatte.[47] Davon waren 45,9% Juden. Die etwa 200 Deutschen der Stadt kauften ihre Waren bei jüdischen Ladenbesitzern und Handwerkern. Sowohl im Klein- wie im Großhandel bestand nur geringe Konkurrenz von Deutschen, Slawen oder Rumänen.[48] Eine Überschneidung von Berufsfeldern der Juden und Deutschen gab es nur bei Ärzten und Rechtsanwälten, doch gründeten sie die Berufsverbände gemeinsam.

Obwohl in Kišinev nur wenige Deutsche lebten, war zwischen 1878 und 1903 der Deutsche Karl Schmidt Bürgermeister.[49] Bis 1892 wählten ihn auch die Vertreter der Juden im Stadtrat, danach waren sie aufgrund eines Regierungserlasses nicht mehr zur Mitsprache berechtigt. Dennoch muss Schmidt weiterhin gute Kontakte zu den Sprechern der Juden gehabt haben. Als einige jüdische Gemeindemitglieder 1901 die erwähnte genossenschaftliche Darlehenskasse gründeten, erhob das Finanzministerium Einspruch und verlangte, dass Nichtjuden in der Leitung vertreten sein müssten. Danach wirkte Karl Schmidt dort gemeinsam mit mehreren jüdischen Intellektuellen und einem Rumänen.[50]

Durch die gegenseitige Unterstützung überstanden die genossenschaftlich organisierten Juden die Krisenjahre zwischen 1901 und 1903 besser als die wenigen russischen Handwerker. Die Konkurrenzsituation wurde in der neuen Zeitung „Bessarabec" („Der Bessarabier") als Verschwörung der Juden interpretiert. Es war die erste Tageszeitung in Bessarabien, und ihr Herausgeber Pavel A. Kruševan wollte mit sensationellen Berichten über Übergriffe der Juden und einen angeblichen Ritualmord Leser gewinnen.[51]

Die Kooperation von Schmidt mit den jüdischen Intellektuellen erwies sich 1903 als sehr wichtig, als es am Ostersonntag zu einem Pogrom in Kišinev kam. Der Bürgermeister intervenierte beim Gouverneur, damit dieser eine Verstärkung der Truppen anforderte. Dies geschah jedoch mit Verzögerung, daher breitete sich der Pogrom bis Montagnachmittag aus. Dann konnte er von den eintreffenden Soldaten ohne Einsatz von Feuerwaffen beendet

46 I[van] A. Ancupov, Russkoe naselenie Bessarabii i levoberežnogo Podnestrov'ja v konce XVIII–XIX v. [Die russische Bevölkerung Bessarabiens am linken Dnestrufer vom Ende des 18. bis ins 19. Jh.]. Kišinev 1996, S. 226.

47 Harald Heppner, Capitala Moldovei – o problemă? [Die Hauptstadt der Moldau – ein Problem?], in: Ders., Contribuţii la istoria României şi a Românilor [Beiträge zur Geschichte Rumäniens und der Rumänen]. Cluj 2002, S. 155-183, hier S. 174.

48 Louis G. Michael, More Corn for Bessarabia. Russian Experience 1910–1917. Detroit 1983, S. 76.

49 Edward Judge, Ostern in Kischinjow. Anatomie eines Pogroms. Mainz 1995, S. 43.

50 Moshe Ussoskin, Struggle for Survival. A History of Jewish Credit Cooperatives in Bessarabia, Old-Rumania, Bukovina and Transylvania. New York 1975, S. 20 f.

51 Zur aufwiegelnden Rolle von Kruševans Publikationen im Vorfeld des Pogroms vgl. Norman Cohn, Die Protokolle der Weisen von Zion. Der Mythos von der jüdischen Weltverschwörung. Köln/Berlin 1969, S. 48; Shlomo Lambroza, The pogroms of 1903–1906, in: John D. Klier u. Shlomo Lambroza, Pogroms. Anti-Jewish Violence in Modern Russian History. Cambridge 1992, S. 196 f.

werden. 49 Juden und zwei Christen waren umgekommen, 800 Gebäude beschädigt und viele jüdische Familien ihrer Existenzgrundlagen beraubt.[52]

Der Bericht des Innenministeriums nannte als Ursache der Ausschreitungen einen Angriff jüdischer Kaufleute auf christliche Bauern auf dem Markt. Bei dem Prozess wies Karl Schmidt, der als Bürgermeister abgesetzt worden war, auf die Rolle der genannten Tageszeitung hin. Er hob die engen Beziehungen zwischen Pavel Kruševan und dem Vize-Gouverneur hervor, der für die Zensur zuständig war. So hätten ständig Hetzartikel über das angeblich unehrliche Geschäftsgebaren der Juden publiziert werden können. Schmidt betonte, dass es vor dem Erscheinen dieses Blattes kaum Spannungen zwischen Juden und Nichtjuden gegeben habe. Die Juden würden im Handel dominieren, weil sie aus den Dörfern vertrieben worden seien und kaum andere Verdienstmöglichkeiten für sie bestünden. Der deutsche Stabsarzt Eduard Müller verteidigte Juden, die ihr Eigentum schützen wollten, und verwies darauf, dass die Polizei den Plünderern untätig zugesehen habe. Einige Mörder mit slawischen und moldauischen Namen erhielten relativ geringe Gefängnisstrafen.[53] Beim Prozess versuchte der Verteidiger, Osip Pergament, die Rolle der staatlichen Beamten und ihre Verbindungen mit den Antisemiten zu thematisieren. Er wurde dabei ständig behindert.[54]

Unmittelbar nach dem Prozess wurde Pavel Kruševan, der wichtigste Drahtzieher des Pogroms, vom Zaren geehrt, seine Propaganda im „Bessarabec“ wurde dabei lobend erwähnt. Der Oberprokuror des Heiligen Synod, Konstantin P. Pobedonoscev, überreichte Innenminister Pleve ein Memorandum, das den Juden die Aufweichung der Moral, Ausbeutung der einheimischen Bevölkerung und Organisierung revolutionärer Umtriebe anlastete.[55]

Die Vertreter der Juden aus Kišinev unter der Leitung von Jakob Bernstein-Kogan wurden bei den Behörden in St. Petersburg sehr abweisend behandelt, als sie Unterstützung für die Geschädigten verlangten. Daraufhin sammelte eine Gruppe um Simon Dubnov in Odessa alle Informationen und schicke sie an jüdische Organisationen im Ausland. Als Berichterstatter war Chaim Nachman Bialik nach Kišinev geschickt worden, er schrieb danach das eindrucksvolle Poem „In der Stadt des Massakers“.[56] Im Ausland sammelten viele jüdische Organisationen Geld für die Opfer des Pogroms, das Thema war in vielen Zeitungen präsent.[57]

Während des russisch-japanischen Krieges (1904/05) nahm die Hetze gegen Juden erneut zu; nun wurden sie auch des Landesverrates bezichtigt. Nach der militärischen Niederlage entstand eine breite Streikbewegung und es bildeten sich Arbeiterräte. Das liberale

52 Gitelman, A Century (wie Anm. 34), S. 10 ff.; Judge, Ostern (wie Anm. 49), S. 64-72.

53 Judge, Ostern (wie Anm. 49), S. 105-109; Die Judenpogrome in Russland, hrsg. im Auftrag des Zionistischen Hilfsfonds in London. Köln/Leipzig 1910, S. 25 ff.

54 Guido Hausmann, Paradise Anticipated – The Jews of Odessa in the 19th and 20th Centuries, in: Jahrbuch des Simon-Dubnow-Instituts 2 (2003), S. 151-181, hier S. 178.

55 Heinz-Dietrich Löwe, Antisemitismus und reaktionäre Utopie. Russischer Konservatismus im Kampf gegen den Wandel von Staat und Gesellschaft 1890–1917. Hamburg 1978, S. 63 f.

56 Simon Dubnov, Buch des Lebens. Erinnerung und Gedanken, Materialien zur Geschichte meiner Zeit. Bd. 1: 1860–1903. Leipzig/Göttingen 2004, S. 413.

57 Auch der deutsche Sozialdemokrat Karl Kautsky veröffentlichte damals eine Analyse über die Ursachen des Antisemitismus, vgl. Karl Kautsky, Das Massaker von Kischineff und die Judenfrage, in: Die Neue Zeit XXI (1902/03), Bd. 2, S. 303-309.

Bürgertum verlangte eine Volksvertretung. Einige Bauern begannen den Gutsbesitz umzuverteilen.[58] In dieser angespannten Situation befolgte der Zar den Rat von Graf Sergej Vitte und kündigte im Oktober 1905 eine Neuordnung der obersten Reichsbehörden und die Schaffung einer Volksvertretung an. Auch Juden erhielten Wahlrechte. Die diskriminierenden Sondergesetze sollten aufgehoben werden. Die Antisemiten hetzten nun wieder zu Pogromen auf, so auch Pavel Kruševan. In vielen Orten Bessarabiens gab es Ausschreitungen und es kamen 108 Menschen um. In Kišinev verteidigten jüdische Selbstwehreinheiten die Einrichtungen der Gemeinde und Läden, der Sachschaden war geringer als 1903, aber es starben 29 Menschen.[59]

Während des Pogroms flohen Juden aus Akkerman in benachbarte deutsche Kolonien. Überliefert ist die Beschreibung, wie sich eine Gruppe von Juden im Vorort Schabo versteckte. Als ihre Verfolger begannen, dort nach ihnen zu suchen, wurden sie durch eine üppige Mahlzeit und viel Alkohol abgelenkt.[60] In Klöstitz blieben Juden, die vor den Pogromen geflohen waren, danach dauerhaft im Ort. Einige Juden schickten ihre Söhne in das deutsche Gymnasium in Tarutino, das danach etwa 10% jüdische Schüler hatte.[61]

Über das Verhältnis der Mehrheitsbevölkerung der Moldauer zu den Juden ist bisher wenig bekannt. Die Moldauer waren zumeist Kleinbauern, die kaum Überschüsse produzierten, die sie wie die Deutschen an Juden verkaufen konnten. Dennoch mussten sie sich manchmal Geld leihen, um die Steuern zu bezahlen. Für die Bankfilialen waren sie zu unsichere Kreditnehmer, sodass sie auf die – zumeist jüdischen – Privatverleiher angewiesen waren. Diese borgten das Geld gegen Arbeitsleistungen, die sie auf dem gepachteten Boden der Geldverleiher verrichteten. Da nur 10% der männlichen Moldauer (1897) lesen konnten, dürften die Vertragsabschlüsse für sie manchmal unerwartete Folgen gehabt haben. Zinssätze von etwa 35% waren in der Region üblich.[62] Erst nach der Jahrhundertwende richtete das Zemstvo Kassen für Kleinkredite ein, die niedrigere Zinsen (12%) berechneten.[63]

4. Die Regierungspolitik gegenüber Deutschen und Juden

Die Niederlage im Krimkrieg (1853–1856) machte deutlich, dass Russland nur durch ein umfangreiches Reformprogramm den Anschluss an das westeuropäische Entwicklungstempo finden konnte. Alexander II. (1855–1881) verkündete im Februar 1861 die Aufhebung der Leibeigenschaft. Die Bauern wurden aus der patrimonialen Gewalt der Grundherren entlassen und erhielten ihre persönliche Freiheit. In Bessarabien versuchten die Großgrundbesitzer anfangs die Reform zu umgehen, doch ab Juli 1868 galten auch dort die Bestimmungen zur Vergabe von Land an die Bauern gegen Entschädigung.[64]

58 Martin Malia, Experiment ohne Zukunft? Voraussetzungen und Folgen der Russischen Revolution. Hamburg 1989, S. 70 f.

59 Izrael N. Pilat, Iz istorii evrejstva Moldovy [Aus der Geschichte der Juden der Moldau]. Kišinev 1990, S. 37 f.

60 Baldur Höllwarth, Ein Pogrom in Akkerman, in: Jahrbuch der Deutschen aus Bessarabien 56 (2005), S. 79 f.

61 Brandes, Von den Zaren adoptiert (wie Anm. 2), S. 462; Mayer, Der Weg (wie Anm. 43), S. 62; Sauer, Mut (wie Anm. 42), S. 77.

62 Hitchins, Jewish Credit Cooperatives (wie Anm. 30), S. 194.

63 Michael, More Corn (wie Anm. 48), S. 77 f.

64 Ion Nistor, Istoria Basarabiei [Geschichte Bessarabiens]. Bucureşti 1991, S. 220.

Im Zuge der Neuordnung der Rechtsbeziehungen im ländlichen Raum wurden 1871 die Privilegien der Deutschen aufgehoben und ihre Kolonien in die allgemeine Verwaltung und in das Zemstvo-System integriert. Seitdem war Russisch auch für sie die verbindliche Amtssprache.[65] Einige Deutsche, die russische Schulen besucht hatten, konnten in der Verwaltung wichtige Positionen einnehmen. Andreas Widmer hatte 1877 als Schreiber im Gebietsamt von Tarutino seine Laufbahn begonnen. Seit 1881 vertrat er im Zemstvo die Interessen der Deutschen des Kreises Akkerman, wo 68,9% der deutschen Kolonisten lebten. 1903 wurde Widmer Vizepräsident des Zemstvo und 1906 Abgeordneter in der ersten Staatsduma.[66]

Obwohl sich die deutschen Abgeordneten in der Duma um eine staatsloyale Haltung bemühten, gingen russische Nationalisten immer schärfer gegen sie vor. Sie kritisierten die Ausbreitung des Landeigentums der Deutschen und verlangten eine Einschränkung bei Landkäufen. Tatsächlich gab es einige sehr wohlhabende Nachfahren der Kolonisten. Nach der Reform von 1906, die individuelles Eigentum förderte, betrug die durchschnittliche Bodenfläche der Deutschen im Kreis Akkerman 134 Hektar je Familie.[67]

Die Landkäufe der Deutschen in Russland wurden von russischen Nationalisten als Parallele zum „Drang nach Osten" des Deutschen Reiches dargestellt. Seit Bismarck galten im Deutschen Reich Schutzzölle bei der Einfuhr landwirtschaftlicher Produkte. Das führte dort zu einer Steigerung der Produktivität, mit der die russische Getreideproduktion nicht konkurrieren konnte. Dieses Problem wurde in der russischen Presse als deutsche Aggression umgedeutet.[68] Nach der Annexion von Bosnien-Herzegowina durch Österreich-Ungarn 1908, die in Russland als Angriff auf slawische Brüder interpretiert wurde, legten nationalistische Abgeordnete das „Gesetz zur Begrenzung des Grundbesitzes" in der Staatsduma vor, das sich vor allem gegen die Deutschen richtete. Zwar erhielt es 1909 keine Mehrheit, doch wurden Restriktionen eingeführt, die den Deutschen die Gründung von Tochterkolonien erschwerten. 1913 lagen erneut Gesetzentwürfe vor, welche die Eigentumsrechte der Deutschen beschneiden sollten. Widmer beriet sich mit den deutschen Vertretern und publizierte 1914 eine Denkschrift, in der er die Regierungstreue der Kolonisten und ihr entspanntes Verhältnis zu den anderen Ethnien hervorhob.[69]

Verglichen mit den Deutschen hatten die Juden weitaus größere Probleme, ihren Platz in der Gesellschaft Russlands zu finden. Das lag vor allem daran, dass sie von staatlicher Seite einer sehr unterschiedlichen Behandlung ausgesetzt waren. Unter Zar Alexander I. (1801–1825) unterlagen Juden gewissen Einschränkungen wie etwa der Verordnung von 1804, die ihnen untersagte, als Schankwirte in den Dörfern tätig zu sein. Sie mussten auch

65 Die beschränkte Selbstverwaltung war in Bessarabien mit fünf Jahren Verspätung 1869 eingeführt, vgl. Babel, La Bessarabie (wie Anm. 41), S. 155; Alexandru V. Boldur, Istoria Basarabiei [Geschichte Bessarabiens]. 2. Aufl., Bucureşti 1992, S. 359.

66 Glass, Zerbrochene Nachbarschaft (wie Anm. 29), S. 52.

67 David Mitrany, The Land and the Peasant in Rumania. 2. Aufl., New York 1968, S. 202.

68 Bernd Bonwetsch, Handelspolitik und Industrialisierung. Zur außenwirtschaftlichen Abhängigkeit Russlands 1890–1914, in: Wirtschaft und Gesellschaft im vorrevolutionären Russland, hrsg. v. Dietrich Geyer. Köln 1975, S. 277-299; Michael Pokrowski, Geschichte Russlands. Leipzig 1929, S. 521 f.

69 A[ndreas] Widmer, Denkwürdigkeiten aus der Geschichte der deutschen Kolonien in Bessarabien, in: Museum und Archiv. Beiträge zur bessarabiendeutschen Geschichte und Kultur. H. 5, Stuttgart 2004, S. 6-16.

höhere Steuern zahlen als die Christen. Unter Nikolaus I. (1825–1855) versuchte die Regierung durch Zwangsmaßnahmen die Assimilation der Juden voranzutreiben. Die härteste Bestimmung war jene von 1827 zur Rekrutierung jüdischer Knaben zu einem 25-jährigen Militärdienst. Sie wurden in vom Ansiedlungsrayon entfernten Divisionen festgehalten und einer grausamen Umerziehung unterworfen. So durften sie keine religiösen Bücher besitzen oder jiddisch reden. Weil zumeist Kinder armer Juden eingezogen wurden, richtete sich die Wut der betroffenen Eltern gegen die Gemeindevorsteher, welche die Auswahl durchführten. Die Regierung nutzte die Unzufriedenheit, um 1844 die Selbstverwaltung der Gemeinde, das Kahalim-System, einzuschränken.[70]

Alexander II. (1855–1881) schaffte die Sonderregeln für Juden beim Militärdienst ab und trug auch ihrer wirtschaftlichen Bedeutung Rechnung. Die Ministerien unterstützten nun die Initiativen jüdischer Intellektueller, die Armut in den Gemeinden aktiv zu bekämpfen. 1880 wurde die „Gesellschaft zur Förderung handwerklicher und landwirtschaftlicher Arbeit unter den Juden“ („Obščestvo dlja rasprostranenija remeslennogo i zemledel'českogo truda sredi evreev“, ORT) zugelassen. Mit Subventionen aus dem Ausland entstanden auch in Bessarabien Lehrwerkstätten und genossenschaftliche Netzwerke.[71]

Unter Alexander III. (1881–1894) begann erneut eine Repressionspolitik. Innenminister Nikolaj P. Ignat'ev warnte ihn in einem Memorandum 1881 vor Gruppen von Polen und Juden, die bereits das Bankwesen, die Börse und große Teile des Pressewesens kontrollieren würden.[72] Im Mai 1882 wurden viele Sondergesetze erlassen, welche die Berufswahl der Juden stark einschränkten. Viele Juden mussten die ländlichen Gemeinden verlassen. Ihre Abwanderung in städtische Berufe war aber erschwert, weil die Industrialisierung nur in wenigen Zentren voranschritt. Dadurch zogen einige Juden illegal in Städte außerhalb des Ansiedlungsrayons. Viele dieser illegalen Bewohner wurden 1891 vertrieben: Das traf in Moskau zwei Drittel der dort lebenden Juden, die zumeist Handwerker und kleine Ladenbesitzer waren. Einige russische Zeitungen legitimierten die Maßnahmen damit, dass die Juden eine Bedrohung des russischen Mittelstandes darstellen würden. Die Mittelschicht geriet besonders seit 1898 durch den Börsenzusammenbruch in Bedrängnis. Er folgte einer Phase, in der die Industrieproduktion stark angestiegen war und sich das Kleingewerbe nicht den schnellen Veränderungen anpassen konnte. Die neue Goldwährung nach dem Vorbild der europäischen Industriestaaten führte auch im ländlichen Bereich zu Anpassungsproblemen. Kräfte, die sich gegen die Politik des Finanzministers Graf Sergej J. Vitte wandten, führten die sozialen Spannungen auf das Wirken jüdischer Bankiers zurück. Die Geheimpolizei Ochrana brachte antijüdische Pamphlete in Umlauf und schürte das Klima, in dem das Pogrom von Kišinev stattfand.[73]

70 Michael Stanislawski, Tsar Nicholas I and the Jews. Philadelphia 1983, S. 33.

71 Michael Stanislawski, Russian Jewry, the Russian State, and the Dynamics of Jewish Emancipation, in: Paths of Emancipation. Jews States and Citizenship, hrsg. v. Pierre Birnbaum u. Ira Katznelson. Princeton 1995, S. 262-283, hier S. 267; Zu dieser Phase vgl. John Klier, Imperial Russia's Jewish Question 1855–1881. Cambridge 1995.

72 Shmuel Almog, Nationalism and Antisemitism in Modern Europe 1815–1945. Jerusalem 1990, S. 43 f.; Geoffrey Hosking, Russland. Nation und Imperium 1552–1917. Berlin 1997, S. 424.

73 Werner Bergmann, Geschichte des Antisemitismus. München 2002, S. 60; Cohn, Die Protokolle (wie Anm. 51), S. 132; Iancu, Miturile (wie Anm. 26), S. 124 f.

Der damalige Führer der Zionisten, Theodor Herzl, hielt die Lage der russischen Juden für so bedroht, dass er sich an Innenminister Vjačeslav K. Pleve wandte. Bei der Audienz im August 1903 bat er ihn um Unterstützung seiner Intervention beim türkischen Sultan, damit dieser jüdische Siedlungsprojekte in Palästina genehmigte. Herzl erhielt daraufhin ein Schreiben, dass die russische Regierung seine Pläne billige. Außerdem hob Pleve das Versammlungsverbot für zionistische Vereine auf, doch sollten sie nur noch über Emigrationspläne beraten. Der Innenminister forderte als Gegenleistung, dass beim Kongress der Zionisten Russland nicht angegriffen werde. Herzls Aktion führte beim Kongress zu heftigen Meinungsverschiedenheiten mit den Delegierten aus Russland, die Bewegung drohte auseinander zu brechen.[74]

Trotz der großen Anzahl emigrierter Juden nahm der Druck der Antisemiten nicht ab. Ihnen ging es vor allem darum, die Landwirtschaft wieder zum Zentrum des Wirtschaftslebens zu machen, und daher bezichtigten sie Vitte, von den Juden gekauft zu sein.[75] In der Ochrana gab es Feinde von Vittes Politik, und diese ließen jene Fälschung erstellen, die unter dem Titel „Protokolle der Weisen von Zion" im antisemitischen Repertoire bis heute einen zentralen Platz einnimmt. Die „Protokolle" erschienen 1903 in Kruševans St. Petersburger Zeitung „Znamja" („Das Banner") und danach noch in vielen anderen Publikationen. Den Juden wurde darin angelastet, den Landadel durch Investitionen in Handel und Industrie vernichten zu wollen. In den Schulen und Universitäten würden sie den Atheismus propagieren und dadurch die Moral der Jugend untergraben. Auch würden sie wie in Frankreich revolutionäre Bewegungen gegen die Monarchien mit dem Ziel einer jüdischen Weltherrschaft unterstützen.[76]

Zar Nikolaus II. (1894–1917) griff diese Verschwörungstheorie, welche die Juden zu den Hauptschuldigen der Krise in der russischen Gesellschaft erklärte, begierig auf. Zwar saßen in der ersten Staatsduma, die im April 1906 zusammentrat, nur 13 Juden neben 265 Russen, aber diese waren für die Antisemiten schon ein Affront. Durch deren Intrigen trat Graf Vitte als Ministerpräsident zurück, und die staatliche Industrieförderung wurde begrenzt.[77] Doch auch Kruševan fiel beim Zaren in Ungnade: 1906 lief gegen ihn ein Prozess, weil er in seinen Zeitungen behauptet hatte, dass die Verwaltung Bessarabiens in den Händen der Juden sei.[78] Doch unterstützten ihn weiterhin einflussreiche Personen: Als er 1909 starb, wurde er auf Wunsch des orthodoxen Metropoliten Serafim Čičiagov neben den Geistlichen in Kišinev beerdigt.[79]

---

74 Besonders empört waren die Delegierten aus Russland, als Herzl kurz vor seinem Tod 1904 erwog, das Angebot der britischen Regierung für Kolonisationsprojekte in Uganda anzunehmen, vgl. Steven Beller, Theodor Herzl. Wien 1996, S. 123 ff.; Abraham J. Edelheit u. Hershel Edelheit, History of Zionism. Boulder 2000, S. 51 f.

75 Cohn, Die Protokolle (wie Anm. 51), S. 48 u. 82 ff.; Löwe, Antisemitismus (wie Anm. 55), S. 129.

76 Hadassa Ben-Itto, „Die Protokolle der Weisen von Zion" – Anatomie einer Fälschung. Berlin 1998, S. 45-49; Löwe, Antisemitismus (wie Anm. 55), S. 94.

77 Hosking, Russland (wie Anm. 72), S. 429; Löwe, Antisemitismus (wie Anm. 55), S. 137; Klaus Zernack, Polen und Russland. Zwei Wege in die europäische Geschichte. Berlin 1994, S. 378 f.

78 ANRM, f. 39 u. 1048.

79 Dinu Poştarencu, O istorie a Basarabiei în date şi documente 1812–1940 [Eine Geschichte Bessarabiens in Daten und Dokumenten 1812–1940]. Chişinău 1998, S. 134.

Die Kräfte, welche die Juden als Träger des Modernisierungsprozesses bekämpften, schlossen sich im November 1905 zur „Union des russischen Volkes“ („Sojuz Russkogo Naroda“) zusammen. Ihre wichtigste Forderung war, den Juden das Wahlrecht wieder zu entziehen. Im Kreis Akkerman kandidierte für sie 1906 Vladimir M. Puriškevič. Er war bis 1900 persönlicher Referent des Innenministers Pleve gewesen und hatte danach noch enge Kontakte mit Beamten dieses Ministeriums. Er behauptete, dass Russland von zwei Kräften bedroht werde: vom jüdischen Kapitalismus und dem jüdischen Sozialismus. Die Juden würden von der Alliance Israélite Universelle gesteuert, und die wolle durch das allgemeine Wahlrecht in Russland ihren Einfluss festigen.

Puriškevič wurde mit den Stimmen von Deutschen aus dem Kreis Akkerman in die I. und III. Duma gewählt, wohl weil er sich für ihre bedrohten Eigentumsrechte eingesetzt hatte. Er begründete dies damit, dass die deutschen Kolonisten bei der Revolution von 1905 treu zum Zaren gestanden hätten.[80] Seit 1911 leitete Puriškevič die „Union des Erzengels Michael“ („Sojuz Michaila Archangela“) und forderte die Vertreibung der Juden. 1912 vertrat er in der Duma das Gouvernement Kursk und hetzte nun auch gegen die Deutschen. Sie hätten ihren Landbesitz verzehnfacht und würden die Russen in den Randgebieten verdrängen. Seine Organisation erhielt staatliche Subventionen und hatte in Bessarabien viele Anhänger.[81]

Ende 1914 und Anfang 1915 wurden über eine halbe Million Juden aus den westlichen Grenzgebieten deportiert, weil sie als unloyale Elemente galten. Bei der Vertreibung starben etwa 100 000 Menschen an Hunger und Mangelkrankheiten. Da Rumänien bis 1916 neutral blieb, konnten in Bessarabien die meisten Juden in ihren Wohnorten verbleiben, wurden aber von der Polizei schikaniert. Das Jiddische war in der Öffentlichkeit verboten, wodurch die Menschen mit dieser Muttersprache viele Probleme hatten.[82]

Aufgrund ihrer bedrängten Lage begrüßten viele Juden den Sturz des Zaren. Danach wurden sie zum ersten Mal gleichberechtigte Staatsbürger. Die vielfältigen Aktivitäten, die jüdische Organisationen in Odessa entfalteten, beeinflussten auch Juden aus den Nachbargebieten.[83]

Bei Kriegsbeginn behauptete die chauvinistische Presse, dass die Deutschen sich noch mehr als die Juden vor dem Kriegsdienst drücken und für ihr eigentliches Heimatland spionieren würden. Eine Viertelmillion mobilisierter Deutscher wurde von der Westfront abgezogen und im Kaukasus eingesetzt.[84] Die Zusammenkünfte deutscher Vereine wurden verboten und die „Odessaer Zeitung“, die auch von Deutschen in Bessarabien gelesen wurde, musste im Oktober 1914 eingestellt werden.[85] Wer in der Öffentlichkeit Deutsch sprach, konnte mit Bußgeldern oder Arrest bestraft werden. Schulunterricht in deutscher Sprache

80 Brandes, Von den Zaren adoptiert (wie Anm. 2), S. 484.
81 Walter Laqueur, Black Hundred. The Rise of the Extreme Right in Russia. New York 1993, S. 23 f.; Löwe, Antisemitismus (wie Anm. 55), S. 142 u. 257.
82 Nora Levin, The Jews in the Soviet Union since 1917. Bd. 1, New York/London 1987, S. 28; Pilat, Iz istorii (wie Anm. 59), S. 39.
83 Michel Landau, O viaţă de luptă [Ein kampferfülltes Leben]. Tel Aviv 1971, S. 53 ff.
84 Detlef Brandes, Von den Verfolgungen im ersten Weltkrieg bis zur Deportation, in: Russland, hrsg. v. Gert Stricker. Berlin 1997 (Deutsche Geschichte im Osten Europas), S. 131-213, hier S. 131 f.
85 Plesskaja-Zebol'd, Odesskie nemcy (wie Anm. 40), S. 308.

fand nur noch selten in Privathäusern statt.[86] Auf Druck russischer Nationalisten wurden die „Liquidationsgesetze" im Februar 1915 erlassen, die den Besitz vieler Deutscher unter staatliche Kontrolle stellten. Aus Wolhynien wurden mehr als 100 000 Deutsche nach Sibirien deportiert. Ursprünglich sollten auch viele Deutsche aus Bessarabien unter diese Verfügung fallen. Da aber nach der ersten Deportationswelle der Schaden für die Versorgung der Front deutlich wurde, konnten die meisten Deutschen in Bessarabien in ihren Häusern bleiben. Sie lieferten ihre Ernten an das Versorgungsamt ab, durften aber nicht mehr über ihr Eigentum verfügen.[87] Nach der Februarrevolution 1917 setzte die Provisorische Regierung die Anwendung der Dekrete über die Enteignung der Deutschen aus. Die Bedingungen der Rückerstattung des Eigentums, das sich staatliche Institutionen angeeignet hatten, blieben lange ungeklärt.[88]

Die Deutschen in Bessarabien sahen in der Februarrevolution zwar eine Chance zur Verbesserung ihrer Lage. Doch als die Sozialrevolutionäre eine radikale Landreform ankündigten, kam Misstrauen auf. Einige Deutsche hielten daher den Einmarsch der rumänischen Armee im Januar 1918 für eine günstige Wende. Doch danach verlief entlang des Dnestr jene undurchlässige Grenze des so genannten *Cordon sanitaire*, der die Ausbreitung der Revolution verhindern sollte. Dadurch waren sowohl die Deutschen als auch die Juden Bessarabiens von ihren kulturellen Zentren in Odessa abgeschnitten. Auch die wirtschaftliche Entwicklung war durch den Fortfall des wichtigsten Marktes und des einzigen Meereshafens in der Region so lange blockiert, bis die Eisenbahnlinien zu den rumänischen Donauhäfen in den 1920er Jahren ausgebaut wurden.

5. Fazit

Erstens: Es gibt viele Gründe, warum die Deutschen und Juden Bessarabiens einen viel größeren Beitrag zur Modernisierung leisteten, als es ihrem Anteil an der Gesamtbevölkerung entsprach. Die wichtigste Voraussetzung dafür war ihr guter Bildungsstand. Den hatten sie erlangt, weil in ihrer Religion das Lesen heiliger Schriften ein zentrales Element war. Darum bemühten sich deutsche und jüdische Gemeinden, eigene Schulen zu errichten. Sie schufen Netzwerke, damit auch Kinder aus armen Familien eingeschult würden. Beide Gruppen akzeptierten in den 1890er Jahren den immer größeren Anteil von Unterricht in russischer Sprache. Sie hatten den Nutzen der Sprachkenntnisse im wirtschaftlichen Kontakt und im Umgang mit Behörden erkannt. Dagegen engagierten sich nur wenige orthodoxe Pfarrer nach 1905 für den Aufbau moldauischer Schulen. Selten beteiligten sich Moldauer an der Arbeit der Darlehenskassen und Genossenschaften. Die meisten Moldauer, die in

86 Friedrich Ernst, Friedensthal in Bessarabien. Stuttgart 1984, S. 74; Fassel, Das deutsche Schulwesen (wie Anm. 16), S. 56.

87 Brandes, Von den Verfolgungen (wie Anm. 84), S. 13; Dietmar Neutatz, Deutsche Bauern in den Steppen Russlands, in: Deutsche im Osten. Geschichte. Kultur. Erinnerungen, hrsg. v. Deutschen Historischen Museum. Berlin 1994, S. 129-148, hier S. 135.

88 Dennoch mussten nach 1918 viele Deutsche prozessieren, um ihr Eigentum zurückzuerhalten, das aus dem russischen in rumänischen Staatsbesitz übergegangen war, vgl. Svetlana Şuveica, Integrarea Basarabiei la România şi minoritatea germană [Die rumänische Integration Bessarabiens und die deutsche Minderheit], in: Punţi în istorie. Studii româno-germane [Brücken der Geschichte. Rumänisch-deutsche Studien], hrsg. v. Cătălin Turliuc u. Flavius Solomon. Iaşi 2001, S. 71 f.

St. Petersburg oder Odessa studiert hatten, bemühten sich bis 1917 um eine Integration in die russische Gesellschaft und setzten sich nicht für ihre Herkunftsgruppe ein. Dieser Weg stand jüdischen Intellektuellen nur offen, wenn sie sich taufen ließen, was relativ selten vorkam. Das über die Religion vermittelte Arbeitsethos der evangelischen Deutschen unterschied diese von ihren orthodoxen Nachbarn. Möglicherweise spielte auch die geringere Anzahl von Feiertagen eine Rolle beim Ertrag ihrer Arbeit.[89]

Der wichtigste Unterschied zu den Moldauern war aber die langjährige Kultur- und Verwaltungsautonomie der Deutschen und Juden. So legten die einstigen Waisenkassen der Deutschen, die vom Fürsorgekomitee initiiert worden waren, den Grundstock für die Landkäufe und die Produktion für den Export. Bei den Juden waren es die Hilfsvereine der Gemeinden, aus denen später die Netze der Genossenschaften entstanden. Die Benachteiligung als fremde Konfessionsgruppe verwandelten beide Gruppen in einen Startvorteil im wirtschaftlichen Wettbewerb.

Zweitens: Durch die Siedlungskonzentration der Deutschen im Süden Bessarabiens gab es relativ wenige Kontaktzonen mit Juden, die vor allem in den Städten im Norden lebten. Es bestand eine weitgehende Arbeitsteilung: Deutsche produzierten und verarbeiteten landwirtschaftliche Produkte, Juden waren vor allem im Klein- und Großhandel engagiert. In Krisenzeiten wie 1903 und 1905 unterstützen einige Deutsche verfolgte Juden.

Drittens: Die rechtliche Lage der Deutschen und Juden war vor 1914 unterschiedlich. Die Deutschen waren nach 1871 in den lokalen und regionalen Organen des Zemstvo vertreten. Die Juden hatten zwischen 1891 und 1905 kein Mitspracherecht. Die wenigen Abgeordneten der Deutschen und Juden standen nach 1906 in der Staatsduma einer schnell wachsenden Zahl russischer Nationalisten gegenüber. Doch da sie bis 1914 von unterschiedlichen Einschränkungen betroffen waren, traten sie nicht gemeinsam für Gleichberechtigung ein. Bei Ausbruch des Ersten Weltkrieges wurden beide Gruppen zu inneren Feinden erklärt und verfolgt, Widerstand war nicht mehr möglich.

Angesichts der wichtigen Rolle, die Juden und Deutsche bei der Modernisierung Bessarabiens spielten, bleibt es ein Defizit, dass sie von Historikern aus der Republik Moldau und Rumänien kaum erwähnt werden. In den 1990er Jahren standen die nationalen Organisationen der Moldauer und ihr angeblich ständiges Bestreben nach einer Vereinigung mit den Rumänen der Nachbargebiete im Mittelpunkt der Darstellungen. Aus diesem Sichtwinkel wurden die anderen ethnischen Gruppen nur als bedrohliche Elemente wahrgenommen, die andere Ziele verfolgten. Nicolae Ciachir bezeichnete 1992 den ansteigenden Anteil der Juden in der Stadtbevölkerung Bessarabiens als „erschütternd", weil 1912 bereits 37,2% Juden und nur 14,2% Moldauer registriert wurden.[90]

In zwei Darstellungen der Geschichte von Kišinev – wo vor dem Ersten Weltkrieg immerhin über die Hälfte der Bevölkerung aus Juden bestand – aus den Jahren 1996 und 1998 kommen diese kaum vor. Angeblich hätten die russischen Beamten die Ansiedlung der Fremden durch Befreiung von Steuern gefördert, deswegen sei eine „ethnisch heterogene Bourgeoisie" entstanden. In beiden Publikationen bleiben die Pogrome von 1903 und

89 Diesen Hinweis verdanke ich Cornelia Schlarb, der ich auch für die kritische Durchsicht des Beitrags danke.

90 Ciachir, Basarabia (wie Anm. 1), S. 87.

1905 unerwähnt.[91] In einer biografischen Skizze wird Pavel Kruševan als „russophiler Rumäne“ präsentiert, der sich zu Recht Gedanken über die Vergeudung des Nationaleigentums gemacht habe.[92] In einem anderen, 2002 erschienenen Buch zur Minderheitenpolitik streift der junge Autor den Antisemitismus in Bessarabien nur kurz und erklärt ihn zu einem rein städtischen Phänomen. Dort hätten die Russen vor dem Ersten Weltkrieg die Juden vor allem als Konkurrenten gesehen, während sie für Moldauer vor allem Zerstörer der traditionellen Strukturen gewesen seien. Sozialer Neid habe sich nur in wenigen Ausnahmesituationen artikuliert, da die meisten Moldauer in Dörfern lebten, wo es kaum Juden gegeben habe.[93]

91 Zit. nach Andrei Eşanu, Chişinău. File de istorie [Kischinew. Blätter der Geschichte]. Chişinău 1998, S. 61. Vgl. auch Slapac, Chişinău (wie Anm. 41).

92 Der Autor meint, angesichts der Schäden bei der Privatisierung in der Republik Moldau könnten Kruševans Schriften als Warnung dienen, vgl. Iurie Colesnic, Pavel Cruşevan [Pavel Kruševan], in: Ders.: Basarabia necunoscută [Das unbekannte Bessarabien]. Bd. 3, Chişinău 2000, S. 28-41, hier S. 40 f.

93 Fruntaşu, O istorie (wie Anm. 38), S. 49 ff.

Einstellungen und Interaktionen

Irina V. Čerkaz'janova

Bauern und Bildung in Russland im 19. Jahrhundert am Beispiel der Deutschen, Russen, Bulgaren, Tataren und Baschkiren

Der vorliegende Aufsatz untersucht das Verhältnis der im Russischen Reich lebenden und verschiedenen Nationalitäten und Konfessionen angehörenden Bauern zu Fragen der Schule und Bildung. Betrachtet werden Ethnien des Wolgagebietes (Russen, Deutsche, Tataren, Baschkiren), Neu-Russlands (Russen und Ukrainer, Deutsche, Krimtataren, Bulgaren) sowie vereinzelt auch Bauern anderer Regionen. Im Mittelpunkt der Untersuchung stehen allerdings die deutschen Kolonisten. Eine angemessene Vergleichbarkeit ist durch die Zugehörigkeit dieser Völker zu einer der Weltreligionen sowie die Ausbildung einer jeweils eigenen Schriftsprache und Hochkultur gegeben. Da Nationalitäten eines gemeinsamen Siedlungsgebietes betrachtet werden, entfällt die Berücksichtigung des geografischen Faktors, was einen objektiveren Vergleich zulässt.

Das Hauptaugenmerk liegt auf der Zeit vor 1880, als staatliche Einflüsse auf die Schulen der nichtrussischen Nationalitäten noch gering waren und daher das traditionelle Verhältnis der Bevölkerung zur Schule leichter zu rekonstruieren ist. Die staatliche Einflussnahme beschränkte sich in dieser Zeit auf Versuche der rechtlichen Reglementierung und Einführung der russischen Sprache als Unterrichtsfach. Bereits ein flüchtiger Blick auf die für die deutschen Kolonisten relevanten Regierungsverordnungen zeigt, dass sich die Regierung jahrzehntelang kaum in Angelegenheiten der Schulbildung der Deutschen einmischte und diese als Sache der Kirche und der Bevölkerung betrachtete.

Weder im Manifest Katharinas II. von 1763 noch in der ersten Instruktion,[1] die 1768 vom Saratover Fürsorgekontor für die ausländischen Ansiedler (auch: Saratover Tutelkanzlei) erlassen wurde, noch bei der Reorganisierung des Saratover Kontors im Jahr 1797 oder der Instruktion über die innere Ordnung und Verwaltung der Saratower Kolonien (1800) und der Kolonien in Neu-Russland (1801) wurden Fragen der Schulbildung gesondert thematisiert. Mit dem Reglement über den Schul- und Katechismusunterricht in den Kolonien der Saratower ausländischen Ansiedler[2] vom 5. März 1840 lag erstmals ein Gesetz zur deutschen Schulbildung vor. Aber selbst dieses Gesetz stützte sich auf Vorschläge deutscher Geistlicher.

1 „Instruktion für die in den Kolonien sich niedergelassenen Einwohner, worinnen zugleich bestimmt wird, in welchen Vergehungen die hohe Obrigkeit, das ist die Tutel-Kanzlei und deren Kontor zu erkennen, und welche der inneren Gerichtsbarkeit ihrer Vorgesetzten überlassen sind". Siehe D. Schmidt, Studien über die Geschichte der Wolgadeutschen. Erster Teil. Seit der Einwanderung bis zum imperialistischen Weltkriege. Pokrowsk (u.a.) 1930, S. 108.

2 Polnoe sobranie zakonov Rossijskoj imperii [Vollständige Gesetzessammlung des Russischen Reiches]. 2. Ausg., S.-Peterburg 1825–1884, hier Bd. 15. Nr. 13233.

Erhebliche Änderungen für die Schulen der nationalen Minderheiten traten erst nach den Großen Reformen unter Alexander II. ein. Eine Zäsur bildete vor allem die Unterstellung der Schulen unter das Ministerium für Volksbildung. Den Anfang machten die Schulen der so genannten „fremdstämmigen" Bevölkerung (Baschkiren, Tataren, Kirgisen) am 20. November 1874. Am 28. April 1877 folgten die Schulen der Bulgaren. Die deutschen Schulen wurden der Behörde in mehreren Etappen unterstellt. Entsprechende kaiserliche Anordnungen ergingen am 2. Mai 1881, am 8. Oktober 1887, am 22. November 1890 und am 10. Dezember 1892. In dieser Zeit nahm der Einfluss des Staates auf die Schulen der nichtrussischen Bevölkerung stark zu. Die Politik der Russifizierung wurde intensiviert, was für die Schulen in erster Linie bedeutete, dass die Staatssprache neue Unterrichtssprache wurde. Aus den genannten Gründen wurde für diese Untersuchung ein Zeitraum gewählt, in der die nationale Schule noch überwiegend traditionelle Züge trug.

Bei der Auswahl der Quellen wurden vor allem offizielle Dokumente berücksichtigt. Dabei handelt es sich um Vorträge, Berichte, Notizen und Geschäftskorrespondenz, die von Schulinspektoren, Rektoren, Schulbezirksleitern und Beamten verschiedener Behörden verfasst wurden. Außerdem wurden statistische Daten herangezogen. Aus vielen dieser Dokumente klingt Anerkennung für die Verdienste der nichtrussischen Bevölkerung beim Aufbau ihrer Schulen. Wichtige Quellen sind außerdem Beschlüsse der Dorfversammlungen und Kirchendokumente, weil sie Positionen der Gesellschaft und der Geistlichkeit widerspiegeln, sowie personenbezogenes Schriftgut (zum Beispiel Klagen von Lehrern, Akten rund um die Klärung von Streitfällen). Verwendet wurden Materialien des Russischen Historischen Staatsarchivs und des Nationalarchivs der Republik Tatarstan sowie publizierte Quellen.

Vor der Ausbreitung des säkularen Unterrichtswesens fiel Bildung in die Verantwortlichkeit der Kirche. Wo sich Religion verbreitete, wurden kirchliche Elementarschulen gegründet, Bücher geschrieben und gelesen. Im Wolgagebiet und im Ural existierten orthodoxes Christentum und Islam traditionell nebeneinander. Im 18. Jahrhundert setzte sich der Islam endgültig durch. So bekannten sich im 19. Jahrhundert 99% aller Baschkiren zum muslimischen Glauben.[3] Gleichzeitig gab es politische Bemühungen, die autochthone Bevölkerung zur Orthodoxie zu bekehren. Im 18. Jahrhundert bekamen die Muslime und orthodoxen Christen neue Nachbarn: Mit den deutschen Kolonien kamen Lutheraner und Katholiken an die Wolga und in den Ural. Mitte des 19. Jahrhunderts folgten mennonitische Siedler. In Neurussland war die nationale und konfessionelle Zusammensetzung der Bevölkerung noch vielfältiger.

Über alle konfessionellen Unterschiede hinaus besaßen die Nationalitäten jedoch eine Gemeinsamkeit: In Fragen der Bildung spielte die Geistlichkeit eine zentrale Rolle. Lange Zeit wurde der Unterricht von Geistlichen und Kirchendienern abgehalten. Bei den Deutschen waren es die Küster (*šul'mejstery*), bei den Tataren die Mullahs und bei den orthodoxen Christen die Priestergehilfen (*diakony*) und Psalmsänger (*d'jački*). Sie bestimmten durch ihren Bildungsgrad und ihre moralischen Grundsätze, durch ihre Beziehung zur Schule und zu den Schülern wesentlich mit, welches Verhältnis die Bauern zur Schule gewannen.

3 M.N. Farchšatov, Narodnoe obrazovanie v Baškirii v poreformennyj period 60–90-e gody 19 v. [Volksbildung in Baschkirien in der Zeit nach den Großen Reformen (1860er–1890er Jahre)]. Moskva 1994, S. 13.

Die Elementarschule der Muslime hieß *Mektebe* und wurde von Kindern im siebten bis dreizehnten Lebensjahr besucht. In die höhere Schule (*Medrese*) gingen Zwölf- bis Zwanzigjährige. Die *Medrese* unterstanden der 1789 in Ufa gegründeten Geistlichen Versammlung zur Verwaltung der Angelegenheiten der Muslime im Europäischen Russland und in Sibirien. 1865 existierten über 600 muslimische Schulen mit mehr als 20 000 Schülern im Südural.[4] Praktisch jedes muslimische Dorf besaß seine eigene Schule. Beispielsweise zählte der Kreis Novouzensk im Gouvernement Samara im Jahre 1867 fünf tatarische Dörfer mit insgesamt 6 593 Einwohnern und fünf Schulen.[5] Die Schulen wurden vom *Auchun*, einem über dem Mullah stehenden Geistlichen, beaufsichtigt und geleitet. Der Einfluss und die Macht des Auchuns erstreckten sich über alle Lebensbereiche der Bevölkerung. Die Bewohner dieser Dörfer lernten nicht einmal Russisch. In den Gouvernements Ufa und Orenburg hatten Ende der 1870er Jahre nur 20 höhere Schulen eine Russischklasse mit durchschnittlich 20 Schülern.[6]

Da ständig neue Gebiete von deutschen Kolonisten besiedelt und später auch immer mehr Tochterkolonien gegründet wurden, stieg die Zahl der deutschen Schulen beständig an. 1881 gab es 535 Schulen in kirchlicher Trägerschaft, die sich auf sechs Gouvernements verteilten: 61 im Gouvernement Saratov, 117 in Samara, 94 in Cherson, 34 in Bessarabien, 84 in Ekaterinoslav und 145 in Taurien.[7]

Am 1. Januar 1870 zählten die Gouvernements Saratov und Samara zusammen 175 deutsche Kirchspielschulen mit insgesamt 49 755 Schülern.[8] Beamte hoben den hohen Alphabetisierungsgrad unter den deutschen Kolonisten hervor. Das Schlusslicht im Gouvernement bildete 1869 offiziellen Statistiken zufolge der Kreis Atkarsk mit 53 Schulen (darunter nur drei deutsche) und insgesamt 1 053 Schülern, was 0,5% der Bevölkerung entsprach. Die Beamten stellten fest, dass der Alphabetisierungsgrad der Altgläubigen (*raskol'niki*) und Kolonisten höher als der anderer Bevölkerungsgruppen sei und die Kolonisten überhaupt keinen Analphabetismus kennen würden.[9]

1870 gab es in den 23 deutschen Kolonien der Krim ebenso viele Schulen mit insgesamt 1 188 Kindern (632 Jungen und 556 Mädchen). Die Schüler lernten dort unter anderem Russisch (Lesen, Schreiben, Übersetzen) und wurden von Kolonisten unterrichtet, die das Gymnasium oder die Zentralschule (Lehrerseminar, siehe unten) besucht hatten. Anders sah es zur selben Zeit in den vier tschechischen Kolonien des Kreises Perekop (ebenfalls Krim) aus: Die Siedler waren zu arm, um einen Russischlehrer für ihre Kinder zu bezahlen.[10]

---

4 Ebenda, S. 18.

5 Protokoly učiliščnych sovetov Kazanskogo okruga [Protokolle der Schulräte im Lehr(Bezirk) Kazan'], in: Sbornik dokumentov i statej po voprosu ob obrazovanii inorodcev [Dokumenten- und Aufsatzsammlung zur Frage der Bildung der fremdstämmigen Bevölkerung]. S.-Peterburg 1869, S. 254.

6 Farchšatov, Narodnoe obrazovanie v Baškirii (wie Anm. 3), S. 47.

7 Nacional'nyj archiv Respubliki Tatarstan [Nationalarchiv der Republik Tatarstan, NA RT], f. 92, op. 1, d. 14 719, l. 3-14.

8 N.Ė. Vaškau, Škola v nemeckich kolonijach Povolž'ja 1764–1917 gg. [Die Schule in den deutschen Kolonien des Wolgagebiets 1764–1917]. Volgograd 1998, S. 50.

9 Izvestija o dejatel'nosti i sostojanii našich učebnych zavedenij [Mitteilungen über die Tätigkeit und den Zustand unserer Schuleinrichtungen], in: Žurnal Ministerstva narodnogo prosveščenija (Journal des Ministeriums für Volksbildung, ŽMNP) (März 1870), S. 89.

10 Ebenda, April 1870, S. 214.

Die Situation der Krimtataren beschrieb der Direktor der taurischen Volksschulen E. Markov im Jahr 1867: Demnach waren fast alle Schulen der Tataren in der Hand der Geistlichkeit, lediglich einzelne Schulen wurden von „einfachen Tataren und Tatarinnen" geleitet, ohne sich dabei aber grundlegend von den geistlich geführten zu unterscheiden. Der taurischen Schuldirektion unterstanden Mitte des 19. Jahrhunderts 154 tatarische Schulen – 23 Medresen und 131 Mekteben – mit insgesamt 5091 Schülern. Infolge der Massenauswanderung der Krimtataren zwischen 1860 und 1863 litt auch das tatarische Bildungssystem. Über 192000 Menschen emigrierten offiziellen Angaben zufolge aus 784 Dörfern.

Trotz dieser starken Bevölkerungsabwanderung schnitt das krimtatarische Schulsystem auf Gouvernementsebene noch verhältnismäßig gut ab: Wo in den russischen Siedlungen Tauriens 2747,7 Einwohner auf eine Schule bzw. 66,2 Einwohner auf einen Schüler kamen, standen bei den Tataren einer Schule 279,3 Einwohner und einem Schüler 21,4 Einwohner gegenüber. Damit hatten die Tataren sogar mehr Schulen als die deutschen Siedler im Gouvernement: Hier entfielen auf eine Schule 450,5 Einwohner, was damit zusammenhing, dass die deutschen Siedlungen bevölkerungsreicher als die tatarischen waren. Allerdings ging ein größerer Prozentsatz der deutschen Bevölkerung zur Schule: Auf nur 6,6 Einwohner kam ein Schüler (rund 15%, Tataren: rund 4,7%, Russen: rund 1,5%). Die Tataren stellten 17,85% der gesamten Bevölkerung des Gouvernements und 23% der gesamten Schüler. Dagegen machte die russische Bevölkerung 68,5% der Gouvernementsbewohner, aber nur 28,5% aller Schüler des Gouvernements aus.[11]

Die bulgarischen Kolonien blieben in der Ausbildung ihrer Kinder weit hinter den deutschen Kolonien zurück. Eine gute Vorstellung von den Verhältnissen der einzelnen Kolonien geben die alljährlich vom Ministerium der Reichsdomänen erstellten Berichte. Für das Jahr 1843 findet sich die Mitteilung, die Schulen der deutschen Kolonien verbesserten sich dort ständig sowohl in Bezug auf ihre Ausstattung als auch auf die Lehrinhalte. Von den bulgarischen Schulen wurden dagegen sinkende Schülerzahlen gemeldet: 1843 gab es über 200 Schüler weniger als im Vorjahr und bis 1847 nochmals 426 weniger,[12] wobei es sich um Kinder handelte, die die Schule vorzeitig abgebrochen hatten. Die Ministerialbeamten kamen zu dem Schluss, der „Eifer der Eltern" sei „nicht von der Obrigkeit angespornt worden und daher erlahmt".[13] Im Gouvernement Bessarabien hatten vier bulgarische Kolonien 1844 überhaupt noch keine Schulen, einige Kolonien bei Odessa besaßen sie nur auf dem Papier.[14] 1846 gingen 3,3% der bessarabischen Bulgaren zur Schule, gegenüber 20,4% der bessarabischen Deutschen.[15] Die Beamten beklagten die Nachlässigkeit der bulgarischen Siedler und verwiesen auf jährliche Staatsausgaben von bis zu 7000 Silberrubel, die so gut wie keine Wirkung zeigten. Die Kinder besuchten die Schule zu unregelmäßig und vergaßen

11 Materialy po voprosu ob obrazovanii krymskich tatar, izvlečennye iz del Tavričeskoj direkcii učilišč i drugich mestnych istočnikov direktorom tavričeskich učilišč Markovym [Materialien zur Frage der Bildung der Krimtataren, zusammengestellt aus den Akten der Taurischen Schuldirektion und anderen lokalen Quellen von Markov, Direktor der taurischen Schulen], in: Sbornik dokumentov (wie Anm. 5), S. 101 ff.

12 Rossijskij gosudarstvennyj istoričeskij archiv [Russisches Historisches Staatsarchiv, RGIA], f. 383, op. 11, d. 10664, l. 11.

13 Ebenda, f. 383, op. 7, d. 6364, l. 5ob.-6.

14 Ebenda, f. 383, op. 7, d. 6364, l. 14, 82ob.

15 Ebenda, f. 383, op. 9, d. 8056, priloženie 2, l. 48ob.

das Lesen und Schreiben bald nach Ende des Schuljahres wegen langer Ausfallzeiten, in denen Feldarbeiten der Vorrang gegeben wurde.

In den russischen Siedlungen dominierten konfessionelle Kirchspielschulen, deren Wurzeln auf den Anfang des 18. Jahrhunderts zurückgingen. Das „Geistliche Reglement" (*duchovnyj reglament*) von 1721 hatte standesübergreifende Lehreinrichtungen bei den Eparchien und Klöstern vorgeschrieben. Durch das Statut von 1804 waren Gemeindeschulen als unterste Ebene eines weltlichen Schulsystems geschaffen worden, obgleich auch dort hauptsächlich Geistliche und Kirchendiener unterrichteten. Bis 1861 gründete der Klerus über 18 000 Elementarschulen, für die sich die Bezeichnung „Kirchspielschulen" (*cerkovno-prichodskie školy*) durchsetzte. Da die Geistlichen selbst zu beschäftigt waren, delegierten sie das Unterrichten an Diakone und Absolventen der geistlichen Seminare. Die Qualität des Unterrichts und das Bildungsniveau der Schüler waren an den kirchlichen Schulen niedriger als an den weltlichen.

Die Entwicklung des Schulsystems variierte also von Nationalität zu Nationalität erheblich, bisweilen sogar bei gleicher sozialer und wirtschaftlicher Bevölkerungsstruktur und gleichem gesellschaftlichen Status der Schule. Die sozioökonomische Entwicklung der Ethnien, ihre religiösen und kulturellen Traditionen, die staatliche Minderheitenpolitik – all das waren objektive Faktoren, die das Verhältnis der Bauern zur Schule mitbestimmten. Zu subjektiven Faktoren gehörten die Haltung des Bauern zu Fragen der geistigen Bildung, die Beziehungen zwischen dem Geistlichen, dem Lehrer und der Dorfgemeinde sowie die persönlichen Qualitäten des Lehrers und des Geistlichen. Von großer Bedeutung war die traditionelle Haltung einer Gemeinschaft zur Schule.

In welchem Maße eine Gemeinschaft an Schulbildung interessiert war, lässt sich an folgenden Kriterien ablesen:

1. an der Zeitspanne zwischen der Gründung einer Siedlung und der Einrichtung einer Schule;
2. an der Bereitschaft, eine Elementarschule für Kinder zu gründen und aus öffentlichen Mitteln zu finanzieren;
3. an der Bereitschaft, ein Lehrerseminar zu gründen und dieses aus öffentlichen Mitteln zu finanzieren;
4. an der Verbindlichkeit und Regelmäßigkeit des Schulbesuchs;
5. an der Instandhaltung des Schulgebäudes und Bereitstellung von Unterrichtsmitteln;
6. an der Versorgung des Lehrers (Gehalt, Wohnung, Heizmaterial, Lebensmittel) und
7. an der Kontrolle des Zustandes der Schule durch die Gemeinschaft.

In den folgenden Abschnitten soll untersucht werden, inwiefern diese Kriterien auf die einzelnen Völker zutreffen.

1.

In den deutschen Kolonien fielen die Gründung der Siedlung und der Schule in der Regel zeitlich zusammen. Auch wenn sich Siedler in Umfragen häufig an kein konkretes Datum erinnern konnten, brachten sie die Entstehung der Schule doch immer mit der Entstehung der Siedlung in Verbindung. Bereits im ersten Winter nach Ankunft der Kolonisten wurde am neuen Siedlungsort eine Schule gegründet oder wenigstens Unterricht abgehalten. Das trifft für die Gründung der Wolgakolonien im 18. Jahrhunderts genauso zu wie für die deutsche Besiedlung Neurusslands zu Beginn des 19. Jahrhunderts, Wolhyniens in den 1880er Jahren sowie Sibiriens und des Altai am Ende des 19. und zu Beginn des 20. Jahrhunderts.

Von den ersten Kolonisten des Wolgagebiets weiß man, dass sie bereits auf dem Reiseweg Unterricht für die Kinder einrichteten, als sie in Oranienbaum festsaßen und sich ihre Weiterreise nach Saratov verzögerte. Die Neusiedler im Gouvernement Wolhynien wählten unmittelbar nach ihrer Ankunft einen Bauplatz für die Schule aus, auch wenn es noch eine Weile dauern sollte, bis das Gebäude fertig gestellt war und ein Lehrer bezahlt werden konnte. Eine Schule wurde selbst dann gebaut, wenn eine nur zwei Werst entfernte Nachbarkolonie bereits eine besaß.[16] Auch die deutschen Siedler in Sibirien organisierten sofort nach ihrer Ankunft Unterricht für ihre Kinder und bauten innerhalb von zwei bis drei Jahren eine Schule, während die Russen unter denselben Siedlungsbedingungen und bei ebenso großer Armut fünf bis sieben Jahre und manchmal noch länger dazu brauchten.[17]

2.

Dass eine Schule gebaut werden musste, stand in den deutschen Kolonien außer Frage, sie war aus ihrer Kultur nicht wegzudenken. Wenn es aber um die Frage ging, ob eine zweite Elementarschule oder eine höhere Schule gegründet werden sollte, dann trat bäuerlicher Rationalismus zutage, da Schulen mit erheblichen Ausgaben verbunden waren. Es herrschte das Prinzip der „vernünftigen Genügsamkeit“: Gab es bereits eine Schule im Kirchspiel, dann galt die Gründung einer weiteren, vor allem wenn sie der Vermittlung der russischen Sprache dienen sollte, als genauso überflüssig wie ein zusätzlicher Lehrer. So wandten sich 1829 die Siedler der „Zweiundzwanziger Kolonie“ (Srednjaja Rogatka) im Umland St. Petersburgs aus finanziellen Erwägungen gegen die Einrichtung einer zusätzlichen Schule, die nach dem Lancastermodell[18] funktionieren sollte. Die bereits bestehende Schule galt als die vorbildlichste unter allen Petersburger Kolonialschulen. Der Unterricht fand in insgesamt sieben Klassen an 180 Tagen im Jahr statt und wurde nur zur Aussaat, Heumahd und Ernte ausgesetzt. Die Kinder erlernten mit Erfolg die deutsche und russische Sprache, lasen und schrieben auf Deutsch und Russisch und übersetzten von einer Sprache in die andere. Die Kolonisten gaben unterschiedliche Gründe für die Ablehnung der neuen Schule an: Die einen waren mit den Erfolgen der Schüler bereits rundum zufrieden, andere lehnten den Drill der Lancasterschulen ab und wieder andere verwiesen darauf, dass der Pastor mit den Leistungen der Schüler zufrieden sei.[19]

Auch bei den muslimischen Völkern galt eine Schule als unverzichtbar. Die Gründung einer Schule galt als gottgefällige Handlung, weshalb verschiedenste gesellschaftliche Kräfte

---

16 RGIA, f. 821, op. 5, d. 448, l. 42-42ob.

17 I.V. Čerkaz'janova, Škol'noe obrazovanie rossijskich nemcev [Die Schulbildung der Russlanddeutschen]. S.-Peterburg 2004, S. 96 f.

18 Das Lancastermodell kam an der Wende vom 18. zum 19. Jahrhundert auf. Es beruhte auf der Idee der gegenseitigen Unterweisung: Fortgeschrittenere Schüler sollten anderen Schülern mit Unterstützung des Lehrers helfen.

19 RGIA, f. 383, op. 29, d. 1195, l. 10.

an ihrem Bau beteiligt waren. Als Hauptorganisator trat der Mullah hervor, der kraft seines Amtes zur Lehre ermächtigt war. Er wurde von der Gemeinschaft per Beschluss eingesetzt und damit gleichzeitig verpflichtet, die Knaben das Gesetz des Islam zu lehren. Der Mullah war üblicherweise zugleich Lehrer und Schulleiter.

3.

Das Ausbildungsniveau der in den deutschen Kolonien tätigen Lehrer war sehr unterschiedlich. Bis etwa zur Mitte des 19. Jahrhunderts genügten Lese- und Schreibfähigkeiten, die viele noch im Elternhaus erworben hatten. Später befanden sich unter den Lehrern zunehmend Absolventen der Gymnasien und Realschulen. Im Unterschied zu den russischen und deutschen Volksschulen unterrichteten an den tatarischen Schulen des Gouvernements Taurien Mitte des 19. Jahrhunderts bereits Frauen – eine Tatsache, die damals von der russischen Gesellschaft als „schädliche Neuerung" gewertet wurde.

Die Heranbildung von Lehrern für die Elementarschulen der Kolonien oblag den so genannten Zentralschulen. Solche Zentralschulen entstanden zunächst in Katharinenstadt und Grimm (Lesnoj Karamyš) und später im Schwarzmeergebiet (Halbstadt, Chortica, Sarata, Prišib). Sie sollten vor allem für die Verbreitung der russischen Sprache sorgen, weshalb der Regierung bei ihrer Gründung eine zentrale Rolle zukam. Diese Projekte fanden breite Unterstützung in den Kolonien des Schwarzmeergebietes, insbesondere bei den dort ansässigen Mennoniten. 1885 gab es insgesamt 14 Zentralschulen, davon zwei im Gouvernement Bessarabien, zwei in Ekaterinoslav, fünf in Taurien, drei in Cherson, eine in Samara und eine in Saratov. Bis 1914 erhöhte sich ihre Zahl auf 21, Bessarabien zählte nur noch eine Schule, Ekaterinoslav jetzt sechs, Taurien acht, Cherson vier, Samara und Saratov weiterhin je eine.

Während sich bei den Wolgadeutschen bis 1917 nur zwei Einrichtungen erhielten, besaßen die Mennoniten Anfang des 20. Jahrhunderts noch über zehn Schulen. Die Ursachen dafür sind wohl in den Besonderheiten der mennonitischen Gemeinden zu finden, insbesondere in ihrem Streben nach Unabhängigkeit und Zurückgezogenheit. Verglichen mit anderen Lehrstätten, die sich in der Regel in der Stadt befanden, wo allerlei Versuchungen lockten und vor allem keine religiöse Erziehung im Geiste der mennonitischen Lehre geboten wurde, waren die russischsprachigen Zentralschulen für sie wahrscheinlich das geringere Übel. Die Zentralschulen befanden sich dagegen in den eigenen Kolonien; sie wurden aus speziellen Fonds der Siedler finanziert und die Schüler waren größtenteils Deutsche. Damit konnten die Kolonisten die Auszubildenden im Auge behalten und zusammen mit den Geistlichen über die moralische Erziehung der angehenden Lehrer wachen.

In den mennonitischen Kolonien fanden sich wohl auch nicht zuletzt deshalb mehr Zentralschulen, weil die Mennoniten wohlhabender als die lutherischen und katholischen Kolonisten, vor allem die des Wolgagebietes, waren. Das zeigte sich 1838, als das Ministerium der Reichsdomänen die Gründung weiterer Zentralschulen in den Kolonien des Schwarzmeergebietes vorschlug und das Fürsorgekomitee für die ausländischen Siedler Südrusslands die Haltung der Bauern zu diesem Vorschlag ermittelte. Die an der Moločnaja (Gouvernement Taurien) siedelnden Kolonisten schlugen die Gründung einer Zentralschule vor; sie waren bereit für den Unterhalt des Lehrers zu sorgen, konnten aber aufgrund von Missernten nicht für den Bau der Schule aufkommen. Die Kolonien bei Odessa waren nicht einmal bereit, den Lehrerunterhalt zu zahlen. Einzig die Mennoniten an der Moločnaja erklärten sich bereit, eine vierte Ausbildungsstätte in Tiegenweide und danach noch eine fünfte zu gründen sowie den Russischlehrern ein Gehalt von 500 bis 600 Rubel in Assignaten zu zahlen.[20]

Wie die deutsche Bevölkerung zur Gründung der Zentralschulen stand, erzählt die Geschichte von der Idee zur Gründung einer Lehrerausbildungsstätte. Gebildete Pastoren und andere Dorfmitglieder sprachen sich für die Gründung von Schulen aus, an denen Lehrer herangebildet und Russisch unterrichtet werden sollte. Für das Wolgagebiet muss außerdem Johann Friedrich Erdmann (1778–1846) erwähnt werden. Er war Professor an der Universität Kazan' und besuchte die Wolgakolonien 1815. Sein Vorschlag, ein Lehrerseminar zu gründen, fand die Unterstützung von Pastor Lukas Cattaneo (1787–1828). Reger Befürworter eines solchen Seminars war auch Bischof Ignatius (Ignaz) Aurelius Feßler (1756–1839). 1825 regte Pastor Karl Friedrich Conrady (1794–1857) in Grimm (Lesnoj Karamyš) die Schaffung einer Ausbildungsstätte an, wo Führungskräfte, Schreiber und Lehrer für die Dörfer und den Kreis ausgebildet werden sollten. Der Vorschlag wurde dem Saratover Fürsorgekontor für die ausländischen Ansiedler vorgelegt,[21] das schließlich einen umfassenden Lehrplan ausarbeitete. Ein Beispiel für das engagierte Vorgehen der Mennoniten war die Gründung der ersten Schule Tauriens im Jahr 1822 in Orloff, an der künftige Lehrer, *Volost'*-Schreiber und Buchhalter die russische Sprache erlernten. Sie ging auf eine Initiative des fortschrittlichen Kolonisten Johann Cornies (1789–1848) zurück.

In einigen russischen Dörfern entstanden im Zuge der Großen Reformen so genannte Musterschulen (*obrazcovye školy*), wo wie an den deutschen Zentralschulen Lehrer herangebildet wurden. Ihre Ausbreitung beschränkte sich auf diejenigen Gouvernements, in denen die Volksschulverordnungen vom 14. Juli 1864 Geltung besaßen (Černigov, Char'kov, Voronež u.a.). Die Musterschulen wurden 1866 im „alleruntertänigsten Dienstbericht des Ministers für Volksaufklärung" Dmitrij Andreevič Tolstoj (1823–1889)[22] angestoßen und bald darauf realisiert: Im März 1868 waren bereits 19 Schulen mit zweijährigem Kursus in Betrieb.[23] Größere Verbreitung als die Musterschulen sollten jedoch die ebenso in der Reformzeit entstehenden Lehrerseminare finden.

Bei den Muslimen erfolgte die Lehrerausbildung an Koranschulen (*Medresen*), die von hochgebildeten Mullahs gegründet worden waren. Die Schüler (*Schakirden*) wurden in Arabisch, islamischer Glaubenslehre und Rechtswissenschaft unterrichtet. Tatarisch erfüllte eine Hilfsfunktion. Studiert wurden vor allem Schriften klassischer Autoren. Mathematik wurde nur als Ergänzung zum Erbrecht unterrichtet. Die Ausbildung war erst dann beendet, wenn Lehrer und Schüler der Meinung waren, der Schüler beherrsche die Wissenschaften; bis dahin konnten zehn oder mehr Jahre vergehen. Wie lange diese Schulen bestanden, hing von den finanziellen Verhältnissen der Bevölkerung, von der Persönlichkeit des Geistlichen und

20 RGIA, f. 383, op. 1, d. 404, l. 11-13.
21 NA RT, f. 92, op.1, d. 1605, l. 17.
22 Izvlečenija iz vsepoddannejšego otčeta ministra narodnogo prosveščenija za 1866 [Auszüge aus dem alleruntertänigsten Dienstbericht des Ministers für Volksaufklärung für das Jahr 1866], in: ŽMNP (Januar 1869), S. 48 f.
23 Sovremennaja letopis' [Zeitgenössische Chronik], in: ŽMNP (Januar 1868), S. 135.

der Verfügbarkeit von Mäzenen ab. Reiche Kaufleute finanzierten häufig den Bau der Schulen und das Schreibmaterial. Einige Koranschulen hatten ein eigenes Stiftungsvermögen, ein so genanntes *Vakf.*

Als die Zahl der Schulen im Zuge der Großen Reformen anstieg, wuchs auch der Bedarf an gebildeten Lehrern. Vielerorts reichte die Zahl der fähigen Lehrer jedoch nicht aus, wodurch die Entwicklung der Schulen behindert wurde. Ein Teil des Problems bestand darin, dass die Auszubildenden aus den Reihen der Bauern rekrutiert wurden. Da es keine Ausbildungsstätten für Frauen gab, war es den Männern vorbehalten, die Schule fortzusetzen und Lehrer zu werden. Die Bauernfamilie trennte sich aber nur ungern von jeder Arbeitskraft. Bei den deutschen Siedlern war es daher lange gängige Praxis, Waisen an den Zentralschulen auszubilden. Das änderte sich erst, als die Zahl der landlosen Bauern stieg und das Lehrergehalt immer häufiger als willkommene Einkommensquelle galt. Auch die russischen Dörfer hatten Mühe, genügend Interessenten für den Lehrerberuf zu finden. In den Gouvernements Char'kov und Taurien löste man das Problem durch die Erhöhung der Stipendiatenzahlen auf *Zemstvo*-Kosten.

4.

Wie interessiert eine Gemeinschaft am Schulunterricht war, lässt sich gut daran ablesen, ob es eine Schulpflicht gab, wie streng diese gehandhabt wurde und ob sie auch für Mädchen galt. Eine Schulpflicht für Mädchen war für traditionelle Gesellschaften, wo die „Mutter"-Sprache und Traditionen in der Regel von der Mutter bewahrt und wach gehalten wurden, nicht unüblich. Eine Schulpflicht bestand in den Siedlungen der Deutschen und Tataren, die sich durch tiefe Religiosität auszeichneten und konsequent auf die Bewahrung ihrer Eigenheiten achteten. Bei den Deutschen wurde die Schulpflicht später auch rechtlich verankert, bei den Muslimen erhielt sie sich als Tradition. In den bulgarischen Kolonien gab es keine Schulpflicht; ob die Kinder die Schule besuchten, lag dort im Ermessen der Eltern.

Die muslimischen Schulen wurden von vielen Kindern besucht. Das hing mit einer traditionell verankerten Schulpflicht zusammen, die für Jungen ab dem 7. Lebensjahr, wenn auch nur für wenige Jahre, galt. Eltern, die ihre Söhne nicht zum Koranunterricht schickten, wurden von der Gemeinschaft geächtet. Dennoch ging Ende der 1870er Jahre nur etwa jeder zweite baschkirische und tatarische Junge zur Schule, weil sich viele Familien den Schulbesuch ihrer Kinder nicht leisten konnten. Mädchen wurden häufig zu Hause unterrichtet, verbat doch die Scharia das gemeinsame Unterrichten von Jungen und Mädchen in einer Schule. Lehrerin der Mädchen war die Frau des Mullahs, die *Abystai.*

In den deutschen Kolonien wurden Jungen und Mädchen gleichzeitig und im selben Gebäude unterrichtet. Es wurde streng auf regelmäßigen Unterrichtsbesuch geachtet: Der „Schulmeister" führte Anwesenheitslisten und eine Fehlliste, die er täglich an das Gemeindeamt weitergab. Das Amt klärte den Sachverhalt und verhängte bei nicht triftigen Fehlgründen Geldstrafen. Das Strafsystem war von Region zu Region leicht verschieden, teilweise wurden Unterrichtsversäumnisse auch gar nicht geahndet.

Die sechs- bis vierzehnjährigen Schüler der Schule in Sarata (Bessarabien) beispielsweise konnten der Schule bis zu acht Mal pro Monat fernbleiben, bis eine Geldstrafe fällig wurde. Da waren die Regeln der Saratover Kolonien schon strenger: Fehlen wurde nur dann entschuldigt, wenn ein Schüler krank war oder einen Kranken zu pflegen hatte, wenn ein Todesfall in der Familie eingetreten war, oder wenn Regen einen langer Schulweg unzumutbar machte. Das Statut für die ausländischen Kolonien schrieb eine Strafe in Höhe von drei Silberkopeken vor. In der Praxis blieben aber zahlreiche Fehlzeiten ungestraft. So berichtete ein Pastor aus dem Wolgagebiet, in seiner Gemeinde habe es von Oktober 1841 bis zum März 1842 3 369 und im Jahr darauf 6 425 Fehltage gegeben, die nicht geahndet worden seien. 40 verschiedene Gründe seien für das Fernbleiben vom Unterricht akzeptiert worden.[24] Auch G. Ehlenberger, ein Lehrer aus Dreispitz (Verchnjaja Dobrinka) im Kreis Kamyšin (Gouvernement Saratov), vermeldete erhebliche Fehlzeiten: 3 572 Fälle im Jahr 1870, 3 611 im Jahr 1871, 3 185 im Jahr 1872 und 2 334 im Jahr 1874. Seltener war die Sonntagsschule betroffen, da der Katechismusunterricht einen höheren Stellenwert als die weltlichen Fächer besaß. 1874 war der Unterricht sonntags 189mal und an Wochentagen insgesamt 2 145mal versäumt worden.[25]

Auch die russischen Dörfer unternahmen in den 1860er Jahren Versuche, den Schulbesuch stärker zu kontrollieren und Strafgelder für unentschuldigtes Fehlen einzuführen. 1868 einigten sich die Dorfversammlungen des Gouvernements Voronež auf ein Bußgeld von 50 Kopeken pro Unterrichtsausfall. In der Praxis zeigte sich aber, dass die Bauern diese Summe nicht aufbringen konnten.[26]

Für die bulgarischen Kolonistenschulen erarbeitete das Ministerium der Reichsdomänen mit Blick auf die katholischen und lutherischen Schulstandards ein Regelsystem, das Geldstrafen für unerlaubtes Fehlen vorsah. 1884 schaffte es diese Regeln jedoch selbst wieder ab. Ob und wie oft die bulgarischen Kinder die Schule besuchten, lag danach wieder im Ermessen ihrer Eltern. 1851 bestand das Fürsorgekomitee auf der Einführung von Strafgeldern, da keine anderen Maßnahmen griffen. Die Zahl der bulgarischen Schulen nahm danach ab; 1856 waren von ursprünglich 81 nur 30 übrig geblieben.[27] Die Bestrafung von Unterrichtsversäumnissen blieb immer noch ungeklärt.

Der Jahresrhythmus mit seinen regelmäßig anfallenden Feldarbeiten hatte einen direkten Einfluss auf die Unterrichtslänge und die Fehlzeiten der Schüler. Die Länge eines Schuljahres war abhängig von den klimatischen Bedingungen und der Dauer der Feldarbeiten in einer Region. Relativ kurz war das Schuljahr in Sarata. Alle Kinder ab acht Jahren waren von März bis Oktober vom Unterricht befreit, um den Eltern im Garten und auf den Feldern helfen zu können. In Saratov dauerten die Ferien von April bis Ende September. Die meisten deutschen Schulen im Gouvernement Wolhynien nahmen den Unterricht Ende November oder sogar erst im Dezember auf. In den tatarischen Schulen des Wolgagebiets gab es keine streng festgelegten Zeiten für den Beginn und das Ende eines Schuljahres: Der Unterricht begann im Herbst, wenn die Feldarbeiten beendet waren, und endete im Frühjahr, wenn die Arbeiten erneut begannen.

Wenn die Konfirmation in die Zeit wichtiger Saisonarbeit fiel, kam es zu Konflikten zwischen den deutschen Bauern und den Geistlichen. 1846 klagten die Bewohner von Stephan

24 RGIA, f. 383, op. 8, d. 7 153, l. 89.
25 RGIA, f. 821, op. 5, d. 426, l. 167.
26 Izvestija o dejatel'nosti i sostojanii našich učebnych zavedenij [Mitteilungen über die Tätigkeit und den Zustand unserer Schuleinrichtungen], in: ŽMNP (April 1870), S. 199.
27 RGIA, f. 383, op. 11, d. 10 664, l. 40ob.

(Vodjanoj Buerak) und Kukkus (Vol'skaja) gegen die Pastoren Robert Collins (1798–1867) und Ernst Wilhelm David (1803–1888) aus eben diesem Grund: Collins konfirmierte vom 10. Juni bis zum 21. Juli, David im April. Hinzu kam, dass Pastor Collins die Konfirmation in der eigenen Kolonie durchführte und dazu Kinder aus vier anderen Kolonien anreisen ließ. Somit mussten die Eltern nicht nur auf einen Teil ihrer Arbeitskräfte verzichten, sie hatten auch einer fremden Kolonie die Kosten für Unterkunft und Verpflegung ihrer Kinder zu erstatten.[28]

Versuche der Regierung, das Schuljahr zu verlängern (von September bis Juli), verringerten die Attraktivität der Schule für die nichtrussische Landbevölkerung des Wolgagebiets. Das jedenfalls ist den Notizen des tschuwaschischen Bauern Stepan Ivanov zu entnehmen, der sich in den 1860er Jahren zu den „Gründen für die Gleichgültigkeit der Bauern im Kreis Buinsk (Gouvernement Simbirsk) gegenüber der Alphabetisierung" äußerte. Ivanov meinte, ein Junge drücke die Schulbank, ohne die für die Landwirtschaft notwendigen Fähigkeiten zu lernen, während dem Vater eine Arbeitskraft draußen auf dem Feld fehle. Mit dem in vier Jahren erworbenen Schulwissen könne der Junge in der Dorfgesellschaft nichts anfangen, insbesondere dann, wenn der Unterricht nicht in der eigenen Muttersprache stattgefunden habe.[29]

Der unregelmäßige Schulbesuch und die beschränkten Anwendungsmöglichkeiten des Schulwissens führten dazu, dass die Schüler Lesen und Schreiben schnell wieder verlernten. Dieser „sekundäre Analphabetismus" war charakteristisch für viele bäuerliche Gesellschaften. Die Deutschen und Tataren lasen immerhin auch nach Abschluss der Schule noch geistliche Literatur. Schreiben konnten aber von den Erwachsenen besonders in der älteren Generation nur noch wenige. In den 1840er Jahren wurden unter den Domänenbauern Versuche unternommen, Schulabsolventen zur Festigung ihrer Kenntnisse erneut zum Unterricht zu schicken, aber diese Ansätze blieben ohne Erfolg: Bauern, deren Hof fünf oder sogar zehn Werst von der Schule entfernt lag, empfanden den sonntäglichen Schulbesuch als beschwerlich und versuchten, ihn mit allen Mitteln zu umgehen.

5.

In welchem Zustand die Schulen der deutschen Kolonien waren, lässt sich zahlreichen Quellen entnehmen. Von außen sahen die Gebäude in der Regel recht ordentlich aus, innen herrschten aber häufig beengte Verhältnisse, besonders in den größeren Siedlungen des Wolgagebiets. Verschiedene Gruppen wurden gleichzeitig in einem großen Raum unterrichtet und waren nur durch Vorhänge voneinander getrennt. Die Kosten für den Unterhalt des Gebäudes lagen normalerweise niedrig, da Reparaturarbeiten, Heizmittel und die Bewirtschaftung des Schulackers in Naturalien abgegolten wurden. Die Ausstattung der Kirchenschulen war bescheiden; das Mobiliar beschränkte sich häufig auf einen langen Tisch und Bänke. Für Lehrbücher hatten die Eltern zu sorgen. Katharinenstadt, Huck (Splavnucha) und Norka verfügten 1856 über die bestausgestatteten Schulen im Wolgagebiet. In Norka wurden

28 RGIA, f. 383, op. 9, d. 8 056, l. 50ob.
29 Sbornik dokumentov (wie Anm. 5), S. 423-439.

546 Knaben und 552 Mädchen von drei Lehrern unterrichtet. Zur Verfügung standen ihnen zwei Fibeln, 35 Schreibhefte, neun Ausgaben der Heiligen Schrift, ein Mathematikbuch, 104 Bücher für die Lehrer, ein Rechenbrett und 13 Tische. In Huck standen 832 Schülern zwei Lehrer gegenüber. Die Schule besaß zwei Fibeln, 20 Schreibhefte, fünf Bücher und acht Tische.[30] Die spärliche Zahl der Schreibhefte und gänzlich fehlende Wandtafeln lassen vermuten, dass die Kinder keine Gelegenheit zum Schreiben hatten und wohl hauptsächlich lesen lernten (sofern ausreichend Bücher vorhanden waren) oder schlicht auswendig lernten (wenn die Bücher nicht ausreichten).

Wie die deutschen Schulen in Wolhynien im Jahr 1889 ausgestattet waren, lässt sich einem Bericht des Kurators des Kiever Schulbezirks, Vel'jaminov-Zernov, entnehmen. Demnach gab es nur wenige Schulgebäude mit Klassenräumen; der Unterricht fand üblicherweise in Andachtsräumen oder in der Wohnung des Lehrers statt. Nur einzelne Schulen besaßen Unterrichtsbänke, die meisten verwendeten einfache Hocker. Zum Schreiben mussten die Hocker als Tische herhalten, vor denen die Kinder knieten. Tafeln waren eine seltene Ausnahme. Schulbibliotheken und Unterrichtsmittel gab es überhaupt nicht.[31]

In den meisten tatarischen und baschkirischen Schulen des Wolgagebiets herrschten mangelnde hygienische Verhältnisse und es fehlte an Mobiliar. Für den Unterhalt einer Schule gab die Gemeinde in den 1860er Jahren weniger als 100 Rubel und Anfang des 20. Jahrhunderts weniger als 250 Rubel pro Jahr aus.[32] Folgendes ist in einem Bericht des Inspektors der Volksschulen im Gouvernement Astrachan' nachzulesen: „(...) den Schulen fehlt es an jeglicher schultypischer Einrichtung: Es gibt keinerlei Tische oder Sitzgelegenheiten. Die Schüler verbringen ihre unterrichtsfreie Zeit im Knien und so lesen sie auch, die Bücher vor die Augen haltend, so schreiben sie, das Heft oder meist nur einen Fetzen Papier auf ein Knie gestützt; ganz selten mag es auch eine kleine, niedrige Kiste als Stuhlersatz geben".[33]

1891 berichtete der Direktor der Volksschulen im Gouvernement Vjatka von unmöglichen hygienischen Bedingungen, die an einer *Mektebe* im Kreis Elabuga herrschten. Der Schulunterricht habe in den Küchen der Dorfmullahs und manchmal sogar in Stallgebäuden stattgefunden.[34]

6.

Die Versorgung der Dorfschullehrer spiegelte nicht nur die finanziellen Möglichkeiten der Bauern wider, die die Höhe und Art der Vergütung selbst festlegten. Sie zeigte auch, welche Bildungsansprüche die Bauern hatten und welche Bedeutung sie dem Lehrer für die Erziehung ihrer Kinder beimaßen. Die deutschen Kolonisten legten in der Anfangszeit eine pragmatische Haltung an den Tag und engagierten denjenigen Bewerber, der sich mit

30 RGIA, f. 383, op. 20, d. 27730, l. 336ob., 346ob.
31 RGIA, f. 821, op. 5, d. 448, l. 119-119ob.
32 Farchšatov, Narodnoe obrazovanie v Baškirii (wie Anm. 3), S. 61.
33 Zitiert nach: A.Ch. Machmutova, Stanovlenie svetskogo obrazovanija u tatar [Die Entstehung einer weltlichen Bildung bei den Tataren]. Kazan' 1982, S. 20.
34 Ebenda.

dem geringsten Gehalt zufrieden gab, vorausgesetzt, er konnte lesen und schreiben. In bevölkerungsschwachen Kolonien war der Lehrer gleichzeitig Schreiber am Gemeindeamt. Die Ernennung des Lehrers oblag dem Pfarrer. Wenn ein tüchtiger Schreiber gleichzeitig ein nachlässiger Lehrer war, konnte es zu Konflikten zwischen dem Pastor, der Dorfgemeinschaft und dem Lehrer kommen: Der Pfarrer brauchte einen kundigen Lehrer und zuverlässigen Gehilfen in Kirchendingen, während der Dorfgemeinschaft eher an einem ordentlichen Schreiber gelegen war. Auch wenn solche Fälle der kombinierten Amtsausübung recht selten waren (es gab sie auf der Krim und in den Petersburger Kolonien), sprach sich das Evangelisch-Lutherische Generalkonsistorium 1846 entschieden dafür aus, die Lehrer von ihren Pflichten als Schreiber zu entlasten. Ungeachtet dessen bestand die kombinierte Amtsausübung auch danach noch weiter.

Die Versorgung der Lehrer in den Kolonien der Gouvernements Ekaterinoslav, Taurien, Cherson und Bessarabien sah 1845 folgendermaßen aus: An den mennonitischen Schulen erhielt ein Lehrer im Schnitt 97,6 Rubel jährlich, an den anderen deutschen Schulen 74,9 und an den bulgarischen 59,2 Rubel.[35] 1865 betrug das Lehrergehalt in den deutschen Kolonien des Kreises Odessa bereits 370 Rubel (Friedental und Straßburg). In den benachbarten russischen und ukrainischen Siedlungen erhielten die Lehrer um einiges weniger. Die Gemeinde Aleksandrovka (Kreis Cherson) teilte dem Bauern Sedljar ein Lehrer- und Schreibergehalt von jährlich 50 Rubel und eine Unterkunft zu. Der 70-jährige, taube, kaum selbst des Lesens und Schreibens mächtige Lehrer der Siedlung Kazackoe erhielt monatlich 30 Kopeken für seinen Jungen und unter der Woche ein warme Mahlzeit bei wechselnden Dorfbewohnern.[36]

In den wolhynischen Kolonien begnügte sich die große Mehrheit der Lehrer 1880 mit einem Jahresgehalt von 30-50 Rubeln, nur wenige erhielten mehr. Einige bekamen auch nur 10 bis 25 Rubel. Zu jeder Schule gehörte ein Stück Gemeindeland, das zwischen 4,5 und 18 Desjatinen groß war. Es diente der Versorgung des Lehrers und wurde von den Dorfbauern mitbewirtschaftet. Für die Ausübung des Küsteramtes erhielt der Lehrer zwischen acht Zentnern und einer Tonne Roggen (24-60 Pud) sowie Brennholz; für einzelne Amtshandlungen wurden gesonderte Gebühren erhoben. Zu Weihnachten wurde auf den Höfen ein kleinerer Geldbetrag für den Lehrer gesammelt.[37]

Die Quellen lassen darauf schließen, dass das Lehrergehalt proportional zum Wohlstand der Kolonie stieg. In den Kolonien des Schwarzmeergebiets lagen die Lehrergehälter höher als an der Wolga oder in Wolhynien. In den lutherischen Kolonien war das Amt des Küsters häufig einträglicher als das des Lehrers. Die Fähigkeiten eines gebildeten Menschen sollten in der Bauerngemeinschaft maximal genutzt werden – und zwar bei geringstmöglichem finanziellem Aufwand. Daher war ein Lehrer oftmals gleichzeitig Schreiber und Küster.

Die Mullahs erhielten gewöhnlich kein Gehalt; sie wurden regelmäßig von den Eltern der Schulkinder mit Geschenken und Darreichungen in Form von Geld, Lebensmitteln oder anderen Waren im Rahmen der familiären Möglichkeiten bedacht. Somit konnten sich auch

---

35 Berechnet nach: RGIA, f. 383, op. 9, d. 8 056, Priloženie 1, 2.

36 Protokoly vtorogo pedagogičeskogo s"ezda direktorov i učitelej, proischodivšego v Odesse s 25 ijunja po 14 ijulja 1865 g. [Protokolle des zweiten Pädagogikkongresses der Direktoren und Lehrer in Odessa vom 25. Juni bis 14. Juli 1865]. S.-Peterburg 1865, S. 290.

37 RGIA, f. 821, op. 5, d. 448, l. 120.

die ärmsten Dörfer Schulen leisten. Diese Art der Entlohnung hielt sich sehr lange. Noch 1912 bekamen nur 290 der insgesamt 2027 baschkirischen Lehrer ein Gehalt, das zudem verschwindend gering war: 52 Lehrer verfügten über je weniger als 20 Rubel im Jahr, der Durchschnittsverdienst lag bei fünf bis zehn Rubel pro Monat.[38] In den bulgarischen Kolonien erhielt ein Lehrer im Jahr 1856 zwischen 60 bis 120 Rubel und zusätzlich Getreide.[39]

In den deutschen Kolonien entzündeten sich an der Figur des Lehrers nicht selten Streitigkeiten zwischen den einzelnen „Parteien" des Dorfes oder zwischen der Dorfgemeinschaft und dem Pfarrer. Unterdessen stand er in nahezu völliger Abhängigkeit des Pastors und der Dorfversammlung. Diese These legen auch Dokumente des Petersburger Generalkonsistoriums nahe, in denen von einigen Streitfällen zwischen den Dorfbewohnern, dem Pastor und Lehrern berichtet wird. So kam es 1853 im Kirchspiel Belovež (Gouvernement Černigov) zu einem Konflikt, über den das Petersburger Generalkonsistorium und das Ministerium der Reichsdomänen entscheiden sollten. In Belovež wurde der Lehrer traditionell im Herbst aus einem Kreis von Bewerbern ausgewählt, wobei der Pastor das letzte Wort in der Sache hatte. 1853 entschied sich die Gemeinde gegen den amtierenden Lehrer Reiswig zugunsten weniger fähiger Kandidaten, da Reiswig eine Gehaltserhöhung verlangt hatte. Auch nachdem Pastor Friedrich August Albers (1820–1883) es geschafft hatte, den Lehrer von seinen Forderungen abzubringen, fühlte sich die Dorfversammlung durch den Pfarrer in ihren Rechten beschnitten und beharrte auf ihren Kandidaten, unter denen sich auch der Besitzer einer Schenke befand. Die Abstimmung ergab 20 Stimmen für Reiswig und 16 für seine Mitbewerber. Diejenigen, die sich gegen Reiswig ausgesprochen hatten, hielten ihre Kinder vom Unterricht fern und überredeten auch andere Kolonisten, dem Pfarrer die Stirn zu bieten. Um Schlimmeres zu verhindern, wandte sich dieser an das Generalkonsistorium mit der Begründung, Mitglieder der Gemeinde hätten schon früher, im Jahr 1844, gegen das Gesetz verstoßen. Der Černigover Reichsdomänenhof des Ministeriums der Reichsdomänen gab Albers in einer Sonderverfügung Recht.[40]

Ein weiterer Fall zeigt, wie schutzlos Lehrer Konfliktsituationen ausgesetzt waren. Ein gewisser Ehlenberger hatte 1844 in Kautz (Veršinka, Kreis Kamyšin) die Position des Küsters und Lehrers angetreten und war 1878 vom Pastor im Amt des Lehrers bestätigt worden. 1887 unternahm Ehlenberger einen Vorstoß, den Gottesdienst in Ermangelung einer Orgel vom Blasorchester des Dorfes begleiten zu lassen, worüber Pastor August Tiedemann (1855–1918) informiert wurde. Wahrscheinlich war Ehlenberger schon vorher bei den Dorfbewohnern in Ungnade gefallen, denn jetzt brach ein Sturm der Entrüstung los. Die Siedler sammelten zunächst Unterschriften, um Ehlenberger zur Amtsaufgabe zu bewegen, danach suchten sie seinen Hof heim, warfen Fensterscheiben ein, zerstörten Eisengitter und Kücheninventar und rissen seinen Heuschober nieder. Der Lehrer war gezwungen, zusammen mit seiner Familie die Flucht zu ergreifen, ohne sein Gehalt in Höhe von 265 Rubeln oder den Gegenwert von gut fünfeinhalb Tonnen Getreide (344 Pud) zu erhalten. Klagen bei der Bauernkammer Kamyšin und beim Generalkonsistorium blieben erfolglos.[41]

38 Machmutova, Stanovlenie svetskogo obrazovanija u tatar (wie Anm. 33), S. 24.
39 RGIA, f. 383, op. 11, d. 10664.
40 Ebenda, op. 18, d. 23684, l. 1 f.
41 Ebenda, f. 821, op. 5, d. 448, l. 95-98, 109 ff.

Auch der Fall des Lehrers Oskar Paulmann, der 1879 seinen Dienst in der lutherischen Kolonie Ryškovo im Gouvernement Tobol'sk angetreten hatte, zeigt erneut die Schutzlosigkeit und Abhängigkeit des Lehrers vom Pastor der Gemeinde. 1886 wurde Paulmann entlassen, auch ihm wurde sein letztes Gehalt vorenthalten. Pastor Johann Ferdinand Görtz (1822–1880) hatte sich nicht für seine Rechte eingesetzt. Erst ein halbes Jahr später kam Paulmann zu seinem Geld. Gegen den Pastor aber klagte er wegen Verletzung seiner Amtspflichten. Auch hier ging das Generalkonsistorium dem Fall nicht weiter nach.[42]

Von ganz anderen Beziehungen zwischen Pastor und Lehrer wusste der Kurator des Kiever Schulbezirks S.P. Golubcov aus dem Gouvernement Wolhynien zu berichten. Sein Bericht ist gleichzeitig ein Vergleich der lutherischen und orthodoxen Geistlichen. Golubcov hob die Leistungen der Pastoren Julius Hermann Johannson (1857–1917) und Georg Friedrich Kerm (1836–1903) hervor. Johannson, der in Dorpat studiert hatte und nun das Kirchspiel Heimtal betreute, war unzufrieden mit dem Bildungsstand der Dorflehrer und nahm sich ihrer Fortbildung an. Er kümmerte sich um die Einrichtung einer Ausbildungsstätte für Lehrer, schrieb Jahr für Jahr Lehrpläne, um den Unterricht an den Schulen zu vereinheitlichen, achtete bei der Auswahl der Küster darauf, dass sie musikalisch gebildet waren, und abonnierte auf eigene Kosten Zeitungen, die er an die Lehrer verteilte.

Pastor Kerm, der die Gemeinde Rožišče betreute, war ein weitsichtiger, kluger Mann mit genauen Vorstellungen von der Rolle des Lehrers im Dorf: Dieser sollte nicht nur die Kinder, sondern auch die Erwachsenen anleiten und ein vorbildlicher Hausherr sein. Als kulturelles Vorbild müsse der Lehrer einen hervorragenden Bienenstand und den besten Garten im Dorf besitzen, Seidenraupen züchten sowie Zwiebelgewächse und Heilpflanzen anbauen; Kerm half mit Pflanzensamen aus und schickte die Ernteerträge der Lehrer an Apotheken. Bei einem Gehalt von nur 50 bis 100 Rubeln war der Lehrer so rundum versorgt; er war in der Lage, die in den Kolonien alljährlich an Weihnachten anfallende Kopfsteuer zu zahlen und zwei bis drei Kühe sowie Schweine zu halten.[43]

Für die orthodoxen Geistlichen hatte der Kurator nur Zorn und Vorwürfe übrig. So schrieb Golubcov u.a.: „Das Gebetshaus der Deutschen hält dem sonntäglichen Andrang kaum stand, aber bei den Orthodoxen finden sich sonntags kaum hundert der siebenhundert Kirchenmitglieder zum Gottesdienst ein. Kein deutscher Kolonist würde es wagen, am Sonntag in die Stadt zu fahren, es gilt als Sünde. Die Russen aber ziehen, kaum ist es Tag, auf den Jahrmarkt und ‚bilden ihren Geist' in der Kaschemme".[44]

„Die wolhynischen Geistlichen haben so viel Freizeit wie niemand sonst, sie fallen aber fast überall durch ihre verwahrlosten Häuser und halbzerfallenen Wirtschaftsgebäude auf. Ihre Häuser umgeben keine Gärten. Und das, wo die im selben Dorf lebenden Tschechen herrliche kleine Gärten besitzen, in denen jedes Bäumchen von fürsorglichen Händen gehegt und gepflegt wird, und die Deutschen jeden wilden Birnbaum auf dem Felde pfropfen".[45]

42 Ebenda, l. 95a-95b.
43 Ebenda, l. 45ob.
44 Ebenda, l. 54ob.-55.
45 Ebenda, l. 57ob.

7.

Wenn eine Dorfgemeinschaft das Geschehen an einer Schule überwachte, so war dies ebenfalls ein wichtiges Indiz für ihr Interesse an der Schulbildung. Die Beamten des Ministeriums für Volksbildung, die Schulräte und Zemstvo-Mitglieder übten zwar eine strenge Kontrolle aus, sie konnten die Sachlage aber nicht mehr als oberflächlich beurteilen. Eine tägliche Kontrolle der Schulen vor Ort konnte dagegen einen großen Einfluss auf die Qualität der Schulbildung haben. Die Deutschen besaßen üblicherweise entsprechende Kontrollräte und das bereits erwähnte Strafsystem, das bei Unterrichtsversäumnissen griff. Die tatarischen und baschkirischen Kirchgänger überwachten die Einstellung der Mullahs zu ihrer Schule und meldeten Nachlässigkeiten an die Geistliche Versammlung. Es gab auch Fälle, wo ein neuer geistlicher Führer gewählt wurde.

Die Daten der Volkszählung von 1897 gestatten es, die Alphabetisierungsraten der verschiedenen Sprach- und Konfessionsgruppen zu vergleichen. Letztlich lässt sich damit auch die Bedeutung der Schulen für die Alphabetisierung der einzelnen Völker Russlands ermessen. Die Gesamtzahl der alphabetisierten Untertanen setzte sich aus der Zahl derer zusammen, die entweder auf Russisch lesen und schreiben konnten, „in einer anderen Sprache" lesen und schreiben konnten oder einen Bildungsstand besaßen, der „über die Elementarbildung hinausging". Für die nichtrussischen Völker, die ihre eigenen Schulen besaßen, war diese „andere Sprache" fast immer gleichbedeutend mit der Muttersprache. An den konfessionellen Schulen der Tataren fand der Unterricht jedoch auf Arabisch statt, Tatarisch galt als zweitrangig. Inwieweit die Tataren über Lese- und Schreibfertigkeiten in ihrer Muttersprache verfügten, ist daher schwieriger festzustellen.

Über die Alphabetisierung der einzelnen Nationalitäten lassen sich keine einfachen Aussagen treffen, da nicht Angehörige von Nationalitäten, sondern „Sprachträger" erfasst wurden. Deutsch sprachen vor allem Deutsche, worunter einerseits Untertanen des Russischen Reichs und andererseits Ausländer fielen. Zu den Trägern der finnischen Sprache wurden Esten und Karelier gezählt. In der Gruppe der Träger „anderer slawischer Sprachen" wurden Bulgaren, Serben und Tschechen erfasst. Sehr komplex war die Gruppe der Sprecher „turk-tatarischer Idiome", wo neben Tataren und Türken zahlreiche andere Nationalitäten berücksichtigt wurden, die im europäischen Teil Russlands, im Kaukasus, in Mittelasien oder Sibirien ansässig waren: Baschkiren, Karatschaier, Kirgisen, Nogaier, Turkmenen, Usbeken, Jakuten u.a.

Die höchste Alphabetisierungsquote im Land besaßen die Protestanten mit 70,37%, in den Städten erreichten sie sogar 76,43%. 40,11% der Protestanten waren Deutsche, 30,12% Litauer und Letten, 26,58% Finnen. 84,38% der im Russischen Reich lebenden Deutschen gehörten einer protestantischen Kirche an; davon 76,01% der lutherischen, 3,37% der reformierten und 3,68% der mennonitischen. Von den alphabetisierten Lutheranern konnten über 812000 oder 59,7% auf Deutsch lesen und schreiben. Die Mennoniten hatten einen Alphabetisierungsgrad von 70,5%; alle Mennoniten bis auf eine kleine Gruppe (647) waren deutsche Muttersprachler. Unter den alphabetisierten Reformierten waren 76,8% deutsche Muttersprachler. Die Deutschen stellten also die größte ethnische Gruppe innerhalb der protestantischen Bevölkerung und gleichzeitig den größten Teil der alphabetisierten Protestanten.

Die Katholiken gehörten mit einer Alphabetisierungsrate von 32,14% zu den stärker alphabetisierten Gruppen des Reiches. Unter den alphabetisierten Katholiken waren jedoch nur 123 000 oder 3,34% deutsche Muttersprachler.

Innerhalb der orthodoxen Bevölkerung waren 18,99% alphabetisiert, bei den Altgläubigen waren es 20,24%, bei den armenisch-gregorianischen Gläubigen 13,26%, bei den Juden 38,95%, bei den Muslimen 7,17% und bei den Buddhisten 8,15%.[46]

Die 1905 publizierte Auswertung der Volkszählung listete sechs „Völker" in der Reihenfolge ihres Alphabetisierungsgrads auf. (Tatsächlich handelt es sich hier nicht um Völker, sondern die bereits erwähnten „Sprachträger".) Wir haben die Liste um die Träger turk-tatarischer Sprachen erweitert:

1. Deutsche (59,91% der Männer und 58,57% der Frauen);
2. Litauer und Letten (52,01% bzw. 52,53%);
3. Juden (48,93% bzw. 28,23%);
4. Finnen (35,24% bzw. 26,94%);
5. Polen (34,78% bzw. 29,4%);
6. Russen (29,58% bzw. 9,34%);[47]
7. Sprecher turk-tatarischer Sprachen (9,57% bzw. 5,05%).[48]

Nachfolgend eine Tabelle mit detaillierten Angaben zur Alphabetisierung der einzelnen Völker (Auswahl der Autorin, Angaben in Prozent):

Sprachträger	Alphabetisierung Russisch (Männer/Frauen)	Alphabetisierung Andere Sprachen (Männer/Frauen)	Fähigkeiten übersteigen Elementarbildung (Männer/Frauen)
Russisch	29,01 / 8,23	0,1 / 0,15	1,47 / 0,96
Deutsch	27,49 / 21,61	27,03 / 33,13	5,39 / 3,83
Andere germanische Sprachen (Schwedisch, Norwegisch, Niederländisch, Englisch)	30,58 / 36,15	32,79 / 35,10	18,89 / 11,05
Hebräisch	31,2 / 16,52	16,88 / 10,72	0,85 / 0,99
Finnisch	19,2 / 8,47	15,75 / 18,38	0,29 / 0,09
Turk-tatarische Sprachen	2,21 / 0,43	7,31 / 4,61	0,05 / 0,01
Reichsdurchschnitt	23,64 / 7,86	4,33 / 4,35	1,36 / 0,85

Aus der Tabelle geht hervor, dass die Fähigkeiten der russischen Muttersprachler in ihrer eigenen Sprache schlechter waren als die einiger anderer Völker, für die Russisch eine Fremdsprache war. Außerdem lässt sich bei den deutschen, hebräischen und finnischen Muttersprachlern eine Tendenz zum Verlust der Fähigkeiten in der eigenen Muttersprache

46 Obščij svod po imperii rezultatov razrabotki dannych pervoj vseobščej perepisi naselenija, proizvedennoj 28 janvarja 1897 goda [Gesamtübersicht der aufbereiteten Ergebnisse im Reichsmaßstab für die Angaben der ersten allgemeinen, am 28. Januar 1897 durchgeführten Volkszählung]. Bd. 2, S.-Peterburg 1905, S. XXXIV.

47 Die Zahlenangaben sind in der Quelle hinsichtlich der Russen nicht ganz stimmig. Die Summe der in der Tabelle aufgelisteten Varianten von Alphabetisierung ergäbe einen Wert von 30,58%.

48 Ebenda, S. XXXVI.

und zunehmenden Kenntnis des Russischen ablesen. Betrachtet man die Alphabetisierung der Deutschen in den einzelnen Altersgruppen, so kann man Folgendes beobachten: In der Gruppe der Ein- bis Neunjährigen konnten 17,96% der Jungen (17 791) und 6,84% der Mädchen (15 205) Russisch lesen und schreiben. Diese Zahlen steigen sprunghaft an in der Altersklasse der Zehn- bis Neunzehnjährigen: Hier sind es 43,8% der Jungen (81 723) und 36% der Mädchen (68 057). Diese Zahlen zeigen sehr deutlich, dass die Schule entscheidende Bedeutung für die Verbreitung der russischen Sprache besaß.[49]

Die Ergebnisse der Volkszählung zeigen den hohen Alphabetisierungsgrad der Deutschen, insbesondere im Vergleich zu anderen im Russischen Reich lebenden Nationalitäten. Ende des 19. Jahrhunderts wurden die ersten Folgen der Russifizierungspolitik sichtbar: Die deutschen Männer besaßen bessere Lese- und Schreibfähigkeiten im Russischen als in ihrer Muttersprache. Bei den Frauen hingegen war diese Entwicklung weniger ausgeprägt; die Alphabetisierung im Deutschen war dort immer noch stärker als im Russischen.

Unter den großen Konfessionsgruppen der Deutschen besaßen zweifellos die Mennoniten die höchste Alphabetisierungsrate; auf sie folgten die Lutheraner und dann die Katholiken. Bei den Mennoniten war das Interesse an der Schulbildung größer als bei anderen Deutschen; sie konnten ihre Schulen besser ausstatten und ihre Lehrer besser versorgen, das Ausbildungsniveau der Lehrer war höher und die Anforderungen an die Schule und Lehrer waren strenger. Auch wenn die deutschen Bauern sehr religiös waren und ihre Schulen als wichtig erachteten, trat doch bäuerlicher Pragmatismus in den Vordergrund, wenn es darum ging, die Existenzgrundlage der Familie zu sichern und Feldarbeiten rechtzeitig zu verrichten. Die Einkommensschwäche ländlicher Gesellschaften und die direkte Abhängigkeit der Schule und des Lehrers von der Geistlichkeit waren Faktoren, die die Entwicklung der Schulbildung hemmten: Jahrzehntelang gab sich die deutsche Bevölkerung mit der Vermittlung elementarer Kenntnisse zufrieden. Daher gab es auch unter den Deutschen, die eine Schulpflicht bis zum Konfirmationsalter besaßen und Unterrichtsversäumnisse weitgehend zu verhindern suchten, keine hundertprozentige Alphabetisierungsquote.

Das niedrige Bildungsniveau der Muslime hat verschiedene Ursachen: Es gab zwar eine Schulpflicht, die sich allerdings nur auf die Knaben erstreckte. Armut zwang viele Kinder, den Schulbesuch schon bald nach ihrer Einschulung abzubrechen. Es existierten nur wenige weltliche Schulen, und das Ausbildungsniveau an den konfessionellen Gemeindeschulen war sichtlich niedrig. Nur wenige kamen über das Niveau der Elementarbildung hinaus. Der Unterricht fand auf Arabisch statt, Russisch konnten die wenigsten lesen und schreiben, und in der eigenen Muttersprache gab es so gut wie keinen Unterricht. Auch wenn es für den Alphabetisierungsgrad der einzelnen islamischen Völker keine Angaben gibt, lässt sich sagen, dass die Alphabetisierungsquote der tatarischen Muttersprachler mit 9,57% bei den Männern und 5,05% bei den Frauen leicht über dem muslimischen Durchschnitt lag.

Bei den Deutschen, Tataren und Baschkiren sind auch Parallelen zu beobachten: Die Schulen entwickelten sich bei allen drei Nationalitäten unter dem Einfluss von Religion und Kirche und in relativer Unabhängigkeit vom Staat; im Kern blieben sie ländliche Volksschulen, die von der Dorfbevölkerung getragen wurden. Sowohl die Deutschen als auch die Tataren und Baschkiren besaßen eine lange Tradition der Schulbildung, wobei die religiöse

49 Ebenda, S. 134. Die Umrechnung in Prozent wurde von der Autorin vorgenommen.

Unterweisung im Vordergrund stand und die Lehrinhalte stark an die Vorstellungen der Kirche und Geistlichkeit gebunden waren. Das Studium geistlicher Texte war zugleich Ziel und Methode des Elementarunterrichts. Die Russen und Bulgaren bemühten sich trotz einer langen orthodoxen Bildungstradition weniger um ihre Schulen als die Deutschen und verließen sich in stärkerem Maß auf den Staat, als es die anderen hier betrachteten Nationalitäten taten.

Aus dem Russischen übersetzt von Corinna Tuchtenhagen, Hamburg

Victor Dönninghaus

Das Verhältnis von Deutschen und Russen zum Militärdienst (1874–1914) am Beispiel des Wolgagebietes

1. Einführung

In den historischen Quellen und in der Literatur über die Russlanddeutschen werden gewöhnlich die Besonderheiten hervorgehoben, aufgrund derer sich die deutschen Kolonisten von den russischen und ukrainischen Bauern unterschieden. Ein wesentlicher Unterschied bestand lange Zeit in der Befreiung der deutschen Kolonisten von der Rekrutenpflicht. Die Deutschen bildeten diesbezüglich keinen Einzelfall im Russischen Reich: Auch Angehörige anderer Nationalitäten, beispielsweise Polen, Serben, Bulgaren, Griechen, Armenier und Karelier und ein Großteil der Muslime, mussten – abgesehen von wenigen Freiwilligen – vor 1874 keine Rekruten für die Armee stellen.[1]

Die Einführung der allgemeinen Wehrpflicht im Januar 1874 kam für die Angehörigen dieser Nationalitäten vollkommen unerwartet, wurde von den Kolonisten als Bruch der bei der Ansiedlung erhaltenen Versprechungen aufgefasst und löste erhebliche Zukunftsängste aus. Dies verwundert nicht, denn mit dem Begriff „Armee“ assoziierte man ein in materieller Hinsicht ausgesprochen eingeschränktes und abhängiges Leben während der Dienstzeit und danach. Die Einberufung zur Armee galt als ein „lebenslanges Joch“ und wurde als ein harter Schicksalsschlag betrachtet.[2] Diese Wahrnehmung resultierte zwar vor allem aus den Erfahrungen der Praxis, wie sie vor 1874 üblich gewesen war (25-jährige, seit 1859 15-jährige Dienstpflicht, aus der die Betroffenen entweder gar nicht oder als Invaliden zurückkehrten), prägte aber die Einstellung gegenüber der neuen Wehrpflicht, obwohl diese weit weniger drastisch in das Leben eingriff: Die gewöhnliche Dienstzeit betrug sechs Jahre. Wer eine Elementarschule besucht hatte, brauchte allerdings nur vier Jahre zu dienen, und jeder weitere Schul- bzw. Hochschulabschluss verkürzte die Dienstzeit noch weiter.

1 Igor' I. Šul'ga, Voinskaja služba povolžskich nemcev i ee vlijanie na formirovanie ich patriotičeskogo soznanija (1874–1945 gg.). Dissertacija na soiskanie učenoj stepeni kandidata istoričeskich nauk [Der Militärdienst der Wolgadeutschen und sein Einfluss auf die Herausbildung ihres patriotischen Bewusstseins (1874–1945). Dissertation zur Erlangung des akademischen Grades eines Kandidaten der historischen Wissenschaften]. Saratov 2001, S. 32. Vgl. dazu Obzor sostojanija i dejatel'nosti vsech častej Voennogo ministerstva za 1871 g. [Übersicht über den Zustand und die Tätigkeit aller Abteilungen des Kriegsministeriums für das Jahr 1871], in: Voennyj sbornik (1872), Nr. 4, S. 167.

2 Werner Benecke, Militär, Reform und Gesellschaft im Zarenreich. Die Wehrpflicht in Russland 1874–1914. Paderborn (u.a.) 2006, S. 102.

Die Militärreform von 1874 war in keiner Weise in einem Mangel an Wehrpflichtigen im Russischen Reich begründet. Es gab zu jener Zeit genügend junge Männer, die im Bedarfsfall zum Militärdienst eingezogen werden konnten. Die Zahl der potentiellen Rekruten war sogar so groß, dass Russland sie gar nicht hätte unterbringen können. Von jährlich ca. einer Million junger Männer, die mit 21 Jahren das Musterungsalter erreichten, konnte aus Kapazitätsgründen nur ungefähr ein Drittel in den Dienst des Zaren gerufen werden.[3] Die Abschaffung des Rechts der „privilegierten Nationalitäten" auf Nichtleistung des Militärdienstes war nicht nur ein Schritt auf dem Wege der Neuordnung des ständisch gegliederten Staatswesens in Russland, sondern auch ein Mittel zur beschleunigten gesellschaftlichen und sprachlichen Integration der von der traditionellen Rekrutenpflicht bislang freigestellten Nationalitäten in die russische Gesellschaft.[4]

Im Folgenden soll das Verhalten der Deutschen und der Russen bei der Einberufung zum Militärdienst verglichen und gefragt werden, welche Folgen die Einführung der allgemeinen Wehrpflicht für die Beziehungen zwischen Deutschen und Russen hatte. Die Untersuchung konzentriert sich auf das Wolgagebiet. Hier traten die Unterschiede bei der Auswahl der Rekruten, der Gewährung von Privilegien zur Befreiung vom Militärdienst usw. besonders deutlich zutage, da die Rahmenbedingungen infolge einer weitgehenden Übernahme der Institution der russischen *obščina* durch die Wolgadeutschen ähnlich waren.

2. Einberufungssystem

Die Einberufung zum Dienst in der russischen Armee erfolgte nach einem hierarchisch gegliederten und straff organisierten System. Danach wurde zwischen jungen Männern unterschieden, die es a) sofort, b) eventuell zu einem späteren Zeitpunkt oder c) nach Möglichkeit gar nicht einzuziehen galt. Die Verfügungsgewalt über die Einordnung in eine dieser drei Kategorien lag in erster Linie in der Hand der einzelnen Gemeinden. Auf diese Weise konnten sie unerwünschte Gemeindemitglieder relativ leicht loswerden. Die Gemeinden konnten aber auch die Einberufung junger, anständiger und leistungsfähiger Männer, die dringend für die Erledigung der kollektiven Aufgaben im Dorf gebraucht wurden, verhindern. Auf als weniger wertvoll betrachtete Gemeindemitglieder wie zum Beispiel Vorbestrafte, Alkoholsüchtige, Kranke und sog. „Revolutionäre" hingegen konnten die Gemeinden leicht verzichten.[5] Auch wenn gemäß dem Petersburger „Einberufungsschlüssel" nur circa ein

3 Ebenda, S. 93. Vgl. dazu Priem novobrancev v rossijskuju armiju v 1874–1880 gg. [Die Rekrutenaushebung für die russische Armee 1874–1880], in: A.A. Danilov, Istorija Rossii IX–XIX vv. Spravočnye materialy [Geschichte Russlands 9.–19. Jh. Materialien zum Nachschlagen]. Moskva 1997, S. 321; Joshua Sanborn, Military Reform, Moral Reform, and the End of the Old Regime, in: The Military and Society in Russia: 1450–1917, hrsg. v. Eric Lohr u. Marshall Poe. Leiden 2002, S. 507-524.

4 Sergej G. Nelipovič, Problema lojal'nosti rossijskich nemcev v konfliktach XX veka: istoriografija voprosa i krug istočnikov [Das Problem der Loyalität der Russlanddeutschen in den Konflikten des 20. Jahrhunderts: Historiografie und Quellen], in: Nemcy Rossii i SSSR: 1901–1941 gg. [Die Deutschen in Russland und in der UdSSR: 1901–1941]. Moskva 2000, S. 366; Šul'ga, Voinskaja služba (wie Anm. 1), S. 33; vgl. dazu Joshua A. Sanborn, Drafting the Russian Nation: Military Conscription, Total War, and Mass Politics, 1905–1925. DeKalb, Ill. 2003, S. 20-25.

5 Benecke, Militär (wie Anm. 2), S. 95 f. u. 111 f. Vgl. dazu Priem novobrancev (wie Anm. 3), S. 321.

Drittel aller Wehrpflichtigen eingezogen werden konnte, erging der Musterungsbefehl immer an alle potentiellen Rekruten eines Bezirks. Dies geschah stets nach dem Ende der Erntezeit.[6]

Das Auswahlverfahren glich einer Lotterie. Nach deren Abschluss musste sich jeder junge Mann, der ein entsprechendes Los gezogen und keine Sonderrechte hatte, einer körperlichen Tauglichkeitsprüfung unterziehen, die über die Aufnahme in die Armee entschied. Standen infolge von Ausmusterungen nicht genügend Männer zur Verfügung, wurden auch diejenigen ausgelosten Rekruten eingezogen, die einer privilegierten Gruppe angehörten und ursprünglich vom Dienst freigestellt worden waren. Da die jungen Männer schließlich selbst ihre Lose gezogen hatten, galt das Auswahlverfahren als gerecht.[7]

An den Kampagnen zur Einberufung nahmen orthodoxe Geistliche und Vertreter der katholischen und lutherischen Kirche teil. In feierlichen Predigten, die eigens an die Wehrpflichtigen gerichtet waren, begründeten alle Geistlichen die Notwendigkeit zur Erfüllung der Wehrpflicht gegenüber dem russischen Staat.[8] In gemischten (deutsch-russischen) Einberufungsbezirken stellten die für die Durchführung der Einberufungen Verantwortlichen mit Genugtuung fest, dass es zu „Szenen einer Annäherung zwischen den bärbeißigen und immer etwas großtuenden Deutschen und den treuherzigen Russen" gekommen sei.[9] Zwar hätten die deutschen Kolonisten keinen sonderlichen Eifer für den Armeedienst an den Tag gelegt, aber im Unterschied zu den Russen auch keinen offenen Protest oder Widerstand gezeigt.[10]

Erwähnenswert ist auch eine weitere Besonderheit der Deutschen, die für die russischen Dörfer völlig untypisch war: Die deutschen Rekruten verabschiedeten sich eher ohne größere Exzesse zum Armeedienst. Die Verabschiedung der russischen Rekruten war hingegen in der Regel mit ritualisierten, tagelangen und ununterbrochenen Trinkgelagen verbunden.[11] Nach Angaben der Mitglieder der Einberufungskommissionen versuchten die deutschen Dorfgemeinschaften im Unterschied zu den russischen auch nicht, die bestehenden Privilegien auf Befreiung vom Militärdienst über jegliches Maß auszuschöpfen. Zuweilen sahen sich die Behörden sogar zur Einmischung gezwungen, um das gegenteilige Extrem zu verhindern. So sollten zum Beispiel entsprechend dem Gesetz von 1874 nur junge Männer eingezogen werden, in deren Familien es mehrere Arbeitskräfte gab. Die deutschen Gemeinden weigerten sich jedoch vielfach, selbst „vollkommen blinde, bein- und armamputierte" Kolonisten als arbeitsunfähig anzuerkennen, wodurch verbriefte Rechte auf Befreiung vom Militärdienst verletzt wurden.[12]

---

6 Šul'ga, Voinskaja služba (wie Anm. 1), S. 36.

7 Ausführlicher bei Benecke, Militär (wie Anm. 2), S. 75-81.

8 Arkadij A. German, Igor' I. Šul'ga, Voinskaja povinnost' [Militärpflicht], in: Nemcy Rossii (ėnciklopedija) [Die Russlanddeutschen (Enzyklopädie)]. T. 1, Moskva 1999, S. 389 f.

9 Zit. nach Šul'ga, Voinskaja služba (wie Anm. 1), S. 37.

10 Ebenda, S. 38.

11 Benecke, Militär (wie Anm. 2), S. 112-115. Vgl. dazu z.B. O.S. Poršneva, Rossijskij krest'janin v Pervoj mirovoj vojne (1914 – fevral' 1917) [Der russische Bauer im Ersten Weltkrieg (1914 – Februar 1917)], in: Čelovek i vojna. Vojna kak javlenie kul'tury [Mensch und Krieg. Der Krieg als Kulturphänomen], Red. v. I.V. Narskij u. O.Ju. Nikonova. Moskva 2001, S. 195 f.

12 Šul'ga, Voinskaja služba (wie Anm. 1), S. 39.

3. Gesundheit und Dienstentzug

„Die Kolonisten sind hochgewachsen, gut gebaut, belastbar und stark, haben ein frisches Gesicht und weiße Zähne. (...). Allgemein repräsentieren sie den Typ der germanischen Rasse in seiner besten Entwicklung und unterscheiden sich deutlich von den benachbarten slawischen und finnischen Typen (...)“, so pathetisch beschrieb der bekannte Rechtsanwalt, Journalist und Politiker Jakob Dietz die Wolgadeutschen in seiner Geschichte der deutschen Wolgakolonisten, die 1914 aus Anlass des 150-jährigen Gründungsjubiläums der deutschen Kolonien an der Wolga geschrieben, aber erst 1997 publiziert wurde.[13]

In Wirklichkeit lagen die Dinge anders. Nach den jährlichen Berichten der Musterungskommissionen waren die russischen Wehrpflichtigen viel gesünder und in physischer Hinsicht besser entwickelt als die wolgadeutschen Rekruten, unter denen Krankheiten wie Trachom (eine infektiöse Augenkrankheit, die zur Erblindung führt), beidseitige Taubheit, Rachitis, Rückgratverkrümmung und Herzleiden weit verbreitet waren.[14]

Diese physischen Mängel sorgten insbesondere in den russisch-deutsch gemischten Amtsbezirken (*volost'*) regelmäßig für Unmut bei der russischsprachigen Bevölkerung. Da die Zahl der Untauglichen und folglich vom Militärdienst befreiten Deutschen sehr groß war, wurden regelmäßig russische Bürger einberufen, die wegen familiärer Privilegien eigentlich keinen Wehrdienst hätten leisten müssen. Nicht selten waren auch die Bewohner der russischen Amtsbezirke davon betroffen, weil mehrere Amtsbezirke im Betreuungsbereich eines einzigen Wehrersatzamtes lagen. Die russischsprachige Bevölkerung des Kreises Saratov machte sich sogar dafür stark, den deutschen Amtsbezirk Jagodnaja Poljana aus der Zugehörigkeit zum gemeinsamen Wehrersatzamt auszugliedern.[15]

Neben tatsächlich Kranken gab es unter den zur Musterung bestellten jungen Leuten immer wieder offensichtliche Simulanten, die zu allen möglichen Tricks griffen, um der Einberufung zu entkommen. Nicht einmal die Androhung harter Strafen konnte einige Kolonisten davon abhalten, sich selbst zu verstümmeln. In der Zeit vor dem Ersten Weltkrieg berichtete der Polizeichef des Kreises Kamyšin (Gouvernement Saratov) zum Beispiel mehrfach darüber, dass deutsche Wehrpflichtige sich die Trommelfelle durchstachen, um nicht zum Militär gehen zu müssen. Einigen Angaben zufolge nahm ein geübter Feldscher für eine derartige „Operation“ nur 25 Rubel.[16] Auch in anderen Gebieten des Russischen Reiches (insbesondere im Kaukasus) war diese „Technik“ gut bekannt. Als Alternative zur Perforation der Trommelfelle galt der „vermeintliche Herzfehler“, der sich durch den Konsum großer Mengen an Tabak simulieren ließ. Darüber hinaus konnte die „schlechte Verfassung“ der zur Einberufung vorgesehenen jungen Männer durch andere Faktoren hervorgerufen werden.

---

13 Jakov Ditc, Istorija povolžskich nemcev-kolonistov [Geschichte der wolgadeutschen Kolonisten]. Moskva 1997, S. 380.

14 Dies gibt übrigens auch Jakob Dietz an anderer Stelle im Hinblick auf die Rekruten aus dem Amtsbezirk Sosnovka (Schilling) zu, die aus Familien stammten, in denen sie bereits als Kinder in Heimarbeit bei der Fertigung von *Sarpinka* (ein Baumwollstoff) helfen, dabei viel und gekrümmt sitzen und mit kleinen Details unter oft unzumutbaren hygienischen Bedingungen arbeiten mussten, vgl. ebenda, S. 276 f. Siehe dazu auch Šul'ga, Voinskaja služba (wie Anm. 1), S. 72.

15 Šul'ga, Voinskaja služba (wie Anm. 1), S. 41.

16 Ebenda, S. 56.

Dazu gehörten zum Beispiel wochenlanges systematisches Hungern, wiederholtes Trinken von Essig oder die Überdosis medizinischer Präparate.[17]

Diese Formen des versuchten Dienstentzuges registrierten die Mediziner während des Ersten Weltkrieges besonders häufig sowohl unter den russischen als auch unter den deutschen Rekruten des Wolgagebietes. So berichtete im Februar 1915 der Polizeichef des Kreises Atkarsk dem Gouverneur (Oberkommandierenden) von Saratov über den Verlauf der Einberufung von deutschen Rekruten aus dem Amtsbezirk Medvedica (Frank), dass sie mit allen Mitteln versucht hätten, sich der Einberufung zu entziehen:

> „Fast alle zur Musterung erscheinenden Rekruten simulieren irgendwelche inneren Krankheiten, erklären sich für krank und bitten um Befreiung vom Kriegsdienst. Die meisten von ihnen machen einen äußerst entkräfteten und trägen Eindruck und lassen einen unwillkürlich denken, dass sie für einige Wochen vor der Einberufung nur leichte pflanzliche Nahrung oder aber irgendwelche den Organismus schwächenden Mittel zu sich genommen haben".[18]

Ähnliche Beobachtungen machte der Landhauptmann (*zemskij načal'nik*) des ersten Distrikts des Kreises Kamyšin. Seiner Aussage nach begannen die deutschen Wehrpflichtigen „einige Wochen vor der Einberufung zu hungern (...). Dadurch schwächen und zerstören sie ihren Organismus in einem solchen Maße, dass sie im Augenblick der Einberufung in einem äußerst bemitleidenswerten Zustand zur Musterung erscheinen".[19] Dies war natürlich keine deutsche „Krankheit". Auch Russen versuchten, sich mit solchen Mitteln dem Militärdienst zu entziehen. Zur gleichen Zeit nahmen zum Beispiel allein 48 russische Wehrpflichtige aus dem Dorf Bobrovka (Kreis Kamyšin) eine Arznei zu sich, um dem Dienst in der Armee zu entgehen. In zwei Fällen führte dies zum Tode.[20]

4. Militärdienst

Die Zahl der zur Armee einberufenen Deutschen nahm mit jedem Jahr zu. Während von 1874 bis 1890 nur 29% aller zur Einberufung bestimmten Deutschen tatsächlich eingezogen wurden, lag der entsprechende Wert in der Zeit von 1890 bis 1914 bereits bei 37%.[21] In der Regel kamen nur einzelne deutsche Wehrpflichtige in die privilegierten Artillerie- und Kavallerieeinheiten (von der Flotte ganz zu schweigen). Die Mehrheit leistete den Militärdienst bei der Infanterie ab. Eine wesentliche Rolle bei der Zuordnung der deutschen Rekruten

---

17 Benecke, Militär (wie Anm. 2), S. 107 ff.

18 Rossijskij gosudarstvennyj istoričeskij archiv (Russisches Staatliches Historisches Archiv, RGIA), f. 1282, op. 2, d. 112 (Rapport des Polizeichefs des Kreises Atkarsk an den Oberkommandierenden des Gouvernements Saratov v. 8.2.1915), ll. 13-13ob.

19 Gosudarstvennyj archiv Saratovskoj oblasti (Staatsarchiv des Gebietes Saratov, GASO), f. 23, op. 1, d. 6989 (Bericht des Landhauptmanns des 1. Distrikts des Kreises Kamyšin E.N. Lyzlov an den Gouverneur von Saratov v. 4.5.1913), l. 63.

20 Ebenda. Vgl. dazu auch Poršneva, Rossijskij krest'janin (wie Anm. 11), S. 208; S.M. Ischakov, Pervaja mirovaja vojna glazami rossijskich musul'man [Der Erste Weltkrieg aus Sicht russischer Muslime], in: Rossija i Pervaja mirovaja vojna [Russland und der Erste Weltkrieg], Red. v. N.N. Smirnov. S.-Peterburg 1999, S. 420 f.

21 Šul'ga, Voinskaja služba (wie Anm. 1), S. 34.

spielten ihre schlechten Russischkenntnisse. Derentwegen wurden sie in der Etappe als Schmiede, Schuster, Lazaretthelfer, Offiziersburschen usw. eingesetzt. Die schlechten Russischkenntnisse der deutschen Wehrdienstleistenden wirkten sich auch unmittelbar auf ihre militärische Ausbildung aus. So schnitten die Deutschen trotz einer grundsätzlich positiven Bewertung ihrer Dienstausübung in den Hauptdisziplinen der Wehrausbildung schlechter ab als die Russen.[22]

Durch den Dienst in der Armee waren die Deutschen gezwungen, Russisch zu lernen. Dies trug in gewissem Maße zur Überwindung der Isolation in den Kolonien bei. Es wirkte sich zudem auf die Lebenseinstellung und Mentalität der Deutschen aus. Die jungen Kolonisten brachten von ihrem Militärdienst nicht nur Disziplin mit. Sie hatten außerdem ihren Horizont deutlich erweitert. Dadurch wuchsen wiederum ihr sozialer Status und ihre Autorität in den Dorfgemeinschaften. Sowohl in den russischen als auch in den deutschen Dörfern war zu beobachten, dass die Wehrdienstleistenden nach ihrer Demobilisierung die Alten und Ungedienten in den Gemeindeversammlungen in den Hintergrund drängten.[23]

5. Flucht vor dem Militärdienst

Wie bereits erwähnt, gab es von Seiten der Deutschen nirgendwo offenen Widerstand gegen ihre Einberufung in die russische Armee. Allerdings griff ein Teil der Kolonisten bereits unmittelbar nach der Einführung der allgemeinen Wehrpflicht im Jahr 1874 zu einem sehr spezifischen Mittel, um sich dem Armeedienst zu entziehen: Sie kehrten Russland den Rücken. Während in der Zeit zwischen der Abschaffung des Kolonistenstatus (Juni 1871) und der Einführung der Wehrpflicht nur ein einziger Deutscher aus dem Gouvernement Saratov emigrierte, wanderten 1874/75 bereits 400 Personen aus.[24]

Den jährlichen Rechenschaftsberichten der russischen Gouverneure zufolge emigrierten in den 70er Jahren des 19. Jahrhunderts insgesamt etwa 15 000 Russlanddeutsche allein in die Vereinigten Staaten.[25] Von diesen stammte gut die Hälfte aus dem Wolgagebiet.[26] Einzelne dieser Emigranten kehrten nach ihrer Einbürgerung in den Vereinigten Staaten von Nordamerika in ihre frühere Wolgaheimat zurück. Die Vorteile, die sie im Vergleich zu russischen Staatsangehörigen genossen, lagen auf der Hand: Die Rückkehrer konnten ihre Wirtschaft weiterführen, als „Amerikaner" waren sie aber von einem Großteil der zuvor gezahlten Steuern und vor allem von der Wehrpflicht befreit.[27]

22 Ebenda, S. 42.

23 German, Šul'ga, Voinskaja povinnost' (wie Anm. 8), S. 390.

24 Igor' Pleve, Načalo ėmigracii povolžskich nemcev v Ameriku [Der Beginn der Auswanderung der Wolgadeutschen nach Amerika], in: Nemcy Rossii: social'no-ėkonomičeskoe i duchovnoe razvitie [Die Russlanddeutschen: Sozial-ökonomische und geistige Entwicklung] (1871–1941 gg.). Moskva 2002, S. 421 u. 426.

25 Anfang der 1880er Jahre erreichte die Zahl der Russlanddeutschen in den USA bereits 20 000 Personen.

26 Siehe dazu auch Timothy J. Kloberdanz, Die Auswanderung nach Amerika und ihre Auswirkung auf Identität und Weltanschauung der Wolgadeutschen in Russland, in: Zwischen Reform und Revolution: die Deutschen an der Wolga 1860–1917, hrsg. v. Dittmar Dahlmann u. Ralph Tuchtenhagen. Essen 1994, S. 175 ff.

27 Solche Fälle, die sehr selten vorkamen, wurden von den russischen Behörden selbstverständlich

Im Mai 1876 fand in der Kolonie Golyj Karamyš (Balzer) eine Versammlung von Delegierten statt, die etwa 30 000 ausreisewillige Wolgakolonisten vertraten, deren unverzüglicher Ausreise lediglich finanzielle Probleme entgegenstanden.[28] Dabei war die Ausreise für vermögende deutsche Wehrpflichtige bis Anfang 1881 vergleichsweise einfach, sie wurde sogar durch mangelnde Abstimmung der russischen Gesetze begünstigt.[29]

Wenngleich das Bestreben, sich dem Militärdienst zu entziehen, in der Anfangsphase der Auswanderung eine wichtige Rolle spielte, waren es zum Ende des 19. Jahrhunderts andere Motive, die viele Wolgadeutsche zur Ausreise zwangen, darunter vor allem die wirtschaftliche Notlage infolge von Landarmut und katastrophalen Missernten sowie das Fehlen einer Aussicht auf ein geregeltes Einkommen in der Zukunft. Allein aus dem Amtsbezirk Ust'-Kulalinka (Galka) begaben sich in den Jahren von 1895 bis 1899 über 180 Familien (717 Personen) der „Siedler-Eigentümer" (*poseljane-sobstvenniki*), wie man die Kolonisten jetzt nannte, nach Übersee.[30] Während dabei 1895 aus diesem Amtsbezirk gerade einmal vier Familien emigriert waren, stieg ihre Zahl 1899 auf mehr als das 28fache (siehe Tabelle 1).

Tabelle 1: Zahl der aus dem Amtsbezirk Ust'-Kulalinka (Galka), Kreis Kamyšin, emigrierten deutschen Familien (1895–1899)[31]

Name der Siedlung	**1895**	**1896**	**1897**	**1898**	**1899**
Verchnjaja Dobrinka (Dreispitz)	3	7	7	14	31
Ščerbakovka (Mühlberg)	1	–	–	10	11
Ust'-Kulalinka (Galka)	–	–	1	7	35
Verchnjaja Kulalinka (Hostein)	–	–	–	4	8
Krestovyj Buerak (Müller)	–	–	–	1	2
Verchnjaja Grjaznucha (Kraft)	–	–	–	3	1
Vodjanoj Buerak (Stephan)	–	–	–	9	4
Nižnjaja Dobrinka (Dobrinka)	–	–	–	–	2
Bujdakov Buerak (Schwab)	–	–	–	–	21
Gesamt	**4**	**7**	**8**	**48**	**115**

nicht gut geheißen. So bestand zum Beispiel im Jahre 1876 M.N. Galkin-Vraskij, der Gouverneur von Saratov, darauf, die „Amerikaner" aus Russland auszuweisen. Siehe Pleve, Načalo ėmigracii (wie Anm. 24), S. 427. Vgl. dazu Victor Dönninghaus, Revolution, Reform und Krieg. Die Deutschen an der Wolga im ausgehenden Zarenreich. Essen 2002, S. 188.

28 Im Frühjahr 1876 waren zum Beispiel in der Siedlung Kamenka bereits 6 700 und in Norka 4 000 Kolonisten zur Ausreise nach Übersee bereit. Vgl. Pleve, Načalo ėmigracii (wie Anm. 24), S. 428.

29 Ebenda, S. 425; Šul'ga, Voinskaja služba (wie Anm. 1), S. 35 f. Vgl. dazu auch Ustav o voinskoj povinnosti (ot 1.1.1874 g.) [Statut über die Militärpflicht (vom 1.1.1874)], in: Reformy Aleksandra II. [Die Reformen Alexanders II.], Red v. Oleg Čistjakov. Moskva 1998, S. 338.

30 Insgesamt 369 Männer und 348 Frauen.

31 GASO, f. 1, op. 1, d. 6128 (Bericht des Landhauptmanns des 7. Distrikts des Kreises Kamyšin an den Gouverneur von Saratov v. 16.12.1900), l. 17ob.

Aus den Daten dieser Tabelle geht deutlich hervor, dass die Zahl der Emigranten gerade nach den von Missernten geprägten Hungerjahren 1897 und 1898 besonders hoch war. Daraus kann geschlossen werden, dass ihre Ausreise vor allem ökonomische Gründe hatte.[32]

Im Folgenden konzentriert sich der vorliegende Beitrag auf diejenigen Kolonisten, die im wehrpflichtigen Alter Russland verließen, ohne dass die These über vorwiegend wirtschaftliche Gründe für die Emigration von Wolgadeutschen Ende des 19. Jahrhunderts in Zweifel gezogen werden soll.[33] Bemerkenswert ist auch noch ein anderer Umstand: Deutsche russischer Staatsangehörigkeit, die sich dem Wehrdienst entzogen hatten und aus irgendeinem Grund aus Amerika zurückgekommen waren, wurden zwar erneut zum Armeedienst einberufen, ansonsten aber nicht weiter belangt.[34]

Aufgrund der Angaben in den Archivquellen lässt sich sagen, dass die Emigrationsbewegung im Wolgagebiet gegen Ende des 19. und zu Beginn des 20. Jahrhunderts fast durchgängig Kreise mit deutschen Dörfern erfasste. Die russischen Bauern wanderten hingegen nur sporadisch und vereinzelt aus.[35] Insofern ist es kaum verwunderlich, dass russische Beamte Emigrationsversuche russischer Bauern vielfach als Arbeitsmigration, die Abwanderung deutscher Siedler aber als geplante Verweigerung des Wehrdienstes einstuften.[36] So geht aus den Daten für den national „gemischten" 8. Distrikt des Kreises Kamyšin hervor, dass im „russischen" Amtsbezirk Kotovo keinerlei Emigrationsbewegung zu beobachten war und im ebenfalls überwiegend von Russen besiedelten Amtsbezirk Gusel'skoe von 1905 bis 1909 etwa 20 Familien mit insgesamt 85 Personen auswanderten,[37] während aus dem „deutschen" Amtsbezirk Ilavlja (Leichtling) im Zeitraum von 1900 bis 1909 etwa 2400 Siedler beiderlei Geschlechts emigrierten. Zugleich hatten diesen Amtsbezirk schon bis Anfang des 20. Jahrhunderts insgesamt 2661 Personen verlassen.[38]

Daher wies auch die Führung des Gouvernements Saratov um die Jahrhundertwende mehrmals darauf hin, dass etliche russische Bauern aus „deutschen Kreisen", die eigentlich aufgrund irgendeines Privilegs nicht eingezogen werden sollten, infolge der Emigration deutscher Siedler im Einberufungsalter Wehrdienst leisten mussten. In den „russischen"

32 Očerki istorii Saratovskogo Povolž'ja [Abriss der Geschichte des Saratover Wolgagebietes], hrsg. v. I.V. Poroch. Bd. 2, Teil 2, Saratov 1993, S. 31; vgl. dazu GASO, f. 23, op. 1, d. 10721 (Bericht des Landhauptmanns des 7. Distrikts des Kreises Kamyšin an das Gouvernementsamt Saratov v. 30.12.1899), l. 7ob. Siehe auch K.F. Justus, Privolžskie kolonisty (po povodu zakona 2 fevralja 1915 g.) [Die Wolgakolonisten (anlässlich des Gesetzes vom 2. Februar 1915)]. Saratov 1917, S. 21.

33 Ausführlicher in: Dönninghaus, Revolution (wie Anm. 27), S. 161-166.

34 Eine derartige erneute Einberufung erwartete auch deutsche Wehrdienstflüchtige, die sich auf dem Gebiet Russlands befanden, siehe dazu GASO, f. 23, op. 1, d. 6989 (Bericht des Landhauptmanns des 1. Distrikts des Kreises Kamyšin E.N. Lyzlov an den Gouverneur von Saratov v. 4.5.1913), ll. 59-63ob.

35 Ausführlicher bei Dönninghaus, Revolution (wie Anm. 27), S. 170-175.

36 GASO, f. 1, op. 1, d. 8473 (Angaben über die Emigration der Bevölkerung ins Ausland für den 8. Distrikt des Kreises Kamyšin, Amtsbezirke Kotovo, Gusel'skoe und Ilavlja v. 13.4.1910), ll. 67-67ob. u. 73. Vgl. dazu ebenda (Zirkular des Gouverneurs von Saratov an die Abteilung für Handelsschifffahrt v. 29.5.1910), ll. 118ob.-119.

37 Einschließlich der Auswanderung von 17 alleinstehenden Männern, siehe ebenda, ll. 67-67ob.

38 Die erste Emigrationsbewegung im Amtsbezirk Ilavlja wurde im Jahr 1878 verzeichnet, siehe ebenda, l. 67-67ob.

Kreisen wurden hingegen die Bauern derselben Kategorien generell nicht zur Armee eingezogen.[39]

Auch in den deutschen Gemeinden stieß die Auswanderung junger Männer im Einberufungsalter nicht immer auf Verständnis.[40] So verließen 1899 17 der nach offiziellen Angaben insgesamt 411 Personen, die aus den deutschen Siedlungen des 5. Distrikts des Kreises Kamyšin nach Amerika ausgereist waren, ihre Dörfer eigenmächtig, d. h. ohne Pässe, „da die Gemeinde ihnen angesichts ihrer hohen Verschuldung oder der Tatsache, dass sie den Wehrdienst noch nicht abgeleistet hatten, keine Entlassungsbescheide gegeben hatte".[41] Die Behörden des Kreises Atkarsk unterstrichen, dass „die [deutsche] Bevölkerung (...) mit einem gewissen Unmut auf Einberufene reagiert, die sich der Wehrpflicht entziehen, an deren Stelle alle jungen Männer mit Privileg (...) den Wehrdienst antreten müssen, um die Lücke zu füllen".[42]

Negative Reaktionen auf die so genannten „emigrierten Deserteure" ließen sich auch in einer ganzen Reihe anderer deutscher Amtsbezirke beobachten. Das lässt sich dadurch erklären, dass die bestehende Einberufungspraxis innerhalb der deutschen Gemeinden zur Spaltung führte, da die Militärbehörden immer häufiger forderten, jeden nicht zum Dienst erschienenen Rekruten durch einen Vertreter derselben Nationalität zu ersetzen. Dies hatte zur Folge, dass andere, eigentlich aus familiären Gründen freigestellte junge Männer gezwungen waren, Wehrdienst zu leisten.[43] Nach Aussage der polizeilichen Behörden wurden „die Väter der Einberufenen und die Väter der Wehrflüchtigen (...) zu unversöhnlichen Feinden. Auf den Versammlungen kommt es zu Skandalen und gegenseitigen Drohungen, dem anderen den Besitz wegzunehmen oder anzuzünden (...)".[44]

Tendenziell nahm die Emigrationswelle deutscher „Wehrdienstflüchtlinge" jeweils im Vorfeld und während eines Krieges zu.[45] Für den erheblichen Unwillen der Siedler, sich an irgendwelchen Kriegshandlungen zu beteiligen, spricht auch eine andere Tatsache: In allen

39 Vgl. dazu z.B. GASO, f. 1, op. 1, d. 6128 (Schreiben aus der Kanzlei des Gouverneurs von Saratov an das Polizeidepartement v. 6.1.1901), l. 34.

40 Siehe dazu Kloberdanz, Die Auswanderung (wie Anm. 26), S. 177 f.; Dittmar Dahlmann, Die Deutschen an der Wolga von der Ansiedlung 1764 bis zum Ausbruch des Ersten Weltkrieges, in: Deutsche in Russland, hrsg. v. Hans Rothe. Köln 1996, S. 9 f.

41 GASO, f. 1, op. 1, d. 6128 (Bericht des Landhauptmanns des 5. Distrikts des Kreises Kamyšin an den Gouverneur von Saratov v. 21.12.1900), l. 16. Es gab sogar geradezu legendäre Fälle, in denen es zum Beispiel einem Siedler, der sich nach seiner Einberufung zum Wehrdienst schon auf dem Weg zum Dienstantritt befand, gelang, nach Amerika zu fliehen. Fälle illegaler Ausreise russischer Bürger ins Ausland (darunter auch die USA) waren gegen Ende des 19. und zu Beginn des 20. Jahrhunderts keine Seltenheit. Siehe dazu ausführlicher V.M. Kabuzan, Ėmigracija i reėmigracija v Rossii v XVIII – načale XX veka [Auswanderung und Rückwanderung in Russland vom 18. bis zum Beginn des 20. Jahrhunderts]. Moskva 1998, S. 179; A.S. Sokolov, Rossijskaja trudovaja ėmigracija v Ameriku v poslednej četverti XIX veka [Die russische Arbeitsemigration nach Amerika im letzten Viertel des 19. Jahrhunderts], in: Sovetskaja ėtnografija (1986), Nr. 2, S. 98. Vgl. dazu auch GASO, f. 23, op. 1, d. 8160 (Rundschreiben des Gouverneurs von Saratov S.S. Tatiščev an alle Landhauptleute des Gouvernements Saratov v. 25.9.1910), ll. 98-98ob.

42 GASO, f. 1, op. 1, d. 8473 (Angaben über die Lage der Emigrationsbewegung von Arbeitsmigranten ins Ausland für den Kreis Atkarsk, undatiert), ll. 36ob.-37.

43 Šul'ga, Voinskaja služba (wie Anm. 1), S. 54 f.

44 Zit. nach ebenda, S. 56.

45 GASO, f. 1, op. 1, d. 8473, l. 67ob.

deutschen Distrikten kam es nach dem Ende des russisch-türkischen Krieges von 1877/78 und dem Abschluss des Krieges gegen Japan zu einem großen Defizit an Rekruten. „In [Friedens-]Zeiten kommt die Emigration nach Amerika unter den deutschen Kolonisten zum Stillstand (...)“, bemerkte der Landhauptmann des 8. Distrikts des Kreises Kamyšin in seinem Rapport vom April 1910, „politische Krisen verstärken sie. Während des Krieges gegen Japan und während der anhaltenden Spannungen zwischen Russland und Österreich-Ungarn aus Anlass der Annexion Bosniens und der Herzegowina nahm die Emigration unter deutschen Reservisten und Wehrpflichtigen zu und schwächte sich dann wieder ab“.[46]

Die veränderte Einstellung der Bevölkerung zum Wehrdienst nach dem russisch-japanischen Krieg spiegelte sich darin wider, dass eine immer größere Zahl junger Männer nach dem Einberufungsbefehl ohne besonderen Grund dem Wehrersatzamt fernblieb. Sie äußerte sich ferner darin, dass viele auch nach durchlaufener Musterung nicht bei der Truppe erschienen. In den ersten 20 Jahren nach Einführung der Wehrpflicht hatte es demgegenüber fast keine Fälle gegeben, in denen wehrpflichtige Wolgadeutsche nicht zur Musterung erschienen waren. Die Zahl der gemusterten Deutschen, die nicht bei ihren Einheiten ankamen, hatte ebenfalls nicht über dem Durchschnittswert für die Russen gelegen.

In den Jahren vor dem Ersten Weltkrieg (1905–1912) scheint sich jedoch eine Schere zwischen Deutschen und Russen geöffnet zu haben. Zeitgenössische Quellen beziffern für diesen Zeitraum den Anteil der Wehrflüchtigen unter den deutschen Siedlern mit durchschnittlich 30% gegenüber nur 4% bei den russischen Bauern.[47] Diese Wahrnehmung blieb nicht ohne Auswirkungen auf die Stimmung der russischsprachigen Bevölkerung in den Amtsbezirken und Kreisen, die an die deutschen Siedlungsgebiete angrenzten. Nach Aussage des Landhauptmanns des 9. Distrikts des Kreises Atkarsk erklärten russische Einwohner mehrfach, dass „die Deutschen nicht eingezogen werden, weil sie reich sind, wir uns aber aus Armut nicht freikaufen können und im Kriegsfall sterben müssen, während andere, die reicher sind, in Amerika leichtes Geld verdienen“.[48]

Die Verschlechterung der Beziehungen zwischen dem Russischen Reich und den Mittelmächten infolge der Bosnienkrise 1908 förderte eine gewisse Sensibilität der russischen Behörden gegenüber der Erfüllung der Militärpflicht durch die deutschen Kolonisten. So wies das Innenministerium zum Beispiel im Oktober 1908 die lokalen Behörden an, alle einberufenen deutschen Siedler statistisch zu erfassen. Auf diese Weise wurde jeder Versuch deutschsprachiger Bürger, sich der Einberufung zu entziehen, von den Behörden gesondert verzeichnet.[49] Die Zahlen bestärkten die Behörden in ihrem Misstrauen. Allein im Kreis Kamyšin wurde das Einberufungssoll an deutschen Rekruten in den Jahren 1900 bis 1909

46 Er selbst neigte zu der Ansicht, dass gerade das Gesetz über die Einführung der allgemeinen Wehrpflicht (1874) den entscheidenden Anstoß zur Emigration nach Amerika gegeben hatte, ebenda, ll. 73-73ob. Vgl. dazu S.A. Kolčina, Semejnaja žizn' povolžskich nemcev (po materialam žurnala Amerikanskoj associacii nemcev iz Rossii [Das Familienleben der Wolgadeutschen (nach Materialien der Zeitschrift der Amerikanischen Assoziation der Deutschen aus Russland)], in: Rossijskie nemcy na Donu, Kavkaze i Volge [Die Russlanddeutschen am Don, im Kaukasus und an der Wolga]. Moskva 1995, S. 293; Šul'ga, Voinskaja služba (wie Anm. 1), S. 48-56.

47 German, Šul'ga, Voinskaja povinnost' (wie Anm. 8), S. 391.

48 Zit. nach Šul'ga, Voinskaja služba (wie Anm. 1), S. 55.

49 Ebenda.

um 20-30% unterschritten.[50] Im Jahre 1909 beispielsweise entfiel der Hauptanteil (472) von 555 zur Einberufung vorgemerkten Personen in diesem Kreis, die nicht zur Musterung erschienen waren, auf die deutschen, nicht aber auf die russischen Amtsbezirke. Dabei befand sich ein Großteil dieser deutschen „Wehrflüchtigen" (fast 80%) in Amerika, wohin sie erst wenige Jahre zuvor gezogen waren.[51]

Letzterer Umstand verweist auf ein Problem der Quellenkritik, das sich bei der Interpretation der einschlägigen Statistiken und Aussagen stellt: In den Einberufungslisten der Kreiswehrersatzämter waren zahlreiche Personen verzeichnet, die sich gar nicht mehr in Russland aufhielten, sondern in der Zwischenzeit nach Amerika ausgewandert waren. Die russischen Behörden tendierten dazu, diese Ausgewanderten pauschal als „Wehrflüchtige" anzusehen. In Tabelle 2 wird die Problematik mit konkreten Zahlen deutlich: Im Amtsbezirk Sosnovka (Schilling) wurden in den Jahren 1907 bis 1912 3 480 junge Männer zum Militärdienst einberufen. 617 von ihnen (17,7%) stufte das Kreiswehrersatzamt als „wehrflüchtig" ein. Bei der überwiegenden Mehrheit dieser Personen (498) handelte es sich um Auswanderer. Die Auswanderungsgründe können mit den vorhandenen Quellen im einzelnen nicht mehr nachvollzogen werden. Der Umstand, dass 58,2% der ausgewanderten Wehrpflichtigen diesen Schritt nach der Vollendung des 15. Lebensjahres unternommen hatte, deutet allerdings auf einen Zusammenhang mit der bevorstehenden Einberufung zum Militär hin. Dieser Zusammenhang wurde zwischen 1905 und 1914 im übrigen auch in den deutschen Gemeinden thematisiert und war wiederholt Gegenstand von Diskussionen in der Kolonistenpresse, wenngleich die Deutschen den Umfang des Phänomens tendenziell relativierten und auf andere Auswanderungsgründe verwiesen.[52]

Der Anteil der deutschen Männer aus dem Amtsbezirk Sosnovka (Schilling), die auf Grund ihrer Auswanderung nach Amerika nicht einberufen werden konnten, schwankte beispielsweise im Jahre 1912 je nach Wohnort recht stark zwischen 6% in der Siedlung Ust'-Zolicha (Messer) und 55% in der Kolonie Talovka (Beideck).[53]

Die Tatsache, dass sich Kolonisten dem Wehrdienst entzogen, diente während des Ersten Weltkrieges auch den Mitgliedern der patriotischen Organisation „Gesellschaft von 1914"

50 GASO, f. 1, op. 1, d. 8473 (Angaben über die Emigration für den Amtsbezirk Ust'-Kulalinka, Kreis Kamyšin, undatiert), l. 65ob.; ebenda, f. 23, op. 1, d. 6989 (Bericht des Landhauptmanns des 2. Distrikts des Kreises Kamyšin an das Gouvernementsamt Saratov v. 25.6.1913), ll. 64-64ob. u. 67; ebenda (Bericht des Landhauptmanns des 5. Distrikts des Kreises Kamyšin an das Gouvernementsamt Saratov v. 26.6.1913), ll. 73-73ob. Vgl. dazu Karl Stumpp, Das Russlanddeutschtum in Übersee, in: Heimatbuch der Deutschen aus Russland (1963), S. 5. Nach Ansicht von James W. Long gab es bis zum Ausbruch des russisch-japanischen Kriegs unter den Wolgadeutschen keine offenen Versuche, sich dem Wehrdienst zu entziehen, vgl. James W. Long, From Privileged to Dispossessed. The Volga Germans, 1860–1917. Lincoln/London 1988, S. 37 f.

51 GASO, f. 23, op. 1, d. 6989 (Auszug aus dem Protokoll des Kamyšiner Kreiswehrersatzamtes v. 4.6.1910), ll. 60-60ob.

52 Vgl. Dietmar Neutatz, Die „deutsche Frage" im Schwarzmeergebiet und in Wolhynien. Politik, Wirtschaft, Mentalitäten und Alltag im Spannungsfeld von Nationalismus und Modernisierung (1856–1914). Stuttgart 1993, S. 321 f.

53 GASO, f. 23, op. 1, d. 6989 (Angaben über die Zahl der 1907–1912 der Einberufung in die Armee unterliegenden deutschen Bevölkerung im Amtsbezirk Sosnovka), l. 62; ebenda, d. 6989 (Bericht des Landhauptmanns des 1. Distrikts des Kreises Kamyšin E.N. Lyzlov an den Gouverneur von Saratov v. 4.5.1913), l. 63.

(„Obščestvo 1914 goda") als Munition für ihre Kampagne gegen die vermeintliche deutsche „Übermacht" (*zasil'e*) und Illoyalität der Kolonisten gegenüber dem russischen Staat.

Tabelle 2: Einberufene und Wehrflüchtige im Amtsbezirk Sosnovka (Schilling), Kreis Kamyšin, in den Jahren 1907–1912[54]

Jahr	Gesamtzahl der Einberufenen		davon mit privilegiertem Status		Wehrflüchtige		davon in Amerika		als Minderjährige ausgereist		im Alter von über 15 Jahren ausgereist	
	abs.	in %	abs.	in %	abs.	in %	abs.	in %	abs.	in %	abs.	in %
1907	631	100	139	22,0	120	19,0	90	100	36	40,0	54	60,0
1908	650	100	131	20,1	125	19,2	89	100	50	56,2	39	43,8
1909	627	100	131	20,9	91	14,5	72	100	24	33,3	48	66,7
1910	546	100	110	20,1	101	18,5	88	100	35	39,8	53	60,2
1911	505	100	101	20,0	74	14,6	66	100	25	37,9	41	62,1
1912	521	100	113	21,7	106	20,3	93	100	38	40,9	55	59,1
Insgesamt	**3.480**	**100**	**725**	**20,8**	**617**	**17,7**	**498**	**100**	**208**	**41,8**	**290**	**58,2**

Ihren Angaben zufolge erschienen 1909 im Kreis Novouzensk, Gouvernement Samara, von 753 zur Einberufung vorgesehenen deutschen Kolonisten nur 20% tatsächlich zur Musterung.[55] Ein zahlreiches Nichterscheinen zur Musterung ließ sich auch während des Krieges gegen Japan und im Ersten Weltkrieg zum Beispiel in den deutschen Siedlungen des Amtsbezirks Medvedica (Frank), Gouvernement Saratov, beobachten (siehe Tabelle 3),[56] wobei der Verfasser der Übersicht allerdings abermals Emigration pauschal mit Flucht vor dem Militärdienst gleichsetzte.

54 GASO, f. 23, op. 1, d. 6989 (Angaben über die Zahl der 1907–1912 der Einberufung in die Armee unterliegenden deutschen Bevölkerung im Amtsbezirk Sosnovka), ll. 61-62.

55 1915 beantragte das Zemstvo des Kreises Novouzensk die Ausgliederung der deutschen Amtsbezirke in einen eigenen Einberufungsdistrikt, um die Einberufung der deutschen Wehrpflichtigen in die Armee strenger kontrollieren zu können, siehe dazu I.I. Sergeev, Mirnoe zavoevanie Rossii nemcami. Doklad pročitannyj v črezvyčajnom obščem sobranii g.g. členov „Obščestva 1914 goda" 13 marta 1915 goda [Die friedliche Eroberung Russlands durch die Deutschen. Vortrag vor der außerordentlichen allgemeinen Versammlung der Herren Mitglieder der „Gesellschaft des Jahres 1914"]. Petrograd 1915, S. 39. Nach Ansicht von K.F. Justus befand sich ein Teil der Siedler des Kreises Novouzensk, die der Wehrflucht durch Auswanderung beschuldigt wurden, in Russland (außerhalb der Grenzen des Gouvernements Samara) und wurde von den russischen „Patrioten" absichtlich den Deserteuren zugerechnet; siehe dazu Justus, Privolžskie kolonisty (wie Anm. 32), S. 22.

56 Nach Ansicht von James W. Long war es gerade die Mobilisierung von Reservisten während des Krieges gegen Japan und nicht die übliche Einberufung für den regulären Wehrdienst, die die meisten Wolgadeutschen zwang, Russland zu verlassen; siehe dazu James W. Long, From Privileged (wie Anm. 50), S. 37 f.; vgl. auch Justus, Privolžskie kolonisty (wie Anm. 32), S. 23; Šul'ga, Voinskaja služba (wie Anm. 1), S. 45 u. 49.

Tabelle 3: Einberufene und wehrflüchtige deutsche Siedler des Amtsbezirks Medvedica (Frank), Gouvernement Saratov, im Zeitraum 1905–1915[57]

Einberufungsjahr	Zahl der Einberufenen		Zahl derer, die sich der Einberufung durch Emigration entzogen		Zahl der Gemusterten		Zahl der in die Armee Eingezogenen	
	abs.	in %	abs.	in %	abs.	in %	abs.	in %
1905	245	100	**55**	**22,4**	190	100	**102**	**53,7**
1906	215	100	**97**	**45,1**	118	100	**80**	**67,8**
1907	197	100	**95**	**48,2**	102	100	**59**	**57,8**
1908	225	100	**96**	**42,7**	129	100	**52**	**40,3**
1909	256	100	**102**	**39,8**	154	100	**69**	**44,8**
1910	223	100	**80**	**35,9**	143	100	**74**	**51,7**
1911	200	100	**57**	**28,5**	143	100	**76**	**53,1**
1912	229	100	**101**	**44,1**	128	100	**37**	**28,9**
1913	227	100	**78**	**34,4**	149	100	**40**	**26,8**
1914	197	100	**78**	**39,6**	119	100	**57**	**47,9**
1915	218	100	**70**	**32,1**	148	100	**75**	**50,7**
insgesamt	2.632	100	**909**	**34,5**	1.523	100	**721**	**47,3**

Der verantwortliche Polizeichef des Kreises Atkarsk, Zubkov, verwies darauf, dass diese Auswanderungspraxis der Deutschen von der umwohnenden Bevölkerung ebenso eingeschätzt werde: „Die Tatsache, dass sich die deutschen Kolonisten über einige Jahre hinweg massenhaft dem Kriegsdienst entzogen haben, ist der russischen Bevölkerung wohl bekannt und wird von dieser völlig zu Recht verurteilt, da die Bürde der Wehrpflicht angesichts der Abwesenheit der Deutschen im Ausland auf der russischen Bevölkerung lastet“.[58]

In seinem Geheimbericht vom Februar 1915 an den Oberkommandierenden des Gouvernements Saratov gab er eine dementsprechende Prognose über die Emigration der Deutschen ab: „Ausgehend von der Überlegung, dass 1912, als die Ereignisse auf der Balkanhalbinsel ganz Europa mit Krieg bedrohten, von 229 einberufenen Personen im Amtsbezirk Medvedica nur 37 eingezogen wurden, nehme ich an, dass nur sehr wenige deutsche Kolonisten beim Wehrersatzamt erschienen wären, wenn es im vergangenen und im laufenden Jahr möglich gewesen wäre, die Grenzen unseres Reiches zu überschreiten.“[59]

57 RGIA, f. 1282, op. 2, d. 112 (Rapport des Polizeichefs des Kreises Atkarsk Zubkov an den Oberkommandierenden des Gouvernements Saratov v. 8.2.1915, streng geheim), ll. 14-14ob; vgl. dazu auch German, Šul'ga, Voinskaja povinnost' (wie Anm. 8), S. 391.

58 Ebenda, l. 15ob; vgl. dazu auch Detlef Brandes, Von den Zaren adoptiert. Die deutschen Kolonisten und die Balkansiedler in Neurussland und Bessarabien 1751–1914. München 1993, S. 370 f.

59 RGIA, f. 1282, op. 2, d. 112 (Rapport des Polizeichefs des Kreises Atkarsk Zubkov an den Oberkommandierenden des Gouvernements Saratov v. 8.2.1915, streng geheim), l. 14ob; GASO,

In den Jahren 1912–1914 verstärkte sich die Emigrationsbewegung nach Amerika sowohl aus dem ganzen Land wie auch aus dem Wolgagebiet.[60] Allein 1912 stellte die Polizeiverwaltung des Kreises Kamyšin mehr als 3 300 Führungszeugnisse für die Ausreise nach Amerika aus, und in den ersten beiden Monaten des Jahres 1913 waren es bereits 1 515.[61] Allein von 1910 bis einschließlich 1913 reisten 13 697 Menschen aus dem Kreis aus.[62] Eine ähnliche Situation ließ sich in den anderen deutschen Amtsbezirken der Gouvernements Saratov und Samara beobachten.[63] Gestoppt wurde die Emigrationswelle der Russlanddeutschen erst durch den Ersten Weltkrieg, genauer gesagt durch die Schließung der Staatsgrenzen bei Ausbruch des Krieges. Unterschiedlichen Angaben zufolge verließen von 1874 bis 1914 etwa 80 000-100 000 deutsche Kolonisten das Wolgagebiet.[64] Es verwundert daher nicht, dass die Militärbehörden ihre Aufmerksamkeit während des Ersten Weltkrieges vor allem auf die Mobilisierung der deutschen Bevölkerung richteten, da die Deutschen in Russland als „traditionelle" Wehrflüchtige galten.[65]

6. Schlussbemerkungen

Die Wolgadeutschen hatten – wie die Kolonisten in anderen Siedlungsgebieten auch – sicherlich ein besonderes Verhältnis zum Militärdienst. Dieses resultierte zum einen aus der Wahrnehmung, 1874 eines der seinerzeit bei der Ansiedlung zugesicherten Privilegien verloren zu haben, zum anderen aber aus dem Eingebundensein in den russländisch-bäuerlichen

f. 23, op. 1, d. 6989 (Bericht des Landhauptmanns des 7. Distrikts des Kreises Kamyšin an das Gouvernementsamt Saratov v. 15.6.1913), ll. 80-80ob.; Georg Rath, Die Russlanddeutschen in den Vereinigten Staaten von Nord-Amerika, in: Heimatbuch der Deutschen aus Russland (1963), S. 43.

60 Siehe z.B. GASO, f. 23, op. 1, d. 6989 (Bericht des Landhauptmanns des 6. Distrikts des Kreises Saratov an das Gouvernementsamt Saratov v. 19.6.1913), ll. 115-115ob.; ebenda (Bericht des Landhauptmanns des 4. Distrikts des Kreises Kamyšin an das Gouvernementsamt Saratov v. 21.6.1913), ll. 71-71ob; vgl. dazu auch V.M. Kabuzan, Russkie v mire. Dinamika čislennosti i rasselenija (1719–1989). Formirovanie ėtničeskich i političeskich granic russkogo naroda [Die Russen in der Welt. Dynamik der Quantität und Verteilung (1719–1989). Die Herausbildung der ethnischen und politischen Grenzen des russischen Volkes]. S.-Peterburg 1996, S. 192 f.

61 Očerki istorii (wie Anm. 32), S. 15.

62 Aleksej V. Voronežcev, Poseljane-sobstvenniki Saratovskoj gubernii i stolypinskaja agrarnaja reforma [Die Siedler-Eigentümer des Gouvernements Saratov und die Stolypinsche Agrarreform], in: Rossijskie nemcy. Problemy istorii, jazyka i sovremennogo položenija [Die Russlanddeutschen. Probleme der Geschichte, Sprache und gegenwärtigen Lage]. Moskva 1996, S. 226. Vgl. dazu auch Očerki istorii (wie Anm. 32), S. 15.

63 Vgl. z.B. Justus, Privolžskie kolonisty (wie Anm. 32), S. 22.

64 Očerki istorii (wie Anm. 32), Teil 1, S. 174; vgl. dazu auch Kloberdanz, Die Auswanderung (wie Anm. 26), S. 176; Susanne Janssen, Vom Zarenreich in den amerikanischen Westen: Russlanddeutsche Immigranten in North Dakota und Nebraska (1870–1928), in: Deutsche in Russland (wie Anm. 40), S. 87.

65 Vgl. dazu A.V. Posadskij, Social'no-političeskie interesy krest'janstva i ich projavlenija v 1914–21 gg. (na materialach Saratovskogo Povolž'ja). Dissertacija na soiskanie učenoj stepeni kandidata istoričeskich nauk [Die sozial-politischen Interessen der Bauernschaft und ihre Erscheinungsformen in den Jahren 1914–1921 (auf der Basis von Materialien des Saratover Wolgagebietes). Dissertation zur Erlangung des akademischen Grades eines Kandidaten der historischen Wissenschaften]. Saratov 1997, S. 43.

Kontext. Die Grundeinstellung russischer Bauern und deutscher Kolonisten gegenüber dem Militärdienst war durchaus eine ähnliche, nämlich negative. Die Kolonisten übernahmen offenbar von ihren russischen Nachbarn die Furcht vor dem Militärdienst als einer Bürde, die das Leben der Betroffenen schwer belastete und seine Existenz bedrohte. Im Gegensatz zu westeuropäischen Ländern, die auf dem Weg der gesellschaftlichen Integration zu einer Staatsbürgernation schon weiter fortgeschritten waren und wo der Militärdienst auch im ländlichen Raum als *rite de passage* bejaht wurde und einen Prestigegewinn gegenüber denjenigen, die nicht dienten, bedeutete, war es in Russland zumindest für Bauernsöhne nicht erstrebenswert, bei der Musterung als tauglich befunden und zur Armee einberufen zu werden.[66] Die Praktiken, mit denen sich russische und wolgadeutsche Militärdienstpflichtige der Armee zu entziehen suchten, waren im Prinzip die gleichen – mit einer gewichtigen Ausnahme, die aber nicht aus der Identität als „Deutscher", sondern aus den zur Verfügung stehenden Möglichkeiten erwuchs: Die Auswanderung nach Amerika war für deutsche Kolonisten eine häufigere und aus verschiedenen nicht mit dem Militärdienst im Zusammenhang stehenden Gründen praktikablere Handlungsalternative als für russische Bauern.

Die beschriebenen Phänomene und Alltagspraktiken sollen aber nicht verdecken, dass sowohl die wolgadeutschen Kolonistensöhne als auch ihre russischen Nachbarn mehrheitlich der Militärpflicht nachkamen. Dabei opferten sie nicht selten ihre Gesundheit und ihr Leben für den Zaren und das russische Vaterland. Insgesamt wurden von 1874 bis 1914 pro Jahr ca. 700 bis 1 900 Wolgadeutsche zur Armee eingezogen. Damit durchliefen allein in diesem Zeitabschnitt mehr als 50 000, also fast zwei Drittel aller Männer im Einberufungsalter, den Wehrdienst.[67] Während des Ersten Weltkrieges wurden etwa 50 000 Wolgadeutsche in die russische Armee einberufen. Sie wurden allerdings als „unzuverlässig" eingestuft und an die Front gegen die Türkei im Kaukasus geschickt.[68] Mit wenigen Ausnahmen wurden sie entwaffnet und unter Bewachung im Hinterland zu Hilfsarbeiten (zum Beispiel zur Ernte) eingesetzt, nicht selten gemeinsam mit kriegsgefangenen Türken.[69]

Der 1874 geworfene „Bumerang" mit dem Namen „allgemeine Wehrpflicht", dessen Ziel ursprünglich auch darin bestanden hatte, die Isolation der deutschen Kolonisten zu überwinden und sie in das russischsprachige Milieu zu integrieren, sollte im Oktober 1917 zurückfliegen. Die bolschewistische Propaganda in der Armee trug dazu bei, dass sich ein Teil der deutschen Soldaten zusammen mit russischen Kameraden aktiv an der Arbeit der Soldatenräte beteiligte und die Oktoberrevolution unterstützte.[70]

---

66 Zur Frage der Integration der russischen Bauern in die Nation vgl. die optimistischere Beurteilung bei Sanborn, Drafting the Russian Nation (wie Anm. 4). Für Frankreich vgl. zum Beispiel die klassische Studie von Eugen Weber, Peasants into Frenchmen. The Modernization of Rural France, 1870–1914. Stanford 1976. Für Deutschland vgl. Ute Frevert, Die kasernierte Nation. Militärdienst und Zivilgesellschaft in Deutschland. München 2001, S. 231 f. und Hans-Ulrich Wehler, Deutsche Gesellschaftsgeschichte. Bd. 3: Von der „Deutschen Doppelrevolution" bis zum Beginn des Ersten Weltkriegs, 1849–1914. München 1995, S. 883.

67 Šul'ga, Voinskaja služba (wie Anm. 1), S. 57.

68 Siehe ausführlicher Dönninghaus, Revolution (wie Anm. 27), S. 220-228.

69 Šul'ga, Voinskaja služba (wie Anm. 1), S. 67 f.; vgl. dazu Nelipovič, Problema (wie Anm. 4), S. 365-377.

70 German, Šul'ga, Voinskaja povinnost' (wie Anm. 8), S. 391.

Aleksej Voronežcev

Bauernschaft, Bauerngemeinde und Geistlichkeit im Wolgagebiet während der Stolypinschen Agrarreform (am Beispiel von Quellen aus dem Staatsarchiv des Gebietes Saratov)

Die Stolypinsche Agrarreform war in ihren politischen und ökonomischen Konsequenzen eine der tiefgreifendsten und bedeutendsten Neuordnungen nach der ersten russischen Revolution von 1905. Das Gesetz vom 9. November 1906 – über den Notverordnungsartikel 87 an der Duma vorbei erlassen und erst 1910 von ihr bestätigt – zielte auf die Überwindung der traditionellen Umteilungsgemeinde (*obščina*) und die Umwandlung des bisher kollektiven Landbesitzes in Privateigentum, verbunden mit Flurbereinigungen. Den Bauern wurde die Option eröffnet, ihren Landnutzungsanteil in der Gemeinde in kommassierter Form als Privateigentum (*otrub*) zu erhalten und ggf. auch aus dem Dorf auf einen Einzelhof (*chutor*) auszusiedeln. Das Privateigentum implizierte zudem die Möglichkeit, den Hof samt dazugehörigem Land zu verkaufen und mit dem Erlös fortzuziehen.[1]

Der Reform und dabei vor allem der Frage nach ihrer Rezeption durch die Bauern ist eine Vielzahl von Studien gewidmet. Die Analysen konzentrieren sich allerdings in der Regel auf die gesamte Bauernschaft ohne die Berücksichtigung der nationalen Komponente. Dabei wies die Landbevölkerung zu dieser Zeit in einer Reihe von Gouvernements, darunter auch im Gouvernement Saratov, eine multinationale Struktur auf.

Der ersten allgemeinen Volkszählung des Russischen Reiches von 1897 zufolge bildeten im Gouvernement Saratov die Wolgadeutschen mit 166 528 (6,9%) der insgesamt 2 405 829 Einwohner die nach den Russen zweitstärkste nationale Gruppe, gefolgt von Ukrainern (149 291 Personen oder 6,2% der Einwohner), Mordwinen (123 893 oder 5,2%), Tataren (94 693 oder 3,9%) und Tschuwaschen (14 403 oder 0,6%). Die Wolgadeutschen siedelten vorwiegend in den Kreisen Kamyšin (über 44% der Kreisbevölkerung), Atkarsk (5,1%) und Saratov (6,7%). Die Mordwinen, Tataren und Tschuwaschen lebten mehrheitlich in den Kreisen Vol'sk, Kuzneck, Petrovsk und Chvalynsk und bildeten 38% der Gesamtbevölkerung

1 Zur Stolypinschen Agrarreform vgl. S.M. Dubrovskij, Stolypinskaja zemel'naja reforma. Iz istorii sel'skogo chozjajstva i krest'janstva Rossii v načale XX veka [Die Stolypinsche Agrarreform. Aus der Geschichte der Landwirtschaft und der Bauernschaft Russlands zu Beginn des 20. Jahrhunderts]. 3. Aufl., Moskva 1963; A.M. Anfimov, P.A. Stolypin i rossijskoe krest'janstvo [P.A. Stolypin und die russische Bauernschaft]. Moskva 2002; David A. Macey, The Peasant Commune and the Stolypin Reforms: Peasant Attitudes, 1906–14, in: Land Commune and Peasant Community in Russia: Communal Forms in Imperial and Early Soviet Society, hrsg. v. Roger Bartlett. London/Basingstoke 1990, S. 219-236.

im Kreis Kuzneck und 43,8% im Kreis Chvalynsk.[2] Die dörflichen Ansiedlungen dieser Nationalitäten, insbesondere der Deutschen, waren überwiegend monoethnisch strukturiert.

1911 war die tatarische Bevölkerung (107 000 Personen) kompakt in 59 Dörfern in vier Kreisen, die mordwinische (140 000 Personen) in 82 Siedlungen in fünf Kreisen, die deutsche (189 585 Personen) in 58 Kolonien in vier Kreisen und die tschuwaschische (17 000 Personen) in 15 Siedlungen in vier Kreisen ansässig. Elf Dörfer wiesen eine gemischte nationale Zusammensetzung auf, darunter waren sechs Dörfer mit einer russisch-mordwinischen Bevölkerung.[3]

Die Integration der nichtslawischen Minderheiten, insbesondere der Wolgadeutschen, blieb rudimentär. Ihr stand die Isoliertheit der ländlichen Gemeinden im Wege, die ihre Wurzeln vor allem in der traditionellen Lebensweise und in der konfessionellen und sprachlichen Zugehörigkeit hatte. Die Deutschen bekannten sich mehrheitlich zum Protestantismus und Katholizismus, die Tataren zum Islam, die Mordwinen und Tschuwaschen zum orthodoxen Glauben. Praktisch alle, mit Ausnahme der Ukrainer, konnten kaum Russisch.

Die Volkszählung von 1897 wies lediglich 11,6% Deutsche, 10,4% Tschuwaschen, 8,8% Mordwinen und 1,3% Tataren mit russischen Sprachkenntnissen aus.[4] Auch Jahre später änderte sich das Bild kaum. Selbst während des Ersten Weltkrieges waren die Russischkenntnisse bei den Tataren der untersten Dienstränge völlig unzureichend, und von den Rekruten verstanden nicht mehr als 15% Russisch. Die mobilisierten Mordwinen und Tschuwaschen waren des Russischen überhaupt nicht mächtig.[5]

Ende des 19. Jahrhunderts gestalteten sich die Besitzverhältnisse im tatarischen Dorf recht kompliziert. Ein Teil des Ackerlandes befand sich in Gemeindebesitz, der andere Teil war erbliches Eigentum. Das Anteilland wurde wie auch bei den Wolgadeutschen und in einer Reihe von mordwinischen und tschuwaschischen Dörfern in bestimmter Zeitfolge nach der Anzahl der vorhandenen männlichen Seelen umgeteilt. Die Tataren verpachteten jedoch ihr Land vorzugsweise. Ein Zeitgenosse bescheinigte den tatarischen Bauerngemeinden „völlige wirtschaftliche Unfähigkeit".[6] Ein anderer zeitgenössischer Wissenschaftler protokollierte das geringe Interesse der Tataren an der Landwirtschaft: „ihren nomadischen Wurzeln Rechnung tragend, bevorzugen sie (...) den sog. Aufkaufhandel (*tarchanstvo*)".[7]

---

2 Pervaja vseobščaja perepis' naselenija Rossijskoj imperii, 1897. T. XXXVIII. Saratovskaja gubernija [Erste allgemeine Volkszählung des Russischen Reiches 1897. Bd. XXXVIII. Gouvernement Saratov]. S.-Peterburg 1904, S. 78-81.

3 Berechnet vom Autor nach: Spisok naselennych mest Saratovskoj gubernii [Ortsverzeichnis des Gouvernement Saratov]. Saratov 1911. Zu den deutschen Kolonisten vgl. A.V. Voronežcev, Poseljane-sobstvenniki Saratovskoj gubernii i stolypinskaja agrarnaja reforma [Die Siedler-Grundbesitzer des Saratover Gouvernements und die Stolypinsche Agrarreform], in: Rossijskie nemcy. Problemy istorii, jazyka i sovremennogo položenija [Die Russlanddeutschen. Fragen der Geschichte, der Sprache und der gegenwärtigen Lage]. Moskva 1996, S. 220-231.

4 Pervajaj vseobščaja perepis' (wie Anm. 2), S. 100 f.

5 Prikazy po Kazanskomu voennomu okrugu za 1915 god [Befehle für den Wehrbezirk Kazan' für das Jahr 1915]. Kazan' 1915, S. 1501 u. 1503.

6 Sbornik statističeskich svedenij po Saratovskoj gubernii. T. V. Chvalynskij uezd [Sammlung statistischer Daten für das Gouvernement Saratov. Bd. V. Kreis Chvalynsk]. Saratov 1886, S. 87.

7 F.F. Čekalin, Plemennoj sostav i istorija naselenija Kuzneckogo uezda (s kartoj) [Stammeszusammensetzung und Bevölkerungsgeschichte des Kreises Kuzneck (mit einer Karte)], in: Saratovskij

Ein Teil der Tataren befasste sich mit Wandergewerbe. 1913 verdienten in vier tatarischen Dörfern des Amtsbezirks (*volost'*) Kunčerovo (Kreis Kuzneck) 243 Personen im Verlaufe von mehr als zehn Jahren ihren Lebensunterhalt außerhalb ihrer Wohnorte.[8] Die Mordwinen des Kreises Kuzneck betrieben vorwiegend Ackerbau und Heimarbeit.[9] Neun tatarische Dörfer im Kreis Kuzneck sowie fünf tatarische und ein mordwinisches Dorf im Kreis Chvalynsk nahmen keine Landumteilungen vor.[10]

1905 entfielen im Gouvernement auf eine männliche Seele im Schnitt vier Desjatinen, was nach Meinung der Bauern-Agrarbank gerade einmal eine „Durchfütterungsparzelle" (*kormovoj učastok*) darstellte und keine Möglichkeit bot, bäuerliche Abgaben zu gewährleisten. Um die Ernährung und die Zahlung von Abgaben zu garantieren, musste im Gouvernement Saratov ein Bauernhof über sieben bis acht Desjatinen pro Seele verfügen.[11]

Obgleich die angeführten nationalen Gruppen zu den ehemaligen Staatsbauern gehörten, unterstützten sie die revolutionäre Bauernbewegung. Die Bewohner etlicher mordwinischer und tatarischer Dörfer nahmen 1905 aktiv an der Zerstörung von Gutshöfen teil.[12] Angesichts der Bauerunruhen sah sich die Regierung gezwungen, Kurs auf die Auflösung der traditionellen Umteilungsgemeinde und die Einführung von privatem Landeigentum anstelle von Gemeindebesitz zu nehmen.

Die Hauptlast bei der Umsetzung der Reform vor Ort hatten die Landhauptleute (*zemskij načal'nik*) zu tragen. Sie mussten die Bauern über die Grundbestimmungen des Agrargesetzes aufklären und über die Anträge auf Ausgliederung aus der Dorfgemeinde entscheiden – zum Teil gegen den Mehrheitsbeschluss der Dorfversammlungen. Im Gouvernement Saratov gab es überdies Dauerprobleme mit der Kandidatenauswahl für die Posten der Landhauptleute. Laut einer Meldung des Gouverneurs an das Innenministerium mussten allein im Zeitraum von 1906 bis 1907 fast 60% der entsprechenden Stellen neu besetzt werden, und zwar zum großen Teil mit jungen Männern ohne entsprechende Berufserfahrung, die sich kaum „im komplizierten Ukaz vom 9. November" [des Jahres 1906, d. Autor] zurechtfanden.[13]

Das Vorgehen der Landhauptleute wurde seitens der höherstehenden Behörden kaum kontrolliert und war daher nicht selten von Willkür begleitet. Über den Hauptmann des 4. Distrikts des Kreises Kamyšin meldeten die Gendarmen im Jahr 1914, dass er „bei den Wahlen von Amtspersonen Druck ausübt und diejenigen bevorzugt, die ihm von seinen Günstlingen empfohlen werden". Auch grenze die Einziehung von Steuern bei ihm an „Amtsmissbrauch".[14] Der Landhauptmann des 6. Distrikts des Kreises Saratov, zu dem auch

sbornik. Materialy dlja izučenija Saratovskoj gubernii [Saratover Sammelband: Materialien zum Studium des Gouvernements Saratov]. T. 2, Saratov 1882, S. 350.

8 A.A. Krotkov, Panislamizm i pantjurkizm sredi musul'manskogo naselenija Saratovskoj gubernii [Panislamismus und Pantürkismus in der muslimischen Bevölkerung des Gouvernements Saratov], in: Narody Saratovskogo Povolž'ja: istorija, ètnografija i sovremennost' [Die Völker des Saratover Wolgagebiets: Geschichte, Volkskunde und Gegenwart]. Saratov 2006, S. 84.

9 Čekalin, Plemennoj sostav (wie Anm. 7), S. 350.

10 Gosudarstvennyj archiv Saratovskoj oblasti [Staatsarchiv des Gebiets Saratov, GASO], f. 23, op. 1, d. 5797, ll. 19, 28, 31, 33, 42, 46.

11 Ebenda, f. 11, op. 1, d. 2658, ll. 165-165ob.

12 Ebenda, f. 421, op. 1, d. 2930, ll. 104, 114, 117, 120, 127, 137, 139, 145.

13 Ebenda, f. 23, op. 1, d. 10531, l. 1ob.

14 Ebenda, f. 53, op. 1. 1914, d. 10, ll. 243 f.

deutsche Kolonien zählten, führte für Sommer 1911 eine eigenmächtige Regelung der Dorfversammlungen ein, wonach diese zweimal monatlich an Werktagen abzuhalten seien. In der übrigen Zeit war eine Sondergenehmigung erforderlich. Als Konsequenz hatte die Landeinrichtungskommission des Kreises Saratov enorme Schwierigkeiten, in der Kolonie Jagodnaja Poljana eine Dorfversammlung zur Entscheidung von Reformfragen einzuberufen.[15]

Da die übergeordneten Behörden an einer großen Zahl von Austritten aus den Bauerngemeinden interessiert waren, drückten sie bei willkürlichen Amtshandlungen ein Auge zu. Das Ziel heiligte sozusagen die Mittel. Hinzu kam, dass die Verwaltungsbehörden in manchen Fällen die Entscheidungsgewalt für sich in Anspruch nahmen, obwohl das letzte Wort dem Senat gehörte.

Wenn Vertreter der Dorfverwaltung unter dem Schutz von Landhauptleuten standen, wurde die Prüfung der gegen sie eingereichten Beschwerden in der Regel verschleppt und endete ohne Ergebnis. Zum Beispiel beschwerte sich eine Kolonistengruppe aus Splavnucha (Huck) beim Gouvernementsamt über die schleppenden Ermittlungen zu den Vergehen des Dorfvorstehers und des Schreibers ihrer Kolonie. Vom 1. Mai 1913 bis zum 17. Januar 1914 ergingen fünf Anfragen des Gouvernementsamtes an den zuständigen Landhauptmann zum Verlauf der Ermittlungen. Dieser antwortete schließlich am 6. Februar, der Gemeindevorsteher sei vollkommen unschuldig, dank ihm schreite die Ausgliederung des Anteillandes aus der Gemeinde voran. Den Vorwurf der Landspekulation gegen den Schreiber wies der Landhauptmann ebenfalls zurück: Er könne in dem An- und Weiterverkauf von Land „nichts Anstößiges finden, denn der Schreiber fügt damit keinem Schaden zu, verdient vielmehr eine zusätzliche Kopeke für seine vielköpfige Familie. Er ist ein tüchtiger Mann und stets bemüht, das Gesetz vom 14. Juni 1910 umzusetzen". Die Klage wurde abgewiesen.[16] Überhaupt waren Klagen gegen Landhauptleute nicht ungefährlich und führten den Bauern ihre Rechtlosigkeit und Abhängigkeit von diesen nur ein weiteres Mal vor Augen.

Die Polizei flößte ebenfalls kein Vertrauen ein. Verletzungen der bäuerlichen Rechte gehörten zum Alltag. Der Chef der Gendarmerieverwaltung des Gouvernements Saratov meldete beispielsweise im September 1908 dem Gouverneur die Auspeitschung von vier Bauern durch den ländlichen Polizeibeamten (*pristav*) des 6. Distrikts. Dieser sei nach einem Trinkgelage mit dem Sohn eines auf einen *Chutor* ausgesiedelten Bauern gemeinsam mit der Wache durchs Dorf gefahren und habe die Bauern, nur weil sie sich nicht von ihren Plätzen erhoben hätten, bestraft. Anschließend sei er in das Haus eines Bauern eingedrungen, habe dessen kranke Frau verprügelt und ihr dabei zwei Rippen gebrochen.[17] Unter derartigen Bedingungen blieb die Bauernschaft in vielerlei Hinsicht ein rechtloser Stand.

Nicht weniger ernst war das Problem, Kandidaten für den Dienst in den Landeinrichtungskommissionen zu finden. Nach Angaben der Kreis-Adelsmarschälle waren lediglich 14 Personen zur Ausübung dieser Tätigkeit bereit, darunter sechs Personen aus dem Kreis Saratov und drei aus dem Kreis Petrovsk.[18] Hinzu kam, dass 1906, im Einführungsjahr der Reform, die Wahlen zu den Landeinrichtungskommissionen auf Kreisebene von mehr als einem Viertel der Amtsbezirke im Gouvernement boykottiert wurden. Auf der Liste

15 Ebenda, f. 23, op. 1, d. 5434, ll. 63 ff.
16 Ebenda, d. 7085, ll. 1-9.
17 Ebenda, f. 53, op. 1. 1908, d. 10, ll. 50-50ob.
18 Ebenda, f. 400, op. 1, d. 222, ll. 3, 6, 9, 11, 13-16, 18 f., 22ob.-23, 33, 63.

der Wahlverweigerer standen ganze sieben von insgesamt 13 Amtsbezirken des Kreises Kuzneck (darunter alle tschuwaschischen und die überwiegende Mehrzahl der tatarischen und mordwinischen Dörfer des Kreises), fünf von insgesamt 30 Amtsbezirken des Kreises Petrovsk und vier von 28 Amtsbezirken des Kreise Chvalynsk (darunter Amtsbezirke mit tatarischer und multiethnischer Zusammensetzung der Bevölkerung).[19]

Die Umsetzung der Agrarreform wurde per Rundschreiben reglementiert. Laut Zirkular vom 7. März 1907 war dem Innenministerium einmal monatlich über den Stand der Landeinrichtung zu berichten.[20] Am 16. Mai 1907 wurden die Landhauptleute angewiesen, die Anträge der Austrittswilligen ungeachtet aller Fristen positiv zu bescheiden, wenn die Gemeinde innerhalb eines Monats nicht darüber befunden habe.[21] Am 14. Juni 1908 forderte das Innenministerium, Maßnahmen „zur umgehenden Bearbeitung der Anträge auf Kommassierung von Streuländereien" im Sinne der beschlossenen Reform zu ergreifen. Im Rundschreiben wurde betont, dass derartige Maßnahmen „auch in Zeiten zwischen den Umteilungen"[22] erfolgen könnten, wenn das Land bereits aus dem Gemeindebesitz ausgegliedert sei und die Kommassierung „den übrigen Gemeindemitgliedern keine größeren Unannehmlichkeiten bereitet". Das Innenministerium konstatierte dabei recht zynisch, dass „die Möglichkeit, Ausgliederungen auch ohne Zustimmung der Gemeinde zu realisieren, die letzteren zweifellos nachgiebiger macht und die Zahl der einvernehmlich getroffenen Vereinbarungen erhöht".[23]

Am 18. Februar 1910 passte der Gouverneur den Erlass vom 9. November 1906 seinem eigenen Verständnis der Agrarreform an. Sein Rundschreiben verlangte „den Übergang der Bauerngemeinden von der gemeinschaftlichen zur hofweise-erblichen Landnutzung nur dann zu fördern, wenn gleichzeitig die Landflächen in entsprechende Parzellen eingeteilt werden".[24] Im Oktober 1910 verlangte der Gouverneur von den Mitgliedern der Landeinrichtungskommissionen die Aussiedlung auf *Chutore* voranzutreiben und nur dort „energisch fortzufahren", wo dies auch gewährleistet werden könne.[25]

Das Fehlen an Erfahrung und notwendigem Fachwissen einerseits und die ständigen Forderungen der Obrigkeit nach Forcierung des Reformprozesses andererseits, verstärkt durch die weitreichenden Machtbefugnisse der Landhauptleute und die bereits erwähnte mangelnde administrative Kontrolle ihres Handelns, führten zu einer Reihe von Übertretungen. Der Landhauptmann des 8. Distrikts im Kreis Atkarsk berichtete, dass eine ganze Gemeinde, obwohl diesbezüglich noch kein Entscheid vorliege, geschlossen zum Einzelbesitz übergegangen sei. Auf die erstaunte Anfrage aus der zuständigen Gouverneursbehörde, wie denn so etwas möglich sei, antwortete der Hauptmann, hierfür hätte seine persönliche Genehmigung genügt.[26] „Fehler und allerlei Kuriositäten bei der Umsetzung des Gesetzes vom 9. November 1906, darunter auch solche, die einen völlig ratlos machen", wurden der

19 Ebenda, d. 7, ll. 5ob.-7.
20 Ebenda, f. 23, op. 1, d. 3924, l. 58.
21 Ebenda, l. 61.
22 Hervorhebung im Text.
23 GASO, f. 23, op. 1, d. 3924, ll. 100-100ob.
24 Ebenda, d. 4291, ll. 104-104ob.
25 Ebenda, f. 400, op.1, d. 2558, ll. 1-1ob.
26 Ebenda, f. 23, op. 1, d. 4779, ll. 22-22ob., 24.

Gouvernements-Landeinrichtungskommission aus dem Kreis Kuzneck gemeldet.[27] Dort soll ein gewisser Žindrinskij, seines Zeichens Hauptmann des 5. Distrikts, wo sich auch mordwinische Dörfer befanden, die Bestätigung eines Gemeindebeschlusses zur fälligen Landumteilung mit der Begründung abgelehnt haben, der Ukaz vom 9. November 1906 hebe derartige Beschlüsse automatisch auf, daher sei es gar nicht nötig gewesen, den genannten Beschluss der Kreisverwaltung vorzulegen. Anschließend nahm sein kommissarischer Stellvertreter die Grundbucheintragungen nach der bestehenden Flureinteilung vor.[28]

Im Juni 1913 machte das Innenministerium den Gouverneur auf die Nichterfüllung der Vorgaben für das Jahr 1912 durch die Landhauptleute aufmerksam – bei einer Ausgliederung um 44,5% und einer Neuaufteilung (*razverstka*) der Grundstücke um 16,6%. Nach Angaben des Gouverneurs wurden 41% der von den Hauptleuten vorbereiteten Projekte abgelehnt.[29] In einer Siedlung wurde Gemeindeland ohne grundbuchliche Regelung an *Chutor*-Wirtschaften vergeben. Der Entscheid wurde vom Senat widerrufen.[30]

Auch später waren Nachbesserungen an der Tagesordnung. Allein im Dezember 1915 bemängelte die Landeinrichtungskommission des Gouvernements Saratov 17 Bescheide ihrer nachgeordneten Kommission im Kreise Petrovsk.[31] Ein bezeichnender Vorfall ereignete sich in Tatarskij Šmalak (Kreis Chvalynsk), wo 1914 103 Bauernwirtschaften ausgegliedert worden waren. Die Saratover Gouvernementskommission stellte dabei sowohl Unstimmigkeiten zwischen den gefassten Beschlüssen und dem Ausgliederungsplan als auch „unzulässige Fehler fest – so die Entstellung tatarischer Vor-, Vaters- und Nachnamen, die willkürliche Zuordnung von Vaters- und Nachnamen und etliche Auslassungen". Der Saratover Kommission entstand ein Zeitverlust von über einem Jahr, bis die Kreiskommission die notwendigen Korrekturen durchgeführt hatte.[32] Strafen wurden allerdings nicht verhängt.

Eine Revision der Landeinrichtungskommission des Kreises Chvalynsk brachte eine ganze Reihe von Verstößen zutage. Darlehen wurden ohne vorherige Qualitätsprüfung der Grundstücke und ohne entsprechende Bürgschaften der Kreditnehmer gewährt, darüber hinaus häufig an Eigentümer von mehr als 30 Desjatinen Nutzland, denen ein Darlehen gar nicht zustand. Einladungen zu Versammlungen wurden den Bauern nicht ordnungsgemäß und ohne Einhaltung der vorgegebenen Fristen ausgestellt und versandt, im Registrierbuch wurde aber eine fristgerechte Zustellung vermerkt. Auch diesmal blieben alle Verstöße ungestraft.[33]

Auch Revisionen anderer Kommissionen stellten fehlerhafte Protokolle, Datenabweichungen und nicht fristgerechte Zustellungen von Einladungen fest.[34] In einem Schreiben der Landeinrichtungskommission des Gouvernements Saratov an die Kreiskommissionen vom Mai 1915 werden deren Amtsvergehen offen genannt: Die Landeinrichter würden bei der Ausgliederung der Grundstücke die legitimen Einwände der Bauerngemeinde oft völlig ignorieren und zum Zwecke der Machtdemonstration gegenüber der Gemeinde Flurstücke

27 Ebenda, l. 76.
28 Ebenda, ll. 76-79ob.
29 Ebenda, f. 1, op. 1, d. 9165, ll. 1, 22 ff.
30 Ebenda, l. 10ob.
31 Ebenda, f. 400, op. 1, d. 2015, l. 2.
32 Ebenda, d. 1952, ll. 2-10.
33 Ebenda, d. 2015, ll. 3ob.-5, 8-11, 33ob.
34 Ebenda, d. 1825, ll. 35-35ob.

in völlig unzulässiger Weise zusammenschließen, was naturgemäß Feindseligkeiten in der Bevölkerung hervorrufe.[35]

Es kamen auch Fälle von Urkundenfälschung vor. So hatte der zuständige Landhauptmann 1908 den von ihm genehmigten Beschluss der Bauerngemeinde von Tatarskij Šmalak zur Landumteilung der Kreisverwaltung nicht vorgelegt und auf Anfrage des zuständigen Gouvernementsamtes erklärt, 83 Familienvorstände hätten den Austritt aus der Bauerngemeinde zwar beschlossen, doch 35 Personen ihre Zustimmung wieder zurückgenommen. Das Gouvernementsamt wies die diesbezügliche Klage der Bauerngemeinde ohne Beweisführung zurück.[36] Generell tendierte das Gouvernementsamt bei Konflikten der Bauern mit Vertretern der Dorf- und Bezirksverwaltung oder den Landhauptleuten zur Unterstützung letzterer. Die Beschwerde eines Landwirts aus dem Amtsbezirk (*volost'*) Staroe-Slavkino (Kreis Petrovsk) gegen den früheren *Volost'*-Schreiber, der ohne seine Einwilligung für ihn einen Austrittsantrag gestellt hatte, wurde vom zuständigen Gouvernementsamt mit der Begründung abgewiesen, er sei auf der Versammlung persönlich anwesend gewesen und habe dort keinen Widerspruch eingelegt.[37] Der Landwirt, der auf die feste Zusage des Landhauptmanns verwies, ein unter solchen Umständen zu Stande gekommener Antrag werde nicht weitergeleitet, wurde zu seiner Überraschung nun dennoch aus der Gemeinde ausgegliedert. Anders als bei Landumteilungsbeschlüssen waren Revisionen von Ausgliederungsbeschlüssen nicht gestattet. Dieses und andere Beispiele zeigen anschaulich, dass die Bauern nur ungenügend über ihre Rechte und die Gesetzeslage aufgeklärt worden waren.

Offenbar als Reaktion auf Klagen der Bauern forderte der Senat in seiner Erklärung vom 15. Juni 1910 die Kreisverwaltungen auf, zu den Versammlungen, in denen Austrittsbeschlüsse verhandelt wurden, alle Interessenten einzuladen, da „Fehler und Umstände, die einer Klärung bedürften, auftreten könnten."[38] Durch einen weiteren Senatsbeschluss vom 20. Februar 1915 wurden die Kommissionen verpflichtet, die Bauern zu informieren, innerhalb welcher Fristen und bei welcher Behörde sie einen Widerspruch einreichen könnten.[39]

De facto entpuppte sich allerdings eine eigenartige Informationsblockade gegenüber den Bauern als ein wesentliches Element der neuen Agrarpolitik. Theoretisch konnte man sich aus unterschiedlichen Quellen über die Reform informieren, in der Praxis stellten die mündlichen Erläuterungen der jeweiligen Beamten (Landhauptleute, Polizeibeamte, Landeinrichter usw.) und die amtlichen Drucksachen die Hauptinformationsquellen dar. Legale Zeitungen, die in Opposition zur Regierung standen, stufte das Innenministerium mit P.A. Stolypin an der Spitze als „regierungsfeindlich" ein und untersagte den Bezirksämtern ihr Abonnement. Die Hauptverwaltung der Post- und Telegrafenämter des Innenministeriums informierte am 22. Januar 1907 den Vorsteher des Saratover Post- und Telegrafenbezirks, dass es „den *Volost'*-Ämtern mit sofortiger Wirkung untersagt ist, Zeitungen regierungsfeindlicher Ausrichtung zu abonnieren". Stolypin verfügte zugleich, kostenlose Zeitungsexemplare, die an die Dorf- und *Volost'*-Ämter per Post verschickt wurden, zu beschlagnahmen und an den Gouverneur zur Vernichtung weiterzuleiten. In der Liste der verdächtigen Presseer-

35 Ebenda, d. 1814, ll. 43 f.
36 Ebenda, f. 23, op. 1, d. 4603, ll. 1-13.
37 Ebenda, d. 5750, ll. 2 ff.
38 Ebenda, d. 5008, l. 12.
39 Ebenda, f. 400, op. 1, d. 1814, ll. 60-60ob.

zeugnisse waren 549 Zeitungen vermerkt, darunter 14 aus dem Gouvernement Saratov. Der Gouverneur war befugt, die Liste eigenmächtig zu ergänzen.[40] Die Kriterien hierfür waren denkbar einfach. Beispielsweise erfolgte die Konfiszierung der Penzaer Zeitung „Golos Černozem'ja" („Stimme der Schwarzerderegion") auf Grund einer Meldung des Adelsmarschalls des Kreises Kuzneck, wonach darin ein „Brief an die Wahlmänner" des Deputierten der 2. Staatsduma aus dem Gouvernement Saratov, V. Anisimov, abgedruckt sei. Nach den Worten des Adelsmarschalls sollen die Bauern unter Anisimovs Einfluss die Wahlen zu den Landeinrichtungskommissionen boykottiert haben.[41] Vom Januar bis einschließlich April 1914 nahm das Innenministerium 130 Zeitungen in die Liste auf, unter diesen zwei aus dem Gouvernement Saratov.[42]

Da ein objektives Bild von den Zuständen auf dem Land unerwünscht war, verfügte das Innenministerium im Dezember 1910 die Konfiszierung „besonderer Fragebögen zur Untersuchung der bäuerlichen Hof- und Landbesitzverhältnisse nach dem Gesetz vom 9. November 1906", die von der Freien Ökonomischen Gesellschaft versandt wurden.[43] Im Mai 1912 untersagte das Ministerium eine Dorfinspektion durch das Komitee zur Linderung der Hungersnot der Kaiserlichen Russischen Technischen Gesellschaft.[44]

Administrativer Druck auf die Bauerngemeinden in Form von Drohungen, Verhaftungen, behördlich angeordneten Ausweisungen oder im besten Fall in Form von Ignorierung und Ablehnung unerwünschter Beschlüsse der Dorfversammlungen begleitete die Reform. Die Anrufung des Gerichts war jedoch aufgrund der für die Bauern unsicheren Beweisführungslage eine recht heikle Angelegenheit. Dennoch gab es einzelne Prozessentscheidungen zu Gunsten der Bauern. So wurden der Gemeindevorsteher E.E. Kimmel und der Schreiber Ja.P. Löffler aus der Kolonie Verchnjaja Grjaznucha (Kraft) im Kreis Kamyšin, die vom Chef der Gendarmerieverwaltung des Gouvernements Saratov im Jahre 1910 des Widerstands gegen die Reform angeklagt worden waren, vom Gerichtshof des Gouvernements Saratov freigesprochen.[45]

Das von den Bauern gewählte Mitglied der Landeinrichtungskommission des Kreises Petrovsk, A.I. Kolosov, der für seine Äußerung, die Reform „ruiniert die Bauernschaft", des Amtes enthoben und vor Gericht gestellt wurde, erhielt vom Saratover Bezirksgericht ebenfalls Rückendeckung. Die Begründung der Richter lautete, Kolosov habe als Bevollmächtigter der Bauerngemeinde die „Interessen der ihm zum Schutz anbefohlenen Mitglieder der Umteilungsgemeinde" verteidigt. Das Gericht erkannte an, dass „die Bewertung der Alltagstauglichkeit des jeweiligen Gesetzes das Recht eines jeden Bürgers ist. Auch das Agrargesetz von 1911 wurde niemals, auch nicht von seinen Schöpfern selbst, als etwas absolut Vollkommenes und über alle Kritik Erhabenes ausgegeben". Nach Meinung des Gerichts hätten die Bauern das Recht, über das Gesetz zu diskutieren, da es sie schließlich persönlich betreffe. Ungeachtet des Protestes seitens der Staatsanwaltschaft bestätigte der Gerichtshof dieses Urteil, der Senat ließ es rechtskräftig werden.[46]

40 Ebenda, f. 1, op. 1, d. 7392, ll. 3, 5-8, 10, 12, 118.
41 Ebenda, d. 9372, l. 117.
42 Ebenda, ll. 3-6, 15, 17.
43 Ebenda, d. 8490, ll. 101 f.
44 Ebenda, d. 8976, ll. 88-88ob.
45 Ebenda, f. 51, op. 1, 1910, d. 29, ll. 2 f., 22.
46 Ebenda, f. 400, op. 1, d. 1824, ll. 18 ff., 34.

Allein Anschuldigungen der „illegalen“ Agitation gegen die Reform waren in der Regel ausreichend für eine gerichtliche Verfolgung.[47] Dabei fielen in den Augen des Verwaltungspersonals (Landhauptleute, Polizeibedienstete) unter Agitation sowohl alle Spannungen zwischen den Mitgliedern der Bauerngemeinde und den Ausgeschiedenen als auch jegliche reformkritische Äußerung. Klischees wie „kriminelle Elemente“, „Widerstand der Landbevölkerung gegen die Umsetzung des Agrargesetzes“, „für die öffentliche Sicherheit und Ordnung schädliche Handlungen“ usw. fanden in den Anklagen regelmäßig Verwendung. Landhauptmann Stern konstatierte zum Beispiel am 17. Juni 1908, dass „jedwede öffentliche Agitation von kriminellen Elementen äußerst negative Auswirkungen auf den Fortgang der Sache [der Landeinrichtung; A. V.] hat und einer erhöhten Aufmerksamkeit bedarf“, womit er die Verhaftung und anschließende Ausweisung des Kolonisten Fahrenbruch aus Krestovyj Buerak (Kreis Atkarsk) einforderte. Letzterer war mutig genug, auf einer Versammlung gegen Sterns „willkürliche“ Aufteilung des Anteillandes in Einzelgrundstücke zugunsten einer kleinen Gruppe von Kolonisten zu protestieren. Ohne gerichtliche Untersuchung verurteilte der Gouverneur Fahrenbruch als eine „für die öffentliche Ruhe und Ordnung schädliche Person“ zu einem einmonatigen Arrest und anschließend, Ende Juli 1908, zur Ausweisung aus dem Gouvernement für die Zeit, in der das Gebiet einer „verstärkten Sicherung“ unterlag. Dem Innenministerium teilte der Gouverneur mit, Fahrenbruch habe „regierungsfeindliche Propaganda“ betrieben. Selbst Meldungen der Gendarmen und des Vizegouverneurs des Gouvernements Samara über Fahrenbruchs Loyalität machten auf den Saratover Gouverneur keinerlei Eindruck. Die Rückkehr des in das benachbarte Gouvernement verschickten Kolonisten gelang erst nach zahlreichen Bittgesuchen im Oktober 1909.

Eine Androhung der administrativen Ausweisung aus dem Gouvernement musste sich der Bauer S.I. Lekarev für seine „offene Stimmungsmache gegen die Umsetzung des staatlichen Agrarprogramms, das Gesetz vom 9. November 1906“, gefallen lassen. Dem Bauern war es nämlich im Frühjahr 1909 gelungen, die Gemeinde im Anschluss an die Werbung des Polizeichefs des Kreises Kuzneck für die Eigentumsüberführung des Anteillandes umzustimmen und einen Beschluss gegen die Reformpläne des Polizeichefs herbeizuführen.[48] Überhaupt wurde jegliche Diskussion unter den Bauern über die Nachteile des Austritts aus der Gemeinde oder des Landankaufs mit Krediten der Bauernagrarbank als Agitation gegen das Gesetz vom 9. November eingestuft, was zur Anwendung der vom Gouverneur erlassenen Rechtsverordnung (*objazatel'noe postanovlenie*) führte und mit der Verhaftung des Beschuldigten endete.[49]

Die Saratover Gendarmerieverwaltung, die den Reformprozess auf Kreisebene aufmerksam beobachtete, konnte sich der wirklichen Situation auf dem Lande nicht verschließen. In einem Bericht vom Januar 1910 heißt es: „Die Landhauptleute erweisen sich als recht hitzige Verfechter dieses Gesetzes und legen bei seiner Umsetzung zuweilen gehörige Rauheit an den Tag, ohne den Interessen der Mehrheit Rechnung zu tragen“. Einen Monat später wird das Bild ergänzt: „Da die Landhauptleute bestrebt sind, die Anzahl der Ausscheidenden zu erhöhen, weisen sie diesen die besten Ackerflächen zu, zum Schaden der Mehrheit, d.h. der

---

47 Ebenda, f. 1, op. 1, d. 8500, ll. 94; d. 8506, ll. 13-13ob.; d. 8533, ll. 1-12; d. 8937, ll. 30-36, 40-40ob., 61-64ob.

48 Ebenda, d. 8234, ll. 44-44ob., 54.

49 Ebenda, f. 53, op. 1, 1910, d. 10, ll. 5ob., 8ob.-9.

Bauerngemeinde, was zur Folge hat, dass die Masse sowohl mit den ausführenden Organen als auch mit den austrittswilligen Gemeindemitgliedern höchst unzufrieden ist."

Der Chef der Gendarmerieverwaltung des Gouvernements Saratov wies in seinem Kommentar zur Meldung des Polizeichefs des Kreises Kamyšin über Proteste gegen die Reform in einem der Dörfer seines Zuständigkeitsbereichs darauf hin, dass die Bodenqualität in diesem Dorf sehr unterschiedlich sei und die Ausgliederung aus der Gemeinde demzufolge die Lage einiger Bauern verbessere, anderer jedoch empfindlich verschlechtere.[50] Im Februar 1912 konstatierte er eine spürbare Verschärfung des Verhältnisses zwischen den Mitgliedern der Dorfgemeinde und den Ausgeschiedenen. Seinen Worten nach „kommt es zwischen ihnen niemals zu einer Einigung in beidseitigem Einvernehmen", da die Ausscheidenden bestrebt seien, das beste Land zu erhalten, die Gemeinde ihnen jedoch stets das schlechteste Land überlasse.[51] Eben darüber berichteten auch die Kreis-Gendarmen:

> „In den Dörfern des Kreises Chvalynsk (...) sind die Bauern mit der Staatsduma wegen deren Missachtung der bäuerlichen Belange unzufrieden. Die ehemaligen gutsherrlichen Bauern hatten zusätzliche Landzuteilungen erwartet, sie hassen alle Guts- und Grundbesitzer ebenso wie sie die Landhauptleute und die Polizei hassen. In den Siedlungen ehemaliger Staatsbauern ist ein Kampf zwischen den Mitgliedern der Bauerngemeinde und den zur *Otrub*-Wirtschaft übergegangenen Dorfgenossen entbrannt (...). Die Landhauptleute und die Mitglieder der Kommissionen zur Landeinrichtung bevorzugen die Ausgeschiedenen (...) in ihren Streitereien beschimpfen sie [die Bauern; A.V.] auch die Staatsmacht."[52]

Hervorzuheben ist, dass derartige Urteile von Gendarmen über das Vorgehen der Landhauptleute enormen Seltenheitswert besitzen. Die Rolle der Gendarmen selbst war zwiespältig: Mit ihren Berichten ergänzten sie manchmal durchaus objektiv die Informationen der Polizeibediensteten und Landhauptleute über das Verhältnis der Bauernschaft zur Reform; in anderen Fällen leisteten sie einer auf falscher Interpretation der Gesetze beruhenden Verfolgung der Bauern Vorschub. Der Gouverneur musste angesichts der eingehenden Informationen eingestehen, dass der Unmut der Landbevölkerung gestiegen sei und in Zukunft die Gefahr einer Eskalation der Spannungen auf dem Lande drohe.[53]

Interessanterweise stieß die Reform auch bei Zemstvovertretern auf Misstrauen und in einigen Fällen sogar auf Widerstand. Im März 1907 beriet die Zemstvokommission des Gouvernements Saratov über die Auflösung von Gemeindebesitz. Die konservativ eingestellten Zemstvomitglieder würdigten dabei zwar die positiven Seiten der *Chutor*-Wirtschaft, sprachen sich jedoch zugleich gegen eine zwingende Gründung von *Chutor*-Wirtschaften auf den Ländereien der Bauernagrarbank aus.[54] Auf der außerordentlichen Zemstvoversammlung des Kreises Kamyšin vom 25. März 1907 waren etliche Vorträge aus den Reihen der Kreiszemstvoverwaltung zur Arbeit der Landeinrichtungskommissionen zu hören, darunter der ungewöhnlich kritische Vortrag des Zemstvoabgeordneten I.A. Zubkovskij über

50 Ebenda, f. 1, op. 1, d. 9191, ll. 86-86ob., 88, 92.
51 Ebenda, f. 51, op. 1, 1912, d. 55, l. 19ob.
52 Ebenda, f. 55, op. 1, d. 405, l. 10ob.
53 Ebenda, f. 1, op. 1, d. 9130, ll. 28, 35 f.
54 Ebenda, f. 5, op. 1, d. 2427, ll. 28-31ob.

den „Polizeicharakter“ der Agrarreform. Die Versammlung beschloss, einen Aufruf an die *Volost'*-Ämter zu versenden, um der Bevölkerung bei der Klärung der genannten Frage behilflich zu sein und damit „eine möglichst wahrheitsgemäße und klare Beleuchtung dieser Frage durch die Bevölkerung selbst zu gewährleisten“. Die Landhauptleute unterbanden allerdings den Versand dieses Rundschreibens. Darüber hinaus handelten sich der Vorsitzende der Zemstvoverwaltung T.K. Zin'kovskij und das Mitglied der Zemstvoverwaltung E.Ch. Brandt einen Verweis durch die Hauptverwaltung für örtliche Wirtschaft (*Glavnoe upravlenie mestnogo chozjajstva*) des Innenministeriums ein.[55]

Dass das Verhältnis der Bauern zur Agrarreform kühl bis feindselig war, hatte auch etwas mit den revolutionären Ereignissen in den Jahren 1905 bis 1907 zu tun. Im Frühjahr 1911 meldeten Gendarmen, dass in einer Reihe von Dörfern des Gouvernements vornehmlich landarme Bauern im Zusammenhang mit Zeitungsgerüchten über einen bevorstehenden Krieg mit China erklärt hätten, sie würden nicht in den Krieg ziehen, weil alles Land sich in den Händen der Gutsbesitzer und der Herren befinde und die Bauern leer ausgehen müssten. Einige Bauern waren bereit, den Kriegszustand zu ihren Gunsten zu nutzen, „um die Gutsbesitzer und den Kaufmannsstand zu enteignen“. Ein Krieg mit dem Ausland würde unweigerlich zu einem Bürgerkrieg führen, sodass die Reservisten sogar ermuntert wurden, „sich zum Zwecke der legalen Bewaffnung mobilisieren zu lassen, um sich anschließend mit Waffengewalt des Landes zu bemächtigen“.[56] Beherrschender Gedanke innerhalb der Bauernschaft war die kostenlose Verteilung des gesamten in Privathand befindlichen Ackerlandes jedweder Kategorie. Eine andere Lösung der Agrarfrage stieß unweigerlich auf Ablehnung.

Auch der Polizeichef des Kreises Chvalynsk stellte im Januar 1912 einen tiefgreifenden Wandel des bäuerlichen Bewusstseins fest:

> „Den Regierungsbeamten begegnet sie [die Bevölkerung; A. V.] mit Argwohn und Misstrauen, schenkt ihr Vertrauen lieber Nachrichten aus externen Quellen oder linksgerichteten Zeitungen. Die dörflichen Behörden und Gerichte genießen im Volk keinerlei Autorität; die Situation ist kaum mit den Jahren vor den revolutionären Erschütterungen zu vergleichen, als die Dorfbewohner nicht nur die Anweisungen der Dorfverwaltung, sondern auch die der Dorfpolizei befolgten. Die Landbevölkerung hat sich radikal verändert.“[57]

Die Bauerngemeinden, die einem enormen administrativen Druck ausgesetzt waren, nutzten erwartungsgemäß ihre Vormachtstellung bei der Bearbeitung der Ausgliederungsanträge aus und traktierten die Austrittswilligen mit Ablehnungsbescheiden. Dies wiederum hatte zur Folge, dass Anträge zurückgezogen und Appellationen direkt an den Zaren gerichtet wurden.[58] Wer dennoch aus der Gemeinde ausschied, dem wurde die Teilnahme an Versammlungen verweigert. Ihre Grenzsteine wurden von Unbekannten zerstört.[59]

---

55 Ebenda, f. 25, op. 1, d. 2448, ll. 4-15ob., 33-33ob., 43-44ob., 65ob.-72, 79, 87 ff.
56 Ebenda, f. 53, op. 8, 1911, d. 10, ll. 33-33ob.
57 Ebenda, f. 1, op. 1, d. 8708, ll. 40-40ob.
58 Ebenda, d. 8944, ll. 17-25; f. 23, op. 1, d. 4298, ll. 3-46.
59 Ebenda, d. 8506, ll. 11, 13-13ob.; d. 8942, ll. 57-57ob.; f. 400, op. 1, d. 495, ll. 3-3ob.; d. 9193, l. 36; f. 55, op. 1, d. 365, l. 65.

Die Bauern nutzten jede Möglichkeit zum Boykott der Reform. 1906 boykottierten 27,5% der Amtsbezirke (*volost'*) im Gouvernement die Wahlen für die Kommissionen zur Landeinrichtung auf Kreisebene, unter ihnen sieben von insgesamt 13 Amtsbezirke des Kreises Kuzneck (darunter alle tschuwaschischen und die überwiegende Mehrzahl der tatarischen und mordwinischen Dörfer des Kreises), fünf von insgesamt 30 Amtsbezirken des Kreises Petrovsk und vier von 28 Amtsbezirken des Kreise Chvalynsk (darunter solche mit tatarischer und ethnisch gemischter Zusammensetzung der Bevölkerung).[60]

Ein anderes Symptom war der massenhafte Beitritt zur konservativ-nationalistischen „Union des Russischen Volkes" (*Sojuz russkogo naroda*). Ihr Vorsitzende im Kreis Vol'sk war ein gewisser A.S. Meščerjakov, einigen Quellen zufolge Mitglied einer Bauerngemeinde.[61] Mehrfach kritisierte Meščerjakov in seinen Zeitungsartikeln die Vorgehensweise der Landhauptleute und Landeinrichter. Nach Angaben des zuständigen Polizeichefs gab es im Kreis Vol'sk im Mai 1912 sieben Zellen der „Union des Russischen Volkes", die 2 302 Mitglieder zählten, darunter allein 1 129 Personen aus dem tschuwaschischen Dorf Kazanla. Nicht selten traten ganze Bauernfamilien der Union bei.[62]

Bereits im April 1910 meldeten die Ordnungshüter dem Gouverneur die Eröffnung einer Unterabteilung der „Union des Russischen Volkes" in Kazanla, deren Mitglieder gegen den Austritt aus der Bauerngemeinde opponierten, die Ausgeschiedenen bedrohten, als „Parasiten" beschimpften und das Gesetz als „jüdisch" verunglimpften. Der Chef der Gendarmerieverwaltung des Saratover Gouvernements bestätigte diese Informationen und ergänzte, die Mitglieder der „Union des Russischen Volkes" würden die Meinung vertreten, dass „das Gesetz von der Regierung und nicht vom Zaren erlassen worden wäre".[63]

Meščerjakov beschuldigte Landhauptmann Spuve, auf die Bauerngemeinden Druck auszuüben, die Bauern zu verhaften und ihre Beschwerden nicht zu bearbeiten. Insbesondere hob er hervor, dass Spuve die Auflösung der Bauerngemeinde mit der unentbehrlichen Arbeit einer gewissenhaften Köchin verglichen habe, „Kakerlaken zu vernichten". Die Landeinrichtungskommission des Gouvernements Saratov teilte daraufhin dem Innenministerium mit, dass die von Meščerjakov angeführten Fakten nicht bestätigt werden könnten.[64] Im Mai 1910 sah sich der Gouverneur von Saratov zur folgenden Meldung an das Innenministerium veranlasst:

> „Die im Kreis Vol'sk vorhandenen Abteilungen der ‚Union des Russischen Volkes' nehmen im Vergleich zu gleichnamigen Organisationen in anderen Gebieten seit geraumer Zeit eine geradezu gegensätzliche Position ein: Während sich in den Siedlungen anderer Kreise unter der Flagge der ‚Union des Russischen Volkes' Austrittswillige und Anhänger des Gesetzes vom 9. November 1906 vereinigen, bestehen die Abteilungen im Kreis Vol'sk fast ausschließlich aus Gegnern dieses Gesetzes. Sobald in einer Dorfgemeinschaft die Ausgliederung aus der Bauerngemeinde beginnt, bildet die Vol'sker Abteilung der Union dort eine neue Zelle, die gegen den Austritt agitiert. (...). Damit

60 Ebenda, f. 400, op. 1, d. 7, l. 5ob.-7.
61 Ebenda, f. 1, op. 1, d. 8277, l. 39ob.
62 Ebenda, d. 8965, ll. 2-34.
63 Ebenda, d. 8499, ll. 62-62ob., 88-88ob.
64 Ebenda, f. 400, op. 1, d. 497, ll. 94, 98ob.

erweist sich die ‚Union des Russischen Volkes' im Kreis Vol'sk (...) in dieser Beziehung als eine oppositionelle Vereinigung."[65]

Auch die Abteilung der „Union des Russischen Volkes" in der Siedlung Bajka (Kreis Serdobsk) opponierte gegen die Agrarreform. Zu der Weigerung ihrer Mitglieder, aus der Bauerngemeinde auszuscheiden, kam der Vorschlag des örtlichen Abteilungsvorsitzenden hinzu, den Antrag der *Volost'*-Versammlung auf Aufhebung des Agrargesetzes anzunehmen und an den Vorsitzenden der Dachorganisation der „Union des Russischen Volkes" Dubrovin zu adressieren.[66]

Die Haltung der Geistlichkeit ist gleichermaßen von Interesse. Zum Standpunkt der muslimischen und katholischen Geistlichen gegenüber der Reform lassen sich im Archiv des Gebietes Saratov so gut wie keine Angaben finden. Die Hauptgründe hierfür waren die ethnische Abschottung der deutschen und tatarischen Siedlungen und die entsprechende Unkenntnis der betreffenden Sprachen beim Verwaltungspersonal. Die „politisch unzuverlässige" orthodoxe Geistlichkeit wurde zu Beginn der Agrarreform von der Eparchieobrigkeit, mit dem Bischof Germogen von Saratov und Caricyn an der Spitze, massiv verfolgt. Später wurden jegliche Versuche einzelner Geistlicher, an der Reform Kritik zu üben oder die unentgeltliche Landvergabe an die Bauern zu fordern, streng geahndet: Die Strafen reichten vom Verbot, den Gottesdienst abzuhalten, bis zur Aberkennung der geistlichen Würde. In manchen Fällen genügte auch nur die Androhung solcher Maßnahmen.[67] Dies bezieht sich aber auf den Klerus in den russischen Kirchspielen.

Andere Verhältnisse herrschten in den mordwinischen und tschuwaschischen Dörfern aufgrund der mangelnden Russischkenntnisse der Gemeindemitglieder.[68] Ihre Kirchenzugehörigkeit trug einen eher formalen Charakter. Nach Angaben eines Kirchendieners waren mehr als 500 mordwinische und tschuwaschische Gemeindemitglieder aus drei Dörfern des Kreises Chvalynsk seit über drei Jahren nicht mehr zur Beichte gegangen.[69] Zu all dem erhielten die Altgläubigen zu Beginn des 20. Jahrhunderts regen Zulauf aus den Reihen der Mordwinen.[70] Die Umsetzung der Reform selbst führte häufig zu Spannungen zwischen der Gemeinde und der Geistlichkeit, da die Bauern in die Neuverteilung von Grund und Boden auch das Kirchenland einbeziehen wollten. Nichtsdestotrotz bekundete im Februar 1912 der Kirchendiener im mordwinischen Dorf Staroe Demkino (Kreis Petrovsk) am Ende der Messe, dass der Austritt aus der Bauerngemeinde „nur den Reichen (...) Vorteile bringt, den Armen hingegen zum Schaden gereicht".[71]

Die von Bischof Gergemon im Jahr 1907 gegründete und ausschließlich im Gouvernement Saratov agierende „Orthodoxe Allrussische Bruderschaft des Russischen Volkes" (*Pravoslavnyj vserossijskij bratskij Sojuz russkogo naroda*) unterschied sich von der „Union des Russischen Volkes" durch die Dominanz des Klerus in ihrer Führungsspitze und die

65 Ebenda, f. 1, op. 1, d. 8499, ll. 132-132ob.
66 Ebenda, f. 53, op. 8, 1908, d. 48, ll. 3-3ob.
67 Ebenda, f. 135, op. 1, d. 5973, ll. 10 ff., 55-64, 66ob.; d. 5974, ll. 4-4ob., 8, 12ob.; d. 5975, ll. 9, 17; d. 6153, ll. 1-1ob.
68 Ebenda, d. 6663, l. 48.
69 Ebenda, d. 7049, ll. 112-119ob., 128-131.
70 Ebenda, f. 865, op. 1, d. 28, l. 1ob.
71 Ebenda, f. 1, op. 1, d. 8942, l. 10.

kategorische Absage an die Aufnahme konvertierter Juden. Außerdem gab es verschärfte Aufnahmebedingungen für Sektierer und Altgläubige.[72] In der Presse wurden ihre Mitglieder, im Gegensatz zu den Anhängern der „Union des Russischen Volkes", nicht als Bundesgenossen, sondern als Brüder apostrophiert. Zum 20. April 1909 hatte der neue Verband 16 Unterabteilungen in Kirchen der Stadt Saratov, sieben in Kirchen der übrigen Kreisstädte (darunter jeweils eine in Vol'sk, Kuzneck und Chvalynsk sowie zwei in Petrovsk) und 24 Abteilungen in den Dorfkirchen des Gouvernements (darunter jeweils eine in den Kreisen Petrovsk und Kuzneck sowie zwei in mordwinischen Dörfern des Kreises Chvalynsk).[73]

Allem Anschein nach stand die „Orthodoxe Allrussische Bruderschaft des Russischen Volkes" unter erheblichem Einfluss ihrer bäuerlichen Mitglieder. So war sowohl auf dem Treffen des Saratover Gouvernementsrates der Bruderschaft vom 29. bis zum 31. Dezember 1910 als auch in der anschließenden Vollversammlung am 1. Januar 1911 unter Beteiligung der Vorstände und der Bevollmächtigten der Dorfzellen die Landnot der Bauernschaft Gegenstand der Diskussion, nach deren Abschluss man einen Antrag an den Vorsitzenden des Ministerrates Stolypin richtete. Bemerkenswert an der Bittschrift ist, dass darin, obwohl sie aus einer Organisation kam, die die Werte der Orthodoxie, Autokratie und Volkstümlichkeit verteidigte und deren Führer, Bischof Germogen, ein glühenden Gegner der Revolution war, die staatliche Agrarpolitik faktisch unter besonderer Hervorhebung folgender Sachverhalte verurteilt wurde: In der Vollversammlung sei von allen Bauern einstimmig hervorgehoben worden, dass die Verwaltungsorgane, die über die Überführung des Gemeindebesitzes in *Otrub*- und *Chutor*-Wirtschaften entschieden, die Bauern nicht über ihr Recht auf freie Wahl aufklärten, vielmehr immer wieder Druck auf sie ausübten. Den Bauern werde angedroht, sie im Falle negativer Äußerungen über das Gesetz für drei Monate einzusperren. Sobald sich jemand aus ihren Reihen bereit erkläre, sein Land aus dem Gemeindebesitz ausgliedern zu lassen und auf einen *Chutor* auszusiedeln, werde ihm das beste Ackerland zugeteilt, und die übrigen Bauern würden dadurch beleidigt und ihres Rechts, frei über ihre Landanteile zu verfügen, beraubt. Viele der Ausgeschiedenen hätten indes ihr Land an Fremde verkauft und seien das geblieben, was sie vorher schon waren, nämlich Dorfproletariat.[74]

In der Petition war außerdem vermerkt, dass der Gouvernementsrat der Bruderschaft „von vielen Bauerngemeinden (...), auch von denen, die nicht in der Bruderschaft organisiert sind, schriftliche Beschwerden über das Verhalten der Organisatoren und der bäuerlichen Vertreter in den Landeinrichtungskommissionen erhalten hat und immer noch erhält." Die Verfasser der Petition baten Stolypin um seine Hilfe „in Form eines Gesetzes, das den Bauern vollkommene Handlungsfreiheit gewährt und nicht die geringste Gewaltanwendung bei der Überführung des gemeinschaftlichen Anteillandes in Privatbesitz zulässt". Ihren Worten nach „haben lediglich die reichen Bauern, unter deren Knute sich die Armbauern schon immer befunden hatten, das Land zusammengekauft und sind auf Vorwerke ausgesiedelt".[75] Darüber hinaus spiegelte die Bittschrift in indirekter Form auch die Unzufriedenheit

72 Ebenda, f. 176, op. 1, d. 112, ll. 1-15.
73 Ebenda, ll. 48 f.
74 Ebenda, l. 55.
75 Ebenda, l. 55ob.

zumindest eines Teils des Klerus mit der Agrarreform wider, da die Geistlichkeit die Verbindung zu den jeweiligen Gliedern der Kirchengemeinden durch den Übergang der Bauern zur *Otrub*-Wirtschaft und noch mehr durch die Übersiedlung auf einen *Chutor* gefährdet sah. Dieses Problem wurde vom Klerus in der Folgezeit durch die Organisation von Feldkirchen, d.h. periodisch abgehaltenen Gottesdiensten in den neu entstandenen Siedlungen, gelöst.

Laut Beschluss sollte die Petition in einer Saratover Druckerei publiziert werden. Der Gouverneur, der sich indirekt dem Vorwurf ausgesetzt sah, gegen die gewaltsame Umsetzung der Reform keine Maßnahmen ergriffen zu haben, ordnete die Konfiskation der bereits im Druck befindlichen Bittschrift an. In einer dazu abgegebenen Erklärung hieß es, die Petition beinhalte „aus der Luft gegriffene Anschuldigungen gegen staatliche Maßnahmen und Bedienstete“ und „führe nur zur Aufwiegelung der Dorfbevölkerung und zu möglichen Bauernunruhen und damit zur Gefährdung der öffentlichen Ordnung und Sicherheit sowie zu Verzögerungen der Landeinrichtung.“[76] Der „Orthodoxen Allrussischen Bruderschaft des Russischen Volkes“ wurde eine weitere und letzte Verwarnung erteilt.[77] Die oppositionelle Haltung gegenüber der Reform bildete offenbar die Grundlage für polizeiliche Repressionen sowohl gegen die „Bundesgenossen“ als auch gegen die „Brüder“, die mehrfach über polizeiliche und administrative Willkür in Form von Drohungen, Arresten und Prügelstrafen klagten.[78] Übrigens waren sich die Bauern nicht immer im Klaren darüber, welchem der beiden Verbände sie de facto angehörten.[79]

Auch Gerüchte verfehlten nicht ihre Wirkung. So waren im Zeitraum von 1911 bis 1912 Gerüchte über die Wiederkehr des „Aufstandes von 1906“ oder „eines kolossalen Umsturzes“ im Jahr 1912 im Umlauf, dem eine komplette unentgeltliche Verteilung des privaten Grundbesitzes an die Bauern folgen würde.[80] Im April 1913 meldete der Landhauptmann des Kreises Serdobsk, dass Gerüchte über die bevorstehende Ausweisung der Einzelbauern nach Sibirien grassierten; der Landhauptmann von Chvalynsk berichtete von Verleumdungen gegen die Landeinrichtungskommission wegen ihres angeblich „unkorrekten Vorgehens“ bei der Landzuteilung an die aus der Gemeinde ausgeschiedenen Bauern.[81]

Zur Stimmung der Bauern konstatierte der Landhauptmann des Kreises Balašov im Dezember 1911 unverblümt, dass „die armen, also mit kleinen Landanteilen ausgestatteten und aus diesem Grund nicht zu Einzelwirtschaften übergegangenen Bauern alle Gutsherren, Großgrundbesitzer und wohlhabenden Bauern hassen“. Die öffentliche Ruhe und Ordnung im Kreis werde allein auf der Grundlage der „verstärkten Sicherung“ und der Rechtsverordnungen des Gouverneurs aufrecht erhalten, die es im Bedarfsfall erlaubten, Verhaftungen vorzunehmen.[82] Über ähnliche Zustände im Kreis schrieb er auch im April 1913:

> „In jedem landarmen Bauern sitzt wegen der geringen Landzuteilung, die seine ökonomische Lage von Jahr zu Jahr immer mehr zerrüttet, zweifelsohne tiefer Groll. Die

76 Ebenda, ll. 56-56ob.
77 Ebenda, l. 57.
78 Ebenda, d. 933, ll. 1 ff., 12-12ob., 14-17.
79 Ebenda, ll. 1 f.
80 Ebenda, f. 1, op. 1, d. 8708, l. 33; d. 8937, l. 30.
81 Ebenda, d. 9130, ll. 56-56ob., 103.
82 Ebenda, d. 8708, l. 21.

Landfrage ist das Kern- und Lieblingsproblem der Bauern. (...) Einige haben sich vollkommen der Trunksucht ergeben und vertrinken ihre letzte Habe. (...) Eigenmächtigkeiten, die seitens der Bauern bewusst verübt werden, (...) halten sich nur aufgrund der ‚verstärkten Sicherung' und der Rechtsverordnungen, die es uns ermöglichen, derartiges Verhalten im Keim zu ersticken, in Grenzen."[83]

Auch der Landhauptmann des Kreises Chvalynsk äußerte sich im Januar 1912 dahingehend, dass „die Überzeugung von einer vollständigen Beruhigung der Lage sowohl verfrüht als auch trügerisch" sei.[84] Im Februar meldete er: „Gedanken und Mutmaßungen über eine in naher oder fernen Zukunft bevorstehende komplette und kostenlose Landverteilung grassieren nach wie vor und sind Gegenstand von Gesprächen und Gerüchten, wobei man sich auf Zeitungen und die Volksmeinung mit Referenzen an die Staatsduma beruft."[85]

Als Bestätigung derartiger Aussagen schrieb der Gouverneur im Oktober 1913 an das Innenministerium: „Meinen Beobachtungen zufolge sind in den Siedlungen des Gouvernements mit einem hohen Anteil an landarmen Bauern von außen initiierte Raubzüge und Pogrome jederzeit möglich."[86]

Der Beginn des Ersten Weltkriegs fachte die Proteste gegen die Reform erneut an. Im Zeitraum von Juli bis August 1914 stieg in den Kreisen Vol'sk, Kuzneck, Kamyšin, Petrovsk und Saratov die Zahl der Zusammenstöße zwischen den Mitgliedern der Bauerngemeinden und den Ausgeschiedenen sprunghaft an. Die Spannweite reichte von Drohungen über Gewalttätigkeiten bis hin zu mutwilligen Zerstörungen der Privatwirtschaften. Sogar die ansonsten so ruhigen deutschen Kolonisten bekundeten nach der Mobilisierung ihren Unmut, indem sie das Zeichenbüro des Landvermessers in Lesnoj Karamyš (Grimm) zerstörten, in der Hoffnung, in den Kriegswirren ungestraft davon zu kommen. Die Bauern des mordwinischen Dorfes Novyj Mečim (Kreis Kuzneck) stellten die Landeinrichtungsarbeiten ein, einige von ihnen verweigerten den Austritt aus der Bauerngemeinde.[87]

Im weiteren Verlauf des Krieges spitzten sich die Konflikte im Dorf nur noch zu. Nach Angaben der Kreiskommissionen zur Landeinrichtung vom 1. Januar 1915 forderten die Bauern in den Kreisen Vol'sk, Kuzneck, Saratov, Serdobsk, Petrovsk und Chvalynsk die Unterbrechung der Landeinrichtungsarbeiten bis Kriegsende. Im Kreis Petrovsk spekulierten die unter Zwang auf Einzelhofwirtschaften ausgegliederten Bauern auf eine Gesetzesänderung, die ihnen die Rückkehr in die Bauerngemeinde ermöglichen würde.[88] Im April 1915 meldete der Gouverneur dem Polizeidepartement des Innenministeriums besorgt, dass in zahlreichen zur Landeinrichtung vorgesehenen Bezirken die Ehefrauen der Mobilisierten die Arbeiten behinderten und die Unterbrechung der Landeinrichtung bis zur Rückkehr ihrer Ehemännern forderten. Im Juli 1915 berichtete er nochmals von anhaltenden Protesten gegen die Reform insbesondere von Seiten der Soldatenfrauen, die sich „offen gegen das Landeinrichtungspersonal und die Ausgeschiedenen richten".[89] Zugleich konstatierte er ei-

83 Ebenda, d. 9130, l. 49ob.
84 Ebenda, d. 8708, l. 42.
85 Ebenda, d. 8900, l. 2ob.
86 Ebenda, d. 9130, l. 251.
87 Ebenda, d. 9447, ll. 15 ff., 24, 32, 40, 43, 65.
88 Ebenda, f. 400, op. 1, d. 150, ll. 54, 55ob., 60, 73, 79, 83, 104.
89 Ebenda, f. 1, op. 1, d. 9585, ll. 26ob.-27, 129.

ne wachsende Unzufriedenheit unter den deutschen Kolonisten, die sich in Gerüchten über ihre für den Herbst anberaumte Aussiedlung und die Aufteilung ihres Landes unter den einheimischen Bauern niederschlage.[90]

Das Gesamtergebnis der Agrarreform lässt sich folgendermaßen zusammenfassen:

Gemäß den unvollständigen statistischen Daten der Kommission zur Landeinrichtung des Gouvernements Saratov vom 1. Januar 1915 wurden im Zeitraum von 1907 bis 1914 97 323 individuelle und 100 561 kollektive Anträge zur Überführung des Anteillandes in Privateigentum gestellt. Ausgliederungsprojekte wurden entsprechend für 44 989 individuelle und 31 729 kollektive Austrittsentscheidungen erstellt.[91] Nach Angaben von M.Ja. Kosenko entschlossen sich insgesamt 131 777 Haushaltsvorstände zum Austritt aus der Bauerngemeinde; hiervon überführten 99 229, d.h. 27,9% aller bäuerlichen Haushalte des Gouvernements, das Land in individuelles Privateigentum.[92]

Diese Zahlen belegen, dass es in den Bauerngemeinden nicht nur Gegner und Verlierer, sondern auch Befürworter und Gewinner der Reform gab. Nach Aussage des Oberstleutnants der Gendarmerie Kozlov schieden die aus der Gemeinde aus, „die einen Vorteil daraus zogen, speziell also diejenigen, die Landanteile für mehr Familienmitglieder besaßen, als es zur gegebenen Zeit in der Familie überhaupt gab, sowie diejenigen, die, sobald sie die Landanteile als Eigentum überschrieben bekamen, davon träumten, sie umgehend zu verkaufen".[93] Vor allem kinderreiche Familien, betagte Personen, Alleinstehende, Witwen und auswärts Lebende traten aus der Bauerngemeinde aus. Wie ein Landhauptmann konstatierte, gab es von Seiten der ökonomisch „starken" Bauern kaum Austritte.[94]

Als Hauptmotive für den Landverkauf wurden die Umsiedlung nach Sibirien, materielle Not, der Wunsch, die Landwirtschaft aufzugeben, und das Alter angeführt. Unter den Verkäufern dominierten „Mittellose", verwitwete Greise, Übersiedler und Auswanderungswillige sowie Personen, die ihre Verbindung zum Dorf verloren hatten. Bar jeglichen Landbesitzes, standen die Landverkäufer schnell vor dem kompletten finanziellen Ruin.[95]

Erworben wurde das Land von wohlhabenden Bauern, aber auch von Landwirten, die ihre Wirtschaften verbessern oder erweitern wollten.[96] So befanden sich nach Angaben der Landhauptleute unter den Käufern sowohl landarme als auch ökonomisch starke Bauern. Im Kreis Vol'sk erwarb der lokale Rechtsanwalt, „von recht dümmlichem Benehmen", bis zum August 1908 24 Seelen-Landanteile (96 Desjatinen), der „reichste Bauer" einer Bauerngemeinde hingegen 20 Landanteile (80 Desjatinen).[97] Nach Angaben des Obernotars des Bezirksgerichts Saratov wurden im Zeitraum von 1908 bis 1911 4 822 Personen im

90 Ebenda, l. 129ob.

91 Ebenda, f. 400, op. 1, d. 1510, ll. 38ob.-83. Vgl. Tabelle.

92 M.Ja. Kosenko, Iz istorii provedenija stolypinskoj agrarnoj reformy v Saratovskoj gubernii [Aus der Geschichte der Durchführung der Stolypinschen Agrarreform im Gouvernement Saratov], in: Učenye Zapiski Saratovskogo Pedagogičeskogo Instituta [Wissenschaftliche Schriften der Saratover Pädagogischen Hochschule]. Vyp. 22, o. O. 1956. S. 179 ff.

93 GASO, f. 53, op. 8, 1910, d. 10, l. 8ob.

94 Ebenda, f. 23, op. 1, d. 10298, ll. 1-17.

95 Ebenda, d. 4779, l. 20.

96 Ebenda, d. 4440, ll. 150-154, 176 f.

97 Ebenda, ll. 13ob.-175.

Gouvernement registriert, die insgesamt 26 441 Desjatinen Land veräußert, sowie 3 570 Personen, die dieses Land aufgekauft hatten.[98]

Die Umsiedlung auf einen *Chutor* war mit immensen Schwierigkeiten verbunden. Daher gewährte die Landeinrichtungskommission des Kreises Kuzneck, als im Jahr 1912 acht Bewohner des mordwinischen Dorfes Armievo (*Volost'* Šemyšejka) ihre Aussiedlung auf *Chutore* beantragten, jedem von ihnen ein Darlehen von 150 Rubel, „in Anbetracht dessen, dass die Austrittwilligen mit der Errichtung von *Chutoren* auf dem Anteilland im Kreis Kuzneck Pionierarbeit leisten und damit ein Vorbild für die benachbarte Bevölkerung sind". Anderen Antragstellern wurden Darlehen in Höhe von 100 und 50 Rubeln gewährt.[99] Die Landeinrichtungskommission des Gouvernements Saratov vermerkte bis zum 1. Oktober 1913 die Etablierung von 2 520 *Chutoren* auf dem Anteilland und 8 609 auf den Ländereien der Bauernagrarbank.[100]

Der für die Kreise Vol'sk, Chvalynsk und Kuzneck zuständige Gehilfe des Gendarmeriechefs im Gouvernement Saratov begründete das geringe Interesse der Bauern an Land aus dem Bankbesitz mit den damit verbundenen hohen Kosten. Befremdend soll nach seiner Aussage auf die Bauern die Differenz zwischen dem Ankaufs- und dem Wiederverkaufspreis des Landes gewirkt haben. Überdies hätte die Bank etwa 200 Desjatinen des besten Ackerlandes unweit von Vol'sk an den Sohn eines reichen Müllers verkauft, der gemeinsam mit seinem Bruder bereits mehr als 1 000 Desjatinen Land jenseits der Wolga besaß. Der Gendarm schloss sich der missbilligenden Meinung der Bauern an, die Bank würde ihre Aufgabe nicht erfüllen, bedürftigen Bauern zu mehr Land zu verhelfen, und stattdessen den Landreichtum der Wohlhabenden mehren.[101]

Gegenüber ihren Schuldnern schlug die Bank eine harte Gangart ein. Eine Grundforderung bestand in der Tilgung der Kredite oder des Pachtzinses bis zum 1. September des laufendes Jahres, d.h. vor der Einbringung der neuen Ernte. Andernfalls wurde die Ernte präventiv beschlagnahmt und verblieb nicht selten auf den Feldern. Eine derartige Praxis führte nach Angaben der Gendarmen immer wieder zu Ernteausfällen durch Unwetter und zu Unmut unter den Bauern. Der Geschäftsführer der örtlichen Bankabteilung wälzte die gesamte Verantwortung auf die Schuldner ab.[102] Als Antwort auf offene Kritik an diesem Vorgehen der Bank in der Presse und auf eine diesbezügliche Anfrage des Innenministeriums machte er für die Ernteeinbußen das schlechte Wetter verantwortlich. Im Entwurf seines Antwortschreibens hatte er noch eingeräumt, dass Bauern ruiniert worden seien, weil ihnen die Bank das Einbringen der Ernte verboten habe.[103]

In den fünf Jahren ihrer Tätigkeit veräußerte die Bank insgesamt 284 300 Desjatinen ihres Landes, davon 273 500 (96,2%) Desjatinen an Privatwirtschaften, davon wiederum 14 800 Desjatinen zur Gründung von 585 *Chutor*-Wirtschaften und 258 500 Desjatinen zur Ausgliederung von 12 100 *Otrub*-Wirtschaften. 52,8% des Ackerlandes wurden ohne bindende Ansiedlungsverpflichtungen verkauft, darunter waren 187 *Chutore*. Der Anteil der

98 Ebenda, d. 6149, ll. 29 ff.
99 Ebenda, f. 400, op. 1, d. 921, ll. 8, 36ob., 38.
100 Ebenda, d. 1510, l. 152ob.; Kosenko, Agrarnaja reforma (wie Anm. 92), S. 164.
101 GASO, f. 53, op. 8, 1909, d. 66, ll. 34 f.
102 Ebenda, f. 1, op. 1, d. 9164, ll. 4-12.
103 Ebenda, f. 23, op. 1, d. 6149, ll. 155-156ob.

Eigentümer von mehr als 15 Desjatinen Nutzfläche stieg unter den Käufern des Banklandes von 3,6% auf 94,6%.[104]

Im Zeitraum von fünf Jahren wurden mehr als 87 000 Desjatinen Land entweder versteigert oder fielen an die Staatskasse zurück.[105] Die wirtschaftliche Lage der Bankklienten war instabil. Im Rahmen einer für den Herbst 1912 anberaumten Versteigerung von 490 Einzelwirtschaften führte man eine Qualitätsprüfung des Einzelgrundstücke durch, die die alten Mängel wie extensive Landnutzung im ersten Jahr, eine anschließende Dreifelderwirtschaft und keinerlei bodenverbessernde Maßnahmen erbrachte. Die Bankliquidatoren machten dafür die Kommissionen zur Landeinrichtung verantwortlich, die das Land den Armbauern überließen, anstatt es an „eisern wirtschaftende Hände" zu übergeben.[106]

Im Frühjahr 1914 hatte die Bank 2 911 Schuldnerwirtschaften mit einer Gesamtfläche von 104 112 Desjatinen zur Versteigerung vorgemerkt, im Herbst waren es bereits 3 085 Grundstücke. Aus unterschiedlichen Gründen wurden lediglich 46 Güter zur Versteigerung freigegeben, wovon drei verkauft wurden und 43 an die Bank zurückfielen.[107]

Die Umsiedlung nach Sibirien gestaltete sich ebenfalls problematisch. Im Februar 1909 erklärten sich im Gouvernement 4 737 Familien (16 599 Personen) zur Übersiedlung nach Sibirien bereit. Die Gouvernementskommission zur Landeinrichtung war bereit, die Umsiedlung von 3 388 Familien (11 139 Personen) finanziell zu unterstützen. Im selben Jahr lehnten allerdings 300 von insgesamt 332 Familien aus den mordwinischen, tschuwaschischen und tatarischen Dörfern des Kreises Chvalynsk die Übersiedlung nach Sibirien und in die Amur-Region ab. Der Grund war, so die dorthin abgesandten Kundschafter, der Wasser- und Waldmangel in den Ansiedlungsorten.[108]

Eine größere Mobilität bewiesen die deutschen Kolonisten. Allein aus vier Kolonien (Sevast'janovka/Anton, Oberdorf, Rosenberg, Erlenbach) entschieden sich 539 Familien (2 076 Personen) zur Übersiedlung. In Sevast'janovka (Anton) gewährte die Kommission jedoch lediglich 160 Familien (700 Personen) von insgesamt 355 (1 448 Personen) eine finanzielle Unterstützung. 68 Familien (248 Personen) verließen im Zeitraum von 1908 bis 1909 die Kolonie Rosenberg.[109] Einigen Quellen zufolge siedelten insgesamt 12 934 Personen aus, von denen fast ein Drittel wieder zurückkehrte.[110]

Hinsichtlich der Unterschiede zwischen den einzelnen nationalen Gruppen sei angemerkt, dass aus den deutschen Bauerngemeinden etwa 71% der Familienoberhäupter ausschieden, wobei insbesondere der geschlossene Übergang ganzer Dörfer zu *Otrub*-Wirtschaften weit verbreitet war.[111] Diesem statistischen Befund einer weit überdurchschnittlichen Akzeptanz der Agrarreform bei den deutschen Kolonisten steht die Aussage des

104 Ebenda, f. 11, op. 1, d. 2658, ll. 204, 210ob., 212.
105 Ebenda, l. 240ob.
106 Ebenda, d. 209, ll. 1 f., 14 f., 36-44.
107 Ebenda, d. 2697, ll. 202 f.; d. 2698, l. 152.
108 Ebenda, f. 400, op. 1, d. 170, ll. 496, 557-557ob.
109 Ebenda, d. 165, ll. 98-98ob., 248.
110 M.Ja. Kosenko, Agrarnaja reforma Stolypina v Saratovskoj gubernii. Dissertacija na soiskanie učenoj stepeni kandidata istoričeskich nauk [Stolypins Agrarreform im Gouvernement Saratov. Dissertation zur Erlangung des wissenschaftlichen Grades eines Kandidaten der Geschichtswissenschaften]. Saratov 1950, S. 189 f.
111 Voronežcev, Poseljane-sobstvenniki (wie Anm. 3), S. 227.

Kreispolizeichefs von Kamyšin gegenüber, dass ein Teil der Kolonisten „mit den Füßen protestierte“, d.h. auswanderte. Der Polizeichef konstatierte einen deutlichen Anstieg der Emigrationsbewegung infolge des Gesetzes vom 9. November 1906.[112] Betrachtet man die für eine Auswanderung ausschlaggebenden Faktoren insgesamt, wird man aber urteilen können, dass die verstärkte Auswanderung im Jahrzehnt vor dem Ersten Weltkrieg nicht in erster Linie ein Protest gegen die Stolypinsche Agrarreform, sondern vor allem eine Reaktion auf die schwierige ökonomische Lage war. Ein Zusammenhang mit der Agrarreform ist allerdings insoweit gegeben, als sie die Auswanderung finanziell erleichterte, denn Auswanderungswillige konnten nun den in ihr Privateigentum überführten Landanteil verkaufen.

Die Bauerngemeinden der übrigen nationalen Gruppen verhielten sich zur Agrarreform signifikant anders als die Deutschen. In ihrer bilanzierenden Analyse der Agrarreform aus dem Jahr 1915 unterstrich die Kommission zur Landeinrichtung des Gouvernements Saratov die Reformfeindlichkeit der nichtrussischen, insbesondere der tatarischen und mordwinischen Bevölkerung und brachte sie „mit ihrer rückständigen Lebensordnung“ in Verbindung. Die Tataren beteiligten sich praktisch nicht an der Reform. Lediglich in drei tatarischen Dörfern des Kreises Chvalynsk gab es einige Austritte aus der Bauerngemeinde in den Jahren 1912 bis 1913.[113] Auf der Suche nach Erklärungen für das Verhältnis der mordwinischen Bauern zur Reform hob die Kommission deren auf Traditionen basierende Lebensweise und die relativ gute Versorgung mit Land hervor, die ihnen erlaube, „den bescheidenen Ansprüchen entsprechend zu leben“.[114] Das Scheitern der Reform im Kreis Kuzneck begründete sowohl die zuständige Kreis- als auch die Gouvernementskommission mit der „Rückständigkeit und Trägheit“ der gesamten Bevölkerung, einschließlich der Russen.[115] Das Ausscheiden aus der Dorfgemeinde stand in den mordwinischen Dörfern häufig in unmittelbarem Zusammenhang mit der Übersiedlung nach Sibirien.

Nicht nur Traditionen wirkten sich nachteilig auf den Reformprozess aus. Ihr Verlauf wurde von vielerlei Faktoren bestimmt: von der Größe und Lage des Anteilslandes, der Bodenqualität, dem Vorhandensein von Weideflächen, Wald und Wasserversorgung, der Nähe zu Verkehrswegen und Siedlungen und damit zu Markt, Kirche, Krankenhaus, Schule usw., und schließlich auch vom jeweiligen administrativen Druck und dessen Gegenreaktion in Form von Ablehnung und Widerstand seitens der Gemeindemitglieder und deren Unterdrückung. Das Resultat waren eine Radikalisierung der Bauern und ihre voran schreitende Entfremdung von der Obrigkeit.

112 GASO, f. 1, op. 1, d. 8473, l. 11ob.
113 Ebenda, f. 400, op. 1, d. 1510, l. 122.
114 Ebenda, l. 122ob.
115 Ebenda, l. 66.

Tabelle: Bilanz der Landeinrichtung im Gouvernement Saratov in den Jahren 1907–1914[116]

Kreise	Anzahl der Anträge		Anzahl der genehmigten Anträge	
	auf individuelle Landeinrichtung	auf gemeinschaftliche Landeinrichtung	auf individuelle Landeinrichtung	auf gemeinschaftliche Landeinrichtung
Atkarsk	10 527	8 047	2 942	2 850
Balašov	13 726	2 815	11 524	2 815
Vol'sk	7 683	38 041	1 214	13 517
Kamyšin	21 828	9 808	13 244	0
Kuzneck	3 380	12 448	keine Angaben	keine Angaben
Petrovsk	13 121	15 583	5 644	9 646
Saratov	keine Angaben	keine Angaben	keine Angaben	keine Angaben
Serdobsk	20 189	3 464	8 061	2 439
Chvalynsk	6 869	10 355	2 360	462
Caricyn	keine Angaben	keine Angaben	keine Angaben	keine Angaben
Gouvernement insgesamt	97 323	100 561	44 989	31 729

Aus dem Russischen übersetzt von Natalie Kromm, Frankfurt a.M.

116 Ebenda, ll. 38ob.-83.

Religion und Frömmigkeit

Andreas Frings

Neukonstruktion von Lebenswelten im multiethnischen Wolga-Kama-Raum: Die Apostasiewelle von 1866[1]

1. Einleitung

Beginnend mit dem Jahr 1865 erlebte das Russländische Reich eine für das Selbstverständnis des Imperiums durchaus bedrohliche Apostasiewelle. Von damals geschätzten 75 000 getauften Tataren erklärten über 10 000 ihre Zugehörigkeit zum Islam.[2] Ähnliche Apostasiewellen hatte es bereits 1802 und 1827 gegeben. Was diese neuerlichen „Rückfälle"[3] in den muslimischen Glauben von den älteren Bewegungen unterschied, war die Tatsache, dass sie diesmal nicht nur die so genannten neu-getauften Tataren (*novokreščenye*) betrafen, d.h. jene Tataren, die vor allem in der Mitte des 18. Jahrhunderts durch das Kontor für Angelegenheiten der Neu-Getauften (*Kontora novokreščenych del*) zum orthodoxen Christentum bekehrt worden waren und seit längerem als nicht sehr fest im Glauben verwurzelte Christen galten. In der zweiten Hälfte der 1860er Jahre konvertierten auch viele so genannte alt-getaufte Tataren (*starokreščenye*) zum Islam, also Tataren, deren Vorfahren schon vor dem 18. Jahrhundert zum Christentum konvertiert waren und von denen man allgemein annahm, dass sie der muslimischen Missionierung standhalten würden.[4] Neu war auch, dass

1 Diese Abfallbewegung wird in der Regel mit dem Jahr 1866 assoziiert, begann aber schon 1865. 1866 weitete sie sich rasch zu einem Massenphänomen aus. Im Folgenden wird daher, sofern von dem gesamten Phänomen die Rede ist, von der Apostasiewelle des Jahres 1866 gesprochen.

2 Vgl. zu diesen Zahlen Paul W. Werth, The Limits of Religious Ascription. Baptized Tatars and the Revision of „Apostasy", 1840s–1905, in: The Russian Review 59 (2000), H. 4, S. 493-511, hier S. 494.

3 Das Wort „Rückfall" ist in diesem Aufsatz durchweg in Anführungszeichen gesetzt, weil es sich, bezogen auf den jeweils zum Islam übertretenden Menschen, gerade nicht um einen Rückfall in ein vorher schon gepflegtes Bekenntnis handelte. Lediglich seine Vorfahren waren vor langer Zeit Muslime gewesen. Der Begriff „Rückfall" darf daher nur als Spiegelung einer Wahrnehmung seitens der offiziellen Orthodoxie verstanden werden. Auch der Begriff „Apostasie" ist problematisch, da er die Perspektive des Staates und der orthodoxen Kirche repliziert. Der Terminus „Konversion" scheint jedoch ebenfalls unangemessen, da er weder die Perspektive des Staates noch die Selbstdeutung der Apostaten, die sich als „immer schon muslimisch" präsentierten, zu integrieren vermag. Im Folgenden wird daher aus pragmatischen Gründen vor allem der in der Forschung gebräuchliche Begriff „Apostasie" verwendet.

4 Zur orthodoxen Missionierung von Tataren seit der Eroberung des Khanats Kazan' in der Mitte des 18. Jahrhunderts und zur Tätigkeit des Kontors für Angelegenheiten der Neu-Getauften (*Kontora novokreščenych del*) vgl. vor allem Paul W. Werth, Coercion and Conversion. Violence and the Mass Baptism of the Volga Peoples, 1740–55, in: Kritika. Explorations in Russian and Eurasian History 4 (2003), H. 3, S. 543-569; Michael Khodarkovsky, „Not by Word Alone". Missionary

diese Islamisierung ganzer Dörfer nicht mehr nur Tataren und Baschkiren, sondern auch Tschuwaschen und Angehörige anderer ethnischer Gruppierungen der Region erfasste.[5]

Nach dem polnischen Aufstand von 1863 bildete dieser massenhafte „Rückfall" orthodox Getaufter in den muslimischen Glauben, der schließlich sogar in die Islamisierung vorher als heidnisch geltender Dörfer und Ethnien mündete, ein weiteres Krisensymptom des multiethnischen Reiches. Die Konversion zum Islam, der aus Sicht der russischen Verwaltung ein minderwertiger Glaube und ein eher vorläufig akzeptiertes Bekenntnis war, erschien aus staatlicher Sicht inakzeptabel und irrational. Der Wechsel vom orthodoxen Bekenntnis zu irgendeinem anderen Glauben war daher rechtlich verboten und konnte entsprechend sanktioniert werden.

Ganz im Rahmen dieser staatlich vorgegeben juristischen Restriktionen bemühten sich die Apostaten deshalb häufig, ihr neues Bekenntnis als Bewahrung einer „immer schon" gepflegten religiösen Tradition auszugeben, die bisher von staatlicher und orthodox-kirchlicher Seite falsch ausgelegt worden sei. Paradigmatisch ist hierfür ein Schreiben, in dem 138 Bauern aus der Nähe der Stadt Buinsk am 4. September 1866 den Zaren des Russländischen Reiches um die offizielle Anerkennung ihrer Zugehörigkeit zum muslimischen Bekenntnis baten:[6]

> „Erhabenster Monarch, Allergnädigster Herrscher,
> im November des vergangenen Jahres haben wir, d.h. 138 Tataren aus dem Gouvernement Simbirsk, die erhabenste Person Eurer Kaiserlichen Majestät belästigt bezüglich der für uns als Muslime (*musul'manam*) von jeher ungehinderten Erlaubnis, unsere religiösen Riten nach dem magometanischen Gesetz (*v magometanskom zakone*) zu vollziehen. Als Ergebnis wurde der Erstunterzeichnete, der Kaufmann Chussejn Jakupov,

---

policies and religious conversion in early modern Russia, in: Comparative Studies in Society and History 38 (1996), H. 2, S. 267-293; Chantal Lemercier-Quelquejay, Les missions orthodoxes en pays musulmans de Moyenne- et Basse-Volga 1552–1865, in: Cahiers du monde russe et sovietique 8 (1967), H. 3, S. 369-403; Ildus Zahidullin [= Zagidullin], La conversion à l'orthodoxie des tatars de la région Volga-Oural, aux XVIIe–XVIIIe siècles, et ses causes économiques et sociales, in: L'Islam de Russie. Conscience communautaire et autonomie politique chez les Tatars de la Volga et de l'Oural, depuis le XVIIIe siècle, hrsg. v. Stéphane A. Dudoignon, Dämir Is'haqov [= Ischakov] u. Räfiq Möhämmätshin [= Muchammetšin]. Paris 1997, S. 27-63; Christian Noack, Muslimischer Nationalismus im Russischen Reich. Nationsbildung und Nationalbewegung bei Tataren und Baschkiren, 1861–1917. Stuttgart 2000, S. 87-134.

5 Mit der Konversion zum Islam in einem nichttatarischen Dorf befasst sich ausführlicher Paul W. Werth, Tsarist Categories, Orthodox Intervention, and Islamic Conversion in a Pagan Udmurt Village, in: Muslim Culture in Russia and Central Asia from the 18th to the Early 20th Centuries. Bd. 2: Inter-Regional and Inter-Ethnic Relations, hrsg. v. Anke von Kügelgen, Michael Kemper u. Allen Frank. Berlin 1998, S. 385-415. Allgemeiner zur ethnokonfessionellen Verteilung der Bevölkerung im Gouvernement Kazan' in jener Zeit: Leonid Tajmasov, Ėtnokonfessional'naja situacija v Kazanskoj gubernii nakanune buržuaznych reform [Die ethnisch-konfessionelle Lage im Gouvernement Kazan' am Vorabend der bürgerlichen Reformen], in: Novaja volna v izučenii ėtnopolitičeskoj istorii Volgo-Ural'skogo regiona. Sbornik statej [Die neue Welle in der Erforschung der ethnopolitischen Geschichte der Wolga-Ural-Region. Sammelband], hrsg. v. Kimitaka Macuzato. Sapporo 2003, S. 106-135 (Download auch unter http://src-home.slav.hokudai.ac.jp/publictn/volga_ural/contents.html [03.11.2005]).

6 Da dieses Schreiben fast alle Argumente zusammenfasst, die auch in anderen derartigen Bittschriften zu finden sind, wird es hier in voller Länge zitiert.

auf administrativem Wege ohne Gericht und Nachforschung nach Sibirien verschickt. Großmütiger Herrscher! Durch dieses Ereignis gedemütigt, haben wir uns entschlossen, die folgenden Tatsachen zu Eurer Allergnädigsten Anschauung vorzulegen: 1) Weder wir noch unsere alten Vorfahren aus lange vergessenen Zeiten haben jemals die christlichen Riten vollzogen. Wir haben keine orthodoxen Kirchen besucht, was die gesamte um uns siedelnde russische bäuerliche Bevölkerung bezeugen kann. 2) Und wenn die lokale zivile und geistliche Macht uns auch verpflichtete, die Geburten, die Todesfälle und die Eheschließungen zu melden, so haben sie uns doch niemals gezwungen, in die Kirche zu gehen, um die christlichen Riten zu vollziehen, sondern nur, die Namensgebung nach Listen aus orthodoxen Namen durchzuführen, und sie untersagte uns auch nicht, den mohammedanischen Glauben [*muchamedanskuju veru*] zu verrichten. Die Verstorbenen beerdigten und beerdigen wir auf unseren eigenen, d.h. tatarischen Friedhöfen, und Namen geben wir zweifach: russische und tatarische. Mit einem Wort, bis in die letzte Zeit verrichteten und verrichten wir ungehindert den muslimischen Glauben. Allergnädigster Herrscher! Unter Eurer menschlichen Herrschaft ist die Glaubenstoleranz in Russland verbreiteter als irgendwo sonst. Wir sind keine vom orthodoxen Glauben Abgefallenen, sondern seit jeher Muslime, und wir bitten Euch erneut inständig, Großherziger Gebieter, uns mit all unseren Großvätern, Vätern, Frauen und Kindern die Verrichtung der Glaubensriten nach mohammedanischem Gesetz zu erlauben, wie sie sich seit jeher erhalten haben, und uns vor Bedrängung durch die lokale Macht zu beschützen, die uns dadurch in den äußersten Ruin getrieben hat."[7]

Dieser Brief war nur eines von vielen Schreiben, die zwischen 1865 und 1868 an den Zaren geschickt wurden und in denen Bauern um die Anerkennung ihrer konfessionellen Zuschreibung als Muslime baten. Die russische Regierung und Verwaltung erlebte insbesondere das Jahr 1866 als Beginn einer umfassenden Apostasiewelle, die mit den sofort ergriffenen Gegenmaßnahmen offensichtlich nicht aufzuhalten war. So erfuhr Innenminister Valuev am 23. Januar 1866:

„Einige der alt-getauften [*starokreščenye*] Tataren des Kreises Buinsk (...) baten darum, dass die [orthodoxen] Priester solange nicht mehr zu ihnen kämen, bis sie auf ihre Bittschrift eine entsprechende Erlaubnis erhielten. (...). Auch im Dorf Tarchany des Kreises

7 „Ego imperatorskomu vysočestvu (...) [Seiner Kaiserlichen Hoheit (...)]", hrsg. v. Damir Šarafutdinov, in: Ėcho vekov (2001), H. 3-4, S. 42-57, hier S. 47. Ursprünglich in: Agrarnyj vopros i krest'janskoe dviženie 50–70-ch godov XIX v. (Materialy po istorii Tatarii vtoroj poloviny XIX veka). Čast' pervaja [Die Agrarfrage und die bäuerliche Bewegung der 50er–70er Jahre des 19. Jh. (Materialien zur Geschichte Tatariens in der zweiten Hälfte des 19. Jahrhunderts). Erster Teil]. Moskva 1936, S. 270 f., dort allerdings unter dem 3. September 1866. Die in diesen Petitionen vorgebrachten Argumente sollten nicht für bare Münze genommen werden, wie etwa bei: Kacunori Nisijama, Prinjatie Islama kreščenymi tatarami i pravoslavnaja cerkov'. Ėtnokul'turnoe protivostojanie na srednem Povolž'e v seredine XIX v. [Die Übernahme des Islam durch die getauften Tataren und die orthodoxe Kirche. Ethnisch-kulturelle Gegensätze im mittleren Wolgagebiet in der Mitte des 19. Jh.], in: Novaja volna (wie Anm. 5), S. 200-224, hier S. 209. Ein Beispiel für eine gelungene Analyse bäuerlicher Bittschriften in einem anderen Fall, die zwar auf anderen theoretischen Prämissen aufsetzt, aber im Kern ähnlich vorgeht, findet sich bei Andrew Verner, Discursive Strategies in the 1905 Revolution: Peasant Petitions from Vladimir Province, in: Russian Review 54 (1995), H. 1, S. 65-90.

Buinsk ließen die getauften Tataren nicht zu, dass die Priester ihre Kinder tauften, und zwar bis zur Erlaubnis auf die von ihnen eingereichte Bittschrift, die der Bauer des Dorfes Utjamyševo Achmet Sadyk Taneev in ihrem Namen abgeschickt hatte.“[8]

Vier Monate später berichtete ihm der Gouverneur von Simbirsk, dass auch der Einsatz der Staatsgewalt nicht helfe. Er hatte einen seiner Beamten gemeinsam mit dem Kreispolizeichef in einige Dörfer geschickt, aus denen Petitionen eingegangen waren, damit sie den dort lebenden Tataren erklärten, dass der Zar ihre Bitte abgelehnt habe.

„Die Bauern der Dörfer Bol'šie Tarchany, Sjundjukovo, Utjamyševo und Novoirkeevo aber weigerten sich, auch nachdem sie unterschrieben hatten, dass sie die Erklärungen vernommen hatten, die Riten des orthodoxen Glaubens zu vollziehen. Sie erklärten, dass sie ‚eher nach Sibirien gehen‘. (...) Alle Bemühungen des Beamten und des Kreispolizeichefs konnten den Widerstand der getauften Tataren nicht brechen und sie nicht überzeugen, ihre Irrtümer hinter sich zu lassen. Dabei war aus ihren Worten spürbar, dass sie daran zweifelten, dass die Erklärungen wirklich die Verfügung der Höchsten Regierung waren, da nach ihrem Verständnis alle Erklärungen der Regierung in einem Ukaz mit Beifügung eines Stempels erfolgen müssen. Bei der Befragung durch den Kreispolizeichef, wer ihre Toten beerdige und den Neugetauften ihre Namen gebe, antworteten sie, dass sich damit jene beschäftigten, die lesen und schreiben können, weigerten sich aber anzugeben, wer das sei. (...)“[9]

Tatsächlich waren es nicht nur Tataren, die zum Islam übertraten. Ohnehin war der Terminus „Tatare“ in dieser Zeit keineswegs ethnisch festgelegt. Der Begriff „Tatare“ als Ethnonym und Selbstbezeichnung der ethnischen Gruppe, die auch heute noch unter „Tatare“ firmiert, bildete sich erst im frühen 20. Jahrhundert als Reaktion auf eine pejorative Verwendung des Wortes heraus. In der zweiten Hälfte des 19. Jahrhunderts konnte der Begriff „Tatare“ hingegen noch andere Zuschreibungen ausdrücken. Diese unscharfe Begriffsverwendung spiegelt sich auch in den Versuchen wider, die Vorgänge sprachlich zu fassen. Ein Bekannter des russischen Orientalisten Il'minskij schrieb diesem im Februar 1878:

„Neulich kehrte ich von einer Reise durch die westliche Hälfte des Gouvernements Ufa zurück (...). Dort sah ich Tschuwaschen, Mari und Udmurten,[10] und ich muss mit Beschämung sagen, dass sie alle in hauptsächlich muslimischer Umgebung leben, viele leben sogar mit diesen in einem Dorf und sind selbst fast *mohammedanisiert* [*omagometanilis'*], vor allem Mari und *heidnische* Udmurten. Sie leben und beten auf *tatarisch* und unterhalten sich untereinander meist auf *tatarisch*. Die kleinen Mari und Udmurten in den Schulen sitzen in Tebetejkas[11] (...). In vielen Dörfern weigern sich die Udmurten, ihre Kinder in die russische Schule zu geben, weil sie eine eigene *tatarische* Schule

8 „Ego imperatorskomu vysočestvu ...“ (wie Anm. 7), S. 43.
9 Ebenda, S. 44 f.
10 Ich verwende in diesem Aufsatz die modernen Ethnonyme „Mari“ und „Udmurte“ auch in den übersetzten Quellen. Im Original ist, dem zeitgenössischen Sprachgebrauch folgend, von „Tscheremissen“ und „Wotjaken“ die Rede. Beide Gruppen leben auch heute im Wolga-Kama-Raum. Ihre Sprachen gehören zur finno-ugrischen Sprachfamilie.
11 Tebetejka (auch Tjubetejka): eine typische tatarische Kopfbedeckung für Männer.

> haben, in der ein *tatarischer* Mullah unterrichtet. (...). Das gilt aber nicht überall; in anderen, näher an russischen Siedlungen gelegenen Dörfern werden auch russische Bücher gelesen, und die Schüler lernen sogar, die Gebete zu singen" [kursive Hervorhebungen vom Verfasser].[12]

Offenbar ging es nicht um einen einfachen Prozess der ethnisch-nationalen Differenzbildung. Der postsowjetischen Nationalhistoriografie folgend hätten Tataren, Udmurten und die Angehörigen der anderen Ethnien des Wolga-Kama-Raumes im Zuge der gesellschaftlichen Wandlungsprozesse Einsicht in ihr Gruppendasein gewonnen und diese neue, „nationale" Identität (die noch weitgehend konfessionell verstanden wurde) gegen Tendenzen der „Russifizierung" verteidigt.[13] So sehr aber auch Russifizierung in ihren unterschiedlichen Spielarten, vor allem wohl in ihrer Variante als orthodoxe Russifizierung, gefürchtet wurde,[14] so wenig eindeutig waren zugleich die Menschen in dieser Region auf dem Wege zur eigenen, modernen nationalen Identität. Il'minskijs Zeuge, der 1878 durch das Gouvernement Ufa gereist war, berichtete, dass ihm in einem udmurtischen Dorf Überraschendes passiert sei: „Auf die Frage meines Bekannten (er unterhielt sich mit ihnen auf *Tatarisch*), warum sie so zechen, antworteten die Udmurten, dass sie jetzt zum letzten Mal *Maslenica* feiern und danach mit dem gesamten Dorf zu den *Tataren* übergehen, *d.h. sich zum Mohammedanismus bekennen*" [kursive Hervorhebungen vom Verfasser].[15]

Die Apostasiewelle von 1866 ließ die orthodoxe Kirche und den Staat nicht zur Ruhe kommen und verlangte nach Erklärungen. Erklärungsversuche orthodoxer Missionare und Beamter bewegten sich im Allgemeinen zwischen zwei Polen: Entweder machte man

12 Iz perepiski po voprosu o primenenii russkago alfavita k inorodčeskim jazykam [Aus dem Briefwechsel zur Frage nach der Verwendung des russischen Alphabets in den Sprachen der Fremdstämmigen], hrsg. v. Nikolaj Il'minskij. Kazan' 1883, S. 45 f. Auffällig ist beispielsweise, dass Zuschreibungen selbst über Kleidung (die tatarische Tebetejka/Tjubetejka) erfolgen und das Adjektiv „tatarisch" somit zwischen religiösen, sprachlichen und kleidungsbezogenen Bedeutungen changiert. Auch unter getauften Tataren, die zum Islam übertraten, fiel den orthodoxen Beobachtern dieses symbolische Handeln auf. Viele getaufte Tataren weigerten sich, ihre christlichen Namen zu tragen oder gar nur Beamten zu nennen, und trugen stattdessen ihre tatarischen Namen. Meist kleideten sie sich wie muslimische Tataren.

13 Gegen solche Tendenzen der Interpretation unter anderem bei tatarischen Historikern wendet sich auch Agnès Kefeli, The Role of Tatar and Kriashen Women in the Transmission of Islamic Knowledge, 1800–1870, in: Of Religion and Empire. Missions, Conversion, and Tolerance in Tsarist Russia, hrsg. v. Robert P. Geraci u. Michael Khodarkovsky. Ithaca/London 2001, S. 250-273. Paradigmatisch etwa die Mischung alter sowjetischer und neuer nationaler Stereotypen bei Ildus K. Zagidullin, K voprosu otpadenija kreščenych tatar Kazanskoj gubernii v musul'manstvo 1866 goda [Zur Frage nach dem Abfall getaufter Tataren des Gouvernements Kazan' zum moslemischen Glauben im Jahre 1866], in: Nacional'nyj vopros v Tatarii dooktjabrskogo perioda [Die nationale Frage in Tatarien in der vorrevolutionären Periode]. Kazan' 1990, S. 66-78, hier S. 67: „Der Abfall getaufter Tataren vom orthodoxen Bekenntnis zum Islam [*musul'manstvo*] ist eine der Formen der nationalen Befreiung und des Klassenkampfes der Staatsbauern."

14 Vgl. etwa die Ausführungen zur russischen Volkszählung und den damit einhergehenden Gerüchten in der Bevölkerung bei Ildus Kotdusovič Zagidullin, Perepis' 1897 goda i tatary Kazanskoj gubernii [Die Volkszählung des Jahres 1897 und die Tataren des Gouvernements Kazan']. Kazan 2000, S. 110-135.

15 Iz perepiski (wie Anm. 12), S. 46. Das Zitat macht deutlich, dass die Bezeichnungen „tatarisch" oder „udmurtisch" noch nicht eindimensional ethnisch verstanden wurden.

einen spezifisch muslimischen Fanatismus für die Apostasiewelle verantwortlich, der auf die „Getauften“ einen enormen Druck ausübe und sie zur Re-Islamisierung zwinge, oder man gestand frühere, „eigene“ Fehler bei der Christianisierung der Bevölkerung ein, die allenfalls oberflächlich durchgeführt worden sei. Der erste Erklärungsversuch kann jedoch kaum befriedigen, da getaufte ehemalige Muslime aus muslimischer Sicht als vom Glauben Abgefallene gelten und vom Koran mit Höchststrafen bedroht werden.[16] Man müsste also ergänzend fragen, warum hier Abtrünnige zurückgewonnen werden sollten. Der zweite Versuch ist zwar empirisch zutreffend, insofern die Christianisierung tatsächlich oft nicht tief gedrungen war, erklärt aber noch nicht, wieso ausgerechnet der Islam so attraktiv erschien.

Die Frage, warum getaufte Muslime, die aus der Perspektive des Korans und der muslimisch-theologischen Tradition als Abtrünnige galten, zum Islam zurückkehrten, und mehr noch, warum sich Menschen, deren direkte Vorfahren sogar dem Islam nicht angehört hatten und die selbst formal christianisiert waren, dem Islam zuwandten, hat bis heute nicht an Bedeutung verloren. Das unterstreichen mehrere Studien, die in den letzten Jahren erschienen sind und sich auf die detaillierte Beschreibung der Vorgänge, die Tradition eines populären Islam und die mangelnde Übersetzungsleistung der Orthodoxie konzentrieren. Keine dieser Studien kann jedoch die Massivität der Apostasiewelle erklären.[17]

2. Lebenswelt und sozialwissenschaftliche Erklärung

Für die Erklärung dieser Vorgänge könnte das Konzept der „Lebenswelt“ hilfreich sein, das auf Alfred Schütz und Thomas Luckmann zurückgeht.[18] Schütz und Luckmann folgend,

16 So argumentiert auch Agnès Kefeli, Constructing an Islamic Identity. The Case of Elyshevo Village in the Nineteenth Century, in: Russia's Orient. Imperial Borderlands and Peoples, 1700–1917, hrsg. v. Daniel Brower u. Edward Lazzerini. Bloomington/Indianapolis 1997, S. 271-291, hier S. 272.

17 Von Bedeutung sind insbesondere die Arbeiten von Paul Werth und Agnès Kefeli. Vgl. Agnès Kefeli-Clay, L'Islam populaire chez les tatars chrétiens orthodoxes au XIXe siècle, in: Cahiers du monde russe 37 (1996), H. 4, S. 409-428; dies., Constructing an Islamic Identity (wie Anm. 16); Paul W. Werth, At the margins of orthodoxy. Mission, governance, and confessional politics in Russia's Volga-Kama Region, 1827–1905. Ithaca/London 2002; Jean Saussay, L'apostasie des tatars christianisés en 1866, in: Cahiers du monde russe et soviétique 9 (1968), H. 1, S. 20-45. Agnès Kefeli hat vor allem die Rolle von Frauen bei der Verbreitung muslimischen Wissens in der Region und den Einfluss sufischen Gedankenguts betont, daher soll hier auf eine weitere Erörterung dieser Aspekte verzichtet werden. Weder Kefeli noch Werth arbeiten jedoch theoriegeleitet. Zumindest formulieren sie keine allgemeinen kausalen Zusammenhänge. Das gilt auch für die „dichte Beschreibung“ in Form einer narrativ gelungenen, analytisch aber unzureichenden Deskription von Zagidullin, K voprosu (wie Anm. 13). Irreführend ist der Titel von Nisijama: Prinjatie Islama (wie Anm. 7), die sich faktisch mit dem Kontext der Einführung des Bildungssystems Il'minskijs auseinandersetzt.

18 Vgl. insbesondere das von Alfred Schütz weitgehend fertig gestellte, dann aber von Thomas Luckmann abgeschlossene Werk: Alfred Schütz u. Thomas Luckmann, Strukturen der Lebenswelt. Konstanz 2003. Auf die phänomenologisch-philosophische Entwicklung des Konzeptes „Lebenswelt“ durch Edmund Husserl werde ich nicht eingehen, da sie mir für eine empirische Analyse nicht fruchtbar erscheint. Zudem hat sich schon Alfred Schütz, auf dessen Weiterführung des Konzeptes sich die sozialwissenschaftliche Diskussion weitestgehend stützt, inhaltlich weit von Husserl entfernt. Vgl. zur Konzeption von Geschichtlichkeit in der philosophischen Phänomenologie unter vielen anderen vor allem Frank Welz, Die phänomenologische Theorie vor der Geschichte,

meint der Begriff der „Lebenswelt“ sozial vermittelte und intersubjektiv geteilte, durch Typisierungen strukturierte Wissensbestände, die dem Menschen eine Orientierung in der Welt erlauben. Er umfasst vor allem jenes Selbstverständliche, fraglos Gegebene, auf das der Einzelne sich in seinem Handeln verlassen kann. Die „Lebenswelt“ ist somit ein Phänomen der gesellschaftlichen Makroebene – mit dem Effekt, dass der Wandel lebensweltlicher Strukturen aus der Lebenswelt selbst nicht erklärt werden kann. Das jedenfalls ist eine Konsequenz aus der Tatsache, dass bisher zum einen keine Gesetze gefunden wurden, die auf der Makroebene sozialer Zusammenhänge arbeiten, zum anderen aber – und spezifischer – keine „Eigenlogik“ von Lebenswelten beschrieben oder auch nur postuliert wurde, die den Wandel von Lebenswelten endogen erklären könnte.[19] Zudem ist Schütz' Ausgangskonzeption vergleichsweise statisch: Glaubensübertritte, wie sie hier im Mittelpunkt stehen, dienen nicht unbedingt dazu, bestehende „Relevanz- und Sinnstrukturen des Alltags (...) konstant zu halten“, sondern eher dazu, neue Sinnstrukturen zu produzieren.[20]

In den Sozialwissenschaften wächst die Einsicht, dass diese Erklärungslücken nur durch eine adäquate Handlungstheorie geschlossen werden können. Die einzige allgemeine Handlungstheorie, die dafür zur Verfügung steht, ist derzeit die Theorie rationalen Handelns.[21] Dabei geht es nicht darum, etablierte Konzepte zu überwinden, sondern ihre Defizite auszugleichen und so ihre Stärken für weiterführende Forschungen fruchtbar zu machen. Für die Schützsche Lebenswelt-Konzeption hat Hartmut Esser eine solche Rekonstruktion vor-

in: Soziologische Theorie und Geschichte, hrsg. v. dems. u. Uwe Weisenbacher. Opladen 1998, S. 134-154.

19 Zur Kritik an der Suche nach Gesetzen auf der Makroebene vgl. Hans Albert, Methodologischer Individualismus und historische Analyse, in: Teil und Ganzes. Zum Verhältnis von Einzel- und Gesamtanalyse in Geschichts- und Sozialwissenschaften, hrsg. v. Karl Acham u. Winfried Schulze. München 1990, S. 219-239; allgemeiner Viktor Vanberg, Die zwei Soziologien. Individualismus und Kollektivismus in der Sozialtheorie. Tübingen 1975; Alfred Bohnen, Handlungsprinzipien oder Systemgesetze. Über Traditionen und Tendenzen theoretischer Sozialerkenntnis. Tübingen 2000; Erich Weede, Mensch und Gesellschaft. Soziologie aus der Perspektive des methodologischen Individualismus. Tübingen 1992; Werner Raub u. Thomas Voss, Individuelles Handeln und gesellschaftliche Folgen. Das individualistische Programm in den Sozialwissenschaften. Darmstadt 1981.

20 Hartmut Esser, Die Rationalität des Alltagshandelns. Eine Rekonstruktion der Handlungstheorie von Alfred Schütz, in: Zeitschrift für Soziologie 20 (1991), H. 6, S. 430-445, hier S. 430.

21 Anwendungen der Theorie rationalen Handelns (die faktisch eher ein „Forschungsprogramm“ im Sinne des Wissenschaftstheoretikers Imre Lakatos, also ein Theorienbündel mit gemeinsamen Grundannahmen, darstellt) in der Geschichtswissenschaft sind bisher selten und werden eher von Sozialwissenschaftlern betrieben, die einen Ausflug in die Vergangenheit wagen. Historiker schreckt möglicherweise der nomologische Kern dieser Theorien ab, der im Folgenden dargestellt werden soll. Eine Anwendung auf einen größeren Sachverhalt habe ich in meiner Dissertation unternommen: Andreas Frings, Sowjetische Alphabetpolitik 1917–1941. Eine handlungstheoretische Analyse. Stuttgart 2007; in kleinerer Form ders., Der Schleier als Ausdruck lokaler Renitenz? Reaktionen auf die „Befreiung der Frau“ in der frühen Sowjetunion, in: Neuordnungen von Lebenswelten? Studien zur Gestaltung muslimischer Lebenswelten in der frühen Sowjetunion und in ihren Nachfolgestaaten, hrsg. von Andreas Frings. Münster 2006, S. 63-98. Theoretisch hierzu auch ders., Rationales Handeln und historische Erklärung, erscheint in: Journal for General Philosophy of Science. Zeitschrift für allgemeine Wissenschaftstheorie (2007); sowie ders. u. Johannes Marx, Wenn Diskurse baden gehen. Eine handlungstheoretische Fundierung der Diskursanalyse, in: Österreichische Zeitschrift für Geschichtswissenschaft 16 (2005), Nr. 4, S. 81-105.

gelegt.[22] Sein Ausgangspunkt ist das Modell einer vollständigen sozialwissenschaftlichen Erklärung nach James S. Coleman:[23]

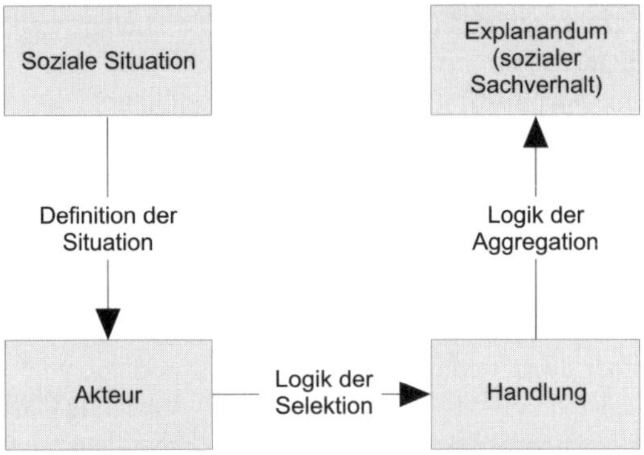

In diesem Modell sind alle wichtigen Schritte einer sozialwissenschaftlichen Erklärung enthalten. Die Logik der Situation *beschreibt* die äußeren Rahmenbedingungen einer Handlungsentscheidung wie auch die subjektive Wahrnehmung der Situation durch den Handelnden. Letzteres ist entscheidend: Damit ein Akteur überhaupt handeln kann, muss er sich die Situation deutend aneignen.[24] Genau hier können die Erkenntnisse von Schütz und Luckmann fruchtbar eingebracht werden: Akteure eignen sich die Situationen gewöhnlich im Rahmen jener durch Typisierungen strukturierter Wissensbestände an, die sie durch eigene Erfahrungen gebildet und standardisiert haben.[25] Zudem dürften diese Typisierungen

22 Am ausführlichsten in Hartmut Esser, Alltagshandeln und Verstehen. Zum Verhältnis von erklärender und verstehender Soziologie am Beispiel von Alfred Schütz und „Rational Choice". Tübingen 1991.

23 Vgl. hierzu James S. Coleman, Grundlagen der Sozialtheorie. Bd. 1: Handlungen und Handlungssysteme. München 1995; ders., Social Theory, Social Research, and a Theory of Action, in: American Journal of Sociology 91 (1986), H. 6, S. 1309-1335; daneben auch Siegwart Lindenberg u. Reinhard Wippler, Elemente der Rekonstruktion im Theorienvergleich, in: Theorienvergleich in den Sozialwissenschaften, hrsg. v. Karl Otto Hondrich u. Joachim Matthes. Darmstadt/Neuwied 1978, S. 219-231.

24 Vgl. dazu die Ausführungen bei Schütz, Luckmann, Strukturen der Lebenswelt (wie Anm. 18), S. 33.

25 Damit gehen Schütz und Luckmann schon weit über die von Rudolf Vierhaus vorgeschlagene Definition hinaus, die sich ebenfalls auf die hier als „Definition der Situation" beschriebene Erklärungskomponente konzentriert und damit, wie man im Modell gut erkennen kann, defizitär bleiben muss. Zudem aber ist Vierhaus' Lebenswelt-Definition meines Erachtens zu unscharf: „Mit dem Begriff ‚Lebenswelt' ist die – mehr oder weniger deutlich – wahrgenommene Wirklichkeit gemeint, in der soziale Gruppen und Individuen sich verhalten und durch ihr Denken und Handeln wiederum Wirklichkeit produzieren. (...). Lebenswelt ist raum- und zeitbedingte soziale Wirklichkeit, in der tradierte und sich weiter entwickelnde Normen gelten und Institutionen bestehen und neue geschaffen werden. (...). Lebenswelt ist gesellschaftlich konstituierte, kulturell ausgeformte, symbolisch gedeutete Wirklichkeit. Sie ist nicht statisch, sondern dem Wandel durch äußere Einwirkungen und innere Entwicklung unterworfen. Sie kann sich erweitern oder erstarren, sie kann aufbrechen oder zerstört werden: sie ist geschichtlich." Rudolf Vierhaus, Die Rekonstruk-

oft situationsadäquat sein, so dass beispielsweise die Vermutungen eines Akteurs über die Erwartungen, die seine soziale Umgebung an ihn heranträgt, nicht allzu weit von den tatsächlichen Erwartungen entfernt sein dürften. Diese Adäquanz wird über die im Alltag ständig rekonstruierte Intersubjektivität lebensweltlicher Strukturen erleichtert.[26]

Die Logik der Selektion ist der eigentliche nomologische Kern einer so verstandenen soziologischen Erklärung. Sie *erklärt* die Handlungsentscheidung als rationale Wahl derjenigen Handlungsalternative, die gegenüber anderen Handlungsalternativen den größeren Nutzen verspricht. Dies ist nicht selten als ökonomisches oder egoistisches Kalkül fehlgedeutet worden. Das Missverständnis liegt in einem normativ aufgeladenen Rationalitätsbegriff, der auch eine Rationalität der Handlungsziele fordert. Die hier verwendete Theorie rationalen Handelns verzichtet auf eine Bewertung der Handlungsziele. Rational ist lediglich die Wahl der Mittel im Hinblick auf das Ziel, und das auch nur aus der subjektiven Perspektive des Handelnden: Jeder Akteur wird, wenn er sich vor Handlungsalternativen gestellt sieht, diejenige Handlung wählen, von der er annimmt, dass sie sinnvoller und zielführender ist als eine andere. Auf diese Weise wird auch altruistisches Handeln als rationales Handeln interpretierbar. Diese subjektive Rationalität ist somit scharf vom reduktionistischen Modell des *homo oeconomicus* zu trennen.

Tatsächlich war auch Alfred Schütz bereit, eine solche Annahme zu treffen. In ganz ähnlicher Weise formulierte er: „Die Wahl selbst ist rational, wenn der Handelnde aus allen Mitteln *innerhalb seiner Reichweite* das für die Realisierung des beabsichtigten Zweckes angemessenste Mittel wählt" [kursive Hervorhebungen vom Verfasser].[27] Hartmut Esser,

---

tion historischer Lebenswelten. Probleme moderner Kulturgeschichtsschreibung, in: Wege zu einer neuen Kulturgeschichte, hrsg. v. Hartmut Lehmann. Göttingen 1995, S. 5-28, hier S. 13 f. Dieser Definitionsversuch changiert zwischen Nominal- und Realdefinition, wechselt dann zur Beschreibung der Wirkungsweise des Definiendums, enthält allzu viele mehrdeutige Begriffe und lässt die Frage offen, was denn nach dieser Definition eigentlich noch „Nicht-Lebenswelt" sein soll.

26 An diesen Ausführungen werden auch einige Unterschiede zur Esserschen Handlungstheorie deutlich: Während Esser wie auch andere Soziologen bei der Definition der Situation (in Anlehnung an Karl R. Popper meist irreführend „Logik der Situation" genannt) die Einführung stabiler „Brückenhypothesen" fordern, um den informativen Gehalt der Erklärung zu steigern, gehe ich im Folgenden davon aus, dass die Definition der Situation hermeneutisch entschlüsselt werden muss. Dabei hilft die im Folgenden vorgestellte Rationalitätsannahme, die der hermeneutischen Rationalitätspräsumption recht genau entspricht. Vgl. dazu Frings, Marx, Wenn Diskurse baden gehen (wie Anm. 21); Oliver Robert Scholz, Verstehen und Rationalität. Untersuchungen zu den Grundlagen von Hermeneutik und Sprachphilosophie. Frankfurt a.M. 1999.

27 Alfred Schütz, Das Problem der Rationalität in der sozialen Welt, in: Ders., Gesammelte Aufsätze. Band 2: Studien zur soziologischen Theorie, hrsg. v. Arvid Brodersen. Den Haag 1972, S. 22-50, hier S. 39. Insbesondere mit der kursiv gesetzten Einschränkung nahm Alfred Schütz einen großen Teil der modernen Kritik am *homo oeconomicus* vorweg, die zunächst im Konzept der *bounded rationality* (Herbert Simon) und schließlich im RREEMM-Konzept (Siegwart Lindenberg) mündete. Vgl. hierzu programmatisch Herbert A. Simon, Models of Man. New York 1957; Siegwart Lindenberg, An Assessment of the New Political Economy: Its Potential for the Social Sciences and for Sociology in Particular, in: Sociological Theory 3 (1985), H. 1, S. 99-114. Zudem hat Alfred Schütz hier schon den bei Max Weber noch als Idealtyp konstruierten Typ des zweckrationalen Handelns in das Normalmodell menschlichen Handelns umgewandelt. Vgl. auch Uwe Schimank, Handlungen und soziale Strukturen – ein Vergleich von Rational Choice mit den Theorien von Alfred Schütz und Peter Berger/Thomas Luckmann, in: Struktur und Ereignis in

der diesen Aspekt der Schützschen Handlungstheorie gegen die Vereinnahmung durch die phänomenologische Soziologie rehabilitieren wollte, wurde jedoch mit dem Vorwurf konfrontiert, die „Strukturen der Lebenswelt" beschrieben eben nicht das rationale Kalkül, das eher eine Ausnahme darstelle, sondern vielmehr das habituelle Handeln von Menschen, das selbst nicht hinterfragt werde. Die Theorie rationalen Handelns behandle also nur einen Spezialfall einer allgemeineren Handlungstheorie. Tatsächlich ist die Situation aber, wie Esser zu Recht konterte, genau umgekehrt. Auch Schütz forderte, dass die rationale Wahl (im hier verwendeten Wortsinne!) den Ausgangspunkt der Analyse darstelle und das habituelle Handeln sehr wohl als Wahl modelliert werden könne. So schrieb er: „Wir kommen daher zu dem Ergebnis, dass ‚rationales Handeln' auf der Ebene des alltäglichen Denkens immer Handeln in einem nicht weiter bestimmten Rahmen typischer Konstruktionen ist, nämlich von Typisierungen der gegebenen Situation, der Motive, der Mittel und Zwecke, der Handlungsabläufe und Persönlichkeiten, die betroffen sind und als selbstverständlich hingenommen werden."[28]

Diese Betonung der Bedeutung rationalen Handelns ist in der Schütz-Rezeption lange unterschätzt worden. Routinehandeln, mit dem Schütz sich ja eher beschäftigte, ist aber letztlich nichts anderes als rationales Handeln in einer Alltagssituation, in einer ungestörten Lebenswelt mit hohen Erwartungssicherheiten: Im Alltagshandeln ist es schlichtweg rational, sich an etablierten, relativ verlässlichen Sinnstrukturen zu orientieren.[29]

Die Logik der Aggregation schließlich *beschreibt*, wie sich einzelne Handlungsentscheidungen zu einem neuen sozialen Sachverhalt addieren. Die Begriffe „Addition" oder „Ag-

---

theorievergleichender Perspektive. Ein diskursives Buchprojekt, hrsg. v. Rainer Greshoff u. Georg Kneer. Opladen 1999, S. 119-141, hier S. 124.

28 Alfred Schütz, Wissenschaftliche Interpretation und Alltagsverständnis menschlichen Handelns, in: Ders., Gesammelte Aufsätze. Band I: Das Problem der sozialen Wirklichkeit. Den Haag 1971, S. 3-54, hier S. 37. Um diese Rekonstruktion der Sozialtheorie von Alfred Schütz durch Hartmut Esser hat es eine hitzige Diskussion gegeben. Dabei ist oft übersehen worden, dass es Esser nicht darum ging, Schütz als Denker gerecht zu werden, sondern ihn in systematischer Absicht neu zu lesen und verlorenes Potenzial aus seinen handlungstheoretischen Überlegungen zu bergen. Genau in dieser Richtung versteht sich auch der vorliegende Aufsatz. Vgl. zur Diskussion Esser, Die Rationalität des Alltagshandelns (wie Anm. 20); ders., Alltagshandeln und Verstehen (wie Anm. 22); Ilja Srubar, Grenzen des „Rational Choice"-Ansatzes, in: Zeitschrift für Soziologie 21 (1992), H. 3, S. 157-165; Hartmut Esser, The Rationality of Everyday Behavior. A Rational Choice Reconstruction of the Theory of Action by Alfred Schütz, in: Rationality and Society 5 (1993), H. 1, S. 7-31; Ilja Srubar, On the Limits of Rational Choice, in: Ebenda, S. 32-46; Christopher Prendergast, Rationality, Optimality, and Choice. Esser's Reconstruction of Alfred Schutz's Theory of Action, in: Ebenda, S. 47-57; Randall Collins, The Rationality of Avoiding Choice, in: Ebenda, S. 58-67; Hartmut Esser, How „Rational" is the Choice of „Rational Choice"? A Commentary to Collins, Prendergast and Srubar, in: Ebenda, H. 3, S. 408-414; ders., Die Definition der Situation, in: Kölner Zeitschrift für Soziologie und Sozialpsychologie 48 (1996), H. 1, S. 1-34; Christian Etzrodt, Alfred Schütz – Ökonom und/oder Soziologe? Eine Kritik an Hartmut Essers Interpretation der Theorie von Alfred Schütz und an seiner „Definition der Situation", in: Kölner Zeitschrift für Soziologie und Sozialpsychologie 52 (2000), H. 4, S. 761-782; Hartmut Esser, Und immer noch einmal: Alfred Schütz, „Die Definition der Situation" und die (angeblichen) Grenzen von Rational Choice. Eine Entgegnung auf den Beitrag von Christian Etzrodt, in: Ebenda, S. 783-789. Nüchterner zuletzt Schimank, Handlungen und soziale Strukturen (wie Anm. 27).

29 Eine ausführliche theoretische Begründung hierzu bei Esser, Die Definition der Situation (wie Anm. 28).

gregation" sind jedoch unscharf. Stattdessen geht es im Kern um die *Interaktion* vieler Handelnder, die erst jenes soziale Explanandum produziert, das möglicherweise von keinem Akteur gewollt wurde. Das soziologische Kernproblem, die Erklärung nicht intendierter Folgen intentionalen Handelns, ist ohne den Rückgriff auf diesen Erklärungsschritt nicht zu lösen. Das Erklärungsmodell bleibt somit auch nicht in den Aporien der intentionalen Erklärung stecken.[30]

In diesem Falle wäre das Explanandum der massenhafte Übertritt von getauften Tataren und Angehörigen anderer Gruppen zum Islam in den 1860er Jahren. Warum, so die oben schon gestellte Frage, nahmen die Nachfahren von vor langer Zeit getauften Muslimen, die aus der Perspektive des Korans und der muslimisch-theologischen Tradition als vom wahren Glauben Abgefallene galten, das muslimische Bekenntnis an, „tatarisierten" oder „mohammedanisierten" sich also, wie man es in der Sprache der Zeit nannte? Warum bekannten sich sogar Menschen, deren Vorfahren zu keiner Zeit dem Islam angehört hatten und die selbst (zumindest formal) christianisiert waren, zum Islam und nicht etwa zur staatlich privilegierten Orthodoxie? Und warum wagte es ein großer Teil dieser neu Islamisierten, sich in Bittschriften an den Zaren zu wenden und damit ihre gegen geltende Gesetze verstoßende Entscheidung aktenkundig zu machen? Übertragen in das oben zugrunde gelegte Erklärungsmodell ergibt sich folgendes Schema:

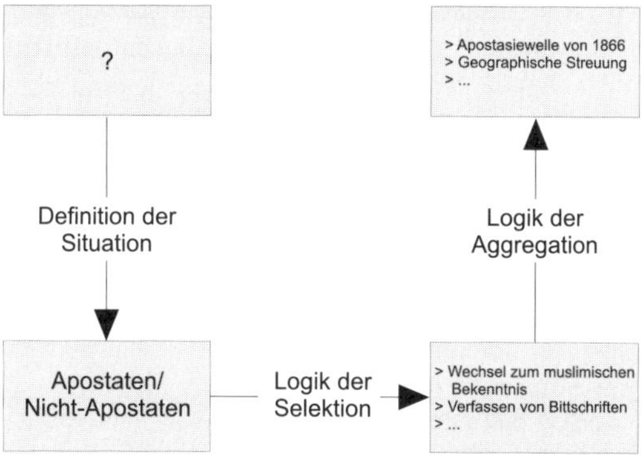

Schon aus dieser ersten Skizze wird erkennbar, wie sich das Erklärungsmodell heuristisch nutzen lässt. Die oben gestellten Fragen lassen sich nun nämlich in spezifischer Weise umformulieren: Wie war die soziale Situation beschaffen, in der es einem Bewohner der Wolga-Kama-Region subjektiv rational erschien, sich für den Islam zu entscheiden und dies darüber hinaus dem Herrscher des Reiches anzuzeigen? Diese Art der Fragestellung ist aber nicht nur eine Heuristik, sie ist vielmehr der Grundtyp des hermeneutischen Fra-

30 Versuche, das historische Erklären als intentionale Erklärung zu identifizieren, gab es vor allem durch William Dray, Laws and Explanation in History. Oxford 1957; Alan Donagan, Historical Explanation. The Popper-Hempel-Theory Reconsidered, in: History and Theory 4 (1964), H. 1, S. 3-26; sowie wohl am elaboriertesten bei Georg Henrik von Wright, Erklären und Verstehen. Königstein i.T. 1984. Diese Positionen werden heute kaum noch vertreten. Sie liegen auch nicht, wie mitunter behauptet wird, der Theorie rationalen Handelns zu Grunde.

gens schlechthin, sofern man nicht das Verstehen als „kategoriale[n] Grundbestimmung des menschlichen Daseins“[31] oder als „Seinscharakter des menschlichen Lebens selber“,[32] sondern die Lebensäußerungen eines anderen Menschen verstehen möchte.[33]

3. Ursachenforschung

Die Suche nach den Ursachen und Beweggründen bewegte auch die orthodoxen Missionare und Beamten des Russischen Reiches. Nicht wenige Missionare sahen die Ursache für den „Rückfall“ in den Islam im muslimischen Fanatismus, der sich zum einen in Form von sozialem Druck, den muslimische Tataren auf getaufte Tataren ausübten, zum anderen aber auch in der Hartnäckigkeit muslimischer Vorurteile selbst bei den getauften Tataren äußere. Mitunter wurde gar eine Art Kollektivcharakter verantwortlich gemacht. So schrieb etwa der bekannte orthodoxe Missionar Nikolaj Il'minskij: „Diese mohammedanische Hartnäckigkeit, die bis zur Begeisterung geht, beschränkt sich nicht auf den Kreis der muslimischen Tataren, sie ist wie eine lebendige Kraft darum bemüht, sich nach außen auszuweiten. Dazu befähigt die Tataren ihr Nationalcharakter, unternehmungslustig, gewandt, aufmerksam, listig.“[34]

Unterstützt wurde diese Deutung durch die Argumentationsmuster der Apostaten selbst. Sie erklärten in ähnlicher Weise, sie seien im Grunde „immer schon“ Muslime gewesen. Es handle sich somit nicht um einen verbotenen Glaubensabfall, sondern nur um die Anerkennung einer Tatsache. Tatsächlich aber waren sie zumindest getauft und nicht schon als Kind zum Islam erzogen worden. Zumindest hätte ihre bis dato nominelle Zuschreibung als orthodoxe Christen in den Augen der sie beherbergenden muslimischen Gemeinde ein stetes Ärgernis darstellen müssen. Die Apostaten waren mit Sicherheit *keine* Muslime – zumindest nicht *immer schon*.[35] Im Gegenteil: Wer sich durch die Taufe vom Islam abwandte, wie es sowohl die *starokreščenye* vor dem 18. Jahrhundert als auch die *novokreščenye* in der Mitte des 18. Jahrhunderts getan hatten, galt in der muslimischen Gemeinschaft als Abtrünniger, als Verräter. Auch ihre Nachkommen waren mit diesem Stigma belegt und galten in der Eigen- wie auch der Fremdwahrnehmung weder als „Tataren“ noch als „Muslime“.[36]

---

31 Hans-Georg Gadamer, Text und Interpretation, in: Text und Interpretation. Deutsch-französische Debatte mit Beiträgen von J. Derrida, Ph. Forget, M. Frank, H.-G. Gadamer, J. Greisch und F. Laruelle, hrsg. v. Philippe Forget. München 1984, S. 24-55, hier S. 25.

32 Hans-Georg Gadamer, Wahrheit und Methode. Grundzüge einer philosophischen Hermeneutik. Tübingen 1960, S. 246.

33 In den letzten Jahren hat vor allem Axel Bühler dafür geworben, Hermeneutik als eine Vorgehensweise zu begreifen, die den Sinn einer Handlung in den Intentionen des Handelnden sucht. Vgl. unter anderem Axel Bühler, Der hermeneutische Intentionalismus als Konzeption von den Zielen der Interpretation, in: Ethik und Sozialwissenschaften 4 (1993), H. 4, S. 511-518. Seine eigenen Lösungen hierfür sind jedoch offensichtlich nicht ausreichend. Differenzierter ist Scholz, Verstehen und Rationalität (wie Anm. 26), der die methodologischen Probleme einer solchen Hermeneutik zu lösen sucht.

34 Agrarnyj vopros (wie Anm. 7), S. 223 f.

35 So schreibt beispielsweise Kefeli, Constructing an Islamic Identity (wie Anm. 16), S. 275 über die von ihr untersuchten Apostaten des Dorfes Elyshevo: „There is evidence that by the middle of the eighteenth century, the villagers of Elyshevo were genuinely committed to leading an Orthodox way of life.“

36 Dass es sich bei den vergleichsweise stabil tradierten religiösen Überzeugungen vieler getaufter Tataren, selbst wenn sie sich nicht allzu weit vom Islam entfernten, nicht um ein muslimisches

Mit dem einfachen Konzept der Lebenswelt ist dieses Problem schon deshalb nicht zu lösen, weil der Übertritt zu einem anderen Glauben gerade nicht einer „Selbstverständlichkeit", einer „Routine" oder einem „fraglos Gegebenen" folgt. Folgt man der von Hartmut Esser vorgeschlagenen Erklärungslogik, dann stellt sich die Frage, wieso ein guter Teil der getauften Tataren und eine als nicht gering wahrgenommene Gruppe anderer Ethnien ihre Zugehörigkeit zum Islam erklärten, *anders*. Die oben schon angedeutete Frage lautet dann: Wieso war es für diese Menschen subjektiv *rational*, Muslim zu werden – und anschließend diesen Glaubensübertritt in Form von Bittschriften an den Zaren auch aktenkundig zu machen? Oder noch genauer: Wie war die *Situation* beschaffen, in der es für einen Tataren, Udmurten oder Mari rational war, sich für einen Übertritt zum Islam zu entscheiden – und damit gegen die vom Staat zugeschriebene Identität als Getaufter oder Heide?[37]

4. Kosten der Orthodoxie und Nutzen des Islam

Genau diese Frage stellten sich auch die orthodoxen Missionare im Umfeld Nikolaj Il'minskijs. Die wahrscheinlich plausibelsten Antworten hierauf fand Michail Aleksandrovič Mašanov, der im Sommer 1874 zwei Monate in Dörfern mit getauften Tataren lebte.[38] Ihm fiel auf, dass es den muslimischen Tataren wesentlich besser ging als ihren getauften Nachbarn im gleichen oder im nächstliegenden Dorf. Das betraf beispielsweise die Versorgung mit religiösen Ritualen:

> „Nehmen wir an, ein Mohammedaner und ein Getaufter sterben. Der erste wird sogleich beerdigt, der zweite hingegen muss zum Begräbnis oft erst noch in die Kirche gebracht werden, die von dem Ort, an dem der Getaufte gestorben ist, mitunter über zehn Werst entfernt ist, was insbesondere im Sommer mit Zeitverlust verbunden ist, ganz zu schweigen von dem unangenehmen Eindruck, vor allem wenn der Verschiedene zu verwesen beginnt."[39]

In Gemeinschaften, in denen religiöse Rituale selbstverständlich den Jahreskreislauf regulierten, waren solche Fragen keineswegs nebensächlich. Hinzu kam, dass die getauften

---

Bekenntnis handelte, sondern eher um viel ältere Glaubensinhalte, belegt beispielsweise das von Saussay zitierte Tagebuch des Il'minskij-Zöglings Vasilij Timofeev, selbst ein getaufter Tatare, der detailliert die religiösen Rituale in getauft-tatarischen Dörfern beschrieb. Vgl. hierzu die Ausführungen und den Tagebuchauszug bei Saussay, L'apostasie (wie Anm. 17).

37 Den bisherigen Überlegungen und dem alltäglichen Sprachgebrauch folgend, könnte man die Wahl des Islam angesichts der zu erwartenden staatlichen Sanktionen natürlich auch gerade als *irrationale* Handlung interpretieren. Das würde aber den handelnden Personen ihre Rationalität absprechen. Die Rationalitätsvermutung ist somit nicht nur ein konstitutives Element hermeneutischen Verstehens, sondern auch normativ die akzeptablere Variante.

38 Die folgenden Ausführungen beziehen sich weitgehend auf die Beschreibungen bei M.A. Mašanov, Zametka o religiozno-nravstvennom sostojanii kreščenych tatar Kazanskoj gubernii Mamadyšskogo uezda [Anmerkung über den religiösen und moralischen Zustand der getauften Tataren des Kreises Mamadyš im Gouvernement Kazan']. Kazan' 1875, Nachdruck unter dem Titel Zapiski missionera [Notizen eines Missionars]. Kazan' 2002. Seine Beobachtungen bestätigen sowohl die theoretischen Erwartungen als auch andere Einsichten modernerer Forschungen zu Apostasien im 19. Jahrhundert. Insbesondere decken sie sich mit den Studien von Werth und Kefeli.

39 Mašanov, Zametka (wie Anm. 38), S. 31.

Tataren den seltenen Besuch orthodoxer Priester in ihrem Dorf keineswegs immer als Erquickung empfanden. Der Festcharakter religiöser Rituale, der ein Ereignis aus dem Alltagsleben heraushebt, konnte unter den konkreten Personen, die oft nur einmal jährlich zur Verrichtung der Rituale vorbeikamen, durchaus leiden. In der Regel forderte der orthodoxe Geistliche zunächst Geld, und das nicht selten, ohne seinen eigenen Verpflichtungen nachzukommen. So gewannen viele Getaufte einen schlechten Eindruck von russischen Priestern:

> „Die Taufe eines Kindes, die Beichte, die Eheschließung usw. verlangen vom Getauften Ausgaben. Bei all diesen Verrichtungen muss man dem Priester eine großzügige Spende geben. Dazu kommt, dass die Taufe eines Kindes, die Begleitung eines Sterbenden, die Eheschließung, all das Reisen zum Priester erfordert, der oft fünfzehn Werst und weiter weg wohnt. Solche Fahrten kommen den arbeitenden Menschen vor allem im Sommer äußerst teuer zu stehen."[40]

Dieser Eindruck beschränkte sich nicht auf Geistliche. Auch andere Repräsentanten der Herrschaft, insbesondere Beamte, passten nur schwer in vertraute ethische Kategorien. Vorurteile, die man gegenüber russischen Beamten im gesamten Reich hegte, zirkulierten auch unter getauften Tataren.[41] Ob die „Bestechlichkeit" der russischen Beamten nun Ausdruck von Korruption oder von einer besonderen Kultur des Gebens und Nehmens war, von getauften Tataren wurde sie als ungerechte Bedrückung empfunden, wie Mašanov herausfand: „Beamte in allen möglichen Positionen stießen die Getauften von sich und von den Russen überhaupt durch ihre ausgeprägte Bestechlichkeit ab, eine Bestechlichkeit, unter der die *inorodcy* und besonders die Tataren litten."[42]

Insgesamt stellte Mašanov fest, dass Repräsentanten des Russischen im dörflichen Leben der Wolga-Kama-Region kein allzu gutes Bild abgaben. Wer oder was als „russisch" auftrat oder vorgestellt wurde, trug eher unangenehme Assoziationen und Konnotationen. Im direkten Vergleich mit anderen Referenzgruppen in dieser Region, insbesondere mit den tatarisch-muslimischen Dörfern, war der Begriff „russisch" negativ besetzt.

Aber auch auf der intellektuellen Ebene mochte die Annahme des Islam nutzbringender sein. Nicht nur, dass den Getauften – wie übrigens auch den offiziell als heidnisch geltenden Wolgabewohnern – vielleicht noch die russische Umgangssprache vertraut war, in keinem Falle aber das Kirchenslawische, und ihnen damit die Sprache der Verkündigung unzu-

40 Ebenda. Er berichtet, dass ihm Getaufte erklärten: „Was soll das mit den Gebeten, hier wird nicht nach Gebeten gefragt, sondern nach Geld. Gibst Du das Geld, dann verheiraten sie Dich auch, und gibst Du es nicht, dann lies ruhig vierzig Gebete, verheiraten werden sie Dich dennoch nicht." Ebenda, S. 37.

41 Zur Frage der Korruption unter Beamten im Russischen Reich vgl. neuerdings Susanne Schattenberg, Geben und Nehmen. Die lokale russische Beamtenwelt in der ersten Hälfte des 19. Jahrhunderts als Gift-Giving Society, in: Korruption und Governance aus interdisziplinärer Sicht, hrsg. v. Oskar Kurer. Neustadt a.d.A. 2003, S. 79-112. Ihre Interpretation der Korruption im Zarenreich als Ausdruck einer *gift-giving society* darf selbstredend nicht darüber hinwegtäuschen, dass die Bezahlung der Beamten (hier wäre für den vorliegenden Aufsatz zu ergänzen: jeglicher „russischer" Würdenträger, d. h. auch der orthodoxen Priester) in der Bevölkerung oft gerade nicht als berechtigt empfunden wurde. Dennoch ist ihre Kritik an einer allzu voreiligen Verurteilung der Korruption im Zarenreich natürlich berechtigt.

42 Mašanov, Zametka (wie Anm. 38), S. 41.

gänglich blieb. Das war ja unter den Muslimen, die in einem ihnen ebenfalls weitgehend unverständlichen Arabisch beteten, nicht anders. Viel wichtiger war, dass die islamischen Missionare bei ihrer Verkündigung im getauften Dorf anders als die orthodoxen Priester auf vertraute Erzählungen setzen konnten. Dies musste Mašanov selbst erleben:

> „So glauben die Getauften in Übereinstimmung mit der Lehre Mohammeds, dass nach dem Tod eines Menschen zwei Engel zu ihm ins Grab kommen und den Verstorbenen nach seinem Glauben befragen, indem sie ihm verschiedene Fragen zum Glauben stellen. Danach zeigen sie dem Gläubigen das Paradies, und den Ungläubigen überlassen sie den Qualen im Grab. (...). Sie denken gemeinsam mit den Mohammedanern, entgegen der christlichen Lehre, dass die Seelen nach dem Tod unter der Erde sind und dort in den Hörnern eines gewaltigen Stieres leben, der auf diesen Hörnern die Erde trägt. Am Tage des Jüngsten Gerichts zerbrechen die Hörner dieses Stieres, und die Seelen verlassen diesen Ort."[43]

Angesichts der Bedeutung, die der muslimischen Mission offensichtlich zukam, darf es nicht verwundern, dass gerade Dörfer, die in der Nachbarschaft muslimischer Gemeinden lagen, eher zum Glaubensabfall neigten als solche, die eher in russischer Umgebung lagen.[44] Mitunter verlegten Getaufte aber sogar selbst ihren Wohnort, weil ihnen die russische Nachbarschaft Probleme bereitete:

> „Die Getauften des Dorfes Tomasov Počinok lebten früher im Dorf Jancyvary, wo es sehr viele Russen gab. Dort kam es zwischen ihnen zu ständigen, feindseligen Wortwechseln, so dass die Getauften, die von Seiten der Russen reichlich die verschiedensten Bedrückungen zu erleiden hatten, schließlich gezwungen waren, umzusiedeln, und sich vor 75 Jahren in der Nähe von Mohammedanern niederließen, die ja ihre Stammesgenossen sind, in der Hoffnung, bei ihnen freundliches und verwandtschaftliches Mitgefühl zu finden."[45]

Offenbar war es die Erfahrung vieler Getaufter, dass Russen Getaufte als niedriger stehende Menschen ansahen. Ihre Taufe hatte sie also in den Augen der russischen Nachbarn nicht zu gleichberechtigten Christen gemacht, sondern lediglich zu Christen zweiter Klasse, die in der zweiten Hälfte des 19. Jahrhunderts zunehmend unter die umgangssprachliche Verwendung

---

43 Ebenda, S. 22. Entscheidend ist nicht, ob diese Legenden tatsächlich Teil eines islamischen Kanons waren. Sie waren unter den Muslimen bekannt, mit denen die Getauften Kontakt hatten. Zudem waren sie aus der Zeit tradiert worden, als die Vorfahren der Getauften selbst noch Muslime waren. Die gemeinsame narrative Basis erleichterte also den Glaubensübertritt.

44 Vgl. dazu die Gedanken zur Logik der Aggregation weiter unten.

45 Mašanov, Zametka (wie Anm. 38), S. 43. Vgl. auch Ja.D. Koblov, O tatarizacii inorodcev Privolžskogo kraja [Über die Tatarisierung der Fremdstämmigen der Wolgaregion]. Kazan' 2002 (Nachdruck der gleichnamigen Ausgabe. Kazan' 1910), S. 12 f.: „Im Gegensatz zu den Tataren bemühen sich Russen nicht darum, mit den *inorodcy* näher in Kontakt zu kommen. Sie zeigen ihnen gegenüber in den meisten Fällen eher eine direkt feindliche Haltung und beehren sie bei jeder denkbaren Gelegenheit mit wenig schmeichelhaften Benennungen. Der Russe erlaubt beispielsweise seinen Kindern nicht, mit den Kindern von Tschuwaschen oder Mari zu spielen, und auch aus ihrem Geschirr, Gott behüte, isst er nicht, essen doch Schweine und Hunde aus ihrem Geschirr. (...) Die (...) Tataren nennen sie (egal ob getauft oder mohammedanisch) ‚Hunde' und die Mari ‚schwarzfüßige Hammel'."

des Begriffes *inorodcy* fielen.[46] Die Anerkennung von der anderen Seite her war zwar auch problematisch: Unter den Muslimen galt das Wort „*čukyngan*", die Übersetzung von „*kreščenyj*", als Schimpfwort.[47] Einige Muslime setzten aber gerade deshalb alles daran, die Getauften für den Islam zurückzugewinnen, was dem Auftrag des Koran, dem *djihad*, d.h. dem Kampf um die Besserung im Glauben, entsprach. Getaufte wurden zwar solange als Glaubensverräter angesehen, wie sie am orthodoxen Bekenntnis festhielten, konnten aber (aus der Sicht der Muslime) in ihre muslimische Gemeinschaft „zurückkehren". In einer Phase sufischer Erneuerungsbemühungen, die in der Wolga-Kama-Region offenbar ein dörfliches Pendant zum eher städtischen und wesentlich besser erforschten Džadidismus darstellte, war ein solcher *djihad* durchaus legitimierbar.[48]

Aber auch auf andere Weise kamen Getaufte mit Muslimen in Kontakt. Insbesondere getaufte Bauern, die im Sommer nicht allzu üppig verdient hatten, nutzten im Winter die freie Zeit, um als Schneider in die umliegenden Dörfer zu gehen, was ihr Jahreseinkommen deutlich verbesserte. Da aber die Schneider ganz überwiegend aus der Gruppe der getauften Tataren stammten, ihre Kunden und Abnehmer hingegen sehr oft wohlhabende Muslime waren, erschien ihnen evident, dass der Islam für einen Tataren offenbar zu Wohlstand, die Orthodoxie hingegen zu einem Dienstdasein führte.[49] Gleichzeitig profitierte ein christlich-tatarischer Schneider ökonomisch sehr von einem Glaubensübertritt zum Islam. Für Mašanov war es deshalb kein Wunder, dass gerade Schneider als Multiplikatoren der Lehre Mohammeds auftraten: „Es ist auffällig, dass immer und in allen getauften Dörfern die Schneider zum Mohammedanismus neigen. So sind im Dorf Šemurtbašach, das dem Christentum am günstigsten gesonnen ist, einer oder sogar zwei Schneider dem Mohammedanismus zugetan; und im Dorf Savrušach sind die hoffnungslosesten Anhänger Mohammeds die Schneider."[50]

---

46 Vgl. John W. Slocum, Who, and When, were the Inorodtsy? The Evolution of the Category of „Aliens" in Imperial Russia, in: Russian Review 57 (1998), H. 2, S. 173-90. Werth, At the margins of orthodoxy (wie Anm. 17), S. 164 zitiert aus einem Bericht Vasilij Timofeevs die Worte: „Russians don't like us. They all curse us or laugh at us, but Muslims accept us tenderly and gently teach us their faith." Auch wenn diese Äußerung kaum die Realitäten des Alltags adäquat wiedergeben mag, spiegelt sie doch die subjektive Wahrnehmung vieler getaufter Nichtrussen.

47 Mašanov, Zametka (wie Anm. 38), S. 52 f.

48 Die Geschichte der sufischen Strömungen im Wolga-Kama-Raum ist leider unzulänglich untersucht, ganz im Gegensatz zum Džadidismus. Vgl. lediglich Alexandre Bennigsen, Chantal Lemercier-Quelquejay, Le Soufi et le Commissaire. Les confréries musulmanes en URSS. Paris 1986; Kefeli, The Role of Tatar and Kriashen Women (wie Anm. 13); dies., Constructing an Islamic identity (wie Anm. 16); Hamid Algar, Shaykh Zaynullah Rasulev. The Last Great Naqshbandi Shaykh of the Volga-Urals Region, in: Muslims in Central Asia. Expressions of Identity and Change, hrsg. v. Jo-Ann Gross. Durham/London 1992, S. 112-133. Für rege sufische Aktivitäten im hier behandelten Gebiet während des Untersuchungszeitraums spricht auch der in dieser Zeit nicht selten geäußerte Wunsch, in das Osmanische Reich überzusiedeln, dokumentiert etwa in: Agrarnyj vopros (wie Anm. 7), S. 213-218.

49 Interessanterweise waren im Wolga-Kama-Raum sogar Animisten, etwa Mari, nicht selten wohlhabender als die um sie herum siedelnden Christen. Vgl. Andreas Kappeler, Russlands erste Nationalitäten. Das Zarenreich und die Völker der Mittleren Wolga vom 16. bis 19. Jahrhundert. Köln/Wien 1982, S. 478.

50 Mašanov, Zametka (wie Anm. 38), S. 55. Ähnlich auch Koblov, O tatarizacii (wie Anm. 45), S. 18: „Seit langem ist bekannt und belegt, dass das Wanken im Glauben bei den getauften Tataren in

Einen ganz ähnlichen Vorgang konnte 1910 auch der orthodoxe Missionar Ja.D. Koblov als typisch schildern:

> „Man muss sagen, dass materielle Mittel überhaupt eine gewaltige Rolle bei der Islamisierung der *inorodcy* haben und die Tataren sich ihrer in großem Umfang bedienen. Es kommt vor, dass sich in einem Dorf der *inorodcy* – Tschuwaschen, Mari oder Udmurten – zwei oder drei Menschen zum Islam bekennen, und nach einiger Zeit kann man sehen, dass diese zwei oder drei schon viele andere auf ihre Seite gezogen haben. (...). Die Tatarisierten und Islamisierten werden von Tataren mit allem versorgt, was sie zum Wohlergehen benötigen. Dank dieser Hilfen werden sie reicher und einflussreicher als andere. Mit Hilfe ihrer Wohltäter eröffnen sie einen kleinen Handel, bauen ein gutes Häuschen als Herberge und leben nicht nur ohne Not, sondern haben auch die Möglichkeit, wieder anderen zu helfen. Dieser Wohlstand der tatarisierten *inorodcy* bleibt nicht ohne Folgen. Den Tataren und den zum Islam Bekehrten selbst gibt dieser Umstand Grund zu sagen, dass Gott so gütig ihnen gegenüber sei, dass er sie mit allerlei Wohl belohne. Das heißt: Der Islam ist die wahre Religion.“[51]

Für eine weitere sozioökonomische Gruppe, die Kleinhändler,[52] bot der Islam ganz andere Vorteile: Während das russische Schulwesen nur mangelhaft ausgebaut war und insbesondere keinen Unterricht in ihrer Muttersprache bot (die Schulen des Il'minskij-Systems waren erst im Aufbau), gab es in fast jedem muslimischen Dorf eine Koranschule. Schulbildung in der eigenen Sprache konnten die Getauften also fast nur in muslimischen Schulen erhalten. Dort wurde aber nahezu ausschließlich mit religiösen Texten unterrichtet. Auf eine elementare Bildung konnten viele Händler jedoch nicht verzichten:

> „Sie mussten sich wohl oder übel an die Mohammedaner wenden mit der Bitte, ihnen das Lesen und Schreiben beizubringen, was vor allem für den Handel treibenden Menschen oft ungeheuer notwendig ist. (...). Und dass die Getauften, vor allem die Handelsleute, zur muslimischen Schrift griffen, ist nicht einfach ausgedacht und nicht etwa nur eine Vermutung. Im Dorf Tomasov Počinok kenne ich einige Getaufte, die auf mohammedanisch lesen können, d.h. das, was im arabischen Alphabet geschrieben oder gedruckt ist. Wer konnte ihnen das beibringen außer den Mohammedanern?“[53]

5. (Opportunitäts-)Kosten der Apostasie

Für viele getaufte Tataren war es somit ganz offensichtlich nutzbringend, zum Islam überzutreten. Eine vollständige Analyse der Handlungsentscheidung muss jedoch immer ein-

---

hohem Maße daher rührt, dass sich viele von ihnen mit auswärtiger Saisonarbeit (mit Schneidern) bei der mohammedanischen Bevölkerung in Ufa, in Orenburg und in anderen Gouvernements beschäftigen. Hier eignen sie sich den mohammedanischen Glauben, ihre Sitten und Gewohnheiten an.“

51 Koblov, O tatarizacii (wie Anm. 45), S. 15 f.

52 Viele tatarische Bauern betätigten sich im Handel, was an ihrer Zugehörigkeit zum Bauernstand nichts änderte. Gerade der lokale und regionale Handel im Wolga-Kama-Raum wurde offenbar von tatarischen Händlern dominiert. Vgl. die Ausführungen bei Kappeler, Russlands erste Nationalitäten (wie Anm. 49), S. 462 f.

53 Mašanov, Zametka (wie Anm. 38), S. 50 f.

beziehen, dass jede Handlung auch Kosten nach sich ziehen kann, und zwar in zweierlei Form: zum einen als direkte Folge der Handlung selbst, zum anderen in Form von Opportunitätskosten, also dem entgangenen Nutzen derjenigen Handlungsalternativen, die nicht gewählt wurden. Opportunitätskosten dürften im vorliegenden Falle nicht aufgetreten sein: Für die getauften Tataren, die zum Islam übertraten, wäre die einzige Handlungsalternative der Verbleib im orthodoxen Christentum gewesen – und dieser Verbleib versprach lediglich einen transzendenten Nutzen, die Aufnahme in das Reich Gottes. Weltimmanent hingegen ging einem Apostaten mit dem Übertritt wenig verloren.

Anders sieht es mit den direkten Kosten aus. Die meisten Apostaten wussten, dass der Übertritt zum Islam unter Strafe stand, insbesondere aber die Bekehrung eines orthodoxen Christen zum Islam. Wieso also beließen sie es nicht dabei, ihren Glauben still zu leben, und erklärten dem Zaren ihre konfessionelle Zugehörigkeit? Mit anderen Worten: Wieso war es für sie *rational*, den Zaren in Bittschriften um die Anerkennung ihrer konfessionellen Entscheidung zu bitten?

Auch hier lässt sich zeigen, dass die Apostaten subjektiv rationalen Überlegungen folgten. Zum einen waren in den frühen 1850er Jahren verschärfte Sanktionen für die Aufgabe des orthodoxen Bekenntnisses eingeführt worden, die man zu Beginn der 1860er Jahre wieder zurücknahm. Dass dieses Lavieren der imperialen Regierung nicht gerade als Ausdruck von Entschlossenheit zur Sanktionierung abweichenden Handelns gedeutet wurde, versteht sich von selbst.[54] Hinzu kam die Emanzipation der Staatsbauern von 1866, die als Rückzug des Staates aus der Gestaltung der bäuerlichen Lebenswelt und als Beginn einer umfassenderen Selbstbestimmung ausgelegt werden konnte.[55]

Möglicherweise entscheidender aber war, dass das Reich die beginnende Apostasiebewegung *faktisch* nicht sanktionierte. So sah bereits Mašanov, dass das Drohmoment der rechtlichen Sanktionierung angesichts des Fehlens einer korrespondierenden Rechtspraxis wenig fruchtete:

> „In früheren Zeiten fürchteten sich die Getauften davor, offen vom Glauben abzufallen, weil der Glaubensabfall für die Abtrünnigen von großen Scherereien und Unannehmlichkeiten begleitet war, was in letzter Zeit nicht wiederholt wurde. In Folge dessen verschwand die Angst, die früher die Abtrünnigen davon abhielt, ihren Abfall erkennen

---

54 Vgl. Werth, At the margins of orthodoxy (wie Anm. 17), S. 148: „It was the state's decision in the early 1860s to call a temporary retreat from its persecution of these ‚deviates' that provided the spark for a new movement of apostasy."

55 Vgl. dazu die Vermutung von Robert P. Geraci, Window on the East. National and imperial identities in Late Tsarist Russia. Ithaca 2001, S. 88, die Apostasiewelle stehe „probably in connection with the emancipation of the state peasants." Die meisten Tataren der Region waren Staatsbauern. Vgl. zum sozioökonomischen Hintergrund der hier geschilderten Vorgänge Kappeler, Russlands erste Nationalitäten (wie Anm. 49). Man wird die Apostasie jedoch nicht allein sozioökonomisch erklären können, zumal die Staatsbauernbefreiung in der hier behandelten Region wenig soziale Veränderungen brachte. Vgl. dazu Christian Noack, Russische Politik und muslimische Identität. Das Wolga-Ural-Gebiet im 19. Jahrhundert, in: Jahrbücher für Geschichte Osteuropas 47 (1999), S. 525-537, hier S. 530. Wichtig ist vielmehr, dass mit der Emanzipation der Staatsbauern auch die Verwaltung der Staatsbauern dezentralisiert wurde und die bäuerliche Selbstverwaltung weitgehend die Aufsicht durch das Ministerium für die Staatsdomänen ersetzte. Vgl. Werth, The Limits of Religious Ascription (wie Anm. 2), S. 495.

zu lassen, und die Getauften, die eine Neigung zum Mohammedanismus verspürten, erfüllen sich jetzt ungestraft ihren sehnlichsten Wunsch. Das ist der einzige Grund für den vergleichsweise *großen* Abfall der Getauften vom Glauben zum Mohammedanismus in der letzten Zeit."[56]

Die Tatsache, dass sich im Sommer 1866 rasch Gerüchte über den Erfolg einiger Petitionen verbreiteten, trug zur Verstärkung der Abfallbewegung bei und dürfte ihrerseits durch den faktischen Verzicht des Staates auf seine Sanktionsgewalt begünstigt worden sein.

6. Logik der Aggregation

Bezieht man dies in eine plausible Logik der Aggregation ein, so lässt sich vermuten, dass die Apostasiewelle in den Dörfern begann, die schon vor 1866 als eher orthodoxieresistent galten und schon mehrfach ihren Willen zum Übertritt erklärt hatten. Dort dürften angesichts der über Jahrzehnte geübten Praxis in Renitenz und im Festhalten am islamischen Bekenntnis die Kosten für eine mögliche staatliche Sanktionierung subjektiv eher niedrig angesetzt worden sein. Da in diesen frühen Fällen nicht sofort staatliche Sanktionen einsetzten, verbreitete sich über die Kommunikation zwischen den Dörfern die „Einsicht", dass das Sanktionspotenzial und der Sanktionswille des Staates nicht allzu hoch seien. Auf diese Weise wurde die subjektive Erwartung der Apostasiekosten in immer mehr Dörfern in die Apostasie begünstigender Weise beeinflusst.

Tatsächlich begann die Apostasiebewegung, sofern sich dies heute noch rekonstruieren lässt, in den Dörfern, die schon bei den (kleineren) Apostasiewellen des frühen 19. Jahrhunderts ihren Übertritt zum Islam erklärt hatten. Ihren Anfang nahm sie offensichtlich im Distrikt Čistopol', wo 1865 bisherige Strafmaßnahmen gegen Apostaten der 1850er Jahre zurückgenommen worden waren. Von dort verbreitete sich die Apostasiebewegung zum einen über die benachbarten Dörfer, zum anderen aber auch über ausgedehntere Handelskontakte in der Region.[57] Die stärkste Resonanz fand die Apostasiebewegung vor allem in regionalen Handelszentren.[58] Mitunter war die russische Regierung hieran nicht einmal unschuldig. Als die Behörden zwischen 1839 und 1849 einige Apostaten in das überwiegend russische Dorf Blagoveščenskoe umsiedelten, achteten sie nicht darauf, dass es sich bei diesem Dorf um ein regionales Zentrum für *jyen*, Volksfeste, handelte.[59] Auf diese Weise

56 Mašanov, Zametka (wie Anm. 38), S. 30 f., Hervorhebung im Original.

57 So wurde der Apostasiegedanke offensichtlich besonders rasch am von Čistopol' aus fernen, rechten Wolga-Ufer aufgegriffen, wo man schon 1827 die Konversion zum Islam erklärt hatte. Vgl. Werth, At the Margins of Orthodoxy (wie Anm. 17), S. 154.

58 Nur wenige Propagandisten derartiger Nachrichten über Dorfgrenzen hinweg sind namentlich bekannt. Zu ihnen gehörte der notorisch missionierende Galim Samigulov. Vgl. ebenda, S. 151 ff. Interessanterweise entging er längere Zeit der Strafverfolgung, obwohl er immer wieder als Autor und Urheber von Petitionen in Erscheinung trat. Vgl. dazu ebenda, S. 158. Darüber hinaus ist in Polizeiberichten dieser Zeit nicht selten von Gerüchten die Rede, der Zar habe die Strafandrohung für die Apostasie aufgehoben, was ebenfalls für kommunikative Kontakte zwischen den Dörfern spricht. Tatsächlich aber kann man diese Kontakte letztendlich nicht beweisen, sondern nur aus Beobachtungen dieser Art schlussfolgern.

59 Die *jyen* waren Volksfeste, die vor der Ernte gefeiert wurden. Sie begannen im Mai und endeten im Juni. Das Fest selbst zog von Ort zu Ort; in jedem Festzentrum hielt sich das Fest einige Tage auf. Die *jyen* wurden unter anderem genutzt, um Hochzeiten anzubahnen und Kontakte aufrecht

gerieten die Apostaten zwar in eine russische Umgebung, gleichzeitig aber auch in das Herz wichtiger muslimischer Netzwerke. Während der Apostasiebewegung von 1865–1870 verbreiteten zum Islam übergetretene Tataren von hier aus Nachrichten über die Apostasie der *novokreščenye* im Distrikt Čistopol' bis zu den *starokreščenye* im Distrikt Mamadyš, die daraufhin (und zwar erstmalig) ihr muslimisches Bekenntnis verkündeten.[60]

Wichtig war aber nicht zuletzt, wie Agnès Kefeli nachweisen konnte, das Heiratsverhalten von Tataren in der Region. Tataren heirateten traditionell Frauen von außerhalb – und zwar unabhängig von ihrem religiösen Bekenntnis. Ehefrauen, die aus ihrem Elterndorf in das Dorf ihres neuen Ehemannes wechselten, konnten so über gewisse Entfernungen hinweg zu Trägern des Informationsaustausches werden. Bei der Suche nach einem geeigneten Bräutigam oder einer geeigneten Braut wurde natürlich zunächst auf die Familie geachtet. In jenen Jahren spielte aber der dörfliche Kontext, aus dem der zukünftige Ehepartner kam, und die zu erwartende oder schon vollzogene religiöse Positionierung des Dorfes eine wichtigere Rolle.[61] In einigen Fällen verbreitete sich die Apostasiebewegung so über die in diesen Jahren angebahnten Ehen.[62]

Mit der Betonung der räumlichen Organisation der Konversion kommt ein Aspekt ins Spiel, der ebenfalls zur Logik der Aggregation gehört. Da nicht alle, ja nicht einmal die Mehrheit der getauften Tataren zum Islam wechselten, muss jede Erklärung in der Lage sein, zwischen unterschiedlichen Situationslogiken zu differenzieren. Das hier gewählte Erklärungsmodell erlaubt eine solche Differenzierung. In Dörfern, die in einer russisch-orthodoxen Umgebung lagen oder vor allem Kontakte zu orthodoxen Händlern oder Kaufleuten unterhielten, konnten die meisten Nutzenaspekte, die oben angeführt wurden, kaum realisiert werden. Damit veränderte sich auch die Entscheidungssituation. Waren das nächste tatarische, muslimische Dorf oder der nächste muslimische Geistliche nur schwer zu erreichen, so konnte der Nutzen aus der Konversion zum Islam kaum zum Tragen kommen. Im Gegenteil: Der Übertritt zum Islam konnte den Wegfall bisher bestehender Handelskontakte oder Scherereien aller Art nach sich ziehen. Es war daher situationsbedingt rational, in der Orthodoxie zu verbleiben. Und so konnte der orthodoxe Missionar Ja.D. Koblov 1910 auch konstatieren, dass die Nähe zum muslimischen Dorf die eigentliche Gefahr für nichttatarische Dörfer war:

„Bei der Beobachtung des Lebens der *inorodcy* kann man einen interessanten Sachverhalt beobachten: je näher die *inorodcy* an einem tatarischen Dorf wohnen, desto weniger sind sie ihrer Christianisierung und ihrer Russifizierung gewogen, neigen umso mehr zum

zu erhalten. In der Regel wurden sie auch von Mullahs oder wandernden Sufis besucht. Vgl. zu den *jyen* besonders Kefeli, The Role of Tatar and Kriashen Women (wie Anm. 13), S. 267.

60 Vgl. hierzu Kefeli, Constructing an Islamic Identity (wie Anm. 16), S. 280.

61 Dörfer wechselten häufig als Ganzes zum Islam. Das zeugt davon, wie hoch der soziale Druck innerhalb der Dorfgemeinden wahrscheinlich war. Dabei stand am Anfang häufig die Konvertierung jener Männer, die im Winter auswärts arbeiteten, oder der wohlhabenderen Familien, was rasch die Apostasie des Dorfes nach sich zog. Interessanterweise galt das auch für ethnisch gemischte Dorfgemeinden. Vgl. hierzu Werth, At the Margins of Orthodoxy (wie Anm. 17), S. 169.

62 Vgl. hierzu mit zwei Beispielen Kefeli, The Role of Tatar and Kriashen Women (wie Anm. 13), S. 266 f. Zur Rolle von Frauen in diesen Prozessen ferner dies., Une note sur le rôle des femmes tatares converties au christianisme dans la réislamisation de la Moyenne-Volga, au milieu du XIXe siècle, in: L'Islam de Russie (wie Anm. 4), S. 65-71.

Islam und ähneln sogar nach ihrem äußeren Erscheinungsbild und ihrer Kleidung, nach ihren Gewohnheiten und Routinen den Tataren.“[63]

7. Zusammenfassung

„Die Berechnung und der Nutzen verführen die Getauften nicht selten zum Islam“,[64] so fasste der orthodoxe Beobachter Mašanov seine Eindrücke in den Dörfern, die sich dem Islam zugewandt hatten, zusammen. Diese beim ersten Hören abschätzig wirkende Analyse dürfte in ihrer wertenden Komponente kaum Bestand haben. Ihre analytische Komponente aber entspricht der Forderung, das eigenständige Handeln individueller Menschen ernst zu nehmen und in den Mittelpunkt der Analyse zu rücken. Den Apostaten Berechnung und Nutzenüberlegungen zu unterstellen, bedeutet lediglich, sie als rational handelnde Gestalter ihrer eigenen Lebenswelt zu konzeptualisieren und dabei von jeglichen Kollektivcharakteristika Abstand zu nehmen, die ansonsten die Renitenz dieser Dörfer erklären könnten.

Wie sich gezeigt hat, war der subjektiv erwartete Nutzen des Übertritts zum Islam in vielen Fällen höher als der Nutzen des Verbleibs im orthodoxen Christentum oder die Kosten der Apostasie. Eine ganze Reihe von Aspekten sprachen für den Islam:

- Die rituelle Versorgung durch Geistliche war in den muslimischen Gemeinden sicherer, regelmäßiger und weniger kostspielig.
- Die narrative Kohärenz zwischen sufischen Glaubenstexten und der mündlichen Überlieferung war in vielen *kreščenye*-Dörfern höher als die Kohärenz letzterer mit orthodoxen Texten.
- Die soziale Akzeptanz der *kreščenye* (wie auch der Angehörigen anderer Ethnien) in der muslimischen Bevölkerung war nach dem Übertritt zum Islam deutlich höher als ihre Anerkennung durch die russische Gesellschaft, die sie auch als Christen weiterhin und zunehmend unter die *inorodcy* subsummierte.
- Ökonomische Kontakte zu muslimischen Händlern und Kaufleuten wurden erleichtert, was in dieser Region von erheblicher Bedeutung war.
- In muslimischen Gemeinden bestanden bessere Chancen auf Schulbildung, da die Schuldichte im muslimischen Kontext wesentlich höher war.
- Nicht zuletzt waren muslimische Tataren für gewöhnlich auch wohlhabender als ihre christlich getauften Sprachverwandten. Die „Überlegenheit“ des muslimischen Bekenntnisses wurde auf diese Weise augenfällig.
- Kosten fielen kaum an, da das rechtliche Verbot des Wechsels von der Orthodoxie zum Islam nur in den seltensten Fällen auch durchgesetzt wurde.

Wie gezeigt wurde, erlaubt die gleiche Handlungslogik aber auch die Differenzierung unterschiedlicher Situationsmomente: An Orten mit großer Entfernung zu tatarischen Dörfern, an denen man von diesen aufgezählten Aspekten kaum profitieren konnte, nahm man sie auch entsprechend weniger stark wahr. Der Wechsel zum Islam fand nur dort statt, wo diese Nutzenwahrnehmung ausreichend hoch war.

Weder die Lebensweltkonzepte, mit denen Historiker in den letzten Jahren operieren, die beispielsweise „die Gefühle, Einstellungen und Wahrnehmungsweisen eines konkreten

63 Koblov, O tatarizacii (wie Anm. 45), S. 4.
64 Mašanov, Zametka (wie Anm. 38), S. 32.

Menschen in ihrer Wechselwirkung mit der sozialen Umgebung, den materiellen Bedingungen, den politisch-gesellschaftlichen Verhältnissen und den vorherrschenden Ideologien"[65] thematisieren und in analytischer Hinsicht allzu unscharf sind, noch der klassische Lebensweltbegriff von Alfred Schütz und Thomas Luckmann können Phänomene wie diese bewusste Neugestaltung einer Lebenswelt aufgreifen und einer Erklärung zugänglich machen. Ohnehin ist der explanatorische Anspruch einer rein interpretativen Lebensweltforschung fraglich. Hierauf hat auch schon Jürgen Habermas zu Recht hingewiesen:

> „Eine ‚verstehende Soziologie', welche die Gesellschaft in Lebenswelt aufgehen lässt, bindet sich an die Perspektive der Selbstauslegung der jeweils untersuchten Kultur (...). Insbesondere die theoretischen Ansätze, die von einem kulturalistischen Lebensweltbegriff ausgehen, verstricken sich in die Fehlschlüsse eines ‚hermeneutischen Idealismus'. Dessen Kehrseite ist ein methodischer Deskriptivismus, der sich berechtigten explanativen Ansprüchen sozialwissenschaftlicher Theoriebildung versagt. Das gilt vor allem für die phänomenologischen, linguistischen und ethnomethodologischen Varianten einer verstehenden Soziologie, die über Reformulierungen eines mehr oder weniger trivialen Alltagswissens in der Regel nicht hinausgelangen."[66]

Die Einbindung in ein allgemeines Erklärungsmodell jedoch erlaubt es nicht nur, die handelnden Menschen in ihrem Eigensinn ernst zu nehmen und sie als aktive Gestalter ihrer eigenen Geschichte anzusehen, sondern bindet gleichzeitig die Stärken einer hermeneutischen Vorgehensweise in einen erklärenden Ansatz ein und überwindet so die auch in der interpretativen Soziologie weiterhin gepflegte Dichotomie zwischen Erklären und Verstehen.

---

65 Ekaterina Emeliantseva, Historischer Vergleich und lebensweltlich orientierte Geschichtsschreibung: Ein möglicher Weg zu einer integrierten Geschichte Europas. Download unter http://hsozkult.geschichte.hu-berlin.de/forum/2005-04-002 (28.10.2005).

66 Jürgen Habermas, Theorie des kommunikativen Handelns. Band 2: Zur Kritik der funktionalistischen Vernunft. 4. Aufl., Frankfurt a.M. 1987, S. 223. Die Konsequenzen, die Habermas aus der defizitären Beschränkung auf eine rein verstehende Lebensweltbetrachtung zieht, nämlich die Einbeziehung einer handlungstheoretisch seiner Ansicht nach nicht greifbaren Systemebene, muss man jedoch nicht ziehen. Vgl. dazu die kritische Auseinandersetzung mit Habermas' Theorie des kommunikativen Handelns bei Alfred Bohnen, Handlung, Lebenswelt und System in der soziologischen Theoriebildung. Zur Kritik der Theorie des kommunikativen Handelns von Jürgen Habermas, in: Zeitschrift für Soziologie 13 (1984), H. 3, S. 191-203.

Veronika Shumska

Frömmigkeit der dörflichen Bevölkerung in Russland im 19. Jahrhundert am Beispiel der orthodoxen und baptistischen Gemeinden

Die moderne volkskundliche Forschung ist gekennzeichnet durch einen äußerst vorsichtigen Umgang mit den Inhalten und Formen bestimmter religiöser Wertkonzeptionen wie Glaube, Aberglaube, Frömmigkeit usw. Daxelmüller bemerkt hierzu treffend:

> „Es ist nahezu unmöglich, den Begriff ‚Glaube' befriedigend zu erklären. Definitionsversuche erweisen sich vor allem dann als Irrweg, wenn man ihn in seinen wahrnehmbaren Ausdrucksformen erfassen wollte. Gleiches gilt für den ‚Aberglauben'. Gerade weil er bedeutungsgeschichtlich immer vom ‚Glauben' ab- und ausgegrenzt wurde, verbanden sich mit den Bestimmungsversuchen nur zu oft sehr konkrete historische, subjektive und ideologische Absichten."[1]

Daher löst der Begriff „Frömmigkeitsforschung" bei vielen Volkskundlern bzw. empirischen Kulturwissenschaftlern Berührungsängste aus. Seit dem 18. Jahrhundert breitete sich die Angst des Forschers vor dem religiösen Feld aus, „das ihn als Agenten der Kirche erscheinen lassen könnte". Daher geriet die Frömmigkeitsforschung in den Verdacht der „propaganda fidei".[2] „Dahinter verbirgt sich ein Identifikationskonflikt, nämlich die Meinung, für seinen Forschungsgegenstand öffentlich einstehen zu müssen, mit ihm gleichgesetzt zu werden".[3] Es besteht für die Forscher immer wieder die Gefahr, die Glaubenswelt der anderen entweder durch subjektive Bewertung als richtig bzw. minderwertig oder von einem bestimmten religiösen Standpunkt[4] aus als außerkanonisch zu beurteilen.[5]

Um ein Gesamtbild der Glaubensvorstellung einer anderen Konfession zu gewinnen, plädiert Brückner für die Zusammenarbeit der Frömmigkeitsforschung mit benachbarten Disziplinen und lehnt die gern gebrauchte Parallelisierung von „Theologie und Volkskunde" ab. Er weist in eine Richtung, in der die Volkskundler nicht dogmatische Motivationen und ideologische Interessenverknüpfungen als solche in den Vordergrund stellen sollten,

---

1 Christoph Daxelmüller, Vorwort, in: Hanns Bächtold-Stäubli, Handwörterbuch des deutschen Aberglaubens. Bd. 1, Berlin 1987, S. XXII.

2 Vgl. Wolfgang Brückner, Brauchforschung tut not, in: Jahrbuch für Volkskunde (1998), S. 122.

3 Wolfgang Brückner, Frömmigkeitsforschung im Schnittpunkt der Disziplinen, in: Ders., Gottfried Korff u. Martin Scharfe, Volksfrömmigkeitsforschung. Würzburg 1986, S. 5.

4 Der Volkskundler und Theologe Thomas Schirrmacher setzt zum Beispiel Marienstandbilder mit Götzenbild gleich. Vgl. Thomas Schirrmacher, Marxismus – Opium für das Volk? Berneck 1990, S. 35.

5 Besonders deutlich wird dies bei dem wertenden Urteil über den Aberglaubensbegriff im Handwörterbuch des deutschen Aberglaubens (wie Anm. 1).

sondern die daraus erwachsenden jeweiligen unterschiedlichen Lebensformen, d.h. die kulturellen Folgen von Religion. Ohne Theologie wäre es unmöglich, ein wahres und gerechtes Bild der Frömmigkeit zu gewinnen, weil die Mauern außerordentlich hoch sind, welche die Konfessionen voneinander trennen.[6] Werden nur die bloßen rituellen Situationen ohne Kenntnis der kognitiven Beweggründe beschrieben, bleibt der Zugang zu den emotionalen Wirkungen verschlossen. „Der Volkskundler denkt hierbei an den konfessionellen Alltag genau umreißbarer regionaler Gruppierungen, und nur in dieser allgemeinsten Umschreibung seines Untersuchungsgegenstandes bleibt die Offenheit für weitere Fragen."[7]

Gerade bei der Erklärung der Entstehung und Entwicklung der christlichen Glaubensvorstellung in Russland erkennt man deutlich die Notwendigkeit der Zusammenarbeit mit der Theologie. Die europäischen Strömungen wie Reformation und Renaissance hatten auf die Entwicklung Russlands wegen der lange andauernden Isolierung keinen Einfluss. Die Hexenverfolgung zum Beispiel entstand im Westen auf dem Boden, den die in der Orthodoxie unbekannte Scholastik vorbereitet hatte. Die Scholastiker versuchten mit logischen Argumenten die überirdische Welt zu beschreiben und zu begreifen. Die Orthodoxen zeigen im Gegensatz dazu eine Scheu davor, Irrationales rational zu fassen. Orthodoxe Theologen sehen in der Scholastik sogar einen wesentlichen Grund für die Trennung der beiden Kirchen.[8]

Viele Dogmatisierungen der Westkirche bleiben für die Orthodoxie fremd. Obwohl auch orthodoxe Theologen zu verschiedenen Zeiten Katechismen verfasst haben, wurden sie niemals zu einer Norm erhoben, vergleichbar etwa der „Summa theologiae" oder Martin Luthers „Kleinem Katechismus". „Im Osten hat sich keine Theorie des Christentums gebildet, sondern sie wurde durch Heilige, *Starcen*,[9] Kirchen, Ikonen, kirchliche Poesie als vollkommenere und tiefere Verkörperung der Orthodoxie ersetzt."[10] Das Wort „Erneuerung" hat für die Orthodoxe Kirche einen negativen Einschlag.[11] Im Gegensatz zu „Erneuerung" spielt der Begriff „Bewahrung" eine wichtige Rolle.

Im abendländischen Protestantismus wurde lange Zeit die orthodoxe Frömmigkeit als heidnisch verurteilt. „Wer diese [Orthodoxe] Kirche von außen betrachtet mit ihrem Kultus, ihrem feierlichen Ritual, der Fülle ihrer Zeremonien, ihren Reliquien, Bildern, Priestern, Mönchen und ihrer Mysterienweisheit, und sie dann einerseits mit der Kirche des 1. Jahrhunderts, andererseits mit den hellenischen Kulten in der Zeit des Neoplatonismus vergleicht – der muss urteilen, dass sie nicht zu jener, sondern zu diesen gehört."[12]

---

6 Vgl. Werner Gruehn, Die Frömmigkeit der Gegenwart. Grundtatsachen der empirischen Psychologie. 2. Aufl., Konstanz 1960, S. 496.

7 Wolfgang Brückner, Frömmigkeitsforschung (wie Anm. 3), S. 27.

8 Vgl. Georg Galitis, Glauben aus dem Herzen. Eine Einführung in die Orthodoxie. München 1987, S. 27.

9 Ein *Starec* ist ein älterer Mönch, der auf Grund von Entsagungen, Kontemplation und menschlicher Erfahrung zu einem Seelenführer, zu einem geistlichen Vater geworden ist. An ihn wenden sich Mönche, aber auch Laien, die einen Rat suchen. Siehe hierzu Igor Smolitsch, Leben und Lehre der Starzen. 2. Aufl., Köln 1952.

10 Seraphim, (Lade), Metropolit, Die Ostkirche. Stuttgart 1950, S. 197.

11 Man denkt an die „Erneuerungsversuche" Peters der Großen sowie an die „Obnovlency" (Erneuerer) in den 20er Jahren des 20. Jahrhunderts.

12 Adolf von Harnack, Das Wesen des Christentums. Leipzig 1900, hier nach Gütersloh 1999, S. 208.

Nach dieser kurzen Schilderung der Problematik der modernen Frömmigkeitsforschung sowie der Notwendigkeit einer interdisziplinären Forschung, insbesondere des Einbezugs der Theologie, wendet sich der Beitrag im Folgenden den Frömmigkeitsäußerungen der orthodoxen und baptistischen Bauern im 19. Jahrhundert zu.

Das Streben nach Veränderung war im 19. Jahrhundert in Russland das typische Merkmal des politischen und religiösen Lebens. Die Orthodoxie mit ihrer sich auf die Tradition stützenden Frömmigkeit wirkte für viele altmodisch und reaktionär. Ihr mystisch-kontemplativ getöntes und Traditionen bewahrendes Christentum stand in Widerspruch zu den rationalen, neu entstandenen, „erweckten Sekten". Ebenso war der Einfluss positivistischer und materialistischer Ideen sehr stark. In den verschiedenen Schichten der Stadtbevölkerung entfernten sich viele Menschen mehr und mehr von der Kirche. Der Kultus der Kirche interessierte sie nicht, sie verhielten sich passiv, ablehnend oder suchten Zuflucht in einer aktiv antireligiösen Haltung. Die orthodoxen Zeremonien betrachteten sie als Überbleibsel des Aberglaubens. In der aufgeklärten und progressiven Gesellschaft wurde die Ansicht verbreitet, die Kirche stagniere in rituellem Formalismus.

Die problematische Begegnung der russisch-orthodoxen mit der baptistischen Wertkonzeption und ihren Frömmigkeitsäußerungen führte unter den Bauern in der zweiten Hälfte des 19. Jahrhunderts zu Intoleranz, Verachtung und manchenorts sogar zu Lynchgerichten, die das Zusammenleben der Dorfbevölkerung stark erschwerten. Die Frömmigkeitsäußerungen der neu entstandenen „baptistischen Sekten" wurden als Protest nicht nur gegen die jahrhundertelange Tradition der Kirche, sondern auch gegen die Staatsgewalt wahrgenommen. Oft glaubte man in der baptistischen Lehre, Merkmale der sozialistischen und kommunistischen Ideen zu erkennen und betrachtete die „Sekte" als eine Untergrundbewegung. So schrieb der Gutbesitzer Značko-Javorskij dem Stundismus in der von ihm 1867 verfassten Denkschrift (*zapiska*) primär kommunistische Prinzipien zu.[13]

Man muss jedoch die baptistische Bewegung unter Russen bzw. Ukrainern von der unter den deutschen Kolonisten unterscheiden. Die russische Regierung stand dem Konfessionswechsel der nicht orthodoxen Gläubigen gleichgültig gegenüber, wogegen die Abweichung der Orthodoxen von ihrem Glauben als unzulässig galt. Im Folgenden liegt das Augenmerk daher auf den Frömmigkeitsäußerungen der russischen Baptisten und der Orthodoxen in der Gründungsphase der baptistischen Bewegung.

Über die Entstehung des russischen Stundismus, der als Vorläufer und als Entwicklungsstadium des Baptismus gilt, gibt es in der Geschichtswissenschaft zwei Sichtweisen. Er wurde entweder aus dem deutsch-protestantischen Einfluss hergeleitet oder man findet im Baptismus, zum Beispiel nach Hans-Christian Diedrich,[14] Spuren der bodenständigen Sekten der Molokanen und Duchoborcen. Die Bezeichnung Stundist bzw. Stundobaptist ist keine Selbstbezeichnung, sondern stammte von der staatlichen Obrigkeit, um misslie-

13 Vgl. Materialy dlja istorii religiozno-racionalističeskogo dviženija na juge Rossii vo vtoroj polovine 19 stoletija [Materialien zur Geschichte der religiös-rationalistischen Bewegung im Süden Russlands in der zweiten Hälfte des 19. Jahrhunderts], hrsg. v. Aleksij Muretov. Kazan' 1908, S. 60, zitiert nach Michael Klimenko, Anfänge des Baptismus in Südrussland (Ukraine) nach offiziellen Dokumenten. Erlangen 1957, S. 25.

14 Hans-Christian Diedrich, Siedler, Sektierer und Stundisten. Die Entstehung des russischen Freikirchentums. Berlin 1985.

bige religiöse Bewegungen unter Russen und Ukrainern zu definieren, und geht auf die schwäbischen Gebetsstunden in den Gemeinschaftskreisen zurück. Der Baptismus wird in vielen Dokumenten oft als Stundismus bezeichnet, weil die Grenze zwischen den beiden religiösen Formen sehr fließend ist. Nur die Annahme einer Erwachsenentaufe, die oft konspirativ durchgeführt wurde, machte einen Stundisten zum Baptisten. Aus diesem Grund ist es äußerst schwierig, Baptisten und Stundisten gesondert zu behandeln.

Unstrittig ist, dass die russischen und ukrainischen Baptisten mit den Baptistengemeinden der deutschen Kolonisten und mit den Gemeinden der Mennoniten-Brüder organisch verbunden waren. Von den Deutschen bekamen sie die ersten theoretischen und praktischen Anleitungen. Die Frömmigkeit der deutschen Kolonisten war der wichtigste Steuerungsmechanismus für die Herausbildung der russisch-baptistischen Frömmigkeit. Wie Bischof Aleksij Muretov berichtet, befanden sich die Bauern des Dorfes Osnova im Kreis (*uezd*) Odessa, Gouvernement Cherson, „in ständiger Fühlung mit den Kolonisten und manche von ihnen waren lange Jahre in deren Diensten. Die Bauern übernahmen vielfach die Sitten der Kolonisten, einige lernten sogar Deutsch, und dank der offensichtlichen Überzeugungskraft der deutschen reformierten Stundisten und dank der Unwissenheit und Einfältigkeit der Bauern nahmen diese ihre Lehre an“.[15] Als Kirjakov, der Hauptpriester des Bezirks (*blagočinnyj*), im März 1867 die Dörfer Osnova, Rjasnopol'e und Ignatovka besuchte, unterhielt er sich auch mit „Abtrünnigen“. In seinem Brief an das Konsistorium in Cherson befand er, dass die russischen Stundisten tatsächlich unter dem Einfluss des Luthertums stünden, und bescheinigte der Melodie ihrer religiösen Hymnen den unverkennbar deutschen Ursprung.[16]

Die verfügbaren Dokumente über die Entstehung und Verbreitung des russischen Baptismus gehen vor allem auf Rechenschaftsberichte orthodoxer Bischöfe und Priester sowie auf verschiedene Polizeiberichte zurück. Zu nennen sind vor allem das in vielen Forschungen zitierte Buch über den südrussischen Stundismus[17] von Priester Arsenij Roždestvenskij und die von Bischof Aleksij Muretov herausgegebenen Beiträge zur Geschichte des kirchlichen Rationalismus in Südrussland.[18] Jedoch lassen sich anhand dieser Quellen weder eindeutige Aussagen über die Zahl der Baptisten noch über die inneren Vorgänge in der Bewegung machen. Einer der wesentlichen Gründe dafür ist der Umstand, dass die Bischöfe ihre Eparchien beim Synod nicht als „verseucht“ registrieren lassen wollten. Hinzu kam, dass die Pfarrgeistlichen, von denen das statistische Grundmaterial stammte, von den Abneigungen der Bischöfe gegen hohe Zahlen der Baptistenanhänger wussten und nicht selten die Angaben im Interesse ihrer dienstlichen Laufbahn senkten. Die Baptisten selbst eigneten sich eine geschickte Abwehrtaktik an und fühlten sich den Staatsorganen gegenüber zu keinen wahrheitsgemäßen Angaben verpflichtet. Es gab zahlreiche Beispiele, dass die Führer der „stundistischen Sekten“ sich beim Verhör als treue orthodoxe Christen inszenierten.[19]

Weiteres umfangreiches Quellenmaterial ergibt sich aus den in den 60er Jahren des 19. Jahrhunderts neu entstandenen Zeitschriften wie „Pravoslavnoe Obozrenie“ („Orthodoxe

---

15 Materialy dlja istorii (wie Anm. 13), S. 14.
16 Vgl. Arsenij Roždestvenskij, Južno-russkij štundizm [Der südrussische Stundismus]. S.-Peterburg 1881, S. 58, zitiert nach: Klimenko, Anfänge des Baptismus (wie Anm. 13), S. 17.
17 Roždestvenskij, Južno-russkij štundizm (wie Anm. 16).
18 Materialy dlja istorii (wie Anm. 13).
19 Vgl. Igor Smolitsch, Geschichte der russischen Kirche. Bd. 2, Berlin 1990, S. 243 f.

Umschau"), „Duch christianina" („Der Geist des Christen") u.a. Sie befassten sich mit der Rolle der Orthodoxen Kirche und der Lage der Pfarrgeistlichkeit.

Das reichhaltig publizierte Material über das orthodoxe kirchliche Leben lieferte auch Schriftstellern Stoff. Es erschienen Romane und Erzählungen der verschiedensten Ausrichtung: positiv-apologetische, negativ-liberale, zuweilen gar religionsfeindliche. Bei der Auswertung dieser Quellen sollte man jedoch berücksichtigen, dass sie von der Weltsicht sowie den politischen und finanziellen Interessen der jeweiligen Schriftsteller geprägt sind. Ein beredtes Beispiel bietet die Kontroverse zwischen Fedor Dostoevskij und Nikolaj Leskov.[20]

Die Baptisten bzw. Stundisten fanden dagegen in der damaligen Literatur, soweit ersichtlich ist, so gut wie keine Beachtung. Andererseits fehlt auch zeitgenössisches Material von Seiten der russischen Baptisten über die Entstehung und Entwicklung ihrer Bewegung. Allein die Publizistik schenkte dieser religiösen Bewegung größere Aufmerksamkeit. Zu nennen sind vor allem Artikel von Ivan Aksakov im Jahrgang 1868 der Zeitschrift „Moskva" und Fedor Dostoevskij im „Tagebuch eines Schriftstellers" („Dnevnik pisatelja") von 1873.[21] Beide Autoren waren sich in ihrem Urteil über die Gründe für die Verbreitung des Stundismus in Russland einig. Es seien die fehlende Bildung der Bauern und die Nachlässigkeit der Geistlichkeit. Der Stundismus als „abscheuliche Erscheinung" („javlenie urodlivoe") konnte laut Dostoevskij nur „ein geistlich verwahrlostes und ungebildetes Volk" („duchovno ostavlennyj i neprosveščennyj narod") anlocken. Auch für Aksakov lag die Ursache für die Annahme des Stundismus darin, dass der russische Mensch jeder religiösen Erziehung entbehrte.

> „Daß sein Verhältnis zur Orthodoxie nur aus Sitte und Brauchtum besteht, sodaß er, herausgerissen aus seinem traditionellen Milieu, ohne Waffen des Wissens und ohne Bewusstheit den Kampf mit dem geschlossenen und bewussten, hartnäckigen und starken Glauben der Protestanten puritanischen Typs, ja nicht einmal mit dem der Juden nicht auszuhalten vermag (...). Für die Bauern, so urteilen unsere Hirten, sind Bräuche, Zeremonien, Traditionen selbst ohne Sinngebung durch Erklärungen genügend; mögen sie sich damit behelfen (...). Jetzt rächt sich diese Vernachlässigung des geistlichen Durstes im Volke; es sucht seinen Hunger und seinen Durst bei anderen zu stillen".[22]

Ohne Zweifel waren die fehlende Bildung der orthodoxen Bauern und die Passivität der orthodoxen Geistlichen ein wichtiger Grund für die Ausbreitung des Stundismus. Doch gab es diese religiöse Bewegung nicht nur unter den ungebildeten Bauern, sondern auch unter einer völlig anderen Bevölkerungsgruppe, den Adligen, etwa in der Paškov-Bewegung[23] des Ho-

---

20 Fedor Michajlovič Dostoevskij, Rjaženyj [Der Maskierte], in: Dnevnik pisatelja [Tagebuch eines Schriftstellers] 1873. S.-Peterburg 1895, S. 266-282.

21 Fedor Michajlovič Dostoevskij, Smjatennyj vid [Verwirrtes Äußeres], in: Dnevnik pisatelja (wie Anm. 20), S. 233-241.

22 Ivan Sergeevič Aksakov, Nekotorye bezobrazija russkoj žizni – i v častnosti pričiny rasprostranenija štundy [Einige Abscheulichkeiten des russischen Lebens – und zwar die Gründe für die Ausbreitung des Stundismus], in: Moskvič v. 25.1.1868, zitiert nach Smolitsch, Geschichte (wie Anm. 19), S. 234.

23 Die Entstehung der Gruppe der *Paškovcy* geht auf den englischen Aristokraten Lord Grenville Radstock zurück, der 1874 auf eine Einladung hin Petersburg besuchte und in den Häusern russischer Adliger predigte. Seine Glaubensprinzipien basierten auf der Ablehnung von Sakramenten,

fadels, dem man wohl kaum fehlende Bildung nachsagen kann. Hieraus lässt sich erkennen, dass durchaus noch weitere Gründe für die Sympathie der stundistischen Lehre vorliegen müssen. Möglicherweise war ihre besondere Anziehungskraft in der neuen, als alternativ wahrgenommenen Form der Frömmigkeit des Stundismus bzw. Baptismus begründet.

Die erste offizielle Nachricht über die Entstehung einer neuen Sekte stammte Ende des Jahres 1866 aus der Petersburger Zeitung „Sankt-Peterburgskie vedomosti" („St. Petersburger Nachrichten").[24] Der Ort, in dem die ersten Stundisten entdeckt wurden, war das bereits mehrfach genannte Dorf Osnova im Kreis Odessa, Gouvernement Cherson. In Verbindung mit der Entstehung und Verbreitung des Stundismus wurden zwei Männer als Anführer genannt: Ratušnyj und Oniščenko. Doch sei darauf verwiesen, dass schon im Jahre 1865 der Priester Kirjakov dem Erzbischof von Odessa, Aleksij Muretov, über die mutmaßliche Zugehörigkeit einiger Einwohner von Osnova zur „Sekte der Reformierten" berichtete. (Osnova grenzte an die deutsche reformierte Kolonie Rohrbach.) Im Hause von Ratušnyj seien nächtliche Versammlungen abgehalten worden, an denen 17 Männer und drei Frauen teilnahmen, die gemeinsam die Bibel lasen und Hymnen sangen.[25]

Im Jahr 1870 wurden zwei der Anführer des Stundismus im Dorf Tarašča im Kiever Gouvernement verhaftet. Aus den polizeilichen Akten, in denen die Geständnisse der Anführer protokolliert sind, könnte man durchaus eine Art stundistischen Katechismus erschließen. Die Anführer behaupteten, dass die Heiligen und die Gottesmutter gewöhnliche Menschen wie alle anderen seien und dass sie nicht als Mittler vor Gott angerufen werden könnten. Jeder Mensch müsse für sich selbst beten und nicht auf die Gebete der Heiligen und der Kirche hoffen. Gott müsse man im Geiste und in der Wahrheit anbeten. Die äußeren Zeichen der Anbetung seien bedeutungslos. Ebenso sei die Verehrung (*počitanie*) des Kreuzes und der Ikonen ohne Wirkung. Reliquien dürfe man auch nicht verehren.[26]

In der Forschung wird der Konflikt zwischen Orthodoxen und Baptisten oft als eine Folge der Unfähigkeit und Passivität der Orthodoxen Kirche interpretiert, die es verpasst habe, die neu entstandene christliche Religiosität der Baptisten an die Orthodoxe Kirche zu adaptieren.[27] Dabei wird übersehen, dass manche Ausdrucksformen der baptistischen Frömmigkeit im krassen Widerspruch zur Glaubensüberzeugung der Orthodoxen standen. Die Baptisten konnten ihrerseits den Inhalt der orthodoxen Frömmigkeit nicht akzeptieren. Es ist daher zu bezweifeln, dass die Orthodoxe Kirche die baptistischen religiösen Verhaltensmuster in ihre Frömmigkeit hätte integrieren können.

Gottesdiensten und kirchlicher Hierarchie. Der Glaube sollte nur auf karitativer Tätigkeit und Nächstenliebe basieren. Unter seinem Einfluss scharte der Gardeoberst V.A. Paškov eine Gruppe russischer Aristokraten um sich, die von den Orthodoxen als *Paškovcy* bezeichnet wurde.

24 Vgl. Bischof Aleksij, Religiozno-rationalističeskije dviženija na juge Rossii vo vtoroj polovine 19. veka [Die Bewegungen des kirchlichen Rationalismus im Süden Russlands in der zweiten Hälfte des 19. Jahrhunderts]. Kazan' 1909, S. 477, zitiert nach: Klimenko, Anfänge des Baptismus (wie Anm. 13), S. 9.

25 Vgl. Roždestvenskij, Južno-russkij štundizm (wie Anm. 16), S. 7 f.

26 Ebenda, S. 49.

27 Gerd Stricker meint zum Beispiel, die orthodoxe Geistlichkeit habe mit Unverständnis auf diese Bibelbewegung russischer und ukrainischer Saisonarbeiter reagiert; sie sei nicht imstande gewesen, diese geistlichen Potenziale in ihre Gemeinde zu integrieren und für ihre Kirche fruchtbar zu machen. Vgl. Rußland, hrsg. v. Gerd Stricker. Berlin 1997 (Deutsche Geschichte im Osten Europas), S. 373.

Die stundistische bzw. baptistische Frömmigkeit war von Anfang an von der Negation der Orthodoxen Kirche, deren Frömmigkeitsäußerungen und Tradition bestimmt. So stieß Priester Nogačevskij in Ratušnjys Haus in Rjasnopol'e auf Ablehnung, als er den dort Versammelten vorschlug, mit ihm das Weihnachtstroparium zu singen,[28] obwohl das Weihnachtstroparium ein „harmloses" und „neutralchristliches" Gedicht darstellte:

> „Deine Geburt Christus, unser Gott, ließ erstrahlen der Welt das Licht der Erkenntnis;
> denn bei ihr wurden die Anbeter der Gestirne von einem Stern belehrt,
> Dich anzubeten als die Sonne der Gerechtigkeit und Dich zu erkennen
> als den Anfang aus der Höhe. Ehre sei Dir."[29]

Am 6. Januar 1870, dem Epiphanias- oder Erscheinungsfest, einem bedeutenden orthodoxen Feiertag, fuhren die Stundisten von Osnova an dem Prozessionszug vorbei und brachten ihre Verachtung durch Pfiffe sowie Aufbehalten ihrer Mützen zum Ausdruck.[30]

Insbesondere in der Ikonenverehrung wurde die Kompromisslosigkeit der beiden religiösen Wertkonzeptionen deutlich. Im Mittelpunkt der baptistischen Glaubensüberzeugung stand die Bibel. In der Polemik gegen die Orthodoxen legten die Baptisten das Alte und Neue Testament so aus, als kritisiere die Bibel die orthodoxe Tradition und ihre hierarchische Struktur. Dabei war die Ikonenverehrung der zentrale Punkt des baptistischen Angriffs. Man suchte in der Schrift nach Belegen gegen die Bilderverehrung.

Den orthodoxen Russen war der ikonenlose Gottesdienst so fremd, dass sie ihn als ketzerisch missbilligten. Allein das Fehlen der Ikonostase ließ die Einheimischen glauben, dass sie es mit einem ketzerischen Bekenntnis zu tun hätten. Gerade der Vorwurf, die Baptisten seien Bilderstürmer (*ikonoborcy*), war einigen Orthodoxen ein willkommener Anlass, sie mit den byzantinischen Ikonoklasten gleichzusetzen und im Baptismus eine Spielart dieser alten Häresie zu sehen.

Den Bruch mit der Kirche vollzogen die Baptisten durch demonstrative Ikonenzerstörungen. Die Ikonen – so in den Dörfen Čaplinka, Osnova und Rjasnopol'e – wurden aus den Häusern entfernt und vernichtet. Gerasim Balaban, der bei der Ausbreitung des Stundismus als Haupthelfer Ratušnyjs galt, war besonders kirchenfeindlich gestimmt. Mit Wort und Tat stritt er gegen die Orthodoxe Kirche, ihre Amtsträger und die Zeremonien. 1871 zerstörte er demonstrativ die Ikone des Heiligen Nikolaus.[31]

Nach der orthodoxen Theologie bedeutet jedoch die Ablehnung der Ikonenverehrung die Verleumdung der Menschwerdung Christi, eines der wichtigsten Dogmen des christlich-orthodoxen Glaubens. Deswegen sollte der Priester von Osnova im Auftrag des Hauptpriesters des Kreises als erstes nachprüfen, ob sich denn in den Häusern der Sektanten noch die Ikonen befänden.

28 Vgl. Diedrich, Siedler (wie Anm. 14), S. 125.

29 Рождество Твое, Христе Боже наш, возсия мирови свет разума, в нем бо звездам служащии звездою учахуся Тебе кланятися, Солнцу правды, и Тебе ведети с высоты Востока. Господи, слава Тебе! in: Pravoslavnyj molitvoslov, Svjato-Troitckaja Sergieva Lavra. Moskva 1996, S. 151.

30 Vgl. Diedrich, Siedler (wie Anm. 14), S. 125.

31 Vgl. Klimenko, Anfänge des Baptismus (wie Anm. 13), S. 50.

Im 19. Jahrhundert waren die russischen orthodoxen Bauern mit der theologisch-orthodoxen Auslegung der Ikonenverehrung sicherlich nicht tief vertraut. Jedoch stellte die Ikonenvernichtung in Byzanz im 7. und 8. Jahrhundert ein Trauma im kollektiven Gedächtnis dar. Die Ikonenzerstörer wurden mit Gottlosen gleichgesetzt. Für die orthodoxen Bauern war die Verehrung ihrer Ikonen mit der Verehrung Christi, der Gottesmutter und der Heiligen identisch. Für den betenden Betrachter bestand kein Unterschied zwischen der Ikone und dem Heiligen selbst, da er diesen stets bildhaft wahrnahm.

Bestimmt las keiner der Bauern die ausführliche Apologie der religiösen Darstellungen und der Theologie des Bildes vom Heiligen Johannes Damaskus und vom Heiligen Abt Theodoros von Stoudion. Dafür kannten die orthodoxen Bauern die zahlreichen kirchlichen Hymnen und Troparien auswendig, welche auf die Ikonenverehrung hinweisen:

> „Vor Deinem allerreinsten Bilde fallen wir nieder, o Gütiger,
> bittend um die Vergebung unserer Sünden, Christus, Gott!“[32]

Mit dem großen Fest „Triumph der Orthodoxie“ („toržestvo pravoslavija“) in der zweiten Woche der großen Fastenzeit wird der Sieg der Ikonodulen (Ikonenverehrer) über Ikonoklasten (Ikonenvernichter) in Byzanz gefeiert. Die Hymnen dieses Festes bestätigen durchaus die Ikonenverehrung und verurteilen diejenigen als gottlos, die es nicht akzeptieren:

> „Zum Urbilde trägt empor, so sagt Basilios, die Verehrung des
> Bildes. Darum lasst uns beharrlich verehren Christi,
> des Heilandes, und aller Heiligen Bilder, damit wir,
> uns an sie klammernd, nicht durch die Gottlosigkeit verlockt werden.“[33]

Außerdem bedeutete die Annahme neuer orthodoxiefremder Frömmigkeitsformen wie die Trennung von Ikonen einen Anschlag auf die religiöse bäuerliche Lebensordnung, denn gerade die Ikonen begleiteten alle wichtigen Ereignisse der orthodoxen Bauern. Neugeborene, Verlobte, Kranke und Verstorbene wurden mit der Ikone gesegnet. Besonders verehrte Ikonen trug man in feierlicher Prozession durch die Dörfer und Felder. Die orthodoxen Bauern glaubten, dass die Ikonen Segen über Menschen, Tiere, Häuser und Felder brächten, Kranke würden durch die Berührung der Ikone geheilt. Daher waren diejenigen, welche die neue ikonenlose Frömmigkeitsform annahmen, von der dörflichen Gemeinschaft ausgeschlossen.

So fasste zum Beispiel die Dorfversammlung von Ignatovka, Kreis Odessa, im Chersoner Gouvernement am 30. Dezember 1866 folgenden Beschluss (*prigovor*) über die Entfernung von drei Familien aus der Dorfgemeinde wegen ihres Abfalls von der Orthodoxen Kirche und Übertritts zum „reformierten Gesetz“, der jedoch nicht ausgeführt wurde:

> „Wir als Dorfgemeinschaft haben entscheidende Maßnahmen, die Sektierer zur Vernunft zu bringen, ergriffen. Alle unsere Maßnahmen und Bitten blieben jedoch ohne Erfolg. Die Sektierer machen unserer Dorfgemeinschaft den Vorwurf, den wahren Glauben vergessen zu haben, und nennen uns Verlorene. Außerdem beschimpfen sie die heiligen Ikonen und die Satzungen der Orthodoxen Kirche. Um die weitere Entwicklung die-

32 Festtroparion des 1. Fastensonntags.
33 Aus den Gesängen der Vesper am 1. Fastensonntag.

> ser von ihnen erwählten Religion unter unserer Bevölkerung nicht zuzulassen, haben wir das letzte Mittel ergriffen – sie als Aufrührer gegen unsere Volksreligion aus unserer Gemeinschaft zu entfernen. Wir wollen uns vor den Vorwürfen anderer Dörfer schützen."[34]

Ein weiterer Aspekt der orthodoxen Frömmigkeit, der von den Baptisten in Frage gestellt wurde, war die höchste Autorität des Mönchtums und die ausschlaggebende Bedeutung der Klöster. Die Vorschriften für die vier Fastenzeiten des Jahres, wie sie in den orthodoxen Klöstern Regel waren, wurden in fast unverminderter Strenge von den Bauern übernommen.

Im Gegensatz zu Pfarrgeistlichen galt für die Bauern in Russland unbestritten das Mönchtum als Verkörperung des religiös-ethischen Ideals. Gerade das Mönchtum bzw. Starcentum war der wichtigste und einflussreichste Steuerungsmechanismus für die Herausbildung der orthodoxen Frömmigkeit. Der vollkommene Verzicht auf alle weltlichen Bindungen und völlige Selbstentsagung wurde unter den Bauern sehr bewundert und geschätzt. In der Gestalt des *Starec* Zosima in Dostoevskijs Roman „Die Brüder Karamazov" finden wir einen ersten Versuch, die Figur eines russischen *Starec* dichterisch darzustellen.

Das Vorbild eines Mönches, der um Gottes willen auf alles Irdische verzichtete, gab den orthodoxen Bauern die Kraft, die leichteren Gebote zu erfüllen. So zeigte zum Beispiel die sexuelle Askese der Mönche, dass die Reinhaltung der Ehe leicht zu erfüllen sei, und die absolute Besitzlosigkeit der Mönche half die eigene Armut leichter zu ertragen.

Der wichtigste Dienst der *Starcen* war die Seelsorge. Man legte großen Wert auf ihre geistliche Erfahrung. Jedoch war nur denjenigen Bauern, die rund um ein Kloster siedelten, der Kontakt mit den Kloster-Mönchen möglich. Viele Bauern konnten sich aus finanziellen oder gesundheitlichen Gründen nur selten die Pilgerschaft zu Klöstern leisten. Die asketischen Anschauungen, die sich durch das Wirken der vielen *Starcen* verbreiteten, führten unter der Bevölkerung dazu, dass das Mönchtum immer höher eingeschätzt wurde als das Priestertum. Es löste eine gewisse Vernachlässigung und sogar Verachtung der Pfarrgeistlichkeit aus.

Die eher demokratische Struktur der baptistischen Gemeinden und das Fehlen der Hierarchie standen vollkommen in Widerspruch zu den Erwartungen der russisch-orthodoxen Bauern. Im Kreis der Baptisten konnte jeder darauf hoffen, eine Führungsposition zu übernehmen. Für die Baptisten schien besonders attraktiv, dass ein Mann aus ihren eigenen Reihen und sozialen Umgebung imstande sei, die Bibel auszulegen. Inmitten der Orthodoxen wären dagegen derartige Anstrengungen als Anmaßung und Arroganz bewertet worden.

Die religiös-psychologische Besonderheit der russisch-orthodoxen Frömmigkeit bestand im Gegensatz zu derjenigen der Baptisten gerade darin, dass die Orthodoxen im Bischof vor allem den sakralen Herrscher der Kirche sahen und ihm daher mit scheuer Vorsicht entgegentraten. Die Bauern erwarteten vom Bischof zunächst und vor allem eine unnahbare Würde. Ihren Vorstellungen von der Bedeutung des bischöflichen Amtes entsprach im Wesentlichen eine erhabene Distanz. Es war nicht günstig, wenn der Bischof mit unerfahrener Impulsivität die von den Bauern erwartete und gewünschte Distanz unvorsichtig preisgab. Vertraute Beziehungen zwischen dem Bischof und den Kirchenmitgliedern waren

34 Roždestvenskij, Južno-russkij štundizm (wie Anm. 16), S. 58, zitiert nach: Klimenko, Anfänge des Baptismus (wie Anm. 13), S. 12 f.

nicht erwünscht und wurden nicht angestrebt. Wegen der distanzlosen Haltung und Kommunikationsbereitschaft der baptistischen Prediger wurde ihre geistliche Autorität von den Orthodoxen immer wieder in Frage gestellt.

Erzbischof Savva Tichomirov berichtete, wie sehr es die Einwohner von Kostroma ihrem Bischof Augustin Guljanickij (1889–1892) übel nahmen, dass er die „absonderliche Gewohnheit" hatte, „sich einfach zu geben und sich zum Beispiel zu Fuß auf den Straßen zu zeigen, anstatt pflichtgemäß immer einen Wagen zu benutzen".[35] Dieses Phänomen der orthodoxen Wahrnehmung der Hierarchen schilderte Anton Čechov in seiner Erzählung „Der Bischof" („Archierej").

Die Fähigkeit, den Gottesdienst feierlich und würdig zu zelebrieren, war für einen Bischof entscheidend, um die Sympathie der Bauern zu gewinnen. Die Bischöfe, die dieser Anforderung entsprachen, wurden sehr geschätzt, und man übersah manche ihrer Schwächen. Ein grausamer Despot, Bischof Varlaam Skamnickij, glich seine negativen Eigenschaften in den Augen der Kirchenmitglieder durch die Art seines Zelebrierens völlig aus. Der Metropolit Leontij Lebedinskij war unbeliebt durch die eilige, oberflächliche Art seines Zelebrierens, obwohl er ein milder Mensch war. Das Zelebrieren war ein Mittel, das Volk an das gottesdienstliche Leben heranzuführen, und konnte geradezu als Instrument der inneren Mission gelten.[36]

Der liturgische Charakter der russischen Frömmigkeit machte die Predigt im Gottesdienst zu einer Randerscheinung. Die Predigt wurde weder unter den Bauern noch unter den Hierarchen geschätzt. Erzbischof Aleksij Lavrov-Platonov bezeugte seine Abneigung gegen die Predigt mit folgender Aussage: „Der orthodoxe Gottesdienst ist in seiner Hymnologie so belehrend, daß ich mit meiner Predigt dieser Erbaulichkeit nur schaden kann."[37]

Man war der Ansicht, dass allein schon der Gottesdienst der Orthodoxen Kirche mit der Mannigfaltigkeit seiner Riten, mit seiner Hymnologie und der mystischen Haltung der Liturgie die beste Glaubensbelehrung sei. Der Theologieprofessor P. Kazanskij äußerte sich in den 60er Jahren des 19. Jahrhunderts folgendermaßen über die Bedeutung der Predigt in Russland:

> „Die Predigt und die Belehrung in unserer Kirche erlangen nie eine solche Bedeutung, wie sie sie in den westlichen Kirchen erreichen. Denn unser Gottesdienst ist gleichzeitig eine Predigt. Wir haben die Auslegung der Dogmen und den Ruf zur Buße wie auch die Belehrung in den Tugenden und die Erläuterung der kirchlichen Feste. Bei uns ist die Predigt mehr Gegenstand der Neugierde, eine Arena, in der sich die Fähigkeit des Predigers zeigt, und von diesem Standpunkt aus wird seine Predigt beurteilt."[38]

Für die Baptisten war aber gerade die Predigt das wichtigste Mittel ihrer Mission. Man predigte bei allen Gelegenheiten in Teehäusern, in Eisenbahnwagen, in Übernachtungshäusern, auf Hochzeiten, Begräbnissen und bei allen kirchlichen Festen. Man berichtete, wie Rja-

35 Vgl. Savva (Tichomirov), archiepiskop, Chronika moej žizni [Erzbischof Savva. Chronik meines Lebens]. Bd. 8, Sergiev Posad 1897–1911, S. 762, zitiert nach: Igor Smolitsch, Geschichte der russischen Kirche 1700–1917. Bd. 1, Leiden 1964, S. 405.

36 Vgl. Smolitsch, Geschichte (wie Anm. 35), S. 418.

37 Vgl. Smolitsch, Geschichte (wie Anm. 19), S. 48.

38 Ebenda.

bošapka mit funkelnden Augen und blassem pockennarbigen Gesicht den Einwohnern von Ljubomirka verkündete, dass sie verlorene Menschen seien, weil sie orthodox blieben.[39] Baptistische Gottesdienste kannten keine festgelegte Ordnung. Wesentliche Bestandteile waren Bibellesungen, Predigt, Gesang geistlicher Hymnen und das improvisierte Gebet, die dem Prediger oder einem anderen Teilnehmer zuteil wurde.

In der Orthodoxen Kirche kannten viele Analphabeten die sich immer wiederholenden Gottesdienste fast auswendig, und ebenso hatten sie Handlungen des zelebrierenden Priesters genau im Gedächtnis. Trotz seiner ungenügenden dogmatischen Bildung war der russische Gläubige bei dem ausgesprochen liturgischen Charakter seiner Frömmigkeit mit dem Wortlaut der liturgischen Texte und dem Vollzug der Riten sehr wohl vertraut. Die Liturgie bildete ein festes Band zwischen den Gläubigen und der Kirche. Deswegen wurde der Gottesdienst von der kirchlichen Hierarchie als eine Art kirchliche Volksmission betrachtet.

Die orthodoxe Frömmigkeit besaß im Unterschied zu den Baptisten einen kontemplativen Charakter. Damit hing zusammen, dass sie in viel geringerem Maße als bei den Baptisten an Schriftlichkeit gebunden war. Das Zentrum und der älteste Vermittler der orthodoxen Frömmigkeit waren lange Gottesdienste. Selbst Geistliche hatten oft keine gottesdienstlichen Bücher, sondern zelebrierten auswendig (Gebetbuch, Psalter und Heiligen-Viten). Das Zusammentreffen dieser Art von Frömmigkeit mit dem ausschließlich auf der Bibel gründenden Baptismus führte zu einem Zusammenstoß der unterschiedlichen christlichen Frömmigkeiten.

Nach der Schilderung der grundsätzlichen Züge der baptistischen und orthodoxen Frömmigkeitsäußerungen und ihrer Unterschiede sollen zum Schluss noch einige Erscheinungen gegenseitiger Beeinflussung aufgezeigt werden.

Es ist bemerkenswert, dass der anfangs stark antizeremoniell eingestellte Baptismus versuchte, sich im Laufe der Zeit den orthodox geprägten Neigungen der Bauern anzupassen. Hier wäre vor allem auf die Einführung von Riten hinzuweisen. Für Beerdigung, Trauung und Taufe entwickelte man einen bestimmten Handlungsablauf. Presbyter wie Bethäuser wurden geweiht, letztere sogar mit Bildern ausgeschmückt.[40]

Die Baptisten übernahmen auch die orthodoxe Terminologie für die Bezeichnung von geistlichen Würdenträgern. Während einer Durchsuchung im Juli 1870 im Chutor Nikolaevskij im Gouvernement Odessa wurden Briefe von Stundisten beschlagnahmt, die Teil einer Korrespondenz zwischen dem Vorsteher einer stundistischen Gruppe im Chutor Košt im Kreis Anan'ev, Daniil Dionisievič Kondratskij, und einem „Bruder" aus einem Dorf im Kreis Melitopol' war. Kondratskij wurde im Brief als „*Starec*" angeredet.[41] Rjabošapka wurde von den Bauern sogar als Bischof bezeichnet.[42]

Es entstand unter den Baptisten auch eine Art von Heiligen-Viten. Roždestvenskij schrieb eine baptistische Geschichte nieder, die in ukrainischen Baptisten-Kreisen als mündliche Überlieferung lebendig war. Die Geschichte erzählt von der Wahrheitssuche des Ratušnyj, der auf seiner Wanderschaft die Geistlichen, meist in Klöstern, befragte, wie wohl die Lebensführung nach der Wahrheit aussehen könne. So kam es, dass er in einem Kloster in

39 Vgl. Diedrich, Siedler (wie Anm. 14), S. 127.
40 Vgl. Smolitsch, Geschichte (wie Anm. 19), S. 223.
41 Vgl. Diedrich, Siedler (wie Anm. 14), S. 139.
42 Vgl. ebenda, S. 147.

Kiev Rjabošapka traf. Nach längerer Unterhaltung über Fragen des Lebens und des Glaubens versprachen sie einander zum Schluss, unermüdlich nach der Wahrheit zu suchen und diese, falls sie sie gefunden hätten, ohne Furcht zu predigen.[43]

Diese Überlieferung zeigt eine deutliche Parallele zum *Stranniki*-Phänomen[44] der orthodoxen Frömmigkeit. Die Baptisten waren sich darüber im Klaren, dass sie ihre Anhänger verlieren würden, wenn sie die Autorität der orthodoxen Klöster in Frage stellten. Das russische Kloster war das Werk des gesamten Volkes; es entstand aus einem religiösen Bedürfnis heraus und nicht aufgrund staatlicher Erwägungen. Das Mönchtum war niemals zu irgendwelchen Mönchskongregationen organisiert, die bestimmte Missions- oder andere Ziele verfolgte.

Trotz der kirchenfeindlichen Haltung und Ablehnung der orthodoxen Zeremonien konnten die zum Baptismus Bekehrten auf bestimmte orthodoxe „Gewohnheiten" nicht verzichten. In den früheren Stadien der Entwicklung des Stundismus zum Stundobaptismus erkannte man, dass die Melodien ihrer religiösen Hymnen deutsch waren. Im Laufe der Zeit kehrten die Stundisten zu orthodoxen Melodien zurück. So wurde z.B. in Versammlungen ein Gesangbuch orthodoxer Herkunft mit dem Titel „Geschenk an orthodoxe Christen" („prinošenie pravoslavnym christianam") auf Kirchenslawisch benutzt.[45]

Der Baptismus gab auch der traditions-konservativen Orthodoxie neue Impulse. Die Auseinandersetzung mit dem Baptismus brachte einige jahrhundertealte Grundsätze und Traditionen (*ustoi*) der Orthodoxen Kirche in Bewegung. Beim liturgischen Charakter der russischen Frömmigkeit stand der Gottesdienst im Vordergrund und beim Zelebrieren das mystische Moment. Letzteres bereicherte zwar das Glaubensleben des Einzelnen, machte ihn deshalb aber noch nicht zu einem aktiven Glied der Pfarrgemeinde. Der Pfarrer kannte die Gläubigen außerhalb des Gottesdienstes nur selten und wusste wenig von ihren Nöten. Den Gemeindegliedern andererseits fehlte das Bewusstsein, dass sie auch als Laien gehalten waren, aktiv am Gemeindeleben teilzunehmen, um den Klerus in seiner Arbeit und in der Festigung des inneren Gefüges der Pfarrgemeinde zu unterstützen. Unter dem Begriff Laiendienst in der Kirche konnten sich die Gläubigen nichts Rechtes vorstellen.

Gegen Ende des 19. Jahrhunderts begannen auch die orthodoxen Laien aktiv in der Kirche zu wirken und gründeten die sog. Bruderschaften, um den Baptisten Widerstand zu leisten. Die erste Bruderschaft wurde 1880 in Odessa gegründet. Ihr Schutzpatron war der erstberufene Apostel Andreas. Die Mitglieder verteilten aufklärerische Broschüren und Blätter mit den besten Predigten. Später ging man zu öffentlichen Disputen mit den „Sektierern" über. Man veröffentlichte und verbreitete geistliche Literatur mit Belehrungen und

---

43 Vgl. Klimenko, Anfänge des Baptismus (wie Anm. 13), S. 45.

44 Dieses Phänomen beschrieb im 19. Jahrhundert ein unbekannter Autor ausführlich in dem unter den Orthodoxen berühmten Buch „Otkrovennye rasskazy strannika duchovnomu svoemu otcu". Ins Deutsche wird der Titel als „Aufrichtige Erzählungen eines russischen Pilgers" übersetzt, hrsg. v. Emmanuel Jungclaussen. Freiburg 1974, wobei der Begriff *stranniki* sich wesentlich von dem üblichen Begriff Pilger unterscheidet. *Stranniki* waren religiöse Wanderer aus den untersten sozialen Schichten. Die meisten von ihnen hatten kein Zuhause und wanderten ihr Leben lang von Kloster zu Kloster auf der Suche nach religiöser Erfahrung. (Die Bezeichnung *Stranniki* wird in der Fachliteratur in einem völlig anderen Zusammenhang auch für die Sekte der *Beguny* verwendet.)

45 Vgl. Diedrich, Siedler (wie Anm. 14), S. 141 f.

Lebensbeschreibungen der Heiligen. In Kiev entstand die Bruderschaft „Heiliger Vladimir". Sie legte stärkeres Gewicht auf die individuelle Arbeit mit den „Sektierern".

In der Orthodoxen Kirche, die sich immer als Kultkirche verstand, nahm die Predigt einen sekundären Platz ein. In der Auseinandersetzung mit den Baptisten griff nun die Orthodoxe Kirche zu den gleichen Mitteln. Auf einer Konferenz der geistlichen Obrigkeit im September 1884 in Kiev wurden die Priester verpflichtet, die Bibel regelmäßig auszulegen und zu predigen. Durch die Verbreitung des Stundismus war der Heilige Synod im Jahre 1908 gezwungen, bei der Herausgabe der „Regeln für die Organisation der inneren Mission der Russisch-Orthodoxen Kirche" („Pravila ob ustrojstve vnutrennej missii pravoslavnoj russkoj cerkvi") von der Pfarrgeistlichkeit zu fordern, in den Kirchen nach den Gottesdiensten oder zu anderen geeigneten Zeiten katechetische Stunden mit Lesen und Erläuterungen der Bibel abzuhalten.[46]

Trotz des Versuchs, sich den religiösen Denkgewohnheiten des jeweils anderen anzupassen, bleibt deutlich, dass die jeweiligen Grundprinzipien des orthodoxen und baptistischen Glaubens unverändert blieben und sich lediglich einige Frömmigkeitsformen und religiöse Verhaltensmuster gegenseitig beeinflussten.

46 Vgl. Smolitsch, Geschichte (wie Anm. 19), S. 23.

Akkulturation und Assimilation

Kerstin S. Jobst

Die Wahrnehmung von Assimilations- und Akkulturationsprozessen im russischen Krim-Diskurs vor dem Ersten Weltkrieg

1. Einführung

Nach Erstem Weltkrieg und Revolutionen, der Auflösung imperialer Großreiche und wirtschaftlichen Krisen begann in Europa keineswegs eine Periode des Friedens, sondern vielmehr eine von Instabilität, politischen Extremen und nationalen Kämpfen geprägte Zeit. Diese mündete bekanntlich in den Zweiten Weltkrieg. In Anbetracht der oft gewaltsamen Realitäten nimmt es nicht Wunder, dass Schriftsteller zuweilen Fiktionen „idealer" Gemeinwesen schufen, die zumindest auf der Ebene der Literatur Bestand haben sollten. Eine dieser literarischen Visionen ist die „Insel Krim", die zu Beginn der 1980er Jahre vom kürzlich verstorbenen, exilierten russischen Schriftsteller Vasilij P. Aksenov ersonnen wurde. In diesem literarischen Kunstprodukt geht es um eine Insel des Friedens an der europäischen Peripherie, einen Hort der Prosperität und des einträchtigen Miteinanders der dort lebenden verschiedenen Völkerschaften.

In geradezu idealer Weise schien sich an diesem gesegneten Ort zumindest für eine kleine historische Weile das verwirklicht zu haben, was besonders sowjetischen Vordenkern als ultimatives nationalpolitisches Ziel galt: nicht nur die Annäherung (*sbliženie*), sondern gar die Verschmelzung (*slijanie*) verschiedener nationaler Gruppen, unter kapitalistischen Bedingungen freilich. Auf der „Insel Krim" bildeten die tatarischen, italienischen, bulgarischen, griechischen, türkischen, russischen und sogar britischen Nachfahren ehemaliger Einwanderer eine Nation – die Jaki, „die Nation der Jugend".[1] Einige Jahrzehnte lang konnten die Jaki-Insulaner ihren, wie es bei Aksenov heißt, „Karneval der Freiheit" feiern.[2] Dann erwirkten die Gegner dieser gelebten literarischen Utopie – die Anhänger der „Union des Gemeinsamen Schicksals" – den gewaltsamen Wiederanschluss an den großen, nördlichen Nachbarn Sowjetunion. Damit wurde die „Insel Krim" wieder zu einer nicht nur geografischen Halbinsel, die durch die schmale, aber in jeder Hinsicht sehr tragfähige Landenge von Perekop mit Russland verbunden ist.

Außerhalb dieser „köstlichen Fiktion", so mit Wolfgang Kasack ein Rezensent des Romans, erwuchs auf der Krim der Neuzeit allerdings keine Nation der Jaki; ein Begriff, der sich aus dem türkischen Wort für „gut" (*yahşi*) und „okay" zusammensetzt. In der Rea-

1 Vasilij P. Aksenov, Ostrov Krym. Ann Arbor 1981, hier zitiert nach der deutschen Übersetzung: Ders., Die Insel Krim. Frankfurt a.M. 1986, S. 25.

2 Ebenda, S. 153.

lität bildete sich eben gerade keine spezifische Krim-Identität aus, die es vermocht hätte, die verschiedenen Bevölkerungsgruppen zu einen. Im Gegenteil – der seit dem Ende der Sowjetunion nicht abreißende Strom der Nachfahren deportierter Krimtataren „zurück“ auf die Krim macht die Halbinsel gegenwärtig zu einem virulenten, aber im Westen relativ wenig beachteten Konfliktherd.[3] Nicht nur die Frage über die Zukunft der Schwarzmeerflotte, die nach der Orangenen Revolution des Winters 2004 wieder auflebte, ist eine der vielen schwierigen Aufgaben der gegenwärtigen ukrainischen Führung, sondern auch die Suche nach einem tragfähigen Ausgleich zwischen Krim-Russen und Krimtataren.[4]

Seit den ältesten Zeiten war die klimatisch begünstigte Halbinsel im Schwarzen Meer Ziel oder Durchzugsgebiet nomadischer Steppenbewohner, seefahrender und handeltreibender Völker wie der Kimmerier, Skythen, Griechen, Goten, Hunnen, Chasaren, Genuesen und Abkömmlinge der Goldenen Horde, um nur einige wenige zu nennen. Prozesse der Akkulturation und Assimilation waren auf der multiethnischen und multireligiösen Halbinsel somit seit jeher zu beobachten, nicht erst in dem hier zu betrachtenden Zeitraum.

Ein wesentlicher Bestandteil einer slawischen bzw. im engeren Sinne russischen Geschichte war die Krim erst im letzten Viertel des 18. Jahrhunderts geworden, vor allen Dingen nach der Annexion von 1783. Dies ist deshalb zu betonen, da es in der zarischen, sowjetischen und auch postsowjetischen Historiografie immer wieder Phasen gab, in denen vergeblich versucht wurde, den Beweis einer seit ältesten Zeiten slawischen Krim zu führen. Nicht nur von russischer Seite übrigens: In der Tradition des Doyens der ukrainischen Historiografie, Mychajlo Hruševs'kyj, bemüht man sich auch in der unabhängigen Ukraine, die staatsrechtliche Zugehörigkeit der Halbinsel historisch zu legitimieren.[5]

Die Erkenntnis, dass gerade im Fall des russischen Imperiums die wechselseitige Beeinflussung zwischen Metropole und Peripherie, zwischen vermeintlich Agierenden und angeblich nur Reagierenden, „Tätern“ und „Opfern“ relativ groß war und man von einem eher „inklusiven“ Charakter des Imperiums ausgehen sollte, ist kein gänzlich neuer Befund.[6] Inzwischen wurde dies von russischen Wissenschaftlern zum Anlass genommen, ein entsprechende russische Variante der „New Imperial History“ zu entwickeln – die so genannte Neue Imperialgeschichte (*Novaja imperskaja istorija*).[7] Insbesondere die Anmahnung des interaktiven Aspekts kolonialer Beziehungen weist auf die Übernahme einiger zentraler Theoreme der *post-colonial studies* hin. Gegenwärtig zeigt sich, dass die Zusammenhänge zwischen der imperialen und der metropolitanen Geschichte, die ja für die westeuropäi-

3 Vgl. hierzu zahlreiche Beiträge in CRIMEA-L: A Communication List on Crimea and Crimean Tatars. Seit Ende 2003 kommt es eklatant häufig zu Zusammenstößen zwischen slawischen und krimtatarischen Bewohnern, die auch in Zusammenhang mit der sich zum 60. Mal jährenden Deportation im Mai 2004 einen ersten Höhepunkt erreichten.

4 Frank Nienhuysen, Kampf um die Krim, in: Süddeutsche Zeitung, 23./24.7.2005, S. 4.

5 Den zeitlich am frühesten ansetzenden Versuch unternimmt wohl Jurij Knyš, Krym i starodavnja ukraïns'ka deržavnist' [Die Krim und die uralte ukrainische Staatlichkeit], in: The Ukrainian Historian 30 (1994), S. 58-77.

6 Wegweisend war hier die Arbeit von Andreas Kappeler, Rußland als Vielvölkerreich. Entstehung, Geschichte, Zerfall. München 1992.

7 Novaja imperskaja istorija postsovetskogo prostranstva. Sbornik statej [Neue Imperialgeschichte des postsowjetischen Raums. Aufsatzsammlung], hrsg. v. I.V. Gerasimov, S.V. Glebov, A.P. Kaplunovskij u. M.B. Mogil'ner. Kazan' 2004 (Biblioteka žurnala „Ab imperio“).

schen Imperien bereits ansatzweise ausgelotet worden sind,[8] zukünftig auch ein Thema der so genannten Osteuropäischen Geschichte sein werden. Dies gilt auch für die Prozesse der so genannten Hybridisierung der Lebenswelten in den kolonialen Peripherien *und* den imperialen Zentren.[9]

Interaktion und wechselseitige Beeinflussungen zwischen den verschiedenen nationalen und religiösen Gruppen waren auch für die Krim in der Zarenzeit kennzeichnend. Gleichwohl ist festzuhalten, dass das Prinzip religiöser und nationaler Exklusion (dem heutigen Forschungsstand zufolge) zwischen den christlichen Gruppen unterschiedlichen Bekenntnisses einerseits und den muslimischen Krimbewohnern andererseits grundsätzlich aufrechterhalten wurde. Im Folgenden soll es allerdings um die Wahrnehmung der Akkulturationsprozesse zwischen einerseits den neuen und in der Phase der *korenizacija* in den 1920er Jahren schließlich als „eingewurzelt" geltenden sowie andererseits den alten Krimbewohnern, den Krimtataren, aus russischer Perspektive gehen.

Dabei wird einmal das Phänomen krimtatarischer Akkulturation an russische Lebenswelten in Jalta betrachtet, das sich an der russifizierten Südküste langsam zu einem Touristenort wandelt. Zum anderen werden partielle Tatarisierungen neuer (und das hieß eben auch slawisch-orthodoxer) Krimbewohner in vornehmlich abseits liegenden Bergregionen beschrieben. Gleichzeitig handelt es sich dabei um Diskurse zwischen Oberschichten, nicht allein von Intellektuellen auf der Durchreise, sondern auch von christlichen, dauerhaft auf der Halbinsel lebenden Krimbewohnern getragen. Diese hatten nicht ausschließlich einen ethnisch-russischen Hintergrund, schrieben aber gleichwohl in russischer Sprache.

Die genannten Akkulturationsprozesse verliefen vor dem Hintergrund tiefgreifender demografischer Verwerfungen, die sich im Untersuchungszeitraum auf der Halbinsel vollzogen: Durch den von der historischen Forschung bereits wiederholt untersuchten, andauernden krimtatarischen Exodus einerseits und einem ambitionierten, wenngleich nur bedingt erfolgreichen staatlichen Kolonisationsprojekt andererseits[10] waren die Krimtataren im Verlauf des 19. Jahrhunderts auf der Halbinsel von einer Majorität zu einer Minorität geworden. In der Folge war das kulturelle Gepräge dieses ursprünglich aus der russischen Perspektive so „orientalischen", exotischen kolonialen Erwerbs zunehmend russisch geworden. Dennoch blieb die Krim ein multinationales Gebiet; eine Tatsache, die über die Zeit von russischen Menschen genauso unterschiedlich beschrieben wurde wie die damit einhergehende partielle Auflösung separierter Lebenswelten.

Während etwa bis zur Mitte des 19. Jahrhunderts – der Krim-Krieg muss auch in diesem Kontext als eine Zäsur gelten – Diversität und kulturelle Vielfältigkeit zwar nicht durchgängig, aber überwiegend positiv beurteilt wurden, ist in den darauffolgenden Jahrzehnten

8 Den wohl weitestgehenden Versuch unternahm unlängst David Cannadine, Ornamentalism. How the British saw their Empire. London 2001.

9 Dazu vgl. vor allem Homi K. Bhabha, The Location of Culture. London 1994. Für das Russische Reich liegen bereits einige erste Ergebnisse vor. Vgl. zum Beispiel Eva-Maria Stolberg, The Siberian Frontier between „White Mission" and „Yellow Peril", in: Nationalities Papers 32 (2004), H. 1, S. 165-182.

10 Vgl. hierzu zuletzt Brian Glyn Williams, The Crimean Tatars. The Diaspora Experience and the Forging of a Nation. Leiden (u.a.) 2001; sowie ders., Hirja and Forced Migration from 19th Century Russia to the Ottoman Empire. A Critical Analysis of the Great Crimean Tatar Emigration of 1860–1861, in: Cahiers du monde russe 41 (2000), S. 79-108.

eine Akzentverschiebung zu vermerken. Zunehmend wurde die Herstellung von Einheitlichkeit in nationaler, kultureller und religiöser Hinsicht präferiert. Wie in den Debatten über das Imperium insgesamt,[11] so wurden auch bezüglich der Halbinsel im Schwarzen Meer die Schwierigkeiten der Metropole im Umgang mit dem „Fremden", d.h. in diesem Fall mit den Krimtataren, zunehmend zu einem Thema. Der Wandel in der Bewertung ethnischer, kultureller und religiöser Homogenität und Heterogenität durch schreibende Russen wird somit Thema der folgenden Ausführungen sein. Dies geschieht auf der Grundlage publizistischer Beiträge verschiedener Genres, wie sie beispielsweise in den „Dicken [Literatur-]Zeitschriften" (*tolstye žurnaly*) veröffentlicht wurden.[12]

2. Die Grundlagen russischer Krim-Politik von der Annexion bis zum Ersten Weltkrieg

Der territoriale Neuerwerb im Schwarzen Meer wurde im kulturellen Gedächtnis vieler Russen recht schnell als *naš* (unser) empfunden, als unveräußerlicher Bestandteil des Imperiums und genuin russisch.[13] Diese Auffassung vertreten gegenwärtig sowohl viele Russen auf der Krim selbst als auch in der Russländischen Föderation. Damit unterscheidet sich die Wahrnehmung der Krim zwar nicht von allen anderen kolonialen Erwerbungen Russlands, aber doch von einigen: Während etwa der Kaukasus und Sibirien schlussendlich vielen Russen als „unser" Territorium, d.h. als russisch, galt und gilt, trifft dies zum Beispiel auf die zentralasiatischen Gebiete nicht zu.

Mit dieser weit verbreiteten Einstellung in der russischen Bevölkerung gegenüber der Halbinsel korrespondierte die seit dem ausgehenden 18. Jahrhundert auf der Krim verfolgte politische Praxis. Nur während einer kurzen Phase des Übergangs zwischen der krimtatarischen zur russischen Herrschaft war verwaltungsmäßig ein Sonderweg beschritten worden. Beispielsweise waren einige als besonders verlässlich geltende und bereits in den Zeiten des Chanats einflussreiche krimtatarische Adelige in die bereits Anfang 1784 aufgelöste Landesverwaltung der Krim (*Krymskoe zemskoe pravitel'stvo*) eingebunden worden. Diese war für kurze Zeit neben der direkt Potemkin unterstehenden militärischen Administration für die Verwaltung der Halbinsel zuständig gewesen.[14]

Grundsätzlich hatte St. Petersburg aber von Anfang an eine möglichst umfassende Integration des Neuerwerbs in den Reichsverband angestrebt. Damit sollte die Entstehung eines *corpus separatum* mit stark nativen Elementen vermieden werden.[15] Auch deshalb wurden allen Krimbewohnern zumindest theoretisch die gleichen Rechte und Pflichten gewährt, die man ihren sozialen Pendants im übrigen Reich zuerkannte und abverlangte. So

11 John W. Slocum, Who, and When, Were the Inorodtsy? The Evolution of the Category of „Aliens" in Imperial Russia, in: The Russian Revue 57 (1998), S. 173-190.

12 Zur Bedeutung dieses im russischen Kontext so wichtigen Genres vgl. Literary Journals in Imperial Russia, hrsg. v. Deborah A. Martinsen. Cambridge 1997.

13 Vgl. Kerstin S. Jobst, Die Perle des Imperiums. Der russische Krim-Diskurs im Zarenreich. Konstanz 2007 (Historische Kulturwissenschaft. 11).

14 Vgl. hierzu Statističeskie svedenija o Kryme, soobščenija kajmakanami v 1783 godu [Statistische Angaben über die Krim, Mitteilungen der Kajmakanen im Jahr 1783], hrsg. von F.F. Laškov, in: Zapiski Imperatorskogo odesskogo obščestva istorii i drevnosti 43 (1886), Bd. 14, S. 91-99.

15 Dies scheint im europäischen Vergleich durchaus eine Besonderheit des russländischen Imperiums gewesen zu sein.

wurden zum Beispiel die tatarischen Eliten kooptiert und – zeitlich parallel zu der sich vollziehenden Wiedereinsetzung der Rechte der tatarischen Oberschichten von Kazan' – in die russische Rangtabelle eingetragen. Ihre angestammten Privilegien wurden bestätigt. In der Praxis wurden allerdings viele Probleme nicht gelöst. Besonders auf dem Feld der Eigentumsrechte erwuchsen aus dem traditionellen Unterschied zwischen mündlichen (tatarischen) und schriftlichen (russischen) Rechtstiteln Streitigkeiten, die jahrzehntelang von so genannten Kommissionen verhandelt wurden. Häufig gingen die Russen als Sieger hervor.[16] Trotzdem entstand zwischen dem Imperium und den krimtatarischen geistlichen und weltlichen Oberschichten ein bis zum Ende der Zarenzeit grundsätzlich tragfähiges Bündnis. Und nicht nur dies: Der krimtatarische Adel (*murza*) näherte sich sprachlich, wirtschaftlich und kulturell weitgehend, aber nur in der Ausnahme auch religiös an die russischen Oberschichten an.[17] Eine ähnliche Entwicklung der bäuerlichen krimtatarischen Schichten ist *in toto* nicht auszumachen. Diese blieben, wie bereits erwähnt, bis weit in das 20. Jahrhundert zum ganz überwiegenden Teil ihren traditionellen Lebenswelten verhaftet.

Die hier zu diskutierenden Akkulturierungsphänomene waren somit keine massenhaften Erscheinungen. Dies ist vermutlich u.a. damit zu erklären, dass die von Katharina II. gegenüber den Krimtataren eingeschlagene Politik, die ihre Nachfolger nicht grundsätzlich modifizierten, nicht nur im Vergleich mit dem Vorgehen gegenüber anderen muslimischen Gruppen einige Besonderheiten aufwies. Grundsätzlich blieb die Herstellung einer strukturellen Gleichförmigkeit zwischen den zentralrussischen und den nun als Süd- bzw. Neurussland bezeichneten Gebieten ein übergeordnetes Ziel russischer Krim-Politik. Trotzdem blieben die muslimischen Bauern der Krim persönlich frei, anders als die russischen Unterschichten in den zentralrussischen Gebieten, die gerade in der Ära Katharinas II. eine Verschärfung der Leibeigenschaft erfuhren.[18] Allerdings verschlechterte sich die wirtschaftliche Lebensgrundlage der krimtatarischen Bauernschaft. Russischen und tatarischen Gutsbesitzern (*pomeščiki*) gelang es nämlich in vielen Fällen, tradierte Rechte wie das der Servitutennutzung auszuhebeln.

Warum erwiesen sich die weitgehend separierten christlichen und tatarischen Lebenswelten auf der Krim als persistent? Die hier nicht zu untersuchende innere Verfasstheit der krimmuslimischen Gesellschaft spielte dabei vermutlich eine Rolle. Zudem hatte sich Katharina II., die sich als aufgeklärte Herrscherin verstand, ausdrücklich für die Respektierung krimtatarischer Kultur und Religion ausgesprochen.[19] So kam es dort nicht zu Zwangstaufen

16 An der Universität Kiev entsteht gegenwärtig eine Dissertation, welche die Arbeit dieser Kommissionen untersucht.

17 Alan W. Fisher, The Crimean Tatars. Stanford 1978, S. 76.

18 Ohnehin galt das Gebiet von Neurussland (*Novorossija*) als relativer Hort der Freiheit. Zum Beispiel waren im Vergleich mit anderen Gebieten hier relativ wenige Bauern leibeigen. Vgl. hierzu Patricia Herlihy, Odessa. A History 1794–1914. Cambridge, Mass. 1986, S. 79 f. Beispielsweise waren im Gouvernement Kiev im Jahr 1857 fast 61% leibeigene Bauern, hingegen auf der Krim nur 6,04%.

19 Vgl. zu diesem Problemfeld Stephan Conermann, Expansionspolitik im Zeichen des Aufgeklärten Absolutismus? Katharina und die Krimtataren, in: Rußland zur Zeit Katharinas II. Absolutismus – Aufklärung – Pragmatismus, hrsg. von Eckhard Hübner, Jan Kusber u. Peter Nitsche. Köln (u.a.) 1998, S. 337-359; sowie Alan W. Fisher, Enlightened Despotism and Islam under Catherine II, in: Slavic Review 27 (1968), S. 542-553.

und folglich auch nicht zu den Apostasiewellen, die etwa in den 1860er Jahren in anderen Teilen des Imperiums mit muslimischer Bevölkerung die russische Macht verunsichern sollte.[20] Grundsätzlich wurde dieser Direktive der Zaren entsprochen. Dennoch war es vor allen Dingen in den ersten Jahren russischer Krim-Herrschaft immer wieder zu Übergriffen der neuen Herren auf muslimische kulturelle und religiöse Einrichtungen gekommen. Dies dokumentieren zum Beispiel die zahlreichen Verfügungen von Baron Igel'strom unmittelbar nach der Annexion, in denen er die russischen Soldaten zu einem respektvollen Auftreten gegenüber der krimtatarischen Bevölkerung aufforderte. Anlass zur Sorge gab insbesondere das gewaltsame Eindringen von Soldaten in die Harems der Halbinsel.[21]

Die ehemalige Hauptstadt des Krim-Chanats, Bachčisaraj, und das ebenfalls im Bergland gelegene Karasubazar, das heutige Belogorsk, wurden seitens der Administration als Refugien traditioneller krimtatarischer Kultur bzw. als „eine Art ‚Reservation' behandelt – im Sinne der Indianer-Territorien in den Vereinigten Staaten von Amerika“, so stellte ein nichtrussischer Beobachter sichtlich beeindruckt in den 1880er Jahren fest.[22] Diese Strategie war offenbar erfolgreich, denn mehr als 130 Jahre nach der Annexion markierten diese Orte immer noch einen scharfen Kontrast zu den russischen Lebenswelten. Sie wurden von Russen und anderen Besuchern bis in das 20. Jahrhundert hinein als eine Art Nicht-Europa empfunden, wo die Zeit stillgestanden hatte.[23] Dies ist nur ein Beleg dafür, dass die russischen Oberschichten am europäischen Orient-Diskurs der Zeit partizipierten. Muslime und Asiaten galten auch ihnen als statische, wenig entwicklungsfähige Gegenparts der „dynamischen“ Europäer.[24]

3. Die Debatten über Einheitlichkeit und Vielfältigkeit von der Annexion bis zur Mitte des 19. Jahrhunderts

Die von Katharina II. ausgegebene Parole, die Herrschaft über ihr Imperium müsse einem Kleidungsstück ähneln, das allen in ihm lebenden Völkern passe,[25] prägte die untersuchten Debatten bis weit in das 19. Jahrhundert hinein. Vermittelt wurde ein Lob der kulturellen Diversität, das oftmals über die in der Aufklärung so gern verwandten Garten-Metaphern transportiert wurde.[26] Gerade in Bezug auf die klimatisch so reizvolle Krim, die alsbald

20 Vgl. hierzu auch den Beitrag von Andreas Frings, Neukonstruktion von Lebenswelten im multiethnischen Wolga-Kama-Raum. Die Apostasiewelle von 1866, in diesem Band.

21 E.I. Družinina, Severnoe pričernomor'e v 1775–1800 gg. [Das nördliche Schwarzmeergebiet in den Jahren 1775–1800]. Moskva 1959, S. 46.

22 Amand Freiherr v. Schweiger-Lerchenfeld, Zwischen Donau und Kaukasus. Land und Seefahrten im Bereiche des Schwarzen Meeres. Wien (u.a.) 1887, S. 189.

23 Vgl. hierzu z.B. Šebljakov, Krymskaja Azija. Bachčisarajskija vpečatelenija [Das krimsche Asien. Eindrücke von Bachčisaraj], in: Istoričeskij vestnik 30 (1909), H. 7, S. 173-184.

24 Vgl. hierzu grundsätzlich Edward W. Said, Orientalism. 4. Aufl. London 1995, z.B. S. 99. Zur Anwendbarkeit des Saidschen Orientalismus-Konzept für das Russische Reich vgl. u. a. Kerstin S. Jobst, „Orientalism“, E. W. Said und die Osteuropäische Geschichte, in: Saeculum. Jahrbuch für Universalgeschichte 51 (2000), II. Halbband, S. 250-266.

25 Zit. nach Harsha Ram, The Imperial Sublime. A Russian Poetic of Empire. Madison, Wisc. 2003, S. 85.

26 Vgl. hierzu Andreas Schönle, Garden of the Empire. Catherine's Appropriation of the Crimea, in: Slavic Review 60 (2001), S. 1-23.

nicht nur als „Perle des Imperiums", sondern eben als wahrhafter Garten Eden bezeichnet wurde, erschien dieses Bild besonders sinnvoll zu sein. Bereits in einem wenige Wochen nach Beendigung der Taurischen Reise 1787 verfassten Brief an die Zarin bemühte Potemkin diese Garten-Metapher: „Im Herbst werden wir Wald pflanzen, Gärten anlegen und unsere Nachfahren werden erzählen: Das ist der Hain, den die große Katharina befahl anzupflanzen; das ist der Kastanienbaum, welchen sie befahl auf sandigem Boden anzulegen; und gutes Wasser trinkend, wird man sich Deiner Fürsorge erinnern."[27]

Damit war keineswegs allein die tatsächliche Anpflanzung von Wäldern bzw. die Anlegung von Gärten gemeint, sondern eine profunde Umgestaltung des territorialen Neuerwerbs. Blumen und Pflanzen symbolisierten hier auch die verschiedenen Völker, als deren treusorgende Gärtnerin die Zarin bezeichnet wurde. Derlei Bilder entsprachen dem Selbstverständnis absoluter Herrschaft, da sie den Willen zur Kontrolle und Gestaltung eines ehemals „naturhaften", d.h. „wilden" und „unordentlichen" Urzustands ausdrückten. Als archaische Bewohner dieses imperialen Völkergärtchens galten auch die Krimtataren, die im Vergleich mit Europäern, zu denen sich die russischen Oberschichten in dieser Zeit ohne Einschränkung zählten, als rückständig und gefährlich galten. Dies war eine Tendenz, die sich im Zuge des Krimkriegs und der Brandmarkung der krimtatarischen Bevölkerung als „Fünfte Kolonne" des Osmanischen Reichs noch verstärken sollte.

Dabei erscheint es widersprüchlich, dass die kooptierten Vertreter der krimtatarischen Eliten in den russischen Debatten des ausgehenden 18. Jahrhunderts zumeist als gefährlich eingeschätzt wurden, während die sich mehr oder weniger sich selbst überlassenen tatarischen Unterschichten als loyale Untertanen galten. Diese beugten sich, wie es an einer Stelle hieß, gerne der höheren, d.h. russischen Ordnung.[28] Nicht nur von russischen Autoren wurde der „einfache und gute" und in aller Regel männliche Krimtatare als ideales koloniales Objekt geschildert – als gehorsam, nachgiebig und sanft. Er galt, dem Aufklärungsdiskurs entsprechend, nicht nur als empfänglich, sondern auch fähig zur Erziehung durch eine höher entwickelte Zivilisation wie die russische.

An der Überlegenheit russischer Menschen und der christlichen Religion bestand also selbst in der Hochzeit eines toleranten Umgangs mit dem so genannten Fremden kein Zweifel. Übrigens auch bei Zarin Katharina selbst nicht, die den Ruf des Muezzins gerne als „Geschrei" bezeichnete.[29] In dieser ersten Phase wurde die seit Katharina II. auf der Krim praktizierte religiöse Toleranz dennoch oftmals als vorbildhaft für das ganze Russische Reich gelobt: Die in Simferopol' nebeneinander existierenden christlichen und muslimischen Gotteshäuser seien Zeugnis „der weisen Duldsamkeit, die nach dem Beispiele des alten Roms auf dem Boden des Kaiserreichs alle Glaubensbekenntnisse, sowie alle Nationalitäten zulässt", so wurde in den 1830er Jahren geurteilt.[30] In dieser Phase konnte die

27 Potemkin an Katharina II., 1.8.1787, in: Ekaterina II i G.A. Potemkin. Ličnaja perepiska 1769–1791 [Katharina II. und G.A. Potemkin. Persönliche Korrespondenz 1769–1791], hrsg. v. V.S. Lopatin. Moskva 1997, Brief 774, S. 220.

28 Baron Igel'strom, zitiert nach: Statističeskie svedenija (wie Anm. 14), S. 98.

29 Katharina II. an Potemkin, 20.–21.5.1787, in: Ekaterina II i G.A. Potemkin (wie Anm. 27), Brief 762, S. 216.

30 Anatol von Demidoff [Anatol' Demidov], Reise nach dem südlichen Rußland und der Krim, durch Ungarn, die Walachei und die Moldau im Jahre 1837. Breslau 1854, S. 100.

nicht nur auf der Krim herrschende Diversität noch gepriesen werden, und das Fremde und die Fremdstämmigen (*inorodcy*) wurden genauso wie nichtchristliche Gruppen als „exotic co-subjects with Russians of a shared geography" dargestellt, wie Louise McReynolds erst kürzlich betont hat.[31]

4. Nach dem Krim-Krieg

Nach dem Krim-Krieg veränderte sich aus den bekannten, hier nicht auszuführenden Gründen der diskursive Umgang mit den „*tuzemcy*", den „*aborigeny*" (Eingeborenen)[32] – den Krimtataren. Der bereits vorher nur vereinzelt geäußerte Wunsch nach dem „[V]erschmelzen" der auf der Krim „zerstreuten Völkerschaften" unter dem Schutz der weisen, russischen Macht[33] wurde nun sehr viel häufiger und entschiedener vorgebracht. Entsprechend dem herrschenden europäischen Diskurs über „den Orientalen an sich" dominierte nun deutlich die Auffassung, dass der Charakter der Krimtataren „an sich" unwandelbar sei, zumindest wenn diese auf sich allein gestellt seien und keine zivilisierte Hand bei ihrer Hebung helfe.

Als besonders geeignetes Mittel zur dynamischen Hebung dieser „rückständigen" Nationalität sah man die orthodoxe Taufe an. Doch auch vom Erlernen der russischen Sprache erwartete man positive Veränderungen im Hinblick auf die Akkulturation der krimtatarischen Bevölkerung. Eine profunde, in der Praxis allerdings von den Behörden stark vernachlässigte und von einem Großteil der krimtatarischen Bevölkerung vehement verweigerte westlich-russische Schulbildung sollte dabei helfen. Insbesondere in der Nachreformära diskutierte man den Erziehungsaspekt häufig und beklagte dabei oft die Versäumnisse der russischen Politik, die dem Urteil nach ihrem zivilisatorischen Auftrag nicht genügend nachkomme.[34]

Auch hier zeigten sich Elemente eines klassisch-kolonialen Diskurses, der koloniale Herrschaft an den Erfordernissen der Modernisierung und der selbstformulierten *mission civilisatrice* maß. Die an den russischen Krim-Debatten teilnehmenden gebildeten Autoren stellten nicht die russische Herrschaft über erobertes Gebiet an sich in Frage, sondern beklagten das Versagen als Zivilisationsbringer. Dies sollte sich in der zweiten Hälfte des 19. Jahrhunderts ändern: Besonders im Zusammenhang mit den Großen Reformen der 1860er Jahre waren die Bemühungen zur Vereinheitlichung des russländischen Bildungssystems reichsweit verstärkt worden. Auf der Halbinsel wurden zumindest hinsichtlich der Absolventenzahl krimtatarischer Schüler die schließlich eingerichteten „Russisch-Tatarischen Lehranstalten" (*Russko-tatarskoe učilišče*) relativ erfolgreich. Diese wurden zum großen Teil vom Bildungsministerium finanziert, das die „Russifizierung und Verschmelzung (*slijanie*) aller innerhalb der Grenzen unserer Heimat lebenden Fremdstämmigen (*inorodcy*) mit den Russen" als Ziel formuliert hatte.[35] Doch ein Durchbruch zur flächendeckenden schulischen

31 Louise McReynolds, Russia at Play. Leisure Activities at the End of the Tsarist Era. Ithaca/London 2003, S. 162.

32 V. Melega, Imperatorskaja Familija v Krymu [Die kaiserliche Familie auf der Krim], in: Russkaja Starina 47 (1916), Bd. 167, Heft 9, S. 405-440; Heft 10, S. 132-156; Bd. 168, Heft 11, S. 302-319, hier Heft 9, S. 436.

33 Demidoff, Reise (wie Anm. 30), S. 175 f.

34 Vgl. hierzu vor allem Sirri H. Kirimli, National Movements and National Identity Among the Crimean Tatars 1905–1916. Ph.D. Diss., Madison, Wisc. 1990, S. 34 ff.

35 Zit. nach ebenda, S. 39.

Erziehung im russischen Geist waren auch diese Schulen nicht, dafür blieben die Schülerzahlen zu gering.

In der zweiten Hälfte des 19. Jahrhunderts war die Zahl der Krimtataren auf der Halbinsel durch Auswanderung stark gesunken. In dieser Situation verfolgte ein Teil der krimtatarischen Bevölkerung das Ziel, in einer zunehmend russisch-orthodox geprägten Lebenswelt die eigene kulturelle und religiöse Identität um jeden Preis zu bewahren. Ihre Weigerung, ihre Kinder schulische Einrichtungen besuchen zu lassen, die unter russischer Regie standen, wurde in einflussreichen krimtatarischen Kreisen als eine Form des Widerstands, der Zurückweisung von Integration und Assimilation gesehen.

Ungeachtet dieser Verweigerung gingen russische Debatten über die Krimtataren in der zweiten Hälfte des 19. Jahrhunderts von deren Zivilisierbarkeit aus und formulierten den Wunsch nach Akkulturation. Die in vielen anderen kolonialen Diskursen festgestellte biologisch-rassische Unterlegenheit eines axiomatisch als unterlegen geltenden kolonialen „Objekts“ wurde hier somit stark abgeschwächt[36] und zum Teil modifiziert, denn hinsichtlich der so genannten Zivilisierbarkeit der krimtatarischen Bevölkerung der Südküste und der Bergregion argumentierte man durchaus „rassisch“: Diese Tataren galten nämlich, anders als die lange Zeit nomadisch lebenden, die Steppen im Norden der Halbinsel bewohnenden Nogaj-Tataren, als mit venezianischem, genuesischem, gotischem oder griechischem Blut „veredelt“.[37] Durch die häufig betonte Abwesenheit „mongolischer“ Merkmale bei den Tataren der südlichen Krim wurden sie als den Russen ähnlich identifiziert. Die Annäherung dieser Tataren, besser noch die Verschmelzung mit den „zivilisierten“ Russen war damit ausdrücklich gewünscht.

Als ein weiterer Indikator für den in den Debatten grundsätzlich vorhandenen Wunsch nach Inklusion des Fremden müssen auch die zahlreichen Anekdoten über die Liebe zwischen Krimtatarinnen und christlichen Bewohnern der Krim gelten, Liebschaften z.B. wie die der Tataren-Mädchen Ajše und Anifa zu zwei Krimgriechen, die sich erst nach persönlicher Intervention des Zaren Alexander II. und seiner Frau erfüllen konnten. Im untersuchten Material endeten solche Erzählungen regelhaft mit der sofortigen Taufe der Frauen,[38] der

---

36 Dies ist zumindest im Kontext mit den russischen Krim-Debatten festzustellen. Im Zusammenhang mit anderen Gebieten des Russischen Reichs und dessen Bevölkerungen mag das rassisch-biologistische Element stärker akzentuiert worden sein. Zum Wolga-Raum vgl. Christian Noack, Muslimischer Nationalismus im Russischen Reich. Nationsbildung und Nationalbewegung bei Tataren und Baškiren 1861—1917. Stuttgart 2000.

37 Dieses „Argument“ tauchte bereits im 18. Jahrhundert auf. Vgl. hierzu Kerstin S. Jobst, „Übrigens lassen sich hier nur selten Weiber sehen“. Die Darstellung der Geschlechterverhältnisse in Reiseberichten über die Krim (18.–20. Jahrhundert), in: Kollektivität und Individualität. Der Mensch im östlichen Europa. Festschrift für Prof. Dr. Angermann zum 65. Geburtstag, hrsg. v. Karsten Brüggemann, Thomas M. Bohn u. Konrad Maier. Hamburg 2001, S. 212-223, hier S. 222 f. Der sowjetische Ethnograf B.A. Kuftin, Južnoberežnye Tatary Kryma [Die Krimtataren der Südküste], in: Zabveniju ne podležit... Iz istorii krymsko-tatarskoj gosudarstvennosti i Kryma. Naučno-populjarnye očerki [Es unterliegt nicht dem Vergessen... Aus der Geschichte der krimtatarischen Staatlichkeit und der Krim]. Kazan’ 1992, S. 219-250, hier S. 219, stellte noch 1925 überaus erfreut fest, dass die Tataren der Südküste sich von den übrigen durch einen „Mangel an mongolischen Charakteristika“ unterschieden.

38 Evgenij Markov, Očerki Kryma. Kartiny krymskoj žizni, istorii i prirody [Eine Skizze der Krim. Bilder des Lebens auf der Krim, der Geschichte und Natur]. Simferopol’/Moskva 1994 (Neudruck

Annahme christlicher Namen (bevorzugt „Marija"), dem Tragen europäischer Kleidung sowie der grenzenlosen Dankbarkeit gegenüber den russischen Vermittlern dieser Konversion. Dabei war es gleichgültig, ob es sich hierbei um den Zaren selbst oder andere, zumeist hochrangige Vertreter der russischen Macht handelte. Russische Menschen halfen den Liebenden, die durch den Islam und dessen Konventionen getrennt waren.[39]

Diese Narrative sind als russische Variante des in anderen kolonialen Kontexten beschriebenen Plots des „weißen Mannes, der eine farbige Frau vor farbigen Männern rettet", zu lesen. Der umgekehrte Fall – die Liebe zwischen einer weißen Frau und einem „Eingeborenen", gilt übrigens im Allgemeinen für die Aufrechterhaltung kolonialer Verhältnisse als weitaus bedrohlicher.[40] Er ist auch weitaus seltener: In den untersuchten Krim-Debatten taucht dieser nur einmal auf, in der Novelle „Džellaledin" der zu Lebzeiten populären, heute aber auch in der russischsprachigen Welt nicht mehr sehr bekannten Autorin Elena A. Gan (1814–1842). Diese beschreibt die unglücklich ausgehende Liebe zwischen dem krimtatarischen Adligen Džellaledin und Ljudmila Nikolaevna, Tochter eines hohen russischen Militärs.[41]

Grundsätzlich wurden die Akkulturationstendenzen der krimtatarischen Bevölkerung an der Südküste in der zweiten Hälfte des 19. Jahrhunderts, als das Kurwesen einen Aufschwung nahm, als Errungenschaft gewertet: Nachdem Zar Alexander II. seinen Besuch in Jalta angekündigt hatte, hätten die Krimtataren nämlich begonnen, sich besser (d.h. weniger traditionell) zu kleiden, die Straßen und die Höfe von dem Schmutz zu säubern, den sie sonst aus Gewohnheit dorthin geworfen hätten, Häuser in europäischem Geschmack zu bauen und Tische und Stühle in Gebrauch genommen. Das Bemerkenswerteste aber sei, dass sie begonnen hätten, Russisch zu lernen, sich mit den Beamten bekannt zu machen, und diese sogar zu sich nach Hause eingeladen hätten.[42]

Zuweilen wurden die seit der zweiten Hälfte des 19. Jahrhunderts vermehrt festgestellten und grundsätzlich begrüßten Akkulturationen der tatarischen Bevölkerung aber auch beklagt. Dies vor allen Dingen dann, wenn dadurch das exotische Zauberland der Krim, dieser für nach Wärme und Sonne strebende Russen so wertvolle Ergänzungsraum der Phantasie, weniger exotisch und phantastisch wurde. Das Auftauchen tatarischer Jugendlicher an der Südküste, in die übliche St. Petersburger „Stutzer"-Mode gewandet,[43] betrübte zuweilen genauso wie das Verschwinden des starken türkischen Kaffees zugunsten russischen Tees.[44] Die krimtatarischen Refugien im Landesinneren versprachen aber noch bis zu Beginn des Ersten Weltkriegs Exotik und ein Stück Asien in Europa.[45]

---

der 3. Ausgabe von 1902), S. 321. Allerdings gingen selbst Zeitgenossen wie Markov nicht von Konversionen in großer Zahl aus, zumal die Missionierung der krimtatarischen Bevölkerung durch die mangelnden Sprachkenntnisse der orthodoxen Priester schwierig gewesen sein dürfte.

39 Vgl. z.B. Melega, Imperatorskaja Familija (wie Anm. 32), H. 22, S. 304 f.

40 Vgl. hierzu z.B. Lucy Bland, White Women and Men of Colour. Micegenation Fears in Britain after the Great War, in: Gender and History 17 (2005), S. 29-61.

41 E.A. Gan, Džellaledin, in: Polnoe sobranie sočinenij [Gesamtausgabe der Werke]. S.-Peterburg 1905, S. 138-209. Eine ausführliche Interpretation dieser Novelle vgl. bei Jobst, Perle (wie Anm. 13).

42 Melega, Imperatorskaja Familija (wie Anm. 32), Heft 10, S. 133.

43 Markov, Očerki (wie Anm. 38), S. 214.

44 Ebenda, S. 536.

45 So Šebljakov, in: Krymskaja Azija (wie Anm. 23).

5. „Going native" – zur Akkulturation von Neusiedlern

Das Ideal der sozialen Distanz zwischen „Kolonisierten" und „Kolonisierenden", wie es zum Beispiel besonders im Fall der britischen Macht nach der *mutinity* des Jahres 1857 in Indien festzustellen ist,[46] war in den russischen Krim-Debatten des Zarenreichs wenig ausgeprägt. Dies zeigt auch der Aspekt des „going native", also der Akkulturationstendenzen von Neusiedlern an Altsiedler. Dies war ein Prozess, den man auch schlicht als Tatarisierung bezeichnen kann. Die am Beispiel der Krim gewonnenen Einsichten entsprechen recht präzise den Erkenntnissen der Neuen Imperialgeschichte: Auch auf der Krim waren die Demarkationslinien zwischen kolonialen „Tätern" und kolonialen „Opfern" nicht nur in eine, sondern in beide Richtungen durchlässig. Die Grenzen zwischen den vermeintlich streng separierten Lebenswelten dürften damit fragiler gewesen sein, als zuweilen in der Vergangenheit bilanziert wurde.

Bereits in den 20er Jahren des 19. Jahrhunderts hatte ein Krim-Besucher wenig konkret feststellen müssen, dass die auf der Halbinsel heimisch gewordenen Russen nicht mehr russisch seien, allerdings auch noch keine Tataren geworden seien.[47] Gegen Ende des Jahrhunderts nehmen derlei Einschätzungen in den Debatten bereits einen sehr viel größeren Raum ein. Dies ist ein Hinweis auf die auch auf der Krim festzustellende – im Sinne Bitterlis – kulturelle Verflechtung im Prozess transkultureller Kontakte.[48] Der Grad dieser Kontakte scheint allerdings stark vom sozialen Status abhängig gewesen zu sein. Die russischen Ober- und Mittelschichten pflegten den Kontakt mit dem krimtatarischen „Fremden" in erster Linie auf der Ebene der Dienstleistung. Dies war weitgehend unabhängig davon, ob sie dauernd auf der Krim beheimatet waren oder, wie es besonders seit dem letzten Viertel des 19. Jahrhunderts häufig der Fall war, nur zeitweilig während der Sommerfrische an der stärker russifizierten Südküste lebten. Diese Russen verkehrten vorwiegend mit krimtatarischen Dienstboten und Kutschern; ein Metier, das fest in krimtatarischer Hand gewesen zu sein scheint und damit der immer wieder konstatierten Symbiose zwischen „dem" Krimtataren und seinem Pferd entsprach. Bereits im 16. Jahrhundert hatte der polnische Gesandte Broniewski auf die Symbiose zwischen Krimtataren und ihren Tieren im Zusammenhang mit den kriegerischen Raubzügen Richtung Norden hingewiesen, und seit dieser Zeit gehörte die semantische Verbindung von „Pferd und Tatare" zum Repertoire.[49]

---

46 Vgl. hierzu zuletzt Elizabeth Buettner, Empire Families. Britons and Late Imperial India. Oxford 2004.

47 Reise durch Taurien im Jahre 1820 von Murawiew-Apostol, aus d. Russischen übers. v. W. v. Oertel. Berlin/Landsberg a.d.W. 1825, S. 159.

48 Urs Bitterli, Die „Wilden" und die „Zivilisierten". Grundzüge einer Geistes- und Kulturgeschichte der europäisch überseeischen Begegnung. München 1976, S. 81-179; ders., Alte Welt – Neue Welt. Formen des europäisch-überseeischen Kulturkontaktes vom 15. bis zum 18. Jahrhundert. München 1986.

49 Collections out of Martin Broniovius de Biezerfedea Sent Ambassadour from Stephen King of Poland, to the Crim Tatar. Contayning a Description of Tartaria, or Chersonesus Taurica, and the Regions Subject to the Perecop or Crim Tatars, with their Customs Private and Publik in Peace and War, in: Samuel Purchas, B.D., Hakluytus Posthumus or Purchas His Pilgrims. Contayning a History of the World in Sea Voyages and Lande Travells by Englishmen and Others. Bd. 13, Glasgow 1906, S. 461-491, hier S. 489 f.

Die „Tatarisierung“ der russischen Ober- und Mittelschichten beschränkte sich offenbar zumeist auf kulinarische Aspekte, denn allmählich bereicherten landestypische Gerichte den russischen Speiseplan. Einen russischen Mediziner beunruhigte diese Entwicklung allerdings zutiefst: Der zunehmende Verzehr von Schaschlik sei seiner Auffassung nach für russische Menschen gefährlich, da diese die ungewohnte Nahrung nicht verdauen könnten.[50]

In den abgelegeneren Gebieten im Bergland wurden weitaus prägnantere Erscheinungen von Tatarisierungen ausgemacht – und von verschiedenen Autoren durchaus unterschiedlich bewertet: In dem unweit von Bachčisaraj gelegenen Dorf Manguš habe sich der tatarische Charakter dieses überwiegend von Russen bewohnten Ortes inmitten einer krimtatarischen Umgebung bewahrt, so stellte ein Besucher zu Beginn der 1870er Jahre fest. Die dortige russische Kirche sehe beispielsweise wie eine Moschee und nicht wie die orthodoxen Kapellen in den großrussischen Gouvernements aus. Doch damit nicht genug: Das Krimtatarische sei nicht nur zur allgemeinen Verkehrssprache zwischen den verschiedenen Nationalitäten geworden, sogar „das intime, häusliche Gespräch der russischen Menschen wird in tatarischer Sprache geführt“ und die russischen Kinder stritten und fluchten bereits in dieser Sprache. Der russische Betrachter fragte sich besorgt, ob „unser russischer Geist bereits soviel von seiner Unabhängigkeit eingebüßt hat, dass wir sogar den Tataren den Weg freimachen“.[51] An anderer Stelle vermochte er jedoch die fremden kulturellen Einflüssen ausgesetzte russische Bevölkerung ausdrücklich zu loben: „Unsere Bewohner der Grenzgebiete sind im allgemeinen irgendwie tapferer, origineller und vielfältiger in ihrer inneren Lebensart als diejenigen im Inneren Russlands, deren Lebensformen schon erstarrt sind.“[52]

Ein anderer Besucher des Berglandes entdeckte unmittelbar vor dem Ersten Weltkrieg dort im südlichen Russland sogar einen nationalen Schmelztiegel. Durch diesen seien die verschiedenen Völkerschaften zu einer vom ihm deutlich positiv gewerteten, gegenüber den Bewohnern des russischen Nordens höherwertigen Kategorie der „Südländer“ (*južane*) geworden. Diese sprächen eine mit Ukrainismen, krimtatarischen, griechischen, armenischen und jiddischen Wörtern durchsetzte „taurisch-russische Sprache“, die ihn erfreute.[53]

Als besonders lobenswert wurde der Einfluss muslimisch geprägter Lebensart bei der Lösung von Alltagskonflikten durch das tatarische Gewohnheitsrechts verzeichnet. Auch die Mäßigung des Trinkverhaltens bei den mit Tataren zusammenlebenden Russen wurde positiv vermerkt: Wenn auf der Krim angesiedelte russische Bauern überhaupt noch tränken, sprächen sie dem Alkohol nur mehr mäßig zu. Überdies bevorzugten sie Wein, von dem man bekanntlich „schwerer und langsamer in die Gosse“ gelange als durch den im russischen Kernland üblichen Wodka.[54]

Hier wurde nicht nur das friedliche Einvernehmen zwischen den Religionen und Nationalitäten festgestellt, sondern auch die Anpassungsbereitschaft der allgemein als zivilisierter geltenden christlichen Völker wie der Russen oder auch der Deutschen an die

50 V.I. Guchin, O klimatolečebnych mestach južnogo berega Kryma [Über die Luftkurorte des südlichen Krim-Ufers]. Char'kov 1881, S. 21.

51 Markov, Očerki (wie Anm. 38), S. 479.

52 Ebenda, S. 511.

53 Sergej Elpat'evskij, Krymskie očerki god 1913-j [Krim-Skizzen aus dem Jahr 1913]. Feodosija 1998 (Neudruck der Ausgabe von 1913), S. 19 u. 22.

54 Ebenda, S. 62 f.

muslimischen Tataren. Diese „zivilisierten" Gruppen brachten ihre Kultur offenbar nur in geringem Umfang in die Dorfgemeinschaft ein. Sie hätten sich überwiegend, wie es hieß, der herrschenden krimtatarischen Kultur untergeordnet.[55] Die Linien zwischen selbsternannten Zivilisationsbringern und Empfängern verwischten sich offenbar zuweilen, zumindest abseits der Zentren.

6. Schlussbemerkung

In Zusammenhang mit den Debatten über den krimtatarischen Exodus besonders in den Jahren nach dem Krimkrieg wurde in den untersuchten Krim-Debatten häufig der Wille zur Herstellung größerer nationaler und religiöser „Eindeutigkeit" formuliert. Dies war in den Jahren zuvor anders gewesen, in denen das – oftmals eher rhetorische denn praktisch umgesetzte – Toleranz-Paradigma der Aufklärung lange Zeit als semantische Figur fortgewirkt hatte. Das seit den ausgehenden 1850er Jahren deutlicher formulierte und höchst zweifelhafte „Ziel" der Herstellung kultureller, ethnischer und religiöser „Eindeutigkeit" wurde jedoch bekanntlich erst viel später und nur für einige Jahrzehnte erreicht: nämlich erst nach der Rückeroberung der Halbinsel durch die Rote Armee 1944 und den sich daran anschließenden Deportationen.[56] Damit war auf der Halbinsel ein historischer Ausnahmezustand hergestellt worden.

Im vorliegenden Material finden sich deutliche Hinweise auf die partielle Russifizierung der krimtatarischen (männlichen) Bevölkerung. Diese Tendenz wurde durch die Strömung des so genannten Djaddidismus, der gegen Ende des 19. Jahrhunderts in der Mitte der krimtatarischen Gesellschaft seinen Anfang nahm, weiter befördert. Dass dieser aber letztlich eine ganz andere Entwicklung nahm, nämlich den Prozess des krimtatarischen *nation-building* wesentlich beschleunigte, ist hier nicht zu diskutieren.[57] Diese Phänomene scheinen dem in kolonialen Kontexten üblichen Muster gefolgt zu sein, auf die die historische Forschung in der Vergangenheit ein starkes Augenmerk gelegt hat.

Es liegen aber auch Beschreibungen eines anderen, gegenläufigen Phänomens vor: nämlich der Akkulturation christlicher Neusiedler an die eingewurzelte Bevölkerung. Damit kam es offenbar zu einer partiellen Angleichung von Lebenswelten, in denen sich die „Kolonisierer" an die zu Kolonisierenden anpassten. Inwieweit hier Ansätze zur Ausbildung einer Identität des übernationalen „*krymčanin*" („Krimbewohner") entstanden waren, welche nicht mehr Bezug auf religiöse und ethnische Herkunft nahm, kann auf der Grundlage des bisherigen Forschungsstands nicht beurteilt werden. Lazzerini glaubt, dass im ausgehenden 19.

55 Ebenda, S. 59.

56 Vgl. hierzu u.a. Otto J. Pohl, Ethnic Cleansing in the USSR 1937–1949. London 1999. Grundsätzlich muss im Fall der russischen Politik gegenüber den Krimtataren im Zarenreich von einer sublimen Russifizierungsstrategie ausgegangen werden, die sich eher struktureller denn direkter Repressionen bediente. Ein Element war sicher das von Mark Pinson beschriebene „demographic warfare", die aber keine russische Spezialität gewesen ist: Mark Pinson, Demographic Warfare. Aspects of Ottoman and Russian Policy 1854–1866. Ph.D. Diss., Harvard University 1970.

57 Vgl. hierzu Edward L. Lazzerini, Ismail Bey Gasprinskii and Muslim Modernism in Russia 1878–1914. Ph.D. Diss., Washington 1973; ders., Jadidism at the Turn of the 20th Century. A View from Within, in: Cahiers du monde russe et soviétique 2 (1975), S. 245-277. Vgl. auch die Dissertation Kirimlis, Movements (wie Anm. 34).

Jahrhundert zumindest einige politische Aktivisten krimtatarischer, krimkaraitischer oder krimjüdischer Provenienz bereits in der Kategorie einer nichtethnisch definierten Krim-Identität gedacht hätten.[58] Insgesamt fehlen hierzu bislang aber entsprechende Studien auf der Mikroebene.

Folgende Schlüsse erscheinen aber – zumindest vorläufig – legitim: Die Beziehungen zwischen den verschiedenen religiösen und nationalen Gruppen wurden trotz aller Rhetorik über fanatische Muslime oder ungerechte russische Beamte und Großgrundbesitzer nicht grundsätzlich als gewaltsam empfunden. Damit ist ein Unterschied etwa zum Kaukasus festzustellen. Die zur Konstituierung und Bewahrung (nationaler) Gruppenidentität notwendige, vom Ethnologen Frederic Barth eingeführte Kategorie der *boundary maintainance* scheint bei solchen russischen (und ukrainischen) Krimbewohnern, die außerhalb der stark russischgeprägten Gebiete siedelten, zumindest in der Außenwahrnehmung eine eher marginale Rolle gespielt zu haben.[59] Dort wurden auf Gebieten wie Sprache, Ernährung oder Architektur vielmehr sichtbare Angleichungen an die eingewurzelten Gruppen bemerkt. Doch hätte sich dort eine besondere Krim-Identität entwickeln können, die zum Beispiel mit den so genannten Sibirjaken vergleichbar gewesen wäre, wenn Krieg und Revolution, Gewalt und so genannte ethnische Säuberungen der Krim und ihrer Bevölkerung erspart geblieben wären?[60] Vasilij Aksenovs erdachte Jaki-Nation ist in jedem Fall eine literarische Figur geblieben, eine eigenständige Krim-Identität ist nicht entstanden. Aksenovs Jaki-Nation war eine Chimäre, die selbst als satirische Fiktion letztlich weder erfolgreich noch zukunftsträchtig gewesen ist.

58 Edward L. Lazzerini, Local Accommodation and Resistance to Colonialism in Nineteenth-Century Crimea, in: Russia's Orient. Imperial Borderlands and Peoples 1700–1917, hrsg. v. Daniel Brower u. Edward J. Lazzerini. Indianapolis 1997, S. 169-187, hier S. 176.

59 Ethnic Groups and Boundaries, hrsg. v. Frederic Barth. 2. Aufl., Bergen 1970.

60 Vgl. hierzu Milan Hauner, What is Asia to Us? Russia's Asian Heartland Yesterday and Today. Boston 1990; sowie Stolberg, Frontier (wie Anm. 9).

Victor Herdt

Russifizierung in der Wahrnehmung der nichtrussischen Völker des Wolgagebiets (am Beispiel der Wolgadeutschen und der Tataren)

> „Der Glaube, daß es nur eine Wirklichkeit gibt, ist die gefährlichste Selbsttäuschung. Es gibt vielmehr zahllose Wirklichkeitsauffassungen, die sehr widersprüchlich sein können, die alle das Ergebnis von Kommunikation sind und nicht der Widerschein ewiger, objektiver Wahrheiten.
> Wir sind fortwährend mit dem Flicken und Abstützen des wackeligen Gerüstes unserer Alltagsauffassungen von Wirklichkeit beschäftigt. Manchmal sogar auf die Gefahr hin, daß wir Tatsachen verdrehen müssen, damit sie unserer Wirklichkeitsauffassung nicht widersprechen, statt umgekehrt unsere Weltschau den unleugbaren Gegebenheiten anzupassen.“[1]

1. Russifizierung und Unifizierung

Die „Russifizierung“ rückte seit der Mitte des 19. Jahrhunderts als Begriff zur Bezeichnung der Beziehungen des russischen Staates und seinen zahlreichen nichtrussischen Völkern immer stärker in den öffentlichen Diskurs. Über Russifizierung sprach und spricht man nicht nur in Zusammenhang mit „Reaktion“, sondern auch in einem Atemzug mit „Reform“ und „Reformpolitik“.[2]

Schon die ersten Russifizierungspläne, freilich nicht von der Zarenregierung, sondern von der Adels-Opposition um den Dekabristen Pavel Pestel’ formuliert, waren ein integraler und unabdingbarer Bestandteil von Reformvorhaben, die auf einen umfassenden Umbau der russischen Gesellschaft abzielten. In der als Verfassungsentwurf konzipierten *Russkaja Pravda* strebten die in Südrussland agierenden Dekabristen u.a. die sorgfältige Verbreitung der russischen Sprache in den von deutschen Kolonisten bewohnten Dörfern an. Im Falle weiterer Kolonisierungsmaßnahmen war eine Ansiedlung in einem ausschließlich homogenen russischen Umfeld angedacht.[3] Die Wolga-Tataren, als Andersgläubige zwar toleriert, sollten nach dem Willen des Verfassers der *Russkaja Pravda* dennoch bei jeder sich bie-

1 Paul Watzlawick, Wie wirklich ist die Wirklichkeit. Wahn – Täuschung – Verstehen. München 1976, S. 7.

2 Vgl. Gert v. Pistohlkors, Ritterschaftliche Reformpolitik zwischen Russifizierung und Revolution. Historische Studien zum Problem der politischen Selbsteinschätzung der deutschen Oberschicht in den Ostseeprovinzen Russlands im Krisenjahr 1905. Göttingen (u.a.) 1978 (Göttinger Bausteine zur Geschichtswissenschaft. 48), S. 16.

3 Vgl. Russkaja Pravda. II redakcija [Russische Gesetzessammlung. 2. Fassung], in: Vosstanie dekabristov. Dokumenty [Der Dekabristenaufstand. Dokumente]. Tom VII, Moskva 1958, S. 142.

tenden Gelegenheit dem Christentum zugeführt werden.[4] Aus allen Stämmen und Völkern sollte in Zukunft ein einheitliches Volk der Russen entstehen.[5]

Dabei waren Pavel Pestel's Vorschläge, sieht man von deren geplanter verfassungsmäßiger Verankerung ab, für jene Zeit gar nicht so neu, wenn man bedenkt, dass der Minister für Volksaufklärung A.S. Šiškov nach seinem Amtsantritt 1824 vor der inneren Überfremdung des russischen Volkes als der größten Gefahr für Russland warnte, die durch die Stärkung des orthodoxen Glaubens, die russisch-nationale Erziehung und die Einführung einer gemeinsamen Sprache für alle Untertanen des Zaren zu bekämpfen sei.[6] Für die spätere Zeit ist die nationale Triade „Orthodoxie – Autokratie – Volkstum" (*pravoslavie – samoderžavie – narodnost'*) seines Nachfolgers S.S. Uvarov hinreichend bekannt. Doch von derartigen Ansichten war das damals noch weitgehend autonome Bildungswesen der nichtrussischen Völker, das in den Zuständigkeitsbereich des Departements bzw. des Ministeriums der Staatsdomänen und nicht in den des Volksbildungsministeriums gehörte, kaum betroffen. Dennoch hatten sowohl Pavel Pestel's als auch Sergej Uvarovs Überlegungen Vorbildcharakter für Teile der russischen Nationalisten[7] und sollten im öffentlichen Diskurs Ende des 19. und zu Beginn des 20. Jahrhunderts eine wichtige Rolle spielen.

Die so genannten großen Reformen unter Alexander II. sowie die Regierungspolitik Alexanders III. setzten die bislang weitgehend separierten Lebenswelten der im Wolgagebiet lebenden Völker zwar unter Integrationsdruck, erreichten aber zu keinem Zeitpunkt die Radikalität der Russifizierungsabsichten der Dekabristen. Der Grund dafür ist in der heterogenen Natur des russischen Imperiums zu suchen. Anders als Nationalstaaten und noch weniger als die republikanische Staatsform, die von den Dekabristen angestrebt wurde, waren Imperien sogar in der Epoche des Nationalismus und gerade in den Randgebieten nicht primär um die Durchsetzung sprachlicher und kultureller Homogenität bemüht. Prioritär war Loyalität, wenngleich diese sich nicht nur politisch, sondern stärker als bisher kulturell und sprachlich manifestieren sollte.[8] Durch die Dynamisierung der gesellschaftlichen

4 Ebenda, S. 143 f.

5 Ebenda, S. 149 f.

6 Vgl. E. Šmidt [Schmidt], Istorija srednego obrazovanija v Rossii [Geschichte der mittleren Schulbildung in Russland]. S.-Peterburg 1878, S. 90.

7 Zum Vorbildcharakter Pestel's vgl. D.A. Kocjubinskij, Russkij nacionalizm v načale XX stoletija. Roždenie i gibel' ideologii Vserossijskogo nacional'nogo sojuza [Der russische Nationalismus zu Beginn des 20. Jahrhunderts. Die Entstehung und das Ende der Ideologie der Allrussischen Nationalen Union]. Moskva 2001, S. 76. Innerhalb der russischen Nationalisten gab es aber auch Strömungen mit unterschiedlicher Bereitschaft zur Inklusion bestimmter Ethnien in das russische Volk. Vgl. hierzu Aleksej Miller, Imperija Romanovych i nacionalizm [Das Romanov-Reich und der Nationalismus]. Moskva 2006, S. 65 u. 71. Interessanterweise lobten auch führende Vertreter der wolgadeutschen Intellektuellen sozialdemokratischer Ausrichtung, etwa Peter Sinner oder Heinrich Kling, die Rolle der Dekabristen in der russischen Geschichte. Dieses Lob bezog sich allerdings ausschließlich auf deren Kampf gegen die zarische Selbstherrschaft. Zu Sinner vgl. seine autobiografischen Notizen: Ders., Aus meinem Leben, in: Bundesarchiv (BA), Best. 57/474, Aktenband 21; zu Kling vgl. seinen Artikel: Ders., Historischer Rückblick, in: Zwischen Revolution und Autonomie. Dokumente zur Geschichte der Wolgadeutschen aus den Jahren 1917 und 1918, hrsg. v. Victor Herdt. Köln 2000, S. 31.

8 Vgl. Andreas Kappeler, Russland als Vielvölkerreich. Entstehung, Geschichte, Zerfall. München 1992, S. 134-138; Miller, Imperija Romanovych (wie Anm. 7), S. 67.

Prozesse infolge der unabwendbaren Modernisierungszwänge der 1860er und 1870er Jahre steigerten sich die Integrationserwartungen immer deutlicher zu Integrationsaufforderungen an die nichtrussischen Völker des im Umbau begriffenen Zarenreiches, das nun Kurs auf soziale und ständische Umschichtung, administrative Systematisierung und Unifizierung sowie Standardisierung des gesamten Bildungswesens nahm. Vor allem der Konsolidierungszwang nach dem für Russland ungünstig ausgegangenen Krimkrieg und dem polnischen Aufstand von 1863 machte eine Militär-, Justiz-, Verwaltungs- und Bildungsreform sowie eine Neuordnung der ständischen Gesellschaft und damit Einführung der russischen Sprache in der Verwaltung und im Bildungswesen erforderlich. Die *Zemstvo*-, die Militär- und die Justizreform unter Alexander II. zwangen die Behörden sogar zur Etablierung der russischen Sprache unter der nichtrussischen Bevölkerung des Landes. Für die Wolgadeutschen und Tataren des Wolgagebiets entstanden so neue Zwänge, die russische Sprache zu erlernen.

Die Autonomie-, Selbstverwaltungs- und Sonderverwaltungsrechte, die früher zahlreichen nichtrussischen Ethnien des Landes gewährt worden waren, sollten daher logischerweise mit Blick auf die angestrebte Homogenisierung der genannten Bereiche auf ihren Weiterbestand überprüft werden. Der Vereinheitlichung der Verhältnisse in Russland, die bis 1861 wegen der Leibeigenschaft eines großen Teils der russischen Bauern praktisch unmöglich gewesen war, standen nun weit weniger Hindernisse im Wege. Kaum beachtet wird allerdings, dass auch die russische Landbevölkerung, vor allem die früheren gutsherrlichen Bauern, dem Reformdruck in besonderer Weise ausgesetzt waren. Auch sie mussten über Reformen an die angestrebte Vereinheitlichung herangeführt werden. Doch standen die Russen und die anderen ostslawischen Völker, sofern sich diese mit dem Russentum identifizierten, mit dem Beginn der Reformen zum ersten Mal mit politischer Rückendeckung im Mittelpunkt staatlicher Modernisierungsmaßnahmen.

Trotz des verklärten Rückblicks profitierten gerade die *Mužiki*[9] politisch von den Reformen, sodass sie sich, insbesondere in den Jahren nach 1907, mit immer mehr Selbstbewusstsein in die abschließende Phase der russischen Nationsbildung einbringen konnten. Die russische Bauernschaft avancierte nun zum aktiv mitgestaltenden Subjekt der zwischenethnischen Beziehungen auf dem Lande. Die früher mit Sonderrechten ausgestatteten „Fremdvölker" des Wolgagebietes mussten hingegen bei allem objektiven Zugewinn an Rechten und Chancen, die Russland auf dem Weg zu einem modernen Staat zu bieten hatte, auf bislang Gewohntes und Selbstverständliches verzichten und sich in Konkurrenz untereinander und mit der russischen Bevölkerung behaupten. „Wir stammen aus dem Deutschen Reich und nun sind wir den Russen gleich", heißt es in einem damals entstandenen Lied. Dieser Zeile ging allerdings ein nicht minder verklärter Blick als der des alten Čikil'deev aus A.P. Čechovs „Mužiki" in die bessere Vergangenheit voraus: „Das Manifest der Kaiserin, das dachte nach den Deutschen hin".[10] Das Überlegenheitsgefühl gegenüber den Russen geriet jedoch nur kurzzeitig ins Wanken. Stereotypen blieben bestehen. Schon aus dieser einleitenden Kurzdarstellung lassen sich erste gemeinsame mentale Eigenschaften der Bauern

9 Vgl. den Beitrag von Annelore Engel-Braunschmidt, Russischer mužik und wolgadeutscher Kolonist um 1900. A. P. Čechovs „Mužiki" und A. Lonsingers ‚Nor net lopper g'gewa!'" in diesem Band.

10 Vgl. Johannes Schleuning, Mein Leben hat ein Ziel. Erinnerungen eines rußlanddeutschen Pfarrers. Witten 1964, S. 83.

in Russland, ob deutsch-katholisch und evangelisch, tatarisch-muslimisch oder russisch-orthodox im Zeitalter der Reformen ausmachen: Ängste vor Veränderungen, die Konstruktion einer oft auf Gerüchten basierenden schlimmeren Zukunft bzw. einer Wunschwelt, die liebevolle Erarbeitung einer besseren Vergangenheit. Die einmal vorgenommene Selbstbewertung und die einmal gebildeten Stereotypen in der Wahrnehmung der Anderen hatten in der bäuerlichen Lebenswelt festen Bestand.

2. Verwaltung

Während Teile der muslimischen Selbstverwaltung bereits vor der eigentlichen Verwaltungsreform abgebaut wurden,[11] konnte das Saratover Fürsorgekontor auch nach der Einrichtung der *Zemstva* in den entsprechenden Gouvernements noch bis 1877 als besondere Verwaltung für die deutschen Wolgakolonisten weiterbestehen.[12] Das Kontor, ursprünglich als Einrichtung auf Zeit und mit klarem Integrationsauftrag gedacht, handelte seit seiner Wiederbegründung im Jahre 1797 diesem Auftrag eher zuwider und entwickelte sich immer mehr zu einer Steuereintreibbehörde. Das war so gewollt und durch die Instruktion für die Tätigkeit des Kontors im Wesentlichen gedeckt.[13] Nur war dieses Kontor, das alle Verbindungen nach außen übernahm und das Deutsche zur einzigen Verkehrssprache mit den Kolonisten innerhalb seines Verwaltungsbereichs erhob,[14] damit objektiv zu einem Hemmnis für das Einleben der Kolonisten in die russische Gesellschaft geworden.

Über die Sprachsituation zur Zeit der Kontoraufhebung und zum Stellenwert des Kontors bei den Kolonisten gibt es unterschiedliche Darstellungen. Franz Karl Hölz, seines Amtes Propst der Wolga-Wiesenseite, hielt in den Warenburger Kirchenchroniken von 1871 und 1874 fest, dass sich während der Abwicklung des Saratover Fürsorgekontors unter den wolgadeutschen Bauern Angst und Unsicherheit wegen der Unkenntnis der russischen Sprache breit gemacht hätten. Die russische Sprache sei in der Verwaltung unbedacht und überstürzt eingeführt worden, ohne dass die Kolonisten sie verstanden hätten. Die Bauern, die an ihrer prekären Sprachsituation eigentlich keine Schuld hätten, seien nun die Leidtragenden. Schlechte Noten erhielten von Pastor Hölz die neu gegründeten *Zemstva*.[15] Andererseits finden sich in der ziemlich umfangreichen „Sammelklage" von 1871 an das Saratover Fürsorgekontor wegen der beschlossenen Aufhebung der Sonderverwaltung zwar

11 Vgl. Christian Noack, Muslimischer Nationalismus im Russischen Reich. Stuttgart 2000 (Quellen und Studien zur Geschichte des Östlichen Europa. 56), S. 92; Andreas Kappeler, Russland (wie Anm. 8), S. 215.

12 Vgl. Jakob Ditc [Dietz], Istorija povolžskich nemcev-kolonistov [Geschichte der deutschen Wolgakolonisten]. Moskva 1997, S. 181; Annotirovannaja opis' del Saratovskoj kontory inostrannych poselencev. Tom 1. Pod redakciej doktora istoričeskich nauk I.R. Pleve [Annotiertes Findbuch für den Aktenbestand des Saratover Fürsorgekontors für ausländische Ansiedler. Bd. 1. Red. v. d. Doktor der Geschichtswissenschaften I.R. Pleve]. Moskva 2000, S. 4. In der Abwicklungsphase nach 1871 war das Kontor praktisch nur noch für Schul- und Kirchenangelegenheiten zuständig.

13 Vgl. David Schmidt, Studien über die Geschichte der Wolgadeutschen. Erster Teil. Seit der Einwanderung bis zum imperialistischen Weltkriege. Pokrowsk (u.a.) 1930, S. 150 ff.; Ditc [Dietz], Istorija (wie Anm. 12), S. 128.

14 Schmidt meint sogar, die deutsche Sprache habe das Bürgerrecht als offizielle Staatssprache erhalten. Vgl. Schmidt, Studien (wie Anm. 13), S. 151, Anm. 3.

15 Vgl. Johannes Kufeld, Die deutschen Kolonien an der Wolga. Neusäss 2000, S. 351 ff.

Überlegungen der Sprecher der Kolonisten, allesamt Vorsteher, Beisitzer und Schreiber der Kolonien der Gouvernements Saratov und Samara, zur Gründung einer „Ökonomischen Beratung“ als einer Art Neuauflage der ökonomischen Zuständigkeiten des alten Kontors und wirksames Instrument gegen den befürchteten wirtschaftlichen Rückschritt der Kolonien, jedoch nicht einmal andeutungsweise Gedankengänge, die Rückschlüsse auf Sorgen und Ängste um den Sprach- oder Identitätsverlust erlauben würden.[16] Während sich die Vorsteher und Schreiber vornehmlich Sorgen um die wirtschaftliche Zukunft der Wolgadeutschen machten, bemerkte derselbe Propst F.K. Hölz in der Warenburger Kirchenchronik von 1871, dass in den Kolonien bald „beglückende Reformen“ erwartet würden und sowohl die Kolonisten als auch die Geistlichkeit dem Kontor „zu wenig Dank verpflichtet“ seien. „Doch war es nicht die Ansicht Aller“.[17] Jakob Dietz bescheinigte den Kolonisten, dass sie mit viel Verständnis auf ihre Gleichstellung mit den russischen Bauern reagiert und diese Gleichstellung auch gerecht gefunden hätten. Zur Bekräftigung seiner Behauptung zitiert er aus dem „Büchlein der denkwürdigen Ereignisse im Saratover Gouvernement auf das Jahr 1872“ (*Pamjatnaja knižka Saratovskoj gubernii na 1872 god*), dass die Kolonisten, jetzt Ansiedler-Grundbesitzer (*poseljane-sobstvenniki*), bei jeder sich bietenden Gelegenheit den Gouverneur M.N. Galkin-Vraskij, der sich ein Bild von den neu eingerichteten Amtsbezirken (*volost'*) verschaffen wollte, in Scharen begrüßt und ihre Dankbarkeit für ihre Eingliederung in die allgemeine Verwaltung zum Ausdruck gebracht hätten. Es habe keine einzige Beschwerde, weder Unzufriedenheit noch Missverständnisse gegeben, die gewöhnlich bei einer grundlegenden Veränderung der gesellschaftlichen Rahmenbedingungen vorkommen würden. Bezeichnenderweise endet das Buch von Jakob Dietz mit dem Satz: „Nur die alten Konservativen trauern seufzend der Vergangenheit nach“.[18] Allerdings ignorierte Jakob Dietz mit diesen Behauptungen den Inhalt der oben erwähnten „Sammelklage“, die er als der eigentliche Entdecker des Dokuments in den Aktenbeständen des früheren Saratover Fürsorgekontors kennen musste.[19]

Während die Wolgadeutschen nach mehr als 100 Jahren ihrer Existenz in der Wahlheimat Russland den „beglückenden Reformen“ wegen ihrer Unkenntnis der russischen Sprache

16 Vgl. E. [Johannes Erbes], Ein hinterlassenes Testament unserer Kolonistenväter bei der Aufhebung des deutschen Kontors, in: Deutsche Volkszeitung Nr. 32 v. 18.1.1909, S. 1 f. u. Nr. 33 v. 22.1.1909, S. 1 f.

17 Vgl. Kufeld, Die deutschen Kolonien (wie Anm. 15), S. 352. Weitere Wertungen des Saratover Fürsorgekontors finden sich bei David Kufeld, Das Lied vom Küster Deis. VIII. Kapitel, in: Siedlernot und Dorfidyll. Kanonische Texte der Russlanddeutschen, hrsg. v. Annelore Engel-Braunschmidt. Berlin/Bonn 1994, S. 54; Lev Malinowski, Hoffnung, Wahrheit und Verdacht, in: Neues Leben (1992), Nr. 40, S. 6.

18 Vgl. Ditc [Dietz], Istorija (wie Anm. 12), S. 466. Dietz übersieht dabei, dass die Kolonisten seit den Reformen unter Staatsdomänenminister P.D. Kiselev in vielerlei Hinsicht auch früher den Staatsbauern gleichgestellt gewesen waren. Den Druck der Reformen bekamen jedoch alle zu spüren, ganz besonders aber waren die ehemals gutsherrlichen Bauern von den Neuregelungen betroffen. Eine relative Gleichstellung erfolgte damit für alle Bauern innerhalb des neuformierten Bauernstandes, jedoch war die Ausgangslage der Bauern äußerst ungleich. Wesentliche Unterschiede gab es auf dem Gebiet des immer noch weitgehend autonomen Bildungswesens. Im Falle der staatlich finanzierten Schulen waren beispielsweise die Wolgadeutschen auch weiterhin im Vorteil, weil der Schulbesuch ihrer Kinder um einige Jahre länger dauerte.

19 Vgl. E., Ein hinterlassenes Testament (wie Anm. 16.), Nr. 32, S. 1.

mehrheitlich recht verängstigt entgegensehen mussten, wurden die Thronbesteigung Alexanders II. und seine Reformankündigungen von den ebenso „sprachlosen“, jedoch während des Krimkrieges gedemütigten Tataren eher als Beginn einer besseren Zeit wahrgenommen. Sie und ihre dem muslimischen Glauben entfremdeten „Brüder“, insbesondere die Neu-Getauften (*novokrjašeny*), warteten auf ein Toleranzedikt des Zaren, das ihnen eine religiöse Wiedervereinigung ermöglichen würde. Die Apostasiewelle der Jahre 1865/66 war der deutlichste Ausdruck dieser Perzeption. Durch die gewaltsame Wiederbekehrung der Apostaten zur Orthodoxie und durch weitere Angriffe auf ihre institutionalisierte, jedoch bereits geschwächte religiöse Autonomie fühlten sich die Tataren in ihrer islamischen und kulturellen Identität stark bedroht. Der heftige Widerstand in den Folgejahren, der zu einer Zuspitzung der Konfrontation mit den Behörden führte, war nicht nur sichtbares Zeichen eines ungebrochenen Selbstbewusstseins und enormen Mobilisierungspotenzials der tatarischen Muslime, sondern verunsicherte die Staatsmacht im Umgang mit den Wolga-Tataren stark und lähmte sie zeitweise sogar.[20]

3. Schule

Von den wolgadeutschen und tatarisch-muslimischen Bauern und der Geistlichkeit wurde vor allem die Einführung der russischen Sprache in den Schulen der nichtrussischen Völker als Beginn der Russifizierung wahrgenommen, weil sie gerade im schulischen Bereich am ehesten mit der neuen Politik der russischen Behörden konfrontiert wurden. Zeitlich liegen zwischen der Verabschiedung des Erlasses des Bildungsministeriums vom 2. Februar 1870, durch den die Verfahrensweise für die Einführung des Russischunterrichts in den Schulen der nichtrussischen Völker unter Wahrung ihrer konfessionellen Interessen geregelt werden sollte, und der endgültigen Unterstellung des gesamten nichtrussischen Schulwesens unter den Zuständigkeitsbereich des Volksbildungsministeriums allerdings 23 Jahre.[21] Für das vorsichtige Handeln des Bildungsministeriums spricht auch die Tatsache, dass es sich vorab über die Schulpolitik der europäischen Kolonialmächte informierte.[22]

Die Schulen, etwa in den wolgadeutschen Kolonien, die sich im Zuständigkeitsbereich des Ministeriums der Staatsdomänen befanden, wurden in mehreren Etappen dem Volksbildungsministeriums unterstellt, zunächst 1881 nur die beiden Zentralschulen in Katharinenstadt und Grimm (Lesnoj Karamyš) sowie die Gemeindeschulen (*sel'skie školy*). Weitere zehn Jahre vergingen ohne nennenswerte Veränderungen für die Lage des deutschen Schulwesens im Wolgagebiet,[23] ein schlechtes Zeugnis sowohl für die zuständigen Behörden als auch für die deutschen Dorf- und die jeweiligen Kirchengemeinden. Schließlich wurden 1890 und 1892 auch die evangelischen und katholischen Kirchenschulen dem Bildungsmi-

20 Vgl. Noack, Muslimischer Nationalismus (wie Anm. 11), S. 126. Mehr zur Apostasiewelle in dem Beitrag von Andreas Frings, Neukonstruktion von Lebenswelten im multiethnischen Wolga-Kama-Raum: Die Apostasiewelle von 1866, in diesem Band.

21 Vgl. Noack, Muslimischer Nationalismus (wie Anm. 11), S. 117 f.; Wladimir Süss, Das Schulwesen der deutschen Minderheit in Russland. Von den ersten Ansiedlungen bis zur Revolution 1917. Köln (u.a.) 2004, S. 191; Nina Vaškau, Škola v nemeckich kolonijach Povolž'ja 1764–1917 gg. [Die Schule in den deutschen Kolonien des Wolgagebiets 1764-1917]. Volgograd 1998, S. 79 u. 86.

22 Vgl. Noack, Muslimischer Nationalismus (wie Anm. 11), S. 117, Anm. 134.

23 Vgl. Vaškau, Škola (wie Anm. 21), S. 79; Süss, Schulwesen (wie Anm. 21), S. 234.

nisterium unterstellt.[24] Die *Zemstva* der Kreise mit wolgadeutscher Bevölkerung, so Jakob Dietz, stießen mit ihren Bemühungen um die Einführung der russischen Sprache in den Kirchenschulen auf den Widerstand der Geistlichkeit.[25] Es dürften anfänglich auch nur wenige Lehrer bereit gewesen sein, die Bemühungen des *Zemstvo* zu unterstützen. Jedenfalls vermisst man die Lehrerschaft in der Dietzschen Definition des „besten Teil des Volkes", den für ihn die Abgeordneten stellten.[26] Die meisten Lehrer waren darüber hinaus für die Erteilung von Russischunterricht nicht qualifiziert.[27]

In Hinblick auf die tatarischen Bildungseinrichtungen geriet die Umsetzung der Verfügung vom 2. Februar 1870 von Anfang an ins Stocken. Die tatarischen Eliten erblickten in ihr eine Russifizierungsabsicht der Regierung, vermittelten dies an die tatarisch-muslimische Bevölkerung weiter und sorgten so für Proteste und Unruhen. Nachdem die tatarischen Schulen 1874 schließlich aus dem Zuständigkeitsbereich des Innenministeriums in den des Bildungsministeriums überstellt worden waren, mahnte das Innenministerium, das nach wie vor Unruhen befürchtete, zur Vorsicht und Zurückhaltung im Umgang mit den tatarischen Bildungseinrichtungen. Nach mehrmaliger Überarbeitung der zur Umsetzung der Verfügung erlassenen Instruktionen und ihrer Ablehnung durch den Staatsrat, von dem sie als zu radikal empfunden wurden, setzte sich 1882 das Bildungsministerium schließlich gegenüber anderen Behörden durch und bekräftigte damit seine Kontrollfunktion über die tatarisch-muslimischen Schulen. Den Protest und die geschlossene Abwehrhaltung der muslimischen Tataren konnte es allerdings nicht brechen, sodass seine Maßnahmen im muslimisch-tatarischen Bildungsbereich auch weiterhin praktisch nicht greifen konnten.[28]

Die Gründe für die Einführung der russischen Sprache in Schule und Verwaltung sowie für die Ablehnung dieser Maßnahmen durch die nichtrussische bäuerliche Bevölkerung des Zarenreiches sind so mannigfaltig, dass ihre Behandlung im Rahmen der früher oft praktizierten pauschalen Russifizierungs- und Völkergefängnis-Vorwürfe an den russischen Staat und die russischen Behörden inadäquat erscheinen muss, denn „von einem Völkerkerker kann nur sprechen, wer nachweist, dass die Ethnien des Zarenreiches nationale Ansprüche formulierten, die einen Verbleib im Imperium ausschlossen".[29] Sehr unterschiedlich waren übrigens auch die Motivationen zur freiwilligen Aneignung der russischen Sprache in der nichtrussischen Bevölkerung, und gerade in diesem Bereich lassen sich Forschungsdefizite ausmachen.[30] Es besteht also in jeder Hinsicht erheblicher Nachholbedarf aus einer stärker

24 Vgl. Vaškau, Škola (wie Anm. 21), S. 86.
25 Ditc [Dietz], Istorija (wie Anm. 12), S. 370.
26 Ebenda.
27 Vgl. Süss, Schulwesen (wie Anm. 21), S. 170; Vaškau, Škola (wie Anm. 21), S. 85, 91.
28 Vgl. Noack, Muslimischer Nationalismus (wie Anm. 11), S. 117-124.
29 Jörg Baberowski, Unbefriedigende Darstellung zur Geschichte Russlands, in: Neue Politische Literatur 42 (1997), H. 1, S. 121-126, hier S. 125.
30 Vgl. Miller, Imperija Romanovych (wie Anm. 7), S. 64. Dietmar Neutatz stellt ähnliche Probleme bei Forschungen zu Spracherhalt und Sprachverlust im Hinblick auf die deutsche Bevölkerung in den Städten fest, vgl. hierzu Dietmar Neutatz, Zwischen Spracherhalt und Assimilierung. Russlanddeutsche und Donauschwaben im Vergleich vor 1914, in: Deutsche in Russland, hrsg. v. Hans Rothe. Köln (u.a.) 1996 (Studien zum Deutschtum im Osten. 27), S. 68. Ein möglicher Grund dafür sind offensichtlich die „Nationalisierungen" der eigenen Geschichten und deren antirussische Ausrichtungen.

differenzierenden und die jeweiligen nationalen Geschichtsdeutungen berücksichtigenden Perspektive.

4. Neudefinierung der Loyalität im öffentlichen Diskurs

Wichtig war die Neudefinierung von „Loyalität" im öffentlichen Diskurs. Loyalität sollte nicht mehr nur allein dem Herrscher, sondern auch Russland gelten und sich stärker als bislang an den russischen sprachlichen und kulturellen Mustern orientieren. Das waren nicht nur klare Forderungen von oben, das verlangten ultimativ auch nationalistische Kreise in der russischen Gesellschaft, die sich insbesondere nach 1907 zunehmend aus unteren städtischen Schichten und der bäuerlichen Bevölkerung rekrutierten.

Von den unzweifelhaft religiös loyalen wolgadeutschen Lutheranern, deren Kirchenoberhaupt der Monarch selbst war, und den wolgadeutschen Katholiken, die ebenfalls als loyal galten, wurde eine sprachliche und kulturelle Loyalität nachgefordert, während die muslimischen Tataren der Wolgaregion wegen ihrer islamischen Solidarität mit den Kriegsfeinden Russlands im Krim-Krieg (1853–1856), im russisch-türkischen Krieg (1877–1878) und im Ersten Weltkrieg, aber auch wegen ihrer ständigen Versuche einer islamisch orientierten Einflussnahme auf die ehemals animistischen und inzwischen oberflächlich christianisierten Tschuwaschen, Mordwinen und andere Nachbarvölker bei der Regierung in der Missgunst standen.[31] Durch eine differenzierte Politik gegenüber den einzelnen Völkern und durch gezielten Abruf von gegenseitigen Ressentiments gelang es der Zarenregierung auch im Wolgagebiet, sowohl die antipolnische als auch die antitatarische Karte auszuspielen. Während die wolgadeutschen Katholiken vom antipolnischen Kurs der Regierung im kirchlichen Bereich durch die so genannte Germanisierung der katholischen Kirche in Russland profitierten,[32] hatte der Kampf gegen die befürchtete tatarische Überfremdung (*tatarizacija*) der ehemals animistischen Mordwinen, Tschuwaschen und anderer in unmittelbarer Nachbarschaft mit den Tataren siedelnden Ethnien des Wolgagebiets für diese substantielle Folgen. Unter dem Vorwand, sie vor der Islamisierung schützen zu wollen, wurde ihre Christianisierung vorangetrieben und gefestigt. Waren zunächst ihre Muttersprachen während der Il'minskij-Zeit[33] mit dem Ziel einer Verankerung in der Orthodoxie gefördert worden, wurde nun ihre schulische und sprachlich-kulturelle Russifizierung verstärkt betrieben, nachdem sich auch im Hinblick auf diese Völker die Meinung, das Russische sei das wichtigste Integrationsinstrument, durchgesetzt hatte.[34] Der orthodoxe Glaube dieser Völker sollte nun

31 Vgl. Noack, Muslimischer Nationalismus (wie Anm. 11), S. 114; Salavat Ischakov, Rossijskie musul'mane i revoljucija 1917–1918 [Die Muslime Russlands und die Revolution 1917–1918]. Moskva 2004, S. 123.

32 Vgl. z.B. Bronislav Čaplickij [Bronisław Czaplicki], Saratovskaja seminarija i pol'skoe vosstanie 1863 g. [Das Saratover Seminar und der polnische Aufstand 1863], in: Svet Evangelija (1996), Nr. 23, S. 4; Ol'ga Licenberger [Litzenberger], Rimsko-Katoličeskaja cerkov' v Rossii. Istorija i pravovoe položenie [Die Römisch-Katholische Kirche in Russland. Geschichte und Rechtsstatus]. Saratov 2001, S. 127 ff.; Vaškau, Škola (wie Anm. 21), S. 147.

33 Zu Il'minskij und die von ihm verfolgte Sprachenpolitik vgl. den Beitrag von Andreas Frings, Neukonstruktion von Lebenswelten im multiethnischen Wolga-Kama-Raum. Die Apostasiewelle von 1866, in diesem Band.

34 Vgl. Kappeler, Russland (wie Anm. 8), S. 215 ff.

durch die Oktroyierung der russischen Sprache ergänzt werden, damit Orthodoxie und Russisch die angestrebte unzertrennliche Einheit bilden würden.

Während die christlichen Wolgadeutschen den Druck im sprachlichen und kulturellen Bereich zu spüren bekamen, standen im Hinblick auf die Tataren, obwohl von ihnen eine sprachliche und kulturelle Loyalität ebenfalls nicht zu erwarten war, zunächst deren islamische Institutionen im Visier, die man verstärkt zu kontrollieren und zu schwächen bestrebt war.[35] Da es sich aber bei den Tataren um zwei unterschiedliche Gruppen, einerseits oberflächlich getaufte und andererseits konservative Muslime handelte, gingen die russischen Behörden, nicht zuletzt wegen der Apostasiewelle von 1865/66, differenziert vor: Den Getauften wollte man mit Hilfe ihrer tatarischen Muttersprache die Rückkehr zur Orthodoxie bzw. deren Festigung erleichtern. Die konservativen muslimischen Tataren hingegen sollten sowohl in sprachlicher als auch in konfessioneller Hinsicht sich selbst überlassen werden. Man befürchtete, dass die mit Hilfe der russischen Sprache aufgeklärten Muslime ihren Glauben eher festigen und noch mehr religiösen Einfluss auf die benachbarten Völker nehmen würden, wohingegen bei einer Nichteinmischung in ihre Bildungs- und Religionspolitik vielmehr ein Rückschritt auf beiden Gebieten zu erwarten sei. Damit hofften die zuständigen russischen Behörden den Konservativen bei der religiösen Einflussnahme auf die Nachbarvölker Grenzen setzen zu können.[36]

Unmittelbar vor dem und während des Ersten Weltkrieges wurde von russischen Nationalisten und zum Teil auch von Regierungskreisen sehr geschickt die antideutsche sowie die antijüdische Karte ausgespielt, u.a. zum Zweck der Integration der in den westlichen Randgebieten siedelnden zahlreichen kleinrussischen Bauern in die geeinte und unteilbare (*edinaja i nedelimaja*) russische Heimat. Zugleich zielte man damit auf die Aufwertung der drei Grundpfeiler – Orthodoxie (*pravoslavie*), Reichsmacht (*deržavnost'*) und Volkstum (*narodnost'*) ab und hatten damit auch Erfolg.

Weniger erfolgreich waren die Behörden bei der Einführung und der Etablierung der russischen Sprache in den von nichtrussischen Völkern besiedelten Gebieten. Dafür sind nicht nur die anfängliche Unentschlossenheit, die andauernde Konzeptionslosigkeit und die ständige finanzielle Misere der zudem auch noch willkürlich und ohne jedes Fingerspitzengefühl handelnden Behörden verantwortlich zu machen. Eine sehr wichtige Rolle spielten dabei die grundverschiedenen Ansichten von Russen und Nichtrussen zu Loyalität und Verbundenheit mit Russland. Im Verständnis der meisten Russen sollte sich die Verbundenheit der Nichtrussen mit dem Reich durch sprachliche und kulturelle Annäherung an das „Staatsvolk", worunter sie sich selbst verstanden,[37] stärker als bisher manifestieren. Dem sollte die Einführung der russischen Sprache in der Schule dienen, wenn nötig, sogar auf Kosten der jeweiligen Muttersprachen. Die Proteste, beispielsweise der Wolgadeutschen, gegen die Benachteiligung ihrer Muttersprache im Schulunterricht wurden unter diesen Umständen als prinzipielle Ablehnung des Russischen wahrgenommen und in der Presse auch so interpretiert.[38] Die Tataren wurden wegen ihrer permanenten Abwehrhaltung von vornherein

35 Noack, Muslimischer Nationalismus (wie Anm. 11), S. 113-117.

36 Ebenda, S. 123 f. Dabei sollte festgehalten werden, dass der bereits früher aufgebaute Druck zur Eindämmung der tatarischen Aktivitäten nie abgemildert wurde.

37 Vgl. Kappeler, Russland (wie Anm. 8), S. 10 u. 194-198.

38 Vgl. Vaškau, Škola (wie Anm. 21), S. 164.

zu Fanatikern abgestempelt. Für die Nichtrussen hingegen war in erster Linie die muttersprachliche Schule „das wichtigste Element, das die fremdsprachige Bevölkerung mit der gemeinsamen großen Heimat durch Bande bewusster Zusammengehörigkeit verknüpft".[39] Damit wurde auf der einen Seite die Durchsetzung des Russischen und das Abverlangen einer Loyalität nicht nur gegenüber dem Herrscherhaus,[40] sondern auch gegenüber Russland und damit gegenüber dem „Staatsvolk" als vordergründige Aufgabe formuliert, auf der anderen Seite wurden die Erhaltung und Pflege der Muttersprachen als Voraussetzung für die bewusste Verbundenheit mit Russland und damit als Voraussetzung für die Entstehung eines echten Heimatgefühls hervorgehoben. Einen sachlichen Dialog zwischen den beiden Parteien konnte es nicht geben, solange sie auf den jeweiligen Prinzipien beharrten. Und jeder Versuch der Behörden, ihren Standpunkt durchzusetzen, musste von der anderen Seite als Russifizierung gedeutet werden. Diejenigen aber, die auf die andere Seite zugehen wollten und um mehr Verständnis für deren Argumente warben, galten in den eigenen Reihen als Verräter. Der dem prominenten russischen Nationalisten Puriškevič zugeschriebene Ausspruch, man könne Anrep und Russe, aber auch Miljukov und Jude sein,[41] bringt diese Sicht zum Ausdruck. Auch bei den wolgadeutschen Eliten standen beispielsweise Alexander Klaus und Jakob Dietz im Verdacht, die Geschichte der Wolga- bzw. Russlanddeutschen von Standpunkt der Russen aus zu beleuchten.[42] Alexander Klaus war dabei ein bevorzugtes Angriffsziel, weil für ihn die russische Sprache als einziges Mittel zu einer echten Eingliederung der deutschen Kolonisten in das soziale und wirtschaftliche System der russischen Gesellschaft und damit als Lebensnotwendigkeit und nicht als Ausdruck von Russifizierung galt.[43] Und der Rechtsanwalt Karl Justus in Saratov sorgte seinerzeit für große Aufregung, weil er den Wolgadeutschen nach 150 Jahren ihres Lebens in Russland immer noch mangelnde Integrationsbereitschaft in die russische Gesellschaft vorhielt.[44]

39 Vgl. Schule und Muttersprache, in: Volks-Zeitung (Saratov) v. 20.2.1914.

40 Die russischen Nationalisten hielten den Deutschbalten und auch den Wolga- bzw. Russlanddeutschen vor, aus ihren Treuebekundungen zum Herrscherhaus die Treue zum Land und den russischen nationalen Interessen bewusst auszuklammern. Vgl. hierzu Kocjubinskij, Russkij nacionalizm (wie Anm. 7), S. 242. Auf Grund mancher Äußerungen konnte tatsächlich ein solcher Eindruck entstehen. Nicht nachweisbar ist allerdings die Unterstellung, die Deutschen hätten in diesem Punkt bewusst gehandelt.

41 Ebenda, S. 98.

42 Vgl. Kufeld, Deutsche Kolonien (wie Anm. 15), S. 90 f.

43 Vgl. A. Klaus, Duchovenstvo i škola v našich nemeckich kolonijach [Die Geistlichkeit und die Schule in unseren deutschen Kolonien], in: Vestnik Evropy (1869), Nr. 5, S. 260.

44 Vgl. Viktor Cherdt [Victor Herdt], Ėrnst Rojter v Rossi i na Volge [Ernst Reuter in Russland und an der Wolga], in: Rossijskie nemcy v inonacional'nom okruženii: problemy adaptacii, vzaimovlijanija, tolerantnosti. Materialy meždunarodnoj naučnoj konferencii: Saratov 14–19 sentjabrja 2004 goda [Die Russlanddeutschen in andersnationaler Umgebung: Probleme der Anpassung, gegenseitigen Beeinflussung, Toleranz. Materialien einer internationalen wissenschaftlichen Konferenz in Saratov, 14.–19. September 2004]. Moskva 2005, S. 313-333, hier S. 323, Anm. 60. Karl Justus war Mitglied der Partei der Konstitutionellen Demokraten, Vorsitzender des Kirchenrates der evangelisch-lutherischen St. Marien-Kirche in Saratov und spielte 1917 eine herausragende Rolle in der deutschen bürgerlichen Autonomiebewegung. Nach der Februarrevolution von 1917 war Karl Justus führend beim Aufbau der Miliz des Gouvernements Saratov beteiligt. Vgl. Zwischen Revolution und Autonomie (wie Anm. 7), S. 24, 27 f., 35, 37, 43 ff., 48, 71 f., 84, 120, 127, 131 ff., 166 f., 187, 191 f., 195, 197, 202, 205, 215, 233, 235, 238, 244, 266, 300, 309, 392, 418,

Nicht zu unterschätzen ist ferner die emotionale Ablehnung des Russischen bei einigen Völkern. Auf die Wolgadeutschen traf das nach Meinung von Pastor Johannes Kufeld zu, „soweit sich dies auf Blutvermischung und die Annahme der russischen Kultur bezieht“. Diese Ablehnung speiste sich aus dem Gefühl der Überlegenheit der eigenen Kultur gegenüber der russischen, wobei unter letzterer eigentlich die russische bäuerliche Kultur verstanden wurde.[45] Von daher ging die rhetorische Frage der russischen Nationalisten ins Leere, wo denn ein Puškin oder ein Čajkovskij usw. derjenigen Völker des Reiches sei, die auf die Russen herablassend und geringschätzig blickten. Diese angesprochenen Nichtrussen hatten es jedoch nicht mit Puškin oder Čajkovskij zu tun, sondern mit den benachbarten russischen Bauern, die nicht gerade als Aushängeschild russischer Kultur gelten konnten. Bei den Muslimen war die emotionale Ablehnung des Russischen wohl eher in der konfessionellen Ferne bzw. in der vermeintlichen Unvereinbarkeit der Religionen begründet und anscheinend auch stärker ausgeprägt. Neben der emotionalen Ablehnung des Russischen war es insbesondere die Angst vor Sprach-, Religions- und Identitätsverlust, die bei beiden Gruppen alle Zwänge bzw. auch nüchterne Erkenntnisse über die Notwendigkeit des Erlernens der russischen Sprache im Hintergrund verschwinden ließ.

5. Unterschiedliche Wahrnehmungen

Dass sich die sensiblen Befindlichkeiten der nichtrussischen Völker in Bezug auf ihre Muttersprache über alle Zwänge und nüchternen Erkenntnisse hinwegsetzen konnten, verdeutlichen nicht nur die zwei Jahrzehnte, in denen die Haltung der nichtrussischen bäuerlichen Bevölkerung von ablehnend bis geduldig bzw. gleichgültig abwartend zu werten ist. Begünstigt wurde diese Haltung durch die Trägheit der meisten zuständigen Behörden, unter denen wohl nur die *Zemstva* eine Ausnahme bildeten.[46] Insgesamt kann festgehalten werden, dass allein die Einführung bzw. die Versuche zur Einführung und Verankerung der russischen Sprache in Verwaltung und Bildungswesen eine Zäsur im Verhältnis zwischen den Nichtrussen und dem russischen Staat bildeten, ja dieses Verhältnis bis zum Ende der Zarenzeit belasteten, weil sich die Nichtrussen gegenüber dem „Staatsvolk“ benachteiligt fühlten[47] und

---

420, 451, 458 u. 501; Donald Rejli [Raleigh], „Založniki proletariata“. Otryvki iz vospominanij A.A. Mincha [„Die Geiseln des Proletariats“. Auszüge aus den Erinnerungen von A.A. Minch]. Saratov 2001, S. 33 f.

45 Vgl. hierzu Kufeld, Die deutschen Kolonien (wie Anm. 15), S. 313, und Schleuning, Mein Leben (wie Anm. 10), S. 361. Von Überlegenheitsgefühlen war auch das Verhältnis der Deutschen zu ihren Nachbarn in Südrussland geprägt. Vgl. hierzu Dietmar Neutatz, Die „deutsche Frage“ im Schwarzmeergebiet und in Wolhynien. Politik, Wirtschaft und Alltag im Spannungsfeld von Nationalismus und Modernisierung (1856–1914). Stuttgart 1993 (Quellen und Studien zur Geschichte des östlichen Europa. 37), dort insbesondere das Kap. IV: Zusammenleben der Deutschen mit Ukrainern und Russen im Alltag, S. 383-441.

46 Insbesondere trifft das auf die *Zemstva* der Kreise (*uezd*) Novouzensk, Nikolaevsk (Gouvernement Samara), Atkarsk und Kamyšin (Gouvernement Saratov) zu, deren Abgeordnete und Mitarbeiter für die Eröffnung einer ganzen Reihe *Zemstvo*-Schulen sorgten, in denen Russisch auf dem Stundenplan stand. Vgl. hierzu Vaškau, Škola (wie Anm. 21), S. 90 f. Zur Förderung der Schulen durch das Kamyšiner Kreis-*Zemstvo* vgl. Nina E. Waschkau (Vaškau), Das Kamyschiner Kreis-Zemstvo und die deutschen Schulen, in: Forschungen zur Geschichte und Kultur der Rußlanddeutschen 7 (1997), S. 88-105.

47 Vgl. Kappeler, Russland (wie Anm. 8), S. 226; Schmidt, Studien (wie Anm. 13), S. 269.

sie ihre Russifizierungsängste nie loswerden konnten. Insbesondere bei der muslimischen Bevölkerung wurde überdies ein enormes und jederzeit abrufbares Mobilisierungspotenzial gegenüber allem Russischen aufgestaut, sodass im Falle der Tataren des Wolgagebiets die Bemühungen um die Etablierung der russischen Sprache im Bildungswesen wegen des geschlossenen Widerstands praktisch zurückgenommen werden mussten.[48]

Im Hinblick auf die Wolgadeutschen sollte allerdings in Betracht gezogen werden, dass es Hinweise darauf gibt, sie hätten die Einführung des Russischunterrichts und des Russischen als Unterrichtssprache von sich aus initiiert, seien jedoch von den Behörden zunächst nicht unterstützt worden.[49] Diese These wurde völlig unkritisch von der neueren Forschung aufgegriffen, obwohl eine andere wichtige Quelle kundtut, dass Pastor Conradys Vorschlag zur Verankerung der russischen Sprache in den Schulen der wolgadeutschen Kolonien von der übrigen Pastorenschaft „glatt abgelehnt" wurde.[50] Zu diesem Fragenkomplex ist Folgendes festzuhalten: Im Nachweis für die vielbeschworene Einsicht in die Notwendigkeit des Erlernens der Staatssprache und die Bereitschaft, die eigenen Kinder auf kostspielige Privatschulen zu schicken, in denen Russisch nicht nur auf dem Programm stand, sondern auch Unterrichtssprache war, wird eher die Denk- und Handlungsweise der wohlhabenden Bevölkerungsschichten angeführt.[51] Derartige Darstellungen scheinen insbesondere mit Hinblick auf die bäuerliche Bevölkerung nicht verallgemeinerungsfähig zu sein. So wahr es ist, dass die Initiatoren zunächst kein williges Ohr fanden, so wahr ist auch, dass die Mehrheit der wolgadeutschen bäuerlichen Bevölkerung allein schon aus mentalen Gründen, in denen das Kosten-Nutzen-Argument eine Schlüsselrolle spielte und angesichts der wirtschaftlichen Verhältnisse oft spielen musste, ganz bestimmt nicht zu den eifrigsten Befürwortern des Russischunterrichts für ihre Kinder zählte. Dieses Schema lässt sich wohl auch auf die tatarische bäuerliche Bevölkerung übertragen, wie sich übrigens auch die Denk- und Handlungsweise der wohlhabenden Schichten auf die Wolga-Tataren übertragen lässt. Es handelt sich hier wohl eher um ein soziales als um ein nationales oder mentales Problem.

Andererseits ist unstrittig, dass die wolgadeutschen und tatarischen Bauern selbst einen Teil der Verantwortung für ihre äußerst mangelhaften Kenntnisse der russischen Sprache trugen. Sie setzten sich vielfach jahrelang über Zwänge hinweg, die russische Sprache zu erlernen, die z.B. allein schon aus der allgemeinen Wehrpflicht erwuchsen. Während der Jahre des massiven Drucks der Schulbehörden bei der Durchsetzung des Russischen in Schule und Verwaltung und während der noch schlimmeren Jahre des Ersten Weltkrieges verwiesen die Sprecher der Wolgadeutschen gegenüber überzogenen Vorwürfen der Illoyalität seitens der Nationalisten und oft konzeptionslos handelnden Schulbehörden auf Eigeninitiativen und die Tatsache, dass man nicht auf sie gehört habe. Dies schien zwar ein geeignetes Mittel der Rechtfertigung eigener Versäumnisse zu sein, erbrachte aber noch nicht den Nachweis ehrlichen Mühens um die allgemeine Erlernung der Staatssprache. Später, in der Rückschau, kam man dem eigentlichen Sachverhalt etwas näher und schilderte Aspekte der Wahrnehmung der einschlägigen staatlichen Maßnahmen in der wolgadeutschen bäuerlichen Bevölkerung.

48 Vgl. Noack, Muslimischer Nationalismus (wie Anm. 11), S. 120.

49 Vgl. Ditc [Dietz], Istorij (wie Anm. 12), S. 349-353.

50 Vgl. Vaškau, Škola (wie Anm. 21), S. 38 f.; Süss, Das Schulwesen (wie Anm. 21), S. 167-170; Kufeld, Die deutschen Kolonien (wie Anm. 15), S. 255.

51 Vgl. hierzu Vaškau, Škola (wie Anm. 21), S. 42 ff.; Süss, Das Schulwesen (wie Anm. 21), S. 182 f.

Peter Sinner gab z.B. in seiner umfangreichen Autobiografie zu, dass in der Kolonie Enders, wo er eine Lehrerstelle an der *Zemstvo*-Schule bekam, Gerüchte grassierten, er habe die Aufgabe, „die Kinder rusch, d.h. orthodox zu machen", weshalb von 396 schulpflichtigen Kindern nur 60 für den Schulbesuch angemeldet wurden.[52] Dieses Beispiel zeigt darüber hinaus, dass nicht immer die Kosten der wichtigste oder vermeintlich wichtigste Grund für die Proteste der „sparsamen" Bauern gegen die „russische Schule" ausschlaggebend waren, denn die *Zemstvo*-Schulen befanden sich zum großen Teil auch in der finanziellen Trägerschaft des *Zemstvo*.[53] Die Ängste, von denen eingangs bereits die Rede war, wurden unter den Bauern sogar stärker und zudem von Teilen der Geistlichkeit geschürt – ein Zustand und eine Handlungsweise, die übrigens nicht neu waren und schon von Alexander Klaus, Gottlieb Bauer und später auch von Jakob Dietz beklagt wurden.[54] Ein anderer Sprecher der Wolgadeutschen, Pastor Johannes Schleuning, sollte später ebenfalls zugeben, dass die Bauern die Einführung der russischen Sprache in den Schulen der deutschen Kolonien an der Wolga „als Vorboten der Aufhebung des evangelischen Glaubens und der gewaltsamen Aufoktroyierung der Orthodoxie" sahen.[55] Als Nachweis für die hartnäckige Ablehnung des Russischen und den entschlossenen Willen zur Wahrung der eigenen Identität bringt Johannes Schleuning an anderer Stelle die letzte Strophe des „Manifestes der Kaiserin": „Und schließt man uns in Ketten ein,/ wir wollen sie zerreiben,/ wir wollen keine Russen sein,/ wir wollen Deutsche bleiben."[56] Allerdings kann keiner der angeführten Standpunkte als repräsentativ für die Haltung der wolgadeutschen Bauernschaft gegenüber den Russen oder der Einführung des Russischunterrichts in den Schulen gelten, auch wenn die wolgadeutschen Eliten, zu denen Peter Sinner und Johannes Schleuning zweifellos gehörten, ihre Überlegungen gern als die Ansicht breiter Volksschichten ausgaben.

52 Peter Sinner, Aus meinem Leben. BA, Bestand 57/474, Aktenband 21, S. 37.

53 Vgl. Vaškau, Škola (wie Anm. 21), S. 53.

54 Vgl. A. Klaus, Naši kolonii. Opyty i materialy po istorii i statistike inostrannoj kolonizacii v Rossii [Unsere Kolonien. Studien und Materialien zur Geschichte und Statistik der ausländischen Kolonisation in Russland]. Kap. IX: Duchovenstvo i škola [Geistlichkeit und Schule]. S.-Peterburg 1869. Bezeichnenderweise fehlt dieses Kapitel in der deutschen Übersetzung des Buches. Vgl. A. Klaus, Unsere Kolonien: Studien und Materialien zur Geschichte und Statistik der ausländischen Kolonisation in Rußland. Mit Genehmigung des Verf. aus dem Russ. übers. von J. Töws. Odessa 1887; G. Bauer, Geschichte der deutschen Ansiedler an der Wolga seit ihrer Einwanderung nach Rußland bis zur Einführung der allgemeinen Wehrpflicht (1766–1874). Saratow 1908, S. 159 f.; Ditc [Dietz], Istorija (wie Anm. 12), S. 350 f. Bemerkenswert in diesem Zusammenhang ist die Bewertung von Klaus, Bauer und Dietz durch Pastor Johannes Kufeld, der schrieb, er habe die Geschichte der Kolonien in russischer Sprache als Manuskript gelesen (wobei es sich offensichtlich um das Manuskript von Jakob Dietz handelte) und wisse nun nicht, ob er es als großen Verlust bezeichnen solle, dass das Manuskript bislang nicht als Buch erschienen ist „wegen der total schiefen Beleuchtung (...) historischer Tatsachen, zum Teil im Sinne von Claus, zum Teil im Sinne von Bauer, was besonders in der Darstellung von Kirche und Schule zu sagen ist". Vgl. Kufeld, Die deutschen Kolonien (wie Anm. 15), S. 90 f.

55 Schleuning, Mein Leben (wie Anm. 10), S. 83.

56 Ebenda, S. 82. Im Jahre 1914 wurde diese Strophe „aus Bedenken im Hinblick auf die Zensur" nicht veröffentlicht. Vgl. Volkslieder und Kinderreime aus den Wolgakolonien. Gesammelt und mit einem Anhang von Rätseln zum 150jährigen Jubiläum der Wolgakolonien herausgegeben von J. E. [Johannes Erbes] und P. S. [Peter Sinner]. Saratow 1914, S. 177 u. 241.

Noch stärker ausgeprägt waren Ängste bei den Muslimen des Wolgagebiets, zu einem Konfessionswechsel gezwungen zu werden. Für die Tataren stand das Festhalten an ihrem muslimischen Glauben im Vordergrund. Noch auf Jahre hinaus begleiteten sie Ängste vor einem Bekehrungszwang, die zusätzlich durch entsprechende Gerüchte verstärkt wurden. Die von den russischen Behörden unter Federführung der orthodoxen Kirche durchgesetzte Entfremdung eines Teils ihrer früheren Glaubensbrüder vom Koran war bereits als Russifizierung wahrgenommen worden und hatte zu Traumatisierungen geführt. Gleichzeitig wurden Maßnahmen der russischen Behörden, die nichts mit Christianisierungs- oder Russifizierungsversuchen zu tun hatten, als solche gedeutet und auch weiter vermittelt. So ließen sich selbst überfällige Maßnahmen zum Feuerschutz oder zum Aufbau des Versicherungswesens, die zusätzliche Mittel erforderten und daher nicht nur in der muslimischen Bauernbevölkerung auf wenig Gegenliebe stießen, wegen der im Hinblick auf religiöse Befindlichkeiten der Muslime unbedachten Vorschrift zur Aufstellung von Alarmglocken als Vorbereitung auf neue Zwangstaufen instrumentalisieren, weil die Glocke von den Muslimen als ein Symbol der christlichen Welt wahrgenommen wurde. Aber auch die per Ukaz befohlene Errichtung von Getreidespeichern wurde als angestrebte Grundsteinlegung für russisch-orthodoxe Kirchen und als Vorzeichen bevorstehender Zwangstaufen gedeutet. Als vorbereitende Maßnahme zur Zwangschristianisierung galt bei den muslimischen Tataren selbst die erste gesamtrussische Volkszählung von 1897. Zentrale wie lokale Reformvorhaben und -bemühungen, sei es im Bildungswesen oder im sozialen Bereich, wurden, sobald sich dafür eine „plausible Erklärung“ finden ließ, als Eingriffe in die gut abgeschlossene muslimische Welt und als Weichenstellung für Zwangstaufen und damit für die Russifizierung abqualifiziert und zur Steigerung des Protestpotenzials genutzt.[57] Für die Abwehrhaltung der Muslime gab es allerdings weitere Gründe. So wurden zum Beispiel Integrationsaufforderungen von gleichzeitigem Abbau der muslimischen Selbstverwaltung bei geringen Chancen zur Mitarbeit in den neu geschaffenen Gremien begeleitet. Auch die Islamophobie in der russischen Gesellschaft während des Krim-Krieges (1853–1856) und des russisch-türkischen Krieges (1877/78) sowie bei der Eroberung Turkestans wurde von den muslimischen Tataren wachsam registriert, ebenso wie der nationalistische Diskurs mit seiner zuweilen aggressiven Rhetorik bis hin in die oberen Etagen der russischen Verwaltung.[58]

Die Haltung der muslimischen Tataren und der wolgadeutschen Christen weist neben Ähnlichkeiten auch einige Unterschiede auf, und zwar nicht nur wegen der stark differenzierenden konfessionellen Komponente. Diese Unterschiede waren nicht zuletzt in den jeweiligen Lebenswelten begründet. In den bevölkerungsreichen Kolonien mit erheblichem Wohlstandsgefälle, etabliertem Handwerk und stark verbreiteter saisonaler Heimarbeit, der Präsenz einer Schicht, die lediglich ihrer Herkunft wegen als Ansiedler-Grundbesitzer dem Bauernstand zugerechnet wurden, waren diese Lebenswelten zwangsläufig anders geprägt als in den tatarisch-muslimischen kleineren Dörfern mit dem viel stärkeren Führungsanspruch und der Dominanz der Mullahs.

Als Interessenvertreter der wolgadeutschen Bauernschaft verstanden sich neben den Pastoren und Patres auch die Lehrer und die *Zemstvo*-Leute, die jeweils miteinander in Konkur-

57 Vgl. Noack, Muslimischer Nationalismus (wie Anm. 11), S. 129 f.; Ischakov, Rossijskie musul'mane (wie Anm. 31), S. 101.
58 Vgl. Noack, Muslimischer Nationalismus (wie Anm. 11), S. 127 f.

renz um den Einfluss auf die Bauernklientel standen. Zeitweise kann man bei den Lehrern sogar von Hass gegenüber der Geistlichkeit sprechen.[59] In den wolgadeutschen Dörfern, von denen einige hinsichtlich der Einwohnerzahl durchaus mit Städten konkurrieren konnten, gab es seit der Etablierung eines eigenen Lehrerstandes zum Ende des 19. Jahrhunderts und wegen der beachtlichen Präsenz von Wolgadeutschen in den *Zemstva* nie eine geschlossene Abwehrfront gegen die tatsächlichen oder auch vermeintlichen Russifizierungsmaßnahmen der Behörden. Im Gegenteil, die Lehrer und die *Zemstvo*-Leute waren daran direkt oder indirekt beteiligt. Nicht von ungefähr galten die Lehrer, die vereinzelt seit den 1880er und mehrheitlich seit den 1890er Jahren auch als Russischlehrer eingesetzt wurden, sowie die *Zemstvo*-Leute in den Augen sowohl der Geistlichkeit als auch der Mehrheit der Bauern als Agenten der Russifizierung.[60]

Die Geistlichkeit, die Lehrer und die *Zemstvo*-Leute hatten zudem unterschiedliche Vorstellungen von der Gewichtung des Deutschen und des Russischen im Alltag und im Schulunterricht. Die Pastoren und Patres gaben immer wieder an, nicht gegen die Staatssprache in der Schule zu sein. Sie waren in der Tat nicht generell gegen den Russischunterricht. Priorität sollten jedoch Religion und Deutsch haben. Den Lehrern schien im Idealfall eine gleiche Gewichtung beider Sprachen wünschenswert. August Lonsinger, selbst Lehrer von Beruf, beschrieb in seinem Roman „Nor net lopper g'gewa!" den wolgadeutschen Lehrer Johannes Walker, für den Russisch und Deutsch nicht mehr antagonistisch gegenüberstanden, sondern in ihrem optimalen Zusammenspiel den Weg zur Lösung der Loyalitätsfrage, wie sie sich für die Russlanddeutschen im ausgehenden Zarenreich stellte und von Teilen der russischen Gesellschaft an sie gestellt wurde, aufzeigten.[61] Die wolgadeutschen *Zemstvo*-Leute bemühten sich angesichts der mangelhaften Beherrschung der russischen Sprache in der bäuerlichen Bevölkerung nach Kräften um die Verankerung des Russischen in der Schule und im Alltag. Jahrelang flossen in deutsche Schulen allein schon wegen des längeren Schulbesuchs der wolgadeutschen Kinder (fünf bis sieben Jahre) je Schüler bedeutend mehr Mittel als in die russischen Schulen, was die russische Seite eines Tages nicht mehr hinnehmen wollte,[62] aber dennoch nicht verhindern konnte.

Trotz der beachtlichen Mittel, die in das wolgadeutsche Schulwesen flossen, und der höheren Besoldung der Lehrer in deutschen Schulen[63] blieb die unzureichende Beherrschung der russischen Sprache durch die Schüler ein aktuelles Problem. Am 24. Februar 1897 erließ das Bildungsministerium eine Verfügung, wonach Russisch als Unterrichtssprache für alle Fächer mit Ausnahme der Religion und der deutschen Muttersprache eingeführt werden sollte. Obwohl das Ganze nach Maßgabe der Voraussetzungen (*po mere vozmožnosti*) und schrittweise (*postepenno*) sowie unter Gewährleistung einer ausreichenden Stundenzahl für den Unterricht der Religion und der Muttersprache der Kinder erfolgen sollte,[64] war diese Verfügung dennoch eine unmissverständliche Nachforderung dessen, was 1881 und 1891

59 Vgl. Kufeld, Die deutschen Kolonien (wie Anm. 15), S. 209 u. 383 (Brief Erbes an Kufeld o. Datum); Schleuning, Mein Leben (wie Anm. 10), S. 344, 354 f.

60 Vgl. Glaube Liebe Hoffnung, in: Der Kolonist Nr. 97 v. 8.9.1918, S. 1 f.

61 Vgl. dazu den Beitrag von Engel-Braunschmidt, Russischer mužik (wie Anm. 9) in diesem Band.

62 Vgl. Vaškau, Škola (wie Anm. 21), S. 92.

63 Vgl. ebenda, S. 93.

64 Vgl. ebenda, S. 97.

nicht umgesetzt worden war. Nur war es mehr als ungerecht, alle Schuld für die Missstände den deutschen Bauern und den Gemeinden zuzuweisen, denn auch das Bildungsministerium hatte in der Vergangenheit an der „russischen Unsitte“ gelitten, fortwährend Verordnungen (*ukaz*) und Verfügungen zu erlassen, ohne eine Grundlage für deren Umsetzung zu schaffen. Die Konzeptionslosigkeit und die permanente Unterfinanzierung der Schulbehörden waren keine geeignete Basis für die Lösung des Sprachenproblems. Es wäre lohnend, die Umstände zu klären, unter denen der Beschluss von 1897 zustande kam, und welche Rolle dabei der von den russischen Nationalisten geführte Diskurs über die neu definierte Loyalität spielte, der den Druck auf die Behörden offensichtlich erhöhte. Denn die Rechnung, die den Wolgadeutschen diesmal vorgelegt wurde, fiel deutlich höher aus als früher: Im Preis der gewünschten Nachbesserungen war die Forderung nach einer dominierenden Stellung der russischen Sprache – auf Kosten der deutschen Muttersprache – inbegriffen.

Die Umsetzung dieses Beschlusses erfolgte mit lokalen Unterschieden. Allein schon die Formulierung „nach Maßgabe der Voraussetzungen“ und die nicht näher definierte Übergangsfrist eröffneten den Beamten einen Ermessensspielraum. Sie hatten nun darüber zu befinden, ob die Voraussetzungen dafür gegeben waren oder nicht und was „schrittweise“ bedeuten sollte. Im Kreis Kamyšin entfaltete das *Zemstvo* eine rege Tätigkeit zur Finanzierung der Stellen für Russischlehrer. Im Kreis Nikolaevsk zeigte man sich liberaler als im Kreis Novouzensk und vertrat die Meinung, man könne die Gemeinden nicht zwingen, russische Lehrer anzustellen, wenn die Voraussetzungen dafür noch nicht vorhanden seien, und außerdem sei die russische Sprache schrittweise als Unterrichtssprache einzuführen.[65] Auf der anderen Seite gab es anscheinend eine große Zahl von Fällen, in denen die Eltern weiterhin ausschließlich Wert auf die Unterrichtung ihrer Kinder in Religion und der deutschen Muttersprache legten, worauf die Inspektoren mit Repressionen reagierten und ganze Schulen schließen ließen.[66] Der nachdrucksvoll und eindeutig formulierte Bescheid lautete: Deutsch und Religionsunterricht werde es ohne das Erlernen der Staatssprache in Zukunft nicht mehr geben.[67] Die Aussperrung der Kinder aus der Schule wurde von den Bauern, die sich nun „nicht nur in ihren kirchlichnationalen Gefühlen, sondern auch in ihrem Rechtsbewusstsein verletzt fühlten“, als unzulässiger und zerstörerischer Eingriff der Behörden in das Schulwesen und als Aufhebung der gut bewährten Schulpflicht, eines der „teuersten und heiligsten Güter“ wahrgenommen.[68]

In der kulturell und religiös viel stärker abgeschlossenen muslimischen bäuerlichen Welt bestimmten die Mullahs das Geschehen. Für sie kam die Einführung der russischen Sprache in den Schulen nicht in Frage. Die lokalen *Zemstva*, die kaum Interesse für das Innenleben der muslimischen Gemeinden zeigten,[69] hatten zudem wegen der geringeren Zahl der muslimischen Abgeordneten und Beamten praktisch keine Möglichkeiten der Einflussnah-

65 Vgl. Kufeld, Die deutschen Kolonien (wie Anm. 15), S. 200.
66 Ebenda, S. 202-205.
67 Vgl. Süss, Das Schulwesen (wie Anm. 21), S. 192 f.
68 Vgl. Kufeld, Die deutschen Kolonien (wie Anm. 15), S. 204 ff. Die Kufeldsche Bewertung der Vorgehensweise der Schulbehörden ist allerdings differenzierter als bei Wladimir Süss. Vgl. ders., Das Schulwesen (wie Anm. 21), S. 193. Johannes Kufeld gibt auch den wolgadeutschen Bauern Mitschuld für die missliche Lage, in der die Behörden handeln mussten, diese jedoch offensichtlich ebenfalls kontraproduktiv, weil auf Konfrontation ausgerichtet, handelten.
69 Vgl. Noack, Muslimischer Nationalismus (wie Anm. 11), S. 94.

me auf die bäuerliche Bevölkerung und konnten somit dem Einzug der russischen Sprache in den tatarischen Dörfern nicht nachhelfen. Außerdem lehnten nicht nur die Mullahs, sondern auch die Eliten die „Russifizierung" entschiedener als die Wolgadeutschen ab. Diese Ablehnung beruhte zudem auch noch auf geschlossener Solidarität untereinander und mit den übrigen Glaubensbrüdern.[70] Die Wolgadeutschen traten, wie oben gezeigt wurde, in der Sprachenfrage nicht geschlossen auf, legten aber andererseits auch keine Glaubenssolidarität mit den katholischen Polen an den Tag. Eine nicht geringe Rolle mochten dabei wohl die früheren schlechten Erfahrungen der wolgadeutschen Katholiken mit den Priestern polnischer Volkszugehörigkeit, die in den Kolonien bis zur Gründung des Saratover Priesterseminars gewirkt hatten, gespielt haben.[71] Umgekehrt war es nicht anders. Beide, die katholischen Wolgadeutschen und die katholischen Polen, ließen sich von den Machthabern durch den gezielten Abruf gegenseitiger Ressentiments bzw. ehrgeizig-eifriger Loyalitätsbekundungen gegeneinander ausspielen: die wolgadeutschen Katholiken während des Besuchs des Thronfolgers Nikolaj Aleksandrovič (1843–1865) im Jahre 1863 in den Wolgakolonien, als sie gemeinsam mit den Lutheranern dem Thronfolger untertänigst 27 154 Rbl. und 41,5 Kop. zugunsten der russischen Opfer des polnischen Aufstandes überreichten und ihre uneingeschränkte Loyalität gegenüber dem Herrscherhause bekundeten;[72] die Polen nach den Germanisierungsmaßnahmen in der Tiraspoler Diözese in den 1860er und 1870er Jahren[73] und später während des Ersten Weltkrieges, als sie sich, die Gunst der Zeit nutzend, gegen die Übermacht der Deutschen in der Saratover katholischen Klemens-Kathedrale auflehnten.

In den wolgadeutschen Dörfern hielt der Widerstand gegen die als fremd empfundene „russische Schule" auch nach 1897 unvermindert an. Fast schon gewohnheitsgemäß führten die Gemeinden das Kostenargument ins Treffen, das den Vorzug hatte, nicht den Verdacht der Illoyalität zu erwecken. Nur war vielen Gemeinden anscheinend nicht unbedingt viel an der Förderung der eigenen „deutschen Schule" gelegen. Johannes Kufelds Feststellung, „dass sich bei den Gemeinden die Schulfrage in den meisten Fällen zu einer Geldfrage

70 Ebenda, S. 118. Allerdings sollte man angesichts der innermuslimischen Solidarität nicht den Trugschluss ziehen, dass die Ideen der Eliten und der Bevölkerungsmehrheit weitgehend identisch gewesen seien. Vgl. Ischakov, Rossijskie musul'mane (wie Anm. 31), S. 59. Im Hinblick auf die Wolgadeutschen lässt sich nachweisen, dass die Bauern stets misstrauisch gegenüber den gebildeten Schichten und bestrebt waren, ihre Interessen selbst zu vertreten. Vgl. hierzu Viktor Cherdt (Victor Herdt), Zemel'nyj vopros v nemeckich kolonijach Povolž'ja v 1917–1918 gg. [Die Landfrage in den deutschen Kolonien des Wolgagebiets in den Jahren 1917–1918], in: Rossijskoe gosudarstvo, obščestvo i rossijskie nemcy: osnovnye ėtapy i charakter vzaimootnošenij (XVIII–XXI vv.). Materialy 11-j meždunarodmoj naučnoj konferencii: Moskva, 1–3 nojabrja 2006 goda [Der russische Staat, die Gesellschaft und die Russlanddeutschen: Hauptetappen und Charakter der wechselseitigen Beziehungen (18.–21. Jh.). Materialien der 11. internationalen wissenschaftlichen Konferenz, Moskau, 1.–3. November 2006]. Moskva 2007, S. 241-258, hier S. 248 u. 251.

71 Vgl. Licenberger [Litzenberger], Rimsko-Katoličeskaja cerkov' (wie Anm. 44), S. 74, 113.

72 Vgl. Saratowsche Deutsche Zeitung Nr. 89 v. 21.9.1865, S. 741 (Anmerkung der Redaktion).

73 Vgl. Ol'ga Licenberger [Litzenberger], Nemcy-katoliki i položenie rimsko-katoličeskoj cerkvi v Rossii v konce XIX–načale XX vv. [Die deutschen Katholiken und die Stellung der Römisch-Katholischen Kirche in Russland Ende des 19.–Anfang des 20. Jh.], in: Nemcy Rossii: social'no-ėkonomičeskoe i duchovnoe razvitie 1871–1941 gg. Materialy 8-j meždunarodmoj naučnoj konferencii: Moskva, 13–16 oktjabrja 2001 goda [Die Deutschen Russlands: sozial-ökonomische und geistige Entwicklung 1871–1941. Materialien der 8. internationalen wissenschaftlichen Konferenz, Moskau, 13.–16. Oktober 2001]. Moskva 2001, S. 256-268, hier S. 263 f.

zugespitzt hatte", trifft den Kern des Problems. Vielerorts war man, im Unterschied zu den Deutschen im Schwarzmeergebiet, nicht einmal bereit, diejenigen Schulen zu unterhalten, in denen 1907 erlaubt wurde, die russische Unterrichtssprache durch die deutsche Muttersprache zu ersetzen. Weil aber die Referenzen an die deutsche Sprache aus der Finanzierungspflicht durch die Gemeinden abgeleitet wurden, ließ man lieber alles beim Alten und die betreffenden Schulen auch weiterhin vom Staat und von den *Zemstva* unterhalten.[74] Während der Liberalisierung der Schulpolitik in den Jahren 1905–1907 plädierten zahlreiche Gemeinden, wenn sie sich der Finanzierungspflicht nicht entziehen konnten, sowieso meist für die Wiedereinführung der früher kostengünstigeren und „nützlicheren" Kirchenschule mit Schulmeister und Gehilfe auf bis zu 1 000 Schülern, worin selbst Vertreter der Pastorenschaft die Gefahr eines Rückschritts ersahen.[75] Das Verhalten der Wolgadeutschen in Bildungsfragen unterschied sich damit kaum vom Bildungsverhalten der gesamten russländischen Bauernschaft.[76]

Die nichtrussischen Völker des Wolgagebiets hatten nie die Wahl gehabt, sich entweder völlig abzukapseln oder in die Gesellschaft zu integrieren. Selbst zu Zeiten des Saratover Fürsorgekontors und der noch intakten muslimischen Selbstverwaltung waren sowohl die Wolgadeutschen als auch die Tataren der Wolgaregion so weit und so stark integriert, wie es dem russischen Staate, der damals die russische Gesellschaft noch fest im Griffe hatte bzw. mit ihr noch eine feste Einheit bildete, gerade erforderlich schien. Durch die Modernisierungszwänge der 1860er Jahre und den zunehmenden Widerstreit zwischen dem russischen Staat und der russischen Gesellschaft, in der die russischen Nationalisten um die Wende vom 19. zum 20. Jahrhundert und insbesondere seit 1907 eine immer stärkere Rolle spielten,[77] wurden allerdings zusätzlicher Integrationsdruck und zusätzliche Integrationszwänge für die nichtrussischen Völker des gesamten Zarenreiches erzeugt. Wenn jedoch die Abkapselungsversuche beispielsweise bei den Tataren erfolgreicher waren als bei den Wolgadeutschen, so hatten die Behörden ihre guten Gründe, dies hinzunehmen. Ausschlaggebend war die Wahrung der politischen und religiösen Stabilität in der Region und die Hoffnung, dass sich selbst überlassene Tataren weniger Einfluss auf die Nachbarvölker nehmen würden. So sehr die russischen Behörden auch von Ängsten geplagt waren, die nichtrussischen Völker des Reiches wollten sich der Integration entziehen, so sehr hatten im Falle der Tataren diese Ängste dennoch eine andere Qualität: Sie waren vergleichbar mit dem Polenkomplex der Russen wegen des tatsächlichen oder vermeintlichen Einflusses der Polen auf die Litauer und die griechisch-katholischen Ukrainer oder Weißrussen. Im Westen war es die über alles gefürchtete Polonisierung, in der Wolgaregion die imaginierte Tatarisierung, die bei den russischen Behörden geradezu traumatische Ängste auslöste. Wichtig ist in diesem Zusammenhang festzuhalten, dass die Behörden auch diesmal ihrem Prinzip des differenzierten Vorgehens gegenüber den einzelnen Ethnien treu blieben. Im Hinblick auf die Wolgadeutschen bestimmten deren sprachliche und kulturelle Loyalitätsdefizite das

74 Vgl. Kufeld, Die deutschen Kolonien (wie Anm. 15), S. 213.
75 Ebenda, S. 204 f.
76 Vgl. P.N. Miljukov, Očerki po istorii russkoj kul'tury. V 3-ch t. [Studien über die Geschichte der russischen Kultur. In 3 Bänden]. T. 2, č. 2, Moskva 1994, S. 331.
77 Über den russischen Nationalismus als gesellschaftliche Erscheinung vgl. Geoffrey Hosking, Russia: Empire and Nation. Cambridge/Mass. 1997, S. XIV-XXIV.

Handeln der Behörden. Die Tataren, deren sprachliche und kulturelle Defizite geradezu ins Auge sprangen, die von den Russen aber kulturell auf eine niedrigere Stufe gestellt wurden, überließ man unter kräftelähmender Druckkulisse sich selbst. Die Polen, deren Alltagskultur auf einer deutlich höheren Stufe als die der Russen stand, bekämpfte man mit allen Mitteln bis zu Beginn des Ersten Weltkrieges, also bis zu der Zeit, als in Russland kurzzeitig die Ideen des Panslawismus auflebten.

6. Schlussfolgerungen

Aus der Analyse der Beziehungen und des Widerstreits zwischen den russischen Behörden und den nichtrussischen Völkern lassen sich folgende Erkenntnisse gewinnen: Wie die einseitige Verbreitung der russischen Sprache bei gleichzeitiger Missachtung der Belange der jeweiligen Muttersprachen Russifizierungsängste bei den Betroffenen auslöste, so schürten auch sprachliche und kulturelle Loyalitätsdefizite und das Wehrverhalten der nichtrussischen Ethnien vergleichbar starke Illoyalitätsängste bei den russischen Behörden und der russischen Öffentlichkeit. In der Motivation für das Vorgehen der Behörden spielten der imperiale Kontext, d.h. die Vielfalt der zur selben Zeit stattfindenden Beziehungen und die Auseinandersetzungen mit Loyalitätsfragen in den höheren Etagen der imperialen Bürokratie eine entscheidende Rolle. Daher mussten die Reaktionen der staatlichen Behörden und der Gesellschaft bei ähnlich gelagerten Fällen nicht zwangsläufig gleich und nicht unbedingt ähnlich sein. Eine Politik der Russifizierung konnte im russischen Vielvölkerreich allein schon angesichts der mannigfaltigen Zwänge zur Wahrung von Stabilität, der ständigen Mittelknappheit und insbesondere wegen des Fehlens zentraler Russifizierungskonzepte im Hinblick auf alle nichtrussischen Völker nie richtig realisiert und nur differenziert verfolgt werden.

Angesichts des offensichtlichen Widerspruchs einerseits zwischen der in den nationalen Geschichtsdeutungen weit verbreiteten Kennzeichnung der Politik gegenüber den nichtrussischen Völkern als Russifizierungspolitik und andererseits dem niedrigen Kenntnisstand der russischen Sprache,[78] insbesondere unter der nichtrussischen bäuerlichen Bevölkerung, sollen zum Schluss die Gründe für ein derartiges Wahrnehmungsmuster zusammengefasst werden. Dazu gehörten:

- der Abbau der autonomen Selbstverwaltungsorgane bzw. der Organe zur besonderen Verwaltung, der sowohl die Wolgadeutschen als auch die Tataren des Wolgagebiets zunehmend verunsicherte;

78 Süss, Schulwesen (wie Anm. 21), S. 193. Die Daten der ersten gesamtrussischen Volkszählung sind dafür ein deutlicher Beweis. In der Region Untere Wolga, zu der u.a. die Gouvernements Saratov und Samara gehörten, waren unter den Deutschen (älter als zehn Jahre) 13,40% absolut nicht lesefähig, russisch lesefähig waren nur 18,92%, eine Bildung über die Elementarschule hinaus hatten lediglich 1,01%. Für die Tataren an der Unteren Wolga sind folgende Daten festgehalten: absolut nicht lesefähig 72,28%, russisch lesefähig 3,54%, Bildungsgrad über die Elementarschule hinaus 0,04%. Ähnlich sah es bei den Tataren an der Mittleren Wolga aus, wo sie viel zahlreicher siedelten: absolut nicht lesefähig 76,25%, russisch lesefähig 3,81%, Bildungsgrad über die Elementarschule hinaus 0,03%. Vgl. Die Nationalitäten des Russischen Reiches in der Volkszählung von 1897. B: Ausgewählte Daten zur sozio-ethnischen Struktur des Russischen Reiches – Erste Auswertungen der Kölner NFR-Datenbank, hrsg. v. Henning Bauer, Andreas Kappeler u. Brigitte Roth. Stuttgart 1991 (Quellen und Studien zur Geschichte des östlichen Europa. 32, B.), S. 246 f.

- unzureichende und unattraktive bis unannehmbare Integrationsangebote wegen der tatsächlichen oder eingebildeten Russifizierungsausrichtung und auf Kosten der jeweiligen Muttersprache;
- die zunehmende Benachteiligung der indigenen Sprachen gegenüber dem Russischen durch die Behörden;
- die ständigen Ängste um den Verlust der sprachlichen, kulturellen und religiösen Identität, die von der wolgadeutschen wie tatarisch-muslimischen Geistlichkeit geschürt wurden;
- die unterschiedliche Definition von Loyalität und Verbundenheit mit Russland durch Nichtrussen und Russen;
- die in ihrer Intensität zunehmenden Russifizierungsmaßnahmen seit der Thronbesteigung durch Alexander III., die von Nikolaus II. fortgesetzt wurden und die vor allem das Bildungswesen der nichtrussischen Völker betrafen, weil nach damalig vorherrschender Meinung gerade die Schule die Russifizierung des Nichtrussischen leisten sollte;
- die subjektive, situative und selektive Steuerung und Prägung der Wahrnehmung von tatsächlichen oder vermeintlichen Russifizierungsmaßnahmen durch Sprache, Gefühle, Bedürfnisse, Interessen, Einstellungen, Vorurteile, Erfahrungen, mentale und kulturell-religiöse Hintergründe, die insbesondere auf Grund gemeinsamer Erfahrungen, Bedürfnisse, Interessen, derselben Sprache und gleicher religiös-kultureller Hintergründe den höchst subjektiven Wahrnehmungsvorgang zur kollektiven Perzeption werden lassen und dieser eine Eigendynamik verleihen;
- eine permanente Erfahrbarkeit der Russifizierung durch entsprechende Absichtserklärungen, insbesondere von Seiten der russischen national-patriotischen Kräfte, durch ständige Präsenz in der Presse, einschlägige Aussagen von Vertretern der Staatsmacht auf zentraler und lokaler Ebene, die Debatten in der Staatsduma, die ein enormes Spannungsverhältnis zwischen den Akteuren bzw. Agenten der Russifizierung und den nichtrussischen Völkern des Zarenreiches erzeugten, das sich permanent aus Gerüchten, gegenseitigen Unterstellungen, den Illoyalitätsängsten oder dem Druck der „bösen Russifizierer" und der grundsätzlichen Abwehrhaltung der „undankbaren" Wolgadeutschen und der „fanatischen" tatarischen Muslime speiste;
- die Denkbarkeit immer neuer Russifizierungsversuche auf Grund negativer Erfahrung mit den restriktiven Nachforderungen der Behörden und Teilen der russischen Gesellschaft im kulturell-religiösen und schulischen Bereich, wobei das Denkbare für die seltsamsten Gerüchte und Ängste, diese ständigen Begleiter der Russifizierungsperzeption in der nichtrussischen Bevölkerung des Wolgagebietes, sorgte;
- die emotionale Ablehnung des Russischen aus dem Gefühl der Überlegenheit gegenüber den Russen bei den Wolgadeutschen und die kulturelle wie konfessionelle Ferne bei den Tataren;
- und zuletzt die inhaltliche Verschwommenheit, Dehnbarkeit und die sich daraus ergebende Manipulierbarkeit des Begriffs Russifizierung.

Daraus folgt, dass selbst Maßnahmen des Staates, die nicht primär die gezielte Angleichung von Einzelpersonen, Gruppen oder ganzen Ethnien an das Volk der Russen bezweckten, als Russifizierung wahrgenommen werden konnten. Die Verschwommenheit, Dehnbarkeit und Manipulierbarkeit des Begriffs Russifizierung waren zudem eine geeignete Projektionsfläche für allerlei Deutungen. In das Russifizierungs-„Paket“ wurden vor allem von den Betroffenen und in den nationalen Geschichtsdeutungen allzu oft neben der Einführung der russischen Sprache als Unterrichtsfach bzw. der Dekretierung des Russischen als Unterrichtssprache in den Schulen der nichtrussischen Völker neben den Angeboten und Zwängen zu Akkulturation und Assimilation sowie zum Konfessionswechsel und den damit verbundenen Ängsten der Betroffenen auch administrative Praktiken und Maßnahmen des russischen Staates geschnürt, die über die sprachliche und kulturelle Homogenisierung deutlich hinausgingen – etwa die Vereinheitlichung der Verwaltung oder die Neuordnung der ständischen Strukturen. Platz in diesem „Paket“ fanden sowohl der nationalistische Diskurs als auch später eine nationalistische Politik, die sich erst zu Beginn des 20. Jahrhunderts herausbildete[79] und bemüht war, die Regierung auf ihre Seite zu ziehen.

Kaum berücksichtigt wird jedoch, dass das Romanov-Imperium die nationalistische Ressource nicht nur nutzte, sondern sich auch vehement gegen die Ansprüche der Nationalisten auf Mitformulierung und Mitgestaltung der Nationalitätenpolitik wehrte. Grundsätzlich gilt, dass auch nach der Verabschiedung des Wahlgesetzes vom 3. Juni 1907 mit seiner russisch-nationalen Rhetorik,[80] die den Wandel der staatlichen Haltung gegenüber dem russischen Nationalismus markierte und aus der die russische nationalistische Bewegung ihre Legitimität begründete,[81] die radikalsten Kräfte aus dem nationalistischen Milieu ihren Platz in der Hierarchie der Regierungsgegner[82] weiterhin mit beispielsweise den Sozialisten teilen mussten.

Ferner gilt: Solange die Behandlung der Russifizierungsfrage nur im Rahmen des nationalen Narrativs stattfindet, wird es immer wieder zur „Nationalisierung“ der jeweiligen Geschichten kommen und Freiräume für weitere Manipulationen geben. Dadurch wird einerseits die Herauslösung der Beziehungen zwischen der imperialen Macht und der jeweiligen Ethnie aus dem imperialen Kontext, d.h. aus der Vielfalt der gleichzeitig stattfindenden Beziehungen begünstigt und werden andererseits die Motive der imperialen Macht sowie die Auseinandersetzungen mit Identitäts- und Loyalitätsfragen in den höheren Etagen der imperialen Bürokratie vernachlässigt. So steht zu vermuten, dass auch in Zukunft immer wieder das Bild einer angeblich totalen Fixierung des russischen Vielvölkerimperiums auf repressive Durchsetzung einer sprachlichen und kulturellen Homogenität aller seiner Untertanen dominieren wird. Der so entstandene Russifizierungstopos wird so auch weiterhin vor allem in nationalen Geschichtsschreibungen, oft auch der wissenschaftlichen, mit einer Selbstverständlichkeit als These zugrunde gelegt werden, die nur noch formal bestätigt werden muss.

---

79 Aleksej Miller weist mit Recht darauf hin, dass man in Bezug auf das 19. Jahrhundert kaum von einem russischen Nationalismus als einer organisierten Kraft sprechen kann, sondern lediglich von einem russischen nationalen Diskurs, der sich während des 19. Jahrhunderts allmählich in der Gesellschaft etablierte, doch bis Anfang des 20. Jahrhunderts keine politischen Strukturen bilden konnte. Vgl. hierzu Miller, Imperija Romanovych (wie Anm. 7), S. 68.

80 Vgl. Kappeler, Russland (wie Anm. 8), S. 279; Noack, Muslimischer Nationalismus (wie Anm. 11), S. 352.

81 Vgl. Kocjubinskij, Russkij nacionalizm (wie Anm. 7), S. 55. Kein Zufall, dass M. O. Men'šikov, einer der führenden Köpfe der Gesamtrussischen Volksunion (Vserossijskij narodnyj sojuz), die Zeit vor 1907 das alte antirussische Regime nannte. Vgl. ebenda, S. 137.

82 Vgl. Miller, Imperija Romanovych (wie Anm. 7), S. 10; Kocjubinskij, Russkij nacionalizm (wie Anm. 7), S. 55 f.

Die Folge ist vorhersehbar: eine weitgehend emotional geprägte antirussische Ausrichtung innerhalb der nationalen Geschichtsdeutungen, vergleichbar mit einer heute vielerorts praktizierten flachen publizistischen Auseinandersetzung und einem täglichen Umgang mit dem Russifizierungsbegriff[83] sowie die Dramatisierung der Ausmaße und der Folgen von Verboten als ungebrochene Tendenz. Da aber aus russischer Sicht die Behandlung der Russifizierungsfrage meist ebenso im engen Rahmen des nationalen Narrativs stattfindet, führt dies in gleicher Weise zu Verzerrungen und gegenseitigem Nichtvertrauen und Nichtverstehen. Die gegenseitige Rezeption hat ihre historischen Wurzeln in einer gezielten oder unbedachten Unterdrückung bzw. Überbetonung wichtiger Segmente von oft Jahrhunderte währenden Beziehungen zwischen den Russen und den anderen Völkern des Zarenreiches.[84] Zur Überwindung der Krise sind beide Seiten gefordert: Die Russen müssen bei der Beurteilung „ihres" Imperiums mehr Objektivität zeigen und unter anderem seine Schattenseiten und deren Folgen für die nichtrussischen Völker in die eigenen Betrachtungen einbeziehen. Die Nachbarn der Russen müssen ihrerseits mit den Vorurteilen und einseitig negativen Bildern des Russischen Reiches aufräumen und begreifen, dass dieses Reich, für das die Freiheit und das Wohlergehen seiner Untertanen ganz bestimmt niemals die erste Priorität gewesen waren, auch nicht durchweg ein „Imperium des Bösen" war, wie es in den Schulbüchern der Nachbarn Russlands erscheint.[85]

Für eine schärfere Differenzierung des Russifizierungsbegriffs sollte er allerdings, wie es Andreas Kappeler zu Recht verlangt, in den kulturellen und sprachlichen Bereich verlagert und seine Verwendung nur auf diejenige Politik begrenzt werden, deren vorrangiges Ziel tatsächlich die sprachliche und kulturelle Assimilation der nichtrussischen Völker an die Russen war.[86] Die Feststellung von Edward C. Thaden, dass die Russifizierungsängste von der Wirkungskraft der tatsächlich durchgeführten Maßnahmen streng zu trennen sind,[87] bleibt für Arbeiten zur Nationalitätenpolitik Russlands aktuell.

83 Es genügt, die Begriffe „Russifizierung" bzw. rus(s)ifikacija in die Suchmaschine von Google, Rambler usw. einzugeben, um sich davon überzeugen zu können.

84 Vgl. hierzu Kappeler (wie Anm. 8), S. 12 f.

85 Vgl. Miller, Imperija Romanovych (wie Anm. 7), S. 11.

86 Vgl. Andreas Kappeler, Der schwierige Weg zur Nation. Beiträge zur neueren Geschichte der Ukraine. Wien (u.a.) 2003, S. 49 (Wiener Archiv für die Geschichte des Slawentums und Osteuropas. Veröffentlichungen des Instituts für Osteuropäische Geschichte an der Universität Wien. XX).

87 Vgl. Edward C. Thaden, Manaseins Senatorenvision in Livland und Kurland während der Zeit 1882–1883, in: Jahrbücher für Geschichte Osteuropas N.F. 17 (1969), S. 45-58.

Nina Berend, Gul'nara Ištuganova

Sprachliche Interferenzen bei den nichtrussischen Völkern des Wolgagebietes. Das Beispiel der Wolgadeutschen und Baschkiren

Das Ziel des vorliegenden Beitrages ist die Beschreibung des russischen Einflusses auf die nichtrussischen Völker des Wolgagebietes. Bei diesen handelt sich einerseits um die Deutschen, die in der zweiten Hälfte des 18. Jahrhunderts aus Deutschland nach Russland ausgewandert waren und an beiden Ufern der Wolga eine zusammenhängende große Ansiedlungsregion bildeten. Für diese Einwanderergruppe hat sich die Bezeichnung „Wolgadeutsche" eingebürgert (vor allem in Abgrenzung zu anderen deutschen Einwanderergruppen). Im ersten Teil des Beitrages geht es um die russischen Interferenzen (bzw. den russischen Spracheinfluss) in der deutschen Sprache dieser deutschen Bauern (Kolonisten), die bis zum Zweiten Weltkrieg in geschlossenen, d.h. ethnisch homogenen deutschen Siedlungen in der Region lebten. Die deutschen Kolonisten befanden sich in Kontakt mit Russen, und ihre Sprache, die in Form von verschiedenen deutschen Sprachinseldialekten existierte, stand dadurch unter ständigem Einfluss der benachbarten russischen Sprache.

Als Vergleichs- bzw. Kontrastgruppe werden die Baschkiren der Wolgaregion hinzugezogen. Die Sprachkontakte dieser Gruppe mit der russischen Sprache werden im zweiten Teil des Beitrags dargestellt. Obwohl die Baschkiren teilweise andere soziolinguistisch-historische Bedingungen aufweisen als die Wolgadeutschen, lohnt es sich, einen Vergleich in Bezug auf den russischen Einfluss durchzuführen. Es handelt sich ähnlich wie bei den Wolgadeutschen um bäuerliche baschkirische Bevölkerung, die in relativ engem Kontakt mit den benachbarten Russen lebte. Ihre Sprache stand daher ebenfalls unter ständigem russischen Einfluss. Der vorliegende Beitrag wird die Interferenzbereiche beider Sprachgruppen ermitteln und Beispiele für lexikalische Entlehnungen des Russischen anführen, die vor 1917/18 in die Sprache der Baschkiren und Deutschen eingegangen sind.

1. Sprachliche Interferenzen des Russischen bei der wolgadeutschen bäuerlichen Bevölkerung bis zur Revolution von 1917

1.1 Sprachkontakte und Bereiche der Interferenz bei den Wolgadeutschen

Zunächst soll die Frage geklärt werden, in welchen Bereichen die Interferenz am meisten vorhanden war und durch welche Sprachkontakte sie im wolgadeutschen Sprachgebiet hervorgerufen wurde. Die wichtigste Quelle hierzu[1] benennt folgende Interferenzbereiche:

1 Georg Dinges, O russkom vlijanii v govorach nemeckich kolonistov Samarskoj i Saratovskoj gubernij. Kandidatskaja dissertacija. Moskovskij gosuniversitet imeni M.V. Lomonosova [Über den

1) offizielles Staatsleben, 2) Handel und Gewerbe, 3) Realien aus dem Alltag der Wolgadeutschen und 4) Realien aus dem russischen Leben.

Zu 1): Zu den Interferenzen aus dem Bereich des offiziellen Staatslebens gehören lexikalische Entlehnungen, die auf den Kontakt mit den Gegebenheiten des offiziellen Lebens in der neuen Heimat hinweisen. In bestimmter Weise wurde auch die bäuerliche Gesellschaft in Sprachkontakte mit dem Russischen einbezogen, besonders zum Beispiel in Bezug auf solche Bereiche des Staatslebens wie Finanzen, Maße und Gewichte, Post und Telegraf, Verwaltung, Gerichts- und Eisenbahnwesen sowie Armeedienst. Es handelt sich also um Realien, die für Bürger aller Ethnien Russlands in gleicher Weise relevant waren, z.B. *rubl'* (Rubel), *kopejka* (Kopeke), *desjatina* (Desjatine, entspricht 2400 Quadratfaden oder ca. 1,09 Hektar), *aršin* (entspricht 0,7112 Meter), *sažen'* (entspricht 2,133 Meter) usw. Theoretisch gesehen, müssten solche Interferenzen auch bei benachbarten ethnischen Minderheiten nachzuweisen sein. Da es sich aber um einen formellen bzw. offiziellen Bereich handelt, finden sich darin auch zahlreiche sog. Internationalismen, die eine gleiche oder ähnliche Form und Bedeutung aufweisen. Bei solchen Wörtern, die somit sowohl im Deutschen als auch im Russischen vorkamen, konnten die Bauern – falls sie diese Lexeme verwendeten – mit ihrer Aussprache darauf hinweisen, ob es sich um eine aus dem alten Heimatland mitgebrachtes Sprachelement handelte (zum Beispiel *Ofizer/Offizier, Soldat/Saldo:t*). Zu erwarten wäre eine rasche Russifizierung dieser Internationalismen unter den Bedingungen des Sprachkontakts in diesem Bereich. Dies war jedoch im Deutschen offensichtlich nicht der Fall: Nach der Darstellung von Dinges haben sich bei den Wolgadeutschen alte Kulturtraditionen erhalten, die die vollständige Russifizierung der Terminologie verhinderten.[2]

Zu 2): Für die Bereiche des Handels und Gewerbes bzw. der Industrie, die ebenfalls für alle ethnischen Gruppen des Reiches wichtig waren, aber inoffiziellen Charakter trugen, also einen anderen, eher informell markierten thematischen Bereich abdeckten, ist zu vermerken, dass die Wolgadeutschen häufig keine bzw. noch keine deutschen Benennungen für Realien und Erscheinungen hatten, mit denen sie vor ihrer Auswanderung nach Russland nicht konfrontiert waren. Dafür wurden russische Entlehnungen benutzt. Ein exemplarisches Beispiel dafür ist nach Dinges das Wort *sawot* (von russ. *zavod*), das beides, sowohl *Fabrik* als auch *Werk*, bezeichnet.[3]

Zu 3): Am häufigsten trifft man im Bereich des Alltagslebens und der Kultur der Wolgadeutschen auf Interferenzen. In dieser dritten Gruppe handelt es sich um Entlehnungen aus dem Russischen, die aus dem Sprachgebrauch der Wolgadeutschen nicht mehr wegzudenken sind. Dabei handelt sich nicht etwa um Zitate oder Bezeichnungen von etwas Fremdem, sondern um eine Interferenzschicht, die infolge der Kontakte zu einem wichti-

russischen Einfluss in den Mundarten der deutschen Kolonisten der Gouvernements Samara und Saratov. Nicht veröffentlichtes Manuskript, Kandidaten-Dissertation]. Moskva 1917; Georg Dinges, O russkich slovach, zaimstvovannych povolžskimi nemcami do 1876 goda [Über russische Wörter, die von den Wolgadeutschen bis zum Jahre 1876 entlehnt worden sind], in: Učenye zapiski Saratovskogo gosudarstvennogo imeni N.G. Černyševskogo universiteta. Pedagogičeskij fakul'tet. Tom 7, vypusk 3, Saratov 1929, S. 195-236 (mit einer Karte).

2 Vgl. dazu ausführlich Nina Berend u. Hugo Jedig, Deutsche Mundarten in der Sowjetunion. Geschichte der Forschung und Bibliographie. Marburg 1991, S. 43.

3 Ebenda, S. 44.

gen Teil der Kommunikation der Wolgadeutschen untereinander wurde. Das sind vor allem Erscheinungen des Alltagslebens bzw. der russischen Alltagskultur. Nach den von Dinges fixierten Interferenzen[4] lassen sich die Alltagskontakte rekonstruieren, die die Lebensgewohnheiten und die Alltagskultur der deutschen Bauern in diesem Gebiet bestimmten. Dabei handelt es sich zum Beispiel um die Beeinflussung der Siedlungsarten: Während die Bezeichnungen für die althergebrachten Siedlungsarten *Dorf* und *Stadt* sich erhalten haben, sind Bezeichnungen für die neuen Realien, etwa *chutor* (Vorwerk, Einzelgehöft) und *sloboda* (Siedlungstyp in Russland), hinzugekommen und waren derart gebräuchlich, dass sie sogar in verschiedene Wortbildungsmodelle mit eingebunden wurden, zum Beispiel die Verkleinerungsform *kuderje* für *chutorok.*

Die intensiven Kontakte zwischen Deutschen und Russen insbesondere während der baulichen Ersteinrichtung der Kolonien hinterließen im wolgadeutschen Sprachgebrauch zahlreiche Interferenzbeispiele. Einige bereits in den Anfängen dieser Kontakte entlehnte Lexeme integrierten sich derart fest in den wolgadeutschen Wortschatz, dass sie auch heute noch als fester Bestandteil ihrer Sprache in Erscheinung treten und von den Sprechern als zum indigenen wolgadeutschen Wortschatz gehörig betrachtet werden. Ein Beispiel aus diesem Interferenzbereich ist das Wort *krilits* (von russ. *kryl'co*, Hausvorbau).

Im Bereich der Alltagskultur waren Kontakte in Bezug auf die Küche, die Haushaltsgeräte und teilweise auch die Bekleidung relativ stark. So wurden manche Gerichte nachgekocht, typisch russisches Gebäck wurde nachgebacken, russische Getränke wurden genossen. Übernommen wurden auch deren Bezeichnungen, zum Beispiel *prjaniki* (Lebkuchen), *pljuški* (Milchbrötchen), *kotlety* (Fleischklopse), *kvas* (gegorenes Getränk) u.a. Verschiedene Haushaltsgeräte wie *rukomojnik* (hängendes Waschbecken mit Tülle), *čugun* (Kochtopf aus Gusseisen) oder *kleënka* (Wachstischdecke) waren allgemein gebräuchlich und hatten auch russische Bezeichnungen. Viele davon sind bis heute erhalten und gehören ebenfalls oft zum alltäglichen Sprachgebrauch der Wolgadeutschen, sodass den Sprechern die ursprüngliche Zugehörigkeit zum Russischen nicht unbedingt sofort bewusst ist. Ein Beispiel dafür ist das Wort *die plit* (Kochherd, Kochfeld) aus dem Bereich der Haushaltsgeräte. Insgesamt weiß man jedoch, dass es sich hierbei um Entlehnungen aus dem Russischen handelt. In dieser Hinsicht unterscheiden sie sich nicht von anderen zweisprachigen Völkern.

Dass sich nahezu alle Bereiche der bäuerlichen Alltagskultur der Deutschen an der Wolga in Kontakt mit dem benachbarten russischen Volk entwickelten, bezeugen sprachliche Interferenzen in Bezug auf die Landwirtschaft, zum Beispiel *duš* (von russ. *duša*, Seele) für den auf eine volljährige männliche Person („Seele“) entfallenden Landanteil oder in Bezug auf den Fischfang, mit der Übernahme von Bezeichnungen der jeweiligen Fischarten, zum Beispiel *ščuka* (Hecht), *nalim* (Wels), *beluga* (Hausen), *karas'* (Karausche).

Äußerst interessant sind auch Interferenzen aus dem Bereich der Kultur, die vermutlich verhältnismäßig rasch von den Deutschen übernommen wurden. Davon zeugen Bezeichnungen für Musikinstrumente, Tänze und Spiele wie *Zimbal, Gusli, Polka (von pol'ka), Kamarinskaja*. In diesem Bereich scheinen ferner insbesondere Formen der Freizeitgestaltung und zwar besonders ausgeübte Entspannungstätigkeiten unter sprachlichem Einfluss gestanden zu haben. Dass besonders die kulturellen Praktiken – das Verhalten – durch den

4 Näheres dazu ebenda, S. 45.

Kontakt beeinflusst wurden, belegt zum Beispiel die Tatsache, dass gerade in diesem Bereich schon sehr früh Verben als russische Interferenzen belegt sind, und zwar folgende: *pljasat'* (tanzen), *guljat'* (feiern), *borot'sja* (ringen), *drat'sja* (sich schlagen), *katat'sja* (eine Ausfahrt machen). Es ist anzunehmen, dass es sich hier um Beschäftigungen handelt, die von der russischen Verhaltensweise beeinflusst wurden.

Zu 4): Interferenzen, die Realien des russischen Lebens bezeichnen, sind den Wolgadeutschen vermutlich fremd geblieben, weil Dinges sie als eine besondere Gruppe hervorhebt, d.h. sie sind kein aktiver Teil des deutschen Alltagslebens, haben aber ihren Platz insofern, als sie Realien des russischen Lebens reflektieren.[5] Dazu gehören Begriffe des russischen Kirchen-, Handels-, Ganoven- und Bettlerlebens, der Ethnografie (Bezeichnungen von anderen Völkern – etwa *kachol* [von russ. *chochol*] – als Bezeichnung für die Ukrainer) und aus dem Bereich des Sozialen – etwa *barin* und *barynja* (gnädiger Herr, Gutsherr und gnädige Frau, Gutsherrin).

Als Ergebnis kann festgehalten werden, dass die wolgadeutschen Bauern bis Ende des 19. Jahrhunderts äußerst wenig vom Russischen beeinflusst worden sind. Nach Dinges können insgesamt 800 lexikalische Einheiten in der Sprache der Wolgadeutschen dokumentiert werden.[6] Zwar zeigt die russische Lexik eine gewisse Breite und eine thematische Differenzierung, beschäftigt man sich jedoch näher mit den verschiedenen Typen, so entsteht folgendes Bild: Erstens waren die aufgezählten Fälle eher nicht flächendeckend (das zeigt zum Beispiel der Wolgadeutsche Sprachatlas, der Russizismen bis 1917 dokumentiert[7]); zweitens waren die russischen Interferenzen bis 1917 nicht im allgemeinen Sprachgebrauch vorhanden. Sie waren vermutlich – so unsere These – nur im Sprachgebrauch einzelner Individuen verankert und spiegeln nicht die Regeln des allgemeinen Sprachgebrauchs der wolgadeutschen Bauern wider. Für diese These spricht zum Beispiel die Tatsache, dass in späteren Entwicklungsphasen nur einzelne der 800 von Dinges im Jahre 1929 fixierten Lexeme zum indigenen Wortschatz der wolgadeutschen Bauern wurden. Dieses interessante Problem kann hier nicht weiter ausgeführt werden: Um es angemessen beantworten zu können, wären weitere Untersuchungen erforderlich.

Während der letzten Jahrzehnte des 19. und insbesondere am Anfang des 20. Jahrhunderts intensivierte sich der Interferenzprozess. Von Franz Schiller[8] wissen wir, dass die russischen Interferenzen mit einer viel größeren Geschwindigkeit als zuvor in das Deutsche hineinströmten. Es kamen zusätzliche Bereiche hinzu, in denen die russische Interferenz wirksam wurde. Schiller nennt folgende Gründe:

Der wichtigste Grund: die Einberufung der Kolonisten in die russische Armee. Kolonisten, die überhaupt kein Russisch konnten, brachten eine große Zahl von Russizismen mit nach Hause, die sich zum Teil im Sprachgebrauch der Wolgadeutschen erhielt und zu einem festen Bestandteil wurde. Dadurch passte sich auch die Verwaltungssprache teilweise

---

5 Vgl. ebenda, S. 48.

6 Vgl. ebenda, S. 50.

7 Wolgadeutscher Sprachatlas (WDSA). Aufgrund der von Georg Dinges 1925–1929 gesammelten Materialien, hrsg. v. Nina Berend. Tübingen 1997.

8 F.P. Šiller [Schiller], O vlijanii vojny i revoljucii na jazyk nemcev Povolž'ja [Über den Einfluss von Krieg und Revolution auf die Sprache der Wolgadeutschen], in: Učenye zapiski Instituta jazyka i literatury [Gelehrte Schriften des Instituts für Sprache und Literatur]. Bd. 2, Moskva 1929.

diesen Bedürfnissen an und wurde zumindest in den Kolonien präsent. Davon zeugt der Beispieltext 1, den Schiller im Jahr 1916 aufgeschrieben hat.

Beispieltext 1 (russische Wörter sind durch Fettschrift hervorgehoben)[9]

„Brigas“:
Sprecher: „Vorsteher“
Ir laid! haid is'n ***brigas*** *kum fum* ***voiskrnačalnik*** *in* ***okrug****, dass die* ***belebiliednikər*** *uf's* ***gomisjə*** *missə, im* ***brigas*** *is's a g'sād, dass's vexər* ***semēnə boləšenjə*** *ke frginsdixung mē gid, dr segreder lēst aix jets'n* ***sbisog*** *runner, wer als drbai is; morjə missə dann di forg'glēsnə uf's* ***sdansjə*** *un fun do ins* ***ujesd*** *fārə. Essə un* ***obmundirovanjə*** *grid'r eršd vān'r ins* ***časd*** *kumd, un do roud ix aix,* ***broviand*** *un di nedixšd* ***adjoš*** *mitz'nemmə; van'r fum* ***gomisjə*** *ivərnomm said, gēd'r ufn* ***berəsilnə punkt*** *un fun dort ins* ***časd****; ix bid aix ir laid, dr* ***načalstvə*** *im tsux tsə g'horxə. Vu ke arvaidr mē in dr fomiljə blaibt, krīn di kinnr* ***bosobjə*** *šraib'r, lesd dr* ***sbisok*** *vor!*

[Übersetzung:] *Befehl*
Sprecher: „Vorsteher“
Ihr Leute, heute ist ein Befehl vom Chef des Wehrersatzamtes des Wehrbezirkes eingetroffen, wonach diejenigen, die für den Militärdienst als untauglich eingestuft worden sind, zur Musterung erscheinen müssen, im Befehl heißt es auch, dass es aus familiären Gründen keine Freistellung mehr geben wird, der Sekretär liest euch jetzt eine Liste vor, wer alles dabei ist, morgen müssen dann diejenigen, die in der Liste erfasst sind, zur Bahnstation und von dort in das Bezirkszentrum fahren. Die Verpflegung und die Uniform kriegt ihr erst nach dem Eintreffen bei den Truppenteilen, daher empfehle ich euch, die erforderliche Verpflegung und Bekleidung mitzunehmen; wenn ihr von der Kommission übernommen werdet, geht ihr zum Sammelpunkt und von dort in den Truppenteil; ich bitte euch, ihr Leute, der Obrigkeit im Zug zu gehorchen. Wenn kein Arbeiter in der Familie bleibt, kriegen die Kinder Geldleistungen. Schreiber, lesen Sie die Liste vor!

Die Rede wurde vom Vorsteher vor der Kolonieversammlung gehalten. Schiller merkt an, dass er diese Rede während der Versammlung aufgeschrieben hat. Es gab zwar einen Befehl, Deutsch in der Öffentlichkeit nicht zu benutzen, aber dieser Befehl wurde nicht in „aller Strenge durchgeführt“ und die Rede des Vorstehers trotzdem auf Deutsch gehalten – wegen der fehlenden Russischkenntnisse der Kolonisten.

Einen zweiten wichtigen Grund für den verstärkten Einzug russischer Interferenzen in die Sprache der Wolgadeutschen sieht Schiller in der Ankunft der wolhyniendeutschen Flüchtlinge. Zwar kannten die Wolhyniendeutschen das Russische nicht besser als die Wolgakolonisten, aber sie machten den langen Weg durch das gesamte europäische Russland durch – und sie brachten den Wolgadeutschen das Schnapsbrennen bei. „In den Jahren

9 Vgl. ebenda, S. 71.

1917–1918 glichen die Wolga-Kolonien einer einzigen Weinproduktionsfabrik."[10] Dadurch entstanden weit intensivere Kontakte mit der russischen Nachbarbevölkerung. Unter den Wolgadeutschen bildete sich zudem eine Schicht von so genannten Spekulanten heraus, die während des Krieges und auch noch während der Revolutionszeit durch die Kolonien reisten und mit Waren wie deutschem Tabak, Mehl, Butter und Manufakturresten handelten. Sie brachten eine ganze Schicht von Interferenzen in die wolgadeutsche Sprache mit ein. Die Erzählung eines solchen „Spekuljanten" hat Schiller im Jahr 1917 aufgeschrieben:

Beispieltext 2[11]

Ivr di Volgə
Sprecher: „Spekuljant"
ix sin am nomədа uf'm kleenə ***braxodjə*** *ivr di Volgə gfaar; alləs var* ***bidgom nabidə****. Uf ēmoul rufd 'n* ***saldadgə „graŭl"****, mr hät'r's geld* ***g'krallt****. Si hat drbai uf'n* ***frundovigsaldad*** *hingəvis un gsād der hět's geld. Die* ***milits*** *hat* ***obisgə*** *g'max un had āx rixtix n* ***gošəlog*** *g'fun, avr der* ***frundovig saldad*** *had gsād, s ver sai aixnr; di* ***saldadə*** *han m avər nit g'glabd und han'n ins vassr g'šmis. No finf minud had di* ***saldadgə*** *avr uf ēmoul ir geld gfun; si had's in irəm* ***šamədan'ə*** *kat. Avər jets hetr moll di* ***saldadə*** *sīn sellə, vi di bēs gin sin un han di* ***saldadgə*** *āx ins vassr gšmis; di frā had g'rēšd un* ***g'molitst****, aver s'had alləs niks g'holf; das var tsu gruslix!*

[Übersetzung:] *Über die Wolga*
Sprecher: „Spekulant"
Ich bin am Nachmittag auf einem kleinen Dampfer über die Wolga gefahren; es war proppenvoll. Auf einmal ruft eine Soldatenfrau „Hilfe", mir hat dieser da das Geld gestohlen. Dabei hat sie auf einen Frontsoldaten hingezeigt und gesagt, dieser hätte das Geld. Die Miliz hat eine Durchsuchung gemacht und hat auch wirklich eine Geldbörse gefunden, aber der Frontsoldat hat gesagt, es wäre seine eigene. Die Soldaten haben ihm das aber nicht geglaubt und haben ihn ins Wasser geworfen. Nach fünf Minuten hat die Soldatenfrau plötzlich ihr Geld gefunden, sie hatte es in ihrem Köfferchen gehabt. Aber jetzt hättet ihr die Soldaten sehen sollen, wie die böse geworden sind und haben die Soldatenfrau ebenfalls ins Wasser geworfen; die Frau hat geschrieen und den Himmel angebetet, aber es hat alles nicht geholfen, das war zu gruselig.

Insbesondere die Revolution führte zu einer neuen Welle russischer Interferenzen im Wolgadeutschen. Die neuen Interferenzen gingen zunächst in den Sprachgebrauch der Kolonisten-Aktivisten ein. Sie lasen Zeitungen, bekamen schriftliche Verordnungen aus dem Zentrum in russischer Sprache usw. Dadurch wurden alle russischen Bezeichnungen der neu organisierten Institutionen als russische Interferenzen in den Sprachgebrauch der Wolgadeutschen

10 Vgl. ebenda, S. 72.
11 Vgl. ebenda, S. 72 f.

aufgenommen. Nach und nach fanden sie auch Eingang in die Sprache der Mehrheit der bäuerlichen Bevölkerung. Zur Illustration vgl. den Bespieltext 3, der ebenfalls von Schiller im Jahr 1918 aufgezeichnet wurde:

Beispieltext 3[12]

Gənosənər davaričə
Sprecher: „Delegat-Kolonist"
Ix var, vi ir visst, no Saratov uf'n ***s'jesd*** *kummandirt. Dort han ix erfār, dass mr jets'n* ***Nemkom*** *han, das hēšt'n aixəni rexirung uf* ***sovetskr načalə****. S var'n gənossənər fum* ***tsendr*** *dou uf'm* ***s'jesd****, der hat uns di* ***osnovə*** *fun dr* ***sovetskr*** *rexirung vrzēlt. Mir sin jets all* ***drudjaščixər****, un di rexirung will unsr beštəs. Mir missə die* ***kulakə*** *aus'm Kumité draive un'n* ***savet*** *vēlə, drum jets is* ***vlasd na mesdax****. Di eršdə* ***sadačə*** *fun dem naijə* ***savet*** *is, alle* ***samagonnə****-brennər fangə, dass des dairə broud for di* ***golodajuščə*** *arvaidər in di šdedt gšikt kann gin; sunšt kann di* ***refletsion*** *nit dorxgfīrt gin. Unser dorf had'n* ***narad*** *uf 5 000* ***bud*** *krīt. Vi mr des insammlə sellə, do drivər hat der gənossənər N. aus Saratov's vort.*

[Übersetzung:] *Genossen – Tovarišči*
Sprecher: „Delegierter Kolonist"
Ich war, wie ihr wisst, nach Saratov zu einem Kongress abkommandiert worden. Dort habe ich erfahren, dass wir jetzt ein Deutsches Kommissariat haben, das heißt eine eigene Sowjet-Regierung. Es war ein Genosse aus dem Zentrum auf dem Kongress, der hat uns von den Grundlagen der Sowjetregierung erzählt. Wir sind jetzt alle Werktätige, und die Regierung will unser Bestes. Wir müssen die Kulaken aus dem [Orts-]Komitee vertreiben und einen Sowjet wählen, denn jetzt heißt es, die Macht an Ort und Stelle zu installieren. Die erste Aufgabe des neuen Sowjets ist, alle Schnapsbrenner festzunehmen, damit das teure Brot an die hungernden Arbeiter in die Städte geschickt werden kann, sonst kann die Revolution nicht durchgeführt werden. Unser Dorf hat ein Liefer-Soll von 5 000 Pud.[13] Wie wir das einsammeln sollen, darüber wird uns Genosse N. aus Saratov erzählen, dem ich das Wort erteile.

1.2 Formen und Struktur der sprachlichen Interferenz (einige Beispiele)

Bei den russischen Interferenzen vor und kurz nach der Revolution handelte es sich vor allem um lexikalische Entlehnungen. Will man das Ausmaß und die Tiefe des Einflusses beurteilen, ist es jedoch nötig zu verfolgen, welche Integrationsart und welcher Integrationsgrad der Interferenzen vorhanden waren. Denn der Integrationsgrad sagt auch etwas über das Ausmaß der Durchdringung der anderen Sprache – in unserem Falle der deutschen Bauerndialekte – aus.

12 Vgl. ebenda, S. 75.
13 *Pud* ist ein russisches Gewichtmaß von 40 russischen Pfund (1 russ. Pfund = 400 g) oder 16,379 kg.

1.2.1 Lautliche Anpassung

Vor allem lexikalische Interferenzen (Übernahme von Ausdrücken) gingen, wie wir oben gesehen haben, in den Sprachgebrauch der Wolgadeutschen ein. Typisch ist jedoch in dieser Phase die Anpassung des Russischen an die Regeln und Gesetzmäßigkeiten der deutschen Dialekte, d.h. das Deutsche „inkorporierte" die russischen Sprachelemente. Das ist besonders deutlich an der lautlichen Struktur der russischen Wörter zu beobachten. Russische Phonetik wurde nicht übernommen. Russische Laute, die nicht im Phonemsystem des Deutschen vorhanden waren, zum Beispiel *y* oder *šč*, wurden dem deutschen dialektalen Lautsystem angepasst. Dabei ging es so weit, dass dialektale Besonderheiten des Westmitteldeutschen auf russische Interferenzen übertragen wurden (*tuvak* „Tabak", *-v* statt *-b*).

1.2.2 Grammatik

Auch grammatische russische Interferenzen blieben aus. Die russischen Wörter wurden in das deutsche grammatisch-morphologische System integriert, und zwar mit Hilfe von form- und wortbildenden Instrumentarien der deutsch-dialektalen Sprachstruktur (wort- und formbildende Suffixe, Pluralendungen, Abschwächung des unbetonten *-a* zu *-e*; Diminutivbildungen; Anpassung des grammatischen Geschlechts; Anpassung der Plurale [Abschwächung der russischen Pluralsuffixe zu *–e*]; Anpassung der Konjugation der Verben u.a.). Russische Suffixe zum Beispiel wurden jedoch nicht an deutsche Wörter angehängt, wie das in späteren Phasen der fortgeschrittenen Zweisprachigkeit der Fall war.

1.2.3 Pragmatik

Unter pragmatischer Interferenz versteht man die Übernahme von kommunikativen Praktiken. Dinges betrachtet diese Interferenzerscheinungen in der dritten Gruppe, also Entlehnungen im Bereich des Alltagslebens und der Alltagskultur.[14] Dazu gehören folgende Typen von Interferenzen:

- *Russifizierung der Eigennamen und die Anpassung der deutschen Namen an die Russischen*: Dies erfolgte zunächst von russischer Seite und wurde später von Deutschen in den eigenen Sprachgebrauch übernommen:
  Wilhelm → Wassilij (Vasilij)
  Ludwig → Lukjan (Luk'jan)
  Gottfried/Gottlieb → Bogdan (semantische Anpassung)
  Heinrich → Andrej
  Friedrich → Fjodor (Fëdor)
  Johannes → Iwan (Ivan)
  Georg → Jegor (Egor)
  Woldemar → Wladimir (Vladimir)
  Jakob → Jakow (Jakov)
- *Übernahme der Anredekonventionen mit Name und Vatersname aus dem Russischen*: Ähnlich wie die Russifizierung der Namen ging diese Interferenz von den russischen Sprechern aus und wurde später von den Deutschen übernommen: Name *Ludwig*, Vater *Wilhelm* → Lukjan Wassiljewitsch (Luk'jan Vasil'evič).

14 Vgl. Berend, Jedig, Deutsche Mundarten (wie Anm. 2), S. 45 ff.

- *Übernahme von Grußformeln*: *sdrasti* (von russ. *zdravstvujte*, Guten Tag); *brošai* (von russ. *proščaj*, auf Wiedersehen).
- *Rufnamen von Tieren sind häufig Interferenzen aus dem Russischen: sirgə* (von russ. *serko*, ukr. *sirko* als Rufname für einen grauen Hund oder ein graues Pferd); *mosgə* (von russ. *mos'ka* – Rufname für einen Hund); *guglə* (von russ. *kukla*, Puppe) als Rufname für eine Kuh.

Schiller beschreibt ausführlich die existierenden Kosenamen der Kolonisten, die sehr häufig Interferenzen aus dem Russischen darstellten. Neben dem offiziellen Familiennamen haben Kolonisten oft russische Interferenzen als Zweit- bzw. Erkennungsnamen.[15] Beispiele dafür sind etwa *flotskr* (von russ. *flotskij*, d.h. einer, der bei der Marine gewesen war), *gadorre* (von russ. *kotoryj*, der – als Relativpronomen) für eine Person, die dieses Wort falsch ausspricht, aber häufig verwendet.

2. Sprachliche Interferenzen des Russischen bei der baschkirischen Bevölkerung bis 1917/1918

2.1 Außerlinguistische Faktoren für den Spracheinfluss des Russischen

Enge Kontakte zwischen der russischen und baschkirischen Sprachgemeinschaft bestehen seit dem 16. Jahrhundert, d.h. seit der Eingliederung des Khanats der Wolgatataren und des Astrachaner Khanats mit ihren baschkirischen Territorien ins Zarenreich. Die russische Regierung versprach den Baschkiren weitgehende Selbstverwaltung, die Bevölkerung vor Angriffen sibirischer und nogaischer Khane zu schützen und die islamische Religion, zu der sich die Baschkiren bekannten, zu akzeptieren. Die Baschkiren mussten ihrerseits Militärdienst leisten, die südöstlichen Grenzen des Zarenreiches überwachen und Steuern zahlen.

Durch die unter Wortbruch betriebene russische bäuerliche Kolonisation, als deren Folge sich zahlreiche Bauern aus russischen Zentralgouvernements auf baschkirischen Territorien und oft in unmittelbarer Nähe der Baschkiren ansiedelten, kam es zu intensiven wechselseitigen wirtschaftlichen Kontakten, die vor allem das Leben der Baschkiren nachhaltig verändern sollten. Die Baschkiren gingen allmählich vom Wanderhirtentum zum Acker- und Gemüsebau über und nutzten auch russische landwirtschaftliche Maschinen und Geräte wie Pflug, Hakenpflug, Sense oder Sichel. Sie bauten ihre Häuser und Wirtschaftsgebäude sowie Öfen in Kombination mit einem Herd für den Kessel nach russischer Art und errichteten seit dem 19. Jahrhundert ihre Dörfer mit einer richtigen Straßenplanung. Neue Pflanzenkulturen wie Hanf und Leinen wurden eingeführt.[16]

2.2 Sprachliche Einflüsse des Russischen auf das Baschkirische

Die Beziehungen zwischen den beiden Völkern fanden ihren Niederschlag auch in der Sprache, wobei von Anfang an der dominierende Einfluss des Russischen auf den Wortbestand

15 Vgl. Šiller [Schiller], O vlijanii vojny (wie Anm. 8), S. 70.

16 R.G. Kuzeev u. B. Juldašbaev, 400 let vmeste s russkim narodom. Prisoedinenie Baškirii k Russkomu gosudarstvu i ego istoričeskoe značenie [400 Jahre gemeinsam mit dem russischen Volk. Angliederung Baschkiriens an den Russischen Staat und deren historische Bedeutung]. Ufa 1957, S. 67.

des Baschkirischen nicht zu übersehen war. Im Rahmen des russischen Einflusses wird zwischen den Entlehnungen vor 1918 und danach unterschieden.[17] Die ersten russischen Entlehnungen, die sich aus dem Sprachkontakt der beiden Völker unmittelbar nach der Eingliederung der baschkirischen Territorien ins Russische Reich ergaben, lassen sich nur schwer chronologisieren, da der Forschung einschlägige Materialien und historische Dokumente erst ab dem 17. Jh. zur Verfügung stehen.[18] Das Fehlen von schriftlichen Denkmälern erschwert die wissenschaftliche Untersuchung des Wortbestandes der baschkirischen Sprache in der Diachronie. Einige russische Wörter wie etwa *бурәнә* (von russ. *brevno*, geschlagener und entästeter Holzstamm, Holzblock) sind vermutlich nicht direkt, sondern über Sprachen anderer Stämme ins Baschkirische eingegangen, zum Beispiel über die Sprache der Wolga-Bulgaren, die seit dem 7. Jahrhundert im Südwesten Baschkiriens siedelten und nicht nur an der Ethnogenese der Baschkiren, sondern auch der Russen beteiligt waren.[19]

Entlehnungen aus dem Russischen, die auf die Zeit nach der Integration der baschkirischen Territorien ins Russische Reich zurückgehen, liefern uns genauere Zeitangaben der Übernahme des russischsprachlichen Wortguts, weil zu diesem Zeitpunkt ein offizieller Briefwechsel zwischen der lokalen Verwaltung und der Zentrale in Moskau bzw. St. Petersburg bestand, der Grundstückverhältnisse legalisierte, Entrichtung von Steuern und Abgaben usw. regelte.

Nachstehend einige Beispiele, die R.N. Teregulova zu ihrer Zeit Archivdokumenten entnommen hat. Allerdings ist ein Teil dieser Russizismen heute als veraltet zu bewerten:

Без бедняклар (von russ. *bednjak*, armer Bauer) *өстендә зинһар утенәмез безнен ауылларны пахудтан* (von russ. *pochod*, Feldzug) *ярлыkағайсын алмайынча*. „Wir Armen bitten sehr darum, unsere Dörfer von den Feldzügen zu befreien."

Ул Федор Литвинов мир (von russ. *mir*, Dorfgemeinde) *берлән дунушиние* (von russ. *donošenie*, Bericht Mitteilung, Meldung) *биргән*. „Er, Fedor Litvinov, hat einen Bericht im Namen der Gemeinde gemacht".

Киназ (von russ. *knjaz'*, Fürst) *безгә илче ебәрде...* „Der Fürst hat uns Boten geschickt".[20]

Aus der Zeit des Pugačev-Aufstandes (1773–1775), an dem sich die Baschkiren unter Salavat Julaev maßgeblich beteiligten, finden sich vor allem Lehnwörter aus den Bereichen Militärwesen und Justiz, von denen eine beträchtliche Anzahl zum festen indigenen Wortschatz des Baschkirischen geworden ist, andere hingegen als Historismen zu bewerten sind. Im Laufe der Jahre machten einige Lehnwörter genauso wie im Russischen einen Be-

17 Vgl. Harald Haarmann, Zu den historischen und rezenten Sprachkontakten des Russischen, in: Handbuch des Russischen: Sprachwissenschaftliche und angrenzende Disziplinen, hrsg. v. Herbert Jachnow. Wiesbaden 1984, S. 482-515; E.F. Išberdin, Istoričeskoje razvitije leksiki baškirskogo jazyka [Geschichtliche Entwicklung des Wortbestandes der baschkirischen Sprache]. Moskva 1986; R.N. Teregulova, Russkije zaimstvovanija v baškirskom jazyke [Russischen Entlehnungen in der baschkirischen Sprache]. Ufa 1957. Ähnliches gilt auch für alle anderen Ethnosprachen in der früheren Sowjetunion.

18 R.N. Teregulova, Russkije zaimstvovanija (wie Anm. 17).

19 Über die Beteiligung der Bulgaren an der Ethnogenese der Russen vgl. S.I. Rudenko, Baškiry. Istoriko-etnografičeskije očerki [Die Baschkiren. Geschichtlich-ethnografische Studien]. Moskva, Leningrad 1955.

20 Vgl. Teregulova, Russkije zaimstvovanija (wie Anm. 17), S. 22 f.

deutungswandel (Bedeutungserweiterung, Bedeutungsverengung oder Bedeutungsverschiebung) durch. So bezeichnete *бур, вур* (von russ. *vor*, Dieb) – wie auch im älteren Russischen – u.a. einen bösen Menschen, einen Lügner. Als *vor*, *Dieb*, wurde der Rebelle Pugačev samt seinen Anhängern bezeichnet. Heute versteht man unter *бур, вур* und dem russischen Wort *vor* einen Menschen, der Diebstahl betreibt bzw. fremdes Eigentum plündert.

Der russische Einfluss vor 1917/18, der sich tausendfach insbesondere im Bereich der materiellen Kultur präsentiert, kann in folgende Bezeichnungsgruppen unterteilt werden:

– Bezeichnungen für Küchen- und Haushaltsgeräte: *бизре* (von russ. *vedro*, Eimer), *көршәк* (von russ. *goršok*,/ Topf), *самауыр* (von russ. *samovar*, Teemaschine, Samovar), *сәйнук* (von russ. *čajnik*, Teekanne) usw.
– Bezeichnungen für Haushaltseinrichtungen und Hausbau: *торба* (von russ. *truba*, Schornstein), *сарзак* (von russ. *čerdak*, Dachboden), *әуен* (von russ. *ovin*, Korndarre), *эрәшәтке* (von russ. *rešetka*, Gitter), *мөгәрәп* (von russ. *pogreb*, Keller) u.a.
– Bezeichnungen für Kleidung und Stoffe: *бирсәткә* (von russ. *perčatka*, Handschuh), *эшләпә* (von russ. *šljapa*, Hut), *ситса* (von russ. *sitec*, Kattun) u.a.
– Bezeichnungen für Garten- und Ackerbau: *арыш* (von russ. *rož'*, Roggen), *ужым* (von russ. *ozim'*, Wintersaat), *буразна* (von russ. *borozda*, Furche), *кәбеҫтә* (von russ. *kapusta*, Kohl) u.a.
– Rechts- und Verwaltungsterminologie: *кәнсәләр* (von russ. *kanceljarija*, Kanzlei), *өйәз* (von russ. *uezd*, Kreis, Landkreis), *ыстарыста* (von russ. *starosta*, Ältester, Verwalter), *бунәтәй* (von russ. *ponjatoj*, Zeuge), *дугауар* (von russ. *dogovor*, Vertrag, Vereinbarung) u.a.
– Terminologie des Bankwesens: *платеж* (von russ. *platež*, Zahlung, *расход* (von russ. *raschod*, Ausgabe) u.a.
– Terminologie des Eisenbahnwesens: *звонок* (von russ. *zvonok*, Klingel), *поезд* (von russ. *poezd*, Zug) u.a.

In all diesen Gruppen finden sich darüber hinaus zahlreiche Internationalismen, vor allem aus den Bereichen Bank- und Eisenbahnwesen, die über das Russische Eingang in die baschkirische Sprache gefunden haben.

In der baschkirischen Umgangssprache finden sich mehr Russizismen als in der baschkirischen Literatursprache. In der Umgangssprache funktionieren auch solche Entlehnungen aus dem Russischen, die in der Literatursprache indigene Äquivalente haben, z.B. *тубәриткә* (von russ. *taburetka*, Hocker, Schemel), während in der Literatursprache das Wort *ултырғыс* verwendet wird. Für die Gurke gibt es ebenfalls die umgangssprachliche Bezeichnung *өгөрсө* (von russ. *ogurec*) und die indigene *кыйар*. Andere Beispiele sind *агарут* (von russ. *ogorod*) und *бакса* für (Gemüse-)Garten, *басуда* (von russ. *posuda*) und *һауыт-һаба наскый* (von russ. *noski*) und *ойокбаш* für Socken. Sprachphänomene, wo Bildungen mit indigenem Sprachmaterial als Varianten neben Lehnwörtern verwendet werden, sprechen von „verdecktem" Einfluss einer Sprache auf eine andere.[21]

In einigen Fällen kann die russische Entlehnung gebräuchlicher sein als ihre indigene Parallele. Vielfach kommt der indigene Wortbestand langsam aus dem Gebrauch und es

---

21 Vgl. N. Berend, Dialektgeographie und Mehrsprachigkeit. Bemerkungen zum Wolgadeutschen Sprachatlas, in: Ars Philologica. Festschrift für Baldur Panzer zum 65. Geburtstag, hrsg. v. Karsten Grünberg u. Wilfried Potthoff. Frankfurt a.M. 1999, S. 3-14.

kommt zur Dominanz der russischen Entlehnungen. Es kann aber auch wegen der verbesserten Bildungsmöglichkeiten in der baschkirischen Muttersprache zu gegenläufigen Tendenzen kommen.[22]

2.3 Russische Interferenzen im Baschkirischen

2.3.1 Lautliche Ebene

Unter strukturell-formalem Gesichtspunkt wurden ältere russische Entlehnungen dem baschkirischen Lautsystem noch angepasst, die jüngeren Lehnwörter zeigten bereits die Lautadaption unter russischem Spracheinfluss. In einigen russischen Lehnwörtern wurden manche russische Konsonanten durch baschkirische Konsonanten ersetzt. Die zu ersetzenden russischen Laute waren entweder dem baschkirischen phonologischen System fremd oder nicht fremd. Die russischen Konsonanten, die auch im baschkirischen phonologischen System vorhanden waren, wurden durch spezifische baschkirische Konsonanten ersetzt.

Im Baschkirischen wird wie in allen Turksprachen immer die letzte Wortsilbe betont. Vermutlich aus diesem Grunde kommt es bei der Entlehnung russischer Wörter mit unbetontem Auslaut zu einer Apokopierung der unbetonten Flexionsvokale a, *ja, o*, zum Beispiel russ. *рама*, Rahmen – baschk. *рам*; russ. *minuta*, Minute – baschk. *минут*; russ. *girja*, Gewicht – baschk. *гер*; russ. *soloma*, Stroh – baschk. *һалам*.

Die lautliche Anpassung russischer Wörter an das baschkirische phonologische System führt dazu, dass Russizismen als solche akustisch schwer zu erkennen sind, zum Beispiel baschk. *бахут* – russ. *pochod*, Feldzug; baschk. *баструк* – russ. *otrog*, (Gebirgs-)Ausläufer. Lautlich stark entstellte Russizismen sind in baschkirischen Dialekten vorzufinden. So bietet der südliche Orenburgische Dialekt u.a. folgende russische „Entstellungen“: baschk. *нумый* – russ. *nemoj*, stumm; baschk. *ыузауа* – russ. *vdova*, Witwe; baschk. *брикашик* – russ. *prodavec*, Verkäufer; baschk. *сабыранйы* – russ. *sobranie*, Versammlung.[23] Im Argajascher Dialekt sind beispielsweise folgende akustisch entstellte Russizismen vorhanden: baschk. *кыуас* – russ. *kvas*, Kvas, gegorenes Getränk; baschk. *әлүмән* – russ. *aljuminij*, Aluminium; baschk. *дуже* – russ. *tože*, ebenfalls; baschk. *уҫаба* – russ. *osobyj*, besonders.[24]

2.3.2 Morphologisch-grammatische Ebene

Russizismen funktionieren nach grammatischen Gesetzmäßigkeiten der baschkirischen Sprache. Sie weisen im Baschkirischen grammatische Merkmale auf, die im Russischen einfach fehlen. So kennen die Wörter *rož'*, Roggen, *perec*, Pfeffer und *kerosin*, Petroleum im Russischen nur die Singularform, im Baschkirischen beteiligen sie sich an der Pluralbildung. In den russischen Wörtern des Typs *kon'ki*, Schlittschuhe; *tufli*, Schuhe wird das russische Pluralaffix *-i* im Baschkirischen nicht als Pluralformant empfunden. Daher nehmen diese Wörter das einheimische Pluralsuffix *-лар, -тар* an, wodurch eine doppelte Markierung der

22 Vgl. N.Ch. Maksjutova, Baškirskie govory, nachodjasčiesja v inojazyčnom okruženii [Baschkirische Mundarten im fremdsprachigen Umfeld]. Ufa 1996, S. 81 u. 178.
23 Vgl. ebenda, S. 272.
24 Vgl. ebenda, S. 82 f.

Pluralform stattfindet. Die über das Russische in die baschkirische Sprache gelangten Lehnwörter, die im Russischen unflektierbar sind, beteiligen sich im Baschkirischen am Flexionsparadigma, zum Beispiel: *pal'to* (von russ. *pal'to*, Mantel) Genitiv *пальтоньын*, Direktiv *пальтоға*, Akkusativ *пальтоны*, Instrumental *пальтонан* und Lokativ *пальтоға*.

Die morphologische Integration russischer Entlehnungen im Baschkirischen ist mit der sog. Hybridisierung verbunden. Der Bereich der Wortbildung ist durch sog. Hybridbildungen gekennzeichnet, bei denen sich baschkirische Wortbildungsaffixe mit russischen Basen produktiv verbinden. Dies gilt sowohl für die nominale als auch für die verbale Wortbildung.[25]

Zahlreiche Hybridbildungen zeugen davon, dass russische Entlehnungen bereits vor 1918 im Baschkirischen Fuß fassten und in der gegenwärtigen Sprache weiter leben. Andererseits befürchten manche Linguisten, dass gelegentlich willkürliche umgangssprachliche Hybriden im Baschkirischen entstehen könnten, die die baschkirische Sprache verunreinigen würden.

Viele ältere Russizismen bilden den festen Wortbestand der baschkirischen Sprache. Sie beteiligen sich aktiv an Wortbildungsparadigmen. So bildet das Wort *рәт* (von russ. *rjad*, Reihe) folgendes Wortbildungsparadigma im Baschkirischen: *рәтле* (ordentlich) – *рәтлеу* (in Ordnung bringen; beilegen, schlichten) – *рәтләштерeу* (irgendwo in Ordnung bringen) – *рәтләнмәгән* (nicht in Ordnung gebracht) – *рәтләп* (nach der Reihe) – *рәтен ебәреу* (in Unordnung bringen) – *рәтен табыу* (einen Ausweg aus der schweren Lage finden) – *рәткә индере* (reihen). Weitere Beispiele: *мук* (von russ. *moch*, Moos) – *мукле* (bemoost) – *мукләнеу* (mit Moos bewachsen sein).[26]

2.3.3 Syntaktisch-pragmatische Ebene

Als grammatisch unmarkierte Wortfolge in einem baschkirischen Aussagesatz gilt: *Attribut(e)* → *Subjekt* → *Umstandsangaben* → *Ergänzungen* → *Verb*. Baschkirisch ist also ein typischer SOV-Typ. Das Russische mit seiner relativ freien Wortfolge dagegen tendiert dazu, ein Mischtyp zu sein, d. h. entweder SVO oder SOV.

Aus pragmatischen Gründen und unter dem Einfluss der russischen Sprache bildeten sich im Baschkirischen andere Stellungstypen heraus, die durch die sog. Subjekt- bzw. Prädikatinversion gekennzeichnet sind. Da diese Inversionen oft in der baschkirischen Umgangssprache und sogar in der Folklore vorkommen, kann angenommen werden, dass sie bereits in den Anfängen der Kontakte zwischen der baschkirischen und russischen bäuerlichen Bevölkerung entstanden sind. Unter dem Einfluss der russischen Satzstruktur bildeten sich auch im Baschkirischen Satzstrukturen heraus, die dort vor der Kontaktaufnahme nicht vorhanden waren.

Insgesamt kann zu den russischen Interferenzen festgehalten werden, dass die Prozesse, die in vorsowjetischer Zeit stattfanden, insgesamt schlechter erforscht sind als die für die Zeit nach 1918. Defizite gibt es insbesondere im Bereich soziolinguistischer Analysen des russischen Einflusses auf die baschkirische Sprache. Unzureichend sind Gründe und Verlaufsprozesse der russischen Einflüsse im Baschkirischen, der Festigkeitsgrad der

25 Vgl. G. Ischtuganowa, Die semantische Wortbildungskategorie Nomen Agentis in der deutschen und baschkirischen Sprache. Stuttgart 2003, S. 72 f.

26 Vgl. Teregulova, Russkie zaimstvovanija (wie Anm. 17), S. 28 f.

russischen Anteile und die räumlich-geografische Verbreitung der Russizismen im Baschkirischen. Ebenso gibt es Lücken in der vergleichenden Forschung zur Verbreitung der russischen Entlehnungen in der baschkirischen Literatursprache und in den baschkirischen Dialekten. Es hat sich auch noch nicht die Erkenntnis über die Notwendigkeit einer systematischen Inventarisierung der Russizismen in allen Bereichen und auf allen Ebenen der baschkirischen Sprache durchgesetzt.

3. Zusammenfassung

Abschließend stellt sich nun die Frage des Vergleichs des russischen Einflusses in der Sprache der nichtrussischen Völker im Wolgagebiet. Wie exklusiv waren die Erscheinungen der Interferenz? Sind sie etwas Besonderes für jedes Volk oder deuten sie darauf hin, dass sie allen Fremdvölkern – oder zumindest einigen – gemeinsam waren und gemeinsame Züge aufweisen? Alle diese Fragen können im Rahmen des vorliegenden Beitrags nicht umfassend beantwortet werden. Dafür sind die vorliegenden vergleichbaren Daten nicht umfangreich genug. Insbesondere in Bezug auf die spezifische Entwicklung der Interferenzen bei der bäuerlichen Bevölkerung dieser zentralrussischen Regionen sind weitere Untersuchungen notwendig, sowohl des Deutschen als auch des Baschkirischen.

Die Daten, die hier bisher untersucht wurden, können jedoch in folgende Punkte zusammengefasst werden:

Zwei wichtige Gemeinsamkeiten lassen sich feststellen:

1) Im Deutschen und Baschkirischen liegen gleiche bzw. relativ gleiche Bereiche der Interferenzen vor. Folgende russische Lexembereiche sind belegt und leben als indigene Wortschatzeinheiten in beiden Sprachen weiter: Küchen- und Haushaltsgeräte, Haushaltseinrichtungen und Hausbau, Kleidung und Stoffe, Eisenbahnwesen.
2) Russische Wörter werden in beiden Sprachen lautlich und grammatisch angepasst bzw. integriert. Die lautliche Anpassung ist in beiden Sprachen sehr stark, sodass das Russische nicht sofort als solches zu erkennen ist.

Unterschiede dagegen sind festzustellen im Grad der Beteiligung des Russischen und im quantitativen Ausmaß der Interferenzen. Wenn viele ältere Russizismen einen festen indigenen Wortbestand der heutigen baschkirischen Sprache zu bilden scheinen, so ist das im Deutschen nicht so. In der Phase vor 1917 sind nur wenige Russizismen zum indigenen Wortbestand der Russlanddeutschen geworden. Auch gab es im Deutschen nur sehr beschränkt die Strategie der Hybridisierung. Daraus kann man schließen, dass die russisch-baschkirischen Sprachkontakte viel intensiver waren als die russisch-deutschen Sprachkontakte.

Bezüglich der Gründe für diese Unterschiede können noch keine definitiven Aussagen gemacht werden. Drei Hypothesen zu den Gründen der Unterschiede mögen die Überlegungen im Folgenden zusammenfassen:

1) *Die Siedlungsweise der Bevölkerung*: Deutsche Bauern lebten in einer Insellage und in abgeschlossenen, ethnisch nicht gemischten Siedlungen. Die baschkirische bäuerliche Bevölkerung hatte eher intensivere Kontakte, da sie nicht in abgeschlossenen, sondern offenen, ethnisch heterogenen Siedlungen lebte und sich mit der russischen Bevölkerung vermischte.
2) *Dauer des Sprachkontakts:* Der russisch-baschkirische Sprachkontakt begann viel frü-

her als der deutsch-russische und das Russische hat sich somit in früheren Entwicklungsphasen in Form von Interferenzen (bis zu Hybridisierungen) im Baschkirischen niedergeschlagen.

3) *Das Vorhandensein einer Hochsprache:* Die russischen Interferenzen fanden nur begrenzt Einfluss im Deutschen, da eine schriftliche deutsche (hochdeutsche) Sprache existierte, die von den deutschen Bauernkindern in der Schule im Prozess des gesteuerten Spracherwerbs gelernt wurde. Diese hochdeutsche Schriftsprache, die von Bauern teilweise beherrscht wurde, bildete eine natürliche Barriere für sprachliche Interferenzen des Russischen und sprachliche Hybridisierungen.

Lebenswelten im Spiegel literarischer Werke

Klaus Heller

Ländliche Kaufleute und Fabrikanten im Altgläubigenmilieu des Wolga-Ural-Gebietes um die Zeit der Bauernbefreiung (1861) als Romanfiguren in den Werken Mamin-Sibirjaks und Mel'nikov-Pečerskijs

> „Das Starowerzenwesen findet sich nur unter den Bauern, und unter den Kaufleuten und Fabricanten, die aus dem Bauernstande hervorgegangen sind. Nirgends hat es sich unter dem Adel verbreitet. Es fehlt gänzlich an Gelehrten, an eigentlichen Theologen unter ihnen. Ihre Lehren und Meinungen pflanzen sich wohl nur traditionell fort. (....). Die Starowerzen in den großen Städten, in Moskau, Petersburg und Riga, welche Kaufleute und Fabricanten und reich geworden sind, bleiben nur in der ersten Generation noch treu, die folgende scheert sich den Bart, zieht den Kaftan aus und den Frack an, mit den alten Sitten und Trachten fallen auch die religiösen Meinungen im Cours! Aber man kann eben nicht behaupten, daß sie sich alsdann durch Sittlichkeit und wahre Bildung auszeichnen!"[1]

Viel ist bereits über die Altgläubigen (*starovery, staroobrjadcy* oder – deutlich pejorativ – *raskolniki*) geschrieben worden. In postsowjetischer Zeit erleben sie sogar eine regelrechte Renaissance. Nicht immer ist die historische Einschätzung positiv ausgefallen, aber gerade im heutigen Russland wird nicht selten betont, dass sie die eigentlichen Wahrer der christlichen Orthodoxie seien.[2] Es handelt sich hierbei um verschiedene Richtungen, die Altgläubigen mit und ohne Priester, von denen gerade letztere sich im Laufe der Jahrhunderte wiederum in unterschiedliche Richtungen aufgesplittert haben. Da sie die auf der Kirchensynode (1666/67) beschlossenen Nikonianischen Reformen im Ritus nicht mitzutragen bereit waren, kam es zur Glaubensspaltung (*raskol*). Die Abtrünnigen wurden von Staat und Kirche anfangs grausam verfolgt und verbargen sich in den bis dahin kaum erschlossenen Randgebieten Russlands bzw. entflohen ins nahe gelegene Ausland.

---

1 August Freiherr von Haxthausen, Studien über die inneren Zustände, das Volksleben und insbesondere die ländlichen Einrichtungen Russlands. Bd. 1, Hannover 1847, S. 361 f.

2 Hierzu u.a. Valerij V. Kerov, Konfessional'no-ėtničeskaja motivacija chozjajstvovanija starovercev v XVIII–XIX vekach [Ethnisch-konfessionelle Motivation des Wirtschaftens bei den Altgläubigen im 18.–19. Jahrhundert], in: Otečestvennaja istorija (2001), H. 4, S. 18-40.

Das wichtigste Zufluchtsgebiet war zunächst der Norden Russlands, das Pomor'e. Zum charakteristischen Beispiel altgläubiger Kolonisation im hohen Norden wurde die nach dem Vorbild altrussischer Klöster gegründete Gemeinschaft am Fluss Vyg (*Vygovskoe obščežitel'stvo*).[3] Vorrangig war dort zunächst die Landwirtschaft. Soweit es Boden und Klima zuließen, wurden Ackerbau und Viehzucht betrieben. Dazu kamen – als Natur ausbeutende Gewerbe – vor allem noch Fischerei und Jagd auf Meeressäuger. Aber auch alle anderen, zum „Hausfleiß" gehörenden Handwerke waren vorhanden und entwickelten sich teilweise mit der Zeit zum Exportgewerbe. Frühzeitig wurde ein weiträumiger Handel betrieben; vor allem auch mit den Gebieten an der Wolga, im Ural und bis nach Sibirien.[4] Handelsgüter wurden von der Vyg aus bis in die Städte der mittleren und sogar der unteren Wolga gesandt. Trockenfisch, Pelze, Holzgefäße und Lederstiefel wurden gegen Getreide und Mehl eingetauscht, die mit großem Gewinn sogar bis nach St. Petersburg weiterverkauft wurden. Dabei spielten auf den langen Handelswegen die Kontakte mit den Glaubensbrüdern eine große Rolle.[5]

Nicht zuletzt war es also gerade der Handel, der den alten Glauben in weiteren Gebieten heimisch machte und über seine Träger für den notwendigen geistlichen Zusammenhalt der verschiedenen Gemeinden mit und ohne Priester sorgte; da solche Gemeinden über ein „ausgeklügeltes Nachrichtensystem" verfügten, wobei sie sich auf Versammlungen, besonders „während der Messen in Nižnij Novgorod und in Irbit", zum Meinungsaustausch trafen.[6]

Dazu kam bereits frühzeitig ein starkes Engagement in der aufkommenden privaten und staatlichen Bergbau- und Hüttenindustrie. In der Nähe der altgläubigen Gemeinde an der Vyg waren die „Olonec-Werke" gelegen, denen die Bewohner der Gemeinde im ersten Viertel des 18. Jahrhunderts als Fabrikbauern zugeschrieben wurden.[7] „Die Zwangsarbeit in den Hüttenwerken war vielgestaltig: Stellung von Zimmerleuten und Arbeitskräften für die Werke, Suche nach Erzlagerstätten, Förderung von Erz und Herstellung von Holzkohle mit Transport zu den Hochöfen sowie Gewinnung von Roheisen."[8] Als erfahrene Bergleute waren sie bald auch für die Erschließung des Uralgebiets und des weiten sibirischen Raumes begehrt. Ihre Fertigkeiten wurden dort bald so hoch geschätzt, dass Fragen „ihrer konfessio-

3 Hierzu jetzt insbesonders Elena M. Juchimenko, Vygovskaja staroobrjadčeskaja pustyn'. Duchovnaja žizn' i literatura [Das Altgläubigen-Kloster am Vyg. Geistiges Leben und Literatur]. T. 1, Moskva 2002, S. 15-64; siehe auch N. Aristov, Ustrojstvo raskol'nič'ich obščin [Die Organisation der Raskolniken-Gemeinden], in: Biblioteka dlja čtenija [Lesebibliothek]. S.-Peterburg 1863, Nr. 7, S. 1-32.

4 S.G. Vurgaft u. I.A. Ušakov, Staroobrjadčestvo. Lica, predmety, sobytija i simvoly. Opyt ėnciklopedičeskogo slovarja [Altgläubigentum. Personen, Gegenstände, Ereignisse und Symbole. Ein Lexikon-Versuch]. Moskva 1996, S. 70.

5 Valentine T. Bill, The Forgotten Class. The Russian Bourgeoisie from the Earliest Beginnings to 1900. New York 1959, S. 97.

6 T.A. Drobyševskaja, Konkurrentnye preimuščestva staroobrjadčeskogo predprinimjatel'stva v Rossii XVII–XIX vv. [Konkurrenzvorteile des Altgläubigen-Unternehmertums in Russland des 17.–19. Jh.], in: Ėkonomičeskij žurnal 1 (2001), S. 79.

7 Juchimenko, Vygovskaja staroobrjadčeskaja pustyn' (wie Anm. 3), S. 39-47. Hierzu und im Folgenden insbesondere auch Sergej A. Zenkovskij, Staroobrjadcy technokraty gornogo dela [Die Altgläubigen als Technokraten des Bergbaus], in: Zapiski russkoj akademičeskoj gruppy v SŠA 10 (N'ju-Jork 1976), S. 153-181.

8 Juchimenko, Vygovskaja staroobrjadčeskaja pustyn' (wie Anm. 3), S. 41.

nellen Zugehörigkeit, besonders für die ausländischen Spezialisten, zweitrangig waren".[9] Ja sie konnten sogar damit rechnen, vorausgesetzt sie waren dem Zaren treu ergeben und bereit, die ihnen als Altgläubige auferlegte doppelte Kopfsteuer zu zahlen, dass sie vom staatlichen Bergamt gegen Angriffe der offiziellen orthodoxen Kirche in Schutz genommen wurden.[10]

Im Gegensatz zur priesterlosen Vyg-Gemeinde war das Zentrum der Altgläubigen im Wolga-Gebiet, Kerženec – genannt nach dem gleichnamigen Nebenfluss der Wolga, gelegen in der Nähe Nižnij Novgorods und von Natur aus ebenso unwirtlich[11] – eine Gemeinde mit Priestern.[12] Auch von hier aus erfolgte die Abwanderung von Altgläubigen in die Berg- und Hüttenreviere des Ural, insbesondere nach Ekaterinburg, wo sie überall ihre Gemeinden gründeten und in vielen Werken bald die „Mehrheit der Bevölkerung" ausmachten.[13]

Willkommen waren die Altgläubigen dort überall als Arbeitskräfte; zunächst bei den Demidovs, den Osokins etc. und dann insbesondere bei den Jakovlevs, den großen Magnaten des Uralgebiets, die ihnen – obwohl selbst keine Glaubensbrüder – bereitwillig Schutz boten. Unter diesen Altgläubigen gab es indes bereits gegen Ende des 18. Jahrhunderts selbst reiche Kaufleute, die mit der Bergbau- und Hüttenindustrie eng verbunden waren. Zu erwähnen ist in erster Linie I.V. Rastorguev, Schwiegersohn V.A. Zlobins, des ersten offiziellen Millionärs unter den Altgläubigen und in der Petersburger Gesellschaft hochgeschätzt. Großen Einfluss auf die Gemeinde Ekaterinburg wie überhaupt auf die Gemeinden der Altgläubigen im Uralgebiet hatte in der ersten Hälfte des 19. Jahrhunderts aber besonders Jakim Merkur'evič Rjazanov:

> „Er besaß ein großes Kapital, Goldgruben, reiche Fischgewässer und einen beträchtlichen Anteil an den Angelegenheiten der Russländisch-Amerikanischen Kompanie und verfügte über enge Beziehungen zu den wichtigsten Geschäftsleuten Moskaus, Petersburgs und Sibiriens sowie über beste Kontakte zu verschiedenen Personen, die höchste

9 Ebenda, S. 47; vgl. auch N.S. Korepanov, Ural'skie staroobrjadcy i evropejskie gornye specialisty v XVIII v.: Problema vzaimodejstvija [Die Altgläubigen am Ural und die europäischen Bergbauspezialisten im 18. Jh.: Zur Frage des Zusammenwirkens], in: Staroobrjadčestvo. Istorija, kul'tura, sovremennost'. Materialy [Altgläubigentum. Geschichte, Kultur, Gegenwart. Materialien]. Moskva 2002, S. 258-263.

10 Im einzelnen und differenzierter Hugh D. Hudson, Religious Persecution and Industrial Policy in the Reign of Anna I. V.N. Tatishev and the Old Believers Reconsidered, in: Jahrbücher für Geschichte Osteuropas 50 (2002), H. 1, S. 22-36.

11 Manfred Hildermeier, Alter Glaube und neue Welt: Zur Sozialgeschichte des Raskol im 18. und 19. Jahrhundert, in: Jahrbücher für Geschichte Osteuropas 38 (1990), H. 3, S. 372-398 u. H. 4, S. 385.

12 Zenkovsky, Staroobrjadcy (wie Anm. 7), S. 159, mit Bezug auf Pavel Ivanovič Mel'nikov [Andrej Pečerskij], Očerki popovščiny [Skizzen über das Popentum], in: Ders., Polnoe sobranie sočinenij [Gesamtausgabe der Werke]. T. VII, S.-Peterburg 1909, S. 16 f., 38, 42 f.

13 Mel'nikov, Očerki popovščiny (wie Anm. 12), S. 160; siehe ebenfalls Zenkovskij, Staroobrjadcy (wie Anm. 7), S. 174 f. sowie insbes. auch Hildermeier, Alter Glaube (wie Anm. 11), S. 395 ff. u. A.V. Černych, Staroobrjadčestvo južnych rajonov Permskoj oblasti v kontekste ėtnokul'turnoj istorii [Das Altgläubigentum der südlichen Rayons des Gebiets Perm' im Kontext der ethnisch-kultutrellen Geschichte], in: Staroobrjadčeskij mir Volgo-Kam'ja. Problemy kompleksnogo izučenija. Materialy naučnoj konferencii [Die Welt der Altgläubigen im Wolga-Kama-Raum. Probleme einer komplexen Erforschung. Materialien einer wissenschaftlichen Konferenz]. Perm' 2001, S. 145 f.

Stellen im Staatdienst einnahmen (...). Rjazanovs Administratoren der Jakovlevschen Werke, Kitaev und Poluzadov, und die der Rastorguev'schen Werke, Zotov und sein Schwiegersohn Charitonov, waren [ebenfalls] mächtige Leute.“[14]

Die Zugehörigkeit zu den Altgläubigengemeinden im Uralgebiet brachte somit nicht nur geistlichen Beistand und Schutz vor staatlicher Willkür, sondern auch handfeste materielle Vorteile: „Die Annahme des alten Glaubens brachte nicht selten den Beitritt zu einer starken, reichen und fest verbundenen Gemeinschaft mit sich, die Schutz, Hilfe, Arbeit, Kredite und ausgezeichnete Informations- und Transportmöglichkeiten bot.“[15]

Galt dies für das Uralgebiet mit Ekaterinburg, so traf dies nicht weniger für die Gebiete an Wolga und Oka mit Nižnij Novgorod als Zentrum zu. Auch hier lässt sich bei den Altgläubigen seit dem ausgehenden 18. Jahrhundert ein starkes Aufblühen des Handels über die Wasserwege feststellen. Dazu kam ein ausgedehntes bäuerliches Gewerbe, basierend auf Wald- und Hauswirtschaft: Holzerzeugnisse aller Art bis hin zu Schiffbau sowie Erzeugnisse aus Leinen, Filz, Bast und Eisen.[16]

Man kann diese bei den Altgläubigen zum damaligen Zeitpunkt zu beobachtende wirtschaftliche Prosperität, die sich auch anderwärts, insbesondere im bäuerlichen Textilgewerbe in den zentralen Gouvernements um Moskau, feststellen lässt,[17] mit den wirtschaftlichen und religiösen Maßnahmen Katharinas II. (1762–1796) in direkten Zusammenhang bringen. Auf Grund der einschlägigen Ukaze Katharinas II. erhielten die Altgläubigen praktisch ihre rechtliche Gleichstellung und die Erlaubnis, ihre Gottesdienste nach dem alten Ritus öffentlich abzuhalten. Diese neue Toleranz nach mehr als einem Jahrhundert der Verfolgung und Unterdrückung veranlasste die Altgläubigen sogar dazu, aus dem Ausland zurückzukehren und aus den abgelegenen Gegenden in die Städte zu ziehen: „Aus den für die Gesellschaft nutzlosen und für den Staat parasitären Einsiedlern wurden haushaltende, gewandte und reiche Händler, Fabrikanten und Handwerker, die neue, frische Kräfte für die Entwicklung des staatlichen Reichtums lieferten.“[18]

Den Zeitgenossen indes genügte diese neue Bewegungsfreiheit der Altgläubigen nicht, um damit allein den rasch – innerhalb von ein bis zwei Generationen – aufgehäuften Reichtum ihrer Kaufleute zu erklären. Immer wieder gab es Gerüchte, die bis heute andauern, dass dieser nicht selten auf ungesetzliche Methoden zurückzuführen sei. Genannt werden dabei – neben anderen illegalen bzw. halblegalen Machenschaften – immer wieder Fäl-

---

14 Mel'nikov, Očerki popovščiny (wie Anm. 12), S. 161 f.

15 Zenkovsky, Staroobrjadcy (wie Anm. 7), S. 177.

16 Guzel' V. Ibneeva, Ekaterina II i staroobrjadčeskoe naselenie Nižegorodskogo kraja: opyt političeskogo vzaimodejstvija [Katharina II. und die Altgläubigen-Bevölkerung der Region um Nižnij Novgorod: Erfahrungen des politischen Zusammenwirkens], in: Pravoslavnyj sobesednik. Al'manach Kazanskoj Duchovnoj Seminarii vyp. 1 (9) (2005), S. 79.

17 D.E. Raskov, Rol' kupcov-staroobrjadčev v razvitii tekstil'noj promyšlennosti (po materialam Moskovskoj gubernii) [Die Rolle der Altgläubigen-Kaufmannschaft in der Entwicklung der Textilindustrie (am Beispiel des Gouvernements Moskau)], in: Staroobrjadčestvo v Rossii (XVII–XX vv.) [Altgläubigentum in Russland (17.–20. Jh.)], hrsg. v. E.M. Juchimenko. Vyp. 3, Moskva 2004, S. 434-467.

18 Pavel Ivanovič Mel'nikov [Andrej Pečerskij], Pis'ma o raskole [Briefe über die Glaubensspaltung], in: Ders., Sobranie sočinenij v šesti tomach [Gesammelte Werke in sechs Bänden]. T. 6. Moskva 1993, S. 209.

schungen bzw. Schmuggel von Kupfer- und Papiergeld. Dazu kommen Plünderungen und Raub von Ikonen, Heiligen Schriften sowie liturgischem Gerät, insbesondere beim Brand von Moskau (1812).[19] Es wurde sogar der Verdacht geäußert, dass der Aufstieg der reichen Altgläubigengemeinde um den Friedhof Rogožskoe (*Rogožskoe kladbišče*) in Moskau im 19. Jahrhundert einzig und allein der Unterschlagung der örtlichen Staatskasse, die Kutuzov bei seinem Rückzug vor Napoleon in diesem Vorort zurücklassen musste, zu verdanken sei. Jedenfalls habe der spätere Reichtum der altgläubigen Kaufleute in Moskau wie im Wolgagebiet in diesen „Kriegswirren" seinen Anfang genommen.[20]

Diese kurze Schilderung der historischen Entwicklung innerhalb der altgläubigen Kaufleute im Wolga-Ural-Gebiet im 18. und 19. Jahrhundert soll im Folgenden als Ausgangspunkt für die Beschäftigung mit ihrer Darstellung in den literarischen Werken Pavel Ivanovič Mel'nikovs (Andrej Pečerskijs) (1818–1883) und Dmitrij Narkisovič Mamin-Sibirjaks (1852–1912) dienen.[21] Von beiden wird viel über die Lebens- und Wirtschaftsweise der Altgläubigen im Wolga-Ural-Gebiet in den Jahrzehnten vor und nach der Bauernbefreiung (1861) in Russland berichtet. Ihre Romanfiguren sind ebenfalls überwiegend im Natur ausbeutenden sowie im verarbeitenden Gewerbe und – oft darauf beruhend – im Handel tätig. In der Regel wird selbst kaum Landwirtschaft betrieben, aber man ist stark im Getreidesowie Holzhandel engagiert. Dazu kommt der Betrieb von Getreidemühlen und Sägewerken. Darüber hinaus spielt – entlang der Wolga und ihrer Zuflüsse bis hinunter ins Kaspische Meer – der Fischfang sowie der Handel mit Fisch, Kaviar und Robbenfett eine erhebliche Rolle. Geht es um den Ural und Sibirien, so finden sich die Altgläubigen ebenfalls vor allem in den Gegenden der dort seit alters her bestehenden Berg- und Hüttenwerke, wobei einige unter ihnen offenbar durch die Entdeckung von Goldfeldern in Sibirien rasch wohlhabend, wenn nicht gar schwerreich geworden sind.[22]

Beide Schriftsteller zeichnen ähnliche Bilder altgläubiger Kaufleute und ihres familiären und geschäftlichen Umfeldes. Aber während bei Mel'nikov-Pečerskij ein lebenskräftiges Un-

19 Mel'nikov, Očerki popovščiny (wie Anm. 12), S. 205-212; siehe auch Hildermeier, Alter Glaube (wie Anm. 11), S. 513 ff. u. V.V. Tigljanov, Staroobrjadčestvo i „vorovskie den'gi" [Das Altgläubigentum und das „Diebesgeld"], in: Staroobrjadčeskij mir Volgo-Kam'ja (wie Anm. 13), S. 161 ff.

20 Andrej Sedov, Nižegorodskaja otčina: Slavnyj kupečeskij rod [Aus dem Erbe von Nižnij Novgorod: Ein berühmtes Kaufmannsgeschlecht], in: Nižnij Novgorod. Literaturnyj chudožestvennyj žurnal (1998), S. 184 f.

21 Der Untersuchung liegen insbesondere zugrunde die Romane von Pavel Ivanovič Mel'nikov [Andrej Pečerskij], V lesach [In den Wäldern], in: Ders., Sobranie sočinenij v šesti tomach [Gesammelte Werke in sechs Bänden]. T. 2 u. 3, Moskva 1963, dt. Pawel Iwanowitsch Melnikow, In den Wäldern. Erstes bis viertes Buch. Berlin 1970; ferner Pavel Ivanovič Mel'nikov, Na gorach [Auf den Bergen], in: Ders., Sobranie sočinenij v šesti tomach. T. 4 u. 5, Moskva 1963; sowie Dmitrij Narkisovič Mamin-Sibirjak, Privalovskie millinony [Die Privalovschen Millionen, 1883], in: Ders., Polnoe sobranie sočinenij [Vollständige gesammelte Werke]. T. 2, kn. 1, Ekaterinburg 2003, S. 8-381, dt. Dmitrij Mamin-Ssibirjak, Die Priwalowschen Millionen. Übertragung aus dem Russischen und Nachwort von Bruno Goetz. Zürich 1984; Dmitrij Narkisovič Mamin-Sibirjak, Chleb [Das Korn, 1895], dt. Dmitrij Mamin-Ssibirjak, Korn. Übertragung aus dem Russischen von Hertha v. Schulz. Berlin 1954.

22 „Auf den Bergen gab es Leibeigene mit Millionen. Ein herrschaftlicher Mužik aus Lyskovo [Dorf an der Wolga] besaß Goldgruben in Sibirien." Mel'nikov, Na gorach (wie Anm. 21), S. 13.

ternehmertum im Gebiet der Mittleren Wolga dargestellt wird, das oft noch den Typ des Kulaken, des alten bäuerlichen Zwischenhändlers,[23] repräsentiert, findet man bei Mamin-Sibirjak, der den Ort der Handlung in den Ural und nach Sibirien verlegt, zumeist den Bergwerksunternehmer mit altgläubigem Hintergrund. Geschildert wird von beiden vor allem die patriarchalische Lebens- und Wirtschaftsweise dieser schwerreichen altgläubigen Kaufleute. Besonders interessiert dabei, wie diese – bald zumeist städtische Kaufleute der ersten Gilde und Erbliche Ehrenbürger – den Herausforderungen des heraufziehenden Industriezeitalters begegnen und welcher Mentalitätswandel sich damit bei ihnen selbst vollzieht.

Mel'nikov-Pečerskij, der, aus einer armen Adelsfamilie stammend, von Jugend auf die Lebensweise der Altgläubigen vor allem im Gebiet von Nižnij Novgorod kannte und späterhin selbst, im Auftrag der Regierung auf verschiedenen Posten, mit den Angelegenheiten der Altgläubigen im Wolgagebiet befasst war,[24] schildert in seinen beiden Romanen „In den Wäldern" (*V lesach*) (1871–1874) und „Auf den Bergen" (*Na gorach*) (1875–1881) das Leben der „Asse" (*tuzy*) unter den altgläubigen Kaufleuten. Diese „Tausender" (*tuzy-tysjačniki*), wie sie im Volke genannt werden, sind damals zwar noch keine „Millionäre" (*tuzy-millionščiki*) wie schon ihre Glaubensgenossen in Moskau, aber ihr ökonomischer und finanzieller Einfluss reicht weit: „Millionäre gibt es an der Wolga keine, aber Tausender viele. Sie befahren die Wolga mit ihren Dampfern,[25] in ihren Dampfmühlen mahlen sie Hunderttausende Četvert' Getreide. Es gibt an der Wolga viele solcher, die Zehntausende an Kapital besitzen."[26]

Ein solcher „Tausender", der alle, die von ihm abhängig sind, mit harter Hand beherrscht, ihnen zugleich aber auch Arbeit und Brot gibt, ist die Hauptfigur des Romans „In den Wäldern". Patap Maksimyč Čapurin[27] ist ein vermögender Kaufmann – „sein Geld konnte man schon lange nicht mehr zählen" –, dem viele Bauern ergeben sind, weil sie nur durch

23 Klaus Heller, Wer sind eigentlich die Kulaken gewesen?, in: Giessener Universitätsblätter (1989), H. 2, S. 81 ff.

24 Hierzu P. Usov, Pavel' Ivanovič Mel'nikov, ego žizn' i literaturnaja dejatel'nost' [Pavel' Ivanovič Mel'nikov, sein Leben und literarisches Schaffen], in: Pavel Ivanovič Mel'nikov [Andrej Pečerskij], Polnoe sobranie sočinenij. T. 1, S.-Peterburg/Moskva 1897, hier insbes. S. 87-194.

25 Vgl. Melnikow, In den Wäldern (wie Anm. 21), S. 152.

26 Mel'nikov-Pečerskij, V lesach (wie Anm. 21), T. 2, kn. 2, č. 3, S. 9 f. Hierzu auch die Vermögensaufstellung eines verstorbenen Altgläubigen, in: Ders., Na gorach (wie Anm. 21), T. 5, kn. 2, S. 392 f.

27 Für seinen Romanhelden diente Mel'nikov-Pečerskij der schwerreiche altgläubige Kaufmann Petr Egorovič Bugrov aus dem Gouvernement Nižnij Novgorod als Vorbild; siehe Usov, Pavel Ivanovič Mel'nikov (wie Anm. 24), S. 152-162; vgl. auch Viktoria Pleyer, Das russische Altgläubigentum: Geschichte. Darstellung in der Literatur. München 1961, S. 79 f. u. 120. Zu Bugrov und seinen Nachkommen siehe Pamjati Nikolaja Aleksandroviča Bugrova. Besplatnoe priloženie k žurnalu „Zlatostryj", Maj 1911 (Izdanie Moskovskoj Staroobrajdčeskoj Knigopečatii. Redaktor I. Krasil'nikov) [Zum Gedenken an Nikolaj Aleksandrovič Bugrov. Gratisbeilage zur Zeitschrift „Zlatostryj", Mai 1911 (Verlag der Moskauer Altgläubigen Buchdruckerei)]; Sedov, Nižegorodskaja otčina (wie Anm. 20), S. 15-30 u. 172-196; Galina Ulianova, Entrepreneurs and Philantropy in Nizhnii Novgorod, from the Nineteenth Century to the Beginning of the Twentieth Century, in: Commerce in Russian Urban Culture 1861–1914, hrsg. v. William Craft Brumfield, Boris V. Anan'ich u. Yuri A. Petrov. Washington 2001, S. 100-104; Sergej Aleksandrovič Rogato, Vydajuščiesja prodovol'stvennye predprinimateli Rossii [Die hervorragenden Lebensmittel-Unternehmer Russlands]. Moskva 1999, S. 61-71.

ihn ihre selbstgefertigten Produkte aus Holz loswerden können. Alle nennen ihn deshalb „unser Herr“ (*naš chozjain*):

> „Die ganze Wirtschaft hielt er in seinen Händen, das Wohl aller Bauern hing von ihm ab, und niemals konnte irgendjemand irgendetwas gegen seinen Willen tun. So ein reicher Mann wie Patap Maximytsch, für den etwa zwanzig Dörfer der Umgebung arbeiteten, lebte wie ein richtiger Baron, sein Wille war Gesetz, sein Wohlwollen eine Gnade, sein Zorn eine große Not. Einen solchen Einfluß hatte er, dass es in seiner Macht lag, alle zugrunde zu richten.“[28]

Am alten Glauben hält er mehr aus pragmatischen Gründen fest. Er unterstützt seine Glaubensbrüder und spendet für seine Religion, wo er nur kann, weil er nur zu gut weiß, dass dadurch nicht nur sein gesellschaftliches Ansehen unter den Glaubensgenossen steigt, sondern auch seine geschäftlichen Beziehungen im Wolgagebiet und sogar bis Moskau und Petersburg gepflegt werden. Kann er doch überall mit Gastfreundschaft rechnen und auf Rat und Hilfe durch seine Glaubensgenossen hoffen: „Alle beherbergten, bewirteten und schützten ihn, alle waren ihm gefällig.“[29]

Čapurins Familienleben und das seiner Geschäftsfreunde, die allesamt gleichermaßen solche „Tausender“ sind, wird „nach altgläubigem Vermächtnis“ bestimmt, was zunächst einmal heißt, dass Frau und Kinder ohne Widerspruch zu gehorchen haben; selbst dort, wo es um ihre eigene familiäre Zukunft geht. Söhne wie Töchter werden vom Hausherrn nach eigenem Gutdünken verheiratet.[30] Das bedeutet in der Regel, dass geschäftliche Interessen und nicht persönliche Zuneigung den Ausschlag geben; so zum Beispiel bei dem Kazaner Kaufmann Gavrila Markelyč Zaletov,[31] der behauptet, dass der Hausherr (*chozjain*) „für alles der Kopf“ sei, so dass er auch mit seiner Familie machen könne, was er wolle: „Frau und Kinder kann ich gut behandeln oder ins Grab bringen“.[32] Genauso willkürlich verfährt im selben Roman ein anderer altgläubiger Kaufmann, Makar Tichonyč Masljanikov, mit seinem Sohn: „Ich mache mit ihm, was ich will. Wenn ich will, kann ich Brei aus ihm machen, wenn ich will, kann ich Öl aus ihm herausquetschen.“[33] Zaletov geht sogar soweit, die eigene Tochter Mar'ja für einen Dampfer herzugeben. So soll die Tochter dafür all ihre Reize einsetzen, um einen steinreichen Moskauer Kaufmann zu ködern, indes darf nichts Sittenloses dabei sein: „Mir geht es ja nur um den Dampfer. Alles übrige – der Herr weiß, wie es zurechtkommt, sein heiliger Wille geschehe. Wenn aber vor der Hochzeit irgendeine Sünde geschieht, bleibst du nicht lebendig. Den Mann locke herbei, aber verliere nicht die Mädchenehre. Denke daran, du bist kein Nestling mehr.“ Am Ende wird Mar'ja „verkauft wie eine schwarzbraune Kuh.“[34]

Hauptsache ist, man bleibt innerhalb des eigenen Standes und beim alten Glauben. Selbst einem so wohlhabenden Kaufmann wie Marko Danilyč Smolokurov kommt es nicht in den

28 Melnikow, In den Wäldern (wie Anm. 21), Erstes u. zweites Buch, S. 35.
29 Ebenda, S. 10.
30 Ebenda, S. 17.
31 Mel'nikov, V lesach (wie Anm. 21), Kn. 2, č. 4, S. 371-375.
32 Ebenda, S. 374; s. auch Melnikow, In den Wäldern (wie Anm. 21), S. 233 f.
33 Melnikow, In den Wäldern (wie Anm. 21), S. 247.
34 Ebenda, S. 238 f. u. 249.

Sinn, seine einzige Tochter Dunja, „Erbin des reichsten Mannes im weiten Umkreis, eine Millionärin", mit dem Sohn eines Adelsmarschalls zu verheiraten. Dafür kommt nur jemand seinesgleichen, natürlich „mit gutem Kapital", in Frage.[35] Die weiblichen Familienmitglieder haben nur zu gehorchen und tun dies zumindest auch nach außen hin, denn, so Čapurin: „Weibersache ist, zu schweigen und zu hören, was der Herr befiehlt."[36]

Nicht anders, wenn auch weniger drastisch, wird bei Mamin-Sibirjak das Verhältnis der Väter zu den Töchtern geschildert. Ein besonderes Drama ist vor allem, wenn sich einer wie der alte Pavel Michajlovič Guljaev „ungeachtet seiner Millionen, für einen zutiefst unglücklichen Menschen" hält, weil er „keine Söhne und nur die einzige Tochter Varvara" hat, denn „was ist eine Tochter"? „Eine Tochter ist wie das Frühlingswasser: Es wird mit Freuden erwartet, kommt und verläuft sich dann wieder. So ist auch meine Tochter gekommen und dann wieder gegangen."[37] Er verheiratet seine Tochter mit dem von ihm ungeliebten damaligen Besitzer der Šatrov-Werke, Aleksander Privalov, nur „aus politischen Gründen", denn es geht ihm allein darum, diese Werke zu erhalten und „zwei so mächtige Familien wie die Priwalows und die Guljajews aufs engste miteinander zu verbinden".[38]

Wie stark diese überkommene patriarchalische Welt dabei bereits durch den Einbruch der aus den Städten kommenden Moderne bedroht ist, ja bei der jüngeren Generation teilweise sogar schon überlebt zu sein scheint, zeigt sich besonders durch die Übernahme des neuen westlichen Lebensstils: „Die Söhnchen gehen heute im Frack (...). (...) das ist so eine Jacke mit Schwänzchen. Wenn man sie auf einem Ball oder im Theater sieht, sind sie von Grafen und Fürsten nicht mehr zu unterscheiden."[39]

Solche „aufgeklärten Altgläubigen" wie der junge Kaufmannsohn Michajlo Danilyč Snežkov, nach außen hin schon ganz das Abbild westlicher Stutzer, halten nicht mehr viel von den Sitten der Väter, rauchen Zigarren und trinken Champagner: „Sie glaubten nicht, dass es Sünde sei, sich nach ausländischer Mode zu kleiden, in Klubs oder Theater zu gehen oder an Maskeraden teilzunehmen."[40] Selbst sein Vater Danilo Tichonyč – „aus Samara, ein reicher Mann" mit „400 000 Silberrubeln, nicht mehr und nicht weniger"[41] – urteilt darüber kaum mehr streng: „Was soll man tun, die Zeiten haben sich geändert. Und was ist das schon für eine Sünde, wenn nur die Seele rein und heilig bleibt. Was macht es schon, das sind doch alles keine Todsünden, man kann sie abbeten." Und hat man dazu selbst keine Zeit, überlässt man es „frommen Fürbitterinnen", die man sich dafür im eigenen Hause hält. Zudem ist das Religiöse sowieso „Frauenangelegenheit".[42]

Aber wie steht es überhaupt mit den Frauen, insbesondere mit der Erziehung der Töchter? Bei Čapurin auf dem Lande scheint die Welt noch in Ordnung zu sein. Die eigenen Töchter leben schon seit Jahren bei seiner Schwester, „der Mutter Manefa, die einem der Komarovsker Klöster als Äbtissin vorstand", und „sie die Hl. Schrift und die klösterlichen

35 Mel'nikov, Na gorach (wie Anm. 21), Kn. 1, č. 1, S. 64; č. 2, S. 596 u. Kn. 2, č. 3, S. 290; siehe auch Melnikow, In den Wäldern (wie Anm. 21), S. 21.
36 Melnikow, In den Wäldern (wie Anm. 21), S. 17 u. 36.
37 Mamin-Ssibirjak, Die Priwalowschen Millionen (wie Anm. 21), S. 63.
38 Ebenda, S. 68.
39 Melnikow, In den Wäldern (wie Anm. 21), Erstes u. zweites Buch, S. 106.
40 Ebenda, S. 104.
41 Ebenda, S. 15.
42 Ebenda, S. 105.

Handfertigkeiten lehrte: wie man die Perlen eines Rosenkranzes knüpft, seidene Geldtaschen und Gürtel webt, nach einem Muster mit Wolle und Samt stickt und viele andere Künste". All dies wird „weiße Arbeit" genannt, denn für die alltäglichen Verrichtungen gibt es ja das Gesinde.[43] Es geht vor allem darum, die Töchter in Gottesfurcht in den Klöstern (*skity*) der Altgläubigen erziehen zu lassen; denn, so die Vorsängerin Makrina in Mel'nikovs Roman „Auf den Bergen", für die „Jungfrauen" ist diese Hingabe „der Anfang der höchsten Weisheit". Zugleich soll dadurch vorgesorgt werden, dass sie ihre Keuschheit bewahrten.[44]

Indes sind auch die Töchter neugierig auf das andere Leben in den Städten, zumal ihren dortigen Altersgenossinnen das mondäne Leben schon längst nicht mehr fremd ist, wie man mit Entsetzen auf dem Lande erzählt. Sie werden in Pensionaten erzogen und sprechen französisch „wie richtige Fräuleins", besuchen Salons und Theater und kleiden sich schamlos nach der neusten Pariser Mode mit „großen Dekolletés", d.h. sie sind „völlig nackt".[45]

Was die Erziehung der Söhne angeht, so scheint der Besuch einer Handelsakademie in einer der Hauptstädte das Optimum zu sein.[46] Akademische Bildung ist offenbar nicht erstrebenswert. Überhaupt sind die Vorbehalte gegenüber dem, was man im westlichen Sinne unter Bildung versteht, ziemlich groß. Man weist diese doch eher der adligen Welt zu, in der Müßiggang und Laster sowieso gang und gäbe seien. Bei Mel'nikov-Pečerskij findet sich in seiner Erzählung „Die Krasil'nikovs" dafür eine bezeichnende Stelle. Der erfolgreiche Lederfabrikant Krasil'nikov wird gefragt, ob es nicht „für die Kaufleute nötig sei, zu lernen und nochmals zu lernen, um im Handel erfolgreich zu sein". Die Antwort ist eindeutig: Sollen die eigenen Söhne etwa durch den Besuch von Universitäten wie die des Adels zu Nichtstun, Trunk, Kartenspiel und Theaterbesuch animiert werden? Was gewinne man denn hinzu, wenn man am Ende einen Rang (*čin*) besitze, in einer geschlossenen Kutsche ausfahre und gar eine Adlige zur Frau nehme? Die Folge sei doch nur, dass solche missratenen Kaufmannsöhne in Moskau das Vermögen ihrer Väter verschleuderten. Was man zu lernen habe, sei Sparsamkeit und Achtung vor dem eigenen Kaufmannsstand: Für einen Kaufmann bringe Bildung nur „Verderben" (*paguba*).[47]

Was bei Mel'nikov-Pečerskij als typische Lebensweise der altgläubigen Kaufleute im Wolgagebiet dargestellt wird, ist kaum große Literatur zu nennen. Die Figuren ähneln sich stark. Es handelt sich eher um Typisierungen; insbesondere in seinem zweiten Roman „Auf den Bergen", in dem Čapurin ebenfalls eine der Hauptfiguren ist. Variationen gibt es nur im Hinblick auf die wirtschaftliche Tätigkeit, sei es nun, dass sie mit Getreide handeln, das sie in eigenen Mühlen zu Mehl vermahlen, irgendwelche Gegenstände aus Naturprodukten wie Holz oder Filz herstellen lassen, sich mit Fischfang und -handel beschäftigen oder Flussdampfer betreiben. Zumeist haben sie von allem etwas.

Bei Dmitrij Narkisovič Mamin-Sibirjak, der in einer weltoffenen Popenfamilie in der Nähe von Ekaterinburg auf dem Lande geboren wurde und dem die Welt der Hütten- und

43 Ebenda, S. 11.
44 Mel'nikov, Na gorach (wie Anm. 21), Kn. 1, č. 1, S. 47 u. 59.
45 Melnikow, In den Wäldern (wie Anm. 21), S. 106-109.
46 Ebenda, S. 170, siehe auch S. 106.
47 Pavel Ivanovič Mel'nikov [Andrej Pečerskij], Krasil'nikovy [Die Krasil'nikovs], in: Ders., Sobranie sočinenij v šesti tomach. T. 1, Moskva 1963, S. 13; siehe auch S. 16 f.

Hammerwerke im Ural wohl bekannt war,[48] wird hingegen das Milieu der Altgläubigen zur Vorlage für literarische Glanzleistungen. Die handelnden Personen erweisen sich als Charaktere, nicht als bloße Typen. In seinem 1883 erschienenen Roman „Die Privalovschen Millionen"[49] erzählt Mamin-Sibirjak die Geschichte eines reichen Erben, des altgläubigen, aber in Religionsfragen völlig indifferenten Millionärs Sergej Aleksandrovič Privalov, den seine Vormünder am Ende um sein ganzes Vermögen, ein großes Eisenhüttenwerk im Ural, die „berühmten Šatrov-Werke", bringen.[50]

Einleitend wird auf den Aufstieg Pavel Michajlovič Guljaevs vom einfachen Goldschürfer zu einem der reichsten Goldindustriellen in Sibirien eingegangen. Geschildert wird das Schicksal eines Altgläubigen, den die staatlichen Verfolgungen aus dem Pomor'e nach dem Ural vertrieben, wo man ihn nicht lange nach seiner Herkunft fragte, weil man dringend Arbeitskräfte brauchte. Bei den Šatrov-Werken fand er sein Unterkommen: „Die Priwalows (wie auch alle anderen Betriebsinhaber) nahmen jede Art von Flüchtlingen und paßlosen Landstreichern bei sich auf, denn aus diesem buntscheckigen Volk rekrutierten sie hauptsächlich ihre Arbeitskräfte. Besonders unterstützten sie die Raskolniken, denn sie selbst huldigten mit Vorliebe den alten Bräuchen und hielten mit Hilfe ihres Goldes alle Nöte und Bedrängnisse von den Verfolgten fern."[51]

Guljaev machte sein Glück, als er am Anfang des 19. Jahrhunderts dem Ruf des Goldes nach Sibirien folgte, aber er blieb mit seiner alten Heimat weiterhin so eng verbunden, dass er sogar auf dem Gebiet der Šatrov-Werke seinen prächtigen Wohnsitz errichtete. Vom altgläubigen Milieu, das ihn umgibt, wird auch hier insbesondere das patriarchalische Moment hervorgehoben. „Das Leben in den Guljajewschen Gemächern richtete sich ganz nach den Gesetzen und Forderungen einer uralten, strengen Frömmigkeit, und dieser Lebenshaltung wurde alles andere zum Opfer gebracht." Die Fürsorge bezieht sich dabei nicht nur auf die leibliche Tochter, sondern – nicht zuletzt wegen des Mangels an eigenen Söhnen – auch auf eine große Anzahl „Kinder von verfolgten Raskolniken": „Die Kinder bildeten eine Art von großer Familie, die unter dem gastlichen Dach der Guljajewschen Gemächer heranwuchs. Sie erhielten eine strenge Erziehung von altgläubigen Lehrerinnen und Predigern. Und dann wurden die Knaben in die Schürfgebiete geschickt und die Mädchen verheiratet oder zu allerlei Dienstleistungen bestimmt." Guljaev selbst pflegte hierbei immer von seinem „Nest" zu sprechen. Alles drehte sich aber ausschließlich um ihn selbst: „Seine Worte waren Gesetz." Indes war es seiner strengen Fürsorge zu verdanken, dass es viele aus seinem „Nest" späterhin zu etwas brachten, weil sie gleich ihm über die notwendige „Standhaftigkeit, Willensstärke, Energie, unverbrüchliche Anhänglichkeit an den alten Glauben – mit einem Wort alles, was ihnen ein Recht auf die Benennung ‚starke Persönlichkeiten' verlieh", verfügten.[52]

48 G.K. Ščennikov, Literaturnye debjuty D.N. Mamina [Mamins literarische Debüts], in: Dmitrij Narkisovič Mamin-Sibirjak, Polnoe sobranie sočinenij [Vollständige Sammlung der Werke]. T. 1, Ekaterinburg 2002, S. 876-896.

49 Mamin-Ssibirjak, Die Priwalowschen Millionen (wie Anm. 21) bzw. Mamin-Sibirjak, Privalovskie milliony (wie Anm. 21).

50 Vgl. Mamin-Ssibirjak, Die Priwalowschen Millionen (wie Anm. 21), S. 68.

51 Ebenda, S. 64.

52 Ebenda, S. 65 f.; vgl. auch Mamin-Sibirjak, Privlovskie milliony (wie Anm. 21), S. 40 f.

Guljaevs rechte Hand ist natürlich einer aus seinem „Nest“, Vasilij Nazarovič Bacharev, dessen Frau Mar'ja Stepanovna ebenfalls daraus stammt. Beide können sich der besonderen Vorliebe ihres Beschützers erfreuen, der Bacharev deshalb auch seinen Enkel Sergej Aleksandrovič Privalov anvertraut, dem er sein gesamtes Vermögen vererbt hat. Das Haus der Bacharevs und ihr Familienleben bleiben dabei ganz in der Tradition ihres Vormundes:

> „Dieses Leben war wie ein Abziehbild jenes anderen Lebens, das sich einst in den Gemächern Pawel Michailowitsch Guljajews abgespielt hatte. Marja Stepanowna hielt alle Bräuche und Gewohnheiten, Regeln und Riten heilig, die sie aus dem Guljajewschen Hause mitgebracht hatte. Es wäre ihr wie eine Lästerung vorgekommen, sich auch nur mit einer Geste über das Vermächtnis jener erloschenen Familie hinwegzusetzen, die im Laufe eines langen Menschenalters eine feste Schutzmauer der alten Frömmigkeit gewesen war.“[53]

Dieser Glaube und seine Praktizierung selbst werden von Mamin-Sibirjak aber eher als bloß rituell, dabei heuchlerisch und verlogen gezeichnet.[54] Guljaevs Schwiegersohn Aleksandr Privalov verprasst die Millionen mit üppigen Festen, während im Hause zugleich Gottesdienste abgehalten werden: „Zur gleichen Zeit mußten in diesem Hause in geheimen Betsälen unausgesetzt Gottesdienste nach dem strengen Ritus der Raskolniken zelebriert werden. Oft erschienen der Hauswirt und seine Gäste unmittelbar nach einer Trunkenheitsorgie in einem dieser Betsäle und schlugen sich kniefällig ihre Stirnen an den Fußböden wund.“[55]

Selbst der sittenstrenge Bacharev hängt nicht absolut am alten Glauben. Er war unter den sibirischen Goldindustriellen „mit den verschiedenartigsten Menschentypen“ zusammengekommen und „hielt es für unstatthaft, die Kinder einzig im Geiste der altgläubigen Überlieferung der Raskolniken zu erziehen“. So will er ihnen die „besten Bildungsmöglichkeiten“ eröffnen, damit sie „die gewaltige Macht des Wissens“ kennen lernen, stößt dabei bei seiner Frau aber auf heftigsten Widerstand. Schließlich gibt sie bei den Söhnen nach, die Töchter sollen aber keinesfalls „heidnisch“ erzogen werden.[56]

Deutlich wird dabei, dass die Frauen, bei all ihrer Unterwerfung unter den Willen des Hausherrn, in Glaubensdingen das letzte Wort haben. So teilt Mar'ja Stepanovna, die, weil sie mit den modernen Ansichten ihrer Mannes, die ihrer Auffassung nach gegen das „Alte“ (*starina*) verstoßen, nicht einverstanden ist, späterhin einfach das Haus in zwei Hälften und betritt niemals mehr die Gemächer ihres Mannes.[57]

Immer wieder werden in Mamin-Sibirjaks, aber auch in Mel'nikov-Pečerskijs Romanen und Erzählungen solche glaubensstarken Frauen dargestellt, die sich sogar nicht scheuen, mit ihren verweltlichten Männern ganz zu brechen. Beide Schriftsteller zeichnen mit Vorliebe Frauenleben, die – nach vergangener oder verlorener Liebe – nur noch aus kompromissloser Hingabe zum Glauben bestehen.

---

53 Mamin-Ssibirjak, Die Priwalowschen Millionen (wie Anm. 21), S. 77-80; Mamin-Sibirjak, Privlovskie milliony (wie Anm. 21), S. 46 f.

54 Mamin-Ssibirjak, Die Priwalowschen Millionen (wie Anm. 21), S. 103-106, 216 f. u. 511; Mamin-Sibirjak, Privlovskie milliony (wie Anm. 21), S. 61 f., 123 u. 293.

55 Mamin-Ssibirjak, Die Priwalowschen Millionen (wie Anm. 21), S. 72.

56 Ebenda, S. 79.

57 Ebenda, S. 78 ff.

Bei Mamin-Sibirjak werden aber auch Frauen geschildert, die durchaus in der Lage sind, die Stellung der Männer zu übernehmen und dabei selbst nicht weniger herrisch aufzutreten als diese. In seiner Erzählung „Der Raubvogel“ besitzt Mar'ja Mitrevna ein großes Hüttenwerk, in dem vor allem Gold und Platin gewonnen werden: „An ihrer Haltung und an der Sprechweise konnte man leicht die Despotin erkennen. Es ist dies eine echt sibirische Eigenart, denn oft werden riesige, sibirische Unternehmen von Frauen geleitet, besonders wenn sie mit eigenem Kapital daran beteiligt sind.“[58]

Hat sie sich ihrem ersten, viel älteren Ehemann, noch völlig unterwerfen müssen, so behandelt sie ihren zweiten, den sie sich als reiche Witwe selbst ausgesucht hat, wie ihren Sklaven: „In seinem eigenen Haus war er nur geduldet. Die Leitung der Goldminen lag fest in Marja Mitrewnas Händen; sie erwies sich als gerissene Geschäftemacherin.“ Dabei tat sie so, als würde ihr Mann alles befehlen, weil sie als schwache Frau davon sowieso nichts verstehe.[59] Bei Mel'nikov-Pečerskij ist sogar zu lesen, dass es in „russischen Familien“ nichts Außergewöhnliches sei, wenn sich eine „schlaue junge Frau“ in der Ehe einen „alten Mann“ im Laufe der Zeit völlig unterwerfe, um mit ihm schließlich zu tun und zu lassen, was sie wolle.[60]

Weit stärker vom altgläubigen Unternehmertum und seinen patriarchalischen Vorstellungen ist Mamin-Sibirjaks Roman „Korn“ (*Chleb*) geprägt. Noch mehr als zuvor wird hier darauf abgehoben, dass die Werte des Altgläubigentums im Grunde schon längst inhaltslos geworden seien. Jedenfalls könne man mit ihnen kaum mehr erfolgreich den modernen Herausforderungen im Wirtschaftsleben begegnen.

Im Zentrum steht hier die Familie des alten Michej Zotyč Kolobov, der sich bereits als Leibeigener in einem Ural-Bergwerk durch „Kontraktverträge“ mit der Firmenleitung ein kleines Vermögen erwarb.[61] Dies macht ihn jedoch noch lange nicht zu einem freien Mann, denn seine Bemühungen, sich aus der Leibeigenschaft freizukaufen, scheitern: „Die Bergwerke waren als Eigentümer der Arbeitskräfte nicht wie die Gutsbesitzer auf Geld angewiesen, und nach ihrer Arithmetik als Seelenbesitzer lag es durchaus nicht in ihrem Interesse, einen begüterten Leibeigenen freizulassen.“[62] Da muss erst „ein glücklicher Zufall“ zu Hilfe kommen. Durch die Anlage eines Kanals für das Werk, die sich sonst keiner zutraute, gewinnt Kolobov als Lohn die Freiheit. Danach vermag er, indem er eine Getreidemühle von der Grubenleitung pachtete, sein Vermögen weiter zu mehren, um dann später im Trans-Wolga-Gebiet die dortige Getreidekonjunktur durch den Bau einer eigenen Dampfmühle zu nutzen.[63]

Die eigentliche Romanfigur aber ist Kolobovs Lieblingssohn Galaktion, den der Vater zur Heirat einer ungeliebten Frau nach altgläubigem Ritus zwingt, ihm aber den versprochenen Erbteil trotzdem vorenthält. Hoffte der Sohn doch dadurch, sich seinen Wunschtraum zu erfüllen, einen eigenen Dampfer auf der Wolga zu besitzen. So verbindet sich der Sohn schließlich mit skrupellosen Spekulanten westlichen Zuschnitts, um dann, vom Vater deswegen zur Verantwortung gezogen und verflucht, Selbstmord zu begehen.

58 Dmitrij Narkisowitsch Mamin-Sibirjak, Geschichten aus dem Ural. München 1959, S. 37.
59 Ebenda, S. 44.
60 Mel'nikov-Pečerskij, Na gorach (wie Anm. 21), Kn. 1, č. 1, S. 169.
61 Mamin-Sibirjak, Korn (wie Anm. 21), S. 60 ff.
62 Ebenda, S. 62.
63 Ebenda, S. 60 ff. u. 117.

Die Wirtschafts- und Lebensweise der Altgläubigen wird in der behandelten Literatur in engen Zusammenhang mit der Entstehung eines modernen Unternehmertums in Russland gestellt. Der Altgläubige erweist sich im Grunde als zu ungebildet, um das Neue wirklich begreifen zu können. So spricht Galaktion davon, dass ihm „nur das Lesen und Schreiben" beigebracht worden sei, und fühlt sich deshalb der neuen Zeit hilflos ausgeliefert. Gleichzeitig muss er sich aber den Vorwurf gefallen lassen, dass auch er wie alle anderen von der „Habgier des Kaufmanns" besessen sei: „Ihr schluckt noch das ganze Vaterland, und die dankbaren Nachkommen schickt ihr am Bettelstab in die Welt. Und dafür gibt es auch ein Gesetz, und das ist vielleicht das furchtbarste: Der Kampf ums Dasein. Das ganze Transuralien werdet ihr ausräubern, Euer Gnaden."[64]

All die zeitgenössischen Typen modernen Unternehmertums, der wohlhabende Kaufmann (*kupec*) von der Wolga bzw. der Fabrikant (*zavodčik*) oder der Goldgrubenbesitzer (*zolotopromyšlennik*) aus dem Ural, lassen sich unter den altgläubigen Hauptfiguren der Romane Mel'nikov-Pečerskijs und Mamin-Sibirjaks wiederfinden.[65] Sie nutzen alle die Gunst der Stunde, die ihnen die neuen wirtschaftlichen Chancen im Zusammenhang mit dem auch in Russland heraufziehenden kapitalistischen Zeitalter bieten. Zuvor waren sie zumeist leibeigene Bauern, haben sich aber schon losgekauft oder sind durch die Bauernbefreiung endgültig freigekommen. Jetzt sind sie nicht selten städtische Kaufleute der ersten Gilde und sogar Erbliche Ehrenbürger,[66] wenngleich sie es überwiegend vorziehen, weiterhin in ihrer gewohnten ländlichen Umgebung zu leben. Wie sie zu ihrem Reichtum gekommen sind, gibt auch hier Anlass für allerlei Spekulationen. Dunkle Andeutungen lassen nicht immer auf einen sauberen Erwerb des Vermögens schließen: „Nicht alle betreiben ihr Geschäft so ehrlich wie Čapurin und Bacharev. Sehr häufig waren es verdächtige Machenschaften und wenig ehrenhafte Geschäfte, auf denen sie ihren Wohlstand aufbauten."[67]

Wenn Čapurins Handelspraktiken und sein Verhältnis zu den engsten Geschäftsfreunden im Roman aber als aller Ehren dargestellt werden, so gilt dies kaum weniger für sein historisches Vorbild, den Nižnij Novgoroder Kaufmann Petr Egorovič Bugrov.[68] Aber selbst auf diesen traf angeblich zu, dass man „durch ehrliche Arbeit keine steinernen Paläste gewinnen" könne. Um den Erwerb seines Reichtums rankten sich deshalb ebenfalls „nicht wenig Legenden", die – wie bei den Romanfiguren – auf dunkle Kanäle hindeuten. So soll er zum einen in jungen Jahren einer Räuberbande angehört haben, die den mit Salz beladenen Schiffen der Kaufleute auf der Wolga auflauerte. Grundlage für seinen eigenen Reichtum sei sogar die Ertränkung eines dieser Kaufleute gewesen, dessen Hab und Gut er an sich gebracht habe. Zum anderen wird vermutet, dass er als Wolgaschiffer bei der Überfahrt einen Kaufmann mit dem Ruder erschlagen und dann beraubt habe. Weitere Gerüchte sprachen davon, dass er einem vermögenden Bauern auf seiner Rückreise von der Nižnij Novgoroder Messe im Schlaf das Geld gestohlen habe. Auch Hehlerei und Fälschung von Papiergeld (Assignaten) wurden ihm nachgesagt.[69]

64 Ebenda, S. 165 f.
65 Zum Folgenden s. auch Pleyer, Das russische Altgläubigentum (wie Anm. 27), S. 109-128.
66 Mel'nikov-Pečerskij, Na gorach (wie Anm. 21), Kn. 1, č. 2, S. 272 u. Kn. 2, č. 4, S. 393.
67 Pleyer, Das russische Altgläubigentum (wie Anm. 27), S. 114.
68 Hierzu siehe Anm. 26.
69 Sedov, Nižegorodskaja otčina (wie Anm. 20), S. 184 f.

Vor allem bei Mel'nikov-Pečerskijs Romanfiguren finden sich Hinweise auf Hehlerei, Geldfälschungen, Schmuggel mit Gold und Kupfer etc.; wie zum Beispiel die Geschichte von dem armen Pechsieder (*smolokur*) und späteren „undurchsichtigen Reichen" (*temnyj bogač*) Danilo Klement'ev, dem Vater des Titelhelden Marko Danilyč Smolokurov in seinem Roman „Auf den Bergen": „Viele Jahre lang mühte er sich ab, aber Reichtümer erwarb er sich mit dem Pech nicht, und auf einmal wurde er so reich, dass er es nicht nur mit den Kaufleuten aus Murom, sondern auch mit jedem beliebigen Moskauer Kaufmann aufnehmen konnte. Die Waldbewohner zerbrachen sich den Kopf über den plötzlichen Reichtum Danilos, und konnten sich nicht vorstellen, woher er ihn genommen hat."[70]

Man sprach von Räuberei oder brachte ihn in Zusammenhang mit einem bekannten Grubenbesitzer, Andrej Potašov, der seinen großen Reichtum ebenfalls „auf dunklen Wegen" und mit Unterstützung mächtiger politischer Fürsprecher wie Grigorij Orlov und Grigorij Potemkin erworben habe. Klement'ev sei einer seiner Vertrauten gewesen und habe bei seinem Tode die Gelegenheit genutzt und einen Sack Gold beiseite geschafft. Daraufhin habe er die Pechsiederei aufgegeben und begonnen, Taue und Seile zu drehen und mit Astrachan' einen Fischhandel aufzuziehen, mit welchem dann seine Söhne groß ins Geschäft gekommen seien.[71]

Ähnlich im Dunklen bleiben die Anfänge des Vermögens des altgläubigen Kaufmanns Zinovij Alekseič Doronin.[72] Er war einer der größten Getreidehändler, der das Korn auf großen Flächen anbauen, in eigenen Mühlen zu Mehl mahlen und auf eigenen Schiffen bis nach Moskau und Petersburg transportieren ließ. Sein Großvater hatte sich noch mühsam durchs Leben schlagen müssen, und auch dem Vater ging es als Burlak, Treidler auf der Wolga, kaum besser, bis er in der Nähe Astrachan's eines Tage spurlos verschwand, um dann nach Jahren – mit orientalischen Waren reich beladen – zurückzukehren. Wie kam aber ein armer Burlak urplötzlich zu einem solchen Reichtum? Natürlich konnte es nur Schmuggel und Piraterie gewesen sein und nicht zuletzt Falschmünzerei. Noch kühner war die Vorstellung im Volke, dass er den Muselmanen in die Hände gefallen und in die Sklaverei verkauft worden, von dort aber mit einem gestohlenen Schatz an orientalischen Münzen zurückgekehrt sei. Für wahrscheinlicher wurde indes gehalten, dass er sich am blühenden illegalen Handel mit russischen Kupfermünzen nach Asien beteiligte; zunächst im fremden Auftrag – von Griechen bzw. Armeniern – und dann auf eigene Rechnung, und so das Startkapital für seinen verzweigten Handel über die Wolga gewann.

Auch bei Mamin-Sibirjak wird auf gefälschtes Papiergeld, „selbstgemachtes und gekauftes", vor allem beim „Handel in der Horde", als Ausgangspunkt für die spätere wirtschaftliche Prosperität solch zwielichtiger Kaufleute hingewiesen, wenngleich nicht mit direktem Bezug auf Altgläubige.[73]

Detaillierter – fast ein Exkurs innerhalb des Romans „Auf den Bergen" – wird von Mel'nikov-Pečerskij die Geschichte einer altgläubigen Familie aus dem Stand der Staatsbauern geschildert. Der Vater, Sila Petrov, genannt Čubalov, verdiente sich durch Pachtgeschäfte mit dem Staat genügend Kapital, um sich neben dem traditionellen Gewerbe der

70 Mel'nikov-Pečerskij, Na gorach (wie Anm. 21), Kn. 1, č. 1, S. 14.
71 Ebenda, S. 14-18 u. 23.
72 Ebenda, S. 146-152.
73 Mamin-Sibirjak, Korn (wie Anm. 21), S. 49.

Hanfspinnerei eine blühende Landwirtschaft, beruhend vor allem auf Rinderzucht, aufzubauen. Mit seinem Tode verfiel das Ganze, sodass sich die Familie nur noch mühsam durch ihren „Hausfleiß" am Leben halten konnte. Indes war einer der drei Söhne, Gerasim, in die Fremde gezogen, um sich ganz dem alten Glauben hingeben zu können, und kam eines Tages, durch Handel mit geistlichen Büchern, Devotionalien (Ikonen), Antiquitäten, Textil- und Metallwaren etc. reich geworden, zurück. Er half der Wirtschaft seiner daheim gebliebenen Verwandten wieder auf, nicht ohne den Neid der „Ältesten" im Dorf in einem solchen Maße zu erregen, dass ihm am Ende nichts anderes übrig blieb, als sich und seine Verwandten in die dritte Gilde der städtischen Kaufmannschaft einzuschreiben, um sich vor ihren Nachstellungen zu retten, was ihn einen Großteil seines Vermögens kostete. Wie für viele andere „Kaufleute" in den Städten ging es ihm dabei nicht so sehr um damit verbundene Handels- und Gewerbeprivilegien, sondern vielmehr um die Befreiung von der Rekrutenpflicht:[74] „Wer in der Gilde eingeschrieben ist, der braucht nicht zu befürchten, dass ihm der Schädel rasiert wird."[75]

Interessant sind aber auch die Darstellungen der Geschäftspraktiken der Altgläubigen, vor allem, wenn es um die Nutzung neuer Möglichkeiten der Kreditnahme (Wechsel) geht, denn schließlich braucht man bei den wachsenden Geschäften auf der Nižnij Novgoroder Messe, etwa beim Kauf bzw. Verkauf großer Mengen Fisch, gewisse Zahlungsziele. „Nichts geht ohne Wechsel", lässt Mel'nikov-Pečerskij Marko Danilyč Smolokurov sagen: „Auf Wechseln beruht der Kommerz (...). In fremden Ländern, bei den Deutschen oder anderen solchen Völkern dort, soll der ganze Handel auf Wechseln laufen."[76] Darauf entgegnet ihm ein anderer Fischhändler, Dmitrij Petrovič Vedeneev, dass es dort aber auch mehr Ordnung gebe, d.h. dieses Kreditinstrument nicht wie bei ihnen in eher unlauterer Absicht als eine neue Möglichkeit der Geldschöpfung mit Hilfe Vertrauter in den Banken zur Anwendung komme. Wenn dann am Ende der Wechsel fällig sei, erkläre man einfach seine Zahlungsunfähigkeit und mache Bankrott. Man sei am Ende ohne Schulden und könne mit dem heimlich zur Seite gebrachten Kapital ein neues Geschäft aufziehen, um dann nach Jahren wieder dasselbe Spiel der Wechselreiterei nur mit immer höheren Beträgen zu beginnen: „Dreimal geht in Bankrott, und ihr werdet mit Sicherheit eine Million besitzen."

An anderer Stelle unterhält man sich ebenfalls über solche Wechselgeschäfte.[77] Für Smolokurov ist diese Art von Kreditbeschaffung ebenfalls eine deutsche Erfindung, die wenig für die russische Praxis tauge. Früher – „bei den alten Zaren und Patriarchen" – seien bei Zahlungsunfähigkeit keinerlei Fristen gesetzt worden, sondern man habe sofort gehandelt. Alles sei auf der Stelle versteigert und am Ende der zahlungsunfähige Schuldner mit seiner ganzen Familie in die Schuldknechtschaft (*kabala*) genommen und nach Sibirien verbracht worden. Sein Geschäftfreund Zinovij Alekseič Doronin antwortet darauf, dass heute eben eine andere Zeit sei und deshalb auch andere Methoden bei Zahlungsverzug notwendig seien. Für Vedeneev hingegen ist noch immer die Hauptsache, dass man sein Geld nur dem verleihe, dem man vertrauen könne, sonst sei der Wechsel nur „ein Fetzen Papier". Aber dieser Glaube an das Gute im Menschen sei längst verschwunden, so dass

74 Mel'nikov-Pečerskij, Na gorach (wie Anm. 21), Kn. 1, č. 2, S. 448 ff.
75 Melnikow, In den Wäldern (wie Anm. 21), S. 360.
76 Vgl. im Folgenden Mel'nikov-Pečerskij, Na gorach (wie Anm. 21), Kn. 1, č. 1, S. 176 ff.
77 Ebenda, S. 194-197.

man jetzt nicht mehr auf das Gewissen, sondern auf Gericht und Gefängnis seine Hoffnung setzen müsse, um wieder an das eigene Geld zu kommen. Aber der Wechsel sei heutzutage als Zahlungsmittel unentbehrlich geworden. Offensichtlich waren die Zeiten schon vorbei, wo einer wie Čapurin – wie man es auch von seinem Vorbild Bugrov im wirklichen Leben erzählt[78] – auf sein bloßes Wort hin von seinen Geschäftsleuten auf der Nižnij Novgoroder Messe sofort die stattliche Summe von 20 000 Silberrubel in bar geliehen bekam, um aus einer momentanen Zahlungsschwierigkeit herauszukommen.[79]

Fremdes Geld aufzunehmen, etwa bei Banken, um die eigenen Geschäfte beträchtlich erweitern zu können, ist auch für Mamin-Sibirjaks Romanfiguren noch ziemlich ungewohnt. Indes ist dies auch bei ihm schon „eine sehr schlaue Einrichtung“, so „ohne Geld und doch mit Geld“ seine Geschäfte zu tätigen: „Die Zeiten waren offenbar vorüber, wo man sein Geld in die Erde vergrub oder im Keller versteckte.“[80] Des alten Kolobovs Sohn Galaktion versteht schon, wie man solche modernen Geschäfte tätigt, denn „alle Geschäfte werden auf Kredit geführt. Kapital – das ist Unsinn. Ein zuverlässiger und kluger Mann kann Geld haben, soviel er will.“[81] Überhaupt ist er von den neuen Geschäftsmethoden sehr angetan, die mit den Ausländern, Deutschen und Polen, ihren Einzug ins Wolga-Gebiet halten. Hier wird alles im Voraus kalkuliert, um das Risiko möglichst klein zu halten, und nicht nur „auf das gute Glück“ vertraut wie bei den Russen.[82]

Sucht man nach einem anderen religiös-sittlichen Handeln bei den altgläubigen Unternehmern, das dem kapitalistischen Geschäftsgeist mit seinem egoistischen Gewinnstreben nicht nur hartnäckigen Widerstand geleistet habe, sondern sogar – bis heute – eine bessere Alternative gegenüber der westlichen Variante biete,[83] so lassen sich darauf in den Romanen beider Schriftsteller keine Hinweise finden. Wenig zu spüren ist dort auch von der sprichwörtlichen Solidarität der Altgläubigen untereinander. Eher handelt es sich bei den geschilderten Personen um Geschäftsleute, die nur ihren eigenen Vorteil vor Augen haben und selbst vor Betrug nicht zurückschrecken. Die soziale Geborgenheit, die der Schwächere beim Stärkeren erwarten darf, ist auf ein Minimum beschränkt und schützt nicht vor Lug und Trug und vor aller Willkür.

Indes kommen in der dargestellten Welt des altgläubigen Unternehmertums bei Mamin-Sibirjak und Mel'nikov-Pečerskij „nur gewisse Züge deutlich zum Ausdruck, während andere wenig oder gar nicht berücksichtigt werden“. Kaum wird auf ihren alten Glauben und seine Herausforderungen in der Moderne ernsthaft eingegangen. Überhaupt fehlt eine intime Darstellung ihrer „geistigen Kultur“, „die sich in ihrer Liebe zur ‚Starina‘ und ihrem Kunstverständnis für alte Ikonen, Handschriften und Bücher äußert“.[84] Alles scheint bereits im Formelhaften erstarrt zu sein. Selbst die Glaubensgrundsätze der eigenen Religion sind

78 Usov, Pavel Ivanovič Mel'nikov (wie Anm. 24), S. 154.
79 Mel'nikov-Pečerskij, V lesach (wie Anm. 21), Kn. 1, č. 1, S. 12 f.
80 Mamin-Sibirjak, Korn (wie Anm. 21), S. 92.
81 Ebenda, S. 127.
82 Ebenda, S. 287.
83 Klaus Heller, Selbstzeugnisse aus dem „Moskau der Kaufleute“ vor 1917 und ihre Interpretationen, in: Autobiographical Practices in Russia – Autobiographische Praktiken in Russland, hrsg. v. Jochen Hellbeck u. Klaus Heller. Göttingen 2004, S. 142-153, hier S. 145 ff.
84 Pleyer, Das russische Altgläubigentum (wie Anm. 27), S. 128.

kaum mehr erinnerlich. Jedenfalls weiß man auf die Frage eines Engländers danach nur zu antworten, dass das Festhalten am alten Glauben bedeutet: „Zuallererst muß man sich mit zwei Fingern bekreuzigen, zweitens, man geht nicht in eine Staatskirche, drittens man raucht keinen Tabak, und man schnupft auch nicht. Was noch? Man schneidet sich den Bart nicht, es ist nicht erlaubt, in deutscher Kleidung zu gehen, aber von dieser Vorschrift sind heute viele abgewichen, besonders die Frauen."[85]

Folgt man überhaupt den literarischen Darstellungen dieser Zeit in Russland, so wird dort allgemein der Unternehmer alten Typs, der traditionelle russische Kaufmann, als ein Patriarch beschrieben, der eher am Alten festhält. Das gilt noch mehr für den altgläubigen Unternehmer. Indes handelt es sich hierbei nicht mehr um eine Beschreibung im Sinne eines Hausvaters (*chozjain*), wie sie bereits im altrussischen Hausbuch, dem „Domostroj", aus dem 16. Jahrhundert zu finden ist.[86] Es geht nicht mehr um einen in Gottesfurcht lebenden Patriarchen, der seine Familie schon allein aus diesem Grunde einem strengen Gehorsam unterwirft.[87] Die literarischen Figuren des 19. Jahrhunderts lassen sich kaum mehr von einem solchen, streng religiös geprägten Sitten- und Moralkodex leiten, sodass sie auch über keinerlei festen Grundsätze verfügen, die ihrem eigenen Handeln zur Richtschnur dienen könnten. Ihr Patriarchentum, das oftmals zu reiner Willkür und Despotie geworden ist,[88] gründet höchstens aus Gewohnheit noch auf einem christlichen Fundament.

Bei den Männergestalten Mel'nikovs-Pečerskijs und Mamin-Sibirjaks spürt man aber, dass die neue Zeit sie bereits dazu zwingt, sich zu modernen Unternehmern zu entwickeln, um nicht unterzugehen. Sie empfinden „den ständigen Widerspruch zwischen der alten Tradition und den neuen Sitten". Jedenfalls möchte man kein „starrköpfiger Fanatiker" mehr sein und zählt sich zu den Altgläubigen nur noch, „weil das seit eh und je an der Wolga so üblich war".[89] Deutlich wird ihnen allmählich, dass ihr alter Glaube viel Formales in sich birgt. Warum sollte man auch weiterhin „das Tragen ausländischer Kleidung, Rauchen und Bartscheren" für sündhaft halten? Nicht länger wollen sich die Altgläubigen dem Fortschritt entgegenstellen, der nicht zuletzt ihnen im Geschäftsleben neue, zuvor kaum erhoffte Gewinnchancen bietet.[90]

War die Zeit für den alten Glauben zu Ende gegangen? War alles am Ende sinnlos geworden, wenn es je Sinn gehabt hatte? Stimmte das, was die Tochter des alten Goldsuchers Bacharev, Nadežda Vasil'evna, bitter bemerkt:

> „Was hat es für Sinn gehabt, dass Leute zu Hunderten für ihn dahinstarben, Foltern ertrugen, von Haus und Hof vertrieben wurden und sich wie Tiere in den Wäldern verborgen hielten? Was ist von alledem übriggeblieben? Nichts, gar nichts, außer toten Formen und Riten. Und von dieser hartnäckigen Buchstabengläubigkeit ist unser ganzes

85 Melnikow, In den Wäldern (wie Anm. 21), Drittes u. viertes Buch, S. 54 ff.
86 Domostroj [Altrussisches Hausbuch], hrsg. v. V. Senin. St. Petersburg 1992; siehe auch Pleyer, Das russische Altgläubigentum (wie Anm. 27), S. 115.
87 Domostroj (wie Anm. 86), S. 133.
88 Hierzu s. Klaus Heller, Der Unternehmer als *pater familias* in der russischen Literatur vor 1917, in: Personality Cults in Stalinism – Personenkulte im Stalinismus, hrsg. v. dems. u. Jan Plamper. Göttingen 2004, S. 61-82.
89 Melnikow, In den Wäldern (wie Anm. 21), S. 10.
90 Pleyer, Das russische Altgläubigentum (wie Anm. 27), S. 116-128.

> Leben durchsetzt. Schauen sie doch nur, wie wir uns zu anderen Menschen verhalten? Wieviel Falschheit und Lüge dahintersteckt! (...). Und das Schlimmste ist, dass wir uns mit dieser Lüge ein ruhiges Gewissen erkaufen zu können vermeinen!“[91]

Bei Mamin-Sibirjak wie bei Mel'nikov-Pečerskij werden altgläubige Kaufleute im Kreis der Familie und ihrer Geschäftsfreunde dargestellt, die sich bereits auf den Weg in die Moderne aufgemacht haben. Ihrem Patriarchentum, das sich bloß noch an rituellen Handlungen ihres alten Glaubens festmacht oder gar nur noch aus traditionellen Gewohnheiten ihres ländlichen Lebens besteht, haftet kaum mehr etwas Zukunftweisendes an. Aber nicht für alle Zeitgenossen im damaligen Russland, vor allem nicht die Slawophilen, war diese alte Welt der Kaufleute zum Untergang verurteilt. Glaubten sie doch um die Mitte des 19. Jahrhunderts in ihr sogar eine Gegenwelt zum damals vorherrschenden Westlertum entdeckt zu haben.[92] Was aber diese altgläubigen Kaufleute in der Wirklichkeit anbetraf, so hatte auch bei ihnen der alte Glaube längst seinen eschatologischen Schrecken verloren. Sie hielten entweder weiter aus Gewohnheit an ihrem Ritus fest oder nahmen das seit dem ausgehenden 18. Jahrhundert bestehende Angebot der Regierung zur Rückkehr in die offiziellen Kirche an. Indes fanden einige dieser altgläubigen Unternehmer, unter denen insbesondere die Moskauer Unternehmerfamilie Rjabušinskij zu erwähnen ist, sogar einen Weg vom alten Glauben zu einem modernen Patriotismus.[93]

---

91 Mamin-Ssibirjak, Die Priwalowschen Millionen (wie Anm. 21), S. 216 f. u. 334.
92 Vgl. Inna Anatol'evna Simonova, Fedor Čižov. Moskva 2002.
93 Hierzu Heller, Selbstzeugnisse (wie Anm. 83), S. 142-153.

Annelore Engel-Braunschmidt

Russischer *mužik* und wolgadeutscher Kolonist um 1900. A.P. Čechovs „Mužiki" und A. Lonsingers „Nor net lopper g'gewa!"

Wenngleich es auf den ersten Blick vermessen erscheinen mag, so liegt doch eine gewisse Berechtigung darin, „Mužiki" („Bauern", 1897),[1] eine Erzählung des russischen Arztes und Schriftstellers Anton Čechov (1860–1904), und „Nor net lopper g'gewa!" („Nur nicht aufgeben") (1911),[2] eine Erzählung des russlanddeutschen Lehrers und Literaten August Lonsinger (1881–1953),[3] in Beziehung zu setzen. Die Werke sind thematisch vergleichbar, zeitlich auf die Gegenwart gerichtet und mit einem relativ geringen Abstand von 15 Jahren erschienen. Als Stoff liegt ihnen die bäuerliche Lebenswelt um die Wende vom 19. zum 20. Jahrhundert zugrunde, die beide aus eigener Anschauung kannten. Wie wir aus beider Biografien wissen, brachte Čechov seine Erfahrungen aus einem mehrjährigen Umgang mit den Bauern von Melichovo ein, Lonsinger die seinen aus einer jahrelangen intensiven Tätigkeit in Land- und Stadtschulen. Beide Autoren widmeten sich wirtschaftlichen, sozialen, religiösen, moralischen Problemen auf dem Dorfe und suchten angesichts desolater Zustände oder verkehrter Einrichtungen nach Auswegen und Entwicklungspotenzial. So bieten ihre Texte – arm an Handlung, aber reich an Charakterstudien – wiederum die Möglichkeit, das darin enthaltene sozio-ökonomische und kulturelle Material zu extrapolieren.

Ob der Jüngere den Älteren gelesen hat, wissen wir nicht. Wir können es vermuten, da Čechovs „Bauern" bei ihrem Erscheinen eine heftige Polemik auslösten und lange nachwirkten.[4] Im Unterschied dazu zeichnet Lonsingers Roman weder Breitenwirkung noch Langlebigkeit aus. Er ist über den Kreis der wenigen russlanddeutschen Intellektuellen nicht hinausgedrungen, soll jedoch Aufmerksamkeit erregt und den Anstoß für eine „Diskussion über die Notwendigkeit der Pflege und Erhaltung des wolgadeutschen Kulturerbes" gegeben haben.[5] Schließlich darf nicht übersehen werden, dass hinter Čechov eine lange

1 A.P. Čechov, Mužiki, in: Ders., Polnoe sobranie sočinenij i pisem [PSSiP] v tridcati tomach. Sočinenija, t. 9 (1894–1897) [Vollständige Sammlung der Werke und Briefe in dreizehn Bänden. Werke, Bd. 9 (1894–1897)]. Moskva 1977, S. 281-312.

2 August Lonsinger, Nor net lopper g'gewa! Eine Erzählung aus den deutschen Wolgakolonien. Aberdeen o.J.

3 Siehe Woldemar Ekkert u. Reinhard Köln, August Lonsinger (Zum 100. Geburtstag), in: Heimatliche Weiten 2 (1981), S. 234-245.

4 Außer Čechov haben sich um die Jahrhundertwende auch andere russische Schriftsteller der bäuerlichen Thematik zugewandt, zum Beispiel Sergej Gusev-Orenburgskij (Ahasver, 1901) oder Ivan Kasatkin (Mužiki, 1907).

5 Vgl. August Lonsinger, Sachliche Volkskunde der Wolgadeutschen, hrsg. v. Victor Herdt. Remshalden 2004, hier das Vorwort des Herausgebers, S. 9.

literarische Tradition steht und um ihn herum eine Phalanx hochbedeutender Schriftsteller: Spätestens mit Puškin war in der russischen Literatur die Drei-Stile-Theorie überwunden und die kirchenslawisch-russische Diglossie poetisch ergiebig geworden. Lonsinger, der um 1900 mit Reportagen und Kurzgeschichten begonnen hatte – seine Schriften stellen eine bibliografische Rarität dar, von vielen vergessen „und den Jüngeren gänzlich unbekannt"[6] –, befand sich dagegen am Anfang russlanddeutschen literarischen Lebens, noch dazu in einer mundartlich dominierten sprachlichen Situation, in der die Standardsprache als Fremdkörper empfunden wurde. Dass er seinen Roman im Dialekt schrieb, steigert zwar einerseits dessen Authentizität, grenzt aber andererseits den Kreis der Rezipienten ein. Beim Erscheinen von Čechovs Erzählung „Mužiki" kommentierte ein zeitgenössischer Kritiker die Überzeugungskraft der künstlerischen Wahrheit des Čechovschen Textes: „Der Autor hat so lebendig, so künstlerisch wahrheitsgetreu das freudlose Leben des russischen Dorfes geschildert, wie es Hunderte dicker Bücher voller Zahlen, Fakten und theoretischer Begründungen nicht schildern können."[7]

Implizit spielt der Kritiker hier unterschiedliche Funktionen der Sprache – Ästhetik und Pragmatik – und deren Wirkung auf den Rezipienten gegeneinander aus. Čechovs Fähigkeit, Sprache in den Dienst der Fiktion zu nehmen – das zeigen sinnfällig die nachgewiesenen Bezüge zu Prototypen und realen Topoi[8] –, Geschichten zu erfinden, imaginäre Handlungen und Ereignisse zu simulieren und sie verdichtet darzustellen,[9] verleiht seinen „Mužiki" poetische Qualität.[10] Wohl erhebt auch Lonsinger Ansprüche als Literat, wenn er seinem Werk „Nor net lopper g'gewa!" im Untertitel die Gattungsbezeichnung „Erzählung" gibt; aber mit dem Zusatz „aus den deutschen Wolgakolonien" reserviert er sich zugleich einen Raum für die Behandlung der geokulturellen Komponente und begibt sich damit in eine Zwitterstellung zwischen Literatur und Volkskunde.

Sowohl Čechovs als auch Lonsingers Erzählung basieren weitgehend auf einem Konzept, das Chaos und Kosmos, Unordnung und Ordnung kontrastiert. Wohl büßten die deutschen Einwanderer im Laufe der Zeit Teile ihres privilegierten Status, der ihnen eine kontinuierliche Entwicklung ermöglicht hatte, ein, aber selbst die Aufhebung der Kolonistengesetze 1871 war nicht der scharfen Zäsur vergleichbar, die für die Russen die Aufhebung der Leibeigenschaft bedeutete. Die Verordnungen der russischen Regierung betrafen bei den Kolonisten in der Hauptsache die Schule und die Verwaltung; sie führten nicht zur Vernichtung von Existenzgrundlagen.[11] Wo Čechov die modellierte Welt tiefer und tiefer im

6 Ekkert, Köln, Lonsinger (wie Anm. 3), S. 234 u. 236.

7 Fingal [I.N. Potapenko], O kritikach i o „Mužikach" [Über die Kritiker und über die „Bauern"], in: Novoe vremja 7594 (1897), zit. nach: A.P. Čechov, Mužiki i drugie rasskazy [Bauern und andere Erzählungen]. Moskva/Leningrad 1934, S. 704 (Übersetzung ins Deutsche von Annelore Engel-Braunschmidt).

8 Vgl. den Kommentar zum Text in: Čechov, PSSiP (wie Anm. 1), S. 508 ff.

9 Zur Literarität von Texten vgl. Gérard Genette, Fiktion und Diktion. Aus dem Französischen von Heinz Jatho, München 1992, hier S. 17.

10 Einiges dazu bei L[awrence] Michael O'Toole, Chekhov: The Peasants, 1897 (Mužiki), in: Ders., Structure, Style and Interpretation in the Russian Short Story. New Haven/London 1982, S. 203-218.

11 Dazu ausführlich Gerd Stricker, Die Schulen der Wolgadeutschen in der zweiten Hälfte des 19. Jahrhunderts, in: Zwischen Reform und Revolution, hrsg. v. Dittmar Dahlmann u. Ralph Tuchten-

Chaos versinken lässt, schildert Lonsinger einen weitgehend geordneten wolgadeutschen Mikrokosmos, der sich in seinen Grundfesten bis zum Ersten Weltkrieg halten sollte.

Fokussiert wird die bäuerliche Lebenswelt jeweils durch eine Figur, die von außen kommt und die Ereignisse befremdet wahrnimmt. Čechovs Nikolaj Čikil'deev, der auf der Suche nach Arbeit in die Stadt gezogen und Kellner geworden war, kehrt gealtert, arbeitslos und krank mit Frau und Tochter aus Moskau in sein Heimatdorf Žukovo zurück. Von Beginn an erweist sich seine Hoffnung, im Elternhause besser leben zu können als in der Stadt, als Illusion. Die sozioökonomischen Gegebenheiten sind derart, dass die Ankömmlinge dort überhaupt nicht leben können. Nikolaj siecht dahin, Frau und Tochter pilgern zurück in die Stadt. Lonsingers Hauptfigur wird nicht von ökonomischen Problemen umgetrieben. Sein Johannes Walker, der als Schulleiter und Lehrer in einer wolgadeutschen Kolonie namens Eichenwald antritt, findet seine Gegner in halsstarrigen Dorfbewohnern, schlechten Lehrerkollegen und einem verbohrten Pastor sowie in seinem eigenen Streben nach der Vereinbarkeit von Freiheit und Sittlichkeit. Oberflächlich betrachtet, scheinen die Texte Stereotypen wie Ordnung (vielzitiert als angeblich oberste deutsche Tugend)[12] und russischen Schlendrian zu zementieren, exemplifiziert an zahlreichen Beispielen im Text. Tolstoj hat sich darüber erregt, dass Čechov, wie er meinte, „allein die dunklen Charakterzüge herausgegriffen hat" (*vzjal odni tol'ko temnye čerty*); schließlich gebe es 120 Millionen russische Bauern.[13] Umso wichtiger sind die in den Texten enthaltenen Differenzierungen, die dieses scheinbar dichotomische Weltbild verändern.

Bereits die ersten Sätze bei Lonsinger, mit denen Johannes Walker als ein vom Inspektor der Volksschulen bestätigter Lehrer für Russisch und Arithmetik in einem deutschen Dorf vorgestellt wird, lassen durch die Doppelkodierung Russisch/Deutsch einen Konflikt ahnen. Walkers Vater, so wird erzählt, sei noch Schulmeister gewesen, das heißt ein Vertreter der (deutschen) Gemeinde, nicht der (russischen) Regierung. Mit Walker tritt ein Element der seit 1871 zunehmenden Russifizierung auf. Der junge Mann will nicht nur ein guter Lehrer sein, der den Auftrag der russischen Staatsgewalt ernst nimmt, sondern auch ein guter Deutscher, was im Text zu Diskussionen über die nationale Frage führt. Es ist Lonsingers Verdienst, anhand seiner Hauptfigur differenziert dargestellt zu haben, wie sich der Loyalitätskonflikt – ethnisch Deutscher, aber russischer Staatsbürger – bereits vor dem Ersten Weltkrieg äußert, ehe die Deutschen mit Macht in diesen Konflikt hineingezogen und von späteren Autoren aus der Rückschau als Opfer der politischen Entwicklungen in Russland und Deutschland betrachtet werden.[14] Lonsinger entwickelt ein im positiven Sinne konservatives Heimatkonzept ohne die später vorherrschende nationalistische Komponente. Stützt den Helden bei seinen öffentlichen Unternehmungen der ermunternde Wahlspruch des Bauern Steinemaier, „Nor net lopper g'gewa!", so leitet ihn im Privaten das Vermächtnis der Mutter, „Bleibe ein guter Mensch". Den Gewissenskonflikt konstituiert Lonsinger

---

hagen. Essen 1994, S. 244-266; Ute Richter-Eberl, Ethnisch oder National? Aspekte der russlanddeutschen Emigration in Deutschland 1919–1969. Frankfurt a.M. 2001, S. 22.

12 Vgl. die Äußerung der Hauptfigur bei Lonsinger über Ordnung, „der alte deutsche Grundcharakter". Lonsinger, Volkskunde (wie Anm. 5), S. 35.

13 Čechov, PSSiP (wie Anm. 1), S. 527.

14 Siehe Janina Wozniak, „Die Heimat brennt". Das Geschichtserlebnis der Wolgadeutschen in fünf Erzählungen der dreißiger Jahre, in: Acta Germanica 21 (1992), S. 83-97.

dadurch, dass er seinem Protagonisten für dessen ‚geistige Höhenflüge' keine ebenbürtige Partnerin zur Seite stellt.[15] Damit motiviert er, dass Walker sich von Marik ab- und der aus der Stadt zugereisten Irma Fels zuwendet. Moralisch bleibt Walker integer, indem er weder Ehebruch begeht noch Marik vergiftet. Ehe die Dinge zu kompliziert werden, lässt Lonsinger ihn in einem Schneesturm umkommen.

1. Das Haus

Sowohl Čechov als auch Lonsinger beginnen mit ihren Schilderungen beim Haus, das als Ort der Zivilisation und geschlossener Raum in der Regel Geborgenheit abbildet und im Gegensatz steht zum Natur- oder offenen Raum, sei dieser undurchsichtig wie der Wald oder überschaubar wie die Steppe. Dem Motiv des Hauses – darauf hat Joost van Baak in der Nachfolge von Bachtin, Toporov und Lotman noch einmal hingewiesen – eignet eine „universelle anthropologische und kulturelle Bedeutung", die aus den besonderen Beziehungen zwischen Haus und Person resultiert.[16] Das Haus der Čikil'deevs wird als eine Kate beschrieben, deren schiefe Bretter kaum noch zusammenhalten, eng, dunkel und schmutzig. Im Allgemeinen gilt als Herzstück im Hause eines armen russischen Bauern der multifunktionale Ofen, so auch bei Čechov.[17] Aber in seiner Erzählung ist dieser unsauber, vor Rauch und Fliegen schwarz, nimmt fast die Hälfte des Zimmers ein und hat sich obendrein gesenkt. Dennoch drängt sich auf dem verbleibenden unvorstellbar engen Raum eine Vielzahl Personen. Die Familie besteht aus der matriarchalischen *babka* (die Alte) und ihrem Mann, dem *starik* Osip (der Alte), drei Söhnen, den Schwiegertöchtern Mar'ja und Fekla sowie der neu hinzukommenden Ol'ga und einer Schar von Kindern. In dieser Hütte findet der heimgekehrte Nikolaj nichts mehr von dem, was ihm aus seiner Kindheit als helles und behagliches „heimatliches Nest" (*rodnoe gnezdo*) in Erinnerung geblieben ist.

Verglichen damit wohnt Lonsingers Lehrer Walker geradezu feudal. Bei Steinemaier, einem der wohlhabendsten Bauern im Dorfe, dessen tumbe Tochter er später – faute de mieux – heiratet, wird ihm eine eigene, selbstverständlich saubere Kammer eingeräumt, ausgestattet mit Bett, Lehnbank, Tisch und Stühlen, Eckschrank und einer „Kiste" (Truhe).[18] Lonsingers Beschreibungen der dinglichen Kultur nehmen in vielen Teilen seine späteren volkskundlichen Aufzeichnungen vorweg. Mit besonderer Liebe verweilt er bei der Festtagskultur. So wird in der Erzählung das Himmelbett in Häusern wie dem Steinemaierschen zu Weihnachten mit weißen Vorhängen dekoriert und legen die Frauen Paradekissen auf, „der

15 Zwar hält Walker Tolstoj für einen „der größten Denker aller Zeiten" (Lonsinger, Nor net lopper g'gewa! [wie Anm. 2], S. 68); aber offensichtlich missversteht er dessen Botschaft. Als Volkserzieher legte Tolstoj auf Verstand und „Bildung" gerade keinen Wert.

16 Joost van Baak, Die Wohnung der russischen Seele. Über Haus und Landschaft in der russischen Literatur, in: Wiener Slawistischer Almanach 44 (1997), S. 237-250, hier S. 238.

17 In so einem „russischen Ofen" werde „geheizt und das Essen gekocht; und Brot gebacken; und Wäsche gereinigt; und die Familienmitglieder baden darin der Reihe nach; und auf ihm ruhen die Alten aus (...) ein Universalofen, den nur ein Volk ersinnen konnte, das sechs Monate des Jahres im Schnee lebt!" Alexander Nowikow, Das Dorf, in: Russen über Russland. Ein Sammelwerk, hrsg. v. Josef Melnik. 2. Tsd., Frankfurt a.M. 1906, S. 54-98, hier S. 63.

18 Der dinglichen Welt des Hauses hat Lonsinger ein umfangreiches Kapitel gewidmet. Siehe A. Die Wohnstube, in: Lonsinger, Volkskunde (wie Anm. 5), S. 51-70. Speziell zum Kleiderkasten, der „Kiste", ebenda, S. 55 f., zum Bett S. 51 ff.

größte Stolz eines jeden Kolonistenweibes".[19] Intensiviertes Putzen, wie die Bearbeitung von Tischen und Bänken auf traditionelle Art mit Sand und Besen, gehört im deutschen Dorf ebenfalls zu den Weihnachtsvorbereitungen, des weiteren: „Um die Uhr und die Spiegel waren weiße mit breiten selbstgehäkelten Spitzen benähte Handtücher gehängt, die durch rote Bänder ganz dicht am Ende zurückgebunden waren. Auf dem Schlüsselbrett leuchteten die Paradeteller und Tassen aus weißem Porzellan mit blauen und roten Rändern hervor."[20]

Zwar sehen wir beengte Wohnverhältnisse beim Dorfschulmeister Busch, der in seinen zwei Stuben Privates und Amtliches unter einem Dach vereint und obendrein die Pflicht hat, den Pastor bei dessen Visitationen zu beherbergen, aber es sind saubere und stabile Behausungen, und selbst in der Dall, einer der hinteren Straßen, in denen die ärmeren Bauern siedeln,[21] sind die Verhältnisse geregelt. Als die Mutter zu ihm zieht, nimmt Walker mit geringem Raum vorlieb und lebt bescheiden auf einem Zimmer und einer halben Küche bei Steinemaiers Nachbarn David. Nach dem Tod der Mutter heiratet er die Marik und überlässt ihr das Wirtschaften, das sie, da zu nichts anderem fähig, in Demut versieht, sodass Walkers alter Freund Hartwig sie für seine Magd hält.[22]

2. Essen und Trinken

Gleich der Ausstattung des Hauses lassen sich auch Essen und Trinken als ethnografisches Material oder als sozialer Indikator lesen. In Čechovs Žukovo essen die Alten und die Frauen Schwarzbrot, das sie in Wasser tauchen.[23] Zwar stellen sie aus Anlass des Besuchs aus der Stadt den Samowar auf, aber „der Tee roch nach Fisch", wie der Erzähler aus der Perspektive des angewiderten Čikil'deev feststellt:

> ,,от чая пахло рыбой, сахар был огрызанный и серый, по хлебу сновали тараканы, было противно пить, и разговор был противный – все о нужде да о болезнях."

> (der Tee roch nach Fisch, der Zucker war benagt und grau, über Brot und Geschirr liefen die Schaben; es war ekelhaft zu trinken, und auch die Unterhaltung war widerwärtig – immer nur über die Not und über Krankheiten).[24]

Die Familienmahlzeit und die Unterhaltung sind Zeichen für die äußerste Armut, die physisch und geistig, anthropologisch und kulturell auftritt. Wie es sein könnte, taucht als Erinnerung der alten Männer auf, die bei Herrschaften gedient haben. Der ehemalige Koch des Generals Žukov und Nikolaj Čikil'deev überbieten sich geradezu mit Rezepten:

> ,,Говорили о битках, котлетах, разных супах, соусах, и повар, который тоже все хорошо помнил, называл кушанья, каких нет теперь: было, на-

19 Lonsinger, Nor net lopper g'gewa! (wie Anm. 2), S. 59.
20 Ebenda.
21 Die Anlage einer Siedlung mit ihren breiteren (besseren) Straßen und den schmaleren (weniger guten), den Hintergassen, beschreibt Lonsinger in seiner Volkskunde (wie Anm. 5), S. 27-32.
22 Ebenda, S. 94.
23 Čechov, Mužiki (wie Anm. 1), S. 284.
24 Ebenda. Deutsche Übersetzung nach: A.P. Tschechow, Meistererzählungen. Verdeutscht u. eingeleitet v. Reinhold Trautmann. Leipzig 1947, S. 249.

пример, кушанье, которое приготовлялось из бычьих глаз и называлось «по утру проснувшись».
– А котлеты марешаль тогда делали? – спросил Николай.
– Нет.
Николай укоризненно покачал головой и сказал:
– Ох, вы, горе-повара!"

(*Sie sprachen von Klopsen, Koteletts, verschiedenen Suppen, Saucen, und der Koch, der sich auch gut an alles erinnerte, nannte Gerichte, die es jetzt nicht mehr gab. Da war zum Beispiel ein Gericht, das aus Ochsenaugen zubereitet und „Wenn man morgens aufwacht" genannt wurde.*
„Und wurden damals Cotelets Maréchal gemacht," fragte Nikolai.
„Nein."
Nikolai schüttelte missbilligend den Kopf und sagte: „Ach, was wart ihr für armselige Köche!")[25]

Als der Samowar, ein Gegenstand aus besseren Zeiten, zur Begleichung von Steuerrückständen konfisziert wird, schwindet auch der letzte Glanz aus der Hütte und wird der Verlust als erniedrigend und beleidigend empfunden, als hätte man dem Haus plötzlich die Ehre genommen. Es ist also noch ein Begriff von „Ehre" (*čest'*) vorhanden, auch wenn dieser sich an einem Ding festmacht:

„Без самовара в избе Чикильдеевых стало совсем скучно. Было что-то унизительное в этом лишении, оскорбительное, точно у избы вдруг отняли ее честь."

(Ohne Samowar war es im Hause der Tschigildejews ganz trübselig. Es lag in diesem Verlust etwas Erniedrigendes und Beleidigendes, als hätte man dem Hause plötzlich die Ehre geraubt.)[26]

Auch bei den Wolgadeutschen ist der Samowar in Gebrauch, aber er ist kein vergleichbares Statussymbol. Zur Begrüßung eines Gastes wird „nach der Väter Sitte" gern ein Gläschen Wein angeboten.[27] Wo bei Lonsinger Butterbrot und Käse auf den Tisch kommen,[28] Bauer Steinemaier Pfannkuchen und Gurkensalat liebt,[29] hilfsbereite Nachbarn der kranken Altmutter „Hinkelssuppe",[30] „Kreppel un Schnitzsupp"[31] samt Kaffee und Streuselkuchen bringen und der Erzähler bei der Schilderung wolgadeutscher Koch- und Backkünste ins Schwärmen gerät, kauft die *starucha* (die Alte) Čikil'deeva aus Anlass des Festtages einen

25 Ebenda, S. 299 f., deutsche Übersetzung nach: Ebenda, S. 275.
26 Ebenda, S. 304, deutsche Übersetzung nach: Ebenda, S. 281.
27 Lonsinger, Nor net lopper g'gewa! (wie Anm. 2), S. 14.
28 Ebenda, S. 11.
29 Ebenda, S. 89.
30 Hühnersuppe, besonders mit Einlage, zählt als „angesehene" Speise und wird auch „den Kranken als besonders bekömmlich vorgesetzt". Lonsinger, Volkskunde (wie Anm. 5), S. 117.
31 Kräppel, in heißem Fett gebacken, gelten als „spezifisch deutsches", „echt nationales Gebäck". „Schnitzsuppe", aus Apfelstücken und Trockenobst gekocht, war als süße Festtagssuppe beliebt. Ebenda, S. 95 u. 106.

Hering in der Schenke und kocht Brühe aus dem Fischkopf. Die Brühe gibt es erst, als alle schon vom Tee wie aufgedunsen sind, und den Fischkopf versteckt die Alte:

> ,,В полдень все сели пить чай и пили его долго, до пота, и, казалось, распухли от чая, и уже после этого стали есть похлебку, все из одного горшка. А селедку бабка спрятала.“

> (Mittags setzten sich alle zum Teetrinken hin und tranken lange, bis sie in Schweiß gerieten und von Tee wie aufgedunsen waren; danach begannen sie die Suppe zu essen, alle aus einem Topf. Den Hering hatte die Großmutter versteckt.)[32]

In den „Mužiki“ ist Trunksucht das Hauptübel, wobei offen bleibt, was Ursache ist, was Wirkung. Anlässlich des Kirchenfestes zu Mariä Fürbitte (*Pokrov*) trinken die Bauern in Žukovo gleich drei Tage. Gegessen wird mit ebensolcher Maß- und Besinnungslosigkeit, bis nichts mehr da ist, außer Katzenjammer: Čechov zeichnet ein Bild der Verrohung, aus dem fast alle menschlichen Züge geschwunden sind und absehbar ist, welchen Weg die Kinder in Zukunft einschlagen dürften:

> ,,(...) пропили 50 рублей общественных денег и потом еще со всех дворов собирали на водку. В первый день у Чикильдеевых зарезали барана и ели его утром, в обед и вечером, ели помногу, и потом еще ночью дети вставали, чтобы поесть. Кирьяк все три дня был страшно пьян, пропил все, даже шапку и сапоги, и так бил Марью, что ее отливали водой. А потом всем было стыдно и тошно.“

> ([...] sie vertranken fünfzig Rubel von den öffentlichen Geldern und sammelten dann noch von allen Höfen für Schnaps ein. Am ersten Tage schlachtete man bei den Tschigildejews einen Hammel und aß von ihm am Morgen, zu Mittag und abends, aß reichlich, und noch in der Nacht standen die Kinder auf, um etwas zu essen. Kirjak war alle drei Tage über furchtbar betrunken, er vertrank alles, sogar Mütze und Stiefel, und prügelte Marja so, dass man sie mit Wasser begoss, um sie wieder zu Bewusstsein zu bringen. Danach empfanden alle Scham und Ekel.)[33]

Bei Lonsinger soll es erst gar nicht zu Trunksucht kommen. Wohl darf Bauer Steinemaier seinen Gästen freigebig Kirschwasser (Kerschaschnaps) anbieten,[34] aber Lehrer Walker in seiner Rolle als Vorbild meidet alle „spirituosen Getränke“ und kehrt den strikten Abstinenzler heraus.[35] Der Jugendfreund Hartwig kann anlässlich seines Besuchs bei den Jungvermählten nur mit Tee auf das Eheglück anstoßen. Darüber hinaus erklärt ihm Walker:

32 Čechov, Mužiki (wie Anm. 1), S. 290, deutsche Übersetzung nach Tschechow, Meistererzählungen (wie Anm. 24), S. 259.

33 Ebenda, S. 307; deutsche Übersetzung nach: Ebenda, S. 286 f.

34 Lonsinger, Nor net lopper g'gewa! (wie Anm. 2), S. 11.

35 Ebenda, S. 11 u. 65. Als hätte später David Kufeld Walker als Muster für den Küsterlehrer Deis genommen, wenn er dichtet: „Deis blieb nüchtern nur alleine, / Denn Getränke trank er keine, / Niemals Schnaps, auch keinen Wein.“, in: Siedlernot und Dorfidyll. Kanonische Texte der Russlanddeutschen, hrsg. v. Annelore Engel-Braunschmidt. Berlin/Bonn 1993, S. 59. Vgl. Alexander Minor, „Das Lied vom Küster Deis“ von David Kufeld als Dokumentation der Lebensweise der Wolgadeutschen im 19. Jahrhundert, in: Jahrbuch für internationale Germanistik 2 (2004), S. 49-60.

„(...) während meiner Hochzeit mussten alle ohne Schnaps und Wein gratulieren, denn ich wollte auch hier nicht von meinem Prinzip abweichen.“[36]

Nicht etwa nur Exzesse fürchtend, sondern auch schlichten Missbrauch, lehnt Walker auch den Genuss von Tabak ab. Der Freund „deutscher Sitte“, als welcher er dargestellt wird, der „nach Kolonistenart“ freundlich rechts und links grüßt,[37] hat nichts dagegen, dass die alten Männer wie eh und je Pfeife rauchen und ab und zu ein Gläschen trinken. Selbst gegen das Neujahrsschießen der „Wünscher“ erhebt er keine Einwände, es darf all das nach seiner Vorstellung nur nicht in Trinken und Bettelei ausarten.[38] Den Alkoholmissbrauch exemplifiziert Lonsinger an Walkers Vorgänger im Amt, Drachenburg, der durch Trunksucht, gepaart mit Faulheit und unverschämten Gehaltsforderungen, den Lehrerstand in Verruf gebracht habe. In der Gegenwartshandlung gibt dieser in der Kneipe den Ton an, wo dem enthaltsamen Walker nichts als Missgunst entgegenschlägt.

3. Anstand und Moral

Die Personen bei Lonsinger haben zu tun, die Frauen im Hause, die Männer draußen. Sie haben Land, das sie bestellen können und das ihnen ihr Auskommen garantiert, sie arbeiten für sich selbst und gern. Soziale Ungleichheit ist weitgehend absent, Müßiggang liegt ebenso fern wie Hader und Streit. Der Erzähler anthropomorphisiert die Dinge, damit der Arbeitseifer umso größer wirke: „(...) kaum war der letzte Ton der Glocke verklungen, als auch schon die Tore der Bauernhöfe aufflogen und ein Gespann nach dem anderen herausfuhr; denn die Ländereien waren mehrere Werst vom Dorf entfernt, und jeder wollte noch vor Dunkelwerden auf seinem Acker sein, um alles herzurichten für den kommenden Arbeitstag.“[39]

Auch bei Čechov legen Männer und Frauen die Hände nicht in den Schoß, aber das Haspeln der Seide für die Fabrik bringt so gut wie nichts ein. Das Industriezeitalter kündigt sich mit neuen Formen der Ausbeutung an. Čechov führt einen bestimmten Mechanismus vor Augen, der um Arbeitslosigkeit, bitterste Armut, Hunger, Schmutz und Gestank kreist, Streit und Lüge mit sich bringt und sich in physischer und verbaler Gewalt entlädt. Von den Söhnen Osips lebt Kir'jak als Waldarbeiter unbehaust und verwildert im offenen Raum, kommt aber seine Frau holen, wenn er betrunken ist. Dann schlägt er sie brutal ins Gesicht, und sie hält es aus:

> „Подойдя к жене, он размахнулся и ударил ее кулаком по лицу, она же не издала ни звука, ошеломленная ударом, и только присела, и тотчас же у нее из носа пошла кровь.“
>
> (Er näherte sich seiner Frau, holte kräftig aus und schlug ihr mit der Faust ins Gesicht, – sie aber gab keinen Laut von sich, vom Schlage wie betäubt, und duckte sich nur, und sofort floss aus ihrer Nase Blut.)[40]

---

36 Lonsinger, Nor net lopper g'gewa! (wie Anm. 2), S. 95.
37 Ebenda, S. 9.
38 Ebenda, S. 72.
39 Ebenda, S. 86.
40 Čechov, Mužiki (wie Anm. 1), S. 285, deutsche Übersetzung nach Tschechow, Meistererzählungen (wie Anm. 24), S. 250 f.

Aus Fekla, deren Mann andernorts im Militär dient, bricht einmal die Wut über die zusätzlichen Esser aus der Stadt hervor. Den im Sterben auf dem Ofen liegenden Nikolaj schreit sie an:

> „Ну, околеваешь, там на печке, ледащий! (...) Принесла вас сюда нелегкая, дармоедов!“

> (Nun, krepiere du da auf deinem Ofen, du Jämmerling! [...] Der Teufel hat euch unnütze Fresser hierher gebracht!)[41]

Die Alten erzählen von einem besseren Leben, wie sie es vor der Aufhebung der Leibeigenschaft gehabt hätten, als der Tagesablauf durch Arbeit, Essen und Schlafen geregelt war. Nicht einmal das haben sie jetzt, 30 Jahre später, ganz zu schweigen von etwas darüber hinaus, das ihnen schon gar nicht in den Sinn kommt. Die Rückschau lässt sie die Vergangenheit verklären und idealisieren; sie hatten eine Existenzgrundlage, es war eine Ordnung da und auch eine Moral:

> „При господах лучше было (...). И работаешь, и ешь, и спишь, все своим чередом. В обед щи и каша, в ужин тоже щи и каша. Огурцов и капусты было вволю: ешь добровольно, сколько душа хочет. И строгости было больше. Всякий себя помнил (...).“

> (Unter der Leibeigenschaft war es besser [...]. Man arbeitet und ißt und schläft, alles zu seiner Zeit. Zu Mittag hat man Kohlsuppe und Buchweizengrütze, zu Abend auch Kohlsuppe und Grütze. Gurken und Kohl gab es nach Herzenslust: iß ungeniert, so viel du magst. Auch war das Leben strenger. Jeder nahm sich zusammen.)[42]

In der Notsituation erweckt die Erinnerung an die einstige Kohlsuppe und Grütze Gefühle des Glücks. In Umkehrung der Verhältnisse merken die Sprecher gar nicht, dass die Wiederholung desselben Gerichts zu Mittag und zu Abend unter normalen Umständen ein Zeichen für Mangel wäre. Ein jeder habe sich satt essen können, erzählt man sich an den langen Herbstabenden, die Strenge sei größer gewesen, und jeder habe etwas auf sich gehalten. Dem alten Čikil'deev ist nicht bewusst, dass er mit seinen Geschichten aus den Zeiten der „Herrschaften“ (*pri gospodach*) und seinem Preis der Ordnung die Rückkehr zum alten Gesellschaftsmodell der Unfreiheit und zur traditionellen Autorität propagiert. Er schwärmt davon, wie fröhlich es vor der Befreiung (*do voli*) zugegangen sei: Treibjagden habe man veranstaltet, nach Moskau seien ganze Fuhren mit Jagdbeute „für die jungen Herrschaften“ (*dlja molodych gospod*) abgegangen; Übeltäter habe man mit Ruten gestraft und aufs Stammgut nach Tver' verbannt.[43] Angesichts der Versklavung durch Armut und Not in der neuen Freiheit erscheint das frühere Leben in Unfreiheit schön – schön wie die Kinder des Gutsbesitzers, die in weißen Kleidern zur Kirche kamen. Dass die Herrschaften die Jagdbeute mit Vodka zu belohnen pflegten und damit einem verbreiteten Übel Vorschub leisteten, entgeht Osip.

41 Ebenda, S. 293, deutsche Übersetzung nach: Ebenda, S. 264.
42 Ebenda, S. 299, deutsche Übersetzung nach: Ebenda, S. 273.
43 Ebenda.

Die Schwiegertöchter jedoch widersetzen sich dem Weltmodell Osips ebenso wie der – symbolisch gelesen: sargähnlichen – Enge, in der Nikolaj auf dem Ofen liegt, dem schmutzigen Alltag enthoben. „Net, volja lučše“ („Nein, Freiheit ist besser“), sinniert Mar'ja, Kir'jaks Frau, die ihm 13 Kinder geboren hat und keineswegs trauert, wenn diese sterben. Čechov lässt offen, worauf sie sich bezieht, ob sie geträumt hat oder sich an etwas Erzähltes erinnert.[44] Sie schuftet, um die Funktionen für das im Hause wimmelnde Leben aufrechtzuerhalten, aber sie klagt nicht, weder gegen die Gewalt, die Kir'jak ihr antut, noch gegen das ewige Gezeter. Fekla, die andere Schwiegertochter, vital und egoistisch, gesund und schön, lebt im Einklang mit der Natur. Darum setzen ihr weder die Zustände in der Hütte zu – die Unsauberkeit, das ewige Streiten und Keifen – noch die Abwesenheit ihres Mannes. An ihrer Promiskuität nimmt die Schwiegermutter Anstoß, Fekla aber fühlt sich frei. Das Wasser ist ihr Element,[45] dort badet und wäscht sie, dort überschreitet sie die Grenze zur „anderen Seite“ (*na toj storone*), wo das Herrenhaus steht.[46]

4. Bildung und Wissen

Lonsinger setzt seinem Helden das Ziel, in Schule und Gemeinde fleißig zu arbeiten, damit „das Licht die Dunkelheit“, die in den wolgadeutschen Kolonien herrsche, vertreibe.[47] Die Metaphorik entstammt ebenso der Aufklärung des 18. Jahrhunderts wie dem Denken des Zeitgenossen Lev Tolstoj.[48] Was genau mit Licht und Dunkel gemeint ist, wird im Verlauf der Erzählung nicht immer deutlich. Walker wird zwar mit Konflikten in den Arealen Schule, Kirche und Verwaltung konfrontiert; diese reichen aber allesamt nicht an die Probleme heran, die Čechov schildert. Walkers eigentliches Feld ist nicht die bäuerliche Lebenswelt, sondern die Schule. Das Vorhandensein von Schulen zeichnete ja überhaupt die deutschen Dörfer vor den russischen aus, in Čechovs Žukovo wird gar keine gezeigt.

Lonsinger schickt seinen Helden in zahlreiche versteckte Ecken und Winkel eines deutschen Kolonistendorfes und bewahrt so für den heutigen Leser ein vielfältiges Bild vergangener Lebenswelten. Zumeist gelingt es ihm, seinen Protagonisten in kleinen Szenen darzustellen, in denen dieser erst allmählich dahinterkommt, wo ein Problem liegt. Aspekte der erwähnten „Dunkelheit“ zeigen sich beispielsweise angesichts der Widerstände, die Walker bei der Durchsetzung neuer Bildungsmaßnahmen zu überwinden hat. Den Anfang macht er mit dem Schulbeginn, den er vom 1. Oktober auf den 15. September vorverlegen will. Dazu halten ihn sowohl die russischen Gesetze als auch der Respekt vor „deutscher Ordnung und Akkuratesse“ – in Walkers Augen eine der „Haupttugenden des deutschen Mannes“[49] – an. Widerstand leisten die ärmeren Bauern in der Dall, die ihre Kinder lieber

---

44 Ebenda, S. 302.

45 Zur Symbolik des „settings“ bei Čechov siehe O'Toole: „(...) Nature's role is both moral and aesthetic and the two are inseparable: whether providing a setting in sympathy with the action, or observing in ironic detachment, or even opposing the will and intentions of Man, the natural setting helps to forget the vital link between the thought and the expression.“ O'Toole, Peasants (wie Anm. 10), S. 214.

46 Čechov, Mužiki (wie Anm. 1), S. 301.

47 Lonsinger, Nor net lopper g'gewa! (wie Anm. 2), S. 6.

48 Tolstojs Drama „I svet vo t'me svetit“ war 1902 erschienen.

49 Lonsinger, Nor net lopper g'gewa! (wie Anm. 2), S. 20.

länger in der Wirtschaft anstellen,[50] Widerspruch legt auch der um das Bildungsmonopol der Kirche[51] besorgte Gemeindepastor ein.

Unter „Aufklärung" sind auch die neuen Unterrichtsmethoden zu verstehen, beispielsweise der Ersatz der herkömmlichen Buchstabiermethode durch die angeblich effektivere Lautiermethode. Als eine Schulanfängerin daraufhin zu Hause laut nach der neuen Methode liest, glaubt die Mutter, ihr Kind sei durch die Dorfhebamme, das „schwarze Liesche", behext und stottere nun.[52] Unter dem Eindruck der kurzen, lediglich auf die Wintermonate beschränkten Schulzeit denkt Walker über die Einführung von Sonntagsschulen nach, in denen die Erwachsenen in Geografie, Natur- und Weltgeschichte fortgebildet werden sollen.[53] Auf Bücher als Quelle des Wissens in der Landwirtschaft verweist er, wenn es um Ertragssteigerung beim Obstanbau geht.[54]

Walkers pragmatische Änderungen beschwören einen Konflikt mit der ganzen Gemeinde herauf, als es um die Beschaffung eines Vorhangs zur Unterteilung des Schulraums geht, in dem zwei Lehrer 100 Kinder auf einmal unterrichten. Das sei immer noch die alte „Lärmschule", wie sich die Alten erinnern, und das Gegenteil von *Poredka* (Ordnung),[55] denn durch das Antworten im Chor störe die eine Hälfte die andere. Zwar macht Walker auch ein ständig qualmendes Ofenrohr zu schaffen, viel mehr jedoch die Unsitte, gute Leistungen mit Geld zu belohnen und Fehlleistungen mit körperlicher Züchtigung zu strafen. Dass Lonsingers idealistischer Held Hindernisse überwindet und Missstände beseitigt, liegt daran, dass sein Schöpfer ihn mit Argumenten und Erläuterungen ausstattet und seinen Erfolg nicht, wie sonst bei Amtspersonen üblich, auf die Ausübung von Macht gründet. Die Wege zum Ziel machen den Text zu einer Art *učebnik žizni* (Lehrbuch des Lebens) mit besonderer Berücksichtigung des Lehrerberufs, geschrieben in einer Zeit, die auch Sologubs sadistischen Lehrer in dem Roman „Melkij bes" („Der kleine Dämon", 1907) kannte.

An der Erwähnung des schwarzen Lieschens macht Lonsinger die Beschreibung und Bekämpfung von Aberglauben fest. Aberglaube sei Teufelsglaube, lässt er Walker erklären, die zur Heilung von Krankheiten im Dorf benutzten Mittel seien mittelalterlich, und anstelle der heimischen Hebamme müsse eine staatlich ausgebildete „Kronsamme" aus der Stadt kommen (auf diese Weise wird Irma Fels eingeführt). Dahinter steht das russische Emanzipationsmodell, das Frauen Arbeit und damit Unabhängigkeit einbrachte. Medizin ist auch bei Čechov ein düsteres Kapitel. Den Tod fürchten seine Bauern nicht, im Gegenteil, sie fanden es normal, wird erzählt, wenn man ihnen sagte, sie hätten lange genug gelebt, und es sei an der Zeit zu sterben (*čto oni zažilis', čto umirat' pora, i oni ničego*).[56] Nikolaj Čikil'deev wird von einem angeblich heilkundigen Schneider zweimalig ein Dutzend Schröpfköpfe gesetzt – am nächsten Morgen ist er tot.

Während Lonsingers Johannes Walker einen Neuerer verkörpert, der in einem intakten Kolonistendorf Verbesserungen durchsetzt, gerät in Čechovs Dorf alles aus den Fugen. In

50 Ein sattsam bekanntes Phänomen, vgl. Regina Römhild, Die Macht des Ethnischen. Grenzfall Russlanddeutsche. Perspektiven einer politischen Anthropologie. Frankfurt a.M. 1998, S. 69 f.
51 Lonsinger, Nor net lopper g'gewa! (wie Anm. 2), S. 70.
52 Ebenda, S. 30 u. 38 ff.
53 Ebenda, S. 95 u. 98.
54 Ebenda, S. 5.
55 Ebenda, S. 54.
56 Čechov, Mužiki (wie Anm. 1), S. 307.

Žukovo sind alle heruntergekommen, alles ist durcheinandergeraten, sogar die Uhr schlägt erst fünf, dann drei.[57] Čechov führt Unkenntnis, Unerfahrenheit und Unordnung im Dorf am Beispiel einer Feuersbrunst vor (Kapitel 5). Der Brand bricht gegen Mitternacht aus, und die Löscharbeiten gehen chaotisch vor sich. Keiner weiß, was er tun soll, und keiner hat Übung im Löschen. Feueralarm wird dadurch gegeben, dass vor der Hütte des Polizisten auf alte Weise unermüdlich auf eine Eisentafel geschlagen und auf der anderen Seite in der Kirche geläutet wird. Die alten Frauen stehen mit den Heiligenbildern da, die jüngeren schleppen Kübel und schütten das Wasser in eine Pumpe, und der Dorfälteste – mutig, aber ineffektiv – richtet den Schlauch irgendwohin. Čechov zeigt die mangelnde Koordination Absatz für Absatz mit einer genauen Aufzählung der Aktionen. Zielgerichtete Aktivitäten entfalten erst die Vertreter „von der anderen Seite, von der Stadtvilla aus" (*s toj storony, iz gospodskoj usad'by*),[58] ein Aufseher und ein Arbeiter, indem sie ein mitgebrachtes Löschgerät einsetzen. Beim Auseinandernehmen der brennenden Balken tut sich ein Student „von der anderen Seite" hervor, trotz seiner Jugend (*očen' molodoj*) offenbar fähig, rot im Gesicht und mit heiserer Stimme schreiend, „als ob das Feuerlöschen für ihn eine gewohnte Sache wäre" (*kak budto tušenie požarov bylo dlja nego privyčnym delom*).[59] Aber keiner vermittelt den Dorfbewohnern, warum das Zerlegen der Hütte notwendig ist. Kir'jak, der in betrunkenem Zustand gegen die, wie er meint, „Zerstörung" (*lomat'*) der Hütte einschreiten will, erhält als Antwort von dem Arbeiter Schläge ins Genick.

5. Die Religion

Das Verhältnis zur Religion hat in beiden Texten einen bedeutenden Stellenwert. Čechov stellt in den „Mužiki" die Kirche als Institution nicht in Frage, wohl aber fragt er nach dem Glauben. Die kirchlichen Vorschriften werden beachtet; alle wissen, dass man niemanden beleidigen dürfe, „weder die einfachen Leute noch Deutsche, Zigeuner oder Juden" (*ni prostych ljudej, ni nemcev, ni cygan, ni evreev*),[60] das heißt keine „Ungläubigen", aber was Glaube ist, weiß keine seiner Figuren:

> „Старик не верил в бога, потому что никогда не думал о нем (...). Бабка верила, но как-то тускло (...). Марья и Фекла крестились, говели каждый год, но ничего не понимали. Детей не учили молиться, ничего не говорили им о боге, не внушали никаких правил и только запрещали в пост есть скоромное."
>
> (Der Alte glaubte nicht an Gott, weil er fast niemals an ihn dachte (...). Die Großmutter war gläubig, aber in einer dumpfen Weise (...). Marja und Fjokla bekreuzigten sich, gingen alljährlich zum Abendmahl, begriffen aber nichts. Den Kindern brachten sie das Beten nicht bei, sagten ihnen nichts von Gott, lehrten sie keine Sittenregeln und verboten ihnen nur, zur Fastenzeit Verbotenes zu essen.)[61]

---

57 Ebenda, S. 301.
58 Ebenda, S. 297.
59 Ebenda.
60 Ebenda, S. 286 f.
61 Ebenda, S. 306, deutsche Übersetzung nach: Tschechow, Meistererzählungen (wie Anm. 24), S. 286 f.

In anderen Familien gehe es nicht anders zu, erfahren wir, kaum jemand glaube, kaum jemand begreife, was das sei. Aber „sie liebten die Heilige Schrift" (*ljubili svjaščennoe pisanie*), liebten sie „zärtlich" (*nežno*) und „hingebungsvoll" (*blagogovejno*). Deshalb verehrten sie auch Ol'ga, Nikolajs Frau aus der Stadt, die selber vieles nicht verstand, sich aber an Kirchenslawismen berauschte (je unverständlicher, desto besser)[62] und so schön und selbstvergessen zu lesen verstand, dass alle gerührt waren. Bücher gebe es nicht – so der Erzähler –, und es sei auch keiner da, der den Leuten etwas erklärte: „(...) und weil Ol'ga manchmal etwas vorlas, achtete man sie, alle sagten ihr und Sascha ‚Sie'" ([...] *i za to, čto Ol'ga inogda čitala evangelie, ee uvažali i vse govorili ej i Saše „vy"*).[63]

Die sentimentalen Stimmungen gehen vorüber und bleiben äußerlich folgenlos, innerlich aber rühren sie etwas an. Und wenn es bisher im Text geheißen hatte, niemand begreife oder verstehe, so nimmt Čechov doch einen Moment aus, der von Hoffnung geprägt ist. Trotz des Lärms, Staubs und Gedränges an einem religiösen Feiertag, als die Ikone der Lebensspendenden Muttergottes (*Živonosnuju*) – Gegenbild zu der auf die pure Physis reduzierten Mar'ja[64] – in einer Prozession von Dorf zu Dorf getragen wird, scheinen alle zu begreifen

> „(...) что между землей и небом не пусто, что не все еще захватили богатые, что есть еще защита от обид, от рабской неволи, от тяжкой, невыносимой нужды, от страшной водки (...)."
>
> ([...] dass es zwischen Erde und Himmel nicht leer sei, dass die Reichen und Mächtigen noch nicht alles an sich gerissen hätten, dass es noch einen Schutz vor Kränkungen, sklavischer Unfreiheit, schwerer, unerträglicher Not und vor diesem schrecklichen Schnaps gebe [...].)[65]

Wie immer bei Čechov, so scheint auch hier wieder nur eine Möglichkeit auf (*kak budto*).

Auch bei Lonsinger ist viel von Brauchtum die Rede, wenn es um die Religion geht. Vorzüglich für die Präsentation deutscher Festtagsbräuche eignet sich das Weihnachtsfest, das vom geschmückten Christbaum über zahlreiche altbekannte Lieder bis zum Auftreten eines Christkinds reicht und Alt und Jung in Harmonie vereint. Uneinigkeit herrscht zwischen Lehrer und Pastor, weil jeder von ihnen das Bildungsmonopol für sich beansprucht. Wurde zu Beginn der Erzählung schon ein Zusammenstoß zwischen beiden wegen der weltlichen bzw. ausschließlich kirchlichen Nutzung des Glockengeläuts geschildert, so findet sich der Konflikt fortgesetzt durch die Art und Weise, wie der Pastor die Bildungsarbeit des Lehrers permanent zu sabotieren versteht. Er vertrete die Ansicht, wird kolportiert, je dümmer die Bauern, desto besser für ihn.[66] „Heilig" ist Walker die Schule, nicht die Kirche; in der Volksbildung sieht er eine heilige und hehre Sache[67] und sich selbst als Lichtbringer. Statt

---

62 Ebenda, S. 286.
63 Ebenda.
64 Siehe Julie W. de Sherbinin, Iconography of the Mother of God in „Mužiki", in: Anton P. Čechov – Philosophische und religiöse Dimensionen im Leben und im Werk. Vorträge des Zweiten Internationalen Čechov-Symposiums Badenweiler, 20.–24. Oktober 1994, hrsg. v. Vladimir B. Kataev, Rolf-Dieter Kluge, Regine Nohejl. München 1997, S. 405-411 hier S. 409.
65 Čechov, Mužiki (wie Anm. 1), S. 307, deutsche Übersetzung nach: Ebenda, S. 286 f.
66 Lonsinger, Nor net lopper g'gewa! (wie Anm. 2), S. 69.
67 Ebenda, S. 13.

in die Kirche geht er am Sonntagmorgen in die Natur, was einer Provokation der Gemeinde und vor allem des Pastors gleichkommt und der ansonsten beanspruchten Vorbildrolle zu widersprechen scheint. Mag die Opposition zur etablierten Kirche Tolstoj geschuldet sein; wenn Walker wünscht, mit seinem Gott allein zu sein,[68] dann ist das protestantisch gedacht, sieht sich doch der Lutheraner unmittelbar zu Gott. Am meisten stört ihn das – wie er es nennt – „formalistische“ Wort des Pastors. Der hatte gepredigt: „Unser Gott ist ein Gott der Ordnung.“[69] Was er damit bezweckte, war das Festhalten am Bestehenden und die Verurteilung jedweder Neuerung. Walker ist auch für „Ordnung“, aber er versteht etwas anderes darunter. Er vertritt eine Religion der Veränderung, und deshalb bedeutet Ordnung für ihn Fortschritt.[70] „Denn eine Religion bloß um der Religion willen“, befindet er, „ist totes Formwesen und tötet den lebendigen Geist.“ Lebendig aber ist für ihn Religion als „tatkräftiges Kämpfen gegen diese Verderbtheit, anhaltendes Ringen nach dem [sic] Guten.“[71] Metaphysik liegt ihm fern, aber er braucht – ganz pragmatisch – einen Pastor, der seine Reformen unterstützt.

6. Nationale Probleme

Walker ruft nicht zum Widerstand gegen die Obrigkeit auf,[72] im Gegenteil. Auf Ausgleich bedacht zwischen Deutschen, die sich pro-russisch oder pro-deutsch gebärden und einander mit Misstrauen oder Dünkel begegnen, vertritt Lonsingers Lehrer die Meinung, die Obrigkeit werde in gute Arbeit nicht hineinreden. Doch „wenn sie dies auch tun sollte“, fährt er gutgläubig fort, „so müssen wir eben alles ausprobieren, was in unserer Macht steht, um uns und unserem Volke das uns eigene Entwicklungsrecht zu sichern; wollte man uns aber auch dieses nehmen, so ist es dann noch Zeit, die Waffen zu strecken und geduldig abzuwarten, bis bessere Zeiten kommen (...)“.[73]

Als Walker später hört, dass in Saratov von „regierungsfeindlichen Demonstrationen“ geredet werde und die Zeitungen von blutigen Zusammenstößen mit der Polizei berichteten, teilt er mit seinem Freund Herbel aus Pretzerskutter die Meinung: „Unsere Kolonien werden davon unberührt bleiben, denn (...) unsere Leute scheinen so gut [,] wie nichts von allem zu wissen.“[74] Der Text bleibt vage: Wissen die Leute von den Unruhen nichts oder von den Ideen hinter den Unruhen („nichts von allem“)? Unklar bleibt auch, wie der Lehrer sich positioniert: Ist es gut, dass die Bauern nichts wissen, ist es schlecht? Erweist sich die auf Fibel, Bibel und Gesangbuch beschränkte Lektüre der deutschen Bauern plötzlich als Vorteil? Immerhin schuf Lonsinger in Walker eine am aktuellen politischen Geschehen in ganz Russland interessierte Gestalt. Da es in der Kolonie an Informationsmöglichkeiten oder Anregungen für den Lehrer mangelt, lässt Lonsinger ihn auf Möglichkeiten außerhalb zurückgreifen. So tut sich Walker für seine eigene Weiterbildung mit Kollegen zusammen und verschreibt

68 Ebenda, S. 45.
69 Ebenda, S. 44.
70 Ebenda, S. 35 u. 46.
71 Ebenda, S. 116 u. 138.
72 Zum Revolutionär stempeln ihn Ekkert, Köln: „Lonsingers Held, losgerissen von der revolutionären Bewegung, konnte den richtigen Weg nicht finden“ (wie Anm. 3), S. 239.
73 Lonsinger, Nor net lopper g'gewa! (wie Anm. 2), S. 36.
74 Ebenda, S. 94.

sich Bücher und Zeitschriften zum Austausch untereinander. Nur weil er selbst versteht und den Willen zum Ausgleich hat, kann er zwischen den verschiedenen Seiten vermitteln. Das unterscheidet ihn von den anderen Vertretern der russischen Obrigkeit in Eichenwald und auch vom machtbewussten und obrigkeitshörigen Dorfältesten in Čechovs Žukovo:

> „Староста Антип Седельников, несмотря на молодость, – ему было только 30 лет с небольшим, – был строг и всегда держал сторону начальства, хотя сам был беден и платил подати неисправно. Видимо, его забавляло, что он – староста, и нравилось сознание власти, которую он иначе не умел управлять, как строгостью."
>
> (Der Starost Antip Ssedelnikow war trotz seiner Jugend – er war erst etwas über 30 Jahre alt – streng und stand immer auf Seiten der Behörde, obwohl er selbst arm war und die Steuern unpünktlich bezahlte. Es gefiel ihm offenbar, dass er Starost war, und das Bewusstsein seiner Macht, die er nicht anders als durch Strenge zu zeigen verstand, sagte ihm zu.)[75]

Der Erzähler bei Čechov erwähnt mehrmals, etwas werde gesagt oder gelesen; aber sogleich folgt die Einschränkung, die Person verstehe selbst nicht, was sie sage oder lese oder die anderen verstünden das Gesagte nicht. Über den Starost heißt es:

> „В городе он не живал и книг никогда не читал, но откуда-то набрался разных умных слов и любил употреблять их в разговоре, и за это его уважали, хотя и не всегда понимали."
>
> (In der Stadt hatte er nie gelebt und niemals Bücher gelesen, aber irgendwo hatte er kluge Ausdrücke aufgeschnappt und liebte es, sie im Gespräch zu verwenden, daher achtete man ihn, wenn man ihn auch nicht immer verstand.)[76]

Es geht bei Čechov nicht einzig um die Beseitigung von Analphabetentum, sondern um Aufklärung, die auf Vermittlung, Zuwendung, persönlicher Integrität beruht. Lonsinger zeigt eine solche positive Figur. Als im Kolonistendorf das Gerücht umgeht, die „Russenbauern" hätten die Gutsbesitzer vertrieben und das Recht auf Eigentum aufgehoben, fürchtet Walker ein Übergreifen von Gesetzlosigkeit und beschließt, den Leuten auf einer eigens zu diesem Zweck einberufenen Gemeindeversammlung das Manifest des Zaren vom 17. Oktober und den Begriff „Duma" zu erläutern: „Nun, so sind die neuen Freiheiten doch nicht zu verstehen, dass jeder Bösewicht ungestraft die schrecklichsten Gräueltaten verrichten darf; hier handelt es sich um ganz andere Dinge; ich kann euch ja das Manifest vorlesen."[77]

Ein Problem fokussiert Lonsinger, wenn er mehrere deutsche und einen russischen Lehrerkollegen gemeinsam einen Silvesterabend bei Hartwig feiern lässt und die Vorstellung von Grenze zeichenhaft über die temporale Grenze hinaus für andere trennende Bereiche wie Sprache und Gesinnung verwendet.

---

75 Čechov, Mužiki (wie Anm. 1), S. 302, deutsche Übersetzung nach: A.P. Tschechow, Meistererzählungen (wie Anm. 24), S. 278 f.

76 Tschechow, Meistererzählungen (wie Anm. 24), S. 278 f., deutsche Übersetzung nach: Ebenda, S. 279.

77 Lonsinger, Nor net lopper g'gewa! (wie Anm. 2), S. 100.

Aus der an bildlichen Ausdrücken und Redensarten reichen Volkssprache, „Kolonistendeutsch“ genannt,[78] gewinnt Lonsingers Text zwar eine unvergleichliche Komik für den Leser und gewinnen die Sprecher Kontur, während die Hochdeutsch sprechenden Charaktere blass bleiben. Aber durch die Verwendung des jeweiligen Idioms sind die Sprecher wie durch eine Kluft voneinander geschieden, die sie selbst nicht „komisch“ finden. Als die Bauern sich Gedanken über die Beschränkung der Duma durch den Reichsrat machen,[79] befindet der alte Steinemaier:

> „Meim korza V'rstand noch is der Reichsrat ganz unnötig: dann wann mir Männer zu so wichtiga Denga, wie G'setzgewa, wähla tun, do wera mer doch ka klana Buwa schicka, die wu net meh vrstehn, wie s Dörings Käschperla! Wann mir a'ch afacha Bauersleut sen, so hun mir unser Köp doch grad so gut wie a'ch die Reicha uf dr Schulern un net schonscht wu, un könna die G'scheita von dr Domma ewaso gut unerschada; do drzu brauchta mir, glab i, ka Vormender.“[80]

Auch die Fälle von Sprachmischung haben einen komischen Effekt. Dabei kommen Russizismen im Deutschen häufiger vor als Germanismen im Russischen. Einer der russischen Nachbarn kann es nicht lassen, die Pferde auf Landstücke der Deutschen zu schicken, wird aber gestellt: „hot r's Messer aus m Sack g'nomma un g'mannt: ‚sareschu, verreckum'“, woraufhin sich Vetter Fritz (mit Recht) fragt, „wo dr Ruß nor des deutscha Wort herhatt?“[81]

Walker widerspricht der Ansicht, die Volkssprache sei „nepoworotliwo [ungelenk] und grob“.[82] Für die Vertreter der Intelligencija, als die sich die Lehrerkollegen in der Silvesterrunde empfinden, sind die Bauern vor allem ungebildet. Bei Schnaps und Kartenspiel (an denen sich Walker naturgemäß nicht beteiligt) geraten die Männer über Themen wie die Moral des Lehrers und das Verhältnis von Volkssprache, Hochsprache und Russisch in Streit. Hartwig, Schneller, Schuber und Allenhof schauen voll Spott und Verachtung auf die in ihren Augen dummen deutschen Bauern und ihre begriffsstutzigen Kinder. Hartwig berichtet sogar, er sei vor Ärger einst so in Rage geraten, dass er den Michel am Kragen gepackt und zu einer flugs gefertigten Schlinge gezerrt habe, um ihn aufzuhängen.[83] Kollege Allenhof will, sobald er kann, in die Stadt, wo es lustiger zugehe. Darüber empört sich Walker, er verflucht die Kollegen als „Verräter am Volke“ und geht wutentbrannt aus dem Haus. Mit ihm zusammen verlässt auch der russische Lehrer mit dem sprechenden Namen Mysslow (der Denkende) die Runde: „Wy narodnyj utschitel, ja Wasj poljubil!“ [„Sie sind ein Volksschullehrer, ich habe Sie liebgewonnen“], gesteht er Walker.[84] Herbel schließt sich ihnen an. Aus auktorialer Sicht wird die Episode mit den Worten kommentiert: „Alle fühl-

78 Ebenda, S. 63.
79 Die Staatsduma erhielt keine volle Legislativgewalt. Von ihr verabschiedete Gesetze konnten nur dann in Kraft treten, wenn der Kaiser und der vom Kaiser ernannte Reichsrat zustimmten.
80 Ebenda, S. 102.
81 Ebenda, S. 7.
82 Ebenda, S. 64.
83 Ebenda, S. 68. Das ist mehr als Psychoterror. In ihrem Gedenkartikel entrüsten sich Ekkert, Köln, Lonsinger (wie Anm. 3), S. 238 entsprechend über diese Passage. Ebenda, S. 70.
84 Die deutsche Übersetzung wird im Haupttext mitgeliefert, vgl. Lonsinger, Nor net lopper g'gewa! (wie Anm. 2), S. 70.

ten, dass sich eine Wand zwischen beide Gruppen geschoben hatte."[85] Das ist der Moment, der in Hartwig eine Wende der Tolstojschen Art bewirkt: „Warum hast Du mein Gewissen geweckt?", fragt er, „es war alles so schön in Ordnung da drinnen."[86] Und so verwandelt sich Fluch in Segen.

Mit dem Gesinnungsbruder Mysslow freundet Walker sich an. Man lobt jenen, weil er Kolonistendeutsch und Hochdeutsch gelernt habe, weil er, wie er von sich sagt, die Sprache derer verstehen wolle, unter denen er lebe.[87] Walker pflichtet ihm (in papierenem Hochdeutsch) umgehend bei: „Die Sprache ist ein Band, welches auch verschiedene Nationen verknüpft. Daher raten wir ja unseren Leuten, auch das Russische zu lernen, da wir in Russland wohnen, und immer mit Russen verkehren müssen."[88]

Zur Bekräftigung der These vom besonderen Wert des Dialekts wird noch ein „Ausländer" angeführt, der sich überrascht zeigt, „wie rein und gut sich die Deutschen hier ihre Volkssprache erhalten haben, inmitten einer fremden Nation".[89] Er bedenkt nicht, dass Mundart auch Stagnation und Abschottung bedeutet. Doch auch Hochdeutsch allein wäre nicht der richtige Weg von der deutschen Insel zum russischen Festland[90] und damit zu dem, was Lonsingers Sprachrohr Johannes Walker unter Fortschritt versteht. Geboten ist die Kenntnis beider Sprachen, des Deutschen und des Russischen, ohne die Preisgabe „nationaler" Eigenart.

Lonsingers Roman, übervoll mit realistischen Details (die im Unterschied zu Čechovs Erzählung keinen Symbolwert haben), wirkt unausgegoren. Wohl können sich die geschilderten Figuren, denen es materiell ja nicht schlecht geht, kulturell verbessern, wohl stellt sich Lonsinger – durch Walker – für die Kinder eine bessere Zukunft vor, indem sie mehr lernen und wissen. Aber für mehrere der angesprochenen Probleme, etwa das nationale, das Stadt-Land-Problem, das Problem Volk und Intelligencija, bietet er keine Lösung. Sein Roman stellt einen Versuch dar, etwas zu vereinen, was in den Köpfen der Mehrheit der Russlanddeutschen seiner Zeit wohl unvereinbar schien. Insofern ist er „progressiv", wenn auch nicht so, wie seine späteren Kritiker Ekkert und Köln es meinten: „Objektiv fehlt hier noch die wirklich revolutionäre Weltanschauung. (...) Walker ist noch nicht reif für die brodelnde revolutionäre Zeit."[91]

Auch Čechovs Figuren haben keine Lösung parat, obwohl sie nach Schuldigen suchen (Alkohol, Industrie, Zemstvo), aber im Unterschied zur „demokratischen Intelligencija" mit ihrem sozialen Mitleid[92] schildert Čechov ohne Idealisierung und Beschönigung. Indem er

85 Ebenda.
86 Ebenda.
87 Seine Worte: „(...) ich lebe unter Deutschen, und will ihre Zunge verstehen", sind ein Beispiel für lexikalische Interferenz („Zunge" statt „Sprache"). Ebenda, S. 63.
88 Ebenda, S. 64.
89 Ebenda, S. 65.
90 Umso weniger, je ungeschickter Lonsinger selbst damit umgeht. So lässt er zum Beispiel seinen Helden langatmige, von Interferenzen mit dem Russischen nicht freie Sätze sprechen und antiquierte Wörter gebrauchen: „Selbst verstehe ich nicht Karten zu spielen, aber ich weiß, dass die Menschen nur dann in Gesellschaft zum Kartenspiel greifen, wenn der Stoff der Unterhaltung ausgegangen ist; und der Stoff, den wir eben behandelt haben, ist dessen wohl wert, daß wir das Kartenspiel darob unterlassen." Ebenda, S. 69.
91 Ekkert, Köln, Lonsinger (wie Anm. 3), S. 240.
92 Siehe V.M. Rodionova, Svoeobrazie chudožestvennogo povestvovanija A.P. Čechova v povesti

seine Figuren nicht zurück-, sondern nach vorn schauen lässt, stattet er sie mit Visionen des Glücks aus und geht über konkrete Maßnahmen hinaus:

> „И, вероятно, какая была бы прекрасная жизнь на этом свете, если бы не нужда, ужасная, безысходная нужда, от которой нигде не спрячешься.“
>
> (Und wie herrlich könnte wohl das Leben in dieser Welt sein, wenn nicht die Not, die ausweglose Not gewesen wäre, vor der man sich nirgends retten kann!)[93]

sagt Mar'ja, und O'Toole interpretiert, „it is a moral dialogue between what is and what might have been".[94] Wenn am Schluss Ol'ga und ihre Tochter Saša aus Žukovo fortgehen, die Telegrafenmasten sich irgendwohin verlieren und die Drähte geheimnisvoll summen, wenn in der Ferne ein ganz in Grün getauchtes Gehöft auftaucht und es den Frauen irgendwie scheint, als wohnten dort glückliche Menschen – (*i kažetsja počemu-to, čto tam živut sčastlivye ljudi*)[95] –, dann setzt ein Pferdeskelett am Wege für den Leser erneut ein Zeichen gegen die Hoffnung auf ein schöneres Leben. Das Glück bei Čechov *scheint* immer nur erreichbar, muss es wohl auch sein, und Revolution als höchste Form des Chaos, der Unordnung, kann der Ausweg nicht sein, weder bei ihm noch bei Lonsinger.

„Muziki" [Die Eigentümlichkeit des künstlerischen Erzählens von A.P. Čechov in der Erzählung „Mužiki"], in: Idejno-ėstetičeskaja funkcija izobrazitel'nych sredstv v russkoj literature XIX veka. Mežvuzovskij sbornik naučnych trudov [Die ideen-ästhetische Funktion der darstellerischen Mittel in der russischen Literatur des 19. Jahrhunderts. Interuniversitärer Sammelband wissenschaftlicher Arbeiten]. Moskva 1985, S. 139-161, hier S. 155.

93 Čechov, Mužiki (wie Anm. 1), S. 287, deutsche Übersetzung nach: A.P. Tschechow, Meistererzählungen (wie Anm. 24), S. 254.

94 O'Toole, Peasants (wie Anm. 10), S. 215.

95 Čechov, Mužiki (wie Anm. 1), S. 312.

Natalie Kromm

„Mein richtiger Name ist Wogau (...)" – Wolgadeutsche Bezüge in Leben und Werk des Schriftstellers Boris Pil'njak

1. Einleitung

Der russische Schriftsteller Boris Pil'njak (1894–1938) zählt unbestritten zu den Pionieren der literarischen Avantgarde. Sein Montage-Roman „Das nackte Jahr" („Golyj god", 1922) erschien noch vor Dos Passos' „Manhattan Transfer" und zeitgleich mit James Joyces „Ulysses". Und so feierte Pil'njak in den 1920er Jahren nicht nur in Russland enorme literarische Erfolge, auch im Ausland fand seine Prosa allgemeine Anerkennung. Doch die Stalinzeit brachte wie für so viele die Wende: Immer häufiger kollidierte er mit sozialen und literarischen Normen, zunehmend war das Leben und Schaffen des Schriftstellers von Zensur und politischer Diffamierung bestimmt. Schließlich wurde Boris Pil'njak zu Beginn des großen Terrors, im Oktober 1937, unter falschen Anschuldigungen verhaftet, im April 1938 zum Tode verurteilt und erschossen. Auch sein Werk wurde aus dem kollektiven Gedächtnis nahezu getilgt. Erst nach über 50 Jahren, im Zuge des gesellschaftlichen Umbruchs in Osteuropa, konnte seine Prosa in Russland frei publiziert werden.

Nach Öffnung von Archiven und intensiver literaturwissenschaftlicher Forschung sind zahlreiche Aspekte seiner Biografie bekannt geworden. Weitgehend unberücksichtigt hingegen blieben seine wolgadeutschen Bezüge, die sich beispielhaft in den oben zitierten Worten aus einer Autobiografie[1] äußern. Und dies, obwohl Pil'njaks wolgadeutsche Herkunft (väterlicherseits) und die zeitlebens aufrecht erhaltenen Kontakte zu seiner Heimat feste Bestandteile im Leben und Werk des Autors bilden. In Briefen und Erzählungen verarbeitet er Eindrücke und Erfahrungen aus wolgadeutschen Lebenswelten. Kindheitserinnerungen und Reiseerlebnisse fließen immer wieder in seine literarischen Schilderungen ein.

1 Vgl. Avtobiografičeskie zametki (1928) [Autobiografische Anmerkungen]: „Nastojaščaja moja familija – Vogau ..." [„Mein richtiger Name ist Wogau ..."], in: Boris Pil'njak, Romany. Moskva 1990, S. 25 f. Dt. in: V.P. Lebedev, Vorwort, in: B. Pilnjak, Mahagoni und andere Erzählungen. München 1961, S. 5. Der Anfangsbuchstabe des Familiennamens wird in diesem Beitrag mit „W" wiedergegeben, wie der Name zur Zeit der Geburt des Schriftstellers geschrieben wurde, und nicht in der aus früheren Zeiten belegten Schreibweise mit „V", vgl. B.A. Mai, 1798 Census of the German Colonies along the Volga. Economy, Population, and Agriculture. Lincoln, Nebr. 1999, Bd. 1, S. 567 u. 575; Bd. 2, S. 1533 u. 1576. Zu Beginn seiner schriftstellerischen Karriere 1915 gab der Wunsch, im Krieg nicht unter deutschem Namen zu publizieren, den Anlass zur Verwendung des Pseudonyms Boris Pil'njak. Weitere Pseudonyme: Bor. Ivanov, Ivan Ivanov, Bor. Arbekov. Vgl. B. Pil'njak, Mne vypala gor'kaja slava... Pis'ma 1915–1937 [Mir wurde bitterer Ruhm zuteil... Briefe 1915–1937]. Moskva 2002, S. 56 u. 59 f.

Dennoch wird er bis heute, auch innerhalb der russlanddeutschen Geschichtsschreibung, kaum als Träger der spezifisch wolgadeutschen Kultur rezipiert,[2] was vor allem aus der Problematik einer Zuordnung seines Werks zur russischen bzw. russlanddeutschen Literatur resultiert. Hierzu sei vorweg betont, dass keine seriöse Forschung ernsthaft in Erwägung ziehen würde, Boris Pil'njaks Schaffen der wolgadeutschen Literatur zuzuordnen. Er war, ist und bleibt ein russischer Schriftsteller. Die im Folgenden beschriebenen Bindungen und Manifestationen dürfen nicht darüber hinwegtäuschen, dass seine geistige Heimat zweifelsohne Russland war, das russische Volk, die russische Literatur. Zudem ist seine Abstammung nur väterlicherseits deutsch – seine Mutter war Russin. Hierin wird der Kritik von A. Engel-Braunschmidt[3] an der unzulässigen Einbeziehung von Pil'njaks Werk in die russlanddeutsche Literatur, wie sie in manchen Publikationen vorgenommen wird, zugestimmt. Die Forschung darf jedoch die wolgadeutschen Aspekte, die zahlreicher sind, als bisher dargestellt, nicht vollkommen negieren oder als unrelevant einstufen. Vielmehr bedarf die Erforschung von Pil'njaks schriftstellerischem Werdegang einerseits einer detaillierten Betrachtung seiner Biografie, folglich auch seiner wolgadeutschen Herkunft, und andererseits einer wissenschaftlichen Aufarbeitung der manifesten wolgadeutschen Bezüge im Schaffen des Autors.

Die Rekonstruktion seiner familiären Verhältnisse liefert darüber hinaus repräsentative Beispiele für die sozialhistorische Entwicklung unter den Wolgakolonisten im ausgehenden 19. Jahrhundert, die durchaus eine Berechtigung in der Geschichte der Russlanddeutschen haben und zur Identität dieser ethnischen Gruppe beitragen können. Und schließlich eröffnen Pil'njaks Schilderungen von wolgadeutschen Realitäten zu Beginn des 20. Jahrhunderts den Blick eines Zeitgenossen auf wichtige Bereiche der wolgadeutschen Lebenswelt, auf eine „untergegangene" Kultur, der viel Interessantes und wohl auch bisher Unentdecktes birgt.

2. Biografische Aspekte

Boris Andreevič Pil'njak, geborener Bernhard Wogau, kam am 12. Oktober (29. September) 1894 als erstes Kind der Eheleute Andrej Ivanovič Wogau (1867–1944) und Ol'ga Ivanovna Savinova (1872–1940) in Možajsk, Gouvernement Moskau, zur Welt. Die Mutter gehörte der russischen altgläubigen Kaufmannschaft in Saratov an.[4] Der Vater entstammte einer wolgadeutschen Familie aus Katharinenstadt (Baronsk/Marxstadt). Zeitlebens fühlte sich Pil'njak mit dem Landstrich seiner Herkunft – dem Wolgagebiet – verbunden:

2 Zu den wenigen Publikationen, die explizit auf derartige Zusammenhänge eingehen vgl. Margarete Busch, Bildung und Wissenschaft, in: Rußland, hrsg. v. Gerd Stricker. Berlin 1997 (Deutsche Geschichte im Osten Europas), S. 494 sowie nachfolgende Angaben.

3 Annelore Engel-Braunschmidt, „Russlanddeutsche Literatur" von Lenz bis Pil'njak? Methodische Vorüberlegungen zu einer „Geschichte der russlanddeutschen Literatur", in: Zwischen Reform und Revolution. Die Deutschen an der Wolga 1860–1917, hrsg. v. Dittmar Dahlmann u. Ralph Tuchtenhagen. Essen 1994, S. 347-386. Vgl. auch dies., Russlanddeutsche Literatur: Konsolidierung und Auflösung, in: Deutsche in Russland, hrsg. v. Hans Rothe. Köln (u.a.) 1996, S. 49-60; dies., Deutscher Zaun in Asiens Steppenweiten? Boris Pil'njak: „Eine deutsche Geschichte", in: Tusculum slavicum. Festschrift für Peter Thiergen. Zürich 2005, S. 25-41.

4 Vgl. hierzu K.B. Andronikašvili-Pil'njak, Detskie gody ... ostavljajut na vsju žizn' otpečatki... [Die Kindheitsjahre ... prägen das gesamte Leben...], in: Literaturnoe obozrenie (1996), Nr. 5/6, S. 117-127.

„Мечтаю о Волге – ведь я же волжанин, а три года не мог добраться туда (...).“

(Ich träume von der Wolga – denn ich stamme doch von der Wolga, und es war mir drei Jahre nicht möglich, dorthin zu gelangen [...])[5]

Neben solchen allgemeinen Bezugnahmen zur Wolgaregion, die sich im epistolarischen Nachlass des Schriftstellers überaus häufig finden, lässt sich speziell im wolgadeutschen Kontext Folgendes ermitteln:

Nach Pil'njaks Angaben wurden die deutschen Großeltern aus Katharinenstadt von der Russifizierung kaum erfasst und behielten bis ins 20. Jahrhundert hinein ihren deutschen Charakter bei. Ein Indiz dafür ist die Tatsache, dass Pil'njaks Großmutter, Anna Andreevna Wogau (1847–1931), kaum die russische Sprache beherrschte. Der Großvater Ivan Karlovič Wogau (1845-1890er, d.i. Johann Wogau) war in Katharinenstadt (bzw. Saratov) Landwirt, Kaufmann und in der Heimindustrie tätig.[6] Nach Erkrankung und Tod des Familienvaters wurde das „Geschäft“ verkauft (leider wird in der Literatur die Art des „Familiengeschäfts“ nicht angegeben). Der Wohlstand muss beachtlich gewesen sein. Schließlich war es der Familie möglich, ihre drei Söhne zum Studium nach Dorpat (Tartu) bzw. Halle zu schicken.

Ebenso wie seine Brüder Vladimir und Aleksandr[7] absolvierte Pil'njaks Vater das Studium der Veterinärmedizin. Doch im Gegensatz zu den Eltern identifizierte sich diese Gene-

5 Brief an A.M. Černyšev vom 24.6.1915, in: Pil'njak, Mne vypala (wie Anm. 1), S. 25 ff. [Die Übersetzungen stammen, wenn die Quelle nicht explizit angegeben wird, von der Autorin. Diese folgen dem russischen Originaltext. Im Falle von bereits vorhandenen deutschsprachigen Übersetzungen wird auf die Zitierung der entsprechenden russischen Textstellen verzichtet; N. K.].

6 Die biografischen Angaben zu Pil'njaks Familie beruhen auf folgenden Publikationen: E.M. Erina, Otec pisatelja B. Pil'njaka – naš zemljak [Der Vater des Schriftstellers B. Pil'njak ist unser Landsmann], in: Dies., Očerki istorii kul'tury Nemeckoj avtonomii na Volge [Studien zur Geschichte der Kultur der Deutschen Autonomie an der Wolga]. Saratov 1995, S. 98-102. Dasselbe auch in Vostočnyj ėkspress (1998), Nr. 10 (46), S. 16; K.G. Petrosov, Vozvraščenie k istokam v predčuvstvii tragičeskoj razvjazki (ot „Zemskogo dela“ k „Zaštatu“) [Rückbesinnung auf die Wurzeln in Vorahnung des tragischen Ausgangs (von „Eine Zemstvo-Angelegenheit“ bis zu „Provinz“)], in: B.A. Pil'njak, Issledovanija i materialy [Forschungen und Materialien]. Vyp. II, Kolomna 1997, S. 39-58; ders., Štrichi k portretu Borisa Pil'njaka (Materialy k biografii po pis'mam, vospominanijam, publikacijam) [Ein paar Tupfer zum Bild Boris Pil'njaks (Materialien zur Biografie anhand von Briefen, Erinnerungen und Veröffentlichungen)], in: Ebenda, Vyp. III-IV, Kolomna 2001, S. 158-173; N.S. Krasnoščekov, Biografičeskie issledovanija i memuarnye stranicy [Biografische Forschungen und Seiten der Erinnerung], in: Ebenda, S. 144-158. Im genealogischen Kontext der Einwanderung finden sich Daten zu einem gewissen Sigmund Wogau, der zusammen mit seinen Geschwistern Karl Friedrich, Sophia Dorothea und Christina Dorothea beim Stiefvater Georg Reicholdt aus Franken und der Mutter Sophia Magdalena in Katharinenstadt 1767 registriert war. Vgl. Einwanderung in das Wolgagebiet 1764–1767, hrsg. v. Alfred Eisfeld, bearb. v. Igor' Pleve. Bd. 2, Göttingen 2001, S. 278. Weitere Angaben über das Leben der Familie in Russland vgl. Mai, 1798 Census (wie Anm. 1).

7 Es finden sich Angaben zu einem weiteren Bruder, Ivan Ivanovič Wogau (1868–1915?, d.i. Johann Wogau), der zu Beginn des Ersten Weltkriegs bei antideutschen Ausschreitungen verschollen sein soll. Von den drei Töchtern der Familie – Elizaveta, Sof'ja und Viktorija – ist lediglich bekannt, dass Sof'ja Wogau in den 1930er Jahren in Moskau lebte, zusammen mit ihrer Tochter Nina, die für die Zeitung Izvestija tätig war. Vgl. Krasnoščekov, Biografičeskie issledovanija (wie Anm. 6), S. 145, 148 u. 153.

ration, die in die Epoche der sog. Russifizierung und der Aufhebung der Sonderverwaltung der Kolonien (1871) hineingeboren wurde, zunehmend auch mit der russischen Kultur. Ihre Biografien, die den Ausbruch aus dem engen Kolonistendasein in den kompakten Siedlungen illustrieren, stehen beispielhaft für den Integrations- und Assimilierungsprozess der Wolgadeutschen Ende des 19. Jahrhunderts. Insbesondere der Werdegang von Vladimir Wogau ist ein eindrucksvolles Beispiel für die soziale Entwicklung im zaristischen Russland, als die wolgadeutschen Vertreter durch ihre Tätigkeit in Staats- und Landschaftsorganen (*Zemstvo*) zu hohem Ansehen gelangten.[8]

In unserem Zusammenhang ist natürlich die Biografie des ältesten Bruders, des Vaters des Schriftstellers, von besonderem Interesse. Pil'njaks Vater, den sein Sohn in einem Brief mit der deutschen Anrede „mein Vater" betitelt,[9] brach in noch stärkerem Maß als seine Brüder mit den Kolonisten-Traditionen und ging eine Mischehe mit einer russischen Kaufmannstochter ein. Ohne Zweifel handelt es sich dabei um eine gesellschaftliche Ausnahme, doch war dies im historischen Gesamtkontext durchaus nicht untypisch, denn gerade in den Kreisen der Intelligenz und der Kaufmannschaft waren Mischehen nicht so selten, wie es im bäuerlichen Milieu der Fall gewesen ist.[10]

Geboren wurde Andrej Wogau (d.i. Heinrich Wogau) am 26. August 1867 in Katharinenstadt.[11] Es folgte die Schulbildung in Vol'sk und am Gymnasium in Samara,[12] der sich ein Veterinärstudium anschloss. Nach der Heirat mit Ol'ga Ivanovna nahm Andrej Wogau laut Gesetz den orthodoxen Glauben an.[13] Aufgrund seiner Tätigkeit als Zemstvo-Angestellter zog die Familie häufig um – Možajsk, Bogorodsk und Kolomna gehörten zu seinen beruflichen Wirkungsorten. Entsprechend dem gesellschaftlichen Aufstieg (Rang „Persönlicher Adel"[14]) beteilige er sich aktiv an politischen Bewegungen und Ereignissen. Bekannt ist seine Teilnahme an Allrussischen Veterinärkongressen in Moskau und St. Petersburg, auch war Andrej Wogau Delegierter der Pirogov-Kongresse sowie Mitglied einer illegalen Vereinigung der Zemstvo-Bediensteten des Moskauer Gouvernements.

Nach der Revolution, im September 1918, kehrten Pil'njaks Eltern zusammen mit seiner jüngeren Schwester Nina Wogau (1898–1969, verh. Ivanova) an die Wolga zurück. Als Wohnorte der Familie werden in der einschlägigen Literatur Saratov, Marxstadt (bis Januar

8 Vgl. hierzu Pil'njaks Brief an seine Eltern vom 20.10.1912, in: Andronikašvili-Pil'njak, Detskie gody (wie Anm. 4), S. 121 u. Krasnoščekov, Biografičeskie issledovanija (wie Anm. 6), S. 146f.

9 Brief an A.A. Al'ving vom 26.7.1915: „Mein фатер уехал (...) на Волгу..." [Mein Vater ist (...) an die Wolga gereist], in: Pil'njak, Mne vypala (wie Anm. 1), S. 31 ff.

10 Vgl. Nemcy Rossii. Ėnciklopedija [Die Deutschen Russlands. Enzyklopädie]. Bd. 1, Moskva 1999, S. 238.

11 Vgl. Erina, Otec pisatelja (wie Anm. 6), S. 99; Engel-Braunschmidt, „Russlanddeutsche Literatur" (wie Anm. 3), S. 351.

12 Vgl. Erina, Otec pisatelja (wie Anm. 6), S. 99 und Krasnoščekov, Biografičeskie issledovanija (wie Anm. 6), S. 145 sowie Pil'njak, Mne vypala (wie Anm. 1), S. 243.

13 Zur Gesetzgebung bei Mischehen vgl. Igor' Pleve, Genealogičeskie materialy i issledovanija po nemcam Povolž'ja kak istoričeskij istočnik [Genealogische Unterlagen und Forschungen zu den Wolgadeutschen als historische Quelle], in: Rossijskie nemcy. Problemy istorii, jazyka i sovremennogo položenija [Die Russlanddeutschen. Probleme der Geschichte, der Sprache und der aktuellen Lage]. Moskva 1996, S. 48-54.

14 Vgl. Petrosov, Vozvraščenie k istokam (wie Anm. 6), S. 39.

1921) und Pokrovsk (ab Dezember 1923) angeführt.[15] Aus Pil'njaks Korrespondenz geht allerdings hervor, dass die Familie in dieser Zeit überwiegend in Saratov, im Haus der russischen Familie Savinov, wohnhaft war.[16]

Zum beruflichen Werdegang des Vaters in den 1920er Jahren existieren nur spärliche Angaben. So erwähnt E. Erina seine Tätigkeit im Volkskommissariat für Landwirtschaft der ASSR der Wolgadeutschen in Pokrovsk und (ab 1927) in der Pokrovsker „Baconfabrik“ (Schinkenfabrik).[17] Über sein weiteres Schicksal insbesondere in den 1930er Jahren ist noch weniger bekannt. Lazar' Flejšman berichtet von der Verhaftung Andrej Wogaus durch die GPU während des USA-Aufenthalts seines Sohnes im Jahr 1931.[18] Auch in diesem Fall geben die Archivdokumente genauere Auskunft: Pil'njaks Vater wurde am 11. Februar 1931 verhaftet und wie sein Bruder Aleksandr am 30. April 1931 zu einer dreijährigen Verbannung verurteilt.[19] Wo er anschließend beschäftigt und wohnhaft war, ist aus der vorhandenen Literatur nicht zu ermitteln. Im Sommer 1937 besuchte er wohl zum letzten Mal seinen Sohn in der Schriftstellerkolonie Peredelkino bei Moskau. Ein Jahr nach dem Tod seiner Frau Ol'ga wurde Andrej Wogau im September 1941 (wie alle Wolgadeutschen) als 74-jähriger Greis alleine nach Kasachstan, Gebiet Akmolinsk, deportiert, wo er am 1. Mai 1944 verstarb (beerdigt ist er in Sandyktov).[20]

---

15 Vgl. Erina, Otec pisatelja (wie Anm. 6), S. 101 und Krasnoščekov, Biografičeskie issledovanija (wie Anm. 6), S. 145 f.

16 Vgl. den Brief an D. Lutochin vom 1.1.1924, in: Boris Pilnjak: „... ehrlich sein mit mir und Russland“. Briefe und Dokumente, hrsg. v. D. Kassek. Frankfurt a.M. 1994, S. 130; Pil'njak, Mne vypala (wie Anm. 1), S. 27 f., 261 u. 281 sowie nachfolgende Angaben. Zur Zeit seiner Verhaftung 1931 wird als Wohnort Pokrovsk angegeben. Vgl. die Repressionslisten aus Saratov von „Memorial“ unter http://www.memo.ru/memory/saratov/. Den Hinweis auf diese Quelle verdanke ich Herrn Dr. Viktor Krieger.

17 Vgl. Erina, Otec pisatelja (wie Anm. 6), S. 98 u. 101 f. Ab 1927 sind ihren Angaben nach keine relevanten Dokumente im Fond des Volkskommissariats für Landwirtschaft erhalten geblieben. Ebenso gibt es keinerlei Angaben in den Dokumenten der Baconfabrik, die erst ab 1932 existieren. Aus Pil'njaks Korrespondenz geht hervor, dass der Vater im Sommer 1927 noch im Volkskommissariat tätig war. Vgl. Brief an seine Frau Olga Ščerbinovskaja aus Saratov vom 28.5.1927, in: Institut Russkoj Literatury, St. Petersburg (im Weiteren IRLI), p. I., op. 22, ed. chr. 574.

18 L. Flejšman, Džozef Frimen i Boris Pil'njak [Joseph Freeman und Boris Pil'njak], in: Materialy po istorii russkoj i sovetskoj kul'tury. Iz archiva Guverovskogo Instituta [Materialien zur Geschichte der russischen und sowjetischen Kultur. Aus dem Archiv des Hoover Instituts]. Stanford 1992, S. 161 f.

19 Vgl. die Repressionslisten (wie Anm. 16).

20 Vgl. Krasnoščekov, Biografičeskie issledovanija (wie Anm. 6), S. 146 und Petrosov, Vozvraščenie k istokam (wie Anm. 6), S. 58. Da der Aufenthaltsort von Andrej Wogau nicht gesichert ist, kann auch nicht festgestellt werden, aus welchem Ort seine Deportation erfolgte, vermutlich war es jedoch Saratov. Die Deportationen aus Saratov fanden in der Zeit vom 5.–18.9.1941 statt, wobei 13 Züge abgingen, davon kamen vier nach Kasachstan. In das Gebiet Akmolinsk wurden 28 000 Personen deportiert und auf 371 Kolchosen verteilt. Vgl. dazu A.A. German, Deportacija nemeckogo naselenija iz Saratova, Saratovskoj i Stalingradskoj oblastej [Die Deportation der deutschen Bevölkerung aus den Gebieten Saratov und Stalingrad], in: Migracionnye processy sredi rossijskich nemcev: istoričeskij aspekt [Migrationsprozesse unter den Russlanddeutschen: historischer Aspekt]. Moskva 1998, S. 277-283; Alfred Eisfeld, Die Aussiedlung der Deutschen aus der Wolgarepublik 1941–1957. Mitteilungen des Osteuropa-Instituts München, (November 2003), Nr. 50; Deportation, Sondersiedlung, Arbeitsarmee. Deutsche in der Sowjetunion 1941 bis 1956, hrsg. v. Alfred Eisfeld u. Victor Herdt. Köln 1996, S. 96; A.A. German, Nemeckaja avtonomija

Die Stalinzeit forderte in der Familie Wogau zahlreiche Opfer, ja sie war für Pil'njak und seine Familienangehörigen eine Katastrophe: Alle drei Brüder – Andrej, Vladimir und Aleksandr – waren Repressionen ausgesetzt. 1937 wurde Pil'njaks Schwester, Nina Andreevna Ivanova, Agronomin an der Saratover Universität, zusammen mit ihrem Ehemann, Michail Ivanov (1898–1938), in Saratov verhaftet.[21] Am 28. Oktober 1937 erfolgte die Verhaftung Pil'njaks. Und schließlich wurden die wolgadeutschen Familienmitglieder, sofern sie die Zeit der Säuberungen unbeschadet überstanden hatten,[22] im Spätsommer 1941 als Russlanddeutsche nach Sibirien oder Kasachstan deportiert.

Doch kehren wir zu unbeschwerteren Zeiten zurück, in die 1920er Jahre, als Pil'njak, der neue Stern am sowjetischen Schriftstellerhimmel, zu seinen biografischen Daten befragt, selbstsicher immer wieder seine wolgadeutsche Abstammung thematisiert. Neben der bereits in der Überschrift zitierten Passage existieren weitere Angaben:

> „Я, Бор. Пильняк, происхожу с Волги, отец мой – немец-колонист из-под Саратова, в молодости почти бурлак, потом ветеринарный врач, мать купчиха саратовская, курсистка, некогда невеста Виктора Чернова, – крови мои: немецкая, русская, татарская, но есть и еврейская, должно быть; и степь и старообрядцы с Иргиза, и немецкие пасторы (...)“

> (Ich, Bor[is] Pil'njak stamme von der Wolga. Mein Vater, ein wolgadeutscher Kolonist aus der Nähe von Saratov, war in seiner Jugend fast ein Treidler, später Veterinärarzt. Meine Mutter ist eine Kaufmannstochter aus Saratov, sie war Studentin und einst die Braut von Viktor Černov. In meinen Adern fließt deutsches, russisches und tatarisches, aber wohl auch etwas jüdisches Blut. Und dann sind da noch die Steppe, und die Altgläubigen vom Irgiz, und deutsche Pastoren [...].)[23]

---

na Volge 1918–1941. Čast' II. Avtonomnaja respublika 1924–1941 [Die deutsche Autonomie an der Wolga 1918–1941. Teil 2. Autonome Republik 1924–1941]. Saratov 1994, S. 281-320, 353-368. Aufschluss über den Deportationsort könnten folgende Ausführungen geben: Pil'njaks Sohn, Boris Andronikašvili-Pil'njak, berichtet über Pil'njaks Bekanntschaft mit A.Ja. Gerr (d.i. Albert Herr), der zusammen mit Pil'njaks Vater deportiert worden sei. Vgl. B.B. Andronikašvili-Pil'njak, Goroda ili vesi: Pil'njak i Esenin [Städte oder Dörfer: Pil'njak und Esenin], in: Boris Pil'njak. Opyt segodnjašnego pročtenija [Boris Pil'njak. Versuche einer aktuellen Lektüre]. Moskva 1995, S. 110 ff. Arkadij German wiederum verweist in seinem oben angeführten Artikel (Deportacija nemeckogo naselenija, S. 281) über die Deportationen aus Saratov auf die Erinnerungen des betagten A.Ja. Herr an seine Deportation aus Saratov mit dem Zug Nr. 842 am 11.9.1941.

21 Vgl. Krasnoščekov, Biografičeskie issledovanija (wie Anm. 6), S. 152 und die Repressionslisten (wie Anm. 16).

22 Bekannt ist auch die Verhaftung und Erschießung einer weiteren Person namens Wogau, eines Technikers am Katharinenstädter Getreideschüttpunkt, im Jahr 1937. Vgl. A.A. German, Istorija respubliki nemcev Povolž'ja v sobytijach, faktach, dokumentach [Die Geschichte der Republik der Wolgadeutschen in Ereignissen, Fakten und Dokumenten]. Moskva 2000, S. 115 u. 225 sowie die Repressionslisten (wie Anm. 16). In einem erweiterten Kontext sind die Erinnerungen von Konstantin Wogau (Barnaul), einem Vetter zweiten Grades von Boris Pil'njak, ebenfalls von Interesse. Die Erinnerungen wurden 1989 niedergeschrieben und beziehen sich auf die 1920er und 1930er Jahre in Katharinenstadt. Darin beschreibt Konstantin Wogau u.a. die schweren Hungerjahre 1920/21 und 1933 sowie die Deportation seiner Familie; vgl. Serye budni trevožnogo vremeni [Der graue Alltag einer unsicheren Zeit], in: Vostočnyj ėkspress (2001), Nr. 1 (107), S. 16.

23 B. Pil'njak, Moja biografija [Meine Biografie], in: Vestnik literatury (1922), Nr. 1 (37), S. 4.

In Pil'njaks 1923 verfassten Erinnerungen an Nižnij Novgorod, wo er 1912/13 sein letztes Schuljahr verbrachte, finden sich folgende Eindrücke vom Leben im Hause seines deutschen Onkels, Vladimir Wogau:

„В Нижним я жил в доме Костакова (...). Домом правила тетка Луиза, в доме блестели полы, потолки, листья филодендронов, кончики башмаков (...). Нижний – не Германия, не бьют корки [sic!] к кофе, обеду и ужину, – и все же только в эти часы дом оживал (...)."

(In Nižnij wohnte ich im Haus von Kostakov [...]. Das Regiment im Hause führte Tante Luise, im Haus glänzten die Fußböden, die Zimmerdecken, die Philodendrenblätter und die Schuhspitzen [...]. Nižnij ist nicht Deutschland, die Kirchenglocken läuten nicht zur Kaffeezeit, zu Mittag oder zum Abendessen – und dennoch lebte das Haus nur zu diesen Stunden auf [...].)[24]

Von Pil'njaks enger Bindung an die elterliche Heimat zeugen zahlreiche Reisen und längerfristige Aufenthalte im Wolgagebiet. Bereits während seiner Kindheit verbrachte die Familie die Ferien immer an der Wolga, entweder bei der russischen Großmutter Ekaterina Ivanovna Savinova (1848–1917) in Saratov oder bei der deutschen Großmutter Anna Wogau in Katharinenstadt. Später, als die Eltern Ende 1918 in die Gegend zurückkehrten, war Pil'njak ebenfalls häufig bei ihnen zu Gast. Die gewonnenen Eindrücke und Empfindungen verarbeitete der Schriftsteller in seinen Briefen an Freunde und Verwandte.[25]

Bereits Anfang 1919 plant der junge Autor eine Skizze explizit über die Wolgadeutschen und hebt erneut seine Abstammung hervor:

„Для Воронежского вестника я напишу очерк про (...) немцев (...) колонистов (...) Поволжья (...) откуда я родом (...)"

(Für den ‚Voronežskij vestnik' werde ich eine Skizze verfassen über [...] die wolgadeutschen Kolonisten [...] von denen ich abstamme.)[26]

Die Angaben zur jüdischen Herkunft konnten nicht belegt werden. In einer amtlichen Identitätskarte vom 22.9.1932 macht Pil'njak in dem Abschnitt „soziale Herkunft" folgenden Eintrag: iz nemcev-kolonistov Povolž'ja [von deutschen Wolgakolonisten abstammend]. Vgl. Institut Mirovoj Literatury, Moskau (im Weiteren IMLI), f. 31, op. 1, ed. chr. 27: Zapolnennaja ličnaja kartočka po učetu kadrov. 22. sentjabrja 1932 [Ausgefüllte Personalkarte zur Erfassung der Kader]. Vgl. auch Engel-Braunschmidt, „Russlanddeutsche Literatur" (wie Anm. 3), S. 351.

24 B. Pil'njak, O Nižnem Novgorode (Vospominanija) [Über Nižnij Novgorod (Erinnerungen)], in: Zori (April 1923), Nr. 1, S. 6 f. Zu diesem Zeitabschnitt vgl. Andronikašvili-Pil'njak, Detskie gody (wie Anm. 4).

25 Pil'njak, Mne vypala (wie Anm. 1); ders., „...ehrlich sein" (wie Anm. 16); Archivkopien im Besitz der Autorin, so die im Aufsatz angeführte Korrespondenz. Ferner existiert Fotomaterial, das Besuche belegt, die nicht schriftlich fixiert sind. Vgl. z.B. die Fotografie aus Katharinenstadt von 1929 in: Pilnjak, „...ehrlich sein" (wie Anm. 16), S. 147.

26 Brief an P.N. Zajcev vom 25.2.1919, in: Pil'njak, Mne vypala (wie Anm. 1), S. 67 f. Die Angaben beziehen sich auf den „Vestnik Voronežskogo okruga putej soobščenija" [„Informationsblatt des Eisenbahndistrikts Voronež"], in dem jedoch nur die Erzählung „Edinstvennoe" (1919) [„Das Einzige"], in: Ebenda, Nr. 10, S. 12 f., erschienen ist. Zu seiner Skizze über die Wolgadeutschen vgl. Angaben im nächsten Kapitel und Pil'njak, Mne vypala (wie Anm. 1), S. 74.

„Ich stamme von einer deutschen Familie ab – ich bin so erzogen, dass Diebstahl mich bis zum Brechreiz aufregt.“[27] Mit diesen Worten kommentiert Boris Pil'njak im Jahr 1921 die Auswirkungen der Hungerkatastrophe. Auch im Nachfolgenden thematisiert er immer wieder die Hungersnot, ja er bietet Maksim Gor'kij seine aktive Hilfe an und wird vom „Allrussischen Komitee für die Hungerhilfe“ (L.B. Kamenev, A.I. Rykov) beauftragt, in Kolomna, wo er zu dieser Zeit lebte, eine Filiale des Komitees zu gründen.[28] Als er im Sommer 1924 zusammen mit seiner zweiten Frau Olga Ščerbinovskaja einen Urlaub an der Wolga unternimmt, sind die Auswirkungen der Hungerkatastrophe noch allgegenwärtig:

> „Ближайшее жилье – двенадцать верст / есть поблизости немецкая колонка, да там, после голода, вместо двадцати шести осталось три дома, остальные померли (...).“
>
> (Die nächste Siedlung liegt in zwölf Werst Entfernung / ganz in der Nähe befindet sich eine deutsche Kolonie, doch dort sind nach dem Hunger anstelle von sechsundzwanzig nur noch drei Häuser übriggeblieben, die restliche Bevölkerung ist umgekommen [...].)[29]

Die gesammelten Erfahrungen dienten dem Autor zeitlebens als Grundlage für literarische Skizzen und Erzählungen. Schon früh thematisiert er beispielsweise das Vorhaben, die Zeit bei seinem Onkel, Vladimir Wogau, in Nižnij Novgorod und die Dreiecksbeziehung zwischen Vladimir, Luise (dessen Frau) und Nina S. literarisch zu verwerten. Seine Erlebnisse während der Wolgareise im Jahr 1924 finden gleichermaßen Eingang in eine Erzählung.

Insbesondere für die 1928 verfasste Erzählung „Nemeckaja istorija“ [„Eine deutsche Geschichte“] ist der wolgadeutsche autobiografische Hintergrund evident. Die Hinzuziehung der Korrespondenz – Pil'njaks Briefe an Konstantin Fedin und Ol'ga Ščerbinovskaja aus dem Jahr 1927 – soll im Vorfeld des nächsten Kapitels, das ausschließlich den literarischen Manifestationen gewidmet ist, die Korrelationen zwischen Leben und Werk des Schriftstellers näher ausführen:

> „Konstantinuschko, mein Lieber – vorgestern Abend bin ich von der Wolga zurückgekehrt, zum ersten Mal in meinem Leben war ich bei meinen Vorfahren in Saratow, ich hatte mich entschlossen, meine Heimat zu besuchen und – so verbrachte ich zwei Wochen lang jede Nacht unter einem anderen deutschen Dach und sah, wie sich das deutsche siebzehnte Jahrhundert mit dem russischen zwanzigsten verflochten hat, ich

27 Brief an V.S. Miroljubov vom 14.7.1921. Übersetzung in: Pilnjak, „...ehrlich sein“ (wie Anm. 16), S. 36-39.

28 Vgl. Pil'njak, Mne vypala (wie Anm. 1), S. 114 f. u. 121 f. Zur Hungerkatastrophe von 1920/21 vgl. Alfred Eisfeld, Die Russlanddeutschen. München 1999, S. 99; German, Nemeckaja avtonomija (wie Anm. 20), Čast' I. Avtonomnaja oblast' 1918–1924 [Teil 1. Autonomes Gebiet 1918–1924]. Saratov 1992, S. 113-147.

29 IRLI, p. I., op. 22, ed. chr. 570: Boris Pil'njak, Pis'mo Savinovu Glebu Aleksandroviču. Dvojurodnomu bratu. 1924 [Boris Pil'njak, Brief an Savinov, Gleb Aleksandrovič. Den Cousin. 1924]. Vgl. dazu Pil'njak, Mne vypala (wie Anm. 1), S. 265. Die Eheleute wohnten in der Einsiedelei Voskresenka, Semenovskaja storožka, Šachanskoe lesničestvo bzw. Kadomskoe lesničestvo. In einem Brief an Andrej Belyj thematisiert er erneut den Hunger in dieser wolgadeutschen Siedlung. Vgl. Brief vom 21.6.1924, in: Pil'njak, Mne vypala (wie Anm. 1), S. 280 ff.

war an Kurganen und bei Hexen, habe mich in der Steppe durch Fata Morganen verirrt (...).“[30]

Die im Sommer 1927 unternommene zweiwöchige Reise zu den deutschen „Wurzeln“ (u.a. nach Saratov, Pokrovsk und Marxstadt) und die dabei geschlossenen Bekanntschaften mit wolgadeutschen Persönlichkeiten inspirierten Pil'njak zu dieser Erzählung. Protagonisten des stark autobiografisch geprägten Textes sind der wolgadeutsche Archäologe, Publizist und Zeichner Paul Rau (1897–1930) und der Sprach- und Kulturforscher Professor Georg Dinges (1891–1932).[31] Wie aus dem folgenden Zitat des bisher unveröffentlichten Briefes an seine Frau hervorgeht, schloss er insbesondere mit Georg Dinges, dem Gründer des Wolgadeutschen Zentralmuseums in Pokrovsk, enge Bekanntschaft. Auf einem eigens für Pil'njak organisierten Literaturabend in Pokrovsk lernten sich beide kennen und entwickelten gegenseitiges Interesse an ihren Arbeiten. Gemeinsam unternahmen sie eine Expeditionsreise in die deutschen Siedlungen entlang der Wolga.

„Олюшка (...). Третьеводнись же ездил в Покровск, с матерью. Ездил потому, что еще из Москвы попался на удочку тетки Ольги Леопольдовны Трэнклер, которая, будучи певицей и учительницей, принимает деятельно участие в местном литературном кружке, издающем рукописьный журнал [handschriftliche Hinzufügung: подарили мне № 2ой журнала, со специальным письмом ко мне]: обещал быть с этим кружком. Поехали с матерью и были. (...). Собралось человек 25. (...). Я условился с Ольгой Леопольдовной, что лекции читать не буду, а буду отвечать на вопросы: – все, все расспросили меня, куда только не гоняли! (...) и сидели в пустой комнате, стулья расставив по стенам, как на провинциальных свадьбах, и пили чай с домашними коржиками. В конце вечера один мне сказал, что собирались они купить пива, да постеснялись: – культура, мол, и вдруг – пиво! (...). Там же на этом вечере я познакомился с немецким профессором-этнографом Дингезом [sic!] / кажеця так / очень милым человеком: о нем сейчас, после доклада о времени. Разошлись в заполночь, пошли спать к Трэнклерам. Утром разбудили по немецки. Мама уехала в Саратов, а ее сменил отец, который повел меня по местному совнаркому, знакомить блудного соотечественника с патриархами (...). Зашли в местный музей к Дингезу. Всегда, всегда чудесны те люди, которые имеют цель и любят – безразлично, что. Дингез работает над собиранием старинного немецкого фольклора, он утверждает, что в целом ряде быто-

30 Brief an Konstantin Fedin vom 23.6.1927. Übersetzung in: Pilnjak, „...ehrlich sein“ (wie Anm. 16), S. 146.

31 Zu Paul Rau vgl. Heimatbuch der Deutschen aus Russland (2000), Nr. 1, S. 275; N.M. Malov, Pamjati archeologa Paulja Rau (k 100-letiju so dnja roždenija) [Zum Gedenken an den Archäologen Paul Rau (zum 100. Geburtstag)], in: Soobščenija Engel'skogo kraevedčeskogo muzeja. Vyp. 5 (1997), S. 103-116. Zu Prof. Georg Dinges vgl. E.M. Erina, Georgij Gejnrichovič Dinges, in: Erina, Očerki istorii (wie Anm. 6), S. 79-88; Nemcy Rossii (wie Anm. 14), S. 715; Nina Berend u. Hugo Jedig, Deutsche Mundarten in der Sowjetunion. Geschichte der Forschung und Bibliographie. Marburg 1991 (mit einem Schriftenverzeichnis von G. Dinges); V. Krieger u. A. Spack, Prozess gegen wolgadeutsche Intellektuelle, in: Volk auf dem Weg (2006), Nr. 4, S. 16 f. sowie ebenda, Nr. 5, S. 10 ff.

вых черт местные немцы сохранили ровно то, что вывезли из Германии 167 лет тому назад, таких черт, которые утеряны уже в самой Германии. Он проследил, как, наряду с консервацией быта, меняется в силу климатических особенностей тип антропологический: выехали почти одни блондины, теперь блондинов почти нет, окраску изменил климат, – работая над немцами он строит занятные теории. Мне с ним совершенно интересно. Во вторник он едет в нагорные, вниз по Волге кантоны в этнографическую экспедицию: я поеду с ним, дня на три (...). Ходили с отцом по родственникам: бабушка Мария Либих, у которой этою зимой отобрали хутор, острит, что она произведена в дворянки, выселяют, дескать! (...). Николай Либих, местный нарком статистики, рассказывал про их статистику и мы выпили водки. В три приехали домой, и вечером опять ходили с отцом к его приятелям-немцам,[32] говорили о революции и о путях нашей ‚страны' – сиречь, немецкой поволжской республики / так один соотечественник говорил: ‚наша страна'! / Очень странное у меня состояние: вроде я и впрямь немец, проснулись немецкие инстинкты, и я полувсерьез, полувшутку говорил с ними: м-вы, они – все прочие, мы – немцы. (...) в Москве у Розы Абрамовны[33] я познакомился (...) с немецкой журналисткой, Шварц.[34] (...) узнав у Розы Абрамовны из разговоров, что Шварц собираецця ехать писать очерки для Берлинер Таггеблат (sic!) о немцах Поволжья, сказал, что сам еду туда и, что, если она приедет в то время, когда я буду там, я помогу ей. Пишет, что приедет (...) вечером с отцом и Наташей ходили к Нине,[35] – и там меня поймала одна девушка, которая в этом году окончила университет и написала обо мне кандидацкое сочинение, университецкую свою диссертацию на тему: ‚Пильняк вообще и Пильняк и саратовский край', – написала на эту тему 385 страниц! (...) она немка (...)."

32 Zu Saratov als Zentrum der Wolgadeutschen vgl. Galina Chotinskaja, Saratow – Metropole der Wolgadeutschen, in: Die Russlanddeutschen. Gestern und heute, hrsg. v. Boris Meissner, Helmut Neubauer u. Alfred Eisfeld. Köln 1992, S. 143-158.

33 Roza Abramovna Berzina, Ehefrau des sowjetischen Parteifunktionärs, Diplomaten und Leiters der Zentralen Archivverwaltung der UdSSR Jan Antonovič Berzin (1881–1938). Vgl. Boris Pil'njak, Pis'ma s vostoka. K prebyvaniju B. Pil'njaka v Japonii v 1932 godu [Boris Pil'njak. Briefe aus dem Osten. Zu Boris Pil'njaks Aufenthalt in Japan 1932], hrsg. v. N.Ju. Grjakalova, in: Russkaja literatura (2002), Nr. 3, S. 174.

34 Lotte Schwarz (1902–1984), österreichisch-jüdische Journalistin, Übersetzerin, Pädagogin. 1926 Übersiedlung nach Moskau, wo sie zusammen mit ihrem Stiefvater, Otto Pohl, dem österreichischen Gesandten in Moskau, die deutschsprachige Zeitung „Moskauer Rundschau" (1929–1933) gründete. Vgl. Biographisches Handbuch der deutschsprachigen Emigration nach 1933. München u.a. 1980, Bd. 1, S. 678; Handbuch österreichischer Autorinnen und Autoren jüdischer Herkunft 18. bis 20. Jahrhundert. München 2002, Bd. 3, S. 1244; Die Durchsicht der Zeitung „Berliner Tageblatt und Handelszeitung" aus dem Zeitraum vom 5.6.1927 bis zum 8.7.1928 (mit einigen wenigen Bestandslücken) hinsichtlich einer Publikation von Lotte Schwarz erbrachte keine Ergebnisse.

35 Nataša – Boris Pil'njaks Tochter, Nina – seine Schwester. Aus diesem Brief geht ebenfalls hervor, dass die Familie zu dieser Zeit in Saratov wohnhaft war, jedoch vielerlei Beziehungen zu Pokrovsk aufrecht erhielt.

(Oljuška [...]. Vorgestern war ich mit meiner Mutter in Pokrovsk. Der Grund: noch in Moskau geriet ich in die Fänge von Tante Ol'ga Leopol'dovna Trenkler, einer ehemaligen Sängerin und Lehrerin, nun Mitglied eines örtlichen Literaturkreises, der eine handschriftliche Zeitschrift herausgibt [man schenkte mir die zweite Nummer, in der ein Brief an mich enthalten ist]; ich versprach, an diesem Zirkel teilzunehmen. Also fuhren wir mit Mutter dorthin und waren dort. [...]. Es versammelten sich an die 25 Personen. [...]. Ich hatte mit Ol'ga Leopol'dovna vereinbart, keinen Vortrag zu halten, sondern Fragen zu beantworten: – alles, alles wurde ich gefragt, wo haben sie mich nicht hingeschickt! [...] und wir saßen in einem leeren Zimmer, in dem die Stühle entlang der Wände aufgestellt waren wie auf einer Provinzhochzeit, und es gab Tee mit hausgemachtem Gebäck. Am Ende des Abends erzählte mir einer, dass sie zunächst vorgehabt hätten, Bier zu kaufen, sich jedoch geniert hätten – schließlich sei es doch Kultur, und dann Bier! [...]. Auf dieser Veranstaltung lernte ich den deutschen Ethnographen Professor Dinges (wird wohl so geschrieben) kennen, einen sehr liebenswerten Menschen: über ihn gleich, nach dem Zeitbericht. Auseinander gegangen sind wir nach Mitternacht und genächtigt haben wir bei den Trenklers. Morgens wurden wir nach deutscher Art geweckt. Mama fuhr nach Saratov zurück, sie wurde von Vater abgelöst, der mich zum örtlichen Volkskommissariat führte, um den verlorenen Landsmann mit den Patriarchen bekannt zu machen [...]. Wir statteten auch Dinges im örtlichen Museum einen Besuch ab. Immer, immer sind jene Menschen wundervoll, die ein Ziel haben und etwas lieben – ganz gleich, was es ist. Dinges arbeitet an der Sammlung alter deutscher Folklore. Er konstatiert, dass in einer ganzen Reihe von Alltagsgewohnheiten die ansässigen Deutschen eben das beibehalten haben, was sie vor 167 Jahren aus Deutschland mitgebracht hatten, derartige Eigenheiten, die sich in Deutschland selbst bereits verloren haben. Er untersuchte, wie sich im Zuge der Konservierung des Alltags der anthropologische Typus aufgrund der klimatischen Bedingungen verändert hat: bei der Ankunft waren fast alle blond, jetzt gibt es fast keine Blondhaarigen mehr, das Klima hat die Haarfarbe verändert. Innerhalb seiner Beschäftigung mit den Wolgadeutschen stellt er interessante Theorien auf. Ich unterhalte mich prächtig mit ihm. Am Dienstag bricht er in die Kantone auf der Bergseite entlang der Wolga zu einer ethnografischen Expedition auf: ich werde ihn begleiten, so an die drei Tage [...]. Mit Vater besuchten wir Verwandte: Oma Maria Liebich, die man in diesem Winter enteignet hat. Sie witzelt, man habe sie in den Stand einer Adligen erhoben, sie wird also ausgesiedelt! [...]. Nikolaj Liebich, der hiesige Volkskommissar für Statistik, berichtete über ihre Statistik, und wir tranken Wodka. Um drei kehrten wir nach Hause zurück und abends besuchten wir erneut Vaters deutsche Freunde, redeten über die Revolution und über den Weg ‚unseres Landes‘ – ihren Worten nach – die wolgadeutsche Republik / so bezeichnete sie ein Landsmann: ‚unser Land‘! / Ich befinde mich in einem äußerst eigenartigen Zustand: als ob ich ganz und gar ein Deutscher wäre, die deutschen Instinkte sind erwacht, und ich redete halb ernst, halb im Spaß mit ihnen: wir, ihr, sie – all die anderen, wir – die Deutschen. [...] in Moskau, bei Roza Abramovna, lernte ich die deutsche Journalistin Schwarz kennen [...] als ich von Roza Abramovna erfuhr, dass Schwarz eine Fahrt ins Wolgagebiet plane, um für das ‚Berliner Tageblatt‘ Skizzen über die Wolgadeutschen zu verfassen, bot ich ihr meine Hilfe an. Nun schreibt sie, dass sie kommen wolle [...]. Abends waren wir mit Vater und Nataša bei Nina zu Besuch, – und dort erwischte mich ein Fräulein, das

> in diesem Jahr die Universität absolviert und über mich ihre Abschlussarbeit verfasst hatte, ihre universitäre Dissertation zum Thema: ‚Pil'njak im Allgemeinen und Pil'njak und das Saratover Gebiet' – sie hat zu diesem Thema 385 Seiten geschrieben! [...] sie ist Deutsche [...].)[36]

Diese autobiografische Quelle wirft nicht nur ein neues Licht auf die Entstehung und den Inhalt der Erzählung „Nemeckaja istorija" sowie auf Pil'njaks Auseinandersetzung mit seiner wolgadeutschen Identität, die, wie zu Beginn angeführt, in der Pil'njak-Forschung nur allzu häufig marginalisiert wird. Sie stellt darüber hinaus ein aufschlussreiches zeithistorisches Dokument dar. Realien aus dem wolgadeutschen Milieu, Informationen über die Arbeit von Professor Dinges sowie das Interesse der westeuropäischen Presse an der Republik der Wolgadeutschen – dies sind nur einige Aspekte, die die Wissenschaft interessieren könnten. Ebenfalls von großem Interesse dürften die Angaben zu der bisher kaum beachteten Rezeption Pil'njaks unter den wolgadeutschen Siedlern sein. Hierzu fügt sich der beschriebene Abend in dem Pokrovsker Literaturkreis sowie die von Pil'njak weniger positiv bewertete wissenschaftliche Arbeit einer deutschen Studentin an der Saratover Universität, die bereits zum damaligen Zeitpunkt den Schriftsteller Boris Pil'njak zum Untersuchungsgegenstand erhob.

In diesem Rahmen soll auf eine weitere kaum bekannte Rezeption hingewiesen werden – die Präsentation des Autors in der wolgadeutschen Zeitschrift „Unsere Wirtschaft". Im Jahr 1925 wird er auf der Titelseite der siebten Nummer, die sein Porträt ziert, folgendermaßen vorgestellt: „Der berühmte Schriftsteller Boris Pilnjak-Wogau, gebürtig von Marxstadt, Republik der Wolgadeutschen." In der Beilage „Naturbilder aus unserem Gebiet" folgt die Publikation seiner Erzählung „Ein ganzes Leben" („Celaja žizn'", 1915), die sich über drei Ausgaben erstreckt und mit einem biografischen Abriss eingeleitet ist, in dem wiederum seine wolgadeutsche Abstammung hervorgehoben wird.[37]

Auch in den 1930er Jahren unterhielt Pil'njak Verbindungen zu seiner wolgadeutschen Heimat. Unter anderem nahm er im Rahmen einer „Schriftstellerbrigade" – zusammen mit K.A. Bol'šakov und N. Zarudin – als Korrespondent der Zeitung „Izvestija" an den Feierlichkeiten zum 15-jährigen Jubiläum der Wolgarepublik (ASSRdWD) teil und verfasste einen Telegrammtext, der angesichts der Epoche des „sozialistischen Aufbaus" und des Publikationsforums stark vom offiziellen Diskurs geprägt ist.[38]

---

36 Brief an Olga Ščerbinovskaja aus Saratov vom 4.6.1927, in: IRLI, p. I., op. 22, ed. chr. 574. Bei dieser Korrespondenz mit seiner Frau aus Saratov handelt es sich um insgesamt acht Briefe Pil'njaks vom 28.5.1927–19.6.1927. Im Brief vom 6.6.1927 beschreibt er die Ankunft von Lotte Schwarz. In einem weiteren Brief vom 11.6.1927 berichtet er über die Expedition mit Dinges in den Kanton Balzer. Im Brief vom 16.6.1927 beschreibt Pil'njak den Aufenthalt in Katharinenstadt.

37 Unsere Wirtschaft 4 (1925), Nr. 7, Titelseite. Die Erzählung „Ein ganzes Leben" erschien in der Beilage „Naturbilder aus unserem Gebiet". Vgl. Unsere Wirtschaft (1925), Nr. 7, S. 27 f.; Nr. 8, S. 31 f.; Nr. 9, S. 35 f. In dieser Zeitschrift finden sich ebenfalls zahlreiche Beiträge der Agronomen A. Wogau und Wilhelm Wogau aus Warenburg. Zur Zeitschrift allgemein vgl. V.I. Rajs u. V.G. Mironov, Žurnal „Unzere Wirtšaft" („Naše chozjajstvo") kak istoričeskij istočnik [Die Zeitschrift „Unsere Wirtschaft" als historische Quelle], in: Soobščenija Ėngel'skogo kraevedčeskogo muzeja (wie Anm. 31), S. 148; German, Nemeckaja avtonomija (wie Anm. 20), S. 79 ff.

38 IMLI, f. 31, op. 1, ed. chr. 19; B.A. Pil'njak, K.A. Bol'šakov u. N. Zarudin, Soobščenie (korrespondencija) v gazetu „Izvestija" o prazdnovanii 15-letija Respubliki nemcev Povolž'ja. 19.10.1933,

Doch Pil'njak und seine Schriftstellerkollegen reagierten nicht nur mit parteigetreuen Emphasen, sondern richteten – und das ist auch für die Pil'njakforschung, angesichts der Opportunismusvorwürfe, denen Pil'njaks Werdegang in den 1930er Jahren immer wieder ausgesetzt ist, überaus wichtig – einen Protestbrief an Genossen Stalin. Wie aus dem darauf bezogenen geheimen Bericht von M.A. Černov an Stalin vom 7. November 1933 hervorgeht, übten die Schriftsteller in ihrem Schreiben Kritik an den Auswirkungen der Kollektivierung und der Hungerkatastrophe von 1932/33 sowie an der Vernichtung der wolgadeutschen Intelligenz, namentlich Paul Rau und Georg Dinges.[39] Der Bericht, der auf GPU-Unterlagen basiert, apostrophiert Pil'njak explizit als Urheber dieses brisanten Schreibens und hebt seine engen Verbindungen zu den genannten Wissenschaftlern, die zu dieser Zeit bereits Opfer der Verfolgung waren, hervor. Diese Brandmarkung als „Stimme faschistischer wolgadeutscher Kreise" spielte im weiteren tragischen Lebensverlauf Pil'njaks als sowjetischer Schriftsteller mit Sicherheit eine wesentliche Rolle, die in der Forschung bisher unberücksichtigt geblieben ist.

3. Wolgadeutsche Bezüge im Werk

Wie aus den präsentierten Dokumenten hervorgeht, begleiten die Bezugnahmen zu seiner wolgadeutschen Herkunft Pil'njaks gesamten Lebensweg.[40] Die angeführten Bezüge sind jedoch nicht nur im biografischen Kontext von Bedeutung, ermöglichen sie doch gleichermaßen den Zugang zu einer Reihe seiner Werke. Der Schriftsteller zeigt in seinem Werk immer wieder entsprechende Bezugspunkte auf, dokumentiert wolgadeutsche Zeitgeschichte und kulturelle Eigenheiten. Umso mehr überrascht es, dass diese „Zeitdokumente" auch in russlanddeutschen Kreisen bisher nahezu unbekannt sind. Bevor dieser Aspekt in den Mittelpunkt gerückt werden soll, seien an dieser Stelle ein paar Worte zu charakteristischen Besonderheiten der Autorenpoetik erlaubt, ohne deren Kenntnis eine Auseinandersetzung mit Pil'njaks Schaffen unpräzise wird.

Neben der sog. „ornamentalen" Schreibweise auf der Ebene der Wort- und Satzstilistik,

---

Engel's. (Avtograf Borisa Pil'njaka). Priloženie: Tekst telegrammy [Mitteilung für die Zeitung „Izvestija" über die Feier des 15-jährigen Bestehens der Republik der Wolgadeutschen am 19.10.1933 in Engels (Handschrift von Boris Pil'njak). Anlage: Wortlaut des Telegramms].

39 Vgl. Dokument Nr. 372: Iz dokladnoj zapiski M.A. Černova I.V. Stalinu o položenii v ASSR Nemcev Povolž'ja v svjazi s pis'mom ‚brigady pisatelej' [Aus dem schriftlichen Bericht von M.A. Černov an I.V. Stalin über die Lage in der Autonomen Sowjetrepublik der Wogadeutschen im Zusammenhang mit dem Brief der „Schriftstellerbrigade"], in: Tragedija sovetskoj derevni. Kollektivizacija i raskulačivanie. Dokumenty i materialy v 5 tomach. 1927–1939 [Die Tragödie des sowjetischen Dorfes. Kollektivierung und Entkulakisierung. Dokumente und Materialien in 5 Bänden. 1927–1939]. Bd. 3, Moskva 2001, S. 817 f. Den Hinweis darauf verdanke ich Dr. Robert Korn. Der gesamte Bericht, der sich im Russischen Staatlichen Wirtschaftsarchiv befindet (RGAE, F. 8040, Op. 8, D. 5, L. 478-489), wurde unlängst auf der Internetseite www.wolgadeutsche.net/hungersnot.htm zugänglich gemacht.

40 Die marginale Präsenz in den 1930er Jahren kann auf mehrere Gründe zurückgeführt werden. Nach der Machtübernahme der Nationalsozialisten in Deutschland war es für einen Russlanddeutschen sicherlich nicht angebracht, sich in der Sowjetunion öffentlich differenziert mit seiner deutschen Identität auseinanderzusetzen. Pil'njaks prekäre Situation innerhalb der Sowjetliteratur und die Verfolgung seiner Verwandten dürften dies noch verstärkt haben. Und schließlich gilt das epistolarische Material aus dieser Zeit als verloren.

die durch poetische Mittel wie Rhythmisierung oder expressiven Gebrauch rhetorischer Figuren gekennzeichnet ist,[41] sind zwei weitere Charakteristika wesentlich: Zum einen ist da die Nutzung der eigenen Texte als Material, als „Fertigteile", und ihre Montage zu neuen Werken, womit das Verfahren des Selbstzitats benannt ist. Daraus resultiert das zweite Merkmal – die für das Gesamtwerk charakteristische Verarbeitung der autobiografischen und faktografischen Texte sowie die konsequente Vermischung von fiktionalen und faktografischen Gattungen und sprachlichen Diskursen. Dieses poetische Merkmal äußert sich insbesondere in der beständigen Verwendung seiner eigenen Briefe und Aufsätze als literarisches Material.[42] Der vorliegende Beitrag fokussiert nicht die allgemeinen autobiografischen Aspekte im Werk des Schriftstellers, die sich in zahlreichen seiner Texte äußern.[43] Hier soll das Augenmerk ausschließlich denjenigen Texten gelten, die sich speziell mit der Lebenswelt der deutschen Kolonisten an der Wolga auseinandersetzen oder den autobiografischen Bezug zur wolgadeutschen Herkunft des Autors herstellen. Doch auch mit einer solchen Einschränkung lassen sich mehrere Werke anführen.

Beginnen wir mit der Erzählung „Pookskij rasskaz" („An der Oka", 1927), in der Pil'njak das in einem Brief von 1912 bekundete Vorhaben, das Leben bei Onkel Vladimir literarisch zu verarbeiten, realisiert.[44] Die Schilderungen der „deutschen" Lebensgewohnheiten und des von Ordnung und Disziplin dominierten Alltags, die Charakterisierung der Figuren[45] sind fast wörtlich in Pil'njaks Briefen und Erinnerungen an Nižnij Novgorod zu finden. Andere Textelemente wie die Teilnahme des Neffen am Ersten Weltkrieg[46] sind wiederum rein fiktiv und werden mit dem „Lebensmaterial" verwoben. Das Liebesverhältnis des Onkels und die uneheliche Geburt der beiden Töchter sowie ihre Erziehung durch die deutsche Ehefrau sind dagegen erneut an die realen Biografien der Protagonisten angelehnt. Interessante Einzelheiten wie der Verweis auf das Studium des Onkels in Halle geben sogar Aufschluss über mögliche „weiße Flecken" in der realen Wirklichkeit.

Pil'njaks im Jahr 1924 gewonnenen Eindrücke vom Wolgagebiet fließen in die Erzählung „Mat'-syra-zemlja" („Mütterchen-feuchte-Erde", 1924)[47] ein. In dieser Geschichte über die

41 Vgl. hierzu W. Schmid, Ornamentales Erzählen in der russischen Moderne. Čechov – Babel' – Zamjatin. Frankfurt a.M. (u.a.) 1992.

42 Vgl. hierzu Natalie Kromm, Boris Pil'njaks Poetik des Selbstzitats in den 30er Jahren. Frankfurt a.M. (u.a.) 2005.

43 Beispielsweise die Erzählungen „Zemskoe delo" („Eine Zemstvo-Angelegenheit", 1915), in: Ežemesjačnyj žurnal (1915), Nr. 11, S. 31-46. Vgl. hierzu den Brief an V.S. Miroljubov vom 23.7.1915, in: Pil'njak, Mne vypala (wie Anm. 1), S. 25 ff.; „Rasskaz iz povesti" („Auszug aus einer Novelle", 1924), in: Leningrad (1924), Nr. 3 (19), S. 1-6 sowie „Zaštat" („Provinz", 1935), in: Novyj žurnal (1979), H. 134, S. 5-24, die alle im Zemstvo-Milieu spielen, und deren autobiografischen Bezüge zum Vater in der Forschung als verbürgt gelten. Vgl. hierzu Petrosov, Vozvraščenie k istokam (wie Anm. 6) und ders., Štrichi k portretu (wie Anm. 6); D. Kassek, Nachwort, in: B. Pilnjak, Der Salzspeicher. Leipzig 1993, S. 396.

44 B. Pil'njak, Sobranie sočinenij v šesti tomach [Sammlung von Werke in sechs Bänden]. Bd. 4, Moskva 2003, S. 147-163 (Zitatgrundlage). Auch in: Ders., Vor den Türen. Erzählungen. München 1966, S. 262-278. Vgl. hierzu Andronikašvili-Pil'njak, Detskie gody (wie Anm. 4), S. 117-126, hier S. 120 ff.

45 Vgl. Pil'njak, Sobranie sočinenij (wie Anm. 44), S. 147 f. u. 154.

46 Ebenda, S. 155.

47 Ebenda, Bd. 2, S. 377-425 (Zitatgrundlage). Vgl. hierzu Pil'njak, Mne vypala (wie Anm. 1), S. 280.

„wilde“ russische Provinz, über den Zusammenprall archaisch-bäuerlicher Strukturen mit der neuen revolutionären Weltordnung, finden sich partiell auch Referenzen an die deutschen Siedler dieses Landstrichs, sei es innerhalb der Darstellung des Verhältnisses der Kolonisten zu ihren russischen Nachbarn oder des Warenaustauschs im Wolgagebiet,[48] sei es innerhalb der Landschaftsbeschreibung und der Figurencharakterisierung.[49]

Die Auswirkungen der Hungerkatastrophe in den wolgadeutschen Siedlungen, die der Autor in seinen Briefen aus dieser Zeit immer wieder thematisiert, werden in dieser Erzählung allerdings nur allgemein geschildert. Ein ausdrücklicher Verweis auf die Wolgadeutschen erfolgt hingegen in Pil'njaks Aufbauroman „Volga vpadaet v Kaspijskoe more“ („Die Wolga mündet ins Kaspische Meer“, 1930):[50] „Im Jahre neunzehnhunderteinundzwanzig vertrieb der Hunger bereits dreißig Millionen. Sie flohen über ganz Rußland, *die Wolgadeutschen sogar bis an die Grenze ihres Mutterlandes.* Diese dreißig Millionen krochen über die russische Erde hin, verfielen zum Teil dem Kannibalismus oder starben auf offener Heerstaße (...).“[51]

Drei Werke sind in unserem Zusammenhang besonders hervorzuheben. Es ist zum einen die bereits erwähnte frühe Skizze „Ne russkij duch, – Ne Rus'ju pachnet“ („Nicht Russlands Geist – hier riecht es nicht nach Russland“, 1919), die Pil'njak unter dem Pseudonym Iv[an] Ivanov veröffentlichte.[52] Der Text ist vollständig der wolgadeutschen Thematik gewidmet, was mit zahlreichen Textpassagen in lateinischer Schrift akzentuiert ist (die Übersetzung erfolgt innerhalb der Fußnoten). Gegenstand der Beschreibung sind eine Flussfahrt von Saratov nach Katharinenstadt und die Eindrücke des Verfassers vom deutschen Alltagsleben in dieser Kolonie, wobei die Präsentation keinesfalls rein sachlich ist, sich vielmehr durch eine distanzierte Wahrnehmung und ein Fremdbild voller Kälte auszeichnet. Die Besonderheit dieser kaum beachteten Skizze liegt in ihrer Funktion als Wortmaterial für spätere Werke. Vor allem gilt dies für die leitmotivisch eingesetzte Beschreibung der deutschen Lebensgewohnheiten:

> „Без четверти семь бьют в кирке колокола, и вся колония сидит за столом, за кофе. (...). В семь бьют на кирке колокола, и вся колония за работой (...). В без четверти двенадцать бьют на кирке колокола, за-

48 Vgl. Pil'njak, Sobranie sočinenij (wie Anm. 44), S. 399, 386 u. 414.

49 Vgl. ebenda, S. 379 u. 386.

50 B. Pil'njak, Volga vpadaet v Kaspijskoe more. Moskva 1930. Auch in: Ders., Sočinenija v trech tomach [Werke in drei Bänden]. Bd. 2, Moskva 1994, S. 6-240.

51 B. Pilnjak, Die Wolga fällt ins Kaspische Meer. Berlin 1930, S. 303. Die kursiv gesetzte Passage fehlt in allen russischen Ausgaben, vgl. zum Beispiel Pil'njak, Sočinenija (wie Anm. 50), Bd. 2, S. 193. In der französischen Zeitschrift Bifur (1930), Nr. 6 u. 7, findet sich diese Romansequenz ebenfalls mit einem expliziten Verweis auf die Wolgadeutschen: „En mil neuf cent vingt et un, la famine a ruiné et en-levé à la terre trente millions d'hommes qui se sont enfuis à travers la Russie, *et les Allemands de la Basse-Volga se sont sauvés jusqu'au delà des frontières, jusqu'en Allemagne*.“ In diesem Roman findet sich auch eine Reminiszenz an Paul Rau. Vgl. dazu Kromm, Boris Pil'njaks Poetik (wie Anm. 42), S. 56 u. 74.

52 Iv. Ivanov [B. Pil'njak], Ne russkij duch, – Ne Rus'ju pachnet, in: Rabočij mir (1919), Nr. 10-12, S. 10 f. Der Titel stellt eine Paraphrase von Zeilen aus Puškins Märchen „Ruslan i Ljudmila“ dar. Vgl. Engel-Braunschmidt, „Russlanddeutsche Literatur“ (wie Anm. 3), S. 352 und den bereits zitierten Brief an P.N. Zajcev (wie Anm. 26), S. 59, 67 f. u. 74.

пираются все отделы, комитеты, вся колония обедает и затем – спит, прикрыв ставни и раздевшись как на ночь."

(Um dreiviertel sieben schlägt die Uhr am Kirchturm, und die ganze Kolonie sitzt am Tisch, beim Kaffee. (...). Um sieben Uhr schlägt die Turmuhr, und die ganze Kolonie ist bei der Arbeit (...). Um dreiviertel zwölf schlägt die Turmuhr, es schließen alle Abteilungen, alle Komitees, die ganze Kolonie isst zu Mittag und danach – schläft sie, die Läden geschlossen und ausgezogen wie zur Nacht.)[53]

Dieses „Material" montiert der Autor fast ohne Veränderung in die Erzählung „Tri brata" („Die drei Brüder", 1922)[54] ein, gleichfalls um das Kolonistenmilieu zu skizzieren. Doch die in Ich-Form verfasste Erzählung, deren Titel auf die gleichnamige Hügelkette gegenüber von Katharinenstadt zurückgeht, unterscheidet sich von der Skizze durch ihren offenen autobiografischen Charakter – durch die Verknüpfung mit Pil'njaks Kindheitserinnerungen an die Zeit bei seiner „lieben Großmutter" Anna in Katharinenstadt. Zahlreiche Reminiszenzen an die Topografie dieser wolgadeutschen Kolonie, an Verwandte und Alltagsbegebenheiten sowie an Episoden aus der Kolonistengeschichte zeugen von der engen Bindung des Schriftstellers an diesen Ort. Die deutsche Thematik wird erneut auch sprachlich akzentuiert. Innerhalb der Aufzählung der unterschiedlichen Benennungen der Kolonie – Katharinenstadt, Baronsk, Marxstadt – zitiert Pil'njak beispielsweise einen weiteren Namen, der in der Zeit der Hungersnot entstanden ist:

„Штербштадт – Умирай Город, ибо часть немцев была просто сплавлена в Волгу, а другие части покатили на своих фурах – на Кавказ, в Туркестан, даже в Германию."

(Sterbstadt – die Stadt des Todes, denn ein Teil der deutschen Bevölkerung wurde einfach in den Fluten der Wolga versenkt, und die übrigen brachen auf mit ihren Fuhren – in den Kaukasus, nach Turkestan, sogar nach Deutschland.)[55]

Die Erzählung zeichnet sich jedoch nicht nur durch wolgadeutsche Bezüge aus, sondern reflektiert gleichermaßen Pil'njaks Erinnerungen an seine Geburtstadt Možajsk und das Schriftstellerdasein im Jahr 1921 und illustriert in diesem Rahmen – über den Verweis auf sein „gemischtes Blut"[56] – Pil'njaks Hang zu seiner russisch-tatarischen Seite. Das Deutsche erscheint auch in diesem Text, wenn nicht als Fremdbild, so doch als Irritationsmoment der eigenen Identität. Wie bereits in anderen textuellen Zusammenhängen beschrieben, lässt Pil'njaks Montagetechnik auch in diesem Fall Rückschlüsse auf die reale Wirklichkeit zu, so innerhalb des Zitats eines Briefes von seiner Schwester Nina aus Saratov,[57] aus dem hervorgeht, dass sein Vater 1921 in Saratov tätig war.

Und schließlich ist die Erzählung „Nemeckaja istorija" („Eine deutsche Geschichte",

53 Iv. Ivanov [B. Pil'njak], Ne russkij duch (wie Anm. 52), S. 10.
54 Veröffentlicht in: Nikola-na-Posad'e. Rasskazy [Nikola-na-Posad'e. Erzählungen]. Kn. 3, Moskva/Leningrad 1923, S. 231-243.
55 Ebenda, S. 234.
56 Ebenda, S. 239 f.
57 Ebenda, S. 240 f.

1928)[58] hervorzuheben, die gleich der Skizze „Ne russkij duch, – Ne Rus'ju pachnet“ bereits in ihrem Titel auf die thematischen Zusammenhänge verweist und sowohl mit der Skizze als auch mit der Erzählung „Tri brata“ durch das Selbstzitat verbunden ist. Doch ist sie mit dem letztgenannten Text keinesfalls identisch, wie es R. Damerau konstatiert,[59] denn die autobiografischen Momente in dieser Erzählung können erst vor dem Hintergrund des epistolarischen Materials, das unter dem Eindruck der Reise von 1927 entstanden ist, nachvollzogen werden – die Hauptfiguren hingegen sind die wolgadeutschen Wissenschaftler Doktor Paul Rau und Professor Georg Dinges.

„Deutsche Eigenschaften“ wie Ordnung, Disziplin und Sauberkeit sind erneut Gegenstand der kritischen Darstellung: „Es ist nicht klar, ist der Mensch für die Sauberkeit da oder die Sauberkeit für die Menschen.“[60] – auch das folgende Selbstzitat unterstreicht dies noch einmal:

> „Marxstadt. Um dreiviertel sieben Uhr morgens schlagen die Turmuhren auf den evangelischen und katholischen Kirchen, dann sitzen die Deutschen in Marxstadt genau wie in allen Kantonen und Kolonien beim Kaffee. Auch um sieben Uhr morgens schlagen die Turmuhren auf den evangelischen und katholischen Kirchen, und schon sind die Deutschen bei der Arbeit. (...). Um dreiviertel zwölf schlagen wieder die Turmuhren (...), dann sitzen die Deutschen beim Mittagessen, um danach, wenn sie die Läden geschlossen und sich ausgezogen haben wie zur Nacht, bis drei zu schlafen. Die Glocken schlagen drei Uhr, dann trinken sie Kaffee und arbeiten wieder. Um neun Uhr schlagen die evangelischen und katholischen Kirchen zum letzten Mal die Zeit, dann bricht die Nacht an, und alle schlafen.“[61]

Doch überwiegt in dieser Erzählung eine objektive Präsentation des wolgadeutschen Milieus und das Interesse, mehr über diesen Landstrich zu erfahren, sich mit den Bewohnern und ihrer Mentalität zu befassen. Entdeckung und Verständnis stehen in diesem Werk im Vordergrund. Die detaillierten Schilderungen erlauben vielerlei ethnografische Einblicke in das wolgadeutsche Alltagsleben, das sein Antlitz seit dem 18. Jahrhundert kaum verändert zu haben scheint.

Mit der Erwähnung des wolgadeutschen Archäologen Paul Rau und seiner Ausgrabungstätigkeit[62] erfolgt der Übergang zu einem Exkurs über die Siedlungsgeschichte im Wolga-

---

58 Veröffentlicht in: Novyj mir (1928), Nr. 9, S. 64-75. Als Reprint einzeln erschienen in Letchworth 1979. Auch in: B. Pil'njak, Sobranie sočinenij [Gesammelte Werke]. Bd. 8, Moskva/Leningrad 1929/30, sowie in: Pil'njak, Sobranie sočinenij (wie Anm. 44), Bd. 4, Moskva 2003, S. 212-228. Deutsche Übersetzung in: B. Pilnjak: Die Stadt der Winde. Erzählungen 1926–1935. Frankfurt a.M. 1991, S. 118-139. Engel-Braunschmidt verweist in ihren Artikeln (wie Anm. 3) auf die Publikation in der „Deutschen Allgemeinen Zeitung“, Alma Ata (1992), Nr. 9, 14, 19, wobei sie anmerkt, dass die Textvorlage aus „dem Wolgadeutschen Museum in Engels“ stamme und an die Zeitung von dem Journalisten Georg Rau, dem Sohn von Paul Rau, vermittelt worden sei.

59 R. Damerau, Boris Pil'njaks Geschichts- und Menschenbild. Gießen 1976, S. 131-134.

60 Pilnjak, Die Stadt der Winde (wie Anm. 58), S. 119.

61 Ebenda, S. 118.

62 Zahlreiche Beiträge des Wissenschaftlers zu den Ausgrabungen im Wolgagebiet lassen sich in der Zeitschrift „Unsere Wirtschaft“ finden: Siehe zum Beispiel: P. Rau, Über die Gestalt der Grabhügel in den Steppen des unteren deutschen Wolgagebiets, in: Ebenda 2 (1923), Nr. 18, S. 521 ff.; Nr. 21, S. 619 ff.; Nr. 22, S. 652 ff.; ders., Archäologische Ausgrabungen in der Republik

gebiet von den Anfängen der menschlichen Besiedlung bis hin zur deutschen Kolonisation. Dabei erweist sich der Erzähler als guter Kenner historischer Ereignisse und örtlicher Besonderheiten, wie der Hinweis auf Reste einer Befestigungsanlage in Marxstadt (der sog. „Kirgisenschanz“) verdeutlicht.[63] Referenzen an Pil'njaks Gespräche mit Professor Dinges manifestieren sich in der fast wörtlichen Wiederholung der Theorien des Wissenschaftlers über die Veränderung des anthropologischen Typus der Wolgakolonisten in mehr als 160 Jahren Steppenleben.[64]

Der wissenschaftlichen Arbeit der beiden Forscher ist ein Großteil der Erzählung gewidmet.[65] Beispielhaft wird beschrieben, wie 1926 bei Bauarbeiten in der Kolonie Dönhof (Gololobovka) ein alter deutscher Friedhof entdeckt wurde, worauf die beiden Wissenschaftler (heimlich) die aufgefundenen Kleidungsstücke für das Ethnografische Museum in Pokrovsk sicherten.[66] Ferner geht der Erzähler auf ihre ethnografische Sammeltätigkeit im Bereich der Erzählforschung ein, indem er eine von Prof. Dinges aufgeschriebene Legende über den „bösen Blick“ zitiert.[67] Dies wiederum kann als ein typisches Merkmal der Autorenpoetik benannt werden, denn Pil'njaks ethnografische Schilderungen weisen stets eine Zweidimensionalität auf, da er zum einen als genauer Beobachter die aktuelle Wirklichkeit einfängt, zum anderen sein Interesse stets der Geschichte der beschriebenen Regionen, ihren Mythen und Legenden gilt.

Im dritten Kapitel wird die Forschungsreise in den Kanton Balzer geschildert, auf der dialektologische Studien, Erzähl- und Sachkulturforschung betrieben werden:

> „Professor Dinges fragte, wie die Einzelteile des Gefährtes heißen: Durch seine Fragen nach den Bezeichnungen der Alltagsgegenstände, die er dann samt ihrer Phonetik aufzeichnete, rekonstruierte er, von wo diese deutsche Familie stammte – aus Bayern, Sachsen oder aus Preußen. Dinges fragte den Kutscher, in welchem Ort er geboren sei, mit wem verheiratet und wer mit ihm verwandt sei – und aus den Antworten las er im Buch der Familiengeschichte, beim elektrischen Lämpchen notierte er die Hieroglyphen seiner Enquete – die, die das Buch des Jahrhunderts erschließen sollte.“[68]

Die Reise in die Kolonien (Balzer, Dönhof u.a.) bietet jedoch auch Raum für die Beschreibung zeitgenössischer Entwicklungen, insbesondere der Industrialisierung der wolgadeutschen Wirtschaft: der Sarpinkaweberei, der Lederindustrie, der Mühlen, der Speiseölherstellung und der Metallverarbeitung.[69] Hier beschert uns der Autor interessante und vielseitige

---

der Wolgadeutschen, in: Ebenda 3 (1924), Nr. 19, S. 571 ff.; ders., Kurgane und Altertumsfunde in der Vorstellung der wolgadeutschen Bauern, in: Ebenda 3 (1924), Nr. 23, S. 718 ff.; Nr. 24, S. 749 ff.

63 Pilnjak, Die Stadt der Winde (wie Anm. 58), S. 121. Vgl. dazu G. Fischer, Die Kirgisenschanz, in: Unsere Wirtschaft 5 (1926), Nr. 30, S. 479 f.

64 Vgl. Pilnjak, Die Stadt der Winde (wie Anm. 58), S. 121 f.

65 Vgl. dazu z.B. P. Rau, Aus der Forschungsarbeit und Sammeltätigkeit des Wolgadeutschen Zentralmuseums, in: Unsere Wirtschaft 5 (1926), Nr. 29, S. 471 f.; G. Dinges, Auf der Fahrt nach volkskundlichen und historischen Exponaten für das Zentralmuseum, in: Ebenda, Nr. 45, S. 716 f.; Nr. 47, S. 749 ff.; Jg. 6 (1927), Nr. 6, S. 107 f.; Nr. 7, S. 127 f.

66 Vgl. Pilnjak, Die Stadt der Winde (wie Anm. 58), S. 122.

67 Ebenda, S. 122 ff.

68 Ebenda, S. 124 f.

69 Ebenda, S. 126 ff.

Einblicke in das Leben der deutschen Siedler in den 1920er Jahren (zum Beispiel in die weit verbreitete Weberei in Heimwerkstätten). Und erneut steht die wissenschaftliche Tätigkeit der Forscher im Mittelpunkt:

> „Dinges notierte sich die Zahl der Webstühle in den Kolonien, die Produktivität, den Prozentsatz an Tuberkulösen und Kurzsichtigen, die hundertprozentige genossenschaftliche Organisation der Weber (...). Doktor Rau grub im Archiv des Dorfsowjets nach dem Stammbaum von Schulmeister Schwarzkopf und Pfarrer Tränkler, um gemeinsam mit Dinges die Geschichte vom bösen Blick zu erforschen. Dinges und Rau gingen zu den alten Dorfbewohnern und den alten Häusern, baten darum, ihnen alte Pfeifen, Truhen, Kleider und Spindeln zu zeigen, überredeten die Leute, das Ausgewählte dem Museum zu überlassen, und füllten auf der Stelle die Dankurkunden des Museums aus. In einem der Häuser fanden sie eine altertümliche, noch aus Deutschland stammende Brille."[70]

Anschließend folgt eine zeitgenössische „Legende" – die Geschichte von Karl Schwab,[71] der nach der katastrophalen Hungersnot von 1920 die Kolonie verlässt, um einen Einsiedlerhof zu gründen. Bei den Bautätigkeiten entdeckt die Familie ein Hünengrab (Menschenknochen und Goldmünzen). Der „unheilvolle" Fund lässt den Familienvater ergrauen und bringt die Familie beim Rest der Bevölkerung in Verruf, da er von den Nachbarn gleichermaßen mit der „unreinen Kraft" in Verbindung gebracht wird.[72] Ergänzt wird die Illustration des Aberglaubens unter den Kolonisten mit detaillierten ethnografischen Beobachtungen des wolgadeutschen Alltags.

Im letzten Kapitel erfolgt der Übergang zu Pokrovsk, „der jetzigen Hauptstadt der ASSRdWD", und der wissenschaftlichen Tätigkeit von Rau und Dinges im örtlichen Museum, das als Treffpunkt wolgadeutscher Persönlichkeiten des öffentlichen Lebens beschrieben wird – der Ökonom Heinrich Schlegel, der Genossenschaftler Viktor Stromberger,[73] der Statistiker Nikolaj Liebich und Mitglieder der wolgadeutschen Regierung treffen sich hier, um aktuelle Fragen der Republik zu erörtern. Dann werden Dienstgespräche geführt über das menno-holländische Rind im Köppentaler Mennoniten-Rayon, über Kältetechnik, über Getreidebeschaffung, über das heimische Handwerk und Gewerbe, über die Erträge der Böden, über Käsereien, die Schinkenherstellung und vieles andere. Der Text schließt mit einer Würdigung der Wissenschaftler:

> „Wenn die Sitzungen zu Ende sind und nur noch Doktor Rau und Professor Dinges zurückbleiben, diese beiden Ritter ihrer Heimat, und wenn sie dann über ihre Arbeiten sprechen, genauso alltäglich wie auf der Sitzung, über die neuen Arbeiten, ein neuanaly-

---

70 Ebenda, S. 127.
71 Ebenda, S. 129 ff.
72 Vgl. hierzu den bereits erwähnten Artikel von Paul Rau (wie Anm. 62) zu Kurganen in der Vorstellung wolgadeutscher Bauern.
73 Biografische Angaben zu Schlegel und Stromberger in: Zwischen Revolution und Autonomie. Dokumente zur Geschichte der Wolgadeutschen aus den Jahren 1917 und 1918, hrsg. v. Victor Herdt. Köln 2000, S. 518 u. 525; V. Cherdt [V. Herdt], Raznoglasija i protivoborstvo v rukovodstve nemeckoj avtonomii v period ee stanovlenija (1918–1923 gg.) [Eliten- und Machtkämpfe in der Führung der wolgadeutschen Autonomie (1918–1923)], in: Nemcy Rossii i SSSR: 1901–1941 gg. [Die Deutschen in Russland und in der UdSSR: 1901–1941]. Moskva 2000, S. 173-183.

siertes Märchen und einen neuausgegrabenen Kurgan, über die Kleider, die sie aus den Gräbern ins Museum gebracht haben – dann entsteht, hier in diesen Museumsräumen, Geschichte, die Wissenschaft dieses Landes."[74]

Vor dem Hintergrund der dokumentierten autobiografischen Grundlage der Erzählung ist auf die Textabweichungen innerhalb der einzelnen Publikationen hinzuweisen: In der aktuellen sechsbändigen Werkausgabe sind Kürzungen in den letzten Passagen feststellbar, die die Referenzen auf Pil'njaks 1927 unternommene Reise betreffen. Zum Beispiel ist die Erwähnung der Journalistin Lotte Schwarz in der Werkausgabe ausgespart. Gleiches gilt für die nachfolgende Passage über Marxstadt, die Erwähnung der Traktorenfabrik „Vozroždenie" und des Marxstädter Museums – die Kürzungen betreffen also alle direkten autobiografischen Bezüge und irritieren nicht zuletzt deshalb, weil dem Leser ja bereits frühere Publikationen zur Verfügung stehen, die derartige Streichungen nicht aufweisen.[75]

Nicht nur in diesem Zusammenhang erweist sich das hier präsentierte epistolarische Material als aufschlussreich. Auch in Bezug auf die Rezeption (wenn man von einer solchen angesichts der fast gänzlichen Unbekanntheit der Erzählung überhaupt sprechen kann) und die Interpretation des Werks ist der autobiografische Kontext evident. Zur Illustration soll auf den bereits angeführten Aufsatz von Engel-Braunschmidt eingegangen werden, in dem die Wissenschaftlerin konstatiert, dass hinter den Schilderungen Pil'njaks Anschauung von Aufenthalten bei den deutschen und russischen Großeltern an der Wolga stünden und die Erzählung weitgehend von Reminiszenzen an den Vater durchtränkt sei.[76] Die neuen Quellen zeigen hingegen auf, dass die Realien in dieser Erzählung eben nicht nur auf die Erfahrungen in der Kindheit, sondern auf zahlreiche Besuche der Eltern in den 1920er Jahren zurückgehen – insbesondere auf die Reise im Jahr 1927. Darüber hinaus wird deutlich, dass die Reminiszenzen an den Vater keinen direkten Charakter tragen und erst anhand der epistolarischen Quelle sichtbar werden.

Ähnlich verhält es sich mit der These von der Veränderung des anthropologischen Typus der Kolonisten, die, wie die Korrespondenz belegt, auf Gespräche mit Professor Dinges zurückzuführen ist. Zwar mag es zutreffen, dass diese Erkenntnis unter den russlanddeutschen Aussiedlern heute kaum einer teile, wie es Engel-Braunschmidt hervorhebt,[77] doch nicht nur Pil'njaks Brief, sondern auch andere Publikationen zeitgenössischer wolgadeutscher Wissenschaftler belegen, dass diese Anschauungen damals weit verbreitet waren.[78] Wenn die Forscherin resümiert, der Text sei letztlich eine Erzählung über Asien und Europa, über die

74 Pilnjak, Die Stadt der Winde (wie Anm. 58), S. 139.

75 Vgl. Reprinttext Letchworth 1979 (wie Anm. 58), S. 13 ff.; Pilnjak, Die Stadt der Winde (wie Anm. 58), S. 137 ff.; ders., Sobranie sočinenij (wie Anm. 58), Bd. 4, S. 226 ff. Zum Marxstädter Museum vgl. G. Fischer, Das Marxstädter Museum, in: Unsere Wirtschaft 6 (1927), Nr. 33, S. 619. Darin wird auch berichtet, dass das Museum in einem Haus des früheren Besitzers Wogau untergebracht war.

76 Engel-Braunschmidt, „Russlanddeutsche Literatur" (wie Anm. 3), S. 352.

77 Ebenda, S. 353 f.

78 Vgl. z.B. dazu Ja. Ditc [Dietz], Istorija povolžskich nemcev-kolonistov [Geschichte der deutschen Wolgakolonisten], Moskva 1997, S. 376 f. Auch Peter Sinner spricht in seinem Aufsatz „Das Verhältnis der Wolgakolonien zur Natur", in: Wolgadeutsche Monatshefte (1922), Nr. 4, S. 122 von einem „besonderen Typus".

Fata Morgana und damit über Illusion und Realität,[79] und dabei die Kontrastierung des wolgadeutschen Lebens mit der asiatischen Umgebung akzentuiert, so darf nicht übergangen werden, dass derartige Parallelisierungen und Kontrastierungen zu den charakteristischen poetischen Mitteln des Autors gehören. Es ist die mythisch-historische Provinzlandschaft, die in allen Texten des Autors unweigerlich in den Mythos vom „asiatischen Antlitz Russlands“ mündet und seine geschichts-philosophischen Vorstellungen verdeutlicht.

Im schöpferischen Universum des Autors, das, wie wir gesehen haben, vielerlei punktuelle Bezüge zur wolgadeutschen Thematik aufweist, ist diese Erzählung m.E. aus anderen Gründen einzigartig. Es ist vor allem der ethnografische Blick eines Zeitgenossen, der ein vielschichtiges Bild von den Lebenswelten der Wolgadeutschen vermittelt und damit eine wichtige Spur im kollektiven Gedächtnis hinterlässt. Insbesondere gilt dies für die Beschreibung der Forschungstätigkeit von Paul Rau und Georg Dinges – in welchem anderen Werk finden sich derartige Manifestationen ihrer Arbeit?![80]

Abschließend kann noch ein weiterer Text vorgestellt werden, der mit dem nun mehrfach angeführten Selbstzitat über das „deutsche Glockengeläut“ verbunden ist und darüber hinaus zeigt, dass der Autor auch in den 1930er Jahren zu dieser Thematik zurückkehrt. Es handelt sich um den Skizzenroman „O-kej. Amerikanskij roman“ („O.K. Ein amerikanischer Roman“, 1932), in dem Pil'njak wie bereits in der Erzählung „Tri brata“ seine Großmutter, Anna Wogau, erwähnt. Die Rekurrenz auf die vorangehenden Werke erfolgt, als der Erzähler die amerikanische Stadt Kingmen zu beschreiben sucht und dabei zahlreiche Parallelen zu Katharinenstadt feststellt:

> „(...). Батюшки мои! – ведь я все это знаю очень давно! – ведь это же не город Кингмен в Америке, а город Катриненштадт за Волгой, город немцев-колонистов Поволжья дней дореволюции и моего децтва! – ведь это же Баронск! (он же Катриненштадт), родина моего отца, где в 1931 году умерла моя бабушка фрау Анна Вогау, чистокровная немка, русская в такой же мере, как она была б американкой! Мои предки – немцы – пришли в Россию, в Заволжье, при Екатерине Второй, после Семилетней войны в Германии, тогда же, когда также после Семилетней войны волны европейцев уходили в Америку. Я смотрел на брелки в окне аптеки города Кингмена, такие же брелки я видел в децтве, в магазине Карлэ в Катриненштадте, – и я знал: завтра в половине седьмого утра пробьет тощеголосый колокол на церкви, и вся колония сядет за свои столы питаться (...). В двенадцать соборный колокол пробьет полдни, и вся колония четверть первого сядет за обед. (...). В половине седьмого вечера соборный колокол тощим своим звоном возвестит вечер, вся колония будет ужинать.“

---

79 Vgl. Engel-Braunschmidt, „Russlanddeutsche Literatur“ (wie Anm. 3), S. 354.

80 Dies gilt umso mehr, wenn man bedenkt, dass derartige Korrelationen noch vor gar nicht langer Zeit überhaupt nicht hergestellt werden konnten. Vgl. beispielsweise den Kommentar zur deutschen Ausgabe in der Erzählsammlung Die Stadt der Winde (wie Anm. 58), S. 311, in dem die Identität von Georg Dinges nicht nachgewiesen werden konnte.

([...]. Oh mein Gott! – dies alles ist mir aus längst vergangenen Zeiten bekannt! Das ist nicht die Stadt Kingmen in Amerika, das ist doch Katharinenstadt, hinter der Wolga, die Stadt der deutschen Wolgakolonisten in der vorrevolutionären Epoche, in der Zeit meiner Kindheit! – das ist doch Baronsk (auch Katharinenstadt genannt), die Heimat meines Vaters, wo 1931 meine Großmutter gestorben ist, Frau Anna Wogau, eine echte Deutsche, eine Russin in dem Maße, wie sie als Amerikanerin bezeichnet werden könnte! Meine deutschen Vorfahren kamen nach Russland, an die Wolga, in der Zeit Katharinas II., nach dem Siebenjährigen Krieg in Deutschland, zur selben Zeit, als nach eben diesem Siebenjährigen Krieg Wellen von Europäern nach Amerika auswanderten. Ich betrachtete die Berlocken im Schaufenster einer Apotheke in Kingmen, eben solche Berlocken habe ich in meiner Kindheit gesehen, im Laden von Karlé in Katharinenstadt, – und ich war mir ganz sicher: – am nächsten Morgen um halb sieben wird eine dünn klingende Kirchenglocke ertönen, und die ganze Kolonie wird sich zu Tisch, zum Essen, begeben [...]. Um zwölf wird die Glocke zu Mittag läuten, und die ganze Kolonie wird sich um viertel nach zwölf an den Mittagstisch setzen. [...]. Um halb sieben abends wird die Kirchenglocke mit ihrem dünnen Klang den Abend einläuten, und die ganze Kolonie wird zu Abend essen).[81]

4. Zusammenfassung

Die Vielfalt der vorgestellten wolgadeutschen Bezüge im Leben und Werk des Schriftstellers Boris Pil'njak macht deutlich, dass diesem Aspekt sowohl in der Pil'njak-Forschung als auch innerhalb der russlanddeutschen Geschichtsschreibung eine stärkere Beachtung gebührt. Es gilt, der bisherigen Marginalisierung entgegen zu wirken und die Tatsache zu akzentuieren, dass kaum ein anderer Schriftsteller wolgadeutscher Abstammung (väterlicherseits) einen solch bedeutsamen Beitrag zur russischen Literatur geleistet hat wie Boris Pil'njak. Natürlich darf dies nicht darüber hinwegtäuschen, dass er sich ebenso, ja noch in viel größerem Maße, mit seiner russischen Herkunft identifizierte, doch sind die Grenzen zwischen Selbst- und Fremdbild fließend. Jenseits der stereotypen Gegenüberstellung könnten gerade die Problemfelder der interethnischen Identität und kultureller Differenz ein lohnendes Forschungsfeld eröffnen.

Wie bereits anfangs betont, sollte mit dem vorliegenden Beitrag kein Versuch unternommen werden, Pil'njaks literarische Reminiszenzen an die wolgadeutsche Thematik der russlanddeutschen Literatur zuzuordnen. Andererseits ist es gleichwohl von Nöten, die Relevanz der angeführten Textfragmente und Werke als Quellen für die russlanddeutsche Forschung hervorzuheben, präsentieren sie doch einzigartige Schilderungen wolgadeutschen Lebens in den Kolonien, wie sie in der russischen Literatur sonst kaum anzutreffen sind.

Pil'njaks Familiengeschichte könnte aus sozialhistorischer Perspektive gleichermaßen identitätsstiftend wirken. Der Lebensweg seines Vaters etwa steht beispielhaft für die soziale Schicht der deutschen liberalen und akademischen Intelligenz, die sich zu einer stark

81 In: Pil'njak, Sobranie sočinenij (wie Anm. 44), Bd. 5, S. 91-340, hier S. 222 f. Erstveröffentlichung in: Novyj mir (1932), Nr. 3-6; Einzelpublikation Moskva 1933.

assimilierenden Kraft entwickelte. Durch die interethnische Eheschließung, die universitäre Ausbildung und seine Zemstvo-Tätigkeit erlangte Andrej Wogau vor dem Hintergrund seiner wolgadeutschen Herkunft allgemeine gesellschaftliche Anerkennung und repräsentiert somit – gleich seinen Brüdern – einen wesentlichen Teil gesellschaftlicher Kultur- und Entwicklungsgeschichte in den deutschen Kolonien an der Wolga. Das autobiografische Material (Briefe und Fotos) verdeutlicht darüber hinaus, dass die russisch-deutschen Welten nicht nur nebeneinander existierten, sondern sich durch vielerlei Wechselbeziehungen auszeichneten.

Und schließlich sind derartige Erkenntnisse, wie sie sich im Zusammenhang mit dem 1933 verfassten Brief an Stalin gewinnen lassen, für die russische Literatur- und Geschichtsforschung von größtem Interesse, da sie ein neues Licht auf Pil'njaks Position in den 1930er Jahren werfen und bisher allem Anschein nach alleine deshalb unbekannt waren, weil sie vornehmlich im wolgadeutschen Kontext zu finden sind. Sowohl Pil'njaks Werdegang als auch das Bild der Wolgadeutschen bleibt jedenfalls unvollständig ohne die Einbeziehung der vorgestellten Bezüge des Schriftstellers zu diesem Themenfeld.

Personenregister

Erstellt von Anja Schnabel (Freiburg) und Victor Herdt (Göttingen).

Ortsregister

Erstellt von Anja Schnabel (Freiburg) und Victor Herdt (Göttingen).

Die Autoren des Bandes

Nina Berend, geb. 1951, Prof. Dr. phil., Studium der Germanistik und Pädagogik in Omsk; 1981 Promotion in Sprachwissenschaft des Deutschen an der Universität L'vov über deutsche Dialekte in der Sowjetunion, bis 1989 Dozentin für Deutsch an der Fremdsprachenfakultät der Pädagogischen Hochschule Omsk, seit 1990 wissenschaftliche Mitarbeiterin am Institut für Deutsche Sprache Mannheim (IDS), 1998 Habilitation zum Thema „Sprachliche Anpassung der Russlanddeutschen in der Bundesrepublik Deutschland"; 2000–2008 Koordinatorin und Leiterin des Projekts „Variation des gesprochenen Deutsch", seit 2008 Leitung des Projekts „Migrationslinguistik" in der Abteilung „Pragmatik" des IDS.
Veröffentlichungen: „Deutsche Mundarten in der Sowjetunion. Geschichte der Forschung und Bibliographie" (Mitautorin, Marburg 1991); „Sprachinselforschung. Eine Gedenkschrift für Hugo Jedig" (Mithrsg., Frankfurt a.M. 1994); „Wolgadeutscher Sprachatlas (WDSA). Aufgrund der von Georg Dinges 1925–1929 gesammelten Materialien. Unter Mitarbeit von Rudolf Post" (Hrsg., Tübingen [u.a.] 1997); „Sprachinselwelten – The World of Language Islands. Entwicklung und Beschreibung der deutschen Sprachinseln am Anfang des 21. Jahrhunderts" (Mithrsg., Frankfurt a.M. 2006).

Irina Čerkaz'janova, Doktor der historischen Wissenschaften, Studium der Geschichte an der Universität Karaganda, 1998 Promotion über das deutsche Schulwesen in Sibirien vom Ende des 19. Jh. bis 1938; 2009 Habilitation über das Schulwesen der Deutschen in Russland vor 1917, wissenschaftliche Mitarbeiterin der Petersburger Filiale des Instituts für Geschichte der Naturkunde und Technik „S. I. Vavilov" der Russischen Akademie der Wissenschaften.
Veröffentlichungen: „Nemeckaja nacional'naja škola v Sibiri (XVIII v.–1938)". [Das deutsche Schulwesen in Sibirien (18. Jh.–1938)] (Moskva 2000); „Škol'noe obrazovanie rossijskich nemcev (Problema razvitija i sochranenija nemeckoj školy v Sibiri v XVIII–XX vv.)" [Das Schulwesen der Russlanddeutschen (Zur Frage der Entwicklung und des Erhalts der deutschen Schule in Sibirien im 18.–20. Jh.)] (Sankt-Peterburg 2004).

Victor Dönninghaus, geb. 1964, apl.-Prof. Dr. phil., Studium der Geschichte und Gesellschaftswissenschaften an der Staatlichen Universität Simferopol', 1993 Promotion an der Staatlichen Universität Dnepropetrovsk über die Nationalitätenpolitik auf der Krim 1921–1925, 1992–1994 wissenschaftlicher Assistent für Geschichte an der Juristischen und Geschichtswissenschaftlichen Fakultät der Staatlichen Universität Simferopol', 1996–2002 wissenschaftlicher Mitarbeiter am Institut für Kultur und Geschichte der Deutschen im östlichen Europa der Heinrich-Heine-Universität Düsseldorf, 2002 sowie 2008–2009 Assistent

am Historischen Seminar der Albert-Ludwigs-Universität Freiburg, 2002–2005 Immanuel-Kant-Stipendiat, 2006 Habilitation an der Albert-Ludwigs-Universität Freiburg, seit 2009 stellvertretender Direktor des Deutschen Historischen Instituts Moskau.
Veröffentlichungen: „Minderheiten in Bedrängnis. Die sowjetische Politik gegenüber Deutschen, Polen und anderen Diaspora-Nationalitäten 1917–1938“ (München 2009); „Die Deutschen in der Moskauer Gesellschaft: Symbiose und Konflikte (1494–1941)“ (München 2002, russ. Übersetzung Moskva 2004); „Revolution, Reform und Krieg: Die Deutschen an der Wolga im ausgehenden Zarenreich“ (Essen 2002, russ. Übersetzung Saratov 2008).

Annelore Engel-Braunschmidt, geb. 1941, Prof. Dr. phil., Studium der Slavistik, Anglistik und Philosophie in Göttingen, München, Zürich und Hamburg. 1967 Staatsexamen für das Lehramt an Gymnasien in den Fächern Englisch und Russisch, 1968/69 Wahrnehmung eines DFG-Forschungsstipendiums in Moskau und Leningrad, 1970 Promotion mit einer rezeptionsgeschichtlichen Arbeit in Hamburg, dortselbst Assistentin und Professorin auf Zeit am Institut für Slavistik, 1986 Vertretungsprofessur am Smith-College in Northampton/Massachusetts, 1994–2006 Inhaberin des Lehrstuhls für Slavische Philologie an der Christian-Albrechts-Universität zu Kiel (Fachrichtung Literaturwissenschaft).
Veröffentlichungen: „Deutsche Dichter in Russland im 19. Jahrhundert“ (München 1973); „Hebbel in Russland 1840–1978“ (Gießen 1985); „Bibliographie der sowjetdeutschen Literatur 1960–1985“ (Mitautorin, Köln 1987); „Bibliographie der sowjetdeutschen Literatur von den Anfängen bis 1941“ (Mitautorin, Köln 1990); „Deutsche Künstler aus Russland / Nemeckie chudožniki iz Rossii. Katalog zur Ausstellung in Düsseldorf, Berlin und München“ (Hrsg., Berlin/Bonn 1992); „Siedlernot und Dorfidyll. Kanonische Texte der Russlanddeutschen“ (Hrsg., Berlin/Bonn 1993); „Ins Gestern tauche ich ein. Eine Dokumentation der Tagung „Sowjetdeutsche Literatur heute. Berlin 18.–20. Oktober 1990“ (Mithrsg., Esslingen 1994); „Briefe aus St. Petersburg. Ein schleswig-holsteinischer Lehrling im Geflecht der deutsch-russischen Wirtschaftsbeziehungen, in: Berichte und Forschungen (Jahrbuch des Bundesinstituts für Kultur und Geschichte der Deutschen im östlichen Europa) 10 (2002), S. 145-168.

Andreas Frings, Dr. phil., Studium der Osteuropäischen Geschichte, Rechtswissenschaften und Slawistik an der Johannes-Gutenberg-Universität Mainz, 2002 Auslandssemester an der Universität Kazan' (Russische Föderation), 2005 Promotion in Osteuropäischer Geschichte zur sowjetischen Schriftenpolitik zwischen 1917 und 1941, seit 2004 wissenschaftlicher Mitarbeiter der Abteilung für Osteuropäische Geschichte des Historischen Seminars an der Universität Mainz.
Veröffentlichungen: „Neuordnungen von Lebenswelten? Studien zur Gestaltung muslimischer Lebenswelten in der frühen Sowjetunion und ihren Nachfolgestaaten“ (Hrsg., Münster 2007); „Sowjetische Schriftenpolitik zwischen 1917 und 1941. Eine handlungstheoretische Analyse“ (Stuttgart 2007); „Das Zarenreich, das Jahr 1905 und seine Wirkungen. Bestandsaufnahmen“ (Mithrsg., Münster 2007); „Neue Politische Ökonomie in der Geschichtswissenschaft / New Political Economy in History“ (Mithrsg., Historical Social Research 4 [2007]); „Erklären, Erzählen, Verstehen. Beiträge zur Wissenschaftstheorie und Methodologie der Historischen Kulturwissenschaften“ (Mithrsg., Berlin 2008).

Mariana Hausleitner, PD Dr. phil., Studium der Geschichte, Politologie und Russistik in München und Berlin, 1987 Promotion, 2001 Habilitation; Lehre an der Freien Universität Berlin, der Ludwig-Maximilians-Universität in München, der Babeş-Bolyai-Universität in Klausenburg/Cluj und der Alpen-Adria-Universität Klagenfurt. 2003–2008 wissenschaftliche Mitarbeiterin am Institut für deutsche Kultur und Geschichte Südosteuropas e. V. an der LMU München. Derzeit wissenschaftliche Mitarbeiterin im Ausstellungsprojekt: „Die Polizei im NS-Staat" der Deutschen Hochschule der Polizei, Münster.
Veröffentlichungen: „Die nationale Frage in der rumänischen Arbeiterbewegung vor 1924" (Berlin 1988); „Die Rumänisierung der Bukowina. Die Durchsetzung des nationalstaatlichen Anspruchs Großrumäniens 1918–1944" (München 2001); „Die sowjetische Osteuropapolitik in den Jahren der Perestrojka" (Frankfurt a.M. 1994); „Deutsche und Juden in Bessarabien 1814–1941. Zur Minderheitenpolitik Russlands und Großrumäniens" (München 2005); „Vom Faschismus zum Stalinismus. Deutsche und andere Minderheiten in Ostmittel- und Südosteuropa 1941–1953" (Hrsg., München 2008).

Klaus Heller, geb. 1937, Prof. Dr. phil., Studium der Geschichte, Germanistik und Slawistik in Würzburg und Tübingen, 1965 erstes Staatsexamen für das Lehramt an Gymnasien in Geschichte, Deutsch und Russisch, 1965–1967 Referendarausbildung, 1967 zweites Staatsexamen; 1970–1976 wissenschaftlicher Assistent am Institut für Geschichte, Abt. Osteuropäische und Zeitgeschichte, der Universität Erlangen-Nürnberg, 1976–1978 Stipendiat der Deutschen Forschungsgemeinschaft, 1973 Promotion, 1978 Habilitation. 1981–1988 Professor für Osteuropäische Geschichte an der Universität Erlangen-Nürnberg und 1988–2003 an der Universität Gießen.
Veröffentlichungen: „Die Geld- und Kreditpolitik des Russischen Reiches in der Zeit der Assignaten (1768–1839/43)" (Wiesbaden 1983); „Die Normannen in Osteuropa" (Berlin 1993); „Das Mittlere Wolgagebiet in Geschichte und Gegenwart" (Mithrsg., Frankfurt a.M. 1994); „Rechtliche Rahmenbedingungen für gewerbliche Tätigkeit in Rußland von Peter dem Großen bis zu Paul I. (1689–1801)" (Berlin 1998); „Eisenbahnen und Motoren – Zucker und Schokolade. Deutsche im russischen Wirtschaftsleben vom 18. bis zum frühen 20. Jahrhundert" (Mithrsg., Berlin 2005).

Victor Herdt, geb. 1949, Dipl.-Germ., Studium der Kulturwissenschaften und Germanistik in Omsk und Leipzig; 1973–1980 Lektor an der Pädagogischen Hochschule „A. M. Gor'kij" in Minsk; 1980–1988 Leiter der Literaturabteilung der deutschsprachigen Zeitung „Neues Leben" in Moskau; 1988–1991 Moskauer Korrespondent der „Deutschen Allgemeinen Zeitung" und freischaffender Übersetzer; 1992–2001 wissenschaftlicher Mitarbeiter am Institut für Deutschland- und Osteuropaforschung des Göttinger Arbeitskreises e. V.; seit 2001 wissenschaftlicher Mitarbeiter am Nordost-Institut, Abteilung Göttingen.
Veröffentlichungen: „Deportation, Sondersiedlung, Arbeitsarmee. Deutsche in der Sowjetunion 1941 bis 1956" (Mithrsg., Köln 1996); „Zwischen Revolution und Autonomie. Dokumente zur Geschichte der Wolgadeutschen aus den Jahren 1917 und 1918" (Hrsg., Köln 2000); „Findbuch zum Aktenbestand 1831 Dokumentensammlung zur Geschichte und Kultur der Wolgadeutschen (1764–1941) in der Filiale des Staatsarchivs des Gebiets Saratov in Engels" (Mithrsg., Göttingen 2002); „Deutsche in Rußland und in der Sowjetunion 1914–1941" (Mithrsg., Berlin [u.a.] 2007); Herausgeber der historischen Manuskripte von Anton

Schneider (1855) „Aus der Geschichte der Kolonie Mariental an der Wolga“ (Göttingen 1999) und von August Lonsinger (1925/26) „Sachliche Volkskunde der Wolgadeutschen. Siedlung, Obdach, Nahrung, Kleidung“ (Remshalden 2004).

Gul’nara Ištuganova, geb. 1974, Studium der romanisch-germanischen Philologie an der Baschkirischen Staatsuniversität in Ufa, 1996–1997 Stipendiatin des Präsidenten der Republik Baschkortostan; 2002 Promotion über die semantische Wortbildungskategorie Nomen agentis in der deutschen und baschkirischen Sprache an der Universität Mannheim; Dozentin am Lehrstuhl für Fremdsprachen und russische Sprache am Institut für Rechtswissenschaften des Innenministeriums der Russischen Föderation in Ufa.

Kerstin S. Jobst, PD Dr. phil., Osteuropahistorikerin, 1992–1995 wissenschaftliche Mitarbeiterin an der Universität der Bundeswehr in Hamburg, 1995–2002 wissenschaftliche Assistentin an der Universität Hamburg, 2003–2005 Stipendiatin der Gerda-Henkel-Stiftung, 2005–2006 Lehrbeauftragte an der Ludwig-Maximilians-Universität München, seit 2006 Gastprofessorin an der Universität Salzburg und gegenwärtig Dozentin für die Geschichte und Gesellschaften Osteuropas an der Führungsakademie der Bundeswehr (Hamburg) im Fachbereich Sozialwissenschaften.
Veröffentlichungen: „Die Perle des Imperiums. Der russische Krim-Diskurs im Zarenreich“ (Konstanz 2007); „Geschichte der Ukraine“ (Stuttgart 2010); „Der Mythos des Miteinander. Galizien in Literatur und Geschichte“ (Hamburg 1998), „Zwischen Internationalismus und Nationalismus: Die polnische und die ukrainische Sozialdemokratie in Galizien von 1890 bis 1914. Ein Beitrag zur Nationalitätenfrage im Habsburgerreich“ (Hamburg 1996); „Im Kontext von Hagiographie und nationalen Diskursen: Die Vita der Evfrosinija von Polack“, in: Historische Zeitschrift 284 (2007), S. 311-344.

Natalie Kromm, geb. 1967, Dr. phil., Studium der Kulturwissenschaft und Slawistik in Tübingen und Marburg. 1996–2001 studentische und wissenschaftliche Hilfskraft am Institut für Slawische Philologie der Philipps-Universität Marburg. 1999–2000 Sachbearbeiterin für die Conference On Jewish Material Claims Against Germany / Central and Eastern European Fund for Holocaust Survivors, Frankfurt a.M.; 2004 Promotion, 2003–2005 Assistentin an der Deutschen Nationalbibliothek Frankfurt a.M., 2006–2008 Redaktionsmitarbeiterin des „Medium Magazins“, seit 2006 freie Übersetzerin, seit 2008 Bibliotheksmitarbeiterin an der Deutschen Nationalbibliothek Frankfurt am Main.
Veröffentlichungen: „Wanderer/innen zwischen zwei Welten. Zur kulturellen Integration russlanddeutscher Aussiedler/innen“ (Tagungsbericht gemeinsam mit Andrea Mihm, Hessische Blätter für Volks- und Kulturforschung, 1997, Bd. 32); „Boris Pil’njaks Poetik des Selbstzitats in den 30er Jahren“ (Frankfurt a.M. [u.a.] 2005); „Ein Beitrag zur russischen Dada-Rezeption und ihren Vermittlern“, in: Zeitschrift für Slawistik (2006), Nr. 1; „Der Status des Unvollendeten in der künstlerischen Praxis und Kultur des 20. Jahrhunderts“ (russ.), in: Russkaja literatura (2007), Nr. 2.

Elena Lebedeva, geb. 1968, Kandidatin der historischen Wissenschaften, Studium der Geschichte an der Universität Leningrad/St. Petersburg, 2003 Promotion; Dozentin am Lehrstuhl für Geschichte und Regionalstudien der St. Petersburger Universität für Telekom-

munikation und am Lehrstuhl für Öffentlichkeitsarbeit der St. Petersburger Universität für Hydrometeorologie, Habilitandin an der Universität St. Petersburg.
Veröffentlichungen: „K voprosu ob ėkonomičeskom razvitii nemeckich kolonij Sankt-Peterburgskoj gubernii (vtoraja polovina XVIII–XIX vv.)" [Zur wirtschaftlichen Entwicklung der deutschen Kolonien im Gouvernement St. Petersburg], in: Rossijskie nemcy: problemy istorii, jazyka i sovremennogo položenija (Moskva 1996, S. 158-173); „Organizacija priema i rasselenija nemeckich kolonistov v period pravlenija imperatora Aleksandra I" [Organisation der Aufnahme und der Ansiedlung der deutschen Kolonisten im Gouvernement St. Petersburg in der Regierungszeit Alexanders I.], in: Migracionnye processy sredi rossijskich nemcev: istoričeskij aspekt (Moskva 1998, S. 73-89); „Nemeckie kolonisty v Rossii" [Deutsche Kolonisten in Russland], in: Nemcy v Rossii, hrsg. v. G.I. Smagina (Sankt-Peterburg 2004, S. 238-253); „Faktor Peterburga v ėkonomičeskoj, social'noj i duchovnoj žizni podstoličnych nemeckich kolonij" [Der Faktor St. Petersburg im wirtschaftlichen, sozialen und geistigen Leben der nahe der Hauptstadt gelegenen deutschen Kolonien], in: Ključevye problemy istorii rossijskich nemcev (Moskva 2004, S. 357-371).

Dmytro Myeshkov, geb. 1967, Dr. phil., Studium der Geschichte in Dnipropetrovs'k, 1991–1999 Arbeit im Dnipropetrovs'ker Gebietsarchiv, 1999–2000 DAAD-Stipendiat, 2002–2004 Doktorand an der Heinrich-Heine-Universität Düsseldorf (Promotionsstipendium der Gerda-Henkel-Stiftung), 2005–2009 wissenschaftlicher Mitarbeiter an der Universität Düsseldorf sowie am GWZO Leipzig.
Veröffentlichungen: „Die Schwarzmeerdeutschen und ihre Welten, 1781–1871" (Essen 2008); „Lexikon der Vertreibungen. Deportation, Zwangsaussiedlung und ethnische Säuberung im Europa des 20. Jahrhunderts" (Redaktion, 2009); (Mit)Herausgeber von Sammelbänden und Archivführern zur ukrainischen und russischen Geschichte; mehrere Aufsätze v.a. über nationale Minderheiten, Zwangsmigrationen, Bürgerkrieg, Geschichte des Kulturgutes im Zweiten Weltkrieg.

Dietmar Neutatz, geb. 1964, Prof. Dr. phil., Studium der Geschichte und Slawistik in Salzburg, 1990 Promotion, 1991 Vertragsassistent am Institut für Ost- und Südosteuropaforschung der Universität Wien, 1992–2001 wissenschaftlicher Angestellter und Assistent am Institut für Kultur und Geschichte der Deutschen im östlichen Europa der Heinrich-Heine-Universität Düsseldorf, 1999 Habilitation, 2000–2003 Vertretungsprofessuren in Berlin (Humboldt-Universität), Göttingen und Freiburg, Heisenberg-Stipendiat der Deutschen Forschungsgemeinschaft in Düsseldorf, seit 2003 Professor für Neuere und Osteuropäische Geschichte an der Albert-Ludwigs-Universität Freiburg.
Veröffentlichungen: „Die ‚deutsche Frage' im Schwarzmeergebiet und in Wolhynien 1856–1914" (Stuttgart 1993); „Die Russlanddeutschen in Russland und Deutschland" (Mithrsg., Essen 1999); „Die Moskauer Metro. Von den ersten Plänen bis zur Großbaustelle des Stalinismus" (Köln [u.a.] 2001, russ. Übersetzung Moskva 2006); „Studienhandbuch östliches Europa. Bd. 2: Russisches Reich und Sowjetunion" (Mithrsg., Köln [u.a.] 2002, 2. Aufl. 2009); „Die Deutschen und das östliche Europa. Aspekte einer vielfältigen Beziehungsgeschichte" (Mithrsg., Essen 2006).

Veronika Shumska, geboren 1967, 1987–1991 Studium der Musikwissenschaften an der Moskauer Universität für Kunst und Kultur mit dem Abschluss „Blasorchester-Dirigentin“, 1993 Übersiedlung nach Deutschland und Studium der Volkskunde und der Europäischen Ethnologie an der Universität Freiburg. Zur Zeit Doktorandin am Johannes-Künzig-Institut für ostdeutsche Volkskunde in Freiburg mit dem Dissertationsprojekt „Russischsprachige religiöse Gemeinden in Freiburg“.

Aleksej V. Voronežcev, geb. 1957, Kandidat der historischen Wissenschaften, Studium der Geschichte an der Universität Saratov, 1994 Promotion über das Saratover Zemstvo vor und während der ersten russischen Revolution von 1905–1907, 1984 Lehrbeauftragter, 1996–2009 Dozent am Lehrstuhl für russische Geschichte an der Universität Saratov, 2000–2007 zugleich Direktor des Staatlichen Archivs des Gebiets Saratov, seit 2009 Dozent am Lehrstuhl für Geschichte und Kultur Russlands der Technischen Staatsuniversität von Saratov und Direktor des Universitätsarchivs.
Veröffentlichungen: „Istorija Rossii (vtoraja polovina XIX – načalo XX veka)“ [Geschichte Russlands (zweite Hälfte des 19.–Anfang des 20. Jahrhunderts]. Methodisches Lehrbuch (Mitautor, Saratov 2004); „Metodičeskoe posobie po istočnikovedeniju istorii dorevoljucionnoj Rossii“ [Methodische Handreichung zur Quellenkunde Russlands vor 1917] (Mitautor, Saratov 2005); „Istorija Saratovskogo kraja s drevnejšich vremjon do našich dnej“ [Geschichte der Saratover Region von den Anfängen bis zur Gegenwart]. Lehrbuch (Mitautor, Saratov 2008).